Physica-Schriften zur Betriebswirtschaft

Renate Hecker

Informationsgehalt von Optionspreisen

Eine empirische Untersuchung der Preisbildung am Markt für Kaufoptionen im Vorfeld abnormaler Kursbewegungen am Aktienmarkt

Mit 2 Abbildungen

Physica-Verlag
Ein Unternehmen des
Springer-Verlags

Dr. Renate Hecker
Lehrstuhl für BWL
Bank für Kreditwirtschaft
Universität Würzburg
Sanderring 2
D-8700 Würzburg

ISBN-13: 978-3-7908-0687-8

CIP-Meldung der Deutschen Bibliothek
Hecker, Renate:
Informationsgehalt von Optionspreisen : eine empirische Untersuchung der Preisbildung am Markt für Kaufoptionen im Vorfeld abnormaler Kursbewegungen am Aktienmarkt / Renate Hecker. - Heidelberg : Physica-Verl., 1993
(Physica-Schriften zur Betriebswirtschaft; 43)
Zugl. Kurzfassung von: Würzburg, Univ., Diss., 1992 u.d.T.: Hecker, Renate: Kurzfristige zeitliche Interdependenzen zwischen der Preisbildung am Aktien- und Optionsmarkt
ISBN-13: 978-3-7908-0687-8 e-ISBN-13: 978-3-642-99770-9
DOI: 10.1007/978-3-642-99770-9
NE: GT
Zugl.: Würzburg, Univ., Diss., 1992.

7120/7130-543210 - Gedruckt auf säurefreiem Papier

GELEITWORT

Die Vermutung, daß ein Investor mit überlegenem Informationsstand nicht am Aktienmarkt tätig wird, sondern die größere Hebelwirkung des Optionsmarkts nutzt, haben bereits Manne (1966) und Black (1975) geäußert. Die Implikationen dieser Vermutung für die Interdependenzen zwischen der Preisbildung auf den beiden Märkten sind jedoch in der empirischen Forschung in Deutschland bisher kaum aufgegriffen worden. Die einschlägigen wissenschaftlichen Untersuchungen zur Preisbildung von Aktienoptionen auf dem deutschen Markt konzentrieren sich vielmehr im wesentlichen auf die Frage, ob und inwieweit Marktpreise für Aktienoptionen mit bestimmten Optionsbewertungsmodellen übereinstimmen, die aus Arbitragefreiheitsbedingungen und bestimmten Annahmen über die Wahrscheinlichkeitsverteilung der Aktienkurse abgeleitet wurden. Im Zusammenhang damit wird dann häufig auch geprüft, ob sich empirische Abweichungen von den Modellwerten zur Erzielung von Arbitragegewinnen nutzen lassen.

Über diesen Stand der Forschung geht die empirische Untersuchung von Frau Hecker einen wesentlichen theoretischen Schritt hinaus, indem sie sich mit der Frage beschäftigt, ob beobachtete Differenzen zwischen Markt- und Modellpreisen von Aktienoptionen ökonomisch erklärbar sind. Die ökonomische Erklärung solcher Differenzen wird dabei in der eingangs beschriebenen Vermutung über das Verhalten von Insidern gesucht. Da diese Vermutung impliziert, daß Optionspreise einen Informationsgehalt hinsichtlich der zukünftigen Entwicklung der jeweils zugrunde liegenden Aktie besitzen könnten, untersucht die Verfasserin anhand von Zeitreihen für Kaufoptions- und Aktienkurse der Frankfurter Wertpapierbörse, ob sich Handelsaktivitäten von Insidern in einem statistisch signifikanten Informationsgehalt der Optionspreise für die zukünftige Aktienkursentwicklung niederschlagen. Die Testergebnisse lassen sich als erstes Indiz dafür interpretieren, daß Insider tatsächlich dazu tendieren, positives Insiderwissen bevorzugt am Kaufoptions- und nicht am Aktienmarkt auszubeuten. Damit gibt das Ergebnis gleichzeitig Anlaß zu Zweifeln an der Hypothese, die Existenz eines Optionsmarktes belaste die Preisbildung am Aktienmarkt mit spekulativen Begleiterscheinungen, die sich für eine "fundamental richtige" Aktienbewertung als hinderlich erweisen. Ganz im Gegenteil legen die Befunde der Verfasserin die Schlußfolgerung nahe, daß die durch Insiderkäufe erzeugten Preissignale und die damit möglicherweise verbundenen Arbitrageaktivitäten sogar zu einer Beschleunigung der Informationsverarbeitung am Aktienmarkt führen könnten. Die Arbeit liefert damit auch einen wichtigen Beitrag zur Beurteilung der Frage, ob Optionsmärkte eine Existenzberechtigung für sich in Anspruch nehmen können, die über diejenige von Spielkasinos hinausreicht.

Würzburg, im Januar 1993 EKKEHARD WENGER

Vorwort

Die vorliegende Untersuchung wurde in etwas längerer Fassung unter dem Titel "Kurzfristige zeitliche Interdependenzen zwischen der Preisbildung am Aktien- und Optionsmarkt" im Juli 1992 vom Fachbereich für Wirtschaftswissenschaften der Julius-Maximilians-Universität in Würzburg als Dissertation angenommen.

Ist die Anzahl der Personen, denen für die Unterstützung bei der Erstellung einer Dissertation Dank gebührt, im allgemeinen schon groß, so ist diese Anzahl bei einer empirischen Dissertation noch um ein Vielfaches höher. Aus den vielen, denen ich für das Zustandekommen dieser Untersuchung zu Dank verpflichtet bin, möchte ich insbesondere meinen akademischen Lehrer und Erstgutachter der Arbeit, Herrn Prof. Dr. Ekkehard Wenger, hervorheben. Ihm verdanke ich sowohl den Anstoß als auch zahlreiche Hinweise und Anregungen für die vorliegende Arbeit. Seine stete Unterstützung und Bereitschaft zu engagierten Diskussionen haben die Arbeit entscheidend gefördert. Mein Dank gilt auch Herrn Prof. Dr. Hannes Streim für die Übernahme des Zweitgutachtens.

Meine derzeitigen Kollegen und Freunde am Lehrstuhl für Allg. BWL, Bank- und Kreditwirtschaft an der Julius-Maximilians-Universität in Würzburg sowie meine früheren Kollegen und Freunde an der Johann Wolfgang Goethe-Universität in Frankfurt am Main hatten für auftretende Probleme stets ein offenes Ohr. Ganz besonders hervorzuheben ist Frau Martina Gais, die mit ihrer Diplomarbeit vor allem im Bereich der Datenerfassung und -verarbeitung wichtige Vorarbeiten für die vorliegende Untersuchung geleistet hat. Herr Stefan Kolbeck unterstützte mich unermüdlich bei "meinen ersten Gehversuchen" mit dem PC. Frau Monika Beck erstellte eine umfangreiche Literatursammlung. Zahlreiche studentische Hilfskräfte waren mir bei der zeitraubenden und zermürbenden Arbeit der Datenbeschaffung, -erfassung und -kontrolle behilflich. Ihnen allen gilt mein Dank.

Besonderen Dank schulde ich jedoch nicht zuletzt meinem Freund Alfred Popellak. Er hat mir im Hinblick auf die computergestützte Auswertung der Daten viele wertvolle Hinweise gegeben und einige kleinere Programme für mich erstellt. Darüber hinaus hat er das komplette Manuskript Korrektur gelesen und mir insbesondere in der "heißen Endphase" der Dissertation "den Rücken weitgehend freigehalten".

Den Herausgebern dieser Reihe danke ich für die Aufnahme meiner Arbeit.

Würzburg, im Januar 1993 RENATE HECKER

INHALTSVERZEICHNIS

Abkürzungsverzeichnis

Alle3	nicht nach Laufzeitklassen aufgeteilte Optionsstichprobe; aggregierte Optionsstichprobe
BASF	BASF AG
BAY(ER)	Bayer AG
BGB	Bürgerliches Gesetzbuch
BMW	BMW AG
BörsG	Börsengesetz
BZ-Index	Index der Börsen-Zeitung
DAI(MLER)	Daimler-Benz AG
DAX	Deutscher Aktienindex
DTB	Deutsche Terminbörse
EStG	Einkommensteuergesetz
HOE(CHST)	Hoechst AG
KONF	Konfidenzintervall
KQ-Prinzip	(gewöhnliches) Kleinst-Quadrate-Schätzverfahren
3-Mon	3-Monats-Optionen
6-Mon	6-Monats-Optionen
9-Mon	9-Monats-Optionen
SEC	Securities and Exchange Commission
VW	Volkswagen(werk) AG

Symbolverzeichnis

a_i	=	Schätzwert für α_i
α_i	=	Absolutglied des Marktmodells für die Aktie i (in Kapitel IV)
α	=	zu akzeptierende Irrtumswahrscheinlichkeit bei Ablehnung der Nullhypothese (in Kapitel V)
b_i	=	Schätzwert für β_i
β_i	=	Parameter des Marktmodells für die Aktie i
B	=	Bestimmtheitsmaß
BS(...)	=	Black/Scholes-Wert nach Gleichung (3.9), wobei die in der Klammer angegebenen Parameter zu seiner Berechnung verwendet werden.
$\chi^2(...)$	=	Quantil der Chi-Quadrat-Verteilung
cov(...)	=	Kovarianz
C_{ikj}	=	ermittelter Black/Scholes-Wert nach Gleichung (3.9) bzw. (3.13) für die Optionsserie k der Firma i am Tag j
C_j	=	Kaufoptionswert im Zeitpunkt j
d	=	Testvariable des Durbin-Watson-Tests auf Autokorrelation
D	=	Dividendenzahlung
e	=	Euler'sche Zahl
e_{it}	=	Schätzwert für ε_{it}; Residuum für die Aktie i zum Zeitpunkt t
ε_{it}	=	Störterm des Marktmodells für die Aktie i zum Zeitpunkt t
E(...)	=	Erwartungswert
f	=	Zeitintervall vom Zeitpunkt 0 bis F
F	=	Zeitpunkt der Dividendenzahlung
F_1	=	ausgeprägte, relative tägliche Fehlbewertung
F_2	=	keine ausgeprägte, relative tägliche Fehlbewertung
h(...)	=	log-normale Wahrscheinlichkeitsverteilung
H_0	=	Nullhypothese
H_1	=	Alternativhypothese
K	=	Basispreis
μ	=	Erwartungswert von $\ln(S_j/S_{j-1})$ (Erwartungswert pro Zeiteinheit)
max[x,y]	=	Maximum aus x und y
min[x,y]	=	Minimum aus x und y

MP_{ikj}	=	Fehlbewertungssignal der Optionsserie k der Firma i am Tag j
$N(...)$	=	Verteilungsfunktion der Standardnormalverteilung
OP_{ikj}	=	notierter Optionspreis für die Optionsserie k der Firma i am Tag j
p	=	Eintrittswahrscheinlichkeit
r	=	Eins plus sicherer Zinssatz pro Zeiteinheit (in Kapitel III)
$r_{it}(r_{mt})$	=	Effektivrendite der Aktie i (des Marktfaktors) für den Tag t, d.h. für den Zeitraum vom Tag t-1 bis zum folgenden Tag t (in Kapitel IV)
ρ	=	Autokorrelationskoeffizient erster Ordnung in bezug auf die Störvariable
σ^2	=	Varianz von $\ln(S_j/S_{j-1})$ (Varianz pro Zeiteinheit)
$\sigma^2(...)$	=	Varianz
S_F^{cum}	=	Aktienkurs cum Dividende unmittelbar vor dem Dividendenabschlag
S_F^{ex}	=	Aktienkurs ex Dividende unmittelbar nach dem Dividendenabschlag
S_j	=	Aktienkurs im Zeitpunkt j
t	=	Optionsrestlaufzeit vom Zeitpunkt 0 bis T (in Kapitel III)
T	=	Fälligkeitszeitpunkt der Option (in Kapitel III)
T_1	=	potentieller Insiderhandelstag
T_2	=	kein potentieller Insiderhandelstag
X^2	=	Testvariable des Chi-Quadrat-Tests
$\wedge$	=	dieses Symbol kennzeichnet einen Schätzwert.

I. EINLEITUNG

1. Problemstellung

Ausgehend von dem Ziel einer paretoeffizienten Ressourcenallokation lassen sich vor allen Dingen zwei Gründe für die Existenzberechtigung eines Aktienoptionsmarktes anführen: Er könnte sowohl einen Beitrag zur optimalen Risikoallokation als auch zu einer beschleunigten Informationsverarbeitung am Aktienmarkt leisten. Ausgangspunkt dieser Untersuchung soll allein die Rolle des Optionsmarktes in bezug auf die Informationsverarbeitung am Kapitalmarkt sein; seine Bedeutung für eine verbesserte Risikoallokation wird daher nicht mehr weiter verfolgt werden.

Entscheidende Voraussetzung für eine optimale Ressourcenallokation sind fundamental richtige Aktienkurse. Notwendige Bedingung dafür, daß Aktien jederzeit "richtig" bewertet werden können, ist eine möglichst schnelle Verarbeitung neuer bewertungsrelevanter Informationen durch den Markt, d.h. ein hoher Grad an Informationseffizienz[1]. Während in der empirischen Literatur zur Informationseffizienz des Aktienmarktes Untersuchungen dominieren, die den Optionsmarkt gänzlich ausklammern, liegt ein Schwerpunkt der empirischen Kapitalmarktforschung in bezug auf Aktienoptionen bei Tests alternativer Optionsbewertungsmodelle. Die im Rahmen der zuletzt genannten Studien durchgeführten Untersuchungen überprüfen häufig, ob mittels bestimmter Portfolios aus Optionen und Aktien risikolose Arbitragegewinne realisiert werden können. Insofern entsprechen diese Studien bereits Tests auf Informationseffizienz, deren Implikationen sich nicht ausschließlich auf den Optionsmarkt beschränken lassen. Erst in jüngerer Zeit werden jedoch vor allem in den USA verstärkt Untersuchungen durchgeführt, die unmittelbar den Einfluß des Optionsmarktes auf die Kursbildung und Informationsverarbeitung am Aktienmarkt analysieren[2].

Dabei gibt es in der Literatur bereits seit langem Hinweise darauf, daß es vernünftig erscheint, die Informationsverarbeitung am Aktien- und Optionsmarkt für die einzelnen Kapitalmarktsegmente nicht ausschließlich getrennt zu untersuchen. So besteht die Vermutung, daß Insider, die über ein temporäres Informationsmonopol verfügen, aufgrund des relativ geringeren Kapitaleinsatzes bevorzugt am Options- und nicht am Aktienmarkt tätig werden. Manne vermutete schon 1966, "the purchase of a call 'at the market' [...] provides perhaps the cheapest means for an individual to realize profits from an anticipated price rise."[3]. Da-

---

1) Vgl. z.B. Baumol (1965), S. 6. Vgl. insbesondere auch den Hinweis auf die Problematik der Bestimmung fundamental richtiger Aktienkurse unter Gliederungspunkt II.2.1.

2) Es existieren für den deutschen Markt generell noch sehr wenige empirische Untersuchungen, die Zeitreihen von Optionspreisen auswerten. Bei den vorhandenen Studien liegt der Schwerpunkt jedoch eindeutig auf der Beurteilung der Relevanz des sogenannten Black/Scholes-Modells sowie auf der Überprüfung der Profitabilität der zuvor erwähnten Arbitragestrategien.

3) Manne (1966), S. 90; vgl. auch Black (1975), S. 61.

mit erscheint es plausibel anzunehmen, daß die Verarbeitung von Informationen am Optionsmarkt zeitlich vor der Verarbeitung am Aktienmarkt erfolgt.

Gegenstand der vorliegenden Analyse soll deshalb die Untersuchung der Frage sein, ob Optionspreise einen durch Insidertransaktionen am Optionsmarkt erklärbaren Informationsgehalt für die zukünftige Kursentwicklung der jeweils zugrunde liegenden Aktie besitzen. Dazu wird anhand von Zeitreihen für Options- und Aktienkurse der Frankfurter Wertpapierbörse überprüft werden, ob Intervallen mit deutlichen Abweichungen von der erwarteten Gleichgewichtsrendite am Aktienmarkt systematisch ausgeprägte relative Fehlbewertungen am Optionsmarkt vorausgehen. Von einer Fehlbewertung am Optionsmarkt wird in dieser Arbeit dabei immer dann gesprochen, wenn der Preis einer Option von dem Wert abweicht, der sich gemäß einem Bewertungsmodell ergibt, das den Wert einer Option in Abhängigkeit von dem im Bewertungszeitpunkt realisierten Kurs der entsprechenden Aktie bestimmt. Eine in diesem Sinne fehlbewertete Option ist damit nicht zwingend fundamental "falsch" bewertet.

Sollte tatsächlich ein signifikanter Informationsgehalt der Optionspreise im Hinblick auf die zukünftige Aktienkursentwicklung festgestellt werden, so würden sich daraus nicht nur erste Indizien für die Richtigkeit der oben erläuterten Vermutung über das Verhalten von Insidern ergeben; vielmehr könnte jeder Hinweis auf eine Bestätigung dieser Vermutung gleichzeitig als weiteres Argument gegen die häufig geäußerte Hypothese verwendet werden, daß die Existenz eines Optionsmarktes die fundamental "richtige" Bewertung der Aktien beeinträchtige[4]. Im übrigen könnte der Nachweis eines Informationsgehaltes der Optionsfehlbewertungen für die zukünftige Aktienkursentwicklung auch darauf hindeuten, daß durch Analyse der Optionspreisentwicklung der Vergangenheit und entsprechendes Agieren am Aktienmarkt die Anpassung der Aktienkurse an neue Informationen möglicherweise beschleunigt werden könnte; dies wäre gleichbedeutend mit einer Verbesserung der Informationseffizienz am Aktienmarkt. Welchen Beitrag der Optionsmarkt insoweit zu leisten vermag, hängt allerdings davon ab, ob die Kursdifferenzen, die durch optionspreisgesteuerte Anlagestrategien abgeschöpft werden können, ausreichen, um die zusätzlichen Analyse- und Transaktionskosten zu decken. Im Rahmen der vorliegenden Untersuchung kann diese Frage nicht mehr beantwortet werden, jedoch kann ein erster Aufschluß dahingehend erwartet werden, ob weitere Analysen in der eben skizzierten Richtung überhaupt lohnenswert erscheinen. Allerdings ist dabei auch die Einschränkung zu beachten, daß in dieser Untersuchung lediglich auf einen ex post feststellbaren Informationsgehalt getestet wird, so daß nicht zwingend gefolgert werden könnte, daß ein nachgewiesener Informationsgehalt auch ex ante erkennbar und nutzbar gewesen wäre.

---

4) Diese Hypothese wird z.B. diskutiert bei Gemmill (1989), S. 15, und bei Klemkosky (1978), S. 508f.

2. Datenbasis und verwendete Programme zur Datenverarbeitung

Der Untersuchungszeitraum der vorliegenden Arbeit erstreckt sich vom 01. April 1983 bis zum 31. Dezember 1987. Als zu untersuchende Firmen werden die drei Chemieunternehmen BASF, Bayer und Hoechst sowie aus der Automobilbranche BMW, Daimler-Benz und VW ausgewählt[5]. Der relativ begrenzte sachliche Umfang der Stichprobe erklärt sich dabei dadurch, daß sämtliche zur Durchführung der Studie benötigten Daten mit Ausnahme der verwendeten Indexzeitreihe erst über EDV erfaßt werden mußten[6]. Die ausgewählten Firmen bieten den Vorteil, daß ihre Aktienoptionen im relevanten Zeitraum überwiegend zur Gruppe der vergleichsweise relativ umsatzstarken Werte gehören. Die Auswahl mehrerer Firmen aus derselben Branche ermöglicht darüber hinaus einen Branchenvergleich der Ergebnisse.

Für jeden Handelstag des Untersuchungszeitraums werden sämtliche an der Frankfurter Wertpapierbörse notierten Kaufoptionspreise der sechs Firmen in der Datenbank berücksichtigt[7], wobei die entsprechenden Daten in der Regel der Börsen-Zeitung entnommen wurden. Lediglich bei vereinzelt auftretenden Lücken sowie bei den unten beschriebenen Datenüberprüfungen wurde zusätzlich auch auf die Veröffentlichungen im Handelsblatt und der Frankfurter Allgemeine Zeitung zurückgegriffen. Für die eigentliche Untersuchung werden später allerdings jeweils nur die Optionspreise berücksichtigt, zu denen tatsächlich ein Handel zustande kam, was einen Ausschluß aller Brief- und Geldnotierungen zur Folge hat. Darüber hinaus ist darauf hinzuweisen, daß sich diese Untersuchung, was den Optionsmarkt betrifft, ausschließlich auf das Marktsegment der Kaufoptionen beschränkt, so daß im folgenden, wenn nicht explizit etwas anderes angemerkt wird, unter einer Option stets nur eine Kaufoption zu verstehen ist.

Die benötigten Aktienkurse wurden im Gegensatz zu den Optionspreisen im allgemeinen dem Handelsblatt entnommen. Nur wenn dieses für einzelne Tage nicht verfügbar war, wurde auf die Kursveröffentlichungen der Frankfurter Allgemeine Zeitung und auf Die Welt zurückgegriffen. Gleiches gilt für die Durchführung der unten beschriebenen Datenüberprüfung. Bei der Datenerhebung wurden zwar mehrere, an der Frankfurter Wertpapierbörse no-

---

5) Aus Vereinfachungsgründen wird Daimler-Benz im weiteren Verlauf der Arbeit nur mehr mit Daimler bezeichnet werden.

6) Die Daten wurden am Lehrstuhl von Prof. Dr. E. Wenger (bis 1988 an der Universität Frankfurt, später an der Universität Würzburg) von studentischen Hilfskräften erfaßt.

7) Dies gilt allerdings nicht für die ab dem 18. Juli 1986 vorübergehend notierten Daimleroptionen cum BA (mit Berichtigungsaktien) mit der Wertpapierkennummer: 550006. Bei diesen handelt es sich um die Daimleroptionen, die bereits vor dem Aktiensplit am 18. Juli 1986 begründet wurden, deren Fälligkeitstag aber nach diesem Datum lag. Bei diesen Optionen bestand bei Ausübung nach dem Tag des Aktiensplits ein Anspruch auf die Mitlieferung der neuen Aktien und etwaiger Teilrechte; vgl. hierzu die Erläuterungen in Gliederungspunkt III.1.3.4. Darüber hinaus werden im Jahr 1983 auch nur die Preise der Optionen berücksichtigt, die nach dem 01. April 1983 zu den ab diesem Tag geltenden neuen Bedingungen gehandelt wurden.

tierte Kurse pro Handelstag erfaßt, für die Untersuchung wird jedoch im Regelfall stets nur der jeweilige Eröffnungskurs der Aktie verwendet. Allein wenn es sich bei diesem lediglich um einen Brief- oder Geldkurs handelt, wird statt des Eröffnungskurses mit dem für den ersten Handel nach Beginn der Börsensitzung festgestellten Kurs gearbeitet. Diese Kurse mußten unmittelbar aus dem amtlichen Kursblatt im Archiv der Frankfurter Wertpapierbörse entnommen werden. Für die Durchführung der Untersuchung war es notwendig, die Aktienkurse vom 01.04.1982 bis einschließlich 31.12.1988 zu erheben. Einerseits hängt dieser erweiterte Erhebungszeitraum damit zusammen, daß in die verwendeten Volatilitätsschätzer Aktienkurse eingehen, die gegenüber den Optionspreisen einen zeitlichen Vorlauf von bis zu einem Jahr aufweisen. Andererseits soll bis zum Ende der Zeitreihe der erhobenen Optionspreise gewährleistet sein, daß Fehlbewertungen auf das Bestehen eines Zusammenhangs mit späteren Aktienkursbewegungen untersucht werden können.

Um eine korrekte Berechnung der täglichen Aktienrenditen zu ermöglichen, werden die relevanten Kurse am Tage eines Dividenden- bzw. Bezugsrechtsabschlags nach der sogenannten "operation blanche" bereinigt[8]. Bei diesem Verfahren wird eine vollständige Reinvestition der zugeflossenen Mittel in die entsprechende Aktie fingiert. Als zugeflossen wird dabei in dieser Untersuchung der Betrag der Bardividende bzw. der Marktpreis des Bezugsrechtes am ersten Handelstag betrachtet[9]. Sämtliche Bereinigungsdaten wurden der jährlich erscheinenden, von der Berliner Bank AG erstellten Publikation "Die Börse" entnommen[10].

Die benötigte Aktienindexzeitreihe konnte bereits auf elektronischen Datenträgern bezogen werden[11]. Es handelt sich dabei um die Zeitreihe des rückwärts mit dem Index der Börsen-Zeitung (BZ-Index) verknüpften Deutschen Aktienindex (DAX). Für die vorliegende Untersuchung werden daraus die jeweils um 12.00 Uhr festgestellten Werte des DAX für 1988 bzw. die auf die neue Basis des DAX umgerechneten, um die gleiche Uhrzeit festgestellten Werte des BZ-Index für 1983 bis 1987 entnommen.

Für die Berechnung der Optionswerte wird schließlich noch ein risikoloser Zinssatz benötigt. Die Wahl fiel auf den jeweiligen Geldmarktsatz für Dreimonatsgeld am Frankfurter Bankplatz. Dieser wurde für den Untersuchungszeitraum den Monatsberichten der deutschen Bundesbank als ungewichteter Monatsdurchschnittszinssatz entnommen[12].

---

8) Vgl. zur Beschreibung der "operation blanche" Loistl (1990), S. 473f. Die relevanten Bereinigungsfaktoren für die vorliegende Untersuchung finden sich ebenda, S. 471, in den mit Schlüssel 10 und 20 bezeichneten Rubriken.

9) Nur in einem einzigen Fall ist auch die Bereinigung um einen Aktiensplit zu berücksichtigen. Der entsprechende Bereinigungsfaktor wäre in diesem Fall (1+1/Splitverhältnis).

10) Außerdem erfolgte ein Vergleich mit den entsprechenden Veröffentlichungen im Handelsblatt.

11) Bezugsquelle der entsprechenden Datei "Melladax.dat" war der Verlag Börsen-Zeitung.

12) Vgl. die Monatsberichte der Deutschen Bundesbank für Januar, Jahrgänge 1985 - 1988.

Die richtige Eingabe der Daten mußte umfangreichen Kontrollen unterzogen werden. So wurden bei den Aktienkursdateien alle täglichen Kurssprünge, die mehr als 1,5% betrugen, herausgefiltert und auf Richtigkeit überprüft. Außerdem wurde die korrekte Erfassung aller Handelstage durch Quervergleiche zwischen Aktienkursdateien unterschiedlicher Firmen bzw. zwischen Aktienkurs- und Optionspreisdateien kontrolliert. Schließlich erfolgte eine Überprüfung von etwa 6% aller eingegebenen Kaufoptionspreise, die keinen Brief- oder Geldzusatz aufwiesen[13]. Diese Optionspreise wurden nicht zufällig ausgewählt. Vielmehr setzte sich die Stichprobe pro untersuchter Gesellschaft jeweils aus den 6% Optionspreisen eines Jahres zusammen, die am stärksten nach oben oder unten von dem nach dem Bewertungsmodell errechneten Optionswert abwichen. Die relative Gewichtung unter- und überbewerteter Optionen in dieser Stichprobe entsprach dabei dem errechneten Anteilsatz an unter- und überbewerteten Optionen bei allen für die jeweilige Firma im jeweils geprüften Jahr erfaßten Optionen[14]. Bei der Zusammensetzung der Teilstichprobe der überbewerteten Optionen wurde darüber hinaus noch beachtet, daß der prozentuale Anteil an out-of-the-money Optionen in dieser Stichprobe in etwa dem prozentualen Anteil in der je Firma und Jahr erhobenen Grundgesamtheit entsprach[15].

Für die Datenerfassung und -bereinigung sowie für kleinere Berechnungen und die Erstellung der meisten Graphiken dieser Arbeit wurde das Tabellenkalkulationsprogramm Lotus 1-2-3 verwendet. Die Erstellung weiterer Graphiken erfolgte mit Lotus Symphony und dem Grundmodul des Statistikprogramms SPSS-PC. Letzteres diente insbesondere auch zur Durchführung aller in dieser Untersuchung benötigten Regressionsschätzungen sowie einiger, damit zusammenhängender statistischer Tests. Der weit überwiegende Teil aller verwendeten Programme wurde jedoch in Turbo Pascal programmiert[16].

---

13) In Zweifelsfällen wurden die Optionspreise auch mit den entsprechenden Werten aus der Deutschen Finanzdatenbank (DFDB) Karlsruhe verglichen. Auf diese Datenbank konnte für diese Untersuchung jedoch nicht generell zurückgegriffen werden, da der Zugang zu den Daten erst in einem sehr späten Stadium der Arbeit überhaupt möglich war und die gelieferten Daten zu diesem Zeitpunkt noch extrem fehlerbehaftet waren. Die Aktienkurse konnten darüber hinaus schon deshalb nicht aus dieser Datenbank entnommen werden, weil diese nur Aktienkassakurse enthält.

14) Notierungen, zu denen nicht effektiv gehandelt wurde, wurden hierbei allerdings nicht berücksichtigt.

15) Der entsprechende Anteil wurde wieder unter Ausschluß der Brief- und Geldnotierungen ermittelt.

16) Dabei wurden zur Berechnung der Optionswerte sowie zur ersten Analyse der Optionspreis- und Aktienkursstichproben die Programme zugrunde gelegt, die beschrieben sind bei Gais (1989), Anhang VIII, S. 192 - 236. Diese Programme wurden mit mehr oder weniger großen Modifikationen an die Erfordernisse dieser Untersuchung angepaßt. Einige Module wurden darüber hinaus in weiterführenden Programmen wieder verwendet. Auch die von Gais programmierte Berechnung der Werte der hypergeometrischen Verteilung wurde in veränderter Form in ein Programm eingebaut. Der Chi-Quadrat-Test auf Normalverteilung sowie die Tests auf Homoskedastizität der Regressionsresiduen wurden von A. Popellak programmiert. Die Programme zur Berechnung der durchschnittlichen täglichen Optionsfehlbewertungen, zur Selektion der Tage mit extremen Residuen am Aktienmarkt sowie der Test auf einen potentiellen Zusammenhang zwischen "vorauslaufenden" Optionsfehlbewertungen und nachfolgender positiver bzw. negativer "abnormal performance" am Aktienmarkt wurden von der Verfasserin selbst programmiert.

3. Aufbau der Untersuchung

Die Vermutung, daß Insider ihren Informationsvorsprung bevorzugt bzw. zumindest zuerst am Options- und nicht am Aktienmarkt ausbeuten, bildet den theoretischen Hintergrund, vor dem es sinnvoll erscheint, die Frage zu untersuchen, ob Optionspreise einen Informationsgehalt bezüglich der zukünftigen Kursentwicklung der jeweils zugrunde liegenden Aktie besitzen. Im folgenden Kapitel II wird deshalb zuerst erarbeitet, durch welche Argumente die Überlegung gestützt werden kann, daß der Handel in Aktienoptionen Insidern besondere Vorteile biete. Dazu wird vorab der Begriff des Insiders definiert und außerdem dargestellt, welche rechtlichen Rahmenbedingungen den Insiderhandel in Deutschland begrenzen.

Danach folgt eine Systematisierung und kritische Würdigung der Untersuchungsansätze bisheriger empirischer Arbeiten zur Informationsverarbeitung auf dem Options- und Aktienmarkt. Dabei wird auch herausgearbeitet, welche Rückschlüsse auf den Grad an Informationseffizienz der hier betrachteten Kapitalmarktsegmente die Ergebnisse dieser Studien zulassen. Nach diesem allgemeinen Literaturüberblick wird untersucht, inwiefern die in dieser Arbeit konkret getestete Hypothese als Operationalisierung der hier zugrunde gelegten Theorie über das Verhalten von Insidern betrachtet werden kann. Die Diskussion der besonderen Vorteile und Problematik des verwendeten Testansatzes erfolgt sodann vor dem Hintergrund einer vorgestellten alternativen Möglichkeit der Operationalisierung der Insiderhypothese. Kapitel II endet mit der Einordnung des in dieser Arbeit ausgewählten Untersuchungsansatzes in die zuvor beschriebene Systematik existierender Untersuchungsansätze zur Informationsverarbeitung.

Die zu untersuchende Hypothese kann im folgenden überhaupt nur dann getestet werden, wenn sowohl ein Gleichgewichtsmodell für die Aktien- als auch die Optionsbewertung eingeführt ist. Erst diese Modelle ermöglichen die Bestimmung der Gleichgewichtswerte, die für eine Ermittlung der jeweiligen Fehlbewertungen am Optionsmarkt bzw. der Abweichungen von der erwarteten Gleichgewichtsrendite am Aktienmarkt Voraussetzung sind. Die Vorstellung des für diese Untersuchung gewählten Optionsbewertungsmodells bildet deshalb den Schwerpunkt von Kapitel III, die Darstellung des unterstellten Aktienbewertungsmodells den Kern von Kapitel IV.

Um die empirischen Bezüge des verwendeten Optionsbewertungsmodells aufzeigen zu können, beginnt Kapitel III mit einer Einführung in das börsenmäßige Optionsgeschäft in Deutschland; dabei werden insbesondere die rechtlichen Rahmenbedingungen erläutert, die für Transaktionen auf dem Kaufoptionsmarkt während des Untersuchungszeitraums Relevanz besaßen. Vor diesem Hintergrund wird anschließend das Black/Scholes-Modell erörtert, das im Rahmen der vorliegenden empirischen Untersuchung als Erklärungsansatz für die Preisbildung am Kaufoptionsmarkt dienen soll. Um die Güte dieses Modells im Hinblick auf den angestrebten Erklärungszweck beurteilen zu können, wird es zum einen mit konkurrierenden Optionsbewertungsmodellen konfrontiert. Zum andern wird anhand der vorliegenden Daten untersucht, inwieweit davon auszugehen ist, daß in den betrachteten Kapitalmarktsegmenten Abweichungen von den Prämissen des Black/Scholes-Modells bestehen. Die gewonnenen Erkenntnisse werden durch die Darstellung relevanter Ergebnisse aus bereits existierenden empirischen Studien ergänzt. Nach ausführlicher Begründung der Entscheidung für das Black/Scholes-Modell wird darauf eingegangen, wie die ihm innewohnenden Freiheitsgrade bei der Wahl der Modellparameter geschlossen werden sollen. Dies dient der Vorbereitung der konkreten Implementierung des Modells, die dem letzten Teil von Kapitel III vorbehalten ist. In diesem wird detailliert erläutert, wie die Fehlbewertungen am Optionsmarkt zu ermitteln sind. Darüber hinaus erfolgt eine ausführliche Untersuchung der quantitativen und qualitativen Zusammensetzung der Optionsstichprobe. Das Kapitel endet schließlich mit einer ersten Analyse der berechneten Fehlbewertungen.

Zu Beginn von Kapitel IV wird das Marktmodell in seiner Ein-Faktor-Version vorgestellt, das in dieser Arbeit als Modell zur Bestimmung der erwarteten Gleichgewichtsrenditen der Aktien verwendet wird. Dabei wird insbesondere auch erläutert, wie die hier relevante, sogenannte "abnormal performance", d.h. die Differenz zwischen beobachteter und mit Hilfe des Gleichgewichtsmodells ermittelter erwarteter Aktienrendite, materiell interpretiert werden kann. Analog zur Vorgehensweise bei der Einführung des Optionsbewertungsmodells wird sodann anhand der Ergebnisse bisher durchgeführter empirischer Untersuchungen eine Beurteilung der Güte des gewählten Aktienbewertungsmodells im Hinblick auf den angestrebten Erklärungszweck vorgenommen. Da sowohl die Modellparameter des Marktmodells als auch die jeweils auftretende "abnormal performance" nicht direkt beobachtet werden können, folgt als nächstes eine Beschreibung des zu ihrer Ermittlung gewählten Kleinst-Quadrate-Schätzers der linearen Regression. Dabei wird nach der Darstellung der Annahmen des Regressionsmodells die Schließung der Freiheitsgrade bei der Spezifikation der Parameter ausführlich erörtert. Anschließend werden die Regressionsergebnisse präsentiert. Darauf folgt die Vorstellung des formalen Selektionsverfahrens, das zur Bestimmung der Tage am Aktienmarkt führt, deren geschätzte "abnormal performance" für den Test der aufgestellten Hypothese jeweils als betragsmäßig besonders hoch eingestuft wird. Am Ende des Kapitels IV muß schließlich anhand der vorliegenden Daten noch untersucht werden, inwiefern Abweichungen von den Prämissen des hier verwendeten Regressionsmodells vorliegen und welche Auswirkungen auf die Schätzgenauigkeit bzw. die richtige Quantifizierung der Schätzfehler dadurch gegebenenfalls zu erwarten sind.

In Kapitel V wird die aufgestellte Hypothese über einen potentiellen Zusammenhang zwischen der Größe vorauslaufender Optionsfehlbewertungen und nachfolgender positiver bzw. negativer "abnormal performance" am Aktienmarkt einem statistischen Signifikanztest unterzogen. Dazu wird vorab ausführlich erläutert, warum es plausibel erscheint, daß Insider ein Engagement am Markt für Kaufoptionen durchaus davon abhängig machen könnten, ob es um die Ausbeutung einer positiven oder negativen Insiderinformation geht. Aus dieser Erkenntnis lassen sich Erwartungen über mögliche Unterschiede in der Signifikanz der Testergebnisse ableiten, wenn nach Fallgruppen mit abnormalen Aufwärts- bzw. Abwärtsbewegungen der Aktienkurse differenziert wird. Außerdem wird erläutert, inwiefern möglicherweise noch weitere Faktoren einen systematischen Einfluß auf die Signifikanz der Ergebnisse haben könnten. Nach diesen Vorüberlegungen folgt die Beschreibung des exakten Tests von Fisher, der das für die Überprüfung der Hypothese verwendete statistische Testverfahren darstellt. Daran schließt sich die Spezifikation der für die Durchführung des Tests relevanten Merkmale sowie eine Erläuterung der einzelnen Testdurchläufe an. Kapitel V endet mit der Präsentation und ausführlichen Diskussion der Testergebnisse.

Kapitel VI enthält eine Zusammenfassung der wesentlichen Ergebnisse der durchgeführten Untersuchung und der daraus zu ziehenden Schlußfolgerungen.

II. GRUNDLEGENDE BEGRIFFE, LITERATURÜBERBLICK UND EINORDNUNG DER UNTERSUCHUNG

1. Der Insiderhandel

Den theoretischen Hintergrund dieser Untersuchung bildet die Vermutung, daß Insider ihren Informationsvorsprung bevorzugt bzw. zumindest zuerst am Options- und nicht am Aktienmarkt ausbeuten. Deshalb soll in diesem Kapitel zunächst geklärt werden, was unter dem Begriff des Insiders, des Insiderhandels oder der Insiderinformation zu verstehen ist und welche rechtlichen Rahmenbedingungen die deutschen Insiderregelungen setzen. Im Zusammenhang damit soll auch auf die ökonomische Problematik des Insiderhandels eingegangen werden. Danach wird ausführlich zu untersuchen sein, durch welche Argumente sich die Vermutung stützen läßt, der Handel in Aktienoptionen biete Insidern besondere Vorteile.

1.1 Begriffliche und sachliche Abgrenzung

Bei der Definition von Insidern läßt sich eine allgemeine, umfassende Definition von sonstigen Abgrenzungen des Begriffs unterscheiden, wie sie sich etwa in den Insiderregelungen verschiedener Länder finden. Diese Begriffsabgrenzungen stellen häufig nur eine Teilmenge der umfassenden Definition dar.

Allgemein bezeichnet man als Insider Personen, die Zugang zu nicht öffentlich verfügbarer Information haben, die für die Prognose zukünftiger Kursänderungen an der Börse gehandelter Wertpapiere Relevanz besitzt. Dahinter steht folgende Vorstellung des Insiderhandels: Ein Insider erhält eine nicht öffentlich verfügbare Information, von der er annimmt, daß sie bei Bekanntgabe zu einer Anpassung des Kurses des betroffenen Wertpapieres an ein neues Gleichgewichtsniveau führt. Er geht außerdem davon aus, Richtung und ungefähres Ausmaß dieser Anpassung vorhersehen zu können. Da die Gruppe der Insider klein ist und sie zumeist aufgrund begrenzter finanzieller Mittel über eine geringe relative Stärke am Markt des betreffenden Wertpapiers verfügt[1] oder aber die Insider die Möglichkeit haben, sich untereinander abzustimmen, können sie vor Verbreitung der Information am Markt noch zu Kursen handeln, die bei positiven Informationen unter bzw. bei negativen Nachrichten über dem erwarteten neuen Gleichgewichtsniveau liegen[2]. Durch dieses Vorgehen haben die Insider

---

1) Unter der "relativen Stärke" einer Händlergruppe auf einem bestimmten Marktsegment soll in dieser Arbeit immer der Anteil des mengenmäßigen Umsatzes dieser Gruppe am gesamten mengenmäßigen Umsatz auf diesem Marktsegment verstanden werden. Vgl. ebenso Franke (1980), S. 83. Die Bedeutung des Begriffs der "relativen Stärke" in der vorliegenden Untersuchung ist damit streng von der Bedeutung dieses Begriffs bei der technischen Aktienanalyse zu trennen. Dort wird die "relative Stärke" einer Aktie durch den Quotient aus dem gegenwärtigen Kurs der Aktie und dem durchschnittlichen Kurs dieser Aktie in der nahen Vergangenheit gemessen. Vgl. zu dieser Definition der "relativen Stärke" z.B. Elton/Gruber (1987), S. 377.

2) Vgl. z.B. Wenger (1986), S. 1, sowie insbesondere Franke (1980), S. 105f. i.V.m. S. 81 - 91.

im Gegensatz zur Gruppe der nicht vorab informierten Marktteilnehmer die Möglichkeit, systematisch Überrenditen zu erzielen[3]. Bei dieser Aussage wird vorausgesetzt, daß die Insider ihre zusätzlichen Informationen zumindest im Durchschnitt nicht falsch interpretieren und außerdem ausreichende Kursveränderungen auftreten, um anfallende Transaktionskosten überzukompensieren[4].

Die Definition des Insiderbegriffs im zuvor beschriebenen Sinne ist überaus weitreichend und bedeutet insbesondere, daß zur Gruppe der Insider nicht nur Personen gerechnet werden, die unmittelbar Zugang zu Insiderinformationen haben, sondern darüber hinaus auch deren Geschäftspartner, Familienangehörige und sonstige Bezugspersonen, an die Informationen weitergereicht werden[5]. Allerdings sollen kursrelevante Insiderinformationen für die Zwecke dieser Untersuchung auf unternehmensspezifische, allenfalls noch auf gleichzeitig eine bestimmte Gruppe von Unternehmen betreffende Informationen beschränkt bleiben. Informationsvorsprünge über die Entwicklung monetärer oder sonstiger gesamtwirtschaftlicher Größen, die Einfluß auf alle Wertpapierkurse haben könnten, bleiben somit außer Betracht. Letztlich bewirkt dies eine Einschränkung des relevanten Personenkreises, so daß in dieser Hinsicht der hier verwendete Insiderbegriff enger gefaßt wird als in der allgemeinen Definition[6]. Schließlich werden als potentielle Gegenstände von Insiderhandel nur Kaufoptionen und Aktien berücksichtigt, da die hier verwendete Datenbasis auf diese beiden Märkte beschränkt ist.

1.2 Der Meinungsstreit über das Insiderhandelsverbot und die Regulierung des Insiderhandels in Deutschland

Um zu verstehen, warum in vielen Ländern versucht wird, den Handel von Insidern mittels gesetzlicher oder sonstiger Regelungen mehr oder weniger umfassend einzuschränken, sollen vor der Darstellung der deutschen Rahmenbedingungen die Argumente der Befürworter und Gegner eines Insiderhandelsverbots kurz erläutert werden.

---

3) Vgl. zum Begriff der Überrendite Gliederungspunkt II.2.2. Vgl. auch die Erläuterungen zur Hypothese der Informationseffizienz in ihrer strengen Form unter II.2.1.

4) Darüber hinaus sind neben den Transaktionskosten auch die Kurseinflüsse zu kompensieren, die unter Umständen bereits durch den Insiderhandel entstehen. Je enger der Markt bzw. je größer das Engagement der Insider, desto größer ist ceteris paribus auch die durch die zusätzliche Nachfrage (das zusätzliche Angebot) der Insider induzierte Kurserhöhung (Kurssenkung).

5) Dies entspricht dem Insiderbegriff nach amerikanischem Recht, wo sogar Tipempfänger zu Insidern gerechnet werden. Vgl. Securities Exchange Act, Section 16 von 1934 i.V.m. Rule 10(b)-5 von 1942.

6) Nicht erfaßt wird etwa ein Angestellter der Deutschen Bundesbank, der z.B. Zugang zu Informationen über eine geplante Diskontsatzerhöhung hat.

Die Befürworter einer Unterbindung des Insiderhandels begründen ihre Position hauptsächlich mit der Notwendigkeit des Individual- und Funktionenschutzes[7]. Dabei wird argumentiert, daß zum einen der individuelle, nicht vorab informierte Anleger vor Verlusten zu schützen sei, die er erleiden könnte, wenn er in Unkenntnis der Insiderinformation im Falle einer positiven Nachricht noch zu Kursen verkaufen würde, die unter dem neuen Gleichgewichtsniveau nach Verarbeitung der Information am Markt lägen. Dasselbe gelte im Falle einer negativen Information für einen Kauf über dem neuen Gleichgewichtskurs[8]. Auf der anderen Seite sei die Funktionsfähigkeit der Börsen zu schützen, die dadurch gefährdet wäre, daß Nicht-Insider aus Furcht vor Übervorteilung dem Kapitalmarkt fernblieben und dieser somit seine Allokationsfunktion nicht mehr erfüllen könnte[9]. Außerdem würde dadurch die politisch erwünschte breite Beteiligung an der Bereitstellung von Risikokapital zurückgedrängt[10].

Die Gegner eines umfassenden Insiderhandelsverbots hingegen halten den Schaden des individuellen, nicht vorab informierten Anlegers für gering. Zum einen wäre davon auszugehen, daß dessen zusätzliches Risiko aufgrund des potentiellen Insiderhandels über eine höhere Gleichgewichtsrendite der Insiderpapiere ausgeglichen würde, so daß er eine risikoangepaßte Rendite erhalten könnte[11]. Zum andern wird der Schaden auch deshalb als gering angesehen, weil die Wahrscheinlichkeit des Auftretens von Insiderinformationen, die sehr hohe Kursveränderungen zur Folge haben, als relativ klein und die dem Insider jeweils verbleibende Reaktionszeit als kurz eingestuft wird[12]. Darüber hinaus hat für die Gegner eines generellen Insiderhandelsverbots die Möglichkeit der Ausnutzung von Insiderinformationen mehrere positive Effekte. So sehen sie in der "Vermarktung" von Insiderinformation durch Manager eine Belohnung für gute unternehmerische Leistungen und damit ein wichtiges zu-

---

7) Vgl. etwa Hopt/Will (1973), S. 45 - 51, sowie mit Bezug darauf Arbeitskreis Gesellschaftsrecht (1976), S. 9 - 11.

8) Vgl. Hopt/Will (1973), S. 48, und Ballwieser (1976), S. 232 u. S. 253. Letzterer weist darauf hin, daß der potentielle Schaden für die Gruppe der nicht informierten Anleger ceteris paribus um so größer würde, je langsamer der Anpassungsprozeß an ein neues Gleichgewicht vonstatten ginge. Dabei betrachtet er es als empirisch erwiesen, daß die Anpassung in Deutschland relativ langsam erfolgt.

9) Vgl. Hopt/Will (1973), S. 49.

10) Vgl. ebenda, S. 51, und Arbeitskreis Gesellschaftsrecht (1976), S. 11.

11) Vgl. hierzu Wenger (1986), S. 8f., der davon ausgeht, daß als Ausgleich für potentielle spätere Schäden aus dem Insiderhandel von vornherein von den Unternehmen nur niedrigere Emissionskurse am Markt durchsetzbar sind. Vgl. hierzu auch Alchian/Woodward (1987), S. 18, die die empirisch immer wieder festgestellten "abnormal returns" bei kleineren Unternehmen (sogenannter "small firm effect") darauf zurückführen, daß Anlaß zu der Vermutung besteht, daß in Aktien dieser Unternehmen auch besonders ausgeprägter Insiderhandel stattfindet.

12) Vgl. Manne (1966), S. 110.

sätzliches Anreizinstrument[13]. Die Möglichkeit der Auswertung von Insiderinformationen am Markt böte jedoch auch für andere Marktteilnehmer Anreize, sich gezielt um Informationsvorsprünge zu bemühen[14] bzw. bereits bekanntgewordene Insiderkäufe nachzuahmen[15]. Dadurch würde die Verarbeitung neuer Informationen am Kapitalmarkt beschleunigt, was zu einer Verbesserung der Signalfunktion der Börsenkurse beitrage[16].

Da es nicht Ziel dieser Untersuchung ist, sämtliche ökonomische Auswirkungen des Insiderhandels einer umfassenden Beurteilung zu unterziehen[17], soll diese kurze Einführung in die Problematik genügen. Weitaus größere Bedeutung als der soeben skizzierten normativen Fragestellung kommt hingegen der positiven Fragestellung zu, die sich mit der Regulierung des Insiderhandels in Deutschland befaßt. Die Rigidität bzw. Liberalität einer solchen Regelung läßt nämlich erste Rückschlüsse darauf zu, ob es überhaupt sinnvoll erscheint, von der Vermutung wesentlicher und zudem nicht publik gewordener Insideraktivitäten am Kapitalmarkt auszugehen.

Der Insiderhandel ist in Deutschland im Gegensatz etwa zu den USA nicht gesetzlich geregelt[18]. Vielmehr hat die Börsensachverständigenkommission zusammen mit der Arbeitsgemeinschaft deutscher Wertpapierbörsen und Spitzenverbänden der deutschen Wirtschaft in den siebziger Jahren Empfehlungen erarbeitet, die in Form der sogenannten Insiderhandels-Richtlinien niedergelegt und durch eine Verfahrensordnung sowie Händler- und Beraterregeln ergänzt wurden[19]. Für die vorliegende Untersuchung sind sie in ihrer Fassung vom Juli 1976 relevant. Danach gelten die gesetzlichen Vertreter und Aufsichtsratsmitglie-

---

13) Vgl. ebenda, S. 138, sowie Wenger (1986), S. 12 - 17. Letzterer weist allerdings darauf hin, daß geplante Unternehmensaufkäufe möglicherweise einen Ausnahmefall darstellen. Hier könnte ein Insiderhandelsverbot sinnvoll sein, das Managern der aufkaufenden Unternehmung den Handel in Aktien der aufzukaufenden Unternehmung vor der Übernahme verbietet. Die von Befürwortern eines generellen Insiderhandelsverbots gesehene Gefahr einer mutwilligen Verschlechterung der Unternehmenslage zum Zweck einer Baissespekulation wird hingegen als eher zweifelhaft angesehen. Darüber hinaus wird in diesem Zusammenhang auf die wünschenswerte Signalfunktion hingewiesen, die Leerverkäufe von Insidern besitzen würden.

14) Hier wäre etwa an die Gruppe der Finanzanalysten zu denken. Vgl. Wenger (1986), S. 15.

15) Bei der Nachahmung des Insiderhandels durch sogenannte Mitläufer oder "outsider" spricht man auch vom Induktionseffekt des Insiderhandels; vgl. Ballwieser (1976), S. 249. Zur Reaktion des Marktes auf den Handel einiger Insider vgl. insbesondere auch Manne (1966), S. 80 - 83.

16) Vgl. in diesem Zusammenhang auch Gliederungspunkt II.2.1 zur Informationseffizienz als notwendiger Bedingung für eine optimale Ressourcenallokation.

17) Die Frage nach den Auswirkungen ist vor allem auch eine empirische Frage, die in Deutschland bisher noch nicht sehr häufig in Untersuchungen aufgegriffen wurde. Insofern steht eine gesicherte Beurteilung noch aus.

18) Kernpunkte der Regelung in den USA sind vor allem im Securities Act von 1933 und im Securities Exchange Act von 1934 kodifiziert.

19) Vgl. Frankfurter Wertpapierbörse (1989), Insider-Regeln, S. 3.

der einer Gesellschaft sowie verbundener inländischer Unternehmen als Insider[20]. Darüber hinaus zählen auch die mit mehr als 25% an der Gesellschaft beteiligten Großaktionäre einschließlich ihrer gesetzlichen Vertreter und Aufsichtsratsmitglieder zu der Gruppe der Insider. Dasselbe gilt für die Angestellten der Gesellschaft, der verbundenen inländischen Unternehmen und der genannten Großaktionäre, sofern sie aufgrund ihres Angestelltenverhältnisses Insiderinformationen erlangen. Schließlich sind auch die Aufsichtsratsmitglieder, die Geschäftsleiter, die Angestellten und die Beauftragten von Banken zu der Gruppe der Insider zu rechnen, wenn sie aufgrund ihrer Zusammenarbeit mit Unternehmen Kenntnis von bestimmten Unternehmensinformationen erhalten. Dabei sind in bezug auf Bankenvertreter nur Informationen über vorgesehene Kapitaländerungen sowie wesentliche Unternehmensänderungen relevant[21].

Die genannten Insider sind jedoch nur dann an die Insiderhandels-Richtlinien gebunden, wenn das Unternehmen, für das sie tätig sind bzw. bei dem sie mehr als 25% der Eigenkapitalanteile besitzen oder das Kreditinstitut, für das sie arbeiten, die Insiderhandels-Richtlinien anerkennt. In diesem Fall muß die Untersagung entsprechender Insidergeschäfte Gegenstand von Arbeitsverträgen oder sonstigen privatrechtlichen Vereinbarungen zwischen Insider und Unternehmen bzw. Kreditinstitut sein[22]. Obwohl die Anerkennung der Insiderhandels-Richtlinien von allen Kreditinstituten und der Mehrheit der börsennotierten Aktiengesellschaften erfolgt ist[23], besteht ein sehr begründeter Anlaß zu der Vermutung, daß dies kaum eine wesentliche Eindämmung des Insiderhandels in Deutschland bewirkt. Dies liegt zum einen am Inhalt der Richtlinien selbst, der im Vergleich zu der umfassenden Definition des Insiderhandels, wie sie zu Beginn von Gliederungspunkt II.1.1 gegeben wird, nur einen Teil der denkbaren Abschöpfungsstrategien erfaßt. Zum andern sind aber auch die begrenzten Möglichkeiten zu bedenken, unter Einhaltung der Regelungen der Insider-Verfahrensordnung Verstöße überhaupt aufzudecken. Darüber hinaus bestehen im Fall der Entdeckung eines Verstoßes auch nur sehr eingeschränkte Sanktionsmöglichkeiten. Der Inhalt der Richtlinien weist insbesondere Lücken bei der Abgrenzung der Insider und der potentiellen Gegenstände des Insiderhandels, der sogenannten Insiderpapiere, auf. So waren in der für den vorliegenden Untersuchungszeitraum relevanten Fassung der Richtlinien von 1976 zwar

20) Für die gesetzlichen Vertreter und Aufsichtsratsmitglieder verbundener Unternehmen gilt dies nur, wenn sie gewöhnlich Kenntnis von Insiderinformation erlangen. In den Insiderhandels-Richtlinien steht der Begriff "Gesellschaft" generell stellvertretend für eine Aktiengesellschaft, allerdings werden auch Kommanditgesellschaften auf Aktien einbezogen. So zählen etwa die persönlich haftenden Gesellschafter einer KGaA auch zu den Insidern; vgl. Büschgen (1985), S. 340.

21) Vgl. Insiderhandels-Richtlinien in der Fassung vom Mai 1988, § 2 Nr. 1, i.V.m. Frankfurter Wertpapierbörse (1989), Insider-Regeln, S. 4. Da die Insiderhandels-Richtlinien in der hier relevanten Fassung von 1976 nicht mehr zu beschaffen waren, wird im folgenden immer auf die heute gültige Fassung in Verbindung mit der oben genannten Seite 4 verwiesen, die die Punkte angibt, die von der alten Fassung abweichen. So ist in der heute gültigen Fassung der Kreis der Insider um die Berater der Gesellschaften und um die im Kreditgeschäft tätigen Mitarbeiter der Kreditinstitute erweitert.

22) Vgl. Büschgen (1985), S. 341.

23) Vgl. Insiderhandels-Richtlinien in der Fassung vom Mai 1988, § 5 Nr. 2, und Wenger (1986), S. 2f.

alle zur amtlichen Notierung an einer inländischen Wertpapierbörse zugelassenen Aktien als Insiderpapiere zu betrachten, die gerade für die vorliegende Arbeit relevanten Aktienoptionen waren jedoch abweichend zur heute geltenden Regelung noch nicht in diese Gruppe eingeschlossen[24]. Außerdem ist der Begriff des Insiders in den Richtlinien lediglich gesellschaftsbezogen definiert[25], was bedeutet, daß der Handel in Insiderpapieren von Gesellschaften, denen gegenüber sich der Insider nicht vertraglich zur Anerkennung der Insiderhandels-Richtlinien verpflichtet hat, auch nicht als Insidergeschäft einzustufen ist. Ausnahmen hiervon bestehen im wesentlichen für die Insiderpapiere verbundener Unternehmen und von Unternehmen, mit denen die Gesellschaft des Insiders in Verhandlungen über genau abgegrenzte Unternehmensänderungen steht[26]. Außerdem erfaßt die Insiderregelung natürlich auch die erwähnten Bankenvertreter bezüglich der Insiderpapiere der Gesellschaften, bei denen sie aufgrund ihrer Arbeit Zugang zu den oben abgegrenzten Insiderinformationen haben.

Als Folge dieser eingeschränkten Insiderdefinition wird ein Großteil der auf der Basis von Insiderinformationen getätigten Geschäfte von Geschäftspartnern, Freunden, Familienmitgliedern usw. von den Insiderhandels-Richtlinien gerade nicht erfaßt[27]. Betrachtet man darüber hinaus die Ergebnisse von Ermittlungen in den USA, wo sehr rigide Insiderregelungen gelten und Angehörige dieser Gruppen ebenso als Insider behandelt werden[28], so ist zu erkennen, daß die Beteiligung dieser in Deutschland ausgeschlossenen Personengruppe an den dort aufgedeckten Insiderfällen sehr hoch ist[29]. Der Vergleich mit den USA, wo der Börsenaufsichtsbehörde zur Aufklärung von Insidervergehen der Rückgriff auf den Polizei- und Justizapparat möglich ist und den Tätern strafrechtliche Sanktionen bis hin zu Freiheitsstra-

---

24) Vgl. Insiderhandels-Richtlinien in der Fassung vom Mai 1988, § 2 Nr. 2, i.V.m. Frankfurter Wertpapierbörse (1989), Insider-Regeln, S. 4. Vgl. allerdings Büschgen (1985), S. 340f., der die Ansicht vertrat, daß der Bezug von Aktien über Optionsrechte nur dann kein verbotenes Insidergeschäft war, wenn er nicht der Umgehung der Insiderhandels-Richtlinien diente.

25) Vgl. Frankfurter Wertpapierbörse (1989), Insider-Regeln, S. 10f., Anmerkung 1 zu § 2 der Insiderhandels-Richtlinien.

26) Eine in diesem Zusammenhang relevante Unternehmensänderung wäre etwa ein Übernahme- oder Abfindungsangebot. Vgl. die vollständige Aufzählung der erfaßten Tatbestände in den Insiderhandels-Richtlinien in der Fassung vom Mai 1988, § 2 Nr. 3.

27) Vgl. dagegen Frankfurter Wertpapierbörse (1989), Insider-Regeln, S. 4, wo darauf hingewiesen wird, daß in der heute geltenden Fassung der Insiderhandels-Richtlinien abweichend zur hier relevanten, früheren Regelung zumindest die Weitergabe von Insiderwissen explizit untersagt ist.

28) Vgl. Securities Exchange Act von 1934, Section 16, i.V.m. Rule 10(b)-5 von 1942, wonach sogar bloße Tipempfänger als Insider einzustufen sind.

29) So war in den USA lange Zeit der Ringtausch von Informationen zwischen Angestellten unterschiedlicher Brokerhäuser keine Seltenheit. Ebenso wurde aufgedeckt, daß Insider Geschäfte häufig von Strohmännern ausführen lassen. Vgl. hierzu Wenger (1986), S. 6. Dort wird auch darauf hingewiesen, daß das in den USA Anfang der achtziger Jahre aufgebaute vollelektronische Börsenüberwachungssystem die Aufdeckung solcher Fälle jetzt stark erleichtert.

fen drohen[30], zeigt die weiteren Defizite der deutschen Regelung. So wird denn auch in der Literatur wiederholt vermutet, daß die Dunkelziffer bei Insidergeschäften in Deutschland exorbitant hoch sein müsse[31]. Zusätzlich zu den inhaltlichen Kritikpunkten der Insiderhandels-Richtlinien bestehen nämlich für die in der Insider-Verfahrensordnung verankerte Prüfungskommission auch nur sehr eingeschränkte Möglichkeiten der Verfolgung und Aufdeckung von Insidervergehen[32]. Schließlich drohen deutschen Insidern, falls sie doch eines Verstoßes gegen die Insiderhandels-Richtlinien überführt werden können, keinerlei strafrechtliche Sanktionen. Vielmehr haben sie sich nur einer Verletzung des Vertrages mit ihrer Gesellschaft schuldig gemacht, in deren Ermessen es steht, inwieweit sie hiergegen zivilrechtliche Schritte einleitet[33]. In den Insiderhandels-Richtlinien ist für diesen Fall lediglich eine Abführung des erzielten Gewinns an die jeweilige Gesellschaft vorgesehen[34]. Außerdem unterliegt die Prüfungskommission bei Aufdeckung von Verstößen keinen Veröffentlichungspflichten[35].

Die lange Liste schwerwiegender Kritikpunkte macht deutlich, warum die Insiderhandels-Richtlinien in weiten Teilen der Literatur als fast völlig wirkungslos eingestuft werden[36]. Stellvertretend für viele sprechen Hopt/Will bei den in Deutschland bekanntgewordenen Fällen von der "Spitze eines Eisberges" und dem Versuch, mittels einer wirkungslosen Insiderregelung mit hoher Dunkelziffer den Eindruck zu erwecken, Deutschland wäre etwa im Gegensatz zu den USA eine "moralische Oase"[37]. Damit erscheint eine Annahme, die vom Vorliegen wesentlichen Insiderhandels in Deutschland ausgeht, zumindest in bezug auf den gesamten Kapitalmarkt als durchaus realitätsbezogen.

---

30) So können dort z.B. im Zusammenhang mit Ermittlungen sogar Telefone von Verdächtigen abgehört werden. Freiheitsstrafen werden allerdings auch in den USA im allgemeinen nur in besonders gravierenden Fällen verhängt.

31) Vgl. z.B. Ballwieser (1976), S. 252f. i.V.m. S. 235, Arbeitskreis Gesellschaftsrecht (1976), S. 12f., und Wenger (1986), S. 3 - 5 mit weiteren Verweisen.

32) Vgl. ebenda. Die Insider-Verfahrensordnung in der Fassung von 1988 enthält insoweit immerhin einige Verbesserungen. Vgl. hierzu Frankfurter Wertpapierbörse (1989), Insider-Regeln, S. 5.

33) Vgl. Büschgen (1985), S. 341.

34) Das gleiche gilt analog für die Vorteile aus vermiedenen Verlusten.

35) Ballwieser weist darauf hin, daß eine Veröffentlichung für das Wirksamwerden von Sanktionsmechanismen des Marktes sehr wichtig wäre; vgl. Ballwieser (1976), S. 235.

36) Die an der Erstellung der Insider-Regeln beteiligten Verbände und Börsen sind naturgemäß anderer Ansicht; vgl. Frankfurter Wertpapierbörse (1989), Insider-Regeln, S. 3 - 5.

37) Vgl. Hopt/Will (1973), S. 8 und S. 28. Diese Einschätzung dürfte auch nach der letzten Änderung der Insider-Regeln im Jahr 1988 nichts an Aktualität eingebüßt haben.

1.3 Vorteile der Inanspruchnahme des Aktienoptionsmarktes

In dieser Untersuchung wird als Erklärung für einen potentiellen Informationsgehalt von Optionspreisen in bezug auf die zukünftige Aktienkursbewegung die Vermutung aufgegriffen, daß Insider bei der Auswertung ihrer Insiderinformationen möglicherweise einem Tätigwerden am Aktienmarkt den Handel am Optionsmarkt vorziehen bzw. sich zumindest zuerst am Optionsmarkt engagieren. Ziel dieses Abschnittes ist es deshalb zu klären, inwieweit ein Engagement am Optionsmarkt für Insider tatsächlich Vorteile gegenüber einer Transaktion am Aktienmarkt bietet. Dabei wird zunächst auf die Inanspruchnahme des Optionsmarktes für den Fall erwarteter Aktienkurssteigerungen eingegangen; anschließend werden einige Besonderheiten diskutiert, die bei kurzfristigen Baisse-Engagements zu beachten sind.

1.3.1 Die Nutzung des Aktienoptionsmarktes bei Erwartung einer Aktienkurssteigerung

Ein Argument für einen Insiderhandel in Optionen statt in Aktien findet sich für den hier relevanten Untersuchungszeitraum unmittelbar in Anknüpfung an die Ausführungen des Gliederungspunktes II.1.2. Da alle in die Untersuchung eingeschlossenen Unternehmen bereits vor Beginn dieses Zeitraums die Insiderhandels-Richtlinien anerkannt hatten[38], war zumindest den durch die Richtlinien erfaßten Insidern ein Insiderhandel in Aktien ihrer Unternehmung untersagt. Das gleiche gilt hingegen nicht in bezug auf die entsprechenden Aktienoptionen, da diese in der Fassung der Richtlinien von 1976 noch nicht explizit zu den Insiderpapieren gerechnet werden[39]. Zwar gibt es auch hier bereits die Möglichkeit, einen Handel in Optionen als offensichtlichen Umgehungstatbestand zu klassifizieren; die explizite Einbeziehung der Optionen in die Gruppe der Insiderpapiere in der derzeit gültigen Fassung der Richtlinien von 1988 läßt jedoch vermuten, daß auch die an der Revision der Richtlinien beteiligten Gremien ein Ausweichen der Insider auf den Optionsmarkt für ein akutes Problem hielten bzw. ein mangelndes Unrechtsbewußtsein unterstellten. Dieses Argument für eine Bevorzugung des Optionsmarktes durch Insider während des Untersuchungszeitraums wiegt naturgemäß für denjenigen um so schwerer, der abweichend von der hier geäußerten Einschätzung die Wirksamkeit und Akzeptanz der Insiderhandels-Richtlinien nicht ohnehin für relativ gering hält.

---

38) Vgl. die am 25.04.91 von den entsprechenden Firmen erteilten mündlichen Auskünfte. Danach erkennt Bayer die Insiderhandels-Richtlinien seit 1971 an. BASF, Hoechst und BMW tun dies seit 1976 und Daimler-Benz erkennt die Richtlinien seit 1978 an. VW schließlich bindet sein Management seit 1977 an die Insiderhandels-Richtlinien; vgl. hierzu die am 03.06.91 erteilte schriftliche Auskunft der VW-AG.

39) Vgl. hierzu und zum folgenden die entsprechenden Verweise im vorhergehenden Gliederungspunkt II.1.2.

Ein besonders wichtiges Argument für die Vorteilhaftigkeit von Optionen im Vergleich zu Aktien beruht jedoch auf der mit dem Optionsengagement erzielbaren Hebelwirkung in Verbindung mit der Annahme, daß dem Insider nur begrenztes Kapital zur Verfügung steht[40]. Zur Verdeutlichung dieses Arguments werden im folgenden nur Kaufoptionen betrachtet[41], da sich die vorliegende Untersuchung auf Kaufoptionsdaten beschränkt. Es sei angenommen, ein Insider habe Kenntnis von einer Information, von der er annimmt, daß sie auf eine noch nicht "vom Markt" antizipierte zukünftige Aktienkurssteigerung hindeutet. Er soll nun vor der Entscheidung stehen, diese Information zu nutzen, indem er entweder einen Betrag von x DM in Kaufoptionen oder einen gleich hohen Betrag in die entsprechenden Aktien investiert. Ist die Option "am Markt" stets so bewertet, daß keine risikolosen Arbitragemöglichkeiten zwischen Options- und Aktienmarkt bestehen, so ist die Elastizität der Kaufoption stets größer als Eins. Dies bedeutet, daß einer Kurssteigerung der zugrunde liegenden Aktie um y% stets eine Steigerung des Optionswertes bzw. -preises von mehr als y% entspricht[42]. Aufgrund von Renditeüberlegungen wird sich der Insider deshalb für ein Engagement am Optionsmarkt entscheiden[43]. Dieser Schluß setzt allerdings voraus, daß Risikogesichtspunkte bei seiner Entscheidung insofern eine untergeordnete Rolle spielen, als für ihn die Wahrscheinlichkeit eines zukünftigen Kurseinbruches der Aktie aufgrund der ihm bekannten positiven Information annahmegemäß null bzw. zumindest sehr gering ist[44]. Aus einer Optionselastizität größer als Eins würde sich bei einem Absinken des Aktienkurses nämlich auch ein prozentual höherer Einbruch beim Optionswert ergeben[45]. Dies ist gleichbedeutend damit, daß bei einer bestimmten "vom Markt" erwarteten Volatilität der Rendite der zugrunde liegenden Aktie die daraus abgeleitete Volatilität der Rendite der Kaufoption stets größer ist[46]. Ein Investor ohne Informationsvorsprung gegenüber "dem Markt" würde bei einem Optionsengagement somit auch ein höheres Verlustrisiko erwar-

---

40) Dieses Argument findet sich z.B. bei Panton (1976), S. 101, und Bhattacharya (1987), S. 1f.

41) Unter einer Option ist im folgenden also immer nur eine Kaufoption zu verstehen; es sei denn, es wird explizit auf Verkaufsoptionen Bezug genommen.

42) Für einen ins Unendliche ansteigenden Aktienkurs bzw. eine unendlich große Restlaufzeit ginge die Elastizität der Kaufoption gegen Eins. Vgl. Cox/Rubinstein (1985), S. 186 - 188 u. S. 228f. Vgl. hierzu auch die Beschreibung des in dieser Untersuchung für die Ermittlung des Gleichgewichtswertes einer Option zugrunde gelegten Arbitrage-Modells unter Gliederungspunkt III.2.1.1.

43) Vgl. z.B. Welcker/Kloy (1988), S. 147, und Black (1975), S. 61.

44) Vgl. Panton (1976), S. 101.

45) So entsteht beim Kaufoptionsengagement beispielsweise ein Verlust von -100%, falls der Aktienkurs am Fälligkeitstermin kleiner oder gleich dem Basispreis ist. Beim Aktienengagement hingegen tritt ein gleich hoher prozentualer Verlust erst bei einem Sinken des Kurses auf Null ein.

46) Für das hier zur Optionsbewertung im Gleichgewicht verwendete Black/Scholes-Modell entspricht die Volatilität der Rendite der Kaufoption dem Produkt aus Kaufoptionselastizität und Volatilität der Rendite der Aktie. Vgl. Cox/Rubinstein (1985), S. 187, die sich hier allerdings auf das Binomialmodell beziehen, aus dem das Black/Scholes-Modell jedoch abgeleitet werden kann.

ten[47], sofern "am Markt" eine positive Wahrscheinlichkeit für eine negative Aktienkursrendite besteht[48]. Auch der für einen Investor ohne Informationsvorsprung, aber mit wohl diversifiziertem Portfolio im Marktgleichgewicht relevante Betawert ist bei der Kaufoption stets höher als bei der Aktie[49].

Die bei gleichem Kapitaleinsatz im Vergleich zur Aktie bestehende Chance auf eine prozentual höhere positive Rendite kombiniert mit dem Risiko eines prozentual größeren Verlustes wird als Hebelwirkung bzw. Leverage-Effekt der Kaufoption bezeichnet[50]. Dabei fällt für den Insider aufgrund seiner annahmegemäß überlegenen Treffsicherheit bei der Prognose zukünftiger Aktienkursbewegungen die negative Seite des Leverage-Effektes überhaupt nicht bzw. zumindest nicht so stark ins Gewicht wie die zusätzliche Gewinnchance.

Um in den Genuß des Vorteils der Hebelwirkung zu kommen, könnte der Insider sein Kapital statt in Kaufoptionen aber auch in den Erwerb von zum Teil kreditfinanzierten Aktien investieren. Sofern keine risikolosen Arbitragemöglichkeiten zwischen Options- und Aktienmarkt existieren, läßt sich nämlich zeigen, daß es unter bestimmten Annahmen über die Aktienkursbewegung immer ein zu einer vorgegebenen Kaufoptionsposition äquivalentes Portfolio aus Aktien und Kreditaufnahme gibt, das bei gleichem anfänglichen Eigenkapitaleinsatz unabhängig von der Richtung der Aktienkursänderung über eine kleine Zeitspanne die gleiche Wertentwicklung wie die Kaufoption aufweist[51]. Die theoretisch denkbare Gleichwertigkeit dieser Alternative ist unter den Bedingungen der Praxis jedoch kaum gegeben. Die Vorteile einer Optionsposition für einen Insider beruhen auf dem Vorliegen bestimmter Faktoren, die eine exakte Duplizierung der Optionsposition durch ein Aktien-Kredit-Portfolio gerade verhindern.

---

47) Diese Aussage behält auch dann Gültigkeit, wenn dem Kauf einer Aktie lediglich der Kauf einer Option auf eine Aktie gegenübergestellt wird und somit der in Optionen investierte Betrag kleiner ist als der in Aktien investierte Betrag. Der in Prozent des Kapitaleinsatzes gemessene Verlust bei einem Aktienkurseinbruch ist nach wie vor für die Optionsposition höher.

48) Letzteres ist beim Black/Scholes-Modell der Fall. Dieses geht nämlich davon aus, daß "der Markt" eine Log-Normalverteilung als Wahrscheinlichkeitsverteilung für zukünftige Aktienkurse unterstellt.

49) Dies gilt allerdings nur für den "Normalfall" einer Aktie mit positivem Beta. Vgl. Cox/Rubinstein (1985), S. 190. Der Betawert einer Aktie ist dabei definiert als die Kovarianz der Rendite der Aktie mit der Rendite des Marktportfolios dividiert durch die Varianz der Rendite des Marktportfolios. Vgl. zur Wahl des relevanten Risikomaßes Sharpe (1985), S. 165 - 173.

50) Vgl. z.B. Welcker/Kloy (1988), S. 147.

51) Vgl. z.B. Cox/Rubinstein (1985), S. 45 - 49, sowie insbesondere zu den erforderlichen Annahmen über die Aktienkursbewegung die Ausführungen zu den Optionspreismodellen unter III.2.1.1 und III.2.2.1. Die exakte Duplizierung einer Optionsposition durch ein Aktien-Kredit-Portfolio wird z.B. durch eine stochastische Volatilität der Aktienkursrendite, durch bestimmte Diskontinuitäten im Aktienkursverlauf, aber auch durch stochastische Zinssätze verhindert.

So müßte der Insider, um eine zur Optionsposition äquivalente Aktienposition zu erhalten, stets einen Teil der Aktien fremdfinanzieren[52]. In der Realität wird er dabei regelmäßig bestimmten Restriktionen unterworfen sein, da entweder eine Ausdehnung seiner privaten Kreditaufnahme nur zu immer ungünstigeren Konditionen möglich sein wird oder aber sein Kreditlimit bereits erreicht ist. Da der gesamte zu leistende Kapitaleinsatz beim Aktien-Kredit-Portfolio stets größer ist als bei der äquivalenten Kaufoptionsposition, kann der Insider bei beschränktem Gesamtkapitaleinsatz mit der Investition in Optionen deshalb stets einen höheren Leverage-Effekt realisieren[53]. Außerdem hat die Fremdkapitalaufnahme beim Aktien-Kredit-Portfolio den Nachteil, daß dafür unter Umständen Sicherheitsleistungen erbracht werden müssen.

Darüber hinaus ist zu berücksichtigen, daß sich die Sensitivität der Option auf Aktienkursänderungen in Abhängigkeit von der verbleibenden Optionsrestlaufzeit oder der Höhe des Aktienkursniveaus permanent ändert[54]. Dies hat zur Folge, daß die Äquivalenz zwischen Kaufoptions- und Aktien-Kredit-Position überhaupt nur aufrecht erhalten werden kann, wenn das Aktien-Kredit-Portfolio ständig im Einklang mit den Erkenntnissen der Optionspreistheorie revidiert wird[55]. Diese in der Theorie zu unterstellende kontinuierliche Portfoliorevision ist in der Praxis jedoch nicht lohnend, weil die in den zugrunde liegenden Modellbetrachtungen ausgeblendeten Transaktionskosten erheblich zu Buche schlagen[56]. Damit sind die mit dem Optionsengagement verbundenen, potentiellen zukünftigen Zahlungsansprüche über längere Zeit nicht durch eine Aktien-Kredit-Position zu synthetisieren. Vielmehr wird bei einer genügend großen Änderung des Aktienkurses die unveränderte Op-

---

52) Vgl. ebenda.

53) Dieses Argument findet sich z.B. bei Manaster/Rendleman (1982), S. 1044, und Bhattacharya (1987), S. 1f., Fußnote 3. Cox/Rubinstein (1985), S. 50 - 52, weisen darüber hinaus darauf hin, daß Optionen zusätzlich auch dann einen Vorteil bieten, wenn keine strenge Kreditrationierung, wohl aber ungünstige private Zinskonditionen vorliegen. In diesem Fall kann der Leverage-Effekt mit Hilfe der Kaufoption günstiger realisiert werden als mit dem Aktien-Kredit-Portfolio, da bei der Optionspreisbildung am Markt die günstigeren Zinskonditionen professioneller Händler mit hohem Marktanteil zum Tragen kommen.

54) Vgl. Cox/Rubinstein (1985), S. 46 und S. 222f., sowie zur Sensitivität der Option auf Aktienkursänderungen Gliederungspunkt III.2.3.2.

55) Die Revision wäre dabei so vorzunehmen, daß dem Aktien-Kredit-Portfolio kein zusätzliches Eigenkapital zugeführt würde, sondern die Veränderung der Aktienposition jeweils durch eine gleichgerichtete Veränderung der Kreditposition aufgefangen würde. Vgl. ebenda, S. 46, sowie die Erläuterungen zum hier verwendeten Optionsbewertungsmodell unter III.2.1.1.

56) Auch unter Vernachlässigung der Revision sind die Transaktionskosten und die anfallenden Steuern bei Aufbau und Auflösung der beiden Positionen allenfalls zufällig gleich hoch. Ob allerdings bei dieser Betrachtung die Optionsposition immer besser abschneidet als die Aktien-Kredit-Position, läßt sich nicht allgemeingültig sagen. Dies hängt zum einen davon ab, wie der Insider die Optionsposition auflöst, zum andern aber auch von der Art der gewählten Option und den an den Transaktionszeitpunkten jeweils geltenden Aktien- und Optionspreisen. Darüber hinaus sind die Konditionen für Optionstransaktionen der Privatkundschaft von Kreditinstitut zu Kreditinstitut sehr unterschiedlich. Vgl. auch III.1.3.5.

tionsposition immer besser abschneiden als die nicht revidierte Aktien-Kredit-Position[57], wobei diese Aussage unabhängig von der Richtung der Kursänderung Gültigkeit besitzt. Bei einem starken Kurseinbruch ist der mögliche Verlust aus der Optionsposition auf das anfänglich für den Kauf der Optionen investierte Eigenkapital beschränkt, wohingegen bei der Aktien-Kredit-Position zusätzlich noch ein Betrag in Höhe des gesamten Fremdkapitals und der dafür zu leistenden Zinsen eingebüßt werden könnte. Diese Verlustbegrenzung dürfte für einen Insider mit positiver Insiderinformation allerdings von untergeordneter Bedeutung sein. Viel entscheidender ist für ihn die bei einem starken Aktienkursanstieg entsprechend größere Wertsteigerung der Optionsposition. Diese ist darauf zurückzuführen, daß der Wert einer Option durch eine Erhöhung des Aktienkurses um so mehr gesteigert wird, je höher das Aktienkursniveau bereits ist. Während der Wert der Optionsposition also mit steigendem Aktienkurs progressiv zunimmt[58], weist die nicht revidierte Aktien-Kredit-Position lediglich einen linearen Wertzuwachs auf[59].

Allerdings sind bei geringen Aktienkurssteigerungen durchaus Fälle denkbar, in denen die Optionsposition schlechter abschneidet als die nicht revidierte Aktien-Kredit-Position. Ist die Zeitspanne zwischen dem Aufbau der jeweiligen Position durch den Insider und der späteren Glattstellung nach der Verarbeitung der neuen Information durch "den Markt" nicht vernachlässigbar gering, so ist nämlich zu berücksichtigen, daß der Wert einer Option ceteris paribus mit abnehmender Restlaufzeit sinkt[60], wohingegen sich bei der Aktien-Kredit-Position ceteris paribus lediglich die auf das Fremdkapital zu entrichtenden Zinsen im Zeitverlauf wertmindernd auswirken. Steigt der Aktienkurs in der Zwischenzeit nun nicht ausreichend an, so kann sich die Vorteilhaftigkeit der Positionen tatsächlich umkehren. Dies läßt sich an einem Beispiel anschaulich verdeutlichen. Es sei angenommen, der Insider erwerbe Optionen, deren Basispreis zum Zeitpunkt des Kaufs einige Prozent über dem Kurs der relevanten Aktien liegt, und er löse die Position erst zum Fälligkeitstermin der Optionen wieder auf. Kommt es in der Zwischenzeit lediglich zu einer geringen Aktienkurssteigerung, so daß der Aktienkurs am Fälligkeitstermin der Optionen den Basispreis nicht überschreitet, so ist die gesamte Optionsposition völlig wertlos. Bei der Aktien-Kredit-Position hingegen hat sich der Wert der Aktien leicht erhöht, so daß nach Verkauf der Aktien sowie Tilgung und Verzinsung des Kredits sehr wohl noch ein positiver Restbetrag verbleiben kann.

---

57) Dabei ist wieder vorausgesetzt, daß kein (dauerhaftes) Ungleichgewicht zwischen Aktien- und Optionsmarkt besteht. Vgl. Black (1975), S. 38. Dort wird allerdings eine Aktie mit dem äquivalenten Kaufoptions-Geldanlage-Portfolio verglichen. Wie groß die Aktienkursänderung sein muß, damit die Aussage zutrifft, läßt sich nicht allgemeingültig sagen. Dies ist ceteris paribus vom Verhältnis des Aktienkurses zum Basispreis und der Restlaufzeit der Option abhängig.

58) Vgl. III.2.3.2 zur stets positiven zweiten Ableitung der Black/Scholes-Formel nach dem Aktienkurs.

59) Diese Aussage gilt jedoch nur unter Vernachlässigung des Zeitfaktors uneingeschränkt; vgl. hierzu die folgenden Ausführungen.

60) Vgl. zur Reaktion des Black/Scholes-Wertes auf Änderungen der Restlaufzeit die Erläuterungen unter Gliederungspunkt III.2.3.1.

Da der Insider jedoch annahmegemäß mit einer wesentlichen Aktienkurssteigerung rechnet und er das relative Abschneiden der Optionsposition durch Wahl von Basispreis und Laufzeit selbst in der Hand hat, wird er die Wahrscheinlichkeit, mit der Optionsposition ein schlechteres Ergebnis zu erzielen, normalerweise mit Recht als vernachlässigbar gering einstufen. Dies gilt um so mehr, als es im allgemeinen wohl nicht gelingen wird, eine wichtige kursrelevante Information über längere Zeit geheimzuhalten. Je kürzer aber die Zeitspanne zwischen Aufbau und Glattstellung der Positionen, desto weniger kommt der negative Einfluß des Zeitfaktors überhaupt zum Tragen.

1.3.2 Die Nutzung des Aktienoptionsmarktes bei Erwartung eines Aktienkurseinbruchs

Bisher wurde immer nur ein Insider betrachtet, der eine vom Markt noch nicht antizipierte Aktienkurssteigerung prognostiziert. Genausogut wäre jedoch auch der Fall denkbar, daß ein Insider aufgrund einer nicht öffentlichen negativen Information mit einem außergewöhnlichen Kurseinbruch rechnet. Bei der Abwägung, ob er diesen Informationsvorsprung nun durch Verkauf von Kaufoptionen oder Verkauf des äquivalenten Portfolios verwerten soll[61], tritt allerdings das Problem auf, daß er, wenn er nicht bereits Besitzer entsprechender Aktien ist, bei der Wahl der zweiten Strategie Aktien leer verkaufen müßte. Da dies in Deutschland nicht erlaubt ist[62], wäre für den Insider in diesem Fall allein die Optionsstrategie überhaupt realisierbar. Allerdings ist zu vermuten, daß das beschriebene Entscheidungsproblem bei dieser Konstellation eine unzulässige Verkürzung darstellt. Anders als bei prognostizierten Kurssteigerungen gibt es nämlich einige Gründe, die dafür sprechen, daß bei erwarteten Kursrückgängen statt eines Engagements am Markt für Kaufoptionen vom Insider eher der Kauf von Verkaufsoptionen gewählt wird. Im Gegensatz zum Verkauf von Kaufoptionen ist hierbei der mögliche Gewinn nicht auf den jeweiligen Optionspreis beschränkt, und es sind außerdem bei dieser Transaktion keine Sicherheitsleistungen erforderlich[63]. Diese vermutete Asymmetrie bei der Inanspruchnahme des Marktes für Kaufoptionen durch die Insider wird an späterer Stelle noch ausführlich diskutiert werden[64], da sie entscheidende Auswirkungen auf die Interpretation der Ergebnisse dieser auf Kaufoptionsdaten beschränkten Untersuchung haben dürfte.

---

61) Beim Verkauf des äquivalenten Portfolios entspricht der bisher betrachteten Kreditposition eine sichere Geldanlage in gleicher Höhe, die aus einem Teil des Verkaufserlöses der Aktien finanziert wird.

62) Im Untersuchungszeitraum waren Termingeschäfte in Wertpapieren ausschließlich in Form des Optionshandels auf Aktien und (seit 1986) auf festverzinsliche Wertpapiere zulässig. Der Berufshandel bildet insofern eine Ausnahme, als Börsenhändler Aktien problemlos über zwei Börsentage leer verkaufen können.

63) Vgl. zu den erforderlichen Sicherheiten Gliederungspunkt III.1.3.5.

64) Vgl. hierzu Gliederungspunkt V.1.

2. Die Informationseffizienz des Kapitalmarktes aus theoretischer und empirischer Sicht

Bei der Erläuterung der Problemstellung wurde bereits darauf hingewiesen, daß diese Untersuchung möglicherweise einen Beitrag zur Klärung der Frage leisten kann, inwieweit am Options- bzw. Aktienmarkt Informationseffizienz gegeben ist. Ob bzw. inwiefern der hier gewählte Untersuchungsansatz dazu überhaupt in der Lage ist, soll allerdings erst in Kapitel II.3 diskutiert werden. Im vorliegenden Gliederungspunkt sind dafür vorab die notwendigen Voraussetzungen zu schaffen. Zuerst wird deshalb der Begriff der Informationseffizienz definiert und ihre Bedeutung für eine optimale Ressourcenallokation geklärt werden. Sodann folgt eine systematische Darstellung und kritische Würdigung bisheriger empirischer Tests auf Informationseffizienz. Abschließend wird kurz zusammengefaßt, welche Rückschlüsse auf den Grad an Informationseffizienz der hier betrachteten Kapitalmarktsegmente die Ergebnisse bisheriger Untersuchungen zulassen.

2.1 Definition und Beurteilung

Nach Fama ist ein Wertpapiermarkt dann effizient, wenn "...security prices at any time 'fully reflect' all available information"[65]. Da nicht unmittelbar klar ist, was unter "fully reflected" und "all available information" zu verstehen ist, muß diese Definition im folgenden noch operationalisiert werden[66]. Die Hypothese der Informationseffizienz unterstellt, daß "der Markt" jede verfügbare Information, die für die Bestimmung der Gleichgewichtskurse der Wertpapiere relevant ist, unverzüglich bei der Festlegung der Kurse berücksichtigt. Dies besagt nichts anderes, als daß die durch eine Information ausgelöste Anpassung an ein neues Marktgleichgewicht unendlich schnell erfolgt[67]. Daraus folgt, daß es für keinen Investor möglich ist, durch kurzfristige Wertpapiertransaktionen, die auf die Ausbeutung kursrelevanter Informationen gerichtet sind, systematische, d.h. prognostizierbare und nicht nur zufällige Überrenditen zu erzielen[68]. Als Überrenditen wären dabei alle mit den jeweiligen Wertpapieren erzielten Renditen einzustufen, die über ihrer "vom Markt" erwarteten Gleich-

65) Fama (1970), S. 383. Der Begriff "effizient" wird in der Kapitalmarkttheorie und somit auch im folgenden immer im Sinne von informationseffizient verwendet; vgl. Elton/Gruber (1987), S. 361.

66) Schmidt weist darauf hin, daß in der Literatur unterschiedliche Operationalisierungen für "fully reflected" verwendet werden, die Auslegung des Begriffes somit nicht eindeutig ist; vgl. Schmidt (1981), S. 37.

67) Alternativ dazu kann es ebenso besagen, daß die Anpassung an den neuen Gleichgewichtspreis zwar eine gewisse Zeit in Anspruch nimmt, der sich unverzüglich nach Entstehen der Information einstellende Preis jedoch nicht systematisch vom neuen Gleichgewichtspreis abweicht; vgl. Elton/Gruber (1987), S. 362, Fußnote 2.

68) Vgl. Franke (1980), S. 100f. Unter einer kurzfristigen Wertpapiertransaktion versteht man hierbei einen durch die Information induzierten Kauf oder Verkauf des betroffenen Wertpapiers bzw. der betroffenen Wertpapiere und eine erneute Glattstellung der Position, sobald die neue Information vollständig im Kurs verarbeitet ist.

gewichtsrendite liegen. Eine Anmerkung ist zu der dargestellten Formulierung der Informationseffizienzhypothese allerdings noch anzubringen. Wenn es bei dieser Erklärung heißt, daß "der Markt" etwas tut, so ist dies im vorliegenden Zusammenhang nichts anderes als ein synonymer Ausdruck für die aggregierten Handlungen bzw. Entscheidungen der individuellen Marktteilnehmer[69].

Neben der eben beschriebenen strengen Form der Informationseffizienzhypothese, die sich auf alle für die Kursprognose relevanten Informationen bezieht, werden noch zwei weitere, weniger umfassende Formen unterschieden. Die Hypothese der Informationseffizienz in ihrer schwachen Form schränkt den Kreis der Informationen, im Hinblick auf welche der Markt informationseffizient im oben beschriebenen Sinne sein soll, auf Informationen über Kursverläufe, realisierte Renditen und Umsätze der Vergangenheit ein. Die Hypothese der Informationseffizienz in ihrer halbstrengen Form schließt neben den soeben genannten, vergangenheitsbezogenen "technischen" Daten auch alle sonstigen, öffentlich verfügbaren Daten in den Kreis der Informationen ein. Neu hinzu kommen damit alle öffentlich verfügbaren fundamentalen Daten. Während die halbstrenge Form somit die schwache einschließt, sind beide wiederum in der strengen Form enthalten, bei der der Kreis der Informationen noch um die nicht öffentlichen erweitert ist[70]. Diese Aufgliederung der Informationseffizienzhypothese ermöglicht es, mittels empirischer Tests auf unterschiedliche Grade an Informationseffizienz zu testen[71]. Dabei wird man generell nicht erwarten, einen so hohen Grad an Informationseffizienz vorzufinden, wie er der strengen Form der Informationseffizienzhypothese entspricht[72]. Informationseffizienz bezüglich einer bestimmten Art der Information besagt ja, daß sich durch Verarbeitung der Information sofort der Gleichgewichtskurs einstellt, der sich ergäbe, wenn alle Investoren die Information zur selben Zeit erhielten, diese unverzüglich für ihre Neubewertung des Wertpapiers verwendeten und ebenso unverzüglich die dadurch induzierten Portfoliorevisionen vornähmen[73]. Damit dies in der Realität jedoch auch nur annähernd zutreffen kann, müssen die Investoren, die tatsächlich unverzüglich auf die Information reagieren, einen hohen Marktanteil besitzen, d.h. eine große relative Stärke aufweisen. Andernfalls wäre ihr Einfluß auf das Marktpreisniveau nicht ausreichend. Für öffentlich verfügbare Informationen, die allen Investoren zugänglich sind, erscheint die Erfüllung dieser Anforderung nicht unplausibel. Für nicht öffentliche kursrelevante Informationen, sogenannte Insiderinformationen also, ist demgegenüber jedoch gerade charakteristisch, daß sie zumindest zu Beginn nur einer kleinen Zahl von Investoren zugänglich sind, die außer auf sehr engen Märkten regelmäßig nur eine geringe relative Stärke

69) Vgl. dieselbe Terminologie bei Fama (1976), S. 135.

70) Vgl. zur Definition der drei Formen z.B. Elton/Gruber (1987), S. 361.

71) Dies ist der eigentliche Zweck dieser Aufgliederung, vgl. Fama (1976), S. 134.

72) Vgl. z.B. Franke (1980), S. 105f., sowie Elton/Gruber (1987), S. 363.

73) Falls sich nicht sofort dieser Gleichgewichtskurs einstellt, so darf sich zumindest kein systematisch zu hoher oder zu niedriger Kurs einstellen.

aufweisen. Damit ist zu vermuten, daß diese allein durch ihre Transaktionen den Marktpreis nicht auf sein neues Gleichgewichtsniveau bringen können. Selbst wenn der Markt jedoch eng genug wäre und/oder die Insider über ausreichendes Investitionskapital verfügen würden, um unverzüglich den notwendigen Einfluß auf das Marktpreisniveau auszuüben, würden sie sich bemühen, dies nicht zu tun. Statt dessen verhielten sie sich strategisch, d.h. sie würden versuchen, mit anderen informierten Insidern Absprachen über eine Begrenzung des Kaufvolumens (Verkaufvolumens) zu treffen, um so noch zu systematisch unter (über) dem neuen Gleichgewichtsniveau liegenden Kursen einsteigen (aussteigen) zu können[74]. Geht man realistischerweise davon aus, daß Insider nicht in der Lage sind, das neue Gleichgewichtsniveau exakt zu prognostizieren, so wäre in diesem Fall bei angenommener Risikoscheu der Insider sogar strategisches Verhalten überflüssig. Die Insider wären nämlich als Folge ihrer Risikoscheu nur bereit, zu unter (über) dem erwarteten, neuen Gleichgewichtskurs liegenden Kursen zu kaufen (zu verkaufen)[75]. Darüber hinaus würde in einer Welt unter Unsicherheit bei Anwendung dieser einfachen Kaufstrategie (Verkaufstrategie) für den einzelnen Insider auch das diversifizierbare Risiko ansteigen, was wiederum bei angenommener Risikoscheu als weiterer Grund für eine Einstellung der zusätzlichen Nachfrage (des zusätzlichen Angebots) vor Erreichen des neuen erwarteten Gleichgewichtskurses genannt werden kann[76].

Nach dieser ausführlichen Vorstellung und ersten Bewertung der Hypothesen zur Informationseffizienz wäre abschließend noch zu klären, warum ein möglichst hoher Grad an Informationseffizienz regelmäßig als besonders wünschenswerte Eigenschaft des Kapitalmarktes dargestellt wird. Dies läßt sich durch folgende Überlegung verdeutlichen. Eine wichtige Funktion des Kapitalmarktes besteht darin, Ressourcen ihrer rentabelsten Verwendung zuzuführen. Die möglichst gute Erfüllung dieser Aufgabe setzt voraus, daß die Preise der Wertpapiere deren fundamental richtigen Wert zu jeder Zeit hinreichend genau widerspiegeln. Notwendige Bedingung für die Einhaltung dieser Voraussetzung und damit auch für die Erlangung einer optimalen Ressourcenallokation ist wiederum eine möglichst schnelle Verarbeitung neuer bewertungsrelevanter Informationen durch "den Markt", mithin also ein hoher Grad an Informationseffizienz[77]. Je früher die Preise der Wertpapiere z.B. die Mißwirtschaft des Managements eines Unternehmens signalisieren, desto eher kann die

---

74) Vgl. zur geschilderten Bedeutung der relativen Stärke und des strategischen Verhaltens Franke (1980), S. 105f. i.V.m. dem Beispiel zur Informationsverarbeitung S. 81 - 88.

75) Vgl. ebenda, S. 88 - 91.

76) Vgl. z.B. Davies/Canes (1978), S. 45.

77) Ein hoher Grad an Informationseffizienz wird als keine hinreichende Bedingung für stets fundamental richtige Aktienkurse angesehen, da "der Markt" Informationen zwar durchaus unverzüglich, aber trotzdem falsch verarbeiten könnte; vgl. Bierman (1974), S. 558, sowie Baumol (1965), S. 6. Darüber hinaus ist äußerst umstritten, wann überhaupt von fundamental richtigen Kursen gesprochen werden kann; vgl. zu dieser Kontroverse den Übersichtsartikel von West (1988), S. 639 - 656. Trotzdem dürfte die möglichst frühzeitige Verarbeitung von Informationen in den Kursen als notwendige Bedingung für die Lenkung der Ressourcen in ihre optimale Verwendung akzeptabel sein.

Ablösung dieses Managements betrieben und damit der Ressourcenverschwendung Einhalt geboten werden.

2.2 Systematisierung und Problematik empirischer Tests auf Informationseffizienz

Um eine Einordnung und Beurteilung des in dieser Untersuchung verwendeten methodischen Ansatzes zu ermöglichen, werden im folgenden empirische Tests auf Informationseffizienz und deren besondere Problematik vorgestellt. Die Gemeinsamkeiten und Unterschiede der Tests in Abhängigkeit davon, welche Form der Informationseffizienzhypothese jeweils getestet wird, sollen zuerst anhand von Ansätzen dargestellt werden, die sich allein auf die Betrachtung des Aktienmarktes beschränken. Dabei wird der Schwerpunkt auf die Beschreibung der Vorgehensweisen gelegt, die besondere Relevanz für diese Untersuchung besitzen. Nach der Diskussion der grundsätzlichen Probleme dieser Tests wird die Betrachtung um Untersuchungen erweitert, die die Existenz von Optionsmärkten explizit in ihrem Untersuchungsansatz berücksichtigen. Darauf folgt eine Erörterung der insbesondere für diese Tests relevanten Testprobleme. Die Zusammenfassung der bisherigen Testergebnisse zur Informationseffizienz auf den Aktien- und Optionsmärkten bildet den Abschluß dieser Darstellung.

2.2.1 Systematisierung der Untersuchungsansätze für den Aktienmarkt

Unabhängig davon, welche Form der Informationseffizienzhypothese empirisch getestet werden soll, weisen fast alle Untersuchungsansätze für den Aktienmarkt mehr oder weniger stark modifiziert folgende Grundstruktur auf: Ausgangspunkt der Untersuchung ist ein Gleichgewichtsmodell für den Aktienmarkt. Für die jeweils relevante Art der Information wird sodann untersucht, ob ein Investor, nachdem ihm diese Information zugegangen ist, durch sofortigen Kauf bzw. Verkauf der jeweiligen Aktien und spätere Glattstellung der Position systematisch Überrenditen erzielen kann. Dabei wird die Überrendite für einen bestimmten Zeitpunkt t jeweils als Differenz aus der beobachteten Rendite von t-1 nach t und der mit Hilfe des Gleichgewichtsmodells für diese Zeitspanne ermittelten, erwarteten Gleichgewichtsrendite berechnet. Die Zeitspanne von t-1 nach t entspricht dabei der in der jeweiligen Untersuchung gewählten Zeiteinheit[78]. Entsprechend werden die über den Zeitraum zwischen Kauf bzw. Verkauf und Glattstellung der Position aufkumulierten Überrenditen pro Zeiteinheit als Überrendite oder auch "abnormal return" bzw. "abnormal performance" dieses Zeitraums bezeichnet[79]. Um statistisch signifikante Aussagen darüber zu

78) Am häufigsten werden Tage, Wochen oder Monate als Zeiteinheit gewählt.

79) Vgl. zu diesen Begriffen z.B. Ball/Brown (1968), S. 165, Fußnote 17 und S. 168. Die Renditen werden in den einzelnen Untersuchungen nicht nach einer einheitlichen Methode aufkumuliert; vgl. hierzu und zu den möglicherweise durch die Art der Kumulierung entstehenden Interpretationsproblemen Elton/

ermöglichen, ob festgestellte Überrenditen im Zusammenhang mit einer bestimmten Informationsart nicht nur zufälliger Natur sind, wird regelmäßig eine Stichprobe untersucht, die eine größere Anzahl von Kurszeitreihen umfaßt, auf die gleichartige Informationen eingewirkt haben[80]. Dabei wird die erläuterte aufkumulierte Differenz aus beobachteter und erwarteter Rendite pro Zeiteinheit im vorliegenden Zusammenhang nur dann als Überrendite betrachtet, die auf Informationsineffizienz hinweisen könnte, wenn sie bei einer positiven Information, die als Kaufsignal gedeutet wird, auch ein positives Vorzeichen besitzt. Entsprechend muß sie bei einer Nachricht, die der Investor als Verkaufsignal deutet, ein negatives Vorzeichen aufweisen. Darüber hinaus sei noch einmal explizit darauf hingewiesen, daß es für eine Ablehnung der Informationseffizienzhypothese erforderlich ist, daß eine in der Untersuchung festgestellte Überrendite für einige aus der Gruppe der jeweils betrachteten Investoren durch eine kurzfristige Strategie auch tatsächlich noch realisierbar gewesen wäre; dies bedeutet, daß die Information, die die Überrendite ausgelöst hat, für diese Investoren bereits verfügbar gewesen sein muß, solange am Markt noch zu Kursen gehandelt wurde, die die betreffende Information noch nicht (voll) reflektierten[81].

Ob bereits eine signifikant von Null verschiedene Überrendite, die nur einen sehr geringen Betrag aufweist, zur Ablehnung der jeweiligen Informationseffizienzhypothese führt, wird in den Untersuchungen nicht einheitlich entschieden. Fama differenziert in diesem Zusammenhang zwischen einer Definition von Informationseffizienz im engeren Sinne und einer weniger streng gefaßten Definition. Folgt man ersterer, so wird schon bei einer auch noch so kleinen signifikanten Überrendite die Hypothese der Informationseffizienz abgelehnt. Bei der weniger streng gefaßten Definition kommt es hingegen nur dann zur Ablehnung, wenn die Überrendite größer ist als die durch die jeweiligen kurzfristigen Wertpapiertransaktionen ausgelösten Transaktionskosten[82]. In der überwiegenden Anzahl aller Untersuchungen wird Informationseffizienz im zuletzt genannten Sinne verstanden und deshalb werden Transaktionskosten bei der Berechnung der Überrendite explizit mitberücksichtigt[83]. Auch in der

---

Gruber (1987), S. 383, insbesondere Fußnote 11. Die verwendete Methode ist auch abhängig von der Art der Renditeberechnung (z.B. logarithmisch oder nicht logarithmisch).

80) Oft wird die bei Auswertung einer bestimmten Informationsart für eine große Zahl von Unternehmen im Durchschnitt aller Fälle erzielbare Überrendite bestimmt; vgl. z.B. das Vorgehen bei Fama/Fisher/Jensen/Roll (1969), S. 8.

81) Kommt es z.B. nach Veröffentlichung einer neuen Information stets zu einer sofortigen Neubewertung der Aktie durch "den Markt" und zu einer entsprechenden Anpassung des Kurses, so entsteht zwar dadurch eine abnormal hohe Rendite, kein Investor hat jedoch noch Zeit, diese systematisch durch unmittelbare Reaktion auf die veröffentlichte Information zu realisieren. Im folgenden wird auch in diesem Fall von einer Überrendite gesprochen, die allerdings nur ex post beobachtet und nicht ex ante prognostiziert werden kann. Die Feststellung einer solchen Überrendite führt damit noch nicht zur Ablehnung der Informationseffizienzhypothese.

82) Vgl. Fama (1976), S. 142.

83) Dies geschieht aber immer nur unvollständig. So werden zwar direkte Transaktionskosten wie Maklercourtage, Bankprovisionen etc. berücksichtigt, Informationsbeschaffungs- und -auswertungskosten, Ertragsteuern und Opportunitätskosten der mit dem Börsenhandel beschäftigten Angestellten institutio-

vorliegenden Arbeit soll der Begriff "Informationseffizienz" in diesem Sinne verwendet werden.

Im folgenden werden nun die Besonderheiten beschrieben, die die empirischen Tests der einzelnen Formen der Informationseffizienzhypothese kennzeichnen. Dabei bleibt die Darstellung nach wie vor auf Untersuchungsansätze für den Aktienmarkt beschränkt.

2.2.1.1 Tests auf schwache Informationseffizienz

Die Tests der Informationseffizienzhypothese in ihrer schwachen Form unterscheiden sich von den Tests der umfassenderen Versionen vor allem dadurch, daß sie häufig von wesentlich einfacheren Gleichgewichtsmodellen für die Bewertung am Aktienmarkt ausgehen[84]. So existieren zahlreiche Untersuchungen, die mit einem Modell arbeiten, bei dem angenommen wird, daß die erwartete Gleichgewichtsrendite pro Periode über alle Perioden konstant ist oder bei dem lediglich unterstellt wird, daß die erwarteten Gleichgewichtsrenditen jeweils positiv sind[85].

Besonders einfach ist der Testansatz im Falle konstanter erwarteter Gleichgewichtsrenditen. Hier müssen die Aktienrenditen lediglich auf Autokorrelation getestet werden[86]; ist die Hypothese, daß der Autokorrelationskoeffizient bezüglich beliebiger "time lags" Null beträgt, zumindest für ein "time lag" abzulehnen, so würde dies bedeuten, daß mittels bereits realisierter Aktienrenditen systematische Abweichungen der zukünftigen Rendite vom Gleichgewichtswert des Modells prognostiziert werden können[87]. In diesem Fall wäre die Informationseffizienzhypothese in ihrer schwachen Form für den Aktienmarkt abzulehnen[88].

---

neller Investoren etc. werden hingegen aufgrund der schwierigeren Ermittlung und der von Investor zu Investor zum Teil differierenden Kosten nicht oder jedenfalls nicht vollständig berücksichtigt.

84) Eine Ausnahme wäre etwa die Studie von Fama/MacBeth (1973), S. 607 - 636, die das "Capital Asset Pricing Model" als Gleichgewichtsmodell verwendet.

85) Vgl. die ausführliche Beschreibung der entsprechenden Testansätze bei Fama (1976), S. 137 - 151. Dort finden sich auch Verweise auf entsprechende Untersuchungen für den amerikanischen Aktienmarkt.

86) Statt der Aktienrenditen werden in etlichen Untersuchungen auch aufeinanderfolgende absolute Kursdifferenzen oder Logarithmen des Verhältnisses unmittelbar aufeinanderfolgender Kurse auf lineare Abhängigkeiten untersucht; vgl. Elton/Gruber (1987), S. 368f. Das zugrunde liegende Gleichgewichtsmodell impliziert dann entsprechend konstante erwartete Kursdifferenzen bzw. Logarithmen der Kursverhältnisse.

87) Vgl. Fama (1976), S. 144f.

88) Zur Einschränkung dieser Schlußfolgerung vgl. die Erläuterungen zur Problematik der Beurteilung des unterstellten Gleichgewichtsmodells unter Gliederungspunkt II.2.2.2. Bei Berücksichtigung der hier verwendeten weitergefaßten Definition von Informationseffizienz dürfte die Hypothese im übrigen nur dann abgelehnt werden, wenn die festgestellte Autokorrelation so hoch wäre, daß die mit einer darauf aufbauenden Handelsstrategie erzielbare Überrendite die anfallenden Analyse- und Transaktionskosten überkompensieren würde.

Wird unterstellt, daß erwartete Renditen im Gleichgewicht stets positiv sind, so wird sehr häufig auf schwache Informationseffizienz getestet, indem die mittels sogenannter Filterregeln erzielbaren Renditen den alternativ mittels einer einfachen Bestandshaltestrategie erzielbaren Renditen gegenübergestellt werden. Dies funktioniert folgendermaßen: Anhand einer Stichprobe vergangener Aktienrenditen wird die Rendite berechnet, die ein Investor über den Untersuchungszeitraum erzielt hätte, wenn er zu Beginn ein bestimmtes Investitionskapital in den Kauf der jeweils betrachteten Aktie investiert und am Ende des Untersuchungszeitraums die Position durch Verkauf wieder glattgestellt hätte. Dieser Bestandshaltestrategie wird die Rendite einer Strategie gegenübergestellt, die in vorgegebener Weise bestimmten Kauf- und Verkaufsignalen folgt. Ein mögliches Beispiel für eine derartige Strategie sieht etwa so aus: Investiere das Kapital in den Kauf der Aktie, wenn sie um x% über den jeweils vorhergehenden Tiefststand gestiegen ist, und verkaufe wieder, wenn sie um y% unter den jeweils vorhergehenden Höchststand gesunken ist; halte Kasse bis zum nächsten Kaufsignal[89]. Eine für verschiedene Untersuchungszeiträume und verschiedene Aktien beständig überlegene Filterregel würde darauf hindeuten, daß mittels der Auswertung von Informationen über vergangene Renditeverläufe zusätzliche Gewinne erzielt werden könnten, was ein Widerspruch zur Hypothese der schwachen Informationseffizienz wäre[90].

Über die dargestellten Testverfahren hinaus gibt es noch etliche weitere Ansätze, die das Vorliegen schwacher Informationseffizienz testen. Auf eine abschließende Darstellung weiterer Testverfahren soll jedoch verzichtet werden, da sie für die vorliegende Untersuchung keine Bedeutung haben.

2.2.1.2 Tests auf halbstrenge Informationseffizienz

Stellvertretend für alle empirischen Tests auf halbstrenge Informationseffizienz werden im folgenden lediglich ein Testansatz sowie modifizierte bzw. erweiterte Formen dieses Ansatzes vorgestellt. Die Annahmen und das Vorgehen sind dabei charakteristisch für die Mehrheit der Tests dieser Gruppe und werden zum Teil auf den Untersuchungsansatz der vorliegenden Arbeit unmittelbar übertragen. Unterstellt wird zumeist, daß für erwartete Gleichgewichtsrenditen am Aktienmarkt die Annahmen des Marktmodells oder des "Capital Asset Pricing Models" gelten[91]. Da in dieser Untersuchung mit dem Marktmodell gearbei-

89) Vgl. Franke (1980), S. 173. In dem dort beschriebenen Beispiel wird davon ausgegangen, daß Kassenhaltung zinslos erfolgt. Die Verwendung von Liquidität kann naturgemäß auch anderen Regeln folgen.

90) Zur Einschränkung dieser Aussage vgl. die vorletzte Fußnote. Die Erläuterungen zur Kompensation der Analyse- und Transaktionskosten gelten hier analog.

91) Vgl. Elton/Gruber (1987), S. 365. Vgl. aber die Übersicht bei May/Schweder-Weber (1990), S. 47, wo eine dominierende Rolle des Marktmodells und eine nur sehr geringe Bedeutung des "Capital Asset Pricing Models" für die Vielzahl der dort betrachteten Tests auf halbstrenge und strenge Informationseffi-

tet wird, soll von diesem bei der Beschreibung des Testansatzes ausgegangen werden[92]. Mit dem Test wird beabsichtigt, die Auswirkungen der Veröffentlichung bestimmter, fundamentaler, jeweils nur für einzelne Unternehmen relevanter Daten[93] anhand von Stichproben beobachteter Aktienrenditen zu untersuchen. Dabei umfassen die Stichproben regelmäßig eine große Zahl von Veröffentlichungsterminen gleichartiger Informationen. Gilt das Marktmodell, so werden die Abweichungen der realisierten Renditen vom Gleichgewichtswert des Marktmodells, die als Störterm oder im vorliegenden Zusammenhang auch als Überrenditen bezeichnet werden, als unmittelbare Auswirkung der Verarbeitung neuer, allein die betrachtete Aktie betreffender Information interpretiert[94]. Das Marktmodell erbringt nämlich gerade eine Aufspaltung der Aktienrendite in einen durch Gesamtmarkteinflüsse induzierten und einen nicht durch gesamtwirtschaftliche Tendenzen induzierten Teil.

Herrscht Informationseffizienz, so muß gelten, daß der Erwartungswert der Abweichungen vom jeweils erwarteten Gleichgewichtswert des Marktmodells für jede Periode gleich Null ist. Die Auswertung einer im Zeitpunkt t veröffentlichten, noch nicht im Kurs antizipierten Information müßte somit sofort einen Kurssprung in t induzieren, so daß die erwartete zukünftige Rendite von t nach t+1 gerade wieder der erwarteten Gleichgewichtsrendite gemäß dem Marktmodell entspräche[95]. Es würde somit lediglich zu einer Erhöhung der Rendite von t-1 nach t kommen, die kein Investor durch Transaktionen in t oder später noch abschöpfen könnte[96]. Treten bei einer Untersuchung jedoch während einer bestimmten Zeitspanne nach Veröffentlichung einer positiven (negativen) Information signifikant positive (negative), kumulierte geschätzte Störterme auf, so wird dies als ein Zeichen für eine verzögerte Kursanpassung und damit für einen Verstoß gegen die halbstrenge Informationseffi-

---

zienz festgestellt wird. Unter dem Marktmodell soll in diesem Kapitel immer das auch in dieser Untersuchung verwendete Marktmodell in seiner Ein-Faktor-Version verstanden werden. Bei Informationseffizienztests werden mitunter aber auch durchaus Mehrindexmodelle verwendet. Das "Capital Asset Pricing Model" in seiner Standardform entspricht einem speziellen Marktmodell mit zusätzlichen Annahmen. Vgl. zum Marktmodell auch die ausführlichen Erläuterungen unter IV.1 und IV.2.

92) Vgl. zur folgenden Beschreibung des Testansatzes z.B. Fama (1976), S. 151 - 164.

93) Als Beispiel wäre hier etwa die Ankündigung einer Ausschüttungsänderung oder des Aufkaufs großer Aktienpakete zu nennen.

94) Verzichtet man auf die Annahme des Marktmodells, daß die Störterme verschiedener Unternehmen unkorreliert sind, so könnte der Störterm statt auf die Verarbeitung unternehmensspezifischer alternativ auch auf die Verarbeitung branchenspezifischer bzw. sonstiger, einen Teil der Aktien des gesamten Marktes betreffender Informationen zurückgeführt werden. Die Ausblendung dieser Problematik ist bei Effizienztests weit verbreitet; vgl. die Beispiele bei Elton/Gruber (1987), S. 380 u. S. 385, Fußnote 13. Vgl. bzgl. möglicher Brancheneinflüsse oder sonstiger Einflüsse, die auf eine Gruppe von Aktien beschränkt sind, die entsprechenden Erörterungen unter IV.1 und IV.2.

95) Vgl. Fama (1976), S. 154.

96) Der "abnormal return" von t-1 nach t stellt somit keine ex ante prognostizierbare Überrendite dar. Liegt in der Realität kein variabler Handel mit unendlich schneller Reaktionsmöglichkeit vor, so wäre es stattdessen ausreichend, wenn die Information des Zeitpunktes t bis zum nächstmöglichen Handelstermin t+1 vollständig im Kurs verarbeitet wäre; vgl. hierzu die insbesondere unter II.2.2.4 angesprochene Unterscheidung zwischen ex post- und ex ante-Tests.

zienzhypothese gewertet[97]. Je länger diese Zeitspanne ist, desto langsamer erfolgt die Informationsverarbeitung. Damit könnte ein Investor durch Kauf bzw. Verkauf bei Veröffentlichung der Information und Glattstellung der Position einige Zeit später Überrenditen realisieren. Häufig werden in der Realität jedoch bereits vor dem Veröffentlichungstermin signifikante Abweichungen registriert, deren Richtung positiv mit der Richtung der Abweichung korreliert, die durch die spätere Veröffentlichung induziert wird. Diese Antizipation des Kurseinflusses der Information wird in diesem Fall regelmäßig auf die Tätigkeit von Insidern zurückgeführt oder auch auf die Verarbeitung zuvor veröffentlichter Information, die bereits Rückschlüsse auf den Inhalt der später veröffentlichten Information zuläßt[98].

Ein Problem dieser Tests, das häufig Anlaß zu einer Erweiterung des Testansatzes gibt, darf bei der Beurteilung von Informationswirkungen nicht übersehen werden. Ob eine veröffentlichte Information z.B. als positiv, d.h. als das Gleichgewichtskursniveau erhöhend, einzustufen ist, hängt nicht nur vom Inhalt der Information, sondern auch davon ab, was "der Markt" in den Kursen bereits antizipiert hat. So könnte etwa die Veröffentlichung einer Dividendenerhöhung auch eine negative Information sein, falls "der Markt" in den Kursen bereits eine stärkere Erhöhung der Dividenden antizipiert hätte. Eine Auswirkung auf den Gleichgewichtskurs kann generell nur die Information haben, die neu ist, d.h. die für "den Markt" eine Überraschung darstellt bzw. die in den Kursen noch nicht vollständig antizipiert ist[99]. Das Problem der in diesem Sinne richtigen Einstufung einer Information wird in empirischen Untersuchungen unterschiedlich gelöst. Manche Arbeiten unterstellen, daß zum einen aufgrund der Beschaffenheit der bei ihnen betrachteten Information nicht damit zu rechnen ist, daß "der Markt" sie bereits antizipieren konnte und daß zum andern der Inhalt der Information auch eine eindeutige Prognose der Richtung der induzierten Kursänderung zuläßt. Als Beispiel wäre hier ein Übernahmeangebot zu nennen, das keine Informationsart darstellt, die regelmäßig erwartet wird, und das aufgrund der meist relativ hohen Abfindungskurse tendenziell erhöhend auf die Kurse der zu übernehmenden Gesellschaft einwirken dürfte. Die vorgestellte Methode würde das Übernahmeangebot in bezug auf die Kursentwicklung der zu übernehmenden Gesellschaft somit als positive Information einstufen[100].

Eine weitere Lösungsmöglichkeit sieht eine Erweiterung des bisherigen Testansatzes um ein Modell vor, das die "Erwartungen des Marktes" bezüglich der Entwicklung der Größe abbildet, über die die betrachtete Informationsart Auskunft gibt. Als Beispiel wäre hier etwa

---

97) Der hier getroffenen Konvention folgend, wäre dies allerdings noch nicht ausreichend für eine Ablehnung der Informationseffizienzhypothese. Vielmehr müßten die Beträge der kumulierten Störterme jeweils signifikant größer als die Kosten der Durchführung der Handelsstrategie sein.

98) Vgl. z.B. Davies/Canes (1978), S. 44f. Vgl. hierzu aber auch die unter II.2.2.2 erläuterten Probleme der eindeutigen Zuordnung von auslösender Information und induzierter Kursentwicklung.

99) Vgl. Elton/Gruber (1987), S. 390.

100) Vgl. ebenda, S. 386.

ein Ansatz zu nennen, der eine Untersuchung der Veröffentlichung von Dividendenänderungen mit einem Modell über die "vom Markt" erwartete Dividendenentwicklung kombiniert. In diesem Fall wäre die Information als positiv, d.h. tendenziell kurserhöhend einzustufen, falls die veröffentlichte Dividendenhöhe über der gemäß dem Modell erwarteten Höhe läge. Die Information wäre als neutral einzustufen, falls sich beide Werte entsprächen und als negativ, d.h. tendenziell kurssenkend, falls die ermittelte Modellgröße über der veröffentlichten liegen würde[101].

Schließlich existieren noch Testansätze, die die Einteilung der Informationen in positive, negative oder neutrale nicht durch unmittelbaren Bezug auf den Informationsinhalt vornehmen. Vielmehr führen sie diese Einteilung ex post anhand der beobachteten geschätzten Störterme nach dem Veröffentlichungszeitpunkt durch[102].

2.2.1.3 Tests auf strenge Informationseffizienz

Die Tests der Informationseffizienzhypothese in ihrer strengen Form lassen sich grundsätzlich in zwei Gruppen einteilen[103]. Die Ansätze der einen Gruppe entsprechen vom Prinzip her dem beschriebenen Ansatz zur Überprüfung auf halbstrenge Informationseffizienz. Statt des Veröffentlichungszeitpunkts einer bestimmten fundamentalen Information bilden nun allerdings die Zeitpunkte den Ausgangspunkt der Untersuchungen, zu denen Insider Aktien des Unternehmens, bei dem sie beschäftigt bzw. Großaktionär sind, kaufen oder verkaufen. Getestet wird dann, ob nach diesen Zeitpunkten relativ zu den Gleichgewichtsrenditen des Marktmodells oder des "Capital Asset Pricing Models" im Durchschnitt durch den Insider signifikant von Null verschiedene Überrenditen erzielt werden könnten[104]. Ist dies auch unter Berücksichtigung von Transaktionskosten für Aktienkauf (-verkauf) und anschließenden Verkauf (Rückkauf) der Fall, so wird die Informationseffizienzhypothese in ihrer strengen Form regelmäßig abgelehnt. Dabei ist zu vermuten, daß die Insider die Überrenditen durch die Ausnutzung noch nicht öffentlich verfügbarer Information erzielen und nicht nur durch bessere analytische Fähigkeiten. Tests dieser Form sind in Deutschland allerdings nicht durchführbar, da Wertpapiertransaktionen potentieller Insider im Gegensatz etwa zu

---

101) Vgl. ebenda, S. 386f.

102) Vgl. das Vorgehen bei Givoly/Palmon (1985), S. 72 - 75. Hier werden die geschätzten Störterme von einem Tag vor bis fünf Tage nach der Veröffentlichung aufsummiert. Ist die standardisierte Summe der geschätzten Störterme größer als eine Konstante w, so wird die Information als positiv, ist die standardisierte Summe kleiner als -w, so wird die Information als negativ eingestuft. In den übrigen Fällen gilt sie als neutral

103) Vgl. Elton/Gruber (1987), S. 387.

104) Vgl. z.B. das Vorgehen bei Jaffe (1974), insb. S. 414 - 418, der ein Zwei-Faktor-Modell als Bewertungsmodell verwendet.

den USA generell nicht meldepflichtig sind[105]. Damit werden die Zeitpunkte von Kauf- und Verkaufstransaktionen durch Insider also auch nicht allgemein bekannt. Oft wird der vorgestellte Test gleich mit einem Test auf halbstrenge Informationseffizienz kombiniert, indem untersucht wird, ob nach Bekanntgabe der erfolgten Insidertransaktionen sogenannte Mitläufer bzw. outsider durch Nachahmung der Transaktionen zusätzlich noch Überrenditen erzielen könnten[106]. Im Zusammenhang damit wird auch die Hypothese getestet, daß durch Insidertransaktionen erzielte Überrenditen zu einem Großteil auf die preisbeeinflussenden Transaktionen von Mitläufern und weniger auf die Ausnützung von Insiderwissen zurückzuführen wären[107].

Die zweite Gruppe der Tests auf strenge Informationseffizienz untersucht, ob z.B. große Investment-Fonds, von deren Portfolio-Managern vermutet wird, daß sie Zugang zu Insiderinformationen haben und/oder über bessere Analyse- bzw. Prognosemodelle verfügen, über einen längeren Zeitraum Überrenditen erwirtschaften[108]. Allerdings ist die Einordnung dieser Ansätze in die Gruppe der Tests auf Informationseffizienz in der Literatur nicht unumstritten. Elton/Gruber bejahen die Einordnung, da sie der Auffassung sind, daß kein Test der strengen Informationseffizienzhypothese unterscheiden kann, ob Überrenditen auf der Ausnutzung eines Informationsmonopols oder überlegener Analyse öffentlich zugänglicher Information beruhen. Insofern ist ihre Definition von strenger Informationseffizienz auch weiter gefaßt, als die in dieser Untersuchung gegebene Definition[109]. Franke hingegen folgt der engen Definition und verneint folglich diese Einordnung. Er ist der Auffassung, daß Überrenditen, die aufgrund besserer Einschätzung der zukünftigen Kursentwicklungen durch langfristige Portfoliostrategien erzielt werden, kein Anzeichen für Informationsineffizienz sein müssen. Sie können nämlich auch dann auftreten, wenn kurzfristig alle verfügbaren Informationen unverzüglich in den Kursen verarbeitet werden und sich damit stets sofort ein neues Gleichgewichtsniveau einstellt[110].

---

105) Der Securities Exchange Act von 1933 bzw. 1934 verpflichtet Vorstandsmitglieder bzw. Direktoren börsennotierter Gesellschaften, Transaktionen in Wertpapieren des "eigenen" Unternehmens binnen einer vorgegebenen Frist der Securities and Exchange Commission zu melden. Dasselbe gilt auch für Personen, die mit mehr als 10% an einer solchen Gesellschaft beteiligt sind.

106) Vgl. z.B. Jaffe (1974), S. 425 - 427, und Rozeff/Zaman (1988), S. 25 - 44. Bei letzteren steht diese Frage im Vordergrund.

107) Vgl. hierzu z.B. Givoly/Palmon (1985), S. 69 - 87.

108) Dabei wird zumeist die tatsächlich erwirtschaftete Fondrendite mit der nach dem "Capital Asset Pricing Model" ermittelten erwarteten Portfoliorendite verglichen, vgl. Franke (1980), S. 184 i.V.m. S.170 u. 172. Unter diese Gruppe von Tests sind darüber hinaus auch Tests der Qualität von Vorhersagen professioneller Wertpapieranalysten einzuordnen.

109) Vgl. Elton/Gruber (1987), S. 361, Fußnote 1 i.V.m. S. 602 - 604.

110) Vgl. Franke (1980), S. 182 - 185.

2.2.2 Probleme der Untersuchungsansätze für den Aktienmarkt

Anhand der beschriebenen empirischen Tests auf Informationseffizienz können nun die grundsätzlichen Probleme dieser Ansätze verdeutlicht werden. Alle Tests setzen für ihre Durchführung Annahmen darüber voraus, wie Aktien im Gleichgewicht bewertet werden. Können mit der jeweils untersuchten Handelsregel signifikante Differenzen zwischen realisierten und nach dem Gleichgewichtsmodell erwarteten Renditen erzielt werden, so wird diese Überrendite regelmäßig zum Anlaß genommen, die jeweils untersuchte Hypothese der Informationseffizienz abzulehnen[111].

Tatsächlich kann eine so ermittelte signifikante Überrendite jedoch ebensogut ein Anzeichen dafür sein, daß die Annahmen, die dem unterstellten Gleichgewichtsmodell zugrunde liegen, die Realität auch nicht annähernd zutreffend beschreiben. Ob die berechneten Überrenditen also als Falsifikation des Bewertungsmodells zu deuten sind und damit gar keine "echten" Überrenditen darstellen und/oder ob sie als Zeichen für Informationsineffizienz zu interpretieren sind, ist letztlich nicht zu entscheiden, da jeder Test auf Informationseffizienz simultan immer auch ein Test des Bewertungsmodells ist[112].

Das aufgezeigte Problem bei der Interpretation ermittelter Abweichungen von der erwarteten Gleichgewichtsrendite wird durch statistische Probleme weiter verschärft. Diese sind darauf zurückzuführen, daß ein "Ein-Perioden-ex ante-Modell mit ex post-Daten aus vielen Perioden getestet wird"[113]. Da dieser Problemkreis bei der Darstellung und Beurteilung des in dieser Untersuchung für den Aktienmarkt unterstellten Bewertungsmodells an späterer Stelle noch ausführlich diskutiert wird[114], sollen im folgenden einige knappe Erläuterungen genügen. Um die "vom Markt" erwartete Rendite einer Periode zu bestimmen bzw. um zu beurteilen, wie sich das Gleichgewichtsniveau des Kurses beim Auftreten einer bestimmten Information verändert, müßte auf die Zukunftserwartungen der einzelnen Investoren Bezug genommen werden. Da eine Erfassung dieser Erwartungen zu schwierig sein dürfte, wird die erwartete Gleichgewichtsrendite jedoch regelmäßig mittels eines Gleichgewichtsmodells ermittelt, dessen Parameter aus realisierten Renditen vergangener Perioden geschätzt werden[115]. Damit von einer Häufigkeitsverteilung vergangener Renditen auf die Wahrscheinlichkeitsverteilung der Rendite der jeweils betrachteten Periode geschlossen werden kann,

---

111) Dies gilt selbstverständlich nur, wenn die Überrenditen nach Berücksichtigung von Analyse- bzw. Transaktionskosten signifikant von Null verschieden sind und die Abweichung vom Gleichgewichtswert jeweils in die richtige Richtung erfolgt. Dies ist jedoch für das folgende Problem unerheblich.

112) Vgl. hierzu z.B. Franke (1980), S. 187, und Fama (1976), S. 137.

113) Franke (1980), S. 137.

114) Vgl. Gliederungspunkt IV.1, IV.2 und IV.3.1.

115) Ausnahmen bilden nur ganz einfache Modelle ohne Parameter, wie z.B. die Annahme, daß erwartete Gleichgewichtsrenditen stets positiv sind.

muß aber vor allen Dingen gewährleistet sein, daß diese Wahrscheinlichkeitsverteilung stationär ist, was über die Zeit gleichbleibende Parameter des Gleichgewichtsmodells impliziert. Darüber hinaus müssen gewisse Unabhängigkeitsanforderungen an die Renditen erfüllt sein[116]. Dies hat zur Konsequenz, daß in empirischen Tests berechnete "Überrenditen" z.B. auch in einer Fehlspezifikation der Modellparameter in Folge einer Verletzung der Stationaritäts- bzw. Unabhängigkeitsannahmen begründet sein können[117]. Verwendet ein Test zusätzlich zu einem Bewertungsmodell auch noch ein Modell, das die "Erwartungen des Marktes" bezüglich der Entwicklung eines in der betrachteten Informationsart enthaltenen Merkmals abbildet, so treten bei diesem Modell die gleichen statistischen Probleme auf.

Die Liste möglicher Einwendungen gegen Effizienztests ist mit den bisher beschriebenen Problemen jedoch noch immer nicht vollständig. Wird etwa die Nullhypothese, daß mit einer untersuchten Handelsregel keine Überrenditen erzielt werden können, nicht abgelehnt, so ist zu berücksichtigen, daß dies nur in bezug auf die bei diesem Test verwendete Stichprobe, die dabei untersuchte Informationsart und die in diesem Fall getestete, zumeist sehr einfache Handelsregel zutrifft[118]. Damit kann nie ausgeschlossen werden, daß wesentlich kompliziertere und/oder noch nicht getestete Handelsregeln nicht doch zu signifikanten Überrenditen führen könnten[119]. Umgekehrt ist zu berücksichtigen, daß beim Test jeder Handelsregel eine gewisse positive Wahrscheinlichkeit dafür besteht, daß bei der der Untersuchung zugrunde gelegten Datenbasis zufällig signifikante Überrenditen auftreten. Die darin liegende Gefahr der Fehlinterpretation[120] läßt sich allerdings durch einen Kontrolltest mit einer zweiten Stichprobe und einem anderen Untersuchungszeitraum stark vermindern.

---

116) Vgl. ebenda, sowie Franke (1980), S. 137 - 143.

117) Weitere Gründe für die Ermittlung "unechter" Überrenditen können Schätzfehler aufgrund eines begrenzten Stichprobenumfangs sowie Erhebungs- oder Berechnungsfehler sein.

118) Ausnahmslos keine einfachen Handelsregeln, sondern komplette Portfoliostrategien werden lediglich bei der unter II.2.2.1.3 vorgestellten zweiten Gruppe der Tests auf Informationseffizienz in ihrer strengen Form getestet.

119) Vgl. zu diesem Einwand Franke (1980), S. 191. Vgl. auch Elton/Gruber (1987), S. 368 u. S. 379f. Letztere weisen z.B. darauf hin, daß grundsätzlich unendlich viele Möglichkeiten denkbar sind, wie man versuchen könnte, zukünftige Kurse unter Verwendung vergangener Kurse zu prognostizieren. Insbesondere in bezug auf die Tests zur Hypothese der halbstrengen Informationseffizienz äußern sie jedoch die Vermutung, daß es plausibel erscheint, davon auszugehen, daß die Nicht-Ablehnung der Informationseffizienzhypothese bezüglich einer Informationsart Rückschlüsse auf gleichlautende Testergebnisse bei ähnlichen Informationsarten zuläßt.

120) Auf diese Gefahr weist Sharpe (1985), S. 604, hin. Darüber hinaus ist in diesem Zusammenhang zu berücksichtigen, daß die Ablehnung einer Nullhypothese bei einem statistischen Test nie als Beweis dafür interpretiert werden darf, daß die Nullhypothese in der Realität tatsächlich nicht zutrifft. Ebenda, S. 603f., weist Sharpe auf einen weiteren häufigen Fehler beim Test einer Handelsregel hin. Mitunter sind die Strategien nämlich fälschlicherweise so konzipiert, daß das Erkennen des Signals, das eine Transaktion auslösen soll, Informationen voraussetzt, die zu diesem Zeitpunkt noch gar nicht bekannt gewesen sind (sogenannte "nonoperational systems").

Darüber hinaus erfordern statistisch abgesicherte Aussagen bezüglich einer bestimmten Informationsart stets die Untersuchung einer Stichprobe, die eine große Anzahl gleichartiger Ereignisse enthält. Damit sind gerade die Tests der halbstrengen Informationseffizienzhypothese, die die Effizienz in bezug auf öffentlich verfügbare fundamentale Daten testen, auf in ihrer Art immer wiederkehrende, bei vielen Unternehmen zu beobachtende Informationen beschränkt[121]. Für die Kursprognose genauso relevante, in ihrer Art sehr seltene oder überhaupt nicht vergleichbare Informationen können somit nicht Gegenstand eines Effizienztests sein[122].

Aber auch der Vergleich festgestellter Abweichungen von den Gleichgewichtswerten nach Veröffentlichung sogenannter gleichartiger Informationen ist nicht unproblematisch. Hier stellt sich nämlich die Frage, inwiefern überhaupt von gleichartigen Informationen gesprochen werden kann. Zu jedem Zeitpunkt findet sich in der Realität eine Überlagerung mehr oder weniger vieler Informationen. Da die Auswertung einer Information aber wohl kaum isoliert, d.h. unabhängig vom Kontext der sonst verfügbaren Informationen erfolgt, könnte demnach z.B. nicht davon ausgegangen werden, daß die Renditeentwicklung einer Aktie nach Veröffentlichung einer nicht vom Markt antizipierten Dividendenerhöhung im Jahr x und die Renditeentwicklung derselben Aktie nach Veröffentlichung der ebenfalls nicht antizipierten Dividendenerhöhung im Jahr y eindeutig auf gleichartige Informationen folgen[123].

Damit wiederum in unmittelbarem Zusammenhang steht das Problem der eindeutigen Zuordnung von festgestellten Abweichungen vom Gleichgewichtswert zu Informationen, die für sie ursächlich sind[124]. So kann es sich etwa bei statistisch signifikanten Abweichungen in einer zeitlichen Umgebung um den Veröffentlichungszeitpunkt einer unvorhergesehenen Dividendenänderung auch um einen Scheinzusammenhang zwischen dieser Information und der beobachteten Abweichung handeln. Es wäre nämlich durchaus denkbar, daß die Abweichungen statt dessen zumindest teilweise ursächlich durch unvorhergesehene Änderungen der Jahresüberschüsse bedingt sind, deren Auftreten seinerseits mit dem Auftreten unvorhergesehener Dividendenänderungen stark positiv korreliert ist[125].

---

121) Als Beispiele wären hier etwa die Ankündigung von Dividenden oder von Kapitalveränderungen oder die Veröffentlichung des Jahresabschlusses zu nennen.

122) Darunter fallen etwa einmalige, politische Ereignisse wie z.B. der Golfkrieg oder z.B. auch Informationen, die den technischen Fortschritt betreffen. Vgl. Franke (1980), S. 191.

123) Vgl. ebenda, S. 190.

124) Immer vorausgesetzt, daß die ermittelte Abweichung überhaupt auf eine Informationsstandänderung zurückzuführen ist.

125) Dieses Beispiel findet sich bei Fama (1976), S. 164, und Elton/Gruber (1987), S. 387.

Schließlich wäre bei der Frage der Zuordnung von Renditeentwicklung zu auslösender Information noch das Problem zu diskutieren, daß nicht eindeutig bestimmt werden kann, ab wann eine Information öffentlich ist[126]. Liegt der gewählte Zeitpunkt beim Test zu spät, so könnten in der Realität mögliche Überrenditen bzw. bestehende Informationsineffizienzen verborgen bleiben[127].

2.2.3 Systematisierung der umfassenderen Untersuchungsansätze mit Berücksichtigung des Optionsmarktes

Im folgenden sollen die empirischen Studien systematisiert werden, die die Existenz von Optionsmärkten explizit in ihrem Untersuchungsansatz berücksichtigen. Dabei werden nicht nur direkte Tests auf Informationseffizienz erfaßt, sondern auch Untersuchungen, die nur indirekt Rückschlüsse auf den Grad an Informationseffizienz zulassen bzw. für weiterführende Effizienzuntersuchungen zumindest von Bedeutung sein könnten[128]. Die vielfältigen und äußerst heterogenen Untersuchungsansätze lassen sich vorab grob in drei Gruppen einteilen. Die Untersuchungen der ersten Gruppe sind dadurch gekennzeichnet, daß sie den Anspruch erheben, lediglich den Grad an Informationseffizienz für den Optionsmarkt zu testen. Demzufolge berücksichtigen sie den Aktienmarkt nicht unmittelbar. Die Ansätze der zweiten Gruppe fragen nach dem Einfluß des Optionshandels auf die Kurse der zugrunde liegenden Aktien und beziehen in ihre Tests keine Daten von Optionspreisen ein, sondern beschränken sich allein auf die Auswertung von Aktienkurszeitreihen. Die Arbeiten der dritten Gruppe schließlich untersuchen den Informationsgehalt von Optionspreisen für die Kursentwicklung der zugrunde liegenden Aktie, wobei sie zumeist versuchen, die Frage zu klären, ob neue Informationen am Optionsmarkt früher verarbeitet werden als am Aktienmarkt. Dabei werten sie generell Kurszeitreihen beider Kapitalmarktsegmente aus. Die vorliegende Arbeit ist in diese Gruppe einzuordnen[129]. Im folgenden soll auf jede der drei Gruppen näher eingegangen werden.

---

126) Vgl. hierzu Franke (1980), S. 103.

127) Das Problem der Einstufung einer Information als positiv, negativ oder neutral, das sich deshalb ergibt, weil die Einstufung außer vom Informationsinhalt auch davon abhängt, bis zu welchem Grad "der Markt" den Informationsinhalt bereits antizipiert hat, soll an dieser Stelle nicht mehr erörtert werden. Hier sei auf die entsprechenden Erläuterungen in Gliederungspunkt II.2.2.1.2 verwiesen.

128) Unter einem direkten Test auf Informationseffizienz soll dabei ein Test verstanden werden, der explizit untersucht, ob mittels einer kurzfristig ausgerichteten Handelsstrategie durch Ausnützung bestimmter Informationen systematisch Überrenditen erzielt werden können. Aufgrund der im vorigen Gliederungspunkt genannten Probleme der Bestimmung "echter" Überrenditen und aufgrund der Tatsache, daß in statistischen Tests stets eine bestimmte Irrtumswahrscheinlichkeit akzeptiert werden muß, kann aber auch ein Nachweis einer nach Berücksichtigung von Transaktionskosten noch statistisch signifikanten Überrendite letztlich nur als starkes Indiz, nicht jedoch als Beweis für bestehende Ineffizienz angesehen werden.

129) Vgl. hierzu ausführlich II.3.3.

2.2.3.1 Tests auf Informationseffizienz des Optionsmarktes

In die erste Gruppe ist die Arbeit von Trautmann als bisher umfassendste Effizienzuntersuchung für den deutschen Optionsmarkt einzuordnen[130]. In ihr finden sich vier der fünf bisher bei empirischen Untersuchungen verwendeten Testansätze, die dieser Gruppe zuzuordnen sind[131]. Alle vier lassen sich durch folgendes Vorgehen charakterisieren: Beim Erkennen eines Fehlbewertungssignals wird eine bestimmte Portfoliostrategie ausgelöst, für die dann jeweils überprüft wird, ob sie zu Überrenditen führt. Dabei wird zwischen einem ex post- und einem ex ante-Test unterschieden. Beim ex post-Test wird abweichend von der Realität unterstellt, daß bei Erstellung des Portfolios noch zu den Preisen gehandelt werden kann, die für die Berechnung der Fehlbewertung verwendet wurden. Der ex ante-Test hingegen berücksichtigt einen zeitlichen Abstand zwischen Erkennen eines Fehlbewertungssignals und dem Aufbau einer Portfolioposition[132].

Die Testansätze unterscheiden sich durch die Berechnung des benötigten Fehlbewertungssignals. Die ersten beiden Ansätze gehen von bewertungsmodellunabhängigen Wertuntergrenzen für den Wert einer Kauf- bzw. Verkaufsoption aus, wobei der erste Ansatz mit der europäischen Wertuntergrenze für Kaufoptionen[133] und der zweite mit der Put-Call-Parität[134] arbeitet. Liegt der Optionspreis einer Kaufoption unter der europäischen Wertuntergrenze bzw. der Wert der Verkaufsoption unter der Untergrenze, die sich aus der Put-Call-Parität ergibt, so wird ein Fehlbewertungssignal ausgelöst[135]. Im Fall der Kaufoption wird sodann folgende Portfoliostrategie gewählt: Kauf der unterbewerteten Kaufoption, Verkauf

---

130) Vgl. insb. Trautmann (1987) sowie derselbe (1990a) und (1990b).

131) Die Gliederung in fünf Untergruppen erfolgt in Anlehnung an Powell (1990), S. 33.

132) Vgl. Trautmann (1987), S. 313.

133) Die europäische Wertuntergrenze für eine Kaufoption gibt den Betrag an, den der Preis einer Kaufoption nicht unterschreiten darf, wenn keine risikolosen Arbitragemöglichkeiten am Markt existieren sollen. Für den einfachsten Fall einer Kaufoption ohne anfallende Nebenrechte während der Restlaufzeit und bei Vernachlässigung von Transaktionskosten, Steuern und Sicherheitsleistungen entspricht diese Untergrenze dem Kurs der zugrunde liegenden Aktie abzüglich dem über die Restlaufzeit der Option abgezinsten Basispreis. Für kompliziertere Fälle ist die europäische Wertuntergrenze entsprechend zu modifizieren; vgl. ebenda, S. 314.

134) Die Put-Call-Parität besagt, daß der Preis einer europäischen Verkaufsoption der Summe aus dem Preis einer ansonsten identischen europäischen Kaufoption und dem über die Restlaufzeit der Optionen abgezinsten Basispreis abzüglich dem Kurs der zugrunde liegenden Aktie entsprechen muß, wenn am Markt keine risikolosen Arbitragemöglichkeiten bestehen sollen. Dies gilt für Optionen ohne anfallende Nebenrechte während der Restlaufzeit und unter Vernachlässigung von Transaktionskosten, Steuern und Sicherheitsleistungen. Treffen diese Bedingungen nicht zu, so gelten entsprechend modifizierte Formen der Put-Call-Parität. Handelt es sich um amerikanische Optionen, so läßt sich die Put-Call-Parität in eine Wertuntergrenze für Verkaufsoptionen umformulieren; vgl. Cox/Rubinstein (1985), S. 150 - 152. Vgl. zum Unterschied zwischen europäischen und amerikanischen Optionen die Erläuterungen in Gliederungspunkt III.1.1.

135) Vgl. ebenda, S. 314f. u. S. 317. Der Fall der Verkaufsoptionen wird aufgrund der Beschränkung dieser Untersuchung auf Kaufoptionen im folgenden nicht weiter ausgeführt.

der Aktie und risikolose Finanzanlage in Höhe des Barwertes des um den Wert anfallender Nebenrechte korrigierten Basispreises und des Barwertes des erwarteten Wertes anfallender Nebenrechte[136]. Das Portfolio wird bis zum Optionsfälligkeitstermin gehalten. Bleibt nach Abzug des Barwertes aller anfallenden Transaktionskosten im Investitionszeitpunkt ein positiver Restbetrag, so stellt dieser eine positive Überrendite dar, da das erstellte Portfolio am Fälligkeitstermin der Option mit Ausnahme der Transaktionskosten keine Auszahlung induzieren kann[137].

Beim dritten und vierten Testansatz werden Fehlbewertungen jeweils als Abweichungen der Optionspreise vom entsprechenden Kaufoptionswert berechnet, der mit Hilfe eines Optionsbewertungsmodells ermittelt wird. Trautmann verwendet für seine Untersuchung das Black/ Scholes-Modell. Die Testansätze unterscheiden sich nun dadurch, daß der eine mit historischen und der andere mit impliziten Volatilitäten arbeitet[138]. Ein Fehlbewertungssignal löst den Aufbau einer risikolosen Hedge-Position aus Kauf (Verkauf) von unterbewerteten (überbewerteten) Kaufoptionen und Verkauf (Kauf) einer bestimmten Anzahl von Aktien aus[139]. Eine potentielle Überrendite errechnet sich als erzielte Rendite aus der Position bis zum Revisions- oder Glattstellungszeitpunkt abzüglich dem risikolosen Zinssatz und den angefallenen Transaktionskosten[140].

Nach Trautmann wären systematische Überrenditen ein Zeichen für Informationsineffizienz des Optionsmarktes. Dies ist aber nur eine mögliche Deutung seiner Untersuchungsergebnisse. Da das Black/Scholes-Modell ein Gleichgewichtsmodell ist, das Kaufoptionen relativ zur jeweils zugrunde liegenden Aktie bewertet, besagt ein vom Black/Scholes-Wert abweichender Optionspreis lediglich, daß die Option relativ zu dieser Aktie fehlbewertet ist. Dies läßt sich aber genauso gut zu der Aussage umkehren, daß die Aktie relativ zur Option fehlbewertet ist. Ob jedoch eines der Wertpapiere im Sinne einer risikoangepaßten Bewertung relativ zum übrigen Marktportfolio richtig oder fehlbewertet ist, kann mit Hilfe des Black/ Scholes-Modells nicht entschieden werden. Damit könnten ermittelte Fehlbewertungssignale bzw. potentielle Überrenditen aber z.B. auch darauf zurückgeführt werden, daß neue Information zuerst bzw. schneller am Optionsmarkt verarbeitet wird und am Aktienmarkt

---

136) Vgl. ebenda, S. 314.

137) Vgl. hierzu Cox/Rubinstein (1985), S. 130. Dies gilt allerdings nur bei vorher bekannter Höhe der Nebenrechte uneingeschränkt.

138) Vgl. zu den unterschiedlichen Methoden der Volatilitätsschätzung und der Vorgehensweise in dieser Untersuchung III.2.2.3.4 und III.2.3.4.

139) Die genaue Zusammensetzung richtet sich nach der Hedge-Ratio; vgl. zu den theoretischen Grundlagen ausführlich III.2.1.1. Die Position ist in der Realität allerdings nicht völlig risikolos, vgl. hierzu II.2.2.4.

140) Vgl. Trautmann (1987), S. 320. Bezüglich der Einbeziehung von Transaktionskosten betrachtet er jeweils einen Fall ohne Transaktionskosten, den Fall einer Bank und den eines Privatanlegers.

entsprechend später bzw. langsamer[141]. Dies wäre dann jedoch als Hinweis auf Informationsineffizienz des Aktienmarktes zu deuten. Welche Interpretation zutrifft, ist mit dem gewählten Ansatz nicht entscheidbar, zumal mittels der verwendeten Portfoliostrategie eine Überrendite ja auch nur durch gleichzeitige Inanspruchnahme beider Kapitalmarktsegmente erwirtschaftet werden kann[142].

Trautmann ordnet seine Untersuchung im übrigen in die Gruppe der Tests auf Informationseffizienz in ihrer halbstrengen Form ein. Nach der hier verwendeten und allgemein üblichen Definition der einzelnen Formen der Informationseffizienzhypothese und beim Vergleich mit den beschriebenen Tests ist die Untersuchung Trautmanns jedoch in die Gruppe der Tests auf schwache Informationseffizienz einzuordnen, da Kauf- und Verkaufsignale allein auf der Auswertung bekannter Kursinformationen beruhen[143].

Eindeutig einen Test auf halbstrenge Informationseffizienz des Optionsmarktes stellt hingegen der fünfte Ansatz der ersten Gruppe dar, der am Beispiel der Untersuchung von Powell beschrieben werden soll[144]. In dieser Arbeit wird getestet, ob ein Investor durch Kauf von Kaufoptionen einer Unternehmung sofort nach Veröffentlichung einer bestimmten fundamentalen Information und anschließendem Verkauf Überrenditen erzielen kann. Die untersuchte Informationsart ist dabei die Ankündigung eines Übernahmeangebots für die betreffende Unternehmung[145]. Betrachtet wird das Zeitintervall von 10 Tagen vor bis 20 Tage nach dem Informationsveröffentlichungszeitpunkt[146]. Für unterschiedliche Kauf- und Verkaufszeitpunkte innerhalb dieses Intervalls werden jeweils die erzielbaren Renditen berechnet. Die Hypothese der Informationseffizienz wird dann abgelehnt, wenn Strategien mit Kaufzeitpunkten nach dem Ankündigungstermin im Durchschnitt, d.h. bei Berücksichtigung einer ausreichenden Anzahl gleichartiger Informationen, nach Abzug von Transaktionskosten signifikante Überrenditen erbringen[147]. Die potentielle "abnormal performance" wird dabei durch Vergleich mit der bei gleicher Strategie mit Kaufoptionen einer Kontrollgruppe erzielbaren Rendite ermittelt, wobei die Firmen dieser Gruppe dadurch gekennzeichnet sind, daß sie in der fraglichen Zeit keine Übernahmekandidaten waren. Die Optionen der Kontrollgruppe müssen darüber hinaus folgende Eigenschaften aufweisen: ihre zugrunde liegen-

---

141) Dies würde der Hypothese der Mehrzahl der Untersuchungen der dritten Gruppe entsprechen.

142) Durch die Implementierung einer solchen Arbitragestrategie können letztlich immer nur verbundene Hypothesen getestet werden.

143) Vgl. hierzu die Definitionen unter II.2.1.

144) Dieser und ähnliche Ansätze sind bisher nur in der amerikanischen Literatur beschrieben; vgl. Powell (1990) oder z.B. auch Reilly/Gustavson (1985), S. 121 - 142.

145) Vgl. Powell (1990), S. 6f.

146) Vgl. ebenda, S. 92.

147) Vgl. ebenda, S. 122f.

den Aktien müssen durchweg jeweils den gleichen Betakoeffizienten aufweisen, wie die Aktien des jeweiligen Übernahmekandidaten; die Optionen müssen zu Firmen der gleichen oder einer sehr eng verwandten Branche gehören und sie müssen die gleichen Restlaufzeiten aufweisen wie die Optionen des jeweiligen Übernahmekandidaten[148]. Diese streng auf den Optionsmarkt beschränkte Untersuchung wird durch einen auf den Aktienmarkt beschränkten Test auf halbstrenge Informationseffizienz ergänzt, wobei als Stichprobe die Aktien der Übernahmekandidaten dienen[149]. Damit soll geklärt werden, ob eventuell feststellbare Hinweise auf Ineffizienzen des Optionsmarktes zum Teil auf noch steigende Kurse der Aktien nach dem Veröffentlichungszeitpunkt zurückgeführt werden könnten[150]. Der Zusammenhang zwischen der Preisbildung beider Märkte wird jedoch nicht mittels eines Hedging-Modells erfaßt.

2.2.3.2 Tests auf Beeinflussungen des Aktienmarktes durch den Optionsmarkt

Die Untersuchungen dieser zweiten Gruppe lassen sich nicht problemlos als Testansätze auf Informationseffizienz klassifizieren. Allgemeingültig läßt sich vorab nur feststellen, daß sie ausschließlich Ergebnisse für den Aktienmarkt ableiten und daß sie zumeist keine direkten Tests auf Informationseffizienz durchführen. Um diese Arbeiten näher zu qualifizieren, ist eine Differenzierung zwischen den von ihnen untersuchten Fragestellungen notwendig.

Grundsätzlich lassen sich drei Untergruppen unterscheiden. In der ersten wird die Hypothese untersucht, daß Optionsverfalltermine die Kursentwicklung der der Option zugrunde liegenden Aktie in einer engen zeitlichen Umgebung um den Fälligkeitstermin in vorhersehbarer Weise beeinflussen. Die zweite Teilmenge von Testansätzen versucht zu klären, ob sich die Anpassung von Aktienkursen an veröffentlichte, neue fundamentale Information bei den Aktien, für die auch ein Optionshandel stattfindet, schneller vollzieht als bei Aktien, für die keine Optionen gehandelt werden.

Die Ansätze dieser beiden Untergruppen sind dadurch gekennzeichnet, daß sie relativ einfach durch die Implementierung einer Handelsregel ergänzt werden könnten. Insbesondere geben ihre jeweiligen Hypothesen Hinweise darauf, wie eine solche Handelsregel auszugestalten wäre. Beispielsweise wird in der ersten Untergruppe erwartet, daß es vor Fälligkeitsterminen von Kaufoptionen regelmäßig zu einem abnormalen Sinken des Aktienkurses und nach dem Termin wieder zu einer Korrektur in Form eines abnormalen Kursanstiegs

---

148) Vgl. ebenda, S. 88 - 90.

149) Im Gegensatz zu den unter II.2.2.1 vorgestellten Untersuchungsansätzen wird die Überrendite hier relativ zu den Aktien obiger Kontrollgruppe bestimmt und somit kein allgemeines Bewertungsmodell verwendet.

150) Vgl. Powell (1990), S. 116.

kommt[151]. Dies legt nahe zu testen, ob zum einen durch Verkauf der Aktie zeitlich vor dem Optionsverfalldatum und anschließenden Rückkauf kurz vor bzw. am Fälligkeitstag nach Abzug der induzierten Transaktionskosten im Durchschnitt Überrenditen zu erzielen wären[152]. Zum andern könnte das gleiche auch für eine Strategie überprüft werden, die den Kauf zusätzlicher Aktien kurz vor bzw. am Verfalltag und den späteren Verkauf dieser Aktien vorsieht.

Bei der zweiten Untergruppe wäre hingegen für jedes der beiden betrachteten Aktienmarktsegmente ein Test auf halbstrenge Informationseffizienz in der in Gliederungspunkt II.2.2.1.2 beschriebenen Form durchzuführen. Würde die implementierte Strategie auf dem Aktienmarktsegment, für dessen Aktien ein Optionshandel stattfindet, zu signifikant geringeren Überrenditen führen als auf dem Aktienmarktsegment, für dessen Aktien keine Optionen gehandelt werden, so könnte dies als ein Indiz dafür gedeutet werden, daß auf dem Aktienmarktsegment, für dessen Aktien Optionen gehandelt werden, die Kursanpassung schneller erfolgt und demzufolge tendenziell ein höherer Grad an Informationseffizienz im Hinblick auf die untersuchte Informationsart besteht.

Die Ergebnisse von Untersuchungen aus den beiden bisher betrachteten Untergruppen lassen aber eben auch ohne implementierte Handelsregel immerhin Rückschlüsse darauf zu, ob überhaupt Anlaß zu der Vermutung besteht, eine Handelsregel könnte signifikante Überrenditen bzw. signifikant unterschiedliche Überrenditen erbringen. Die Testergebnisse geben also letztendlich einen Hinweis darauf, ob bei einem direkten Test eher mit einer Ablehnung der Informationseffizienzhypothese bzw. der Hypothese gleicher Effizienz der Aktienmarktsegmente gerechnet werden müßte oder nicht.

Für derartige Überlegungen geben die Untersuchungen der dritten und letzten Untergruppe hingegen rein gar nichts her. Sie befassen sich mit der Frage, ob der Optionshandel die Volatilität der Aktienkurse oder das nicht-diversifizierbare Risiko der Aktien beeinflußt. Um dies zu überprüfen, werden zum einen Aktien, für die ein Optionshandel stattfindet, mit einer Kontrollgruppe von Aktien verglichen, für die keine Optionen gehandelt werden. In diesem Fall wird von einem Mit-Ohne-Vergleich gesprochen. Zum andern kann auch ein sogenannter Vorher-Nachher-Vergleich vorgenommen werden. Dabei handelt es sich um einen Vergleich der Zeiträume vor und nach einer grundlegenden Reform des Optionshandels

---

151) Vgl. hierzu z.B. die unten beschriebene Studie von Klemkosky (1978), S. 507 - 518. Abweichend hiervon existieren jedoch auch Studien, die lediglich von der Hypothese einer ansteigenden Volatilität der Aktie in einer zeitlichen Umgebung von Optionsfälligkeitsterminen ausgehen. Da jedoch nicht ersichtlich ist, für welche Handelsstrategie das Zutreffen dieser Hypothese die Möglichkeit schaffen könnte, Überrenditen zu erzielen, besteht zwischen letzteren Studien und Tests auf Informationseffizienz kein unmittelbarer Zusammenhang.

152) Der optimale Rückkauftermin richtet sich dabei nach dem Tag des Wechsels von negativen "abnormal returns" zu positiven "abnormal returns", der nicht mit dem Verfalltermin selbst identisch sein muß. Vgl. z.B. die Ergebnisse von Lion (1989), S. 248, der einen Kurstiefpunkt der von ihm untersuchten Aktienkursindices 3 Tage vor den Optionsfälligkeitsterminen ausmacht.

oder um einen Vergleich der Zeitabschnitte vor und nach Einführung des Optionshandels für die Aktien der jeweils betrachteten Stichprobe.

Bei diesen Ansätzen ist nicht ersichtlich, für welche Handelsstrategie in Aktien der Befund einer Volatilitätsänderung die Möglichkeit schaffen könnte, mit dieser Handelsregel Überrenditen zu erzielen. Damit besteht kein unmittelbarer Zusammenhang zwischen diesen Ansätzen und Tests auf Informationseffizienz. Die dritte Untergruppe ist an dieser Stelle somit nur aus Gründen der vollständigen Darstellung mit aufgeführt.

Zum Abschluß der Erörterung von Testansätzen, die dem Einfluß des Optionsmarktes auf den Aktienmarkt nachgehen, soll beispielhaft das genauere Vorgehen einzelner Studien beschrieben werden. In die erste der zuvor abgegrenzten Untergruppen fällt die Studie von Klemkosky für den amerikanischen Markt[153]. Dieser Autor schätzt mit Hilfe des Marktmodells für jede in die Untersuchung einbezogene Aktie und alle berücksichtigten Verfalltermine der jeweils zugehörigen Kaufoptionen die Störterme der Aktie getrennt für die Woche vor und die Woche nach Fälligkeit der Optionen[154]. Sodann wird untersucht, ob alle Aktien jeweils bezüglich eines bestimmten Verfalldatums und bezüglich der Woche vor und/oder nach Fälligkeit im Durchschnitt signifikant von Null verschiedene geschätzte Störterme aufweisen[155]. Ferner wird überprüft, ob eine Aktie bezüglich aller für sie relevanten Verfalltermine in den entsprechenden Wochen im Durchschnitt signifikant von Null verschiedene Residuen besitzt, wobei erneut jede der beiden Wochen getrennt zu betrachten ist[156]. Eine Handelsregel wird von Klemkosky nicht implementiert[157].

Die amerikanische Untersuchung von Jennings/Starks versucht einen Beitrag zur Klärung der zweiten hier relevanten Fragestellung zu leisten[158]. Ausgangspunkt der Untersuchung ist die Annahme, daß zeitlich aufeinanderfolgende Aktienkursveränderungen grundsätzlich

---

153) Vgl. Klemkosky (1978), S. 507 - 518. Er analysiert das Renditeverhalten von nahezu allen Aktien, deren Optionen 1975 und 1976 an der Optionsbörse in Chicago (CBOE) gehandelt wurden, in einer zeitlichen Umgebung um die Optionsfälligkeitstermine, die in diese beiden Jahre fielen.

154) Vgl. ebenda, S. 510 - 512.

155) Vgl. ebenda, S. 512. Eine Aktie wird für die Durchschnittsberechnung selbstverständlich immer nur dann berücksichtigt, wenn an dem entsprechenden Verfalltermin tatsächlich eine Optionsserie dieser Aktie fällig wird.

156) Vgl. ebenda, S. 514.

157) Bei der für den deutschen Markt wahrscheinlich bisher einzigen veröffentlichten Untersuchung über den Einfluß von Optionsfälligkeitsterminen auf die Aktienkurse wird die Profitabilität einer Handelsstrategie untersucht; vgl. Lion (1989), insb. S. 81 - 84 u. S. 241 - 243. Allerdings läßt sich gegen die implementierte Strategie mit dem Ziel des Tests auf Informationseffizienz vor allen Dingen der Einwand vorbringen, daß die Strategie Signale verwendet, die erst ex post bekannt sind; vgl. zur Problematik dieser Vorgehensweise II.2.2.4 und II.3.3.

158) Vgl. Jennings/Starks (1986), S. 107 - 125, deren Stichprobe die Kurse einer Auswahl von Aktien enthält, die an der New Yorker Börse (NYSE) 1981 und 1982 gehandelt wurden.

negativ korreliert sind, daß aber in einer engen zeitlichen Umgebung von Informationsveröffentlichungszeitpunkten signifikante Abweichungen von diesem Prozeß auftreten[159]. Bezüglich der Informationsart "Ankündigung von Gewinn- oder Dividendenänderungen" wird nun getestet, ob für die Aktien mit Optionshandel im Vergleich zu einer Kontrollgruppe aus Aktien, für die keine Optionen gehandelt werden[160], die Phase positiver serieller Korrelation mit besonders hohen Kursänderungen innerhalb signifikant kürzerer Zeit nach dem Ankündigungstermin der Information beendet ist[161]. Auch hier wird keine Handelsregel implementiert.

Die letzte Teilmenge von Untersuchungen testet jeweils die Varianzgleichheit im Verhältnis zwischen den untersuchten Aktien mit Optionshandel und denen der Kontrollgruppe ohne Optionshandel oder im Verhältnis zwischen Zeitabschnitten vor und nach Einführung oder Reform des Optionshandels. Bisher existieren zwei deutsche Studien, in denen jeweils ein Vorher-Nachher-Vergleich kombiniert mit einem Mit-Ohne-Vergleich durchgeführt wird[162]. Allerdings wird lediglich in einer der beiden Studien zusätzlich zu einem Vergleich der Aktienkursvolatilitäten auch ein Vergleich des nicht-diversifizierbaren Risikos der Aktien vorgenommen[163]. Da die Untersuchungen dieser Untergruppe im vorliegenden Zusammenhang kaum Bedeutung besitzen, wird auf eine nähere Beschreibung des Testszenarios verzichtet.

2.2.3.3 Tests auf den Informationsgehalt von Optionspreisen für die Kurse der zugrunde liegenden Aktien

Auch die letzte der drei zu Beginn unterschiedenen Gruppen von Testansätzen ist in sich nicht homogen. Die folgenden Erläuterungen sollen sich jedoch, sofern nicht explizit eine davon abweichende Studie angesprochen wird, stets auf die derzeit vermutlich größte Teilmenge dieser Gruppe beziehen. Diese Teilmenge ist dadurch gekennzeichnet, daß alle darin

159) Es wird angenommen, daß in diesen Zeitintervallen besonders häufig große Kursänderungen auftreten, wobei die Wahrscheinlichkeit für das Auftreten aufeinanderfolgender Änderungen desselben Vorzeichens ebenfalls höher ist als außerhalb der Intervalle; vgl. ebenda, S. 109.

160) Vgl. zu den Kriterien für die Auswahl der Aktien der Kontrollgruppe ebenda, S. 111.

161) Die betrachteten Zeitintervalle um den Ankündigungstermin schließen maximal den Vortag und den folgenden Tag ein. Als Zeiteinheit sind Stunden, für einen Test auch Minuten gewählt.

162) Vgl. Schlag (1991) sowie Gais/Müller/Wenger (1991), S. 5 u. S. 15 - 18. Ersterer führt den Vorher-Nachher-Vergleich in bezug auf den Zeitpunkt der Aufnahme des Optionshandels an der DTB am 26.01.1990 durch, letztere führen den Vorher-Nachher-Vergleich in bezug auf den Zeitpunkt der Reform des Optionshandels am 01.04.1983 durch. Weiterhin existieren eine englische Studie von Gemmill (1989), S. 15 - 22, und mehrere Studien für den amerikanischen Markt. Vgl. z.B. Trennepohl/Dukes (1979), Klemkosky/Maness (1980), Whiteside/Dukes/Dunne (1983), Nabar/Park (1988) und Skinner (1989). In diesen Studien wird allerdings zum Teil auf die Durchführung eines Mit-Ohne-Vergleichs verzichtet.

163) Vgl. hierzu Schlag (1991).

enthaltenen Untersuchungen generell von der Hypothese ausgehen, daß der Optionsmarkt Informationen zeitlich vor dem Aktienmarkt verarbeitet und daß deshalb Richtung und ungefähres Ausmaß zukünftiger abnormaler Aktienkursänderungen durch Auswertung gegenwärtiger Optionspreise prognostizierbar sind. Zur Überprüfung dieser Hypothese wird zumeist eine einfache Strategie implementiert, die bei einem entsprechenden Optionspreissignal einen Kauf bzw. Verkauf der zugrunde liegenden Aktie und eine spätere Glattstellung dieser Position vorsieht. Damit handelt es sich bei der überwiegenden Mehrzahl der Untersuchungen auf jeden Fall um direkte Tests auf Informationseffizienz für den Aktienmarkt. Sollte hingegen ausnahmsweise keine Strategie implementiert sein, so können die Testansätze statt dessen wie die Untersuchungen der beiden ersten Teilmengen der zuvor besprochenen Testgruppe klassifiziert werden. Als Kauf- bzw. Verkaufsignal zur Auslösung der Handelsstrategie gilt stets ein Abweichen des impliziten vom im gleichen Zeitpunkt am Markt realisierten Aktienkurs[164], wobei der implizite Aktienkurs der Kurs ist, für welchen sich aus der Black/Scholes-Formel der tatsächlich realisierte Optionspreis errechnet. Das Signal ist somit äquivalent zu dem von Trautmann verwendeten Fehlbewertungssignal, denn ein nach oben vom tatsächlichen Aktienkurs abweichender impliziter Aktienkurs kann nur auftreten, wenn ein nach unten vom beobachteten Optionspreis abweichender Black/Scholes-Wert und damit ein Fehlbewertungssignal nach Trautmann vorliegt. Für einen nach unten vom beobachteten Aktienkurs abweichenden impliziten Aktienkurs gilt naturgemäß genau der umgekehrte Zusammenhang. Damit ist das bei der Darstellung der Untersuchung von Trautmann angesprochene Problem in genau umgekehrter Form auch hier gültig. Ein unter dem impliziten Aktienkurs liegender realisierter Kurs muß nicht zwingend auf eine Unterbewertung der Aktie relativ zum übrigen Marktportfolio hinweisen, sondern könnte genausogut auf eine relativ zum Marktportfolio überbewertete Kaufoption hindeuten et vice versa[165]. Die im allgemeinen hier getestete, auf den Aktienmarkt beschränkte Handelsregel ist jedoch im Gegensatz zur Arbitragestrategie Trautmanns grundsätzlich geeignet, die zuerst genannte Interpretation zu testen[166]. Selbst bei Ablehnung der Informationseffizienzhypothese für den Aktienmarkt aufgrund signifikant von Null verschiedener Überrenditen wäre es jedoch denkbar, daß gleichzeitig auch für den Optionsmarkt die Informationseffizienzhypothese abzulehnen wäre. Letzteres ist jedoch mit den hier getesteten Strategien nicht entscheidbar, da regelmäßig keine Optionsstrategie getestet wird.

Im folgenden sollen zwei Studien dieser Gruppe näher vorgestellt werden. Die erste von Manaster/Rendleman wird deshalb ausgewählt, weil sie den Ausgangspunkt für viele neuere Studien mit grundsätzlich gleicher oder ähnlicher Fragestellung bildet; die zweite Untersu-

---

164) Allerdings wird mitunter erst dann ein Kauf- bzw. Verkaufsignal angenommen, wenn der Betrag der Abweichung bestimmte, vorgegebene Grenzwerte überschreitet. Die Gewährleistung der Gleichzeitigkeit stellt in diesem Zusammenhang ein zusätzliches Problem dar; vgl. hierzu II.2.2.4.

165) Vgl. hierzu die Erläuterungen zur Untersuchung Trautmanns in Gliederungspunkt II.2.2.3.1.

166) Die Interpretation der Testergebnisse unterliegt natürlich ebenfalls den unter II.2.2.2 und II.2.2.4 erläuterten Einschränkungen in bezug auf die korrekte Messung der Überrenditen.

chung von Panton soll vor allen Dingen deshalb genauer beschrieben werden, weil sie explizit von der Hypothese ausgeht, daß Unternehmensinsider zuerst am Kaufoptionsmarkt "einsteigen", was mit der hier zugrunde gelegten Vermutung unmittelbar übereinstimmt[167].

Manaster/Rendleman verwenden für ihre Untersuchung tägliche Schlußkurse amerikanischer Options- und Aktienbörsen[168]. Ausgangspunkt ihrer Tests ist ein für jeden Tag ermitteltes relatives Fehlbewertungsmerkmal, das der prozentualen Abweichung des impliziten Aktienkurses vom Aktienschlußkurs des Tages entspricht[169]. Die Nullhypothese, daß implizite Aktienkurse gegenüber den beobachteten Aktienkursen keinen zusätzlichen Informationsgehalt in bezug auf zukünftige Gleichgewichtskurse der Aktie besitzen, wird zuerst unter Verwendung eines erweiterten Marktmodells getestet. Es handelt sich um ein Zwei-Faktor-Modell[170], bei dem die Aktienrendite vom Tag t bis zum Folgetag t+1 als endogene Variable und die Rendite des Marktindex für dieselbe Zeitspanne sowie das relative Fehlbewertungsmerkmal des Tages t als exogene Variablen gewählt wurden[171]. Ist der Regressionskoeffizient des relativen Fehlbewertungsmerkmals signifikant positiv, so impliziert dies eine positive Korrelation zwischen der Aktienrendite vom Tag t bis zum Folgetag t+1 und dem relativen Fehlbewertungsmerkmal des Tages t. Manaster/Rendleman weisen jedoch zurecht darauf hin, daß eine positive Korrelation allenfalls als erstes Indiz dafür gewertet werden kann, daß der Informationsgehalt des impliziten Aktienkurses in t tatsächlich über den des zur gleichen Zeit beobachteten Aktienkurses hinausgeht. Genausogut wäre es nämlich möglich, daß dieser Befund auf eine zeitlich spätere Notierung des Optionsschlußkurses im Vergleich zum Aktienschlußkurs desselben Tages zurückzuführen ist[172]. Um Klarheit darüber zu erhalten, ob die beschriebene positive Korrelation tatsächlich als Ablehnung der Hypothese auf Informationseffizienz des Aktienmarktes interpretiert werden kann[173], wird die Untersuchung um die Betrachtung zweier Handelsstrategien erweitert, die sich nur dadurch unterscheiden, daß die eine als ex post- und die andere als ex ante-Strategie

---

167) Im Gegensatz zu der vorliegenden Untersuchung bezieht sich Panton explizit allerdings immer nur auf Informationen, die zu Aktienkurssteigerungen führen. Trotzdem berücksichtigt er in seiner Untersuchung später auch nach unten von den Modellwerten abweichende Optionspreise. Insofern wird nicht ganz klar, ob die ausschließliche Erörterung kurssteigernder Information vielleicht auch nur Beispielcharakter haben soll. Vgl. Panton (1976), insb. S. 101 u. S. 111.

168) Vgl. Manaster/Rendleman (1982), S. 1045.

169) Vgl. ebenda, S. 1047.

170) Vgl. zu Mehrfaktormodellen die Erläuterungen unter Gliederungspunkt IV.2.

171) Vgl. Manaster/Rendleman (1982), S. 1051.

172) Vgl. ebenda.

173) Manaster/Rendleman spezifizieren nicht, welche Version der Hypothese auf Informationseffizienz sie testen, vgl. ebenda, S. 1049. Da die Transaktionen jedoch lediglich durch Auswertung vergangener Kursdaten ausgelöst werden und sie auf reine Aktientransaktionen beschränkt sind, entspricht das gewählte Vorgehen einem Test auf schwache Informationseffizienz des Aktienmarktes.

durchgeführt wird[174]. Dabei gehen die Autoren folgendermaßen vor: Jeden Tag werden alle Aktien entsprechend der Größe ihres relativen Fehlbewertungsmerkmals geordnet und fünf etwa gleich große Aktienportfolios gebildet, die beim ex post-Test fiktiv noch zu den Schlußkursen des gleichen Tages gekauft und nach einem Tag wieder verkauft werden[175]. Beim ex ante-Test verschieben sich Kauf und Verkauf jeweils um einen Tag. Sodann wird getestet, ob die Rangfolge der Portfolios, die sich nach den ermittelten Portfoliorenditen ergibt, mit der nach den relativen Fehlbewertungsmerkmalen gebildeten Rangfolge der Portfolios positiv korreliert ist, die Hypothese gleicher durchschnittlicher Portfoliorenditen also verworfen werden kann. Ist dies für die ex ante-Strategie der Fall, so wird die Nullhypothese der Untersuchung abgelehnt[176].

Panton geht in seiner Untersuchung von der Hypothese aus, daß Insider zur Ausbeutung einer kursrelevanten, nicht öffentlichen und damit noch nicht im Aktienkurs antizipierten positiven Information Kaufoptionen kaufen, wodurch sie Preissteigerungen am Optionsmarkt auslösen, noch bevor die Information am Aktienmarkt verarbeitet wird und dort zu Kurserhöhungen führt. Da der durch die Insider verursachte Preissteigerungseffekt zu Fehlbewertungen am Optionsmarkt führen müßte, beabsichtigt Panton zu untersuchen, ob unter Ausnützung der Größe dieser Fehlbewertungen eine Handelsstrategie am Aktienmarkt implementiert werden könnte, die gegenüber einer einfachen Bestandshaltestrategie zu Überrenditen führt[177]. Allerdings wird in seiner Studie letztendlich explizit doch keine Handelsregel untersucht. Dies ist wohl darauf zurückzuführen, daß ein zuvor durchgeführter Test schon die Vermutung nahelegt, daß eine für die Daten der Studie implementierte Handelsregel nicht zu Überrenditen führen würde[178]. Deshalb beschränkt sich Panton auf die Fragestellung, ob relative Fehlbewertungen am Optionsmarkt signifikant positiv mit zukünftigen Renditen der zugrunde liegenden Aktien korreliert sind. Dabei wird ausgehend vom Tag der Berechnung der Fehlbewertung entweder die Aktienkursrendite für den darauffolgenden Monat oder für die darauffolgenden zwei Monate verwendet, oder aber es wird die maximale Rendite, die innerhalb von diesen zwei Monaten erzielbar gewesen wäre, für den Korrelationstest herangezogen[179]. Die Berechnung der relativen Fehlbewertung weist bei Panton folgende Besonderheiten auf: Zum einen wird sie so berechnet, daß ihr Vorzeichen immer gerade dann positiv ist, wenn der realisierte Optionspreis größer ist als der Modellwert. Zum andern erfolgt die Ermittlung des theoretischen Optionswertes nicht

174) Vgl. ebenda, S. 1052 - 1054. Die Profitabilität einer ex post-Strategie reicht jedoch nicht aus, um die Hypothese der Informationseffizienz abzulehnen; vgl. hierzu die Erläuterungen unter II.2.2.4 und II.3.3.

175) Vgl. Manaster/Rendleman (1982), S. 1052 - 1054.

176) Vgl. ebenda, S. 1055f.

177) Vgl. Panton (1976), S. 101f.

178) Vgl. zu den Testergebnissen ebenda, S. 111f.

179) Vgl. ebenda, S. 110f.

über das Black/Scholes-Modell. Vielmehr wird versucht, mittels einer von Box/Wilson entwickelten Technik die unbekannte Funktion der Optionswerte unter Zuhilfenahme der empirischen Daten anzunähern[180]. Vereinfacht gesprochen werden dazu die beobachteten Optionspreise als Funktion der beobachteten Aktienkurse und der Optionsrestlaufzeit betrachtet. Ausgehend von dieser Annahme wird die Optionsbewertungsgleichung mittels einer Taylor-Entwicklung approximiert[181].

Abschließend sollen noch drei weitere amerikanische Untersuchungen kurz Erwähnung finden. Von diesen könnte allerdings sowohl der Untersuchungsansatz von Bhattacharya als auch der von Stephan/Whaley nicht auf den deutschen Markt für den vorliegenden Untersuchungszeitraum übertragen werden. Beide Studien arbeiten nämlich mit variablen Optionsdaten und Zeitintervallen im Minutenbereich sowie bid-ask spreads für den Aktien- und Optionsmarkt; vor Eröffnung der Deutschen Terminbörse in Frankfurt Anfang 1990 wurde auf dem deutschen Optionsmarkt hingegen pro Option und Tag zumeist nur ein Preis festgelegt[182]. Ansonsten ist die Studie Bhattacharyas grundsätzlich wie die Untersuchung von Manaster/Rendleman angelegt[183]; allerdings werden zusätzliche Handelsstrategien getestet, und es wird darüber hinaus untersucht, ob es Hinweise darauf gibt, daß an Tagen vor Dividenden- und Gewinnankündigungen die untersuchten Zusammenhänge verstärkt auftreten[184].

Die Untersuchung von Stefan/Whaley kann nicht mehr in die bisher betrachtete Teilmenge von Untersuchungen der dritten Gruppe eingeordnet werden. Die Autoren gehen zwar von der Hypothese aus, daß neue Information in den betrachteten Kapitalmarktsegmenten nicht völlig zeitgleich verarbeitet wird, lassen in ihrer Hypothese jedoch offen, ob Optionspreise den zugrunde liegenden Aktienkursen vorauslaufen oder ob der umgekehrte Zusammenhang gilt. Sie berechnen aus impliziten Aktienkursen Renditen über 5-Minuten-Intervalle, um die Korrelation dieser Renditen mit Renditen aus beobachteten Aktienkursen für gleich lange

---

180) Vgl. zu dieser Technik Box/Wilson (1951), S. 1 - 45.

181) Vgl. Panton (1976), S. 106 - 110. Er verwendet eine Taylor-Entwicklung ersten, zweiten und dritten Grades. Mit diesem Verfahren will der Autor vermeiden, bestimmte Annahmen über die Wahrscheinlichkeitsverteilung von Aktienkursen, wahrscheinliche Ausübungszeitpunkte der Optionen oder unter Umständen auch Risikopräferenzen der Investoren treffen zu müssen.

182) Unter bid-ask spreads bzw. quotes versteht man die Differenz zwischen An- und Verkaufspreis (Geld- und Briefkurs) eines bestimmten Wertpapiers zu einem Zeitpunkt. Die DTB hat ein Market Maker-System, was bedeutet, daß bestimmte Börsenteilnehmer, die sogenannten Market Maker, verpflichtet sind, für die von ihnen betreuten Wertpapiere jederzeit Geld- und Briefkurse zu stellen. Sie verdienen am bid-ask spread; vgl. hierzu § 19 der Börsenordnung der Deutschen Terminbörse. Der Aktien- und Optionshandel im vorliegenden Untersuchungszeitraum war hingegen als Auktionsmarkt organisiert.

183) Vgl. Bhattacharya (1987), S. 3 u. S. 11, wo explizit betont wird, daß der Autor bei Verwendung der gleichen Hypothese seine Untersuchung als Verbesserung der Studie von Manaster/Rendleman begreift. Dabei versucht er, das methodische Vorgehen und die zu testenden Strategien soweit als möglich von Manaster/Rendleman zu übernehmen, um Vergleiche der Ergebnisse zu ermöglichen.

184) Vgl. ebenda, S. 8f.

Zeitintervalle zu untersuchen. Dabei werden allerdings nicht nur zeitlich danach beobachtete Renditen verwendet, sondern es wird ebenso die Korrelation mit zeitlich zuvor realisierten Aktienkursrenditen überprüft[185]. Eine auf den Befunden aufbauende Handelsregel wird jedoch nicht untersucht[186].

Abschließend sei noch die umfangreiche Untersuchung von Patell/Wolfson genannt, die sich jedoch analog zu den Untersuchungen über den Einfluß des Optionsmarktes auf die Volatilität des Aktienmarktes weder direkt als Test auf Informationseffizienz klassifizieren läßt, noch als Vorstufe eines solchen Tests betrachtet werden kann. Denn auch ihre Hypothesen lassen keinen Rückschluß auf die Ausgestaltung einer Handelsregel zu, mit der auf einem der beiden betrachteten Kapitalmarktsegmente potentielle Überrenditen erzielt werden könnten[187]. Patell/Wolfson gehen nämlich von der Hypothese aus, daß wichtige Rechnungslegungsinformationen, wie z.B. die Höhe und Zusammensetzung des Jahresüberschusses, am Tag ihrer Bekanntgabe und eventuell auch noch kurze Zeit danach zu einer erhöhten Volatilität der Aktienkursrendite führen[188]. Bei bekanntem Veröffentlichungstermin würde "der Markt" darüber hinaus diese erhöhte Volatilität bereits vor dem Tag der Bekanntgabe antizipieren und bei der Optionspreisbildung entsprechend berücksichtigen, ohne daß dies in irgendeiner Form voraussetzen würde, daß der Informationsinhalt bereits antizipiert werden kann[189]. Neben einem jeweils getrennten Test dieser beiden Hypothesen wird auch noch überprüft, ob ein signifikanter Zusammenhang zwischen ex ante antizipierter und ex post realisierter Volatilität besteht[190].

2.2.4 Spezielle Probleme der Untersuchungsansätze mit Berücksichtigung des Optionsmarktes

In diesem Abschnitt werden insbesondere jene Testprobleme dargestellt, die besondere Bedeutung besitzen, wenn der Optionsmarkt mit in die Betrachtung einbezogen wird. Alle un-

---

185) Vgl. Stephan/Whaley (1990), S. 193. Als Optionsbewertungsmodell wird das Black/Scholes-Modell verwendet.

186) Vgl. ebenda. Die Autoren untersuchen auch Zusammenhänge im Umsatzvolumen der beiden Kapitalmarktsegmente; vgl. zu letzterem auch die Studie von Anthony (1988), S. 949 - 964.

187) Patell/Wolfson betonen explizit, daß die Nicht-Ablehnung ihrer Vermutung keinesfalls als Hinweis auf die Existenz risikoloser Arbitragemöglichkeiten zu interpretieren ist; vgl. Patell/Wolfson (1981), S. 439f.

188) Vgl. ebenda, S. 437 i.V.m. S. 436. Im Gegensatz zu den bisher betrachteten Studien zur halbstrengen Informationseffizienz setzen die Autoren die Informationswirkung mit einer Erhöhung der Volatilität der Aktienkursrendite und nicht mit einer Abweichung von der erwarteten Gleichgewichtsrendite der Aktie gleich.

189) Vgl. dieselben (1979), S. 120.

190) Vgl. die Aufzählung aller durchgeführten Tests bei denselben (1981), S. 435.

ter Gliederungspunkt II.2.2.2 beschriebenen Probleme sind darüber hinaus für diese Untersuchungen weiterhin relevant, auch wenn sie im folgenden nicht noch einmal aufgegriffen werden[191].

Eine Schwierigkeit, die sich zwar bei den auf den Aktienmarkt beschränkten Untersuchungen weitgehend ausschalten läßt, bei den Untersuchungen unter Einbezug des deutschen Optionsmarktes im Untersuchungszeitraum jedoch unvermeidbar ist, ist das Problem der mangelnden Synchronisation von Aktien- und Optionspreisen[192]. Da pro Tag zumeist nur ein Optionspreis pro Option notiert wird, dessen exakter Feststellungszeitpunkt nicht erfaßt wird[193], könnte es schon allein deshalb zu Diskrepanzen zwischen festgestelltem Optionspreis und berechnetem Black/Scholes-Wert kommen, weil der in die Formel eingesetzte Aktienkurs zwar am gleichen Tag, aber zeitlich vor oder nach dem Optionspreis festgestellt worden ist[194]. Bei Verwendung des Marktmodells für die Gleichgewichtsbewertung am Aktienmarkt ist dieser Grund für Abweichungen des beobachteten Aktienkurses vom Modellwert hingegen fast vollständig auszuschließen, da zeitgleiche Festlegungen von Index und Aktienkursen erhältlich sind[195].

Die potentielle Asynchronität zwischen Options- und Aktienmarkt ist eine weitere Begründung dafür, warum festgestellte Fehlbewertungen allein nicht ausreichend sein können, um die Hypothese der Informationseffizienz bezüglich eines oder beider Kapitalmarktsegmente abzulehnen[196]. Ebenso kann aus diesem Grund die Hypothese, daß Kaufoptionspreise keinen Informationsgehalt in bezug auf zukünftige Aktienkurse haben, selbst dann nicht abgelehnt werden, wenn eine signifikant positive Korrelation zwischen der Fehlbewertung in t und der Aktienrendite von t nach t+1 festgestellt wird. Diese Korrelation könnte nämlich einfach darauf zurückzuführen sein, daß der für t berücksichtigte Optionspreis tatsächlich erst nach dem für t erfaßten Aktienkurs festgestellt wurde und somit allein aufgrund der späteren Feststellung in ihm bereits neuere Informationen verarbeitet sind[197]. Damit kön-

---

191) Allerdings treten bei einem bestimmten Untersuchungsansatz natürlich nicht unbedingt alle beschriebenen Probleme gleichzeitig auf.

192) Vgl. das Auftreten dieses Problems etwa bei Trautmann (1987), S. 313, oder Manaster/Rendleman (1982), S. 1048.

193) Vgl. hierzu ausführlich III.2.3.2.

194) Das gleiche gilt demzufolge natürlich auch für die Ursache von Diskrepanzen zwischen dem für einen Tag erhobenen Aktienkurs und dem für diesen Tag berechneten impliziten Aktienkurs.

195) Schwierigkeiten können sich hier nur ausnahmsweise ergeben, z.B. falls der zeitgleich zum Index festgestellte Aktienkurs ein Brief- oder Geldkurs ist; vgl. hierzu ausführlich IV.3.2.2 und IV.3.2.3.

196) Vgl. z.B. Trautmann (1987), S. 313. Unter einer Fehlbewertung soll in diesem Zusammenhang entweder eine Abweichung des Optionspreises vom zugehörigen Black/Scholes-Wert oder eine Abweichung des beobachteten vom zugehörigen impliziten Aktienkurs verstanden werden.

197) Vgl. hierzu Manaster/Rendleman (1982), S. 1051, i.V.m. Vijh (1988), S. 1050.

nen beide Hypothesen letztlich nur durch die Anwendung von ex ante-Strategien getestet werden[198].

In bezug auf die Aufdeckung von Ineffizienzen ist die Forderung nach einem Test von ex ante-Strategien jedoch nicht allein durch die potentielle Asynchronität bedingt. Auch für Tests auf dem Aktienmarkt, wo keine gravierenden Asynchronitätsprobleme auftreten, muß selbstverständlich gelten, daß eine Handelsregel nicht auf Signalen basieren darf, die immer erst zeitlich nach dem Kauf- bzw. Verkaufsauftrag bekannt sind, den sie eigentlich auslösen sollen[199]. In bezug auf die Überprüfung eines potentiellen Informationsgehaltes der Optionspreise für zukünftige Aktienkurse bedeutet die Forderung nach der Anwendung einer ex ante-Strategie allerdings gleichzeitig, daß mit einem solchen Test nicht jeder möglicherweise vorhandene Informationsgehalt (vollständig) aufgedeckt werden kann. Da bei einem ex ante-Test beim Auftreten eines Fehlbewertungssignals nämlich lediglich die ab dem nächsten erfaßten Handelszeitpunkt der Aktien realisierbaren Renditen gemessen werden, können sich Informationen, die bis zu diesem Zeitpunkt bereits im Aktienkurs verarbeitet sind, nicht mehr in den beim Test gemessenen Renditen widerspiegeln[200].

Die Notwendigkeit der Untersuchung von ex ante-Strategien bringt insbesondere beim Test risikoloser Hedgestrategien weitere Probleme mit sich[201]. So beinhaltet der Aufbau der Hedge-Position einen Tag nach dem Auftreten des Fehlbewertungssignals ein Preisänderungsrisiko[202], da sich sowohl der Optionspreis als auch der Aktienkurs bis zum jeweils nächsten Tag ändern können und sich zumeist auch ändern werden. Im Extremfall könnte das in Auftrag gegebene Portfolio dadurch für den Investor völlig unvorteilhaft werden; seine Zusammensetzung entspricht jedenfalls nicht mehr der eines absolut risikolosen Portfolios[203]. Damit wäre es dann aber auch falsch, die gesamte, durch das Portfolio unter Um-

---

198) Diese Forderung findet sich z.B. bei Vijh (1988), S. 1051, vor allem in bezug auf einen Test des Informationsgehalts von Optionspreisen sowie bei Trautmann (1987), S. 313, in bezug auf einen aussagekräftigen Effizienztest. Vgl. zum Begriff der ex ante-Strategie die Erläuterungen zur Untersuchung Trautmanns unter II.2.2.3.1.

199) Vgl. hierzu Sharpe (1985), S. 603f. Eine ex post-Strategie wäre nach Sharpe ein "nonoperational system".

200) Aus dieser Überlegung folgt auch, daß sehr wohl ein (wenn auch durch den Test nicht aufdeckbarer) Informationsgehalt der Optionspreise bezüglich der Prognose zukünftiger Gleichgewichtskurse am Aktienmarkt bestehen könnte, ohne daß deshalb bereits eine Ineffizienz des Aktienmarktes gegeben sein müßte. Vgl. zu dieser Schlußfolgerung die analogen Erläuterungen bei Franke (1980), S. 102.

201) Vgl. hierzu die Darstellung der von Trautmann verwendeten Testansätze unter II.2.2.3.1.

202) Die institutionellen Rahmenbedingungen des Optionshandels für den vorliegenden Untersuchungszeitraum bedingen diese Reaktionszeit von einem Tag. Dies gilt zumindest, wenn man von den Transaktionsmöglichkeiten der Optionsmakler selbst absieht und berücksichtigt, daß ein erneuter Handel einer Optionsserie am selben Börsentag nur ausnahmsweise stattfand. Aufgrund des variablen Optionshandels sind demgegenüber in den USA und seit Anfang 1990 auch an der Deutschen Terminbörse sehr kurze Reaktionszeiten realisierbar.

203) Das Setzen von Limits könnte dieses Risiko reduzieren; es müßten hier allerdings die zusätzlich unter

ständen nach Abzug von Transaktionskosten über den risikolosen Zinssatz hinaus erwirtschaftete Rendite als Überrendite zu betrachten[204]. Vielmehr wäre zumindest ein Teil davon als Risikoprämie zu klassifizieren.

Das gleiche gilt in bezug auf das im folgenden noch zu erläuternde Hedge-Ertragsrisiko[205]. Seine Existenz ist auf das bereits bei den Untersuchungen des Aktienmarktes als grundsätzliche Schwierigkeit aller Informationseffizienztests dargestellte Problem zurückzuführen, daß ein Test auf Informationseffizienz immer auch ein Test des zugrunde gelegten Gleichgewichtsmodells ist[206]. Da nicht davon ausgegangen werden kann, daß die Annahmen des Black/Scholes-Modells über die Wahrscheinlichkeitsverteilung der Aktienkurse und die Kontinuität des Handels in der Realität exakt gegeben sind bzw. daß der benötigte Volatilitätsparameter genau geschätzt werden kann, ist das aus dem Modell abgeleitete Hedge-Portfolio in der Realität auch aus diesem Grunde nicht völlig risikolos[207]. Erschwerend kommt noch hinzu, daß selbst in bestimmten, diskreten Zeitabständen vorgesehene Portfoliorevisionen mangels Liquidität des Optionsmarktes nicht immer planmäßig durchgeführt werden können. Dasselbe gilt für den Aufbau und die Liquidation von Positionen[208].

Auch bei dem abschließend zu erörternden Problem geht es um die Schwierigkeit, den richtigen Referenzpunkt zur Messung einer potentiellen Überrendite zu bestimmen. Insbesondere in Untersuchungen, die allein das Ziel verfolgen, eine Ineffizienz auf dem Optionsmarkt aufzudecken, werden zur Bestimmung der Überrendite die mit einer "reinen" Optionsstrategie erzielten Renditen häufig mit der im Durchschnitt bei einer Kontrollgruppe von Optionen während des jeweils interessierenden Zeitraums realisierbaren Rendite verglichen[209]. Der Grund dafür, daß in diesem Zusammenhang einem Kontrollgruppenansatz der Vorzug vor einer Verwendung eines Marktmodells für die Optionsbewertung gegeben wird, ist darin zu sehen, daß sich der Betakoeffizient von Optionen in Abhängigkeit vom Aktienkursniveau und der Optionsrestlaufzeit systematisch verändert. Die Berücksichtigung dieser

---

Umständen anfallenden Limitgebühren berücksichtigt werden.

204) Vgl. Trautmann (1987), S. 324. Bei den Transaktionskosten wären dabei nicht nur explizite, sondern auch implizite Transaktionskosten wie z.B. die Opportunitätskosten der Arbeitskraft eines Börsenhändlers zu berücksichtigen; vgl. ebenda, S. 318, sowie Bhattacharya (1987), S. 2 i.V.m. S. 14.

205) Vgl. Trautmann (1987), S. 324f. Dieses Risiko kann bei Verwendung modellunabhängiger Wertuntergrenzen zwar vermieden werden. Dafür ermöglicht ein solches Vorgehen keinen sehr trennscharfen Effizienztest; vgl. ebenda, S. 312f.

206) Vgl. hierzu II.2.2.2.

207) Vgl. Trautmann (1987), S. 324f. Zu den Annahmen des Black/Scholes-Modells und ihrer empirischen Relevanz sowie zu potentiellen Parameterschätzproblemen vgl. ausführlich III.2.1 bis III.2.3.

208) Vgl. Trautmann (1987), S. 324, der unter Beachtung einer Modifikation bei fehlenden Marktpreisen zur Berechnung der Hedge-Erträge Modellpreise verwendet.

209) Vgl. z.B. das Vorgehen bei Powell (1990) und Reilly/Gustavson (1985).

Abhängigkeiten würde somit ein äußerst komplexes Modell erfordern[210]. Wie gut der Kontrollgruppenansatz nun aber geeignet ist, Überrenditen einigermaßen exakt zu bestimmen, hängt allein davon ab, ob es gelingt, in der Kontrollgruppe nur Optionen zusammenzufassen, die bezüglich aller bewertungsrelevanter Faktoren zumindest annähernd mit den jeweils in den Strategien verwendeten Optionen vergleichbar sind[211]. Das Problem der Bestimmung der wichtigsten zu berücksichtigenden Preisbeeinflussungsfaktoren, deren Operationalisierung und das Problem der Festlegung des jeweils noch tolerierbaren Grades an Abweichungen bei diesen Faktoren zeigen bereits, wieviele Freiheitsgrade bei der Spezifizierung der Selektionskriterien für die Optionen der Kontrollgruppe bestehen[212].

Damit tritt auch hier, genau wie etwa bei Verwendung des Marktmodells für den Aktienmarkt, das Problem auf, daß nicht bestimmt werden kann, ob eine errechnete Überrendite auf Informationsineffizienz oder auf mangelnde Vergleichbarkeit der Optionen zurückzuführen ist.

Weniger häufig finden sich auch in den Studien, die lediglich "reine" Aktienstrategien untersuchen, Ansätze, die mit Kontrollgruppen arbeiten. Dies ist z.B. bei Manaster/Rendleman bzw. Bhattacharya der Fall[213]. Erbringt das in diesen Untersuchungen ex ante aufgebaute Portfolio, das sich aus den Aktien zusammensetzt, deren Kurse jeweils relativ am stärksten von den impliziten Aktienkursen nach unten abweichen, eine im Durchschnitt signifikant höhere Portfoliorendite als die übrigen zu demselben Zeitpunkt aufgebauten Portfolios, so wird dies als Hinweis auf mögliche, erzielbare Überrenditen interpretiert[214]. Auch hier ist entscheidend, daß die Portfolios ansonsten eine absolut vergleichbare Zusammensetzung aufweisen[215]. Allerdings erscheint diese Annahme bei den betrachteten Untersuchungen solange unproblematisch, wie nicht Gründe für die Vermutung vorliegen, daß die Höhe auftretender Fehlbewertungen gemäß der Black/Scholes-Formel signifikant mit der Ausprägung sonstiger, für die Aktienbewertung möglicherweise relevanter Faktoren korreliert ist.

---

210) Vgl. die Begründung bei Powell (1990), S. 87f. u. S. 256.

211) Diese Vergleichbarkeit muß im übrigen während des gesamten Untersuchungszeitraums gewährleistet sein.

212) Vgl. Powell (1990), S. 11, der die Bestimmung potentieller Überrenditen mittels der bei ihm spezifizierten Kontrollgruppe auch als eine der wesentlichen Einschränkungen seiner Studie anführt.

213) Nur handelt es sich dort entsprechend um Kontrollgruppen von Aktien. Vgl. Manaster/Rendleman (1982) und Bhattacharya (1987).

214) Vgl. Manaster/Rendleman (1982), S. 1053 - 1055, und Bhattacharya (1987), S. 11.

215) Vgl. den expliziten Hinweis bei Vijh (1988), S. 1050.

2.3 Erkenntnisse bereits veröffentlichter Untersuchungen

In diesem Abschnitt soll ein Überblick über die Ergebnisse der Studien gegeben werden, die sich in die dargestellte Systematik der Untersuchungen zur Informationsverarbeitung einordnen lassen. Dabei erfolgt, soweit möglich, eine Beschränkung auf den deutschen Markt. Gemäß der bereits zuvor gewählten Aufteilung beginnt die Darstellung mit den Erkenntnissen der in Gliederungspunkt II.2.2.1 systematisierten Untersuchungsansätze für den Aktienmarkt, die die Existenz eines Optionsmarktes nicht berücksichtigen. Im Anschluß daran werden die Ergebnisse der in Gliederungspunkt II.2.2.3 systematisierten, umfassenderen Ansätze vorgestellt.

2.3.1 Erkenntnisse über die Informationseffizienz des deutschen Aktienmarktes

2.3.1.1 Schwache Informationseffizienz

Eine ausführliche Beurteilung der bisher für den deutschen Aktienmarkt durchgeführten Unabhängigkeitstests findet sich bei Winkelmann[216]. Danach kann von den bis dato wiederholt in unterschiedlichen Tests festgestellten statistisch signifikanten Abhängigkeiten zwischen aufeinanderfolgenden Aktienrenditen nicht auf eine Falsifizierung der Hypothese der schwachen Informationseffizienz des Aktienmarktes geschlossen werden, da die aufgedeckten Abhängigkeiten regelmäßig sehr klein sind. Wegen der nur geringen Abhängigkeiten ist nämlich zu vermuten, daß eine Handelsstrategie, die die Ausbeutung dieser Beziehungen zum Ziel hat, aufgrund der zu berücksichtigenden Transaktionskosten sowie aufgrund von Informationsbeschaffungs- und Analysekosten nicht zu Überrenditen führen würde[217].

Ein Überblick über die Ergebnisse veröffentlichter direkter Tests auf schwache Informationseffizienz des deutschen Aktienmarktes findet sich bei Möller[218]. Da einige der in diesen Tests untersuchten Regeln auch nach Berücksichtigung von Transaktionskosten gegenüber einer einfachen Bestandshaltestrategie zu Überrenditen führen, könnte geschlossen werden, daß die Hypothese der schwachen Informationseffizienz zu falsifizieren wäre[219]. Dagegen läßt sich allerdings zum einen einwenden, daß ein derartiges Ergebnis insbesondere mit Strategien erzielt wird, die mit sehr hohem Rechenaufwand und somit nicht zu ver-

---

216) Vgl. Winkelmann (1981a), insbesondere S. 22 - 24.

217) Vgl. ebenda, sowie Mühlbradt (1978), S. 251.

218) Vgl. Möller (1985), S. 506.

219) Zur Einschränkung dieser Schlußfolgerung vgl. aber die Erläuterungen in Gliederungspunkt II.2.2.2 hinsichtlich der Problematik der Beurteilung des unterstellten Gleichgewichtsmodells sowie hinsichtlich der Gefahr, daß bei der jeweils zugrunde gelegten Datenbasis zufällig signifikante Überrenditen entstehen.

nachlässigenden Datenverarbeitungskosten verbunden sind. Da diese Kosten jedoch regelmäßig in den Untersuchungen nicht berücksichtigt werden, sind daraus resultierende Verzerrungen der Ergebnisse nicht auszuschließen[220]. Darüber hinaus besteht Anlaß zu der Vermutung, daß gerade bei dieser Art von Tests häufig der Fehler gemacht wird, die Ausgestaltung einer Strategie für einen bestimmten Untersuchungszeitraum ex post anhand der bereits bekannten Kurse zu optimieren[221].

2.3.1.2 Halbstrenge Informationseffizienz

Sehr viele der bisher veröffentlichten Untersuchungen, die zur Beurteilung der Informationseffizienz in ihrer halbstrengen Form für den deutschen Aktienmarkt herangezogen werden können, beschränken sich auf die explizite Berücksichtigung von mit dem Jahresabschluß veröffentlichten Informationen[222]. Neben dieser ersten Einschränkung bei der Beurteilung der Informationseffizienz des deutschen Aktienmarktes bezüglich veröffentlichter fundamentaler Informationen muß außerdem noch berücksichtigt werden, daß etwa im Vergleich zu den Tests auf schwache Informationseffizienz bisher nur eine sehr geringe Zahl an Untersuchungen mit zum Teil wenig repräsentativer Aktienauswahl vorliegt[223]. Darüber hinaus sind bei diesen Tests zusätzliche Testprobleme zu berücksichtigen, wie etwa die Unmöglichkeit der exakten Bestimmung der Veröffentlichung einer Information am Markt[224]. Außerdem haben nur einige der vorliegenden Untersuchungen unmittelbar das Ziel, die Hypothese der Informationseffizienz in ihrer halbstrengen Form zu testen. Einigen Studien geht es nämlich lediglich darum, den Informationsgehalt einer bestimmten Informationsart im

---

220) Vgl. hierzu die Einschätzung bei Winkelmann (1981a), S. 24.

221) Welche Fehlschlüsse dadurch gezogen werden können, läßt sich sehr schön an der Arbeit von Wellhöfer erkennen, der auf dem deutschen Aktienmarkt Handelsstrategien auf der Basis des Konzepts der Relativen Stärke untersucht. Während es ihm gelingt, durch unterschiedliche, jeweils ex post als optimal ermittelte Ausübung der Freiheitsgrade bei der Wahl der Strategieparameter in zwei unabhängigen Untersuchungszeiträumen Überrenditen zu erzielen, gelingt dies nicht bei Übertragung der Parametereinstellung des ersten Untersuchungszeitraums auf die Anwendung des Konzepts im zweiten Untersuchungszeitraum. Wellhöfer weist darauf hin, daß gerade diese Überprüfung der gewählten Strategieausgestaltung in einem anderen Untersuchungszeitraum bei vielen vergleichbaren Untersuchungen unterlassen wird; vgl. Wellhöfer (1989), S. 82f.

222) Vgl. den Überblick über diese Untersuchungen bei Möller (1985), S. 515. Eine Ausnahme bildet z.B. die Untersuchung von Schulz (1972), der als Informationsart Kapitalerhöhungen aus Gesellschaftsmitteln wählt. Weitere Ausnahmen finden sich auch unter den wenigen bei May/Schweder-Weber (1990), in Anhang A genannten deutschen Studien.

223) Vgl. hierzu etwa die in der vorigen Fußnote genannte Arbeit von Schulz, die sich auf die Untersuchung deutscher Brauereiaktien beschränkt. Auch Bühner/Möller (1985), S. 324, schließen eine Verallgemeinerung ihrer Ergebnisse deshalb aus, weil ihre Stichprobe keine Zufallsauswahl von Aktien darstellt. Vgl. zur geringen Zahl deutscher Untersuchungen auch die Zusammenstellung sogenannter "Ereignis-Studien" bei May/Schweder-Weber (1990), S. 19f. Von 68 aufgeführten Arbeiten beziehen sich nur 5 auf den deutschen Markt.

224) Vgl. zu diesem und anderen Problemen II.2.2.2.

Sinne einer Kursbeeinflussung zu untersuchen[225]. Aus diesen Gründen ist es nicht verwunderlich, daß die Interpretationen der einzelnen Testergebnisse keine eindeutigen Schlüsse hinsichtlich der halbstrengen Informationseffizienz des deutschen Aktienmarktes zulassen[226].

2.3.1.3 Strenge Informationseffizienz

Während es zumindest einige Untersuchungen der halbstrengen Informationseffizienz des deutschen Aktienmarktes gibt, existieren in Deutschland bisher keinerlei veröffentlichte Untersuchungen auf strenge Informationseffizienz. Dies ist, wie bereits erläutert, auf die fehlende Meldepflicht von Insidertransaktionen in Deutschland zurückzuführen[227]. Da entsprechende Untersuchungen in den USA jedoch durchweg signifikante Überrenditen für die Insider konstatieren und die Erzielung von Überrenditen durch Insider auch aufgrund theoretischer Überlegungen plausibel erscheint, ist zu vermuten, daß die Ergebnisse in Deutschland ähnlich wären[228]. Rechnet man empirische Untersuchungen der Wertentwicklung großer Investmentfonds auch zu den Tests auf strenge Informationseffizienz, so gibt es zumindest erste Anhaltspunkte, die darauf schließen lassen, daß deutsche Fonds im Durchschnitt keine wesentlichen Überrenditen erzielen[229].

2.3.2 Erkenntnisse über die Informationsverarbeitung auf dem Kapitalmarkt bei Berücksichtigung des Optionsmarktes

In einem zweiten Schritt sollen nun die Erkenntnisse der Tests zusammengefaßt werden, die die Existenz eines Optionsmarktes explizit berücksichtigen. Dabei wird, was die Abfolge

---

225) Vgl. hierzu etwa Möller (1986), S. 199 - 221, insb. S. 220f. Dieser betont, daß aufgrund der nicht genau bekannten Veröffentlichungstermine der Jahresabschlußinformationen der bei ihm abgeleitete, im Durchschnitt signifikante Informationsgehalt keine eindeutigen Rückschlüsse auf das Vorliegen von Informationseffizienz zuläßt.

226) Während z.B. die Ergebnisse von Brandi (1977), S. 125 - 171, die sich auf die Ankündigung von Dividendenänderungen beziehen, als Ablehnung der Hypothese der halbstrengen Informationseffizienz interpretiert werden könnten, werten Bühner/Möller (1985), S. 324, ihre Ergebnisse bezüglich der Ankündigung der Einführung einer divisionalisierten Organisationsstruktur zumindest als einen gewissen Hinweis auf das Bestehen halbstrenger Informationseffizienz.

227) Vgl. II.2.2.1.3.

228) Vgl. ebenda die bei der ersten Gruppe von Tests auf strenge Informationseffizienz angeführten amerikanischen Untersuchungen. Vgl. auch II.2.1 zur Beurteilung der strengen Informationseffizienz.

229) Diese Anhaltspunkte ergeben sich aus der Untersuchung von Pfau (1991), S. 50f., S. 66 u. S. 68.

der Darstellung betrifft, nach der unter Gliederungspunkt II.2.2.3 entwickelten Systematik vorgegangen[230].

2.3.2.1 Die Informationseffizienz des Optionsmarktes

Die umfangreichste Untersuchung für den deutschen Optionsmarkt stellt die Studie von Trautmann dar, die simultan auf schwache Informationseffizienz des Options- und Aktienmarktes testet, ohne daß bei Ablehnung der Hypothese der Informationseffizienz entscheidbar wäre, ob diese Ablehnung für beide Kapitalmarktsegmente oder nur für eines Relevanz besitzt[231]. Ex ante-Strategien, die durch eine Verletzung der europäischen Wertuntergrenze für Kaufoptionen ausgelöst werden, erbringen unter Berücksichtigung von Transaktionskosten im Durchschnitt keine Überrenditen[232]. Das gleiche Ergebnis erhält Trautmann auch, falls Transaktionskosten von Privatanlegern berücksichtigt werden, für die Profitabilität von ex ante-Strategien, die durch Abweichungen der Optionspreise von den Black/Scholes-Werten ausgelöst werden. Aus Bankensicht hingegen ergeben sich in diesem Fall im Durchschnitt signifikant positive Überrenditen. Dieses Ergebnis scheint unabhängig davon zu sein, ob mit impliziten oder historischen Volatilitäten gerechnet wird und ob ein Filter bei der Berücksichtigung von auftretenden Fehlbewertungen angewendet wird[233]. Aufgrund des Preisänderungs- und Hedge-Ertragsrisikos sowie der Vernachlässigung impliziter Transaktionskosten läßt dieser Befund jedoch allenfalls auf geringe Ineffizienz schließen[234].

Direkte Tests auf halbstrenge Informationseffizienz des Optionsmarktes, wie sie in der Untersuchung von Powell durchgeführt werden, existieren für den deutschen Markt bisher nicht. Die Ergebnisse der entsprechenden amerikanischen Untersuchungen sind nicht eindeutig. Es hat jedoch den Anschein, als ob in einigen Fällen signifikante Überrenditen erzielt werden könnten[235].

---

230) Vgl. zu den folgenden Erläuterungen der Testergebnisse jeweils auch die Beschreibung der Testansätze der einzelnen Untersuchungen sowie die zum Teil geäußerte Kritik bzw. die erläuterten Probleme bei der Interpretation der Ergebnisse unter II.2.2.3 und II.2.2.4.

231) Vgl. die ausführlichen Erläuterungen hierzu unter II.2.2.3.1.

232) Vgl. Trautmann (1987), S. 315,sowie derselbe (1990a), S. 90,für einen anderen Untersuchungszeitraum.

233) Vgl. die bisher nicht vollständig veröffentlichten Ergebnisse bei demselben (1987), S. 324 u. 326, sowie derselbe (1990b), S. 14f.

234) Vgl. die Einschätzung bei demselben (1987), S. 324f.

235) Vgl. Powell (1990), S. 254f., insbesondere auch zur Einschränkung der möglichen Interpretation dieser Aussage.

2.3.2.2 Der Einfluß des Optionsmarktes auf den Aktienmarkt

Bei den Arbeiten, die einen potentiellen Einfluß des Optionshandels auf die Aktienkursbildung allein anhand der Auswertung von Kursdaten des Aktienmarktes untersuchen, sind drei unterschiedliche Fragestellungen angesprochen worden. Die bisher einzige deutsche Untersuchung zur Frage des Einflusses von Optionsverfallterminen auf die Aktienkurse stellt eine allgemeine Kursschwäche der Aktien am dritten Börsentag vor dem Optionsfälligkeitstermin fest. Mit einer auf diesem Ergebnis aufbauenden Strategie können im Durchschnitt positive Überrenditen erzielt werden, wobei dieses Ergebnis für die Aktien besonders ausgeprägt ist, die keinen zu niedrigen Aktienkurs haben, einen stark positiven Kurstrend aufweisen und über ein relativ großes Optionshandelsvolumen verfügen[236].

Während frühe Studien in den USA keinen Einfluß des Optionsfälligkeitstermins auf die Aktienkurse feststellen können[237], weisen spätere wiederholt signifikante Einflüsse nach[238]. Allerdings sind die aufgedeckten Einflüsse regelmäßig gering, so daß bezweifelt werden muß, daß bei Implementierung einer Handelsstrategie und bei Berücksichtigung von Transaktionskosten überhaupt noch nennenswerte Überrenditen erzielt werden könnten[239].

In der amerikanischen Untersuchung von Jennings/Starks wird für die Aktien der Stichprobe, für die auch ein Aktienoptionshandel existiert, eine signifikant schnellere Anpassung der Aktienkurse an die Information aus der Veröffentlichung von Quartalsberichten festgestellt als bei den betrachteten Aktien, die keine Optionspapiere sind[240]. Für den deutschen Markt existiert bisher keine Untersuchung dieses Typs.

Zur Klärung der Frage des Einflusses des Optionshandels auf die Volatilität bzw. das nichtdiversifizierbare Risiko der zugrunde liegenden Aktien sind bereits zwei Studien für den deutschen Aktienmarkt durchgeführt worden. Die Ergebnisse der Studie von Gais/Wenger haben noch vorläufigen Charakter. Bei dem von ihnen durchgeführten Vorher-Nachher-Vergleich in bezug auf die Reform des Optionshandels am 01.04.1983 läßt sich sowohl für Aktien mit als auch ohne Optionshandel ein signifikanter Rückgang der Volatilität nach diesem Termin feststellen[241]. Der für den Untersuchungszeitraum vom 05.04.1982 bis einschließlich 29.03.1984 durchgeführte Mit-Ohne-Vergleich erbringt allerdings keine signifi-

---

236) Vgl. die Zusammenfassung der Testergebnisse bei Lion (1989), S. 267f. u. S. 271. Vgl. aber auch die für diese Studie angeführte Kritik unter II.2.2.3.2.

237) Vgl. Nathan (1974), 2. Kapitel und CBOE (1976).

238) Vgl. Klemkosky (1978), S. 514 u. 517, SEC (1979) und Officer/Trennepohl (1981), S. 78f.

239) Dies wird insbesondere bezweifelt bei Officer/Trennepohl (1981), S. 78f.

240) Vgl. Jennings/Starks (1986), S. 121 - 123.

241) Vgl. Gais/Wenger (1991), S. 27 - 29. Hier wird auch auf den bei der Analyse sehr wichtigen Zusammenhang zwischen Umsatz- und Aktienkursschwankungen hingewiesen.

kant unterschiedliche Volatilitätsentwicklung zwischen der Gruppe der Aktien mit und der Gruppe der Aktien ohne Optionshandel[242]. In der Arbeit von Schlag wird sowohl für zahlreiche DTB- als auch Nicht-DTB-Gesellschaften für den Zeitraum nach Aufnahme des Optionshandels an der DTB eine signifikant höhere Volatilität der Aktien nachgewiesen als für den Zeitraum davor[243]. Jedoch kann kein statistisch signifikanter Unterschied in der Volatilitätsentwicklung der Aktien der DTB- und Nicht-DTB-Gesellschaften festgestellt werden[244]. Letzteres gilt allerdings nicht mehr, wenn als Maßgröße für die Volatilität ein Schätzer herangezogen wird, der auf der Verwendung von Höchst- und Tiefstkursen basiert[245]. Die zusätzliche Untersuchung der Entwicklung des systematischen Risikos der Aktien der DTB-Gesellschaften liefert keine Anhaltspunkte dafür, daß die Höhe des systematischen Risikos durch die Aufnahme des Handels an der DTB beeinflußt wird[246].

Die zahlreichen Studien für den amerikanischen Markt ergeben kein einheitliches Bild. Es gibt jedoch Hinweise für eine Veränderung der Volatilitätsbeeinflussung über die Zeit. So läßt sich in jüngerer Zeit des öfteren feststellen, daß es bei erstmaliger Aufnahme des Optionshandels zu einer Volatilitätsreduktion bei den zugrunde liegenden Aktien kommt[247].

2.3.2.3 Der Informationsgehalt von Optionspreisen für die Kurse der zugrunde liegenden Aktien

Bei den Untersuchungen eines potentiellen Informationsgehaltes der Optionspreise für die Prognose zukünftiger Aktienkurse kann wiederum nur über Ergebnisse für den amerikanischen Aktienmarkt berichtet werden[248]. Die Resultate der als Ausgangspunkt für viele modifizierte Studien verwendeten Arbeit von Manaster/Rendleman scheinen zwar auf einen derartigen Informationsgehalt der Optionspreise hinzuweisen; es gelingt den Autoren jedoch nicht zu zeigen, daß es möglich gewesen wäre, mittels der von ihnen implementierten ex

---

242) Vgl. ebenda, S. 25 - 27.

243) Vgl. Schlag (1991), S. 7 - 9.

244) Vgl. ebenda, S. 9f.

245) Vgl. ebenda, S. 10 - 15.

246) Vgl. ebenda, S. 16.

247) Vgl. hierzu insbesondere Whiteside/Dukes/Dunne (1983), S. 320f. Parallel zu einem zunehmenden Trend zur Volatilitätsreduzierung bei den Aktienkursen stellen diese auch einen zunehmenden Trend zur Erhöhung der Volatilität der täglichen Aktienumsätze nach Aufnahme des Optionshandels fest.

248) Es existiert zwar bereits eine deutsche Studie, die immerhin schon Abweichungen impliziter von realisierten Aktienkursen berechnet hat und dabei tendenziell zu ähnlichen Ergebnissen kommt wie Manaster/Rendleman für den amerikanischen Markt. Aufgrund des sehr eingeschränkten Stichprobenumfangs und der daraus resultierenden Tatsache, daß eine statistisch fundierte Untersuchung einer auf diesen Befunden aufbauenden Handelsstrategie noch nicht erfolgen konnte, verfügt diese Studie bisher jedoch nur über eine sehr geringe Aussagekraft. Vgl. Gais/Wenger (1991), insb. S. 33f. u. S. 43.

ante-Handelsstrategie im Durchschnitt signifikante Überrenditen am Aktienmarkt zu erzielen. Darüber hinaus sind Verzerrungen ihrer Ergebnisse aufgrund asynchroner Preisbildung am Aktien- und Optionsmarkt nicht auszuschließen[249].

Die Untersuchungen von Panton, Stephan/Whaley und Bhattacharya kommen im Hinblick auf die Hypothese eines Informationsgehaltes der Kaufoptionspreise für die Prognose zukünftiger Aktienkurse zwar zu gemischten Ergebnissen, vermögen aber ebenfalls keine ex ante-Handelsstrategien nachzuweisen, mit denen Überrenditen zu erzielen sind. Panton stellt fest, daß die untersuchten Korrelationen zwischen den Abweichungen der Optionspreise von den Modellwerten und den nachfolgenden Renditen der jeweils zugrunde liegenden Aktien nur in Ausnahmefällen signifikant positiv sind[250]. Stephan/Whaley kommen im Gegensatz zu den Resultaten von Manaster/Rendleman sogar zu dem Ergebnis, daß Aktienkursveränderungen den gleichgerichteten Kaufoptionspreisveränderungen im Durchschnitt um fünfzehn bis zwanzig Minuten vorauslaufen. Ebenso scheint der Aktienmarkt in bezug auf das Umsatzvolumen führend zu sein, wobei der Vorlauf in diesem Fall noch fünf bis zehn Minuten länger sein dürfte[251]. Die von Bhattacharya implementierten Handelsstrategien erbringen für Positionen, die innerhalb eines Börsentages aufgebaut und wieder glattgestellt werden, signifikante Verluste, die allerdings kleiner sind als die bid-ask spreads; immerhin sind über Nacht gehaltene Positionen ohne Einbeziehung von Transaktionskosten im Durchschnitt lohnend. Es ist jedoch zu vermuten, daß bei Berücksichtigung von impliziten und expliziten Transaktionskosten und des bid-ask spread durch keine der auf Optionsfehlbewertungen aufbauenden Strategien systematisch Überrenditen zu erzielen wären. Der in der Tendenz wohl vorhandene Informationsgehalt der Optionspreise für die Prognose zukünftiger Aktienkurse scheint zu klein zu sein, um noch am Aktienmarkt ausgebeutet werden zu können[252]. Damit kann die Hypothese auf schwache Informationseffizienz des Aktienmarktes auch aufgrund der Ergebnisse Bhattacharyas nicht abgelehnt werden. Dies entspricht dem von Manaster/Rendleman abgeleiteten Befund.

Abschließend seien noch die Ergebnisse der Studien von Patell/Wolfson genannt. Diese stellen im Durchschnitt sowohl eine signifikante Erhöhung der Volatilität der Aktienkursrendite am Tag der Bekanntgabe von Quartalsberichten und ein mehr oder weniger kurzes Andauern dieser Erhöhung fest als auch ein Ansteigen der impliziten durchschnittlichen Volatilität zeitlich vor dem Ankündigungstermin, was auf eine Antizipation des zuerst genannten Phänomens am Kaufoptionsmarkt hindeutet. Darüber hinaus scheint auch ein ordi-

---

249) Vgl. Manaster/Rendleman (1982), insb. S. 1055f.

250) Vgl. Panton (1976), S. 111f.

251) Vgl. Stephan/Whaley (1990), S. 214. Die Befunde in bezug auf das Umsatzvolumen widersprechen den Ergebnissen der Studie von Anthony (1988), S. 959 - 961, der eine führende Rolle des Optionsmarktes ableitet.

252) Vgl. Bhattacharya (1987), S. 14.

naler Zusammenhang zwischen dem Anstieg der ex ante antizipierten, impliziten durchschnittlichen Volatilität und der Erhöhung der ex post realisierten Renditeveränderungen zu bestehen[253].

3. Der Untersuchungsansatz

Ziel des vorliegenden Kapitels ist es zu klären, wo der für diese Arbeit ausgewählte Untersuchungsansatz innerhalb der in Kapitel II.2.2 beschriebenen Systematik existierender Untersuchungsansätze zur Informationsverarbeitung eingeordnet werden kann. Dazu wird zuerst die hier gewählte Untersuchungshypothese dargestellt und sodann erläutert, welche Annahmen und theoretischen Überlegungen zu ihrer Formulierung geführt haben. Nach der anschließenden Diskussion der besonderen Vorteile und Problematik des verwendeten Testansatzes wird die beabsichtigte Einordnung vorgenommen und begründet.

3.1 Die gewählte Untersuchungshypothese und die ihr zugrunde liegenden Annahmen

Es ist hinlänglich bekannt, daß es wenig Sinn macht, die Hypothese über einen bestimmten Zusammenhang zwischen zwei Zufallsvariablen anhand einer Stichprobe beobachteter Daten einem statistischen Test zu unterziehen, wenn nicht gleichzeitig erklärt werden kann, aus welcher Theorie bzw. welchen plausiblen Annahmen sich die Hypothese ableiten läßt. Ist letzteres nicht möglich, so besteht stets die Gefahr, als Testergebnis einen scheinbar systematischen Zusammenhang zwischen den Zufallsvariablen zu erhalten, der in Wirklichkeit auf einer Scheinkorrelation beruht und keinen allgemeingültigen, direkten Ursache-Wirkungs-Zusammenhang darstellt. Bekannte Beispiele hierfür sind die in einzelnen Untersuchungen aufgedeckten signifikant positiven Korrelationen zwischen der Geburtenrate und der Zahl der in der Region lebenden Störche oder zwischen der Aktienkursentwicklung und der Sonnenscheindauer sowie der jeweils modernen Rocklänge[254]. Aus diesem Grunde soll nach der Darstellung des rein quantitativ-technischen Zusammenhangs zwischen Optionspreis- und Aktienkursentwicklung, der allein Gegenstand der in dieser Untersuchung durchgeführten statistischen Tests ist, ausführlich begründet werden, warum gerade dieser Zusammenhang plausibel erscheint.

In dieser Arbeit soll anhand der erhobenen Daten überprüft werden, ob die Wahrscheinlichkeit für das Auftreten deutlicher relativer Fehlbewertungen am Kaufoptionsmarkt im Vorfeld abnormaler Kursänderungen der jeweils zugrunde liegenden Aktie größer ist als an sonstigen Tagen. Dabei werden die Optionsfehlbewertungen als relative Abweichung der Op-

---

253) Vgl. Patell/Wolfson (1981), S. 454.

254) Vgl. zu diesem Problem und dem aufgeführten Beispiel Sharpe (1985), S. 604; vgl. auch Franke (1980), S. 130f.

tionspreise vom Black/Scholes-Wert und die "abnormal performance" der Aktie als Abweichung der realisierten Aktienkursrendite von der gemäß dem Marktmodell erwarteten Rendite ermittelt[255]. Der postulierte Zusammenhang ist im übrigen nicht unabhängig vom Vorzeichen der jeweiligen "abnormal performance" am Aktienmarkt. Vielmehr soll eine größere Wahrscheinlichkeit für das Auftreten deutlicher relativer Überbewertungen der Optionen vor Intervallen mit besonders hoher positiver "abnormal performance" gegeben sein, wohingegen für Intervalle mit betragsmäßig besonders hoher negativer "abnormal performance" das Entsprechende für das Auftreten ausgeprägter relativer Unterbewertungen der Optionen vermutet wird[256].

Die Optionsfehlbewertungen bzw. Optionsüber- oder -unterbewertungen werden dabei im vorliegenden Zusammenhang nicht etwa deshalb als relative Fehlbewertungen bzw. relative Über- oder Unterbewertungen bezeichnet, weil sie als relative Abweichungen der Optionspreise von den Black/Scholes-Werten ermittelt werden; vielmehr soll diese Bezeichnung darauf hinweisen, daß für die spätere Durchführung der Tests die Einstufung eines Tages als Börsentag mit ausgeprägter Fehlbewertung relativ zu den an allen übrigen Börsentagen während des Testzeitraums für die jeweilige Firma beobachteten Fehlbewertungen vorgenommen wird. Da in der Realität nun aber beständig gewisse Abweichungen der Marktbewertung der Optionen von der Bewertung nach dem Black/Scholes-Modell bestehen, wird eine auf diese Weise identifizierte, ausgeprägte relative Überbewertung nicht in jedem Fall mit besonders stark nach oben von den Black/Scholes-Werten abweichenden Optionspreisen und damit besonders hohen Überbewertungen der Optionen gleichzusetzen sein. Entsprechendes gilt für die Gleichsetzung deutlicher relativer Unterbewertungen mit besonders stark nach unten von den Black/Scholes-Werten abweichenden Optionspreisen bzw. besonders hohen Unterbewertungen der Optionen[257]. Da es jedoch für die restlichen Ausführungen in diesem Kapitel II ausreichend und zugleich besonders anschaulich ist, wenn von den Fällen abstrahiert wird, in denen die diskutierte Gleichsetzung keine Gültigkeit hat, soll diese für das vorliegende Kapitel uneingeschränkt akzeptiert werden.

Die beiden Teilhypothesen werden für die statistischen Tests jeweils als Alternativhypothesen zu der Nullhypothese formuliert, daß der unterstellte Zusammenhang nicht gelte. Diese Unterscheidung ist jedoch nur für die statistisch exakte Interpretation der Testergebnisse relevant[258]. Unabhängig davon seien bei den folgenden grundsätzlichen Erörterungen unter dem Begriff der Untersuchungshypothese stets die zwei soeben vorgestellten Teilhypothesen zu verstehen.

---

255) Vgl. die ausführlichen Erläuterungen zu diesen Bewertungsmodellen unter III.2.1 und IV.1.

256) Vgl. aber zur erwarteten Asymmetrie bei den Testergebnissen V.1.

257) Vgl. hierzu insbesondere die detaillierten Erläuterungen unter V.2.2.3.

258) Vgl. ausführlich hierzu V.2.

Bei der Erläuterung des Insiderbegriffs und der Hypothesen der Informationseffizienz wurde bereits darauf hingewiesen, daß es nicht plausibel erscheint, daß die Informationseffizienzhypothese in ihrer strengen Form in der Realität Gültigkeit besitzt. Ebenso ist nicht damit zu rechnen, daß Insider in Deutschland aus moralischen Gründen und/oder aufgrund der Insider-Regeln bewußt auf die Möglichkeit verzichten, durch Insiderhandel Überrenditen zu erzielen[259]. Leider kann diese Vermutung insbesondere deshalb nicht unmittelbar überprüft werden, weil in Deutschland im Gegensatz zu den USA keine Meldepflicht für Insidertransaktionen besteht und somit Insiderhandel keinen direkt beobachtbaren Sachverhalt darstellt. Da eine Bevorzugung des Optionsmarktes durch besser informierte Investoren jedoch dazu führen dürfte, daß kursrelevante Informationen tendenziell zuerst am Optionsmarkt verarbeitet werden, soll versucht werden, das vermutete Insiderverhalten mittelbar über einen entsprechenden Informationsgehalt der Optionspreise für die zukünftige Entwicklung der Kurse der jeweils zugrunde liegenden Aktien zu untersuchen. Unter den zusätzlichen Annahmen, daß sowohl das Black/Scholes-Modell für den Kaufoptionsmarkt als auch das Marktmodell für den Aktienmarkt eine hinreichend genaue Approximation der jeweiligen Bewertung im Marktgleichgewicht darstellen, wird mit den beiden oben erläuterten unmittelbar testbaren Teilhypothesen solch ein Informationsgehalt formuliert. Damit wird die Operationalisierung geleistet, die für einen Test der dieser Untersuchung zugrunde liegenden Vermutung notwendig ist[260]. Das soll am Beispiel einer als positiv eingestuften Insiderinformation noch näher erläutert werden.

Eine positive Insiderinformation ist ex definitione eine firmen-, allenfalls noch firmengruppenspezifische Information[261], von der der Insider erwartet, daß ihre allgemeine Verbreitung eine "vom Markt" nicht antizipierte Aktienkurssteigerung sowie eine ebenfalls nicht antizipierte Preissteigerung der zugehörigen Kaufoptionen bewirkt. Gemäß der geäußerten Vermutung über die Vorliebe des Insiders für Transaktionen am Optionsmarkt wird dieser also entsprechende Kaufoptionen kaufen, sobald er Kenntnis von einer positiven Insiderinformation erlangt. Aufgrund des relativ engen Optionsmarktes und/oder dem nicht geringen Kapitaleinsatz von zumeist mehreren Insidern wird sich die zusätzliche Nachfrage tendenziell in einem Preisanstieg am Kaufoptionsmarkt niederschlagen. Allerdings ist aufgrund der geringen relativen Stärke sowie dem strategischen Verhalten oder der Risikoscheu der Insider nicht zu erwarten, daß dieser Preisanstieg bereits zum Erreichen des von den Insidern nach Informationsveröffentlichung erwarteten neuen Gleichgewichtsniveaus der Options-

---

259) Vgl. die Erläuterungen unter II.1.2 und II.2.1.

260) Unter der Operationalisierung einer Vermutung bzw. Theorie versteht man ihre Übersetzung in empirisch meßbare Sachverhalte. Vgl. zur Notwendigkeit der Operationalisierung Franke (1980), S. 131 - 133.

261) Vgl. hierzu die unter II.1.1 für die Zwecke dieser Untersuchung getroffene Einschränkung der Definition von Insiderinformation.

preise führt[262]. Da der Aktienkurs und damit auch die Black/Scholes-Werte vorerst unbeeinflußt bleiben, impliziert der Anstieg der Kaufoptionspreise somit zunehmende relative Optionsüberbewertungen bzw. tendenziell stärker nach oben von den entsprechenden Black/Scholes-Werten abweichende Optionspreise. Dies wiederum entspricht gerade dem ersten in der entsprechenden Teilhypothese ausgedrückten Sachverhalt. Mit zunehmender Verbreitung der neuen unternehmens- oder unternehmensgruppenspezifischen Information wird es mit zeitlicher Verzögerung auch am Aktienmarkt zu einer Neubewertung der betreffenden Aktie kommen, was je nach Dauer der Anpassung zu einer positiven "abnormal performance" während eines oder mehrerer Tage führen wird[263]. Darüber hinaus werden die bestehenden, besonders hohen Optionsüberbewertungen durch die steigenden Aktienkurse und damit ceteris paribus auch steigenden Black/Scholes-Werte sukzessiv wieder reduziert werden. Damit wäre auch der zweite Sachverhalt der entsprechenden Teilhypothese sowie die unterstellte zeitliche Abfolge plausibel gemacht.

Der bisher dargestellte Reaktionsprozeß ist jedoch noch stark vereinfacht und vernachlässigt insbesondere die Implikationen des Black/Scholes-Modells, aus dessen Annahmen ja gerade folgt, daß bestehende Abweichungen zwischen Optionspreis und Black/Scholes-Wert unverzüglich mittels risikoloser Arbitrage beseitigt werden. Das dürfte ein Grund sein, warum die meisten Studien über den Informationsgehalt von Optionspreisen für nachfolgende Aktienkurse nur mit Minuten- bis zu maximal Zwei-Tages-Abständen arbeiten[264]. Daß es jedoch durchaus plausibel ist, speziell in dieser Untersuchung auch auf wesentlich längere zeitliche Vorläufe der Optionspreise und damit länger andauernde bzw. gehäuft auftretende Ungleichgewichte zwischen Options- und Aktienmarkt zu testen, soll im folgenden noch erläutert werden.

In Gliederungspunkt II.2.2.4 wurde insbesondere in bezug auf die Studie Trautmanns bereits darauf hingewiesen, daß aufgrund des Preisänderungs- und Hedge-Ertragsrisikos in der Realität gar keine völlig risikolosen Arbitragemöglichkeiten existieren. Damit werden am Markt immer mäßige Abweichungen der Optionspreise von den Black/Scholes-Werten auftreten können, ohne daß Arbitrage lohnend erscheint. Kommt es jedoch durch die Aufnahme von Insiderhandel tendenziell zu besonders ausgeprägten Abweichungen, so werden diese Arbitrage induzieren. Allerdings ist zu berücksichtigen, daß aufgrund des diskreten, im Regelfall

262) Vgl. hierzu auch die Erläuterungen zur Informationseffizienzhypothese in ihrer strengen Form unter Gliederungspunkt II.2.1.

263) Strenggenommen wird bei dieser Interpretation der "abnormal performance" davon ausgegangen, daß die Annahme unkorrelierter Störterme verschiedener Firmen, die dem Marktmodell zugrunde liegt, in der Realität nicht exakt erfüllt ist. Trifft die Annahme nämlich zu, so spiegelt die "abnormal performance" nur das Auftreten neuer unternehmensspezifischer Information wider. Damit wäre die Betrachtung dann auf Unternehmensinsider eingeschränkt. Vgl. hierzu die entsprechenden Erläuterungen unter IV.1 und IV.2. In dieser Untersuchung ist mit einer "abnormal performance" während mindestens einem Tag zu rechnen, da dies die kleinste betrachtete Zeiteinheit ist; vgl. hierzu IV.3.2.1.

264) Eine Ausnahme hierzu bildet z.B. die Studie von Panton, in der explizit die Insiderhypothese untersucht wird; vgl. Panton (1976).

nur einmal pro Börsentag stattfindenden Optionshandels eine auftretende Optionsfehlbewertung überhaupt erst frühestens für den nächsten Börsentag die Einleitung einer Arbitragestrategie auslösen kann[265]. Des weiteren ist es durchaus denkbar, daß die Marktteilnehmer gar nicht auf das erste Fehlbewertungssignal reagieren, sondern erst eine gewisse Zeit abwarten, um festzustellen, ob es sich bei den beobachteten Optionspreisen nicht nur um zufällige Ausreißer, sondern eine zumindest kurzfristig stabile Entwicklung handelt. Dieses Verhalten ließe sich etwa mit dem Preisänderungsrisiko aufgrund der eintägigen Reaktionszeit auf ein Fehlbewertungssignal begründen. Die bei großen institutionellen Anlegern zu findende Aufteilung von Options- und Aktienhandel in unterschiedliche "Profit-Center" und die dadurch entstehenden Koordinationsprobleme könnten eine weitere Erklärung liefern, warum eine durch simultanen Handel am Aktien- und Optionsmarkt gekennzeichnete Arbitragestrategie nicht unverzüglich durchgeführt wird[266].

Da bei einem nach oben vom Black/Scholes-Wert abweichenden Optionspreis alle Arbitrageure Kaufoptionen verkaufen bzw. Stillhalterpositionen einnehmen und die zugrunde liegenden Aktien kaufen werden, wird es tendenziell auf dem Optionsmarkt durch den Angebotsdruck zu sinkenden Preisen und auf dem Aktienmarkt durch die zusätzliche Nachfrage zu steigenden Kursen kommen. Letzteres wirkt ceteris paribus erhöhend auf die entsprechenden Black/Scholes-Werte. Dieser Prozeß wird solange andauern, bis die nach oben gerichteten Abweichungen der Optionspreise von den Black/Scholes-Werten erneut auf ein Maß reduziert sind, bei dem keine Arbitrage mehr lohnend erscheint. Dabei wird die preissenkende Wirkung auf dem Optionsmarkt aufgrund des engeren Marktes sowie aufgrund der Tatsache, daß ein Hedge-Portfolio stets mehr Optionen als Aktien enthält[267], tendenziell stärker ausgeprägt sein als die kurserhöhende Wirkung auf dem Aktienmarkt. Die Optionspreise werden damit wieder einen größeren Abstand zu den von den Insidern aufgrund der positiven Insiderinformation erwarteten zukünftigen Gleichgewichtspreisen der Optionen aufweisen. Um die erzielbare Überrendite abzuschöpfen, wird es somit erneut zu Insiderkäufen am Optionsmarkt kommen. Die dadurch steigenden Preise werden wieder zu ausgeprägten Abweichungen vom Black/Scholes-Wert führen, was den beschriebenen Arbitrageprozeß erneut einleitet. Bei mehrfacher Wiederholung dieses Prozesses wären somit während einer bestimmten Zeitperiode mit kurzen Unterbrechungen verstärkt besonders große nach oben gerichtete Abweichungen der Optionspreise von den Black/Scholes-Werten zu

265) Das gilt zumindest, wenn die Transaktionsmöglichkeiten der Optionsmakler selbst nicht berücksichtigt werden. Allerdings dürfte diesen kaum stets genügend Zeit und Kapital zur Verfügung stehen, um die entsprechende Strategie durchzuführen.

266) Dieses Argument findet sich in etwas anderem Zusammenhang z.B. bei Bhattacharya (1987), S. 1f., Fußnote 3. Daß ein solches Problem in der Praxis tatsächlich Relevanz besitzen könnte, läßt sich z.B. aus einer Stellungnahme von R.E. Breuer, Vorstandsmitglied der Deutschen Bank, zu den Vorteilen einer Zusammenlegung von Kassa- und Terminbörse ableiten. Die Zusammenfassung dieser Märkte unter einem Dach bürge, so Breuer, für mehr Transparenz und optimale Bedingungen. "Bisher haben wir das sogar in unserer Bank falsch gemacht." Zitat entnommen aus: Pauly/Heemann (1991), S. 103.

267) Vgl. hierzu ausführlich III.2.1.1 i.V.m. III.2.3.2.

erwarten[268]. Dabei könnten die späteren Käufe z.B. auf bisher noch nicht bzw. noch nicht in genügendem Umfang zum Zuge gekommene Insider, aber auch auf sogenannte Outsider zurückgeführt werden[269]. Als Outsider kämen etwa professionelle Händler in Frage, die von den verstärkten Handelsaktivitäten der Insider auf irgendeine Weise "Wind bekommen haben". Aufgrund der leicht kurserhöhenden Wirkung der wiederholt durchgeführten Arbitrage könnte es auf dem Aktienmarkt jeweils zeitlich nach dem Auftreten der ausgeprägten Optionsfehlbewertungen vereinzelt schon zu positiver "abnormal performance" kommen[270]. Mit der eigentlichen Kursanpassung an das neue Gleichgewichtsniveau und damit einer mehr oder weniger kurzen Zeitspanne sehr hoher positiver "abnormal performance" ist jedoch erst mit einer gewissen zeitlichen Verzögerung zu rechnen[271]. Diese vollständige Kursanpassung wird dann eintreten, wenn es immer mehr informierte Marktteilnehmer gibt, die aufgrund ihrer beständig wachsenden relativen Stärke und dem damit für den Optionsmarkt verbundenen Preisauftrieb nicht mehr erwarten, auf diesem Markt noch Überrenditen erzielen zu können. Vielmehr werden sie stattdessen verstärkt die betreffenden Aktien nachfragen, um das Potential an Überrendite auf diesem Markt auch noch abzuschöpfen. Spätestens kurze Zeit nach allgemeiner Bekanntgabe der Information dürfte die Anpassung der Aktienkurse an das neue Gleichgewichtsniveau jedoch abgeschlossen und damit auch auf dem Aktienmarkt die Möglichkeit beseitigt sein, systematisch eine "abnormal performance" zu erzielen. Mit Beginn der Phase hoher positiver "abnormal performance" am Aktienmarkt dürfte außerdem der Abschnitt mit ausgeprägten Fehlbewertungen am Optionsmarkt abrupt beendet sein, da die stark steigenden Aktienkurse ceteris paribus auch zu stark steigenden Black/Scholes-Werten führen[272].

Im übrigen wäre nicht völlig auszuschließen, daß im Gegensatz zu dem hier geschilderten Ablauf die Phase intensiver Insidertätigkeit am Optionsmarkt einschließlich der dadurch ausgelösten Arbitrage und die Phase hoher "abnormal performance" am Aktienmarkt nicht

268) Dies würde gerade dem ersten Sachverhalt der relevanten Teilhypothese entsprechen. Die beschriebenen extremen Auf- und Abwärtsbewegungen der Optionsüberbewertungen werden in der Realität natürlich insofern abgemildert werden, wie es z.B. durch im Markt liegende gestaffelte Limite oder Eigengeschäfte der Optionsmakler zu einer zeitlichen Überlagerung der Tätigkeit der Insider und Arbitrageure kommt.

269) Vgl. zu diesem Begriff die Darstellung der ersten Gruppe der Tests auf strenge Informationseffizienz unter II.2.2.1.3.

270) Es ist aber fraglich, ob deshalb schon vermutet werden kann, daß sich die Phase ausgeprägter relativer Optionsfehlbewertungen und die nachfolgende Phase besonders hoher "abnormal performance" am Aktienmarkt zum Teil überlappen. Denn, wie oben ausgeführt, ist zum einen nicht zu erwarten, daß die allein auf Arbitrage beruhende Wirkung auf den Aktienkurs besonders groß ist. Zum andern könnte es zwischen den Arbitragetransaktionen durchaus auch zu nicht zu vernachlässigender negativer "abnormal performance" kommen.

271) Dies entspricht dann gerade dem zweiten Sachverhalt der relevanten Teilhypothese sowie der unterstellten zeitlichen Abfolge der beiden Phasen.

272) Dies dürfte ein weiteres Argument dafür sein, daß es sich, falls überhaupt eine Überlappung zwischen den beiden Phasen auftritt, wohl allenfalls um eine teilweise Überlappung handelt. Vgl. hierzu auch die vorletzte Fußnote.

unmittelbar aneinander anschließen. Allerdings erscheint diese Vorstellung weit weniger realistisch, da sie impliziert, daß die Insiderinformation nicht permanent weiter "durchsikkert", sondern bis zu ihrer Veröffentlichung "am Markt" von dem ursprünglichen kleinen Kreis der Insider konsequent geheimgehalten wird[273].

3.2 Vorteile und Problematik der formulierten Untersuchungshypothese

Im vorigen Abschnitt wird ausführlich erläutert, warum die beiden hier gewählten Teilhypothesen als vernünftige Operationalisierung der dieser Untersuchung zugrunde liegenden Vermutung betrachtet werden können, wenn sowohl das Black/Scholes-Modell als auch das Marktmodell eine vernünftige Approximation der jeweiligen Marktbewertung in der Realität darstellen und außerdem die jeweiligen Modellparameter einigermaßen genau geschätzt werden können. Die Richtung der Ableitung ist dabei klar vorgegeben: Wenn Insider vor allgemeiner Verbreitung einer neuen kursrelevanten Information ihr Insiderwissen bevorzugt bzw. zumindest zuerst für Aktivitäten am Optionsmarkt nützen, dann erscheint es plausibel, daß dies zu vermehrten, ausgeprägten Optionsfehlbewertungen in Tagen vor dem Auftreten besonders hoher "abnormal performance" am Aktienmarkt führt. Um jedoch gegebenenfalls entsprechende Ergebnisse der Tests der beiden Teilhypothesen eindeutig als statistischen "Nachweis" der Insiderhypothese interpretieren zu können, wäre es erforderlich, daß die obige Ableitung auch in umgekehrter Richtung Gültigkeit besitzt. Konkret müßte man also davon ausgehen können, daß das Auftreten von besonders hoher "abnormal performance" am Aktienmarkt durch die Verarbeitung neuer, unternehmens- bzw. unternehmensgruppenspezifischer Information ausgelöst wird[274]. Ebenso müßten zuvor am Optionsmarkt auftretende, ausgeprägte Fehlbewertungen als Ausdruck der Kauf- bzw. Verkaufsaktivitäten von Insidern interpretierbar sein. Genau hier könnte potentielle Kritik des in dieser Untersuchung gewählten Testszenarios ansetzen.

So lehnt Bhattacharya die Studie von Panton, in der die gleiche Vermutung wie in der vorliegenden Arbeit untersucht wird, unter anderem deshalb ab, weil Panton analog zu dieser Untersuchung ausschließlich Kursdaten auswertet[275]. Bhattacharya hingegen bezweifelt, daß der untersuchte technische Zusammenhang zwischen Fehlbewertungen der Kaufoptionen und nachfolgenden Aktienrenditen überhaupt eindeutige Rückschlüsse darauf zuläßt, ob eine neue kursrelevante Information veröffentlicht wurde bzw. zuvor Insiderhandel in Optionen stattfand. Vielmehr favorisiert er eine andere Operationalisierung der untersuchten

273) Diese Möglichkeit wird trotzdem bei der Durchführung der Tests ebenfalls berücksichtigt werden. Vgl. hierzu insbesondere V.2.2.2.

274) Soweit bei der weiteren Diskussion nicht explizit etwas anderes gesagt wird, soll im folgenden aus Gründen der vereinfachten Sprechweise unter einer Information immer eine Information verstanden werden, die nicht den Gesamtmarkt betrifft.

275) Vgl. Bhattacharya (1987), S. 3 i.V.m. S. 14.

Insiderhypothese. Ausgangspunkt der Tests müßten seiner Meinung nach die Veröffentlichungstermine fundamentaler Informationen über die jeweils untersuchten Unternehmen sein. Ausschließlich in einer zeitlichen Umgebung um diese Termine wären dann Preisveränderungen der Kaufoptionen und nachfolgende Preisänderungen der Aktien auf mögliche systematische Zusammenhänge hin zu untersuchen[276]. Während die Studie Pantons im Vergleich zu der vorliegenden Untersuchung etliche, im folgenden noch näher zu spezifizierende Mängel aufweist, die die Kritik Bhattacharyas berechtigt erscheinen lassen, stellt sich die Frage, ob diese Kritik auch auf den hier verwendeten Testansatz ausgedehnt werden kann. Dazu wäre zu klären, ob im vorliegenden Fall der geforderte eindeutige Rückschluß von den formulierten Teilhypothesen auf die Ausgangsvermutung möglich ist bzw. ob, falls dies nicht uneingeschränkt bejaht werden kann, eine eindeutige Überlegenheit des von Bhattacharya vorgeschlagenen Testansatzes gegenüber dem hier verwendeten gegeben ist. Die folgenden Überlegungen werden jedoch zeigen, daß beide Ansätze sowohl gemeinsame Probleme als auch jeweils spezifische Vorzüge und Schwächen aufweisen, so daß zumindest keiner der beiden Testansätze als eindeutig unterlegen oder gar völlig ungeeignet eingestuft werden kann. Vielmehr sind beide als mögliche Operationalisierungen der gleichen Ausgangshypothese anzusehen, so daß es sich empfiehlt, sie nicht alternativ, sondern ergänzend zu verwenden. Aus Gründen der Beschränkung des Untersuchungsumfangs muß der Test der operationalisierten Hypothese Bhattacharyas jedoch einer anderen Untersuchung vorbehalten bleiben[277]. Durch die Gegenüberstellung der beiden Ansätze wird im übrigen auch deutlich werden, daß die Übersetzung eines theoretischen Sachverhaltes in einen empirisch meßbaren Sachverhalt nie eineindeutig möglich ist. Die Rückschlüsse von Testergebnissen auf den zugrunde liegenden theoretischen Sachverhalt werden somit immer spezifischen Einschränkungen unterliegen[278].

Die beiden diskutierten Operationalisierungen unterscheiden sich grundsätzlich dadurch, daß die hier vorliegende Untersuchung sowohl das Handeln von Insidern am Optionsmarkt als auch das Auftreten neuer kursrelevanter Information auf den Märkten indirekt durch Auswertung der Optionspreis- bzw. Aktienkursdaten zu bestimmen versucht. Der Ansatz Bhattacharyas hingegen mißt zwar die Insideraktivitäten ebenfalls nur indirekt über die Optionspreisentwicklung, das Auftreten fundamentaler Information soll jedoch durch direkten Rückgriff auf veröffentlichte Nachrichten bestimmt werden. Eine Überlegenheit des von Bhattacharya vorgeschlagenen Ansatzes könnte also nur dann gegeben sein, wenn davon ausgegangen werden müßte, daß Intervallen mit besonders hoher "abnormal performance" am Aktienmarkt nicht in jedem Fall tatsächlich Änderungen im Informationsstand "des Marktes" über die jeweilige Unternehmung bzw. Unternehmensgruppe entsprechen.

---

276) Vgl. ebenda. Bhattacharya bezeichnet seinen Vorschlag als den besten Ansatz, um die der vorliegenden Arbeit zugrunde liegende Insiderhypothese zu testen.

277) Bei der Interpretation der Testergebnisse ist dies entsprechend zu berücksichtigen; vgl. insbesondere Kapitel VI.

278) Vgl. hierzu auch Franke (1980), S. 131f.

Bevor dies näher untersucht wird, soll vorab geklärt werden, inwiefern der von beiden Ansätzen durchgeführte Rückschluß von ausgeprägten Fehlbewertungen am Optionsmarkt auf durchgeführte Insideraktivitäten als eindeutig betrachtet werden kann[279].

Geht man zunächst einmal davon aus, daß in der Realität weder Erhebungs- und Berechnungsfehler noch Ungenauigkeiten bei der Modellparameterschätzung noch asynchrone Optionspreis- und Aktienkursfeststellungen sowie nennenswerte Abweichungen von den Annahmen des Black/Scholes-Modells auftreten, so könnten Abweichungen der Optionspreise von den jeweiligen Black/Scholes-Werten nur auf folgende potentielle Ursachen zurückgeführt werden[280]. Einmal wäre denkbar, daß neu aufgetretene kursrelevante Information zu verstärkten Kauf- bzw. Verkaufsaktivitäten auf dem Optionsmarkt führt, denen erst mit zeitlicher Verzögerung entsprechende Aktivitäten auf dem Aktienmarkt folgen. Statt einer kurzfristigen Fehlbewertung der Aktien könnte jedoch bei genau umgekehrtem zeitlichem Ablauf der Informationsverarbeitung auf den beiden Kapitalmarktsegmenten auch eine kurzfristige Fehlbewertung der Optionen vorliegen[281]. Im übrigen wäre auch die Art der verarbeiteten Information nicht ersichtlich. Statt neuer, unternehmens- bzw. unternehmensgruppenspezifischer Information kämen ebenso neue, den Gesamtmarkt betreffende Informationen als Auslöser der Preis- bzw. Kursanpassung in Frage. Schließlich könnten auch irrationale, spekulative Kauf- bzw. Verkaufstransaktionen, die durch eine größere Anzahl von Marktteilnehmern auf einem der beiden Märkte durchgeführt werden, zu den beobachteten Fehlbewertungen führen[282]. Daraus folgt, daß allein von der Feststellung häufig auftretender, ausgeprägter Fehlbewertungen innerhalb eines Zeitintervalls weder eindeutig auf verstärkte Kauf- bzw. Verkaufsaktivitäten auf dem Optionsmarkt noch auf das Tätigwerden von Insidern noch auf das Auftreten neuer, unternehmens- bzw. unternehmensgruppenspezifischer Information geschlossen werden kann. Eine solche Interpretation erscheint jedoch zumindest plausibel, wenn man berücksichtigt, daß dieser Rückschluß nicht von Fehlbe-

---

279) Genaugenommen spricht Bhattacharya in diesem Zusammenhang nur von einer Analyse der Optionspreisveränderungen. Aus der von ihm selbst durchgeführten Untersuchung und einer abschließenden Bemerkung zur Untersuchung des Einflusses von Optionsfälligkeitsterminen auf die Aktienkursbildung läßt sich jedoch schließen, daß sein im folgenden diskutierter Vorschlag die Bestimmung der Abweichungen beobachteter von impliziten Aktienkursen unter Verwendung der Black/Scholes-Formel umfassen soll. Vgl. hierzu Bhattacharya (1987), insb. S. 14.

280) Strenggenommen setzen diese Abweichungen vom Gleichgewichtswert des Black/Scholes-Modells dann aber doch gewisse Einschränkungen der Modellannahmen voraus; vgl. zu den Modellannahmen III.2.1.1. Die im folgenden angeführten Ursachen sind nur denkbar, wenn die Investoren nicht stets rational handeln bzw. zumindest kursrelevante Informationen nicht völlig zeitgleich in den Aktienkursen und Optionspreisen verarbeitet werden. Letzteres impliziert, daß die Anpassung an ein neues Arbitragegleichgewicht nicht unendlich schnell erfolgt, da die Investoren nicht auf beiden Kapitalmarktsegmenten unverzüglich reagieren (bzw. aufgrund des lediglich diskreten Handels auch gar nicht unverzüglich reagieren können).

281) Vgl. hierzu die analogen Überlegungen zur Einordnung der Untersuchung Trautmanns in Kapitel II.2.2.3.1.

282) Vgl. hierzu z.B. die bei West (1988), S.652 - 654, vorgestellten Untersuchungen, die von einer Beeinflussung der Aktienkurse durch naive, sich irrational verhaltende Investoren ausgehen.

wertungen an beliebigen Tagen gezogen wird, sondern von Fehlbewertungen an Tagen, die vor der Veröffentlichung fundamentaler Information bzw. vor dem Auftreten hoher "abnormal performance" am Aktienmarkt liegen. Vor der Bekanntgabe unternehmens- bzw. unternehmensgruppenspezifischer Information ist es unwahrscheinlicher, daß die Handelsaktivitäten keinerlei fundamentale Begründung haben sollen. Gleichzeitig erscheint es plausibel, daß die Aktivitäten vor offizieller Bekanntgabe der Information vor allen Dingen auf Insider zurückzuführen sind. Für den vorliegenden Ansatz gilt diese Überlegung allerdings nur, falls hohe "abnormal performance" am Aktienmarkt tatsächlich nur in zeitlicher Umgebung um eine allgemeine Verbreitung neuer unternehmens- bzw. unternehmensgruppenspezifischer Information auftritt. Dieses Problem wird weiter unten noch genau untersucht werden. Schließlich spricht eine gleichgerichtete Abweichung der Optionspreise bzw. Aktienkurse von ihren Gleichgewichtswerten eher für Transaktionen am Optionsmarkt als Auslöser der Abweichungen der Optionspreise von den Black/Scholes-Werten. Wären Aktientransaktionen die Ursache, so müßten positiver "abnormal performance" stets Verkaufsaktivitäten am Aktienmarkt und negativer "abnormal performance" stets Kaufaktivitäten vorausgehen, was wiederum nicht plausibel erscheint[283].

Die bisherigen Plausibilitätsüberlegungen unterstellen allerdings, daß es immer irgendwelche Insider gibt, die den Inhalt der später veröffentlichten Information so rechtzeitig antizipieren, daß sie noch vor einer ersten Kursreaktion auf dem Aktienmarkt auf dem Optionsmarkt handeln können. Sollte es jedoch einzelne Fälle unternehmens- oder unternehmensgruppenspezifischer Information geben, in bezug auf die niemand einen ausreichenden Informationsvorsprung gegenüber "dem Markt" haben kann, so könnte dies zu einer gewissen Beeinträchtigung der Testergebnisse führen. Da Insideraktivitäten in Deutschland aber stets nur indirekt meßbar sind, bleibt als Ausweg nur die Annahme, daß diese Fälle in der Realität nur äußerst selten auftreten. Zwar könnte man bei Verwendung des Vorschlags von Bhattacharya versuchen, anhand der Informationsart bzw. der jeweils konkreten Situation festzustellen, ob diese für Insiderhandel geeignet erscheint. Ein solches Ausschlußkriterium wäre jedoch mit großer Willkür behaftet. Damit könnte nicht gewährleistet werden, daß die potentiellen Auswirkungen des Problems statt beseitigt, nicht eher vergrößert würden.

Außerdem wird bei den bisherigen Überlegungen implizit noch von einer zusätzlichen Annahme ausgegangen, die notwendig ist, wenn vorhandene Insideraktivitäten über die Beobachtung von Optionsfehlbewertungen aufgedeckt werden sollen. Es kann nämlich überhaupt nur dann zu einer merklichen Beeinflussung der Optionsfehlbewertungen kommen, wenn der Kauf oder Verkauf der Optionen tatsächlich eine wesentliche Optionspreisveränderung

283) Nach oben vom Black/Scholes-Wert abweichende Optionspreise erfordern bei gegebenen Optionspreisen ein Sinken der Black/Scholes-Werte, was ceteris paribus durch einen sinkenden Aktienkurs bewirkt werden kann. Aktienkurssenkenden Einfluß haben wiederum tendenziell Verkaufsaktivitäten am Aktienmarkt. Genau umgekehrt ließe sich entsprechend die Ableitung von Kaufaktivitäten vor negativer "abnormal performance" begründen. Es erscheint nun aber nicht plausibel, daß vor der Veröffentlichung einer positiven Information die Aktien stets zuerst verkauft werden bzw. daß diese im Falle der Veröffentlichung einer negativen Information stets zuerst gekauft werden.

bewirkt, was eine genügend hohe relative Stärke der Insider voraussetzt. Diese Voraussetzung als gegeben anzunehmen, erscheint jedoch für den Untersuchungszeitraum als nicht unrealistisch, da aufgrund der selbst in den umsatzstärksten Jahren noch relativ engen Optionsmärkte schon ein relativ geringer Kapitaleinsatz für eine deutliche Preisbeeinflussung ausgereicht haben dürfte[284].

Weiterhin darf nicht übersehen werden, daß es sehr viel mehr als die bisher erörterten Gründe für Abweichungen der Optionspreise von den Black/Scholes-Werten gibt. Insbesondere ist zu bedenken, daß in der Realität keine Annahme des Black/Scholes-Modells exakt erfüllt sein wird, Erhebungs-, Berechnungs- und Schätzfehler auftreten und Optionspreise und Aktienkurse nicht synchron festgestellt werden. Diese Untersuchung weist jedoch zahlreiche Vorkehrungen auf, die helfen sollen, der daraus resultierenden Gefahr einer Fehlinterpretation der ermittelten Optionsfehlbewertungen zu begegnen. So werden aufwendige Kontrollen der Korrektheit der erfaßten Daten durchgeführt[285]. Des weiteren wird die richtige Datenverarbeitung bei jedem Programmschritt mehrfach überprüft. Beides dient der Verringerung des verzerrenden Einflusses von Erhebungs- und Berechnungsfehlern. Außerdem hat auch die spätere Durchführung mehrerer Testdurchläufe mit jeweils unterschiedlichen Ober- bzw. Untergrenzen für die Identifikation der kritischen Optionsfehlbewertungen unter anderem den Zweck, den verzerrenden Einfluß von möglichen Ausreißern, die auf Erhebungs- oder Berechnungsfehlern beruhen, unter Kontrolle zu halten[286]. Darüber hinaus wird versucht, die Freiheitsgrade bei der Spezifikation der Parameter des Black/Scholes-Modells so auszuüben, daß potentielle Schätzfehler und Einflüsse asynchroner Kursfeststellung möglichst reduziert werden[287]. Im übrigen wird der Tatsache, daß in der Realität beständig gewisse Abweichungen der Marktbewertung der Optionen von einer Bewertung nach dem Black/Scholes-Modell bestehen[288], dadurch Rechnung getragen, daß die Einstufung eines Tages als Börsentag mit deutlicher Fehlbewertung in jedem Testzeitraum relativ zu den an allen übrigen Börsentagen für die jeweilige Firma beobachteten Fehlbewertungen erfolgt[289]. Natürlich ist die Anwendung all dieser Maßnahmen kein "Beweis", daß Modell- und Schätzungenauigkeiten etc. keinerlei verzerrenden Einfluß auf die Testergebnisse ausüben. Letztlich erfordern formale Tests aber immer formale Modelle, die die

---

284) Vgl. zu den Umsätzen in den einzelnen Jahren des Untersuchungszeitraums Gliederungspunkt III.1.2.

285) Vgl. hierzu I.2.

286) Vgl. hierzu ausführlich V.2.2.3. Im übrigen ermöglicht dieses Vorgehen auch eine Analyse der Sensitivität der Ergebnisse bezüglich der Festlegung der Ober- bzw. Untergrenzen.

287) Vgl. ausführlich III.2.3.

288) Vgl. zur Abschätzung der Bedeutung von Verletzungen der Annahmen des Black/Scholes-Modells insbesondere Gliederungspunkt III.2.2.

289) Vgl. V.2.2.3.

Realität, so kompliziert die Modelle auch immer sein mögen, nie exakt beschreiben können[290].

Bevor im folgenden die wesentlichen Unterschiede zwischen dem Testansatz der vorliegenden Untersuchung und dem alternativen Ansatz Bhattacharyas diskutiert und beurteilt werden, soll noch auf einen denkbaren Einwand gegen das Vorgehen in dieser Untersuchung eingegangen werden, der sich auf die Annahme der Verallgemeinerungsfähigkeit der Testergebnisse von Patell/Wolfson stützt[291]. Danach könnte man versuchen zu argumentieren, daß verstärkt nach oben von den in der vorliegenden Untersuchung berechneten Black/Scholes-Werten abweichende Optionspreise nicht unbedingt auf Insiderkäufen am Optionsmarkt beruhen müssen, wenn die Abweichungen vor der Veröffentlichung positiver Information, deren genauer Veröffentlichungstermin "dem Markt" ex ante bekannt ist, auftreten. Vielmehr könnte in dieser Situation der in der vorliegenden Arbeit für die Berechnung der Black/Scholes-Werte verwendete historische Volatilitätsschätzer möglicherweise zu einer Unterschätzung des "richtigen" Optionsmarktwertes führen[292]. Patell/Wolfson unterstellen nämlich, daß "der Markt" ein vorübergehendes Ansteigen der Volatilität der Rendite der jeweiligen Aktie am Veröffentlichungstermin einer neuen fundamentalen Information erwartet. Deshalb werden bei bekanntem Veröffentlichungstermin bereits vor diesem Zeitpunkt die jeweiligen Optionspreise tendenziell nach oben korrigiert werden, ohne daß dies die Existenz von Insidern voraussetzt. Vielmehr steigt der Optionswert in der Einschätzung "des Marktes" deshalb, weil "der Markt" ein Ansteigen der zukünftigen Volatilität der Aktienrendite erwartet, nicht aber weil er die konkrete Ausprägung des Informationsinhalts antizipieren kann[293]. Demzufolge wird der Marktwert der Aktie vor der allgemeinen Bekanntgabe der Information auch nicht beeinflußt werden. Soweit die erwartete zukünftige Erhöhung der Volatilität mit der in dieser Untersuchung verwendeten, durchschnittlichen täglichen Volatilität der Vergangenheit unterschätzt würde, wären die durch "den Markt" ermittelten Optionswerte bei Optionen, die erst nach dem Veröffentlichungstermin fällig werden, höher als die in dieser Untersuchung berechneten Werte[294]. Dabei müßte der Unterschied tendenziell um so größer sein, je weniger Abstand zwischen dem Bewertungstag und dem

---

290) Vgl. Fama (1976), S. 168.

291) Vgl. Patell/Wolfson (1979) und dieselben (1981).

292) Vgl. zur Wahl des Volatilitätsschätzers in dieser Untersuchung III.2.3.4 sowie insbesondere auch zur Beurteilung impliziter versus historischer Volatilitäten III.2.2.3.4.

293) Vgl. hierzu insbesondere Patell/Wolfson (1979), S. 120f., sowie dieselben (1981), S. 437 - 440. Die Ergebnisse der Studien von Patell/Wolfson unterstützen für den amerikanischen Markt die beschriebene Hypothese zumindest für die untersuchte Informationsart "Ankündigung von Quartalsberichten"; vgl. ebenda, S. 454.

294) Durch den in dieser Untersuchung für die Volatilitätsschätzung gewählten Vorlauf von einem Jahr ergibt sich ein Glättungseffekt, der die geschilderte Tendenz auslösen könnte. Vgl. hierzu III.2.3.4. Vgl. aber im Gegensatz dazu die Ergebnisse Trautmanns, der trotz der Verwendung eines relativ langen Vorlaufs überlegene Prognoseeigenschaften eines historischen Volatilitätsschätzers ableitet. Vgl. Trautmann (1990), S. 93f. i.V.m. S. 97.

Bekanntgabetermin der Information besteht und je kürzer die über den Bekanntgabetermin hinausreichende Restlaufzeit der Option ist[295]. Dieser Einwand wird bei der Interpretation der Ergebnisse zu berücksichtigen sein[296]. Allerdings kann die Argumentation schon insofern sehr stark entkräftet werden, als sie weder auf Fälle mit negativer Insiderinformation noch auf überraschende Informationsveröffentlichungen ohne vorher bekannten Termin übertragbar ist[297]. Die in dieser Untersuchung mittels der Selektion von Tagen mit hoher "abnormal performance" vorgenommene Identifikation der Tage, an denen neue Information "am Markt" verarbeitet wird, unterscheidet jedoch gerade nicht danach, ob es sich um ein überraschendes Eintreffen einer neuen Information handelt oder nicht. Im übrigen gibt es auch noch keine Erkenntnisse darüber, inwiefern die Ergebnisse von Patell/Wolfson überhaupt auf den deutschen Markt sowie auf weitere, von ihnen nicht untersuchte Informationsarten übertragbar sind.

Es ist bereits mehrfach darauf hingewiesen worden, daß eine Überlegenheit des von Bhattacharya vorgeschlagenen Vorgehens dann gegeben sein könnte, wenn das Auftreten von hoher "abnormal performance" am Aktienmarkt gar nicht in jedem Fall durch eine Änderung des Informationsstandes "des Marktes" bezüglich des betrachteten Unternehmens ausgelöst wird[298]. Es läßt sich jedoch zeigen, daß jede ermittelte "abnormal performance" durch die Verarbeitung neuer, unternehmens- bzw. unternehmensgruppenspezifischer Information verursacht sein muß, wenn die Struktur des hier verwendeten Marktmodells die Bestimmung der jeweils erwarteten Gleichgewichtsrendite in der Realität exakt beschreibt und keine Schätzfehler bei der Modellparameterbestimmung auftreten[299]. Darüber hinaus dürfen auch keine Erhebungs- bzw. Berechnungsfehler unterlaufen, und es muß gewährleistet

295) Für jede Option, deren Fälligkeitstag nach dem Veröffentlichungstermin liegt, wird die für die Restlaufzeit berechnete, durchschnittliche tägliche Volatilität um so größer sein, je kürzer die Restlaufzeit ist und je dichter der Tag der Berechnung vor dem Bekanntgabezeitpunkt liegt. Wird die Option vor diesem Zeitpunkt fällig, so geht das für den Veröffentlichungstermin antizipierte Ansteigen der Volatilität nicht mehr in die Berechnung der zukünftigen, durchschnittlichen täglichen Volatilität während der Restlaufzeit ein; vgl. Patell/Wolfson (1979), S. 119 - 123.

296) Vgl. insbesondere Gliederungspunkt V.2.3.1.2.4 und Kapitel VI.

297) Gemäß der zweiten Teilhypothese würde negative Insiderinformation tendenziell das Auftreten von Optionspreisen implizieren, die unter den Black/Scholes-Werten liegen. Die angeführte Argumentation ist jedoch überhaupt nur geeignet, tendenziell nach oben von den Black/Scholes-Werten abweichende Optionspreise zu erklären. Vgl. in diesem Zusammenhang allerdings die Vorbehalte hinsichtlich der zweiten Teilhypothese unter V.1.

298) In dieser Formulierung sollen auch Informationen eingeschlossen sein, die das betrachtete Unternehmen nicht allein betreffen, sondern die sich gleichzeitig auf eine ganze Gruppe von Unternehmen beziehen, der das betrachtete Unternehmen angehört.

299) Für die Einbeziehung unternehmensgruppenspezifischer Information gilt dies allerdings nur, wenn davon ausgegangen wird, daß die Annahme unkorrelierter Störterme verschiedener Firmen in der Realität nicht exakt erfüllt ist. Vgl. hierzu ausführlich IV.1 sowie Fama (1976), S. 76f. i.V.m. S. 154. Letzterer weist insbesondere darauf hin, daß unter der zusätzlichen Annahme eines vollständig informationseffizienten Aktienmarktes die entsprechende "abnormal performance" darüber hinaus auch exakt zeitgleich zum Auftreten der jeweiligen neuen Information zu beobachten wäre.

sein, daß sich alle Marktteilnehmer rational verhalten[300]. Letzteres impliziert insbesondere, daß die Investoren nicht auf fundamental bedeutungslose Ereignisse mit Aktienkäufen oder -verkäufen reagieren. Genau wie für die Ermittlung der Optionsfehlbewertungen wird auch im vorliegenden Fall keine der geforderten Bedingungen in der Realität exakt erfüllt sein. Durch die ausschließliche Selektion von Tagen mit besonders hoher "abnormal performance" soll deshalb beim vorliegenden Ansatz versucht werden, die Auswahl von Tagen mit "abnormal performance", die nur durch Modell- und Schätzungenauigkeiten oder Erhebungs- und Berechnungsfehler verursacht ist, zu verhindern[301]. Ob dies tatsächlich in ausreichendem Maße gelingt, kann natürlich wiederum nicht "bewiesen" werden. Aber auch hier gilt, daß letztlich ein formales Bewertungsmodell benötigt wird und daß außerdem bisher auch für kompliziertere Modelle keine eindeutige Überlegenheit gegenüber dem gewählten Marktmodell abgeleitet werden konnte[302]. Sollte es aufgrund von Modell- oder Schätzungenauigkeiten bzw. Erhebungs- oder Berechnungsfehlern doch zu Verzerrungen der Testergebnisse kommen, so ist zu berücksichtigen, daß diese Ungenauigkeiten auch auf die Ergebnisse des alternativen Ansatzes von Bhattacharya negative Auswirkungen hätten[303]. Hier wären dann nämlich immerhin Fehler bei der Schätzung der Höhe und Richtung der tatsächlich um die Veröffentlichungszeitpunkte von Informationen auftretenden "abnormal performance" nicht auszuschließen.

Trotzdem kommt beim vorliegenden Ansatz noch ein Problem erschwerend hinzu. Gerade in bezug auf Aktien, für die ein Optionsmarkt existiert, besteht die Vermutung, daß auch fundamental bedeutungslose Ereignisse, wie etwa Fälligkeitstermine von Optionen, zur Entstehung von "abnormal performance" führen könnten. Während solche Ereignisse beim Ansatz Bhattacharyas gar nicht in die Menge der erhobenen, veröffentlichten Informationen aufgenommen würden, könnte beim vorliegenden Ansatz durch fundamental bedeutsame Ereignisse induzierte "abnormal performance" nicht von sonstiger, durch fundamental bedeutungslose Ereignisse ausgelöster "abnormal performance" unterschieden werden. Bei bekannten, fundamental bedeutungslosen, aber potentiell kurswirksamen Ereignissen, wie etwa Optionsfälligkeitsterminen, könnte man zwar noch mit einem Ausschlußkriterium arbeiten, ein solches ist jedoch regelmäßig in hohem Grade willkürlich. Dies gilt um so mehr, wenn man bedenkt, daß ein genereller Ausschluß der Tage um die Optionsfälligkeitstermine

---

300) Zumindest dürfte diese letzte Annahme höchstens für Marktteilnehmer verletzt sein, die selbst als Gruppe so unbedeutend wären, daß sie keinen nennenswerten Einfluß auf den Aktienkurs ausüben könnten.

301) Vgl. zur Verringerung von Erhebungs- und Berechnungsfehlern auch die unter I.2 beschriebenen Datenkontrollen sowie den oben gegebenen Hinweis auf die Überprüfung der Korrektheit der Datenverarbeitung.

302) Vgl. hierzu ausführlich IV.2.

303) Dies gilt zumindest, wenn unterstellt wird, daß sich der Vorschlag Bhattacharyas lediglich dadurch vom hier gewählten Ansatz unterscheidet, daß als Referenzpunkte zur Bestimmung der potentiellen Insiderhandelstage die direkt erhobenen Informationsveröffentlichungstermine verwendet werden. Vgl. hierzu ergänzend die weitere Diskussion des Vorschlags von Bhattacharya in diesem Abschnitt.

auch jegliche zeitgleiche Verarbeitung fundamental bedeutsamer Information generell unberücksichtigt ließe. Darüber hinaus sind die bisherigen Untersuchungsergebnisse über den potentiellen Kurseinfluß von Optionsfälligkeitsterminen nicht homogen, und im übrigen existieren kaum Studien für den deutschen Markt[304]. Überprüft man trotzdem für die in dieser Untersuchung selektierten Intervalle mit besonders hoher "abnormal performance", die in der zeitlichen Umgebung eines Fälligkeitstermins liegen, ob ihre kumulierte "abnormal performance" das z.B. von Klemkosky erwartete negative Vorzeichen vor und ein positives Vorzeichen um bzw. nach dem Fälligkeitstermin aufweist[305], so ist das Bild völlig uneinheitlich[306].

Die bisherigen Überlegungen zeigen die beim hier gewählten Ansatz stets latente Gefahr, daß sich unter den selektierten Intervallen mit besonders hoher "abnormal performance" auch solche befinden, die nicht geeignet sind, potentielle Tage für Insiderhandel am Optionsmarkt zu identifizieren, weil die "abnormal performance" gar keine Reaktion auf neue, fundamental bedeutsame Information darstellt[307]. Damit erscheint der von Bhattacharya vorgeschlagene, alternative Ansatz auf den ersten Blick eindeutig überlegen zu sein, da bei ihm das Auftreten fundamentaler Informationen über deren Veröffentlichungstermine direkt beobachtet wird. Bei dieser Einschätzung werden jedoch zwei wichtige Probleme übersehen. Zum einen ist es schwierig zu bestimmen, ab wann eine Information "am Markt" allgemein verbreitet ist. Zum andern ist die Tatsache zu berücksichtigen, daß es nicht auf die Veröffentlichung fundamentaler Information ankommt, sondern vielmehr darauf, daß "der Markt" den Inhalt der berücksichtigten Information nicht bereits erwartet hat. Ein Insider wird ja nicht einfach deshalb tätig, weil er den Veröffentlichungstermin einer Information kennt, sondern er wird immer dann Insiderhandel betreiben, wenn er erwartet, daß die Information eine "vom Markt" nicht antizipierte Kursreaktion auslöst. Würde die Untersuchung generell in einer engen zeitlichen Umgebung um die Veröffentlichungstermine von

---

304) Vgl. zur wahrscheinlich einzigen bisher veröffentlichten Untersuchung für den deutschen Markt die Zusammenfassung unter II.2.3.2.2. Aus Ausmaß und Richtung des dort abgeleiteten Kurseinflusses läßt sich im übrigen kein unmittelbarer Rückschluß auf die jeweils zu erwartende "abnormal performance" in dieser Untersuchung ziehen, da im Gegensatz zur vorliegenden Untersuchung nicht das Marktmodell verwendet wird, sondern absolute Kursveränderungen betrachtet werden; vgl. Lion (1989), insb. S. 267f.

305) Klemkosky verwendet ebenfalls das Marktmodell in seiner Ein-Faktor-Version. Allerdings betrachtet er die "abnormal performance" in der Woche bis zum Optionsverfallstermin und für die Woche danach unter Verwendung einer lediglich wöchentlichen Fristigkeit der Renditen; vgl. Klemkosky (1978), S. 510 - 512. Da in der vorliegenden Untersuchung Tagesrenditen betrachtet werden, können aus Klemkoskys Ergebnissen allenfalls Tendenzen abgeleitet werden. Insbesondere ist nicht klar, an welchem Tag genau mit dem Wechsel des Vorzeichens zu rechnen wäre, falls überhaupt ein abrupter Wechsel stattfindet. Die leider nicht vergleichbare Studie von Lion könnte immerhin als Hinweis gewertet werden, daß der Wechsel bereits vor dem eigentlichen Verfallstag erfolgt.

306) Vgl. hierzu die Übersicht über die selektierten Intervalle mit besonders hoher "abnormal performance" in Anhang V.

307) An dieser Stelle sei noch einmal die zu Beginn dieses Gliederungspunktes getroffene Konvention ins Gedächtnis gerufen. Danach ist in diesem Kapitel, soweit nicht explizit etwas anderes gesagt wird, unter einer Information stets eine Information zu verstehen, die nicht den Gesamtmarkt betrifft.

Informationen auf einen Vorlauf der Optionspreise testen, so bestünde durch den Einbezug einer nicht zu vernachlässigenden Anzahl "kursneutraler" Nachrichten die Gefahr des "Verwaschens" eines möglicherweise tatsächlich bestehenden, auf Insiderhandel am Optionsmarkt zurückzuführenden Vorlaufs[308]. Es ist also entscheidend, unter den veröffentlichten Informationen die herauszufiltern, die für die Kursprognose relevant und "vom Markt" nicht schon z.B. aufgrund früherer Veröffentlichungen antizipiert sind. Zur Identifikation dieser Informationen könnte man sich grundsätzlich zweier unterschiedlicher Verfahren bedienen, wie sie auch bei den Tests auf halbstrenge Informationseffizienz des Aktienmarktes verwendet werden[309].

Das eine Verfahren würde für bestimmte Informationsarten einen Vergleich des veröffentlichten Wertes mit einer aus einem Modell "der Erwartungen des Marktes" ermittelten Größe vornehmen und für die übrigen Informationsarten unterstellen, daß ihr Inhalt für "den Markt" stets überraschend ist[310]. Es kann jedoch nicht davon ausgegangen werden, daß für jede Information, die nicht offensichtlich für "den Markt" eine Überraschung ist, ein Modell "der Erwartungen des Marktes" spezifiziert werden kann, das auch nur annähernd der Realität entspricht[311]. Aber selbst bei Informationsarten, wie etwa Dividendenankündigungen, wo die Verwendung solcher Modelle in empirischen Untersuchungen weit verbreitet ist, bleibt die Schwierigkeit der Modellauswahl, und es besteht stets die Gefahr, aufgrund von Modellungenauigkeiten oder Schätzfehlern Verzerrungen der Testergebnisse zu erhalten. Darüber hinaus könnten sich aus dem Problem, daß nicht eindeutig bestimmt werden kann, ab wann eine Information "öffentlich" ist, weitere Verzerrungen ergeben, da der Ankündigungstermin der Information regelmäßig als Referenzpunkt für die Bestimmung der potentiellen Insiderhandelstage am Optionsmarkt verwendet würde.

Die Schwierigkeiten, die ein formales Modell der "Erwartungen des Marktes" typischerweise mit sich bringt, könnten bei dem zweiten vorzustellenden Verfahren vermieden werden. Dieses betrachtet die erhobenen Nachrichten einfach dann als neu für "den Markt", wenn die ermittelte kumulierte "abnormal performance" am Aktienmarkt in der Zeit um den Veröffentlichungstermin der Nachricht herum einen Betrag aufweist, der größer ist als ein festgelegter Grenzwert[312]. Die Güte dieses Verfahrens steht und fällt jedoch mit der Fähig-

---

308) Vgl. hierzu die große Zahl "neutraler" Nachrichten bei Givoly/Palmon (1985), S. 78 i.V.m. S. 74- 76.

309) Vgl. zur Beschreibung dieser Verfahren auch II.2.2.1.2.

310) Daß der Informationsinhalt eine Überraschung für "den Markt" darstellt, ist jedoch noch nicht ausreichend. Zu ergänzen wäre hier noch, daß nach Bekanntgabe der Information anhand des Informationsinhaltes deren eindeutige Einstufung als positive, negative oder neutrale Nachricht möglich sein müßte.

311) Vgl. ebenso Givoly/Palmon (1985), S. 72.

312) Der Freiheitsgrad bei der Festlegung dieses Grenzwertes sowie die exakte Festlegung der zeitlichen Umgebung um den Veröffentlichungstermin, für die die kumulierte "abnormal performance" bestimmt werden soll, stellen erste Probleme dieses Ansatzes dar. Givoly/Palmon versuchen diese zumindest teilweise zu lösen, indem sie ihre Tests mehrmals mit alternativen Grenzwerten für den Betrag der "abnormal performance" durchführen. Die Aufsummierung der Residuen erfolgt bei ihnen jedoch stets vom

keit, den Zeitpunkt stets exakt zu bestimmen, ab dem eine Information "am Markt" verbreitet ist. Da viele Informationen schon vor offizieller Ankündigung mehr und mehr durchsickern[313], dürfte dies bei weitem nicht bei allen, in ihrer Art oft sehr unterschiedlichen Informationen gelingen. Berücksichtigt man darüber hinaus, daß pro Jahr einige, unter Umständen relativ dicht beisammenliegende Nachrichtenveröffentlichungen in die Untersuchung einzubeziehen sind, so ergibt sich eine Zuordnungsproblematik, die letztendlich ähnliche Auswirkungen haben könnte wie die Problematik des vorliegenden Untersuchungsansatzes. Sind die Bekanntgabezeitpunkte nicht richtig bestimmt, so könnten Intervalle mit "abnormal performance" vernachlässigt werden, obwohl sie die Verarbeitung nicht antizipierter fundamentaler Information widerspiegeln. Ebensogut könnten aber auch Zeitintervalle berücksichtigt werden, die fälschlicherweise einer Informationsveröffentlichung zugeordnet werden.

Wie eingangs bereits erläutert, setzt die Kritik Bhattacharyas an der Studie von Panton an, in der dieselbe Fragestellung wie in der vorliegenden Arbeit untersucht wird und in der ebenfalls lediglich Aktienkurs- und Optionspreiszeitreihen ausgewertet werden[314]. Deshalb soll abschließend noch dargestellt werden, wo im Vergleich zu der vorliegenden Untersuchung die entscheidenden Mängel der Studie von Panton liegen. Panton testet einfach generell auf eine bestehende Korrelation zwischen Optionsfehlbewertungen und nachfolgenden Aktienrenditen[315]. Dabei bestimmt er weder kritische Tage relativ zum Auftreten von "abnormal performance" am Aktienmarkt noch relativ zu Informationsveröffentlichungsterminen, sondern gewichtet vielmehr alle Tage seines nur dreimonatigen Untersuchungszeitraumes gleich. Damit ist die Gefahr sehr groß, daß in diesem besonders kurzen Zeitraum überhaupt nicht viele Tage enthalten sind, an denen Insider potentielle Informationsvorsprünge hätten besitzen können. Aber selbst wenn es solche Tage gibt, führt die gleiche Gewichtung der übrigen Tage dazu, daß ein potentieller, auf Handelsaktivitäten von Insidern beruhender Informationsgehalt der Optionspreise für die zukünftige Aktienkursentwicklung unter Umständen deshalb nicht entdeckt werden kann[316]. Diese Gefahr des "Verwaschens" möglicherweise tatsächlich bestehender Zusammenhänge wird noch dadurch verstärkt, daß Panton keine getrennte Untersuchung zweier Teilhypothesen vornimmt, sondern nach oben und nach unten gerichtete Abweichungen der Kaufoptionspreise von ihren Modellwerten ge-

---

Tag vor Veröffentlichung bis zum fünften Tag nach Veröffentlichung; vgl. Givoly/Palmon (1985), S. 75.

313) Was unter der offiziellen Ankündigung zu verstehen ist, ist natürlich auch nicht immer eindeutig. Amerikanische Untersuchungen wählen als Veröffentlichungstermin z.B. sehr oft die Ankündigung im Wall Street Journal; vgl. hierzu ebenda, S. 72.

314) Vgl. Panton (1976), S. 101 - 113.

315) Vgl. ebenda, S. 111.

316) Auf diese Gefahr des "Verwaschens" wird bei Bhattacharya (1987), S. 3, hingewiesen.

meinsam betrachtet[317]. In der vorliegenden Untersuchung wurde jedoch bereits darauf hingewiesen, daß die Stärke der Neigung der Insider, sich am Kaufoptionsmarkt zu engagieren, davon abhängen dürfte, ob sie Kenntnis von positiver oder negativer Insiderinformation haben[318]. Der Korrelationstest von Panton ist im übrigen auch nicht geeignet zu überprüfen, ob ein potentieller Informationsgehalt der Optionspreise auf der frühzeitigen Verarbeitung von unternehmens- oder unternehmensgruppenspezifischer Information beruht, da die Aktienrendite nicht um Gesamtmarkteinflüsse bereinigt wird[319]. Darüber hinaus verwendet Panton auch noch ein Optionsbewertungsmodell, das lediglich den Aktienkurs und die Optionsrestlaufzeit als wertbeeinflussende Faktoren berücksichtigt[320].

3.3 Beurteilung des Untersuchungsansatzes vor dem Hintergrund der Informationseffizienz

Der vorliegende Untersuchungsansatz läßt sich innerhalb der Systematik, die für die Tests auf Informationseffizienz mit Berücksichtigung der Existenz von Optionsmärkten erstellt wurde[321], in die dritte Testgruppe einordnen. Grundsätzliches Kennzeichen der Untersuchungen dieser Gruppe ist gerade die in dieser Arbeit ebenfalls gewählte, kombinierte Auswertung der Kurszeitreihen von Aktien- und Optionsmarkt. Darüber hinaus liegt der vorliegenden Untersuchung eine Spezifizierung der in dieser Gruppe am häufigsten untersuchten Hypothese zugrunde. Diese Hypothese unterstellt, daß der Optionsmarkt Informationen zeitlich vor dem Aktienmarkt verarbeitet und daß Optionspreise deshalb Informationsgehalt in bezug auf Richtung und relatives Ausmaß zukünftiger abnormaler Aktienkursänderungen besitzen. In der vorliegenden Arbeit wird allerdings lediglich untersucht, ob die Wahrscheinlichkeit für das Auftreten ausgeprägter relativer Überbewertungen (Unterbewertungen) am Kaufoptionsmarkt im Vorfeld ausgeprägter positiver (negativer) "abnormal performance" am Markt der jeweils zugehörigen Aktie größer ist als an sonstigen Tagen[322]. Es wird somit insbesondere zusätzlich keinerlei Handelsstrategie implementiert, die allein Aufschluß darüber geben könnte, ob ein potentieller Zusammenhang zwischen Optionsfehlbewertungen und nachfolgender "abnormal performance" nach Abzug aller Transaktionskosten zur Erzielung systematischer Überrenditen genutzt werden könnte. Damit liegt in dieser

317) Vgl. die vorletzte Fußnote.

318) Vgl. hierzu II.1.3.2 sowie ausführlich V.1.

319) Vgl. hierzu Panton (1976), S. 111.

320) Vgl. hierzu die ausführlichen Erläuterungen in Gliederungspunkt II.2.2.3.3.

321) Vgl. hierzu II.2.2.3.

322) Vgl. zur genauen Spezifikation der ausgeprägten relativen Fehlbewertungen Gliederungspunkt V.2.2.3. Vgl. zu den genauen Selektionskriterien für die Intervalle mit betragsmäßig besonders hoher "abnormal performance" Gliederungspunkt IV.4.

Untersuchung kein direkter Test auf Informationseffizienz vor; die Arbeit gehört insofern zu den Ausnahmefällen der dritten Testgruppe.

Allerdings scheint es zumindest auf den ersten Blick recht einfach zu sein, die Untersuchung durch die Implementierung einer Handelsregel zu ergänzen, deren Ausgestaltung die Hypothese dieser Arbeit unmittelbar nahelegt. Damit gilt aber auch, daß die Testergebnisse dieses Ansatzes auch ohne Untersuchung einer kurzfristig orientierten Handelsstrategie bis zu einem gewissen Grad bereits erste Hinweise darauf geben könnten, ob es überhaupt noch lohnend erscheint, zusätzlich durch Implementierung einer solchen Strategie auf Informationseffizienz zu testen.

Die durch die Hypothese der Untersuchung unmittelbar nahegelegte Handelsregel wäre dabei folgende: Kauf bzw. Verkauf der Aktien, die den jeweiligen Kaufoptionen zugrunde liegen, sobald verstärkt ausgeprägte relative Optionsfehlbewertungen auftreten, und Verkauf bzw. Rückkauf der betreffenden Aktien einige Zeit später. Da der Handel allein durch die Auswertung bekannter Kursinformationen ausgelöst würde, entspräche dies einem Test der Informationseffizienzhypothese in ihrer schwachen Form für den Aktienmarkt.

Allerdings würde die Implementierung der beschriebenen Handelsregel ein gravierendes Problem aufwerfen, das darin bestünde, daß die vorliegende Untersuchung eine reine ex post-Betrachtung darstellt und somit nicht die Signale ermittelt, die für die Auslösung der jeweiligen Strategie benötigt würden. Während für die Klärung der primären Fragestellung dieser Arbeit eine solche Betrachtung ausreichend ist, würde die Implementierung einer aussagekräftigen Handelsregel zusätzliche Modifikationen erfordern. Wie insbesondere unter Gliederungspunkt II.2.2.2 und II.2.2.4 dargelegt, bedingt ein Test auf schwache Informationseffizienz stets die Verwendung einer ex ante-Strategie[323]. Im vorliegenden Zusammenhang bedeutet dies, daß es möglich sein muß, ausschließlich anhand des Vergleichs der zu beurteilenden Preisabweichungen von den jeweiligen Black/Scholes-Werten mit der Größe und Häufigkeit bereits zuvor realisierter Abweichungen zu erkennen, wann ein verstärktes Auftreten ausgeprägter relativer Fehlbewertungen vorliegt. In dieser Untersuchung werden hingegen die Abweichungen des jeweils laufenden Untersuchungsjahres als Vergleichsbasis herangezogen[324]. Ob ein ex post aufgedeckter Zusammenhang tatsächlich auf mögliche Ineffizienz hindeutet, hängt neben den gesamten Kosten der Initiierung und Durchführung einer Handelsstrategie also auch davon ab, ob ein solcher Zusammenhang auch zwischen ex ante als herausragend klassifizierbaren Fehlbewertungen und nachfolgender "abnormal performance" besteht. Die dargestellte Interpretationsmöglichkeit der Testergebnisse ist insofern stark einzuschränken.

---

323) Vgl. in diesem Zusammenhang insbesondere auch die Klassifizierung einer ex post-Strategie als sogenanntes "nonoperational system" bei Sharpe (1985), S. 603f.

324) Vgl. Gliederungspunkt V.2.2.3.

Sollten die Testergebnisse dieser Untersuchung Indizien für ein bevorzugtes Agieren von Insidern am Kaufoptionsmarkt erbringen, so könnte dieses Resultat gleichzeitig auch als erster Hinweis dafür interpretiert werden, daß die Informationseffizienzhypothese in ihrer strengen Form für den Kaufoptionsmarkt möglicherweise verletzt ist. Denn Insider werden vermutlich nur dann von einer langfristig ausgerichteten Strategie eines wohldiversifizierten Portfolios abweichen und verstärkt kurzfristig ausgerichtete Optionstransaktionen vornehmen, wenn sie erwarten, dadurch im Durchschnitt Überrenditen zu realisieren. Diese Vermutung ließe sich testen, indem der vorliegende Untersuchungsansatz durch die Implementierung einer einfachen Strategie ergänzt würde, die den Kauf bzw. Verkauf von Kaufoptionen während der Intervalle mit ausgeprägten relativen Optionsfehlbewertungen und eine spätere Glattstellung dieser Positionen vorsieht. Allerdings müßte zur Identifizierung einer potentiell erzielbaren Überrendite entweder ein Optionsmarktmodell entwickelt oder jeweils eine Kontrollgruppe von Optionen definiert werden[325]. Der Vergleich mit einer Kontrollgruppe dürfte im vorliegenden Zusammenhang allerdings keine tatsächlich implementierbare Möglichkeit darstellen. Er würde nämlich erfordern, daß für jedes der pro Aktie selektierten Intervalle mit hoher "abnormal performance" eine Gruppe von Optionen zu finden ist, deren zugrunde liegende Aktien in den jeweiligen Intervallen keine "abnormal performance" aufweisen. Außerdem müßten die Optionen der Gruppe auch noch mit der Option der jeweils gerade betrachteten Aktie zumindest bezüglich der wesentlichen bewertungsrelevanten Faktoren vergleichbar sein. Im übrigen wäre auch denkbar, alternativ bzw. zusätzlich zu der Ergänzung des Testansatzes der vorliegenden Untersuchung unmittelbar Veröffentlichungstermine derartiger fundamentaler Unternehmensinformationen zu erheben, die ihrer Art nach besonders geeignet zur Auslösung von Insiderhandel erscheinen. Für Zeiträume vor diesen Terminen könnte dann jeweils ebenfalls die oben beschriebene Strategie implementiert und auf potentielle Erzielung von Überrenditen getestet werden.

325) Vgl. zu den dabei auftretenden Problemen II.2.2.4 sowie zur Verwendung einer Kontrollgruppe von Optionen die Beschreibung der Untersuchung von Powell unter II.2.2.3.1.

III. DER AKTIENOPTIONSMARKT

1. Das börsenmäßige Optionsgeschäft in Deutschland in den Jahren 1983 - 1987

Der deutsche Handel in Aktienoptionen ist im Januar 1990 mit der Eröffnung der vollelektronischen Deutschen Terminbörse (DTB) in Frankfurt in vieler Hinsicht modifiziert worden. Mit der Einrichtung der DTB war auch eine Reform der Bestimmungen des Börsengesetzes für Börsentermingeschäfte und eine schrittweise Ausweitung der verfügbaren Instrumente im deutschen Börsenterminhandel verbunden. Im folgenden sollen jedoch unabhängig von diesen neueren Entwicklungen ausschließlich die Bedingungen beschrieben werden, die für die während des hier gewählten Untersuchungszeitraums vom 01. April 1983 bis zum 31. Dezember 1987 an der Frankfurter Wertpapierbörse abgeschlossenen Optionsgeschäfte Gültigkeit besaßen. Damit wird insbesondere auch nicht auf die derzeit gültigen Fassungen der Gesetze, Verordnungen und sonstigen für die Regelung des Optionshandels relevanten Vorschriften zurückgegriffen.

1.1 Grundstruktur und Terminologie des Aktienoptionsgeschäftes

Grundsätzlich können zwei Arten von Optionsgeschäften unterschieden werden[1]:

Bei einer Kaufoption erwirbt der Käufer der Option das Recht, jederzeit während der Laufzeit der Option (Optionsfrist) eine vorgegebene Anzahl von Aktien einer bestimmten, zum Optionshandel zugelassenen Aktienart (Optionspapiere) vom Optionsverkäufer (Stillhalter in Aktien) zu einem im voraus vereinbarten Preis (Basispreis bzw. Ausübungspreis) zu beziehen. Um dieses Recht zu erwerben, hat der Optionskäufer im Zeitpunkt des Kaufs der Option einen Preis (Optionspreis bzw. Optionsprämie) zu entrichten.

Bei einer Verkaufsoption hingegen erwirbt der Optionskäufer durch Entrichtung des Optionspreises an den Optionsverkäufer (Stillhalter in Geld) das Recht, von diesem bis zur Fälligkeit der Option jederzeit die Abnahme einer bestimmten Anzahl vorher festgelegter Optionspapiere zum Basispreis zu verlangen.

Bei beiden Optionsarten hat der Käufer der Option drei Handlungsalternativen. Er kann sein Recht während der gesamten Laufzeit der Option jederzeit wahrnehmen, d.h. er kann die Option ausüben. Stattdessen steht es ihm aber ebenso frei, die Option am Fälligkeitstag verfallen zu lassen. Des weiteren besteht schließlich noch die Möglichkeit, daß er das Recht aus

---

1) Vgl. § 3 der Besonderen Bedingungen für Optionsgeschäfte an den deutschen Wertpapierbörsen in der ab 01. April 1983 oder ab 01. April 1987 geltenden Fassung.

der Option vor Ablauf der Optionsfrist auf einen anderen Käufer überträgt[2]. Da Optionen somit nicht nur einmal begründet, sondern von ihren Käufern weiterveräußert werden können, unterscheidet man auf dem Optionsmarkt einen Erst- und Zweitmarkt (Primär- und Sekundärmarkt). Stillhalter in Aktien bzw. in Geld haben jedoch im Gegensatz zu Optionskäufern zumindest nach deutschem Recht im untersuchten Marktsegment keinerlei börsenmäßig organisierte Möglichkeit, sich vorzeitig unmittelbar aus ihrer bedingten Verpflichtung gegenüber dem Optionskäufer zu lösen[3].

Bei den bisher beschriebenen Optionen handelt es sich ausschließlich um amerikanische Optionen. Diese sind dadurch gekennzeichnet, daß der Optionskäufer während der gesamten Laufzeit bis zum Fälligkeitstag die Option jederzeit ausüben kann. Im Gegensatz dazu hätte er dieses Recht bei europäischen Optionen lediglich am Fälligkeitstag[4]. Die hier untersuchten Aktienoptionen sind jedoch durchweg vom amerikanischen Typ.

Häufig verwendet werden im folgenden insbesondere auch die Begriffe der in-, at- und out-of-the-money Optionen. Eine Kaufoption wird als in-the-money bezeichnet, wenn der Aktienkurs über dem Basispreis liegt, und entsprechend als out-of-the-money, wenn das umgekehrte Größenverhältnis zwischen Aktienkurs und Basispreis gilt. Stimmen beide Preise überein, so ist die Option at-the-money. Während letztere Erklärung in gleicher Weise für Verkaufsoptionen Gültigkeit besitzt, ist eine in-the-money Verkaufsoption gerade durch einen unter dem Basispreis liegenden Aktienkurs gekennzeichnet und eine out-of-the-money Verkaufsoption folglich durch einen über dem Basispreis liegenden Aktienkurs[5].

Da mit einer Option für den Käufer das Recht, aber nicht die Pflicht verbunden ist, diese bis zum Fälligkeitstag auszuüben, bezeichnet man Optionsgeschäfte auch als Termingeschäfte im weiteren Sinne bzw. als bedingte Termingeschäfte. Demgegenüber sind die Termingeschäfte im engeren Sinne bzw. die festen Termingeschäfte dadurch gekennzeichnet, daß der Terminkäufer zur Erfüllung oder Glattstellung des Kontrakts gezwungen ist[6].

---

2) Im Untersuchungszeitraum ist der letzte zugelassene Handelstag allerdings der dritte Börsentag vor dem Fälligkeitstag der Option. Vgl. § 6 ebenda.

3) Vgl. hierzu Müller/Steuer (1987), S. 20.

4) Vgl. hierzu die Definitionen bei Cox/Rubinstein (1985), S. 21.

5) Vgl. hierzu Müller/Steuer (1987), S. 20. Dort wird der Aktienkurs in den entsprechenden Definitionen als Kassakurs spezifiziert. Da in dieser Untersuchung mit dem für den ersten Aktienhandel nach Beginn der Börsensitzung festgelegten Kurs gearbeitet wird, wird dieser im folgenden als Referenzpunkt zum Vergleich mit dem Basispreis gewählt.

6) Vgl. zur Unterscheidung in feste und bedingte Termingeschäfte Lingner (1987), S. 3.

1.2 Entwicklung und Kennzahlen des Aktienoptionshandels in Deutschland

Der Börsenterminhandel in Wertpapieren wurde in Deutschland im Jahr 1931 aufgrund der vorübergehenden Schließung der deutschen Wertpapierbörsen als Folge der Weltwirtschaftskrise völlig eingestellt. Erst 1970 erfolgte seine Wiederaufnahme, die allerdings zuerst ausschließlich den Aktienoptionshandel betraf[7]. 1986 wurde zwar eine Ausdehnung des börsenmäßigen Optionshandels auf festverzinsliche Wertpapiere vorgenommen, ein funktionsfähiger Markt kam hier jedoch an den Präsenzbörsen nie zustande[8].

Die Beschränkung dieser Untersuchung auf die an der Frankfurter Wertpapierbörse abgeschlossenen Optionsgeschäfte auf Aktien läßt sich dadurch rechtfertigen, daß der Umfang des Optionshandels an den übrigen deutschen Börsen vergleichsweise sehr gering war. So wurden z.B. 1987 über 90% aller an deutschen Börsen neu abgeschlossenen Optionsgeschäfte auf Aktien an der Frankfurter Wertpapierbörse getätigt[9]. Ende 1987 waren dort 48 Aktien inländischer und 12 Aktien ausländischer Gesellschaften zum Optionshandel zugelassen[10]. Die Beschränkung der Untersuchung auf den Kaufoptionsmarkt läßt sich demgegenüber dadurch begründen, daß am Verkaufsoptionsmarkt vergleichsweise nur sehr wenig Umsätze getätigt wurden. So erreichte der Umfang des Optionshandels auf dem Erstmarkt für Verkaufsoptionen selbst 1985, dem insoweit unerreichten "Rekordjahr" des Untersuchungszeitraums, nur ca. 30% des zur gleichen Zeit bei den Kaufoptionen erzielten Umfangs. Am Sekundärmarkt betrug das im Jahr 1986 erzielte Umsatzmaximum bei den Verkaufsoptionen noch nicht einmal 21% des entsprechenden Umsatzes bei den Kaufoptionen im selben Jahr[11]. Im übrigen erfordert die Begrenzung des Datenerfassungs-, Datenkontroll- und -verarbeitungsaufwandes notwendigerweise eine Beschränkung der Stichprobe. Auch die Vernachlässigung der Zeit vor dem 01. April 1983 erscheint aus zwei Gründen vernünftig. Zum einen gilt hier, wie auch bei der Begründung der Einschränkung des sachlichen Umfangs, daß beschränkte Ressourcen naturgemäß eine Begrenzung des Untersuchungszeitraums erfordern. Zum andern erfolgte in Deutschland vor dem 01. April 1983 aufgrund der mangelnden Vergleichbarkeit der Abschlüsse allenfalls ausnahmsweise ein Sekundärhandel von Aktienoptionen an der Börse[12]. Im internationalen Vergleich muß allerdings auch während des Untersuchungszeitraums der Aktienoptionshandel in Deutschland noch als Stiefkind des deutschen Börsenhandels angesehen werden, was nicht zuletzt

7) Vgl. hierzu Welcker/Kloy (1988), S. 13.

8) Vgl. z.B. Arbeitsgemeinschaft der deutschen Wertpapierbörsen, Jahresbericht 1987, S. 42.

9) Vgl. Frankfurter Wertpapierbörse (1988), Börsenstatistik 1987, S. 35.

10) Vgl. Arbeitsgemeinschaft der deutschen Wertpapierbörsen, Jahresbericht 1987, S. 42.

11) Die Prozentsätze beziehen sich dabei ausschließlich auf die Umsätze an der Frankfurter Wertpapierbörse. Die Daten zu ihrer Berechnung sind entnommen aus: Frankfurter Wertpapierbörse (1990b), Börsenstatistik 1989, S. 37f.

12) Vgl. hierzu Frankfurter Wertpapierbörse, Jahresbericht 1983, S. 20.

auf während dieser Zeit noch bestehende, restriktive rechtliche Rahmenbedingungen zurückzuführen ist[13].

Die folgenden Tabellen geben einen Überblick über das Umsatzvolumen auf dem Kaufoptionsmarkt an der Frankfurter Wertpapierbörse während des Untersuchungszeitraums:

	Erstmarkt: Neuabschlüsse von Kaufoptionen		Zweitmarkt:[14] Übertragung von Kaufoptionen		Erst- u. Zweitmarkt[15] insgesamt:	
	Kontrakt-zahl	erfaßte Aktien	Kontrakt-zahl	erfaßte Aktien	Kontrakt-zahl	erfaßte Aktien
1983	145 121	7 646 551	27 562	1 401 175	172 683	9 047 726
1984	157 797	8 489 925	53 790	2 786 075	211 587	11 276 000
1985	354 483	19 236 000	239 758	12 280 250	594 241	31 516 250
1986	418 576	23 408 300	200 140	10 402 450	618 716	33 810 750
1987	313 606	16 652 400	150 048	7 923 550	463 654	24 575 950

Tabelle 3.1[16]

Erstmarkt - Neuabschlüsse von Kaufoptionen

	Kontraktzahl, davon abgeschlossen zum	nächsten	übernächsten	letzten Verfallstermin
1983[17]	111 039	26%	42%	32%
1984	157 797	32%	44%	24%
1985	354 483	25%	43%	32%
1986	418 576	34,7%	42,2%	23,1%
1987	313 606	33,5%	38,6%	27,9%

Tabelle 3.2[18]

13) Vgl. hierzu z.B. Müller/Steuer (1987), S. 5.

14) Die Optionsgeschäfte des Zweitmarktes sind im Jahr 1983 erst ab dem 01. April 1983 in die Betrachtung einbezogen.

15) Vgl. die vorhergehende Fußnote.

16) Vgl. Frankfurter Wertpapierbörse (1990b), Börsenstatistik 1989, S. 37ff. Die Tabelle enthält Auszüge aus mehreren, dort angegebenen Statistiken.

17) Die Angaben für 1983 beziehen sich auf die seit dem 01. April 1983 nach den neuen Bedingungen abgeschlossenen Optionsgeschäfte.

18) Die Angaben sind jeweils entnommen aus: Jahresberichte der Frankfurter Wertpapierbörse, Jahrgänge 1983 - 1986, Kapitel zum Optionshandel. Die Angaben für 1987 sind entnommen aus: Arbeitsgemeinschaft der Deutschen Wertpapierbörsen, Jahresbericht 1987, S. 41.

1.3 Die wesentlichen Bedingungen für Optionsgeschäfte in Aktien

1.3.1 Überblick über die rechtlichen Grundlagen

Die gesetzliche Grundlage für den Aktienoptionshandel in Deutschland bildet das Börsengesetz (BörsG), das in seinem IV. Abschnitt (§§ 50 - 70) Börsentermingeschäfte eingrenzt und deren Wirksamkeit regelt.

Die terminrechtlichen Vorschriften des Börsengesetzes werden im hier untersuchten Marktsegment durch die von den einzelnen Wertpapierbörsen erlassenen Börsenordnungen (BörsO) und die Besonderen Bedingungen für Optionsgeschäfte an den deutschen Wertpapierbörsen ergänzt[19]. Während die Börsenordnungen z.B. die Einzelheiten der Zulassung von Wertpapieren zum Börsenterminhandel regeln, befassen sich die Besonderen Bedingungen für Optionsgeschäfte an den deutschen Wertpapierbörsen mit den Modalitäten und Bedingungen der Durchführung des Optionshandels. So regeln sie z.B. die Standardisierung der Basispreise und Optionslaufzeiten sowie die Berücksichtigung von während der Laufzeit anfallenden Nebenrechten. Nach § 2 dieser Besonderen Bedingungen für Optionsgeschäfte an den deutschen Wertpapierbörsen ist zum Abschluß von Optionsgeschäften nur zugelassen, wer von der Lombardkasse AG bzw. Liquidationskasse AG als Teilnehmer anerkannt ist. Die Voraussetzungen für diese Anerkennung sowie die von den Teilnehmern zu stellenden Sicherheiten und die Modalitäten der Gewährleistung durch diese Kasse sind in den Geschäftsbedingungen der Kasse, dem sogenannten Regulativ der Lombardkasse AG für den Optionshandel, festgelegt[20].

Soweit in den bisher genannten besonderen Vorschriften für den Börsentermin- bzw. Wertpapieroptionshandel keine abweichenden Regelungen getroffen sind, gelten für den Optionshandel auch die allgemeinen Vorschriften für den Börsenhandel, insbesondere die übrigen Abschnitte des Börsengesetzes und der Börsenordnungen sowie die Bedingungen für Geschäfte an den deutschen Wertpapierbörsen, die im übrigen noch über einen speziellen Anhang zu Optionsgeschäften verfügen.

Alle aufgeführten Vorschriften besitzen zuerst einmal nur für die sogenannten "Innengeschäfte" des Optionshandels Gültigkeit. Dazu werden alle Kontrakte gerechnet, die an der Börse zwischen zum Terminhandel zugelassenen Börsenteilnehmern abgeschlossen werden.

---

19) Dies gilt im Grundsatz auch für die DTB, für die ebenfalls eine Börsenordnung existiert. Die Besonderen Bedingungen für Optionsgeschäfte an den deutschen Wertpapierbörsen sind hier allerdings durch die Handelsbedingungen der DTB ersetzt, die im übrigen grundlegend von den hier interessierenden Regelungen an den Präsenzbörsen abweichen.

20) Ein genaues Äquivalent zur Lombardkasse AG existiert für die DTB nicht. Die Gewährleistung wird hier durch die DTB-GmbH, die unter anderem auch als Clearing-Stelle fungiert, übernommen. Die Bedingungen des an der DTB implementierten Clearing-Systems sind in den Clearing-Bedingungen der DTB enthalten.

Die sogenannten "Börsenaußengeschäfte" hingegen betreffen die Optionsverträge zwischen Bank bzw. Wertpapierhändler und Kunde und werden nicht an der Börse getätigt[21]. In der Regel wird die Bank, die gegenüber ihren Kunden stets als Eigenhändler auftritt, allerdings jeweils ein deckungsgleiches Gegengeschäft an der Börse abschließen. Für die vertraglichen Ansprüche der Kunden an ihre Bank gelten in erster Linie die von den Kreditinstituten herausgegebenen Sonderbedingungen für Optionsgeschäfte sowie ergänzend die Allgemeinen Geschäftsbedingungen der Bank. Es finden aber auch die oben erwähnten, von den Wertpapierbörsen festgesetzten Besonderen Bedingungen für Optionsgeschäfte Anwendung, soweit diese nicht den Regelungen der Sonderbedingungen widersprechen[22]. Außerdem folgt aus § 60 BörsG, daß die Vorschriften über die Verbindlichkeit bzw. Wirksamkeit von Börsentermingeschäften auch auf das Verhältnis zwischen Bank und Privatkunde anwendbar sind[23]. Das Regulativ der Lombardkasse AG ist hingegen für die Regelung dieses Verhältnisses irrelevant, da sich die Gewährleistung der Kasse nur auf den Optionshandel an der Börse erstreckt[24].

1.3.2 Standardisierung der Basispreise und Optionslaufzeiten

Bei der kontinuierlichen Weiterentwicklung der Vorschriften für den Optionshandel wurde insbesondere eine Reduzierung der Optionsgattungen durch zunehmende Standardisierung der Basispreise und Optionsfälligkeiten angestrebt. Von der damit verbundenen Erhöhung der Markttransparenz versprach man sich eine Intensivierung des Sekundärhandels in Aktienoptionen[25].

Am 01. April 1978 wurde eine erste Standardisierung der Optionsfälligkeitstermine vorgenommen. Fortan konnten Optionen nur noch zum 05., 15. oder 25. eines Kalendermonats auslaufen[26]. Am 01. April 1983 erfolgte dann eine weitere drastische Reduzierung der Optionsfälligkeitstage auf nur mehr vier Termine pro Jahr. Dabei handelt es sich jeweils um den 15. Tag der Monate Januar, April, Juli und Oktober. Darüber hinaus wurde festgelegt, daß bei Neuabschlüssen jeweils nur unter drei der grundsätzlich möglichen vier Fällig-

---

21) Zu den Begriffen "(Börsen)außen- und -innengeschäfte" vgl. Engel (1986), S. 278, Rz 32, sowie Franke/Röhr (1976), S. 1208.

22) Vgl. zu den Ausführungen bis zu dieser Stelle des Absatzes Müller/Steuer (1987), S. 17f., i.V.m. den Sonderbedingungen für Optionsgeschäfte, die ebenda, S. 46 - 49, abgedruckt sind.

23) Dieser Paragraph blieb auch bei der letzten Gesetzesänderung am 11. Juli 1989 unverändert.

24) Vgl. § 12 Abs. 1 i.V.m. § 1 Abs. 1 und Abs. 2 des Regulativs der Lombardkasse AG für den Optionshandel in der Fassung vom 01. April 1986.

25) Vgl. Müller/Steuer (1987), S. 5.

26) Vgl. § 5 der Besonderen Bedingungen für Optionsgeschäfte an den deutschen Wertpapierbörsen in der ab 01. April 1978 geltenden Fassung.

keitstermine gewählt werden kann, wobei die jeweils zulässigen drei Termine zu den folgenden drei Quartalen gehören müssen. Die kürzeste Laufzeit einer neu begründeten Option beträgt somit in der Regel 15 Tage und die längste Laufzeit 9 Monate und 15 Tage. Die Laufzeit kann sich allerdings, wenn der Fälligkeitstermin nicht auf einen Börsentag fällt, ausnahmsweise bis zum nächsten Börsentag verlängern[27]. Diese Regelungen besitzen während des gesamten Untersuchungszeitraums unverändert Gültigkeit.

Mit Ausnahme der ersten 15 Tage der vier Monate, die mögliche Verfallstermine enthalten, können an jedem sonstigen Tag des Jahres nur Optionen mit drei unterschiedlichen Fälligkeitsterminen im Umlauf sein. Die Optionen mit der jeweils kürzesten Restlaufzeit sollen im folgenden als 3-Monats-Optionen, die mit der mittleren Restlaufzeit als 6-Monats-Optionen und die mit der längsten Restlaufzeit als 9-Monats-Optionen bezeichnet werden. Zur Durchführung dieser Einteilung dürfen allerdings an den oben erwähnten Ausnahmetagen mit vier möglichen Verfallsterminen bereits begründeter Optionen jeweils die Optionen nicht berücksichtigt werden, die noch im gleichen Monat fällig werden[28].

Während den Vertragsparteien beim Neuabschluß einer Option vor dem 01. April 1983 die Wahl des Basispreises völlig freigestellt war, wurde zu diesem Datum eine erste Standardisierung der Ausübungspreise beschlossen. Fortan mußten Basispreise bis einschließlich 30 DM ein Vielfaches von 2,50 DM, Basispreise von 30 DM bis einschließlich 100 DM ein Vielfaches von 5 DM und Basispreise ab 100 DM ein Vielfaches von 10 DM sein[29]. Zum 01. April 1987 wurde diese Standardisierung noch verstärkt, indem auch die Basispreise über 100 DM in weitere Gruppen unterteilt wurden. Ab diesem Zeitpunkt gilt die Regel, daß der Basispreis durch 10 teilbar sein muß, nur mehr für Basispreise von 100 DM bis einschließlich 200 DM. Basispreise von 200 DM bis einschließlich 500 DM müssen hingegen durch 20, Basispreise von 500 DM bis einschließlich 1000 DM durch 50 und Basispreise über 1000 DM durch 100 teilbar sein[30]. Innerhalb der Gruppe der nach dieser Vorschrift möglichen Basispreise ist die Wahl jedoch noch weiter eingeschränkt, da bei Neuabschluß einer Option nur mehr Basispreise zulässig sind, die nach oben oder unten um maximal drei Basispreisgruppen vom letzten amtlichen Kurs des Optionspapiers an der Frankfurter Wert-

---

27) Vgl. § 5 der Besonderen Bedingungen für Optionsgeschäfte an den deutschen Wertpapierbörsen in der ab 01. April 1983 bzw. ab 01. April 1987 geltenden Fassung. Bei letzterer Fassung betrifft § 5 Abs. 3 allerdings nicht den Aktienoptionshandel. Eine gleichlautende Vorschrift findet sich in den Sonderbedingungen für Optionsgeschäfte.

28) Die Daten dieser Optionen wurden erst ab dem zweiten Quartal 1986 erhoben, da ihre Preise zuvor in der Börsen-Zeitung nicht veröffentlicht wurden. Sie werden deshalb im folgenden bei der Durchführung der statistischen Tests nicht mitberücksichtigt.

29) Vgl. § 4 Abs. 2 der Besonderen Bedingungen für Optionsgeschäfte an den deutschen Wertpapierbörsen in der ab 01. April 1983 geltenden Fassung.

30) Vgl. § 4 Abs. 2 der Besonderen Bedingungen für Optionsgeschäfte an den deutschen Wertpapierbörsen in der ab 01. April 1987 geltenden Fassung sowie die gleichlautende Vorschrift in den Sonderbedingungen für Optionsgeschäfte.

papierbörse am Vortag der Auftragserteilung abweichen[31]. Durch diese Vorschrift sollen sogenannte "Mondpreise" vermieden werden. Abweichend von dieser Regel dürfen als Basispreise für Optionen mit einem bestimmten Fälligkeitszeitpunkt aber auch Beträge gewählt werden, die zwar nach der aktuellen Kurssituation des Optionspapiers nicht mehr innerhalb der erlaubten Spanne liegen, die aber für eben diesen Fälligkeitstermin vorher schon einmal zulässigerweise hätten vereinbart werden können[32].

1.3.3 Mindestschluß und Optionspreisfeststellung

§ 4 Abs. 1 der Besonderen Bedingungen für Optionsgeschäfte an den deutschen Wertpapierbörsen bestimmt, daß jedes Optionsgeschäft über Aktien über einen variablen Mindestschluß abzuschließen ist[33]. Dieser liegt bei Optionen auf Aktien inländischer Gesellschaften in der Regel bei 50 Stück, bei ausländischen Gesellschaften in der Regel bei 100 Stück[34]. Für die Optionspreise ist in § 4 Abs. 2 bzw. § 4 Abs. 3 der Besonderen Bedingungen für Optionsgeschäfte an den deutschen Wertpapierbörsen geregelt, daß sie in Spannen von 0,05 DM angegeben werden müssen[35].

1.3.4 Die Behandlung von Nebenrechten

Bis zum 01. April 1987 ermäßigte sich bei während der Laufzeit der Option anfallenden Dividenden oder sonstigen Barausschüttungen der Basispreis um den Betrag der Bruttoausschüttung[36], sofern die Option nicht vor dem "ex Tag" ausgeübt wurde. Einzig Quartalsdi-

---

31) Vgl. § 4 Abs. 4 der Besonderen Bedingungen für Optionsgeschäfte an den deutschen Wertpapierbörsen in der ab 01. April 1987 geltenden Fassung sowie die gleichlautende Vorschrift in den Sonderbedingungen für Optionsgeschäfte.

32) Vgl. ebenda.

33) Vgl. § 4 Abs. 1 der Besonderen Bedingungen für Optionsgeschäfte an den deutschen Wertpapierbörsen in der ab 01. April 1983 bzw. ab 01. April 1987 geltenden Fassung.

34) Vgl. hierzu Müller/Steuer (1987), S. 16.

35) Vgl. § 4 Abs. 3 der Besonderen Bedingungen für Optionsgeschäfte an den deutschen Wertpapierbörsen in der ab 01. April 1983 geltenden Fassung bzw. § 4 Abs. 2 der Besonderen Bedingungen für Optionsgeschäfte an den deutschen Wertpapierbörsen in der ab 01. April 1987 geltenden Fassung.

36) Unter dem in den Besonderen Bedingungen für Optionsgeschäfte an den deutschen Wertpapierbörsen in diesem Zusammenhang verwendeten Begriff der Bruttoausschüttung ist dabei der Ausschüttungsbetrag zu verstehen, der bereits der Ausschüttungsbelastung mit Körperschaftsteuer unterlegen hat, von dem jedoch noch keine Einkommen- bzw. Kapitalertragsteuer abgezogen ist. Es handelt sich somit um die deklarierte Dividende vor Einkommen- bzw. Kapitalertragsteuer, aber ohne Körperschaftsteuergutschrift.

videnden auf ausländische Aktien waren von dieser Vorschrift ausgenommen[37]. Seit dem 01. April 1987 gilt eine stark modifizierte Regelung, die insbesondere im Fall von Dividenden und Boni keinen Dividendenschutz mehr vorsieht. Fallen während der Laufzeit der Option Dividenden oder Boni an, so findet folglich generell keine Berichtigung des Basispreises mehr statt. Bei sonstigen Barausschüttungen wird zwar, falls die Option nicht vor dem "ex Tag" ausgeübt wird, entsprechend dem bisherigen Modus ein Abschlag vom Basispreis vorgenommen; der sich daraus ergebende Betrag wird jedoch auf einen zulässigen Basispreis gerundet. Dabei wird der Betrag aufgerundet, wenn er über oder auf der rechnerischen Mitte zwischen zwei zulässigen Basispreisen liegt; er wird abgerundet, wenn er unter der rechnerischen Mitte liegt[38]. Diese Rundungsregel vermeidet im Gegensatz zu der früheren, einfachen Abschlagsregelung das Auftreten "gebrochener" Basispreise. Das konsequente Vorantreiben der Standardisierung der Ausübungspreise dient der weiteren Erleichterung des Sekundärhandels[39]. Zu berücksichtigen ist allerdings, daß die Änderung der Regelung über die Behandlung von Ausschüttungen zwar zum 01. April 1987 in Kraft trat, daß jedoch eine Übergangsregelung mit zeitlich versetzter Einführung der Neuerung zu beachten war. Danach galt erstmals für alle Optionen mit Laufzeitende im Jahr 1988 die neue Regelung; Optionen mit Laufzeitende am 15. April, 15. Juli oder 15. Oktober 1987 unterlagen hingegen noch der alten Abschlagsregelung. Dies galt selbst dann, wenn diese Optionen erst nach dem 01. April 1987 begründet worden waren[40].

Die Auswirkung von Bezugsrechten, die während der Laufzeit einer Option gewährt werden, ist während des gesamten Untersuchungszeitraums insoweit unverändert geblieben, als Bezugsrechte stets mitgeliefert werden müssen, wenn die Option bis zu einem vorgegebenen Zeitpunkt ausgeübt wird, und stets ein Abschlag vom Basispreis erfolgt, wenn die Ausübung nach diesem Zeitpunkt stattfindet. Die Vorgabe dieses Zeitpunktes sowie die Vornahme des Abschlags haben sich jedoch zum 01. April 1987 geändert. Während vor dem 01. April 1987 die zum Bezug berechtigenden Ausweise immer dann mitzuliefern waren, wenn die Option spätestens am drittletzten Handelstag der Frist für den Handel des Bezugsrechtes ausgeübt wurde[41], müssen sie seitdem nur noch mitgeliefert werden, wenn die Option vor dem ersten Handelstag der Bezugsrechte ausgeübt wird[42]. Soweit die Bezugsrechte nicht

37) Vgl. § 10 der Besonderen Bedingungen für Optionsgeschäfte an den deutschen Wertpapierbörsen in der ab 01. April 1983 geltenden Fassung.

38) Vgl. § 10 der Besonderen Bedingungen für Optionsgeschäfte an den deutschen Wertpapierbörsen in der ab 01. April 1987 geltenden Fassung.

39) Vgl. hierzu Müller/Steuer (1987) S. 11 i.V.m. S. 5.

40) Vgl. die übergangsweise Regelung in § 17 Abs. 1 der Besonderen Bedingungen für Optionsgeschäfte an den deutschen Wertpapierbörsen in der ab 01. April 1987 geltenden Fassung.

41) Vgl. § 11 Abs. 1 der Besonderen Bedingungen für Optionsgeschäfte an den deutschen Wertpapierbörsen in der ab 01. April 1983 geltenden Fassung.

42) Vgl. § 11 Abs. 2 der Besonderen Bedingungen für Optionsgeschäfte an den deutschen Wertpapierbörsen in der ab 01. April 1987 geltenden Fassung.

mitzuliefern waren, verminderte sich vor dem 01. April 1987 der Basispreis um den Kurswert des Bezugsrechtes am vorletzten Handelstag an der Börse des Verkäufers[43]. Seit dem 01. April 1987 wird der Basispreis von Optionen, die vor dem ersten Handelstag des Bezugsrechtes abgeschlossen worden sind, hingegen zunächst um den Wert des am ersten Handelstag festgestellten Bezugsrechtskurses verringert. Der sich daraus ergebende Betrag wird dann analog zum oben beschriebenen Verfahren beim Anfall von sonstigen Barausschüttungen auf- bzw. abgerundet[44]. Diese neue Regelung trat erstmals für Optionen mit Fälligkeitsterminen im Jahr 1988 in Kraft. Für Optionen mit Fälligkeit zum 15. April, 15. Juli oder 15. Oktober 1987 kam hingegen eine spezielle Übergangsregelung zur Anwendung, die sich von der neuen Regelung dadurch unterschied, daß der vorläufige Basispreis nicht auf einen zulässigen Basispreis auf- bzw. abgerundet wurde, sondern stattdessen nur jeweils auf volle 0,10 DM zu runden war[45].

Die im folgenden noch kurz zusammengefaßten Regelungen bei sonstigen Kapitalveränderungen bzw. Umtausch- oder Abfindungsvorgängen blieben hingegen während des gesamten Untersuchungszeitraums unverändert.

Bei Kapitalerhöhungen aus Gesellschaftsmitteln sind die neuen Aktien und etwaige Teilrechte mitzuliefern; ebenso ist bei Stockdividenden, Aktiensplits und ähnlichem zu verfahren. Bei Kapitalherabsetzungen sind ab dem Beginn der Ausreichung der neuen Aktienurkunden oder der herabgestempelten Urkunden die neuen Aktien entsprechend dem Umstellungsverhältnis zu liefern; etwaige Teilrechte müssen dabei mitgeliefert oder verrechnet werden[46].

Bei Umtausch- oder Abfindungsvorgängen kann es schließlich nach näherer Maßgabe des § 13 Abs. 1 der Besonderen Bedingungen für Optionsgeschäfte an den deutschen Wertpapierbörsen zu einer Verkürzung der ursprünglichen Laufzeit der Option kommen.

1.3.5 Transaktionskosten, Steuern, Sicherheitsleistungen

Beim Abschluß eines Optionsgeschäftes bei einem Kreditinstitut muß unabhängig davon, ob es sich um den Kauf, Verkauf oder Weiterverkauf einer Option handelt, eine vom Auftrags-

---

43) Vgl. § 11 Abs. 2 der Besonderen Bedingungen für Optionsgeschäfte an den deutschen Wertpapierbörsen in der ab 01. April 1983 geltenden Fassung.

44) Vgl. § 11 Abs. 1 der Besonderen Bedingungen für Optionsgeschäfte an den deutschen Wertpapierbörsen in der ab 01. April 1987 geltenden Fassung.

45) Vgl. die übergangsweise Regelung in § 17 Abs. 2 der Besonderen Bedingungen für Optionsgeschäfte an den deutschen Wertpapierbörsen in der ab 01. April 1987 geltenden Fassung.

46) Vgl. § 12 der Besonderen Bedingungen für Optionsgeschäfte an den deutschen Wertpapierbörsen in der ab 01. April 1983 bzw. ab 01. April 1987 geltenden Fassung.

volumen abhängige Bankprovision sowie eine davon unabhängige Grundgebühr entrichtet werden. Die Konditionen schwanken dabei von Kreditinstitut zu Kreditinstitut zum Teil beträchtlich. In jedem Fall enthält die Bankprovision im Untersuchungszeitraum eine Makler-Courtage von einem Promille und eine Gewährleistungsgebühr der Lombardkasse AG von einem Viertel Promille[47]. Auch bei der Ausübung einer Option muß eine Bankprovision bezahlt werden, die allerdings keine Makler-Courtage enthält. Dafür ist die Optionsausübung im Gegensatz zum Abschluß eines Optionsgeschäftes während des Untersuchungszeitraums noch börsenumsatzsteuerpflichtig[48].

Im Untersuchungszeitraum gewährleistet die Lombardkasse AG bei Börseninnengeschäften die ordnungsgemäße Leistung des jeweiligen Stillhalters bei Ausübung der Option. Erfüllt hingegen ein Optionskäufer nicht rechtzeitig, so entfällt in diesem Fall die Gewährleistung der Lombardkasse, dem Optionsverkäufer verbleibt hier nur die selbst eingeleitete Zwangsregulierung[49].

Damit die Lombardkasse ihrer Gewährleistungsfunktion nachkommen kann, muß jeder Teilnehmer am Börsenoptionshandel unabhängig von den von ihm getätigten Optionsgeschäften bei der Lombardkasse nach § 2 des Regulativs der Lombardkasse AG für den Optionshandel ein Barguthaben als generelle Sicherheit unterhalten. Zusätzlich muß gemäß den §§ 3 und 4 des Regulativs der Lombardkasse AG für den Optionshandel immer dann eine vom Geschäftsvolumen abhängige Sicherheit geleistet werden, wenn der Teilnehmer bei einem Optionsgeschäft eine Stillhalterposition einnimmt. Im Untersuchungszeitraum beträgt die im übrigen unverzinsliche generelle Sicherheit bis zum 01. April 1986 10000 DM und danach 25000 DM[50]. Verkauft ein Teilnehmer eine Kaufoption, so muß er 30% der dem Optionsgeschäft zugrunde liegenden Aktien halten und für den nicht durch diese Aktien gedeckten Teil des Geschäftes eine sonstige Sicherheit leisten, deren Wert mindestens um 30% über dem Wert liegen muß, der sich aus dem Basispreis der nicht durch die gehaltenen Aktien gedeckten Stückzahl des Geschäftes ergibt. Diese Sicherheit kann im übrigen sowohl in Geld als auch in bestimmten, vorgegebenen Arten von Wertpapieren sowie in jeder sonstigen, von der Kasse genehmigten Art geleistet werden[51]. Verkauft ein Teilnehmer eine

47) Vgl. hierzu Lingner (1987), S. 149. Bei der Deutschen Bank mußte z.B. eine Provision von einem Prozent, mindestens jedoch von 30 DM entrichtet werden. Für Makler-Courtage und Gewährleistungsgebühr galt ebenfalls ein Minimum von 3 DM bzw. 2,50 DM; die vom Auftragsvolumen unabhängige Grundgebühr betrug 50 DM. Die Angabe zur Grundgebühr ist entnommen aus: Gais (1989), S. 10.

48) Vgl. hierzu Lingner (1987), S. 149. Die Börsenumsatzsteuer wurde durch das Finanzmarktförderungsgesetz mit Wirkung ab 01. Januar 1991 aufgehoben.

49) Vgl. § 15 der Besonderen Bedingungen für Optionsgeschäfte an den deutschen Wertpapierbörsen in der seit 01. April 1983 bzw. seit 01. April 1987 geltenden Fassung.

50) Vgl. § 2 Abs. 1 des Regulativs der Lombardkasse AG für den Optionshandel in der Fassung vom 01. April 1983 bzw. 01. April 1986.

51) Vgl. die nach § 17 des Regulativs der Lombardkasse AG für den Optionshandel erfolgte Bekanntmachung der Lombardkasse zu § 3 vom 25. Februar 1983 bzw. vom 26. März 1986.

Verkaufsoption, so muß er nach § 4 Abs. 1 des Regulativs der Lombardkasse AG für den Optionshandel auf Verlangen der Kasse bis zur Höhe von 30% seines Engagements Sicherheit leisten. Hinterlegte Gelder werden im übrigen, sofern es sich nicht um das als generelle Sicherheit dienende Barguthaben handelt, nach Maßgabe von § 5 des Regulativs der Lombardkasse AG für den Optionshandel verzinst.

Für Börsenaußengeschäfte übernimmt die Lombardkasse keine Gewährleistung, so daß die von ihr vorgegebenen Richtlinien über die Sicherheitenbestellung bei diesen Geschäften allenfalls insofern eine Rolle spielen, als sie von den Banken in der Regel als Untergrenze für die von ihren Kunden geforderten Sicherheiten verwendet werden. Die genaue Höhe der Sicherheiten richtet sich dann danach, ob der Kunde termingeschäftsfähig ist und welche Bonität er besitzt[52]. Im allgemeinen wird im Untersuchungszeitraum von Stillhaltern in Aktien allerdings eine hundertprozentige Deckung des Geschäftes verlangt, was einer Verpfändung der Gesamtzahl der dem Geschäft zugrunde liegenden Aktien entspricht[53].

Abschließend soll unter diesem Gliederungspunkt noch die einkommensteuerliche Behandlung von Optionsgeschäften dargestellt werden, die der privaten Vermögensverwaltung zuzuordnen sind. Zusätzlich wird eine Beschränkung auf die Betrachtung einfacher Kaufoptionstransaktionen vorgenommen. Da sich die Darstellung auf die private Vermögensverwaltung bezieht, kommt lediglich eine Besteuerung nach Maßgabe von § 22 Nr. 2 i.V.m. § 23 EStG sowie nach § 22 Nr. 3 EStG in Betracht[54].

Die vom Käufer einer Kaufoption zu bezahlende Optionsprämie sowie die anfallenden Bankgebühren werden als Anschaffungs- bzw. Anschaffungsnebenkosten des Optionsrechtes betrachtet, so daß der Kaufvorgang, da er sich in der privaten Vermögenssphäre abspielt, einkommensteuerlich keine Auswirkungen hat. Wird die Kaufoption vom Erwerber weiterveräußert, so wäre ein etwaiger Veräußerungsgewinn nach § 22 Nr. 2 i.V.m. § 23 Abs.1 Nr. 1b EStG zu versteuern, falls die Veräußerung innerhalb von 6 Monaten nach dem Optionserwerb erfolgt[55]. In diesem Fall wären z.B. auch etwaige Schuldzinsen aus einem durch Kredit finanzierten Erwerb der Option als Werbungskosten des Spekulationsgeschäftes abzugsfähig. Läßt der Erwerber die Kaufoption hingegen verfallen, so sind die anfänglich gezahlte Optionsprämie sowie etwaige Schuldzinsen im Regelfall nicht steuerlich abzugsfähig[56]. Übt der Käufer der Kaufoption die Option aus, so hat die Ausübung an sich

52) Vgl. Lingner (1987), S. 150.

53) Vgl. Müller/Steuer (1987), S. 18f.

54) Vgl. hierzu ausführlich Häuselmann/Wiesenbart (1990), S. 36.

55) Es könnte somit im Untersuchungszeitraum lediglich bei 9-Monats-Optionen zu einem nicht zu versteuernden Veräußerungsgewinn kommen, falls unterstellt wird, daß die nach § 23 Abs. 4 EStG bestehende Freigrenze stets anderweitig bereits ausgeschöpft ist.

56) Vgl. zu einer möglichen Ausnahme Häuselmann/Wiesenbart (1990), S. 39f.

keine steuerlichen Konsequenzen. Auch später entsteht keine Steuerpflicht, solange der Käufer die bei Ausübung bezogenen Aktien nicht innerhalb von sechs Monaten verkauft. Veräußert er sie jedoch innerhalb dieser Zeitspanne, so liegt ein nach § 22 Nr. 2 i.V.m. § 23 Abs. 1 Nr. 1b EStG steuerpflichtiges Aktienspekulationsgeschäft vor. In diesem Fall können bei der Ermittlung des Spekulationsgewinns auch die Optionsanschaffungskosten gewinnmindernd geltend gemacht werden[57].

Ein Stillhalter in Aktien hat die vom Optionskäufer erhaltene Optionsprämie nach § 22 Nr. 3 EStG als Einkünfte aus einer sonstigen Leistung der Einkommensteuer zu unterwerfen. Muß der Stillhalter die dem Optionskontrakt zugrunde liegenden Aktien liefern, weil der Käufer der Option diese ausübt, so ergeben sich nur dann weitere steuerliche Konsequenzen, falls der Stillhalter die entsprechenden Aktien innerhalb der letzten sechs Monate vor der Optionsausübung erworben hat. In diesem Fall liegt ein Spekulationsgeschäft nach § 22 Nr. 2 i.V.m. § 23 Abs. 1 Nr. 1b EStG vor, wobei allerdings die zuvor erhaltene Optionsprämie bei der Ermittlung des Spekulationsgewinns bzw. -verlustes nicht zu berücksichtigen ist. Da sich ein Stillhalter im Untersuchungszeitraum rechtlich nicht aus seiner Verpflichtung lösen kann, wäre ein später durchgeführter Kauf der gleichen Anzahl entsprechender Kaufoptionen mit gleichem Basispreis und Verfallstag zur wirtschaftlichen Glattstellung der Stillhalterverpflichtung steuerlich als ein völlig separates Geschäft zu betrachten[58].

1.3.6 Termin- und Differenzeinwand

Gemäß § 52 BörsG sind Börsentermingeschäfte nur verbindlich, wenn kein sogenannter Termineinwand erhoben werden kann[59]. Die Verbindlichkeit eines Börsentermingeschäftes ist damit lediglich dann von Anfang an gegeben, wenn beide Vertragspartner termingeschäftsfähige Personen im Sinne des § 53 BörsG sind und somit für sie die Erhebung des Termineinwandes ausgeschlossen ist. In der für den Untersuchungszeitraum geltenden Fassung des Börsengesetzes ist dieser Personenkreis auf Vollkaufleute sowie sonstige Personen beschränkt, die zur Zeit des Geschäftsabschlusses oder früher berufsmäßig Börsentermingeschäfte oder Bankiergeschäfte durchgeführt haben, zur Teilnahme am Börsenhandel dauernd zugelassen sind oder im Inland zur Zeit des Geschäftsabschlusses weder Wohnsitz noch gewerbliche Niederlassung haben[60]. Daraus ergibt sich unmittelbar, daß Börseninnengeschäf-

57) Vgl. zu der bisherigen Betrachtung eines Optionskäufers die ausführlichen Erläuterungen und angegebenen Gerichtsurteile ebenda, S. 38ff.

58) Vgl. zur einkommensteuerlichen Situation des Stillhalters die Ausführungen und angegebenen Gerichtsurteile ebenda, S. 45f. i.V.m. S. 40f.

59) Vgl. zum Begriff des Termineinwandes z.B. ebenda, S. 31.

60) Vgl. § 53 BörsG in der vor der Gesetzesänderung am 11. Juli 1989 geltenden Fassung. Seit der zur Vorbereitung der Eröffnung der DTB durchgeführten Gesetzesnovellierung ist der Kreis der gemäß § 53 BörsG termingeschäftsfähigen Personen stark ausgeweitet, da nun auch Privatanleger einbezogen sind,

te immer von Anfang an für beide Vertragsparteien verbindlich sind. Gehört bei Börsenaußengeschäften hingegen eine Vertragspartei nicht zu den termingeschäftsfähigen Personen, so kann bei diesen Geschäften nur unter bestimmten, in den §§ 54 bis 57 BörsG geregelten Voraussetzungen kein Termineinwand geltend gemacht werden. Schließt etwa eine nach § 53 Abs. 1 BörsG termingeschäftsfähige Person mit einer nicht termingeschäftsfähigen Person ein Optionsgeschäft ab und läßt sie sich von letzterer eine Sicherheit bestellen, die den in § 54 Abs. 2 bis 7 BörsG festgelegten Formvorschriften genügt, so kann sich die termingeschäftsfähige Person aus der Sicherheit befriedigen, falls die andere Partei die Leistung aus dem Geschäft verweigert[61]. Weiterhin kann der Termineinwand nach § 55 bzw. § 56 BörsG auch nicht zur Rückforderung einer bereits erfolgten Leistung oder zur Verhinderung einer Forderungsaufrechnung geltend gemacht werden[62]. § 57 BörsG schließlich erklärt ein Börsentermingeschäft dann als von Anfang an verbindlich, wenn bei Fälligkeit einvernehmliche Leistungsbereitschaft besteht und die Leistung erbracht wird.

Die Möglichkeit, den grundsätzlich bei Termingeschäften denkbaren Spiel- oder Differenzeinwand gemäß § 764 BGB i.V.m. § 762 BGB auch bei Optionsgeschäften in Aktien geltend zu machen, wird durch § 58 BörsG schon insofern eingeschränkt, als bei Börsentermingeschäften, die börsenrechtlich verbindlich sind, kein Differenzeinwand erhoben werden kann. Doch selbst wenn ein solcher Einwand zulässig bleibt, sind nach § 58 BörsG die soeben beschriebenen Vorschriften der §§ 54 und 56 BörsG über die Befriedigung aus einer Sicherheit und die Zulässigkeit einer Forderungsaufrechnung entsprechend anzuwenden[63]. Im übrigen ist es in der zivilrechtlichen Literatur und Rechtsprechung umstritten, ob es sich bei Wertpapieroptionsgeschäften überhaupt um Differenzgeschäfte im Sinne von § 764 BGB handelt[64].

2. Ermittlung von Fehlbewertungen am Optionsmarkt

Die in dieser Arbeit zu untersuchenden Teilhypothesen können überhaupt erst dann getestet werden, wenn ein Gleichgewichtsmodell für die Optionsbewertung eingeführt ist. Dieses

---

sofern sie unter Einhaltung bestimmter Formvorschriften über die Risiken von Termingeschäften informiert werden.

61) Auch diese Aussage bezieht sich wiederum nur auf die im Untersuchungszeitraum geltenden Rahmenbedingungen. Bei der Gesetzesänderung vom 11. Juli 1989 wurde § 54 BörsG nämlich aufgehoben.

62) Die Regulierung der Forderungen aus Optionsgeschäften erfolgt im Untersuchungszeitraum häufig über Options-Sonderkonten, um der Bank eine bessere Überwachung der Optionsgeschäfte zu ermöglichen. Dies ist nötig, da die Herbeiführung der unangreifbaren Erfüllung gemäß § 55 BörsG eine bestimmte Form der Erfüllung voraussetzt. So entspricht z.B. eine Kontoüberziehung des Girokontos zur Erfüllung des Optionsgeschäftes diesen Formanforderungen nicht. Vgl. hierzu Müller/Steuer (1987), S. 17.

63) Vgl. § 58 BörsG in der vor der Gesetzesänderung am 11. Juli 1989 geltenden Fassung.

64) Vgl. hierzu den ausführlichen Überblick über die entsprechende Rechtsprechung und Literatur bei Walter (1990), S. 164 - 189.

ermöglicht die Bestimmung der Gleichgewichtswerte, deren Kenntnis für eine Ermittlung der Optionsfehlbewertungen Voraussetzung ist. In diesem Kapitel wird deshalb zuerst das für die vorliegende Untersuchung gewählte Optionsbewertungsmodell vorgestellt werden. Daran schließt sich eine Beurteilung der Güte dieses Modells im Hinblick auf den hier angestrebten Erklärungszweck an. Dann wird erläutert, auf welche Weise vorhandene Freiheitsgrade bei der Wahl von Modellparametern geschlossen werden. Schließlich wird die eigentliche Implementierung des Modells und eine erste Analyse der berechneten Fehlbewertungen vorgenommen. Außerdem wird auch die quantitative und qualitative Zusammensetzung der Optionsstichprobe ausführlich untersucht.

2.1 Die Bewertung von Kaufoptionen nach dem Modell von Black/Scholes

2.1.1 Darstellung und Annahmen des Grundmodells

Black und Scholes waren im Jahr 1973 die ersten, denen es gelang, eine vollständige Bewertungsformel für Optionen im Kapitalmarktgleichgewicht herzuleiten[65]. Ausgehend von ihrem Grundmodell fügte Merton im selben Jahr noch wesentliche Ergänzungen hinzu[66]. Alle Ansätze zuvor waren dadurch gekennzeichnet, daß es ihnen nicht gelang, die Bestimmung aller Parameter der jeweiligen Formeln theoretisch eindeutig abzuleiten. Vielmehr blieben immer Freiheitsgrade bestehen[67]. Insbesondere scheiterten diese Ansätze an dem Versuch, einen risikoangepaßten Kalkulationszinsfuß für die Optionsbewertung zu bestimmen.

Black/Scholes leiten ihren Gleichgewichtspreis für Optionen unter bestimmten Annahmen ab, die die Art der betrachteten Wertpapiere und Optionen, die Markt- und Handelsbedingungen sowie den stochastischen Prozeß der Aktienkursentwicklung betreffen. Diese Prämissen seien im folgenden näher erläutert[68]:

- Es werden nur europäische Kaufoptionen betrachtet.
- Während der Laufzeit einer Option fallen für die zugrunde liegende Aktie keine Dividenden, sonstige Ausschüttungen oder Bezugsrechte an. Ebenso kommt es zu keinem Aktiensplit o.ä..

---

65) Vgl. Black/Scholes (1973), S. 637 - 654.

66) Vgl. Merton (1973), S. 141 - 183.

67) Vgl. hierzu die Arbeiten von Sprenkle (1961), S. 412 - 474, Ayres (1963), S. 497 - 505, Boness (1964), S. 163 -175, Samuelson (1965), S. 506 -532, Baumol/Malkiel/Quandt (1966), S. 48 - 59, und Chen (1970), S. 1041 - 1060.

68) Vgl. Black/Scholes (1973), S. 640, wobei der Annahmenkatalog im folgenden jedoch um einige bei Black/Scholes implizit enthaltene bzw. an anderer Stelle erwähnte Prämissen ergänzt ist.

- Der Kapitalmarkt ist vollkommen:
    - Es treten keine Transaktionskosten auf, d.h. insbesondere auch, daß Kauf oder Verkauf von Wertpapieren bzw. Optionen sowie Ausübung oder Verfall von Optionen keine Steuern induzieren.
    - Wertpapiere und Optionen sind beliebig teilbar.
    - Es müssen keine Sicherheiten gestellt werden.
    - Leerverkäufe sind unbeschränkt zulässig.
    - Zum kurzfristigen Kapitalmarktzins kann in jeder beliebigen Höhe Geld angelegt oder aufgenommen werden.
- Während der Laufzeit der Option ist der kurzfristige Kapitalmarktzins bekannt und konstant.
- Am Kapitalmarkt wird kontinuierlich gehandelt.
- Die Wahrscheinlichkeitsverteilung der potentiellen Aktienkurse am Ende jedes beliebigen endlich großen Zeitintervalls ist eine Log-Normalverteilung[69]. Die Varianz der Momentanverzinsung der Aktie ist konstant[70].
- Die Investoren verhalten sich rational, d.h. sie ziehen zu jedem Zeitpunkt mehr Geld weniger Geld vor.

Black/Scholes gehen von der Überlegung aus, daß im Kapitalmarktgleichgewicht "gleiche Güter" auch den gleichen Preis haben bzw. die gleiche erwartete Rendite erbringen müssen. Als "gleiche Güter" werden dabei in diesem Zusammenhang zwei Finanztitel bzw. Portfolios von Finanztiteln bezeichnet, bei denen der eine Finanztitel bzw. das eine Portfolio in jedem möglichen zukünftigen Umweltzustand gerade den gleichen Einzahlungsüberschuß bzw. die gleiche Rendite wie der andere Titel bzw. das andere Portfolio erbringt. Wäre das "law of one price" verletzt, so könnte am Markt kein Gleichgewicht herrschen, da es jedem Investor möglich wäre, durch Bildung eines entsprechenden Portfolios risikolose Arbitrage zu betreiben[71].

Durch Verkauf von Kaufoptionen und Kauf der zugrunde liegenden Aktien läßt sich unter den von Black/Scholes gemachten Annahmen nun immer ein Portfolio zusammenstellen, dessen Wertentwicklung nicht mehr von den zukünftigen Bewegungen des Aktienkurses abhängt. Dazu muß nur das Verhältnis der Aktien zu den Optionen im Portfolio gerade gleich der partiellen Ableitung des Optionswertes nach dem gegenwärtigen Aktienkurs gesetzt werden[72]:

---

69) Dies folgt unmittelbar aus der Annahme, der Aktienkurs folge einem kontinuierlichen "random walk", wobei die Varianz proportional zum Quadrat des Aktienkurses sei. Vgl. ebenda.

70) Die Momentanverzinsung einer Aktie pro Zeiteinheit ist definiert als der natürliche Logarithmus aus dem Verhältnis des (unter Umständen bereinigten) Aktienkurses im Zeitpunkt 1 zum Aktienkurs im Zeitpunkt 0, wobei das Intervall von 0 bis 1 gerade einer Zeiteinheit entsprechen soll.

71) Vgl. hierzu z.B. Kruschwitz/Schöbel (1984), S. 70.

72) Vgl. Black/Scholes (1973), S. 641.

$$(3.1)\quad \text{Anzahl der Aktien : Anzahl der Optionen} = \frac{\delta C}{\delta S}$$

$\delta C/\delta S$, die partielle Ableitung des Optionswertes nach dem gegenwärtigen Aktienkurs, wird auch als Hedge-Ratio bezeichnet.

Besteht ein derart gebildetes Portfolio z.B. aus $\delta C/\delta S$ Aktien und einer Option und verändert sich der Aktienkurs um δS nach oben oder unten, so steigt bzw. fällt der Wert der Aktienposition um δS $(\delta C/\delta S) = \delta C$. Dies entspricht aber gerade auch der gleichgerichteten Veränderung des Optionswertes. Da die Optionsposition im Gegensatz zur Aktienposition jedoch mit negativem Vorzeichen in den Wert der gesamten Vermögensposition eingeht[73], bleibt dieser von der Aktienkursänderung unberührt[74]. Der Wert des Portfolios hängt vielmehr nur noch von konstanten Größen sowie der sich deterministisch verändernden Zeit ab und ist somit für alle möglichen zukünftigen Umweltzustände gleich hoch. Das sogenannte Hedge-Portfolio ist damit risikolos und muß gemäß der zuvor erläuterten Arbitragefreiheitsbedingung gerade eine erwartete Rendite erbringen, die dem sicheren Kapitalmarktzins entspricht[75]. Da die Hedge-Ratio jedoch sowohl von der Höhe des jeweils aktuellen Aktienkurses als auch von der Zeit abhängt, verändert sie sich im Zeitverlauf kontinuierlich, was zur Folge hat, daß die Zusammensetzung des Hedge-Portfolios kontinuierlich nach Maßgabe der zum jeweiligen Zeitpunkt gültigen Hedge-Ratio revidiert werden muß. Würde auf diese Anpassung verzichtet, so wäre das Portfolio nicht mehr risikolos[76].

Aus diesen Überlegungen leiten Black/Scholes eine Differentialgleichung ab, deren Lösung zur Bestimmung des Optionswertes führt[77]. Da sich die Differentialgleichung in die physikalische Wärmeleitungs-Gleichung überführen läßt, können sie die von Churchill dafür abgeleitete Lösung auf das ihnen vorliegende Problem unmittelbar übertragen[78]. Hier soll jedoch, davon abweichend, eine mathematisch weniger anspruchsvolle, dafür aber um so anschaulichere Methode zur Herleitung der Black/Scholes-Formel vorgestellt werden, die ebenfalls an die Eigenschaften des Hedge-Portfolios anknüpft.

---

73) Annahmegemäß werden zur Bildung der Vermögensposition Optionen verkauft. Bei Glattstellung der Position muß damit in jedem Fall eine Option gleicher Serie gekauft werden. Eine Erhöhung des Optionswertes verringert folglich den Liquidationserlös et vice versa.

74) Vgl. Black/Scholes (1973), S. 641.

75) Vgl. ebenda, S. 641f.

76) Vgl. ebenda. Black/Scholes weisen jedoch darauf hin, daß selbst bei nicht kontinuierlicher Revision das entstehende Risiko des Hedge-Portfolios ausschließlich nicht-systematisches Risiko ist, das durch Diversifikation zum Verschwinden gebracht werden kann.

77) Vgl. ebenda, S. 642ff.

78) Vgl. ebenda, S. 644, i.V.m. Churchill (1963), S. 155.

Unter den gemachten Annahmen bezüglich des Kapitalmarktzinssatzes und der Wahrscheinlichkeitsverteilung der Aktienkurse läßt sich, kontinuierliche Revision vorausgesetzt, durch Kauf der Aktie und Kreditaufnahme stets ein Portfolio zusammenstellen, das in jedem möglichen zukünftigen Umweltzustand die gleichen Einzahlungsüberschüsse wie eine zur Aktie gehörende Kaufoption erbringt. Nach dem "law of one price" kann die Option damit nur den gleichen Preis wie das äquivalente Portfolio aus Kredit und Aktie haben[79]. Ein aus verkaufter Option und gekauftem äquivalenten Portfolio gebildetes Hedge-Portfolio erbringt in jedem zukünftigen Umweltzustand einen Einzahlungsüberschuß von null und muß deshalb auch im gegenwärtigen Zeitpunkt null wert sein. Das Portfolio entspricht dabei dem oben vorgestellten Hedge-Portfolio unter der Annahme, daß dieses vollständig kreditfinanziert wird. Der Bruchteil der Aktie im äquivalenten Portfolio wird nämlich wiederum durch die Hedge-Ratio bestimmt.

Die Optionsbewertungsformel enthält also lediglich direkt beobachtbare oder aus beobachtbaren Daten schätzbare Marktdaten. Der Wert einer Option hängt nur vom Aktienkurs im Bewertungszeitpunkt, vom Basispreis, der Restlaufzeit der Option, dem sicheren Zins und der Volatilität der Aktie ab.

Dabei liegt insofern eine präferenzfreie Bewertung der Option vor, als individuelle Zeit- und Risikopräferenzen nicht unmittelbar in die Bestimmung des Optionswertes eingehen. Zwar ist die Höhe des Aktienkurses und des sicheren Zinssatzes von den Präferenzen aller Marktteilnehmer abhängig; liegen Aktienkurs und sicherer Zinssatz in ihrer Höhe aber erst einmal fest, so kann der Wert der Option anhand dieser Daten bestimmt werden.

Da jeder Investor unabhängig von seiner Risikopräferenz die Option gleich bewertet, kann das Bewertungsproblem ebensogut durch die Betrachtung einer Welt mit ausschließlich risikoneutralen Investoren allgemeingültig gelöst werden[80]. Dies wird im folgenden durchgeführt.

---

79) Vgl. die ausführliche Darstellung der Bestimmung des äquivalenten Portfolios bei Unterstellung eines diskreten Binomialmodells der Aktienkursveränderung bei Cox/Rubinstein (1985), S. 171 - 185. Sie übertragen diese Überlegungen an späterer Stelle auf das kontinuierliche Modell von Black/Scholes, das sie als Grenzfall eines diskreten Binomialmodells herleiten; vgl. ebenda, S. 196 - 208. Diese Herleitung der Black/Scholes-Formel ist neben der von Black/Scholes gewählten und der im folgenden vorgestellten Herleitung eine weitere Möglichkeit, die Bestimmung des Black/Scholes-Wertes theoretisch abzuleiten.

80) Vgl. Cox/Ross (1976a), S. 153. Die ausführliche theoretische Ableitung und ökonomische Begründung dieses Lösungsweges findet sich erstmalig bei denselben (1975). Cox/Ross weisen allerdings darauf hin, daß zuvor auch schon Black/Scholes und Merton diese Möglichkeit zumindest zum Teil erkannt haben. Vgl. Cox/Ross (1976a), S. 154, Fußnote 2.

Ein risikoindifferenter Investor wird den Wert der Option gleich dem mit dem sicheren Zinssatz diskontierten Erwartungswert der Option am Fälligkeitstermin setzen[81]. Es gilt daher:

$$(3.2) \qquad C_0 = r^{-t}\, E(C_T) = r^{-t} \int_K^{\infty} (S_T - K)\, h(S_T)\, dS_T \quad ,$$

wobei C_0 = Kaufoptionswert im Bewertungszeitpunkt 0
r = Eins plus sicherer Zins pro Zeiteinheit
t = Optionsrestlaufzeit vom Zeitpunkt 0 bis T
E(...) = Erwartungswert
C_T = Kaufoptionswert im Fälligkeitszeitpunkt
S_T = Aktienkurs im Fälligkeitszeitpunkt
K = Basispreis
$h(S_T)$ = log-normale Wahrscheinlichkeitsverteilung für S_T

Die log-normale Wahrscheinlichkeitsverteilung des Aktienkurses sowie dessen Erwartungswert in T lassen sich in Abhängigkeit von Erwartungswert und Varianz der normalverteilten Momentanverzinsung der Aktie folgendermaßen formulieren[82]:

$$(3.3) \qquad h(S_T) = \frac{1}{S_T\, \sigma\sqrt{t}\, \sqrt{2\pi}}\, e^{-\frac{1}{2}\left[\left(\ln\frac{S_T}{S_0} - \mu t\right)/(\sigma\sqrt{t})\right]^2}$$

$$(3.4) \qquad E(S_T) = S_0\, e^{\mu t + \frac{1}{2}\sigma^2 t}$$

wobei S_j = Aktienkurs im Zeitpunkt j
σ^2 = Varianz von $\ln(S_j/S_{j-1})$ (Varianz pro Zeiteinheit). Da der Aktienkurs einem random walk mit konstanter Varianz folgt, ergibt sich die entsprechende Varianz bezogen auf die gesamte Optionsrestlaufzeit durch t-malige Addition der Varianz pro Zeiteinheit.
μ = Erwartungswert von $\ln(S_j/S_{j-1})$ (Erwartungswert pro Zeiteinheit). Für die gesamte Optionsrestlaufzeit ergibt sich der entsprechende Erwartungswert $E[\ln(S_T/S_0)]$ wieder durch t-malige Addition der Erwartungswerte pro Zeiteinheit.
e = Euler'sche Zahl

81) Vgl. ebenda, sowie Swoboda/Kamschal (1979), S. 311, bzw. Swoboda (1981), S. 241, die sich an dieser Stelle auf die Lösungstechnik von Cox/Ross beziehen.

82) Wie aus Erwartungswert, Varianz und Wahrscheinlichkeitsverteilung eines annahmegemäß normalverteilten natürlichen Logarithmus des Aktienkurses Erwartungswert und Wahrscheinlichkeitsverteilung des log-normalverteilten Arguments abgeleitet werden können, zeigt ausführlich Sprenkle (1961), S. 433 i.V.m. S. 464. Da bei ihm μ und σ auf $\ln S_T$ bezogen sind und μ und σ außerdem Erwartungswert und Varianz bezogen auf die gesamte Restlaufzeit des Optionsscheines darstellen, entspricht dies nicht der Verwendung von μ und σ in dieser Arbeit. Hier beziehen sich μ und σ auf $\ln(S_j/S_{j-1})$. Deshalb müssen zur Übertragung der Formeln von Sprenkle σ durch $\sigma\sqrt{t}$ und μ durch $\mu t+\ln S_0$ ersetzt werden.

Nach Einsetzen von Gleichung (3.3) in Gleichung (3.2) ergibt sich folgende Formel für den Optionswert[83]:

$$(3.5) \qquad C_0 = r^{-t} \int_K^{\infty} \frac{S_T - K}{S_T \, \sigma\sqrt{t} \, \sqrt{2\pi}} \, e^{-\frac{1}{2}[(\ln\frac{S_T}{S_0} - \mu t)/(\sigma\sqrt{t})]^2} dS_T$$

In einer Welt mit ausschließlich risikoneutralen Investoren muß im Kapitalmarktgleichgewicht auch der gegenwärtige Aktienkurs dem mit dem risikolosen Zinssatz diskontierten Erwartungswert des zukünftigen Aktienkurses entsprechen, da kein Risikoabschlag vorgenommen wird[84]. Damit kann Gleichung (3.4) dem mit dem Kapitalmarktzins aufgezinsten Aktienkurs im Zeitpunkt 0 gleichgesetzt werden[85]:

$$E(S_T) = S_0 \, e^{\mu t + \frac{1}{2}\sigma^2 t} = S_0 \, r^t$$

Somit muß gelten:

$$(3.6) \qquad \mu = \ln r - \frac{1}{2}\sigma^2$$

Der Erwartungswert der Momentanverzinsung der Aktie entspricht der risikolosen Momentanverzinsung abzüglich der Hälfte der Varianz der Momentanverzinsung der Aktie. Nach Einsetzen von Gleichung (3.6) in (3.5) ergibt sich die folgende Bewertungsformel:

$$(3.7) \quad C_0 = r^{-t} \int_K^{\infty} \frac{S_T - K}{S_T \, \sigma\sqrt{t} \, \sqrt{2\pi}} \, e^{-\frac{1}{2}[(\ln\frac{S_T}{S_0} - t\ln r + \frac{1}{2}\sigma^2 t)/(\sigma\sqrt{t})]^2} dS_T$$

Man beachte, daß aus Gleichung (3.7) der Erwartungswert der Momentanverzinsung der Aktie bereits eliminiert ist, so daß die Bewertung einer Option nach Black/Scholes hiervon nicht mehr abhängt. Das Integral dieser Gleichung kann nach einigen Umformungen folgendermaßen in zwei Teile zerlegt werden[86]:

$$(3.8) \quad C_0 = \frac{S_0}{\sqrt{2\pi}} \int_{y-0,5\sigma\sqrt{t}}^{\infty} e^{-\frac{1}{2}z^2} dz - r^{-t} \frac{K}{\sqrt{2\pi}} \int_{y+0,5\sigma\sqrt{t}}^{\infty} e^{-\frac{1}{2}z^2} dz,$$

wobei $y = \ln\frac{K}{S_0 r^t} \, / \, (\sigma\sqrt{t})$.

83) Vgl. ebenda, S. 433.

84) Dies würde aber auch schon bei nur einem risikoneutralen Investor gelten, da dieser jeden anderen Investor so lange überbieten würde, bis jegliche Risikoprämie wegkonkurriert wäre.

85) Vgl. Cox/Ross (1976a), S. 153, und Swoboda (1981), S. 242.

86) Vgl. bei Sprenkle (1961), S. 434, den Übergang von Gleichung (6) zu Gleichung (7) i.V.m. S.465f., wobei die dort verwendete Konstante k gleich r^t zu setzen ist.

Beide Integrale multipliziert mit dem Faktor $[1/\sqrt{2\pi}]$ repräsentieren komplementäre Verteilungsfunktionen der Standardnormalverteilung, so daß sich Gleichung (3.8) in die von Black/Scholes gewählte Darstellungsweise der Optionsbewertungsformel überführen läßt[87]:

$$(3.9)\qquad C_0 = S_0\, N(x) - K\, r^{-t}\, N(x - \sigma\sqrt{t})$$

$$x = \frac{\ln[S_0/(K\, r^{-t})]}{\sigma\sqrt{t}} + \frac{1}{2}\sigma\sqrt{t}$$

mit N(...) = Verteilungsfunktion der Standardnormalverteilung.

Die Anwendbarkeit der in Gleichung (3.9) dargestellten Black/Scholes-Formel zur Ermittlung des Gleichgewichtspreises einer Kaufoption ist durch die zu Beginn gesetzten Annahmen auf europäische Optionen beschränkt, während deren Restlaufzeit keine Dividenden gezahlt, keine Bezugsrechte gewährt und keine Aktiensplits vorgenommen werden[88]. Da in dieser Arbeit aber alle untersuchten Kaufoptionen gerade nicht vom europäischen, sondern vom amerikanischen Typ sind[89] und es bei einer Vielzahl von ihnen gerade zu den während der Laufzeit ausgeschlossenen Ereignissen kommt, scheint die Black/Scholes-Formel zur Bewertung der Kaufoptionen dieser Untersuchung zunächst einmal nicht geeignet zu sein. Es zeigt sich jedoch, daß die Formel für einen Großteil der Fälle trotz partiellem Verstoß gegen diese Annahmen durchaus verwendet werden kann, ohne daß nennenswerte Fehler gemacht werden.

Ohne Einschränkung gilt dies für jene Gruppe von Optionen, die zwar dem amerikanischen Typ zuzurechnen sind, die aber ansonsten allen Annahmen entsprechen, die in die Ableitung der Black/Scholes-Formel eingehen. Dies bedeutet insbesondere, daß während der Optionslaufzeit keine geldwerten Rechte von der zugrunde liegenden Aktie abgetrennt werden. Hier kann nachgewiesen werden, daß es unter diesen Bedingungen nie optimal ist, die amerikanische Kaufoption vor ihrem Fälligkeitstermin auszuüben, obwohl es de jure möglich wäre[90]. Dies gilt jedenfalls dann, wenn von einem positiven Zinssatz ausgegangen werden kann. Zu jedem Zeitpunkt j während der Optionslaufzeit ist der Optionswert C_j, der sich ergibt, wenn nicht vor T ausgeübt wird, größer als der Sofortausübungswert S_j-K. Es gilt also:

$$C_j > S_j - K \quad \text{für } 0 \le j < T.$$

---

87) Dazu muß nur der Zusammenhang ausgenützt werden, daß die komplementäre Verteilungsfunktion [1-N(z)] einer Normalverteilung der Verteilungsfunktion N(-z) entspricht. Die hier verwendeten Symbole weichen allerdings von denen, die Black/Scholes gewählt haben, ab.

88) Annahmegemäß sind auch sonstige Ausschüttungen nicht erlaubt. Da aber nur die drei erwähnten Ereignisse in der hier verwendeten Stichprobe auftreten, werden auch nur ihre Auswirkungen im folgenden theoretisch weiter untersucht werden.

89) Vgl. Gliederungspunkt III.1.1.

90) Vgl. hierzu Cox/Rubinstein (1985), S. 139ff.

Damit entspricht der Gleichgewichtswert dieser Optionen dem mit der Black/Scholes-Formel ermittelten Wert für europäische Kaufoptionen.

Zumeist nicht mehr ganz exakt ist die Black/Scholes-Formel für eine zweite Gruppe von Kaufoptionen, deren Ausübungsbedingungen in einer noch zu beschreibenden Weise an die Abtrennung von Rechten aus der zugrunde liegenden Aktie angepaßt werden. Im Rahmen dieser Untersuchung fallen hierunter jene Kaufoptionen, bei denen zwischen Bewertungszeitpunkt und Fälligkeitstermin zwar eine Dividende gezahlt wird, deren Laufzeitende aber vor dem 15. Januar 1988 liegt und die somit noch dividendengeschützt sind[91]. Außerdem gehören zu dieser Gruppe auch alle Optionen, während deren Restlaufzeit Bezugsrechte gewährt werden oder ein Aktiensplit vorgenommen wird. Die Besonderen Bedingungen für Optionsgeschäfte an den deutschen Wertpapierbörsen sehen nun bei Eintritt dieser potentiellen Ereignisse während der Laufzeit der Option Anpassungen der Optionsvertragsbedingungen vor[92]. Diese Anpassungen sollen dazu dienen, Auswirkungen der genannten Ereignisse auf den Wert der Option zu neutralisieren. Dieses Ziel wird jedoch im allgemeinen nur näherungsweise erreicht, weil die in den Optionsbedingungen festgelegten Anpassungsregeln in der Mehrzahl der Fälle aus theoretischer Sicht nicht perfekt sind.

Merton formuliert das Kriterium für eine theoretisch exakte Anpassung der Ausübungsbedingungen einer Option an Dividendenzahlungen während ihrer Laufzeit wie folgt: "An option is said to be payout protected if, for a fixed investment policy and fixed capital structure, the value of the option is invariant to the choice of payout policy"[93]. Unter der Annahme einer konstanten Investitionspolitik und Kapitalstruktur sowie nicht vorhandenen Steuern und Transaktionskosten haben Miller und Modigliani die Irrelevanz der Dividendenpolitik für die Höhe des Unternehmenswertes nachgewiesen[94]. Aus ihren Überlegungen folgt ebenso unmittelbar, daß der Rückfluß pro in Aktien der Unternehmung investierte Mark bzw. die Wahrscheinlichkeitsverteilung dieser zukünftigen Rückflüsse nicht von der Dividendenpolitik abhängt. Merton beweist nun, daß unter dieser Bedingung eine Kaufoption auf eine Aktie immer dann dividendengeschützt ist, wenn man nach erfolgtem Dividendenabschlag gegen Entrichtung eines Betrages in Höhe des ursprünglichen Basispreises K pro Option nicht mehr nur eine Aktie, sondern $(1+D/S^{ex})$ Aktien beziehen kann[95]. Dabei

---

91) Vgl. Gliederungspunkt III.1.3.4.

92) Vgl. hierzu ebenda. Natürlich sind auch alle Optionen dieser Gruppe ausschließlich vom amerikanischen Typ.

93) Merton (1973), S. 151. Die Definition schließt neben dem Dividendenfall auch noch weitere Auszahlungsfälle ein.

94) Vgl. Miller/Modigliani (1961), S. 411 - 433.

95) Vgl. Merton (1973), S. 151, Theorem 11. Diesem Dividendenschutz entspricht im Ergebnis folgende alternative Vorgehensweise: Nach erfolgtem Dividendenabschlag wird jede Option auf eine Aktie zum Basispreis K in $(1+D/S^{ex})$-Optionen auf eine Aktie zum Basispreis $[K/(1+D/S^{ex})]$ umgewandelt. Vgl.

sei D die gezahlte Dividende pro Aktie und S^{ex} der Aktienkurs nach Dividendenabschlag. Würde ein Optionskontrakt nach den Besonderen Bedingungen für Optionsgeschäfte an den deutschen Wertpapierbörsen derart nach einer erfolgten Dividendenzahlung revidiert, so wäre unter den getroffenen Annahmen der nach der Black/Scholes-Formel ermittelte Wert für europäische Kaufoptionen auch der exakte Gleichgewichtspreis einer amerikanischen Option mit Dividendenzahlung während der Restlaufzeit. In der Realität wird jedoch lediglich der Basispreis um die Dividende vermindert; der praktizierte Dividendenschutz ist also theoretisch nicht exakt, so daß ein vor Dividendenzahlung mit noch unkorrigiertem Basispreis berechneter Black/Scholes-Wert nur mehr einen Näherungswert für den wahren Optionswert darstellt. Tatsächlich gleicht eine derart durchgeführte Korrektur des Basispreises den Wertverlust der Option aufgrund der als sicher prognostizierten Dividendenzahlung während der Restlaufzeit nicht vollständig aus. Der Wert einer Option, in deren Restlaufzeit eine Dividendenzahlung fällt und deren Dividendenschutz sich auf eine entsprechende Kürzung des Basispreises beschränkt, ist damit immer geringer als der Wert einer ansonsten äquivalenten Option ohne Dividende während der Restlaufzeit[96].

Analoge Ausführungen gelten auch für die Verminderung des Basispreises um den Bezugsrechtskurs bei erfolgtem Handel von Bezugsrechten während der Optionslaufzeit, wobei hier jedoch insbesondere in den Fällen, in denen auf zulässige Basispreise gerundet werden muß, der Schutz nicht generell zu gering ist. Vielmehr kann es hier auch zu einem Anstieg des Optionswertes kommen.

Theoretisch exakt sind die hier relevanten Anpassungsregeln lediglich im Fall eines Aktiensplits während der Restlaufzeit oder bei vor dem Fälligkeitstermin der Option gewährten, aber noch nicht gehandelten Bezugsrechten. Im Bewertungszeitpunkt kann in diesen Fällen ohne Berücksichtigung dieser zukünftigen Ereignisse der exakte Optionswert mit der herkömmlichen Black/Scholes-Formel ermittelt werden. Der rechnerische Verlust des Optionshalters wird durch Erhöhung der Anzahl der zu beziehenden Aktien gemäß dem Splitverhältnis bzw. die Mitlieferung der Bezugsrechte gerade ausgeglichen[97].

---

ebenda, S. 152. Beide Möglichkeiten setzen natürlich auch insbesondere die Annahme beliebiger Teilbarkeit von Aktien bzw. Optionen voraus.

96) Die Höhe der Wertminderung wird abgeschätzt in Merton (1973), S. 154, Fußnote 23. Zu beachten ist ferner, daß die Annahme einer sicheren Wertminderung auf der Unterstellung friktionsloser Märkte beruht, in denen der Dividendenabschlag regelmäßig der vollen Höhe der Dividende entspricht. Vgl. hierzu Geske/Roll/Shastri (1983), S. 1272. Ebenda, S. 1273f., wird darüber hinaus gezeigt, daß es in diesem Fall trotz der Unvollständigkeit des angenommenen Dividendenschutzes nie optimal sein kann, die Option vor dem Fälligkeitstermin auszuüben, es sei denn, die während der Laufzeit anfallende Dividende wäre höher als der Basispreis.

97) Vgl. hierzu Abschnitt III.1.3.4. Im Falle eines Aktiensplits muß bei Bewertung einer Option nach erfolgtem Split in die Black/Scholes-Formel statt S_0 allerdings der jeweils aktuelle Aktienkurs multipliziert mit der erhöhten Anzahl zu beziehender Aktien eingesetzt werden.

Während diese zweite Gruppe von Optionen zumindest näherungsweise nach der vorgestellten Black/Scholes-Formel bewertet werden kann, weil die Abtrennung von Rechten aus der zugrunde liegenden Aktie durch eine Anpassung der Ausübungsbedingungen weitgehend oder sogar ganz neutralisiert wird, gilt dies für eine dritte Gruppe von Optionen wegen Fehlens entsprechender Anpassungsregeln nicht mehr. Hierzu zählen alle Kaufoptionen dieser Untersuchung mit Fälligkeitstermin 15.01.88, 15.04.88 oder 15.07.88, bei denen zwischen Bewertungszeitpunkt und Verfallstermin eine Dividende gezahlt wird. Aufgrund der Änderung der Vorschriften für den Optionshandel ist für diese Optionen keinerlei Dividendenschutz mehr vorgesehen. Wie die Optionen dieser Gruppe zu bewerten sind, ist Gegenstand des folgenden Gliederungspunktes.

2.1.2 Das modifizierte Modell bei fehlendem Dividendenschutz

Wird bei einer nicht dividendengeschützten, amerikanischen Kaufoption zwischen Bewertungszeitpunkt und Fälligkeitstermin eine Dividende gezahlt, so trifft es nicht mehr zu, daß eine Ausübung der Kaufoption vor dem Verfallstag immer suboptimal ist. Vielmehr kann zu einem Zeitpunkt j während der Optionslaufzeit in Abhängigkeit von dem dann eingetretenen Umweltzustand durchaus der Fall auftreten, daß der Sofortausübungswert S_j-K den Optionswert C_j, der sich beim Weiterhalten der Option bis T ergibt, übersteigt. Allerdings läßt sich nachweisen, daß diese Möglichkeit nur unmittelbar vor dem Dividendenabschlag besteht, so daß sich folgende neue Verwertungsprämisse formulieren läßt: Die Ausübung der Option ist, wenn überhaupt, dann entweder unmittelbar vor dem Dividendenabschlag oder am Verfallstag optimal[98]. Dies impliziert zweierlei. Zum einen ist die Black/Scholes-Formel aus Kapitel III.2.1.1 nicht mehr für die Bewertung verwendbar, da sie auf europäische Kaufoptionen und damit eine Ausübung ausschließlich am Verfallstag zugeschnitten ist. Zum andern kann aus der Erkenntnis über die potentiellen Zeitpunkte für die optimale Ausübung der Option abgeleitet werden, wie die herkömmliche Black/Scholes-Formel für den hier betrachteten Fall zu modifizieren ist. Die Bewertung wird dabei gedanklich in zwei Stufen zerlegt. Zuerst werden für alle gemäß dem vorgegebenen stochastischen Prozeß realisierbaren Aktienkurse S^{ex} unmittelbar nach Dividendenabschlag die Black/Scholes-Werte gemäß Gleichung (3.9) bestimmt[99]. Jeder dieser ermittelten Werte wird nun mit dem zugehörigen Wert bei Sofortausübung der Option unmittelbar vor dem ex-Termin verglichen. Nur das Maximum dieser beiden Werte geht jeweils in die endgültige Wertermittlung ein.

Analog zur Vorgehensweise bei der Herleitung der herkömmlichen Black/Scholes-Formel soll nun wieder ein risikoindifferenter Investor betrachtet werden. Dieser setzt den Wert der Option im Bewertungszeitpunkt 0 gleich dem mit dem sicheren Zinssatz diskontierten Er-

98) Vgl. Cox/Rubinstein (1985), S. 139f.

99) Dazu ist für S_0 jeweils S^{ex} in die Formel einzusetzen.

wartungswert der zuvor für den Dividendenzeitpunkt ermittelten Maxima. Im folgenden wird von nur einer Dividendenzahlung während der Optionslaufzeit ausgegangen, wobei sowohl ihre Höhe als auch ihr Zahlungszeitpunkt im Bewertungszeitpunkt bekannt sind[100]. Im übrigen gelten alle sonstigen Annahmen von Black/Scholes mit Ausnahme des Ausschlusses amerikanischer Optionen auch weiterhin. Es gilt daher:

$$(3.10)\quad C_0 = r^{-f} \int_D^{\infty} \max[(S_F^{cum} - K), BS(r, t-f, \sigma, K, S_F^{ex})]\; h(S_F^{cum})\; dS_F^{cum}$$

wobei F = Zeitpunkt der Dividendenzahlung

f = Zeitintervall vom Zeitpunkt 0 bis F

S_F^{cum} = Aktienkurs cum Dividende unmittelbar vor dem Dividendenabschlag

S_F^{ex} = Aktienkurs ex Dividende unmittelbar nach dem Dividendenabschlag

BS(...) = Black/Scholes-Wert nach Gleichung (3.9), wobei die in der Klammer angegebenen Parameter zu seiner Berechnung verwendet werden.

max[A,B] = Maximum aus A und B

$h(S_F^{cum})$ = log-normale Wahrscheinlichkeitsverteilung für S_F^{cum}.

Bei Gleichgewicht am vollkommenen Kapitalmarkt besteht außerdem folgender Zusammenhang zwischen dem cum und ex Dividende-Kurs einer Aktie[101]:

$$(3.11)\quad S^{ex} = S^{cum} - D$$ [102].

Nach Spezifizierung von $h(S_F^{cum})$ gemäß Gleichung (3.3) in Verbindung mit Gleichung (3.6)

---

100) Diese Annahme ist mit den Gegebenheiten in Deutschland ja auch gut vereinbar, da hier nur einmal jährlich Dividenden gezahlt werden, die in ihrer Höhe nur wenig schwanken. Außerdem sind die Zahlungstermine der Dividenden durch die lange vor dem Stattfinden der Hauptversammlung bereits festgelegten HV-Termine frühzeitig genug bekannt, wenn man bedenkt, daß die maximale Optionslaufzeit während des Untersuchungszeitraums 9,5 Monate beträgt.

101) Vgl. z.B. Schmidt (1986), S. 198.

102) Dieser Zusammenhang macht deutlich, daß strenggenommen die Annahme log-normalverteilter Aktienkurse cum Dividende nicht mit der Annahme einer in Höhe und Zeitpunkt fest vorgegebenen Dividende kompatibel ist. Nach der ersten Annahme besteht eine positive Wahrscheinlichkeit dafür, daß S_F^{cum} kleiner als D ist, nach der zweiten Annahme muß S_F^{cum} größer gleich D sein. Die abgeleitete Optionsbewertungsformel ist damit theoretisch zwar nicht völlig exakt; da die Wahrscheinlichkeit für ein Absinken des Aktienkurses unter die antizipierte Dividende aber für alle praktisch relevanten Fälle extrem gering ist, ist die durch die Verwendung dieser modifizierten Bewertungsformel im Gegensatz zur Anwendung der herkömmlichen Black/Scholes-Formel erreichte Steigerung der Genauigkeit im vorliegenden Zusammenhang völlig ausreichend. Die Entscheidung für diese modifizierte Formel dürfte insbesondere deshalb akzeptabel sein, weil in Deutschland nie mehr als eine Dividende während der Restlaufzeit der Option anfallen kann und für die praktische Ermittlung des Kaufoptionswertes sowieso nur eine Näherungslösung mittels numerischer Integration realisiert wird; vgl. hierzu die Erläuterungen im folgenden.

und Einsetzen von Gleichung (3.11) in (3.10) kann die Bewertungsgleichung (3.10) auch folgendermaßen geschrieben werden:

$$(3.12)\quad C_0 = r^{-f}\int_D^{\infty} \max[(S_F^{cum}-K), BS(r,t-f,\sigma,K,S_F^{cum}-D)]\frac{1}{S_F^{cum}\sigma\sqrt{f}\sqrt{2\pi}} \cdot e^{-\frac{1}{2}[(\ln\frac{S_F^{cum}}{S_0}-f\ln r+0,5\sigma^2 f)/\sigma\sqrt{f}]^2}\, dS_F^{cum}$$

Da das Integral aus Gleichung (3.12) nicht exakt berechnet werden kann, muß zu seiner näherungsweisen Lösung numerisch integriert werden. Dazu wird die Integration durch eine Summation ersetzt, wobei mit einer diskreten Schrittweite ΔS_F^{cum} über alle cum Dividende-Kurse summiert wird, die zwischen einer vorgegebenen Kursunter- bzw. -obergrenze liegen:

$$(3.13)\, C_0=r^{-f}\sum_{i=0}^{n-1} \max[(UG+(\frac{1}{2}+i)\Delta S_F^{cum}-K), BS(r,t-f,\sigma,K,UG+(\frac{1}{2}+i)\Delta S_F^{cum}-D)] \cdot h(UG+(\frac{1}{2}+i)\Delta S_F^{cum})\,\Delta S_F^{cum}$$

wobei UG (OG) = Kursuntergrenze (Kursobergrenze),

n = Anzahl der Schritte,

$$\Delta S_F^{cum} = \frac{OG - UG}{n}\ ^{103}.$$

2.2 Empirische Relevanz des Black/Scholes-Modells

Ein Optionsbewertungsmodell versucht vor allem, das absolute Preisniveau für Optionen zu erklären bzw. vorauszusagen, die in einer Welt gehandelt werden, die sich durch das Prämissensystem des Modells beschreiben läßt. Ändert man eine oder mehrere Prämissen, so kann dies für die Gültigkeit des Modells unerheblich sein oder aber den Übergang zu einem alternativen Bewertungsmodell erfordern. Da jedoch kein Annahmensystem die komplexe, sich ständig verändernde Realität exakt erfaßt, stellt jedes Modell nur eine mehr oder weniger gute Annäherung an die Realität dar.

103) Setzt man $(UG+(0{,}5+i)\Delta S_F^{cum})$ für S_F^{cum} in den in Gleichung (3.12) für $h(S_F^{cum})$ angegebenen Ausdruck ein, so erhält man eine Spezifizierung des Terms $h(UG+(0{,}5+i)\Delta S_F^{cum})$ aus Gleichung (3.13).

Für die vorliegende empirische Untersuchung wird das bereits vorgestellte Black/Scholes-Modell als Erklärungsansatz für die Preisbildung am Optionsmarkt gewählt. Der große Vorteil des Modells liegt darin, daß es weder die Kenntnis des Erwartungswertes der Aktienkursrenditen noch der Risikopräferenzen der Investoren voraussetzt und die Bewertungsformel außerdem fast ausschließlich beobachtbare Größen enthält[104]. Dieser Vorteil wird allgemein als der entscheidende Grund angesehen, warum die Anwendung des Black/ Scholes-Modells in Theorie und Praxis so weit verbreitet ist[105].

Vor der Implementierung des Modells soll unter diesem Gliederungspunkt dargestellt werden, wie die Güte des Black/Scholes-Modells für den hier zu untersuchenden Markt einzuschätzen ist. Dazu wird in Unterpunkt 2.2.1 zuerst ein kurzer Überblick über alternative Optionsbewertungsmodelle gegeben. Danach wird in Gliederungspunkt 2.2.2 auf grundsätzliche Probleme bei der Interpretation von Testergebnissen, die Aufschluß über die Validität eines Bewertungsmodells geben sollen, hingewiesen. Sodann werden in Unterpunkt 2.2.3 die Verletzungen der Modellannahmen diskutiert, und einige Ergebnisse empirischer Tests präsentiert. Der letzte Gliederungspunkt 2.2.4 enthält schließlich eine Zusammenfassung der wesentlichen Erkenntnisse bezüglich der Beurteilung des Black/Scholes-Modells.

2.2.1 Alternative Optionsbewertungsmodelle

Eine auch nur annähernd vollständige Beschreibung aller existierenden Optionsbewertungsmodelle würde den Rahmen dieser Untersuchung sprengen. Ziel dieses Abschnitts ist deshalb nicht die detaillierte Beschreibung aller Modelle, sondern die Systematisierung der unterschiedlichen Bewertungsansätze. Dadurch wird der Hintergrund geschaffen, vor dem in den nachfolgenden Gliederungspunkten die in dieser Untersuchung getroffene Entscheidung für das Black/Scholes-Modell beurteilt werden kann.

Grundsätzlich lassen sich zwei Gruppen von Optionsbewertungsmodellen unterscheiden[106]. Die eine Gruppe enthält alle Modelle, die risikoneutrale Bewertungsrelationen zwischen Option und zugrunde liegendem Basispapier ableiten. Die zweite Modellgruppe umfaßt hingegen Modelle mit präferenzabhängigen Bewertungsrelationen.

---

104) Der einzige nicht unmittelbar beobachtbare Modellparameter ist die Volatilität der Momentanrendite der Aktie. Allerdings wurde unter dem Stichwort "synchrone Märkte" bereits auf Erhebungsschwierigkeiten bei anderen Variablen hingewiesen; vgl. hierzu II.2.2.4.

105) Vgl. die Einschätzung bei Trautmann (1990a), S. 86.

106) Diese Systematisierung ist entnommen aus Egle/Trautmann (1981), S. 400 - 416.

2.2.1.1 Risikoneutrale Bewertungsrelationen

Die Modelle der Optionspreistheorie, die risikoneutrale Bewertungsrelationen zwischen Option und zugrunde liegendem Basispapier ableiten, repräsentieren gegenüber vielen Ansätzen der traditionellen Bewertungstheorie unter Unsicherheit einen wesentlichen Fortschritt. Sie sind im allgemeinen dadurch gekennzeichnet, daß die Optionsbewertung völlig unabhängig von den Präferenzen der Investoren ist. Die regelmäßig getroffene Annahme, daß risikolose Arbitragemöglichkeiten im Gleichgewicht nicht existieren, setzt nämlich nur voraus, daß die Marktteilnehmer rational handeln, d.h., daß sie mehr Reichtum weniger Reichtum vorziehen. Damit ist es insbesondere auch möglich, bei der Bewertung der Optionen so vorzugehen, als ob die Investoren risikoneutral wären. Welches konkrete Modell aus dieser Gruppe zur Optionsbewertung jeweils heranzuziehen ist, ist damit allein von der Annahme über die Wahrscheinlichkeitsverteilung der Aktienkursrenditen im Zeitablauf[107] abhängig[108].

Die Mehrzahl aller betrachteten Ansätze sind Hedging-Modelle. Bei ihnen wird die risikoneutrale Bewertungsrelation aus der Möglichkeit hergeleitet, daß die Investoren risikolose Hedge-Portfolios aus Option und zugrunde liegender Aktie bilden können. Dies impliziert unmittelbar, daß der Erwartungswert der Aktienkursrendite keinen direkten Einfluß auf die Höhe des Optionswertes hat[109]; dieser ist vielmehr nur von direkt bzw. anderen indirekt beobachtbaren Parametern abhängig[110].

Bei einigen Modellen dieser Gruppe ist die Möglichkeit, ein perfekt gehedgtes und damit risikoloses Portfolio aus Option und zugrunde liegender Aktie zu erstellen, jedoch nicht gegeben. Aufgrund bestimmter Modellannahmen gelingt es aber bei diesen Ansätzen, dieses Defizit so auszugleichen, daß dennoch bei Ableitung der modellspezifischen Bewertungsrelation Risikoneutralität der Investoren unterstellt werden kann.

---

107) Diese Annahme entscheidet auch über die Frage, ob der Wertpapierhandel diskret oder kontinuierlich erfolgt.

108) Beim "compound option model" von Geske ist in diesem Zusammenhang die Wahrscheinlichkeitsverteilung der Aktienkursrenditen durch die Wahrscheinlichkeitsverteilung des Marktwertes des Unternehmens zu ersetzen; vgl. die späteren Ausführungen zu diesem Modell.

109) Vgl. die Erläuterungen unter III.2.1.1 zum risikolosen Hedge-Portfolio bei Gültigkeit der Black/Scholes-Annahmen. Indirekt besteht über den in die Optionsbewertungsformel eingehenden beobachtbaren Aktienkurs natürlich doch ein Einfluß der erwarteten Kursentwicklung auf den Optionswert.

110) Indirekt beobachtbare Parameter, wie z.B. die Volatilität der Aktienkursrendite, müssen in ihrer jeweiligen Höhe geschätzt werden.

2.2.1.1.1 Modelle mit perfektem Hedging

Alle im folgenden beschriebenen Modelle sind reine Hedging-Modelle. Dies impliziert, daß die Gültigkeit der jeweils abgeleiteten risikoneutralen Bewertungsrelation nicht von einer konkreten Annahme über die Investorenpräferenzen abhängt[111]. Die Modelle unterscheiden sich hauptsächlich in ihren Annahmen über die Aktienkursbewegung und beziehen sich alle auf europäische Optionen.

Das einzige diskrete Modell in diesem Kontext unterstellt, daß der Wert der der Option zugrunde liegenden Aktie einem Sprungprozeß mit jeweils nur zwei möglichen Umweltzuständen folgt[112]. Das im folgenden beschriebene Binomialmodell von Cox/Ross/Rubinstein stellt einen Spezialfall dieses Modelltyps dar[113]. Es beruht auf der Annahme, der Aktienkurs folge einem stationären, multiplikativen binomialen Prozeß über diskrete Perioden. Diese Annahme beinhaltet, daß die Aktienkursrenditen über eine Periode jeweils nur zwei unterschiedliche Werte annehmen können, die von Periode zu Periode gleichbleiben. Ebenso muß die Varianz der Aktienkursrenditen konstant sein. Der Aktienkurs steigt also vom Kurs S zu Periodenbeginn mit Wahrscheinlichkeit q auf den mit dem Faktor u multiplizierten Kurs uS bzw. geht mit Wahrscheinlichkeit (1-q) auf den mit dem Faktor $d<u$ multiplizierten Kurs dS am Periodenende. Das Binomialmodell ist insbesondere deshalb interessant, weil es einen sehr einfachen Zugang zum Prinzip der arbitragefreien Optionsbewertung bietet und weil sich sowohl das Black/Scholes-Modell als auch die meisten der im folgenden erläuterten Modelle durch Übergang von der diskreten zur kontinuierlichen Zeitbetrachtung aus dem Binomialmodell entwickeln lassen[114]. Je mehr Binomialschritte dabei ceteris paribus gewählt werden, desto genauer läßt sich der Wert des kontinuierlichen Modells annähern[115].

Die im folgenden vorgestellten, kontinuierlichen Hedging-Modelle gehören unterschiedlichen Modellkategorien an. Beim "CEV-model" von Cox/Ross, beim "compound option mo-

---

111) Dabei wird im folgenden die von Geske/Trautmann vorgenommene Modellauswahl übernommen. Vgl. Geske/Trautmann (1986), S. 89.

112) Diese Eingrenzung auf nur ein diskretes Modell gilt zumindest bei einer Beschränkung auf Bewertungsmodelle für Aktienoptionen; vgl. hierzu Egle/Trautmann (1981), S. 401. Vgl. zur Ableitung der Optionsbewertungsformel für diesen Modelltyp Rendleman (jr.)/Bartter (1979), S. 1093 - 1110, und Sharpe (1985), S. 493 - 499.

113) Vgl. Cox/Ross/Rubinstein (1979), S. 229 - 263. Sie benützen zur Ableitung des kompletten Optionsbewertungsmodells die auf Sharpe zurückgehende Methode; vgl. hierzu die Quellenangabe in der vorhergehenden Fußnote.

114) Welches Modell jeweils entwickelt wird, hängt von der beim Übergang von endlich großen zu unendlich kleinen Perioden gewählten Spezifikation von u, d und q ab.

115) Vgl. das Zahlenbeispiel bei Cox/Rubinstein (1985), S. 242f.

del" von Geske und beim "displaced diffusion model" von Rubinstein[116] handelt es sich um Ansätze, die abweichend vom Black/Scholes-Modell keine konstante Volatilität der Aktienkursrenditen unterstellen. Das Sprung-Modell von Cox/Ross[117] hingegen geht weiterhin von einer konstanten Volatilität aus, modelliert dafür aber explizit sprunghafte Veränderungen der Aktienkursrenditen.

Das "CEV-model" berücksichtigt eine vom jeweiligen Aktienkursniveau abhängige Varianz der Momentanrendite der Aktie. Dabei wird diese Abhängigkeit so modelliert, daß die Elastizität der Varianz in bezug auf den Aktienkurs konstant und damit unabhängig vom erreichten Kursniveau und der Zeit ist[118]. Eine Elastizität kleiner als Eins weist auf eine inverse Beziehung zwischen der Größe der Varianz der Momentanrendite und der jeweiligen Kurshöhe der Aktie hin. Die umgekehrte, gleichgerichtete Größenentwicklung zwischen Varianz und Kurshöhe ergibt sich aus einer Elastizität größer als Eins. Bei einer Elastizität gleich Eins hingegen entspricht das "CEV-model" dem Black/Scholes-Modell.

Im Vergleich zum Black/Scholes-Modell geht das "compound option model" einen Schritt weiter zurück. Ausgangspunkt ist nicht der stochastische Prozeß der Aktienkursbewegung; vielmehr wird dieser aus dem als vorgegeben betrachteten, stationären stochastischen Prozeß der Entwicklung des Marktwertes der Unternehmung abgeleitet. Ist die Unternehmung verschuldet und ist die Laufzeit der Schuld endlich, so ist im Gegensatz zum Black/Scholes-Modell der stochastische Prozeß der Renditeentwicklung der Aktie nicht mehr stationär[119]. Mit sich änderndem Marktwert ändert sich vielmehr ceteris paribus der Verschuldungsgrad des Unternehmens und die Volatilität des Aktienkurses. Damit ergibt sich auch eine ökonomische Begründung für die beim "CEV-model" mit einer Elastizität kleiner Eins unterstellte und in empirischen Untersuchungen häufig beobachtete inverse Beziehung zwischen Aktienkursniveau und Volatilität der Momentanrendite der Aktie. Je größer der Marktwert der Unternehmung wird, desto mehr steigt nämlich ceteris paribus der Aktienkurs[120], desto geringer wird hingegen der Verschuldungsgrad. Letzteres wiederum verringert die Volatilität der Aktienkursrendite. Der Name "compound option model" leitet sich aus dem Verständnis einer Aktienoption als Option auf eine Option ab. Die Aktienoption ist eine Option auf die Aktie, und diese wiederum wird als Option auf das Unternehmensvermögen betrachtet, deren Wert relativ zum jeweiligen Marktwert des Unternehmens mit Hilfe der Black/Scholes-

---

116) Die Modelle sind beschrieben in Cox/Ross (1976a), S. 145 - 166; Geske (1979a), S. 63 - 81, und Rubinstein (1983), S. 213 - 217.

117) Vgl. zu diesem Modell Cox/Ross (1975).

118) Das führte zu dem Namen dieses Modelltyps. "CEV" steht für "constant elasticity of variance".

119) Umgekehrt gilt, daß bei einer unverschuldeten Unternehmung oder bei einer Unternehmung, die generell nur Schulden mit unendlicher Laufzeit aufweist, ein ermittelter Optionswert nach dem "compound option model" dem Wert nach dem Black/Scholes-Modell entspricht.

120) Ceteris paribus bezieht sich hierbei insbesondere auf eine unveränderte Schuldenposition der Unternehmung.

Formel ermittelt werden kann. In der Bewertungsformel des "compound option model" tritt dieser zweistufige Prozeß allerdings nicht mehr direkt in Erscheinung; vielmehr leitet sich der Wert der Aktienoption unmittelbar aus dem zum Bewertungszeitpunkt jeweils geltenden Marktwert der Unternehmung und dem Wert des Fremdkapitals ab[121].

Das "displaced diffusion model" liefert im Gegensatz zum "compound option model" eine ökonomische Begründung für eine in bezug auf die Aktienkursentwicklung gleichgerichtete Veränderung der Volatilität der Momentanrendite der Aktie. Ausgangspunkt dieses Modells sind die riskanten und risikolosen Vermögensgegenstände der Unternehmung, wobei davon ausgegangen wird, daß die Varianz der Rendite, die ein bestimmter Typ eines Vermögensgegenstandes erbringt, jeweils konstant ist[122]. Geht man der Einfachheit halber nur von zwei verschiedenen Typen aus, wobei der eine riskant und der andere risikolos sei, so muß jeder prozentuale Anstieg des Unternehmensgesamtwertes, der größer ist als der risikolose Zinssatz, ceteris paribus auf Erträge des riskanten Vermögensgegenstandes zurückzuführen sein. Der dadurch induzierte größere Anteil des Wertes des riskanten Typs am Gesamtwert der Unternehmung erhöht die Volatilität des Unternehmensgesamtwertes und damit auch die Volatilität der Aktie.

Das Sprung-Modell von Cox/Ross[123] geht von einem reinen Sprungprozeß der Aktienkursbewegung aus. Dieser ist durch diskontinuierliche, sprunghafte Veränderungen des Aktienkurses gekennzeichnet, wobei diese Sprünge eine sehr kleine Eintrittswahrscheinlichkeit besitzen und im übrigen immer gleichgerichtet und mit einer konstanten prozentualen Amplitude auftreten. Die Momentanrendite der Aktie zwischen den Sprüngen ist sehr klein und deterministisch. Auch bei diesem Optionsbewertungsmodell kann die Bewertungsformel nach wie vor aus der Möglichkeit der Bildung eines risikolosen Hedge-Portfolios aus Option und zugrunde liegender Aktie abgeleitet werden.

2.2.1.1.2 Modelle ohne perfektes Hedging

Bei den in diesem Gliederungspunkt betrachteten Modellen kann kein perfekt gehedgtes und damit risikoloses Portfolio aus Option und zugrunde liegender Aktie erstellt werden. Trotzdem gelingt es aufgrund bestimmter Modellannahmen auch bei diesen Ansätzen, risikoneutrale Bewertungsrelationen zwischen Option und zugrunde liegender Aktie abzuleiten. Im-

121) Obwohl das "compound option model" in seiner Grundversion wie alle bisher beschriebenen Modelle für europäische Optionen abgeleitet wurde, ist es Grundlage zahlreicher analytischer Modelle zur Bewertung amerikanischer Optionen. Vgl. Roll (1977), S. 251 - 258; Geske (1979b), S. 375 - 380; Whaley (1981), S. 207 - 212, und Geske/Johnson (1984), S. 1511 - 1524.

122) Bei einem risikolosen Vermögensgegenstand ist die Varianz immer gerade gleich null.

123) Cox/Ross (1975). Die folgenden Erläuterungen beziehen sich lediglich auf diese Quelle. Vgl. demgegenüber die Arbeiten von denselben (1976a), S. 145 - 166, und (1976b), S. 383 - 402, wo zusätzlich wesentlich allgemeinere Sprungmodelle betrachtet werden.

mer möglich ist dies z.B. dann, wenn das Risiko des nicht perfekt gehedgten Portfolios vollständig diversifizierbar und damit für die Marktbewertung im Gleichgewicht irrelevant ist. Ein Beispiel hierfür ist das Diffusion-Sprung-Modell von Merton[124], das im folgenden näher erläutert werden soll.

Das Diffusion-Sprung-Modell von Merton[125] versucht einen Sprungprozeß der Aktienkursbewegung zu modellieren, der realitätsnäher ist als der Prozeß, der dem im vorigen Gliederungspunkt beschriebenen Sprung-Modell von Cox/Ross zugrunde liegt. Beim Diffusion-Sprung-Modell von Merton wird von einer Kombination aus ebenfalls relativ seltenen, in ihrer Höhe aber stochastischen Sprüngen und einem Zufallsprozeß kontinuierlicher, kleiner Aktienkursänderungen zwischen den Sprüngen ausgegangen. Solange es zu keinem Aktienkurssprung kommt, kann ein zur Option äquivalentes Portfolio aus Aktie und risikolosem Wertpapier erstellt werden[126]; es ist hingegen nicht möglich, das Risiko eines eintretenden Aktienkurssprungs durch die Bildung eines risikolosen Hedge-Portfolios aufzufangen. Merton zeigt jedoch, daß unter der zusätzlichen Annahme, daß das Auftreten eines Kurssprungs bei einer Aktie nicht mit dem Eintritt von Aktienkurssprüngen auf dem übrigen Markt korreliert ist[127], trotzdem eine Optionsbewertungsformel zur Ermittlung des Gleichgewichtswertes abgeleitet werden kann, die unabhängig von den Präferenzen der Investoren ist. Dazu wird davon ausgegangen, daß die Marktteilnehmer mittels der Bildung von Hedge-Portfolios nicht nur jegliche Arbitragemöglichkeiten unverzüglich beseitigen, sondern daß sie die Optionen auch als Teile vollständig diversifizierter Portfolios halten, so daß das unsystematische Risiko eines Aktienkurssprungs im Gleichgewicht für die Bewertung von Aktien oder Optionen gänzlich irrelevant ist. Je größer ceteris paribus die erwartete Sprunghöhe oder je geringer ceteris paribus die erwartete Sprunghäufigkeit, desto stärker unterscheidet sich im übrigen der modellierte Prozeß der Aktienkursbewegung von dem beim Black/Scholes-Modell unterstellten Prozeß und desto höher werden deshalb auch die Abweichungen zwischen den Optionswerten der beiden Modelle ausfallen.

Die Annahme, daß das Risiko des nicht perfekt gehedgten Portfolios vollständig diversifizierbar ist, stellt nur eine mögliche Prämisse dar, die es erlaubt, eine risikoneutrale Bewertungsrelation zwischen Option und zugrunde liegender Aktie abzuleiten, obwohl kein perfekt risikoloses Hedge-Portfolio erstellt werden kann. Dieses Defizit kann jedoch auch bei Modellen ausgeglichen werden, denen eine bestimmte Annahmenkombination aus Wahr-

124) Vgl. als weiteres Beispiel auch Black/Scholes (1973), S. 642f., insbesondere S. 643, Fußnote 7. Sie zeigen, daß eine entgegen den Annahmen des Black/Scholes-Modells nicht kontinuierlich durchgeführte Revision des Hedge-Portfolios bewertungsirrelevant ist, da das dadurch entstehende Risiko vollständig diversifizierbar ist.

125) Merton (1976a), S. 125 - 144.

126) Der Zufallsprozeß zwischen den Aktienkurssprüngen entspricht nämlich dem beim Black/Scholes-Modell unterstellten Prozeß.

127) Allerhöchstens darf eine Korrelation mit einer kleinen Minderheit vorliegen.

scheinlichkeitsverteilung der Aktienkursrenditen und Gestalt der Nutzenfunktion des repräsentativen Investors zugrunde liegt. Liegt eine solche Kombination vor, so kann weiterhin bewertet werden, als ob die Investoren risikoneutral wären. Die verwendete Bewertungsrelation wird jedoch nur dann zu relevanten Ergebnissen führen, wenn die Risikopräferenzen der Investoren tatsächlich ganz bestimmten Beschränkungen unterliegen[128]. Es lassen sich in diesem Zusammenhang zwei Fälle unterscheiden. Modifiziert man die Grundannahmen des Black/Scholes-Modells dahingehend, daß der Handel in Wertpapieren nur mehr in diskreten Zeitabständen erfolgt, und behält alle übrigen Annahmen bei, so kann kein perfekt risikoloses Hedge-Portfolio mehr erstellt werden. Dessen ungeachtet läßt sich zeigen, daß die Black/Scholes-Bewertungsformel nach wie vor Gültigkeit besitzt, wenn zusätzlich konstante relative Risikoaversion des repräsentativen Investors angenommen wird[129]. Der zweite Fall, bei dem nach wie vor eine risikoneutrale Bewertungsrelation zwischen Option und zugrunde liegender Aktie abgeleitet werden kann, obwohl es nicht möglich ist, ein perfekt risikoloses Hedge-Portfolio zu erstellen, ist durch die Annahmenkombination aus konstanter absoluter Risikoaversion des repräsentativen Investors und normalverteilten Aktienkursrenditen gekennzeichnet[130].

2.2.1.2 Präferenzabhängige Bewertungsrelationen

Die Optionsbewertungsmodelle, die präferenzabhängige Bewertungsrelationen zwischen Option und zugrunde liegendem Basispapier ableiten, sind dadurch gekennzeichnet, daß ihre jeweiligen Modellannahmen es nicht mehr erlauben, Optionen so zu bewerten, als ob die Investoren risikoneutral wären. Vielmehr ist der Wert einer Option in Abhängigkeit von den Präferenzen der Marktteilnehmer oder der Bewertung anderer Einflußfaktoren zu ermitteln. Dabei muß man auf eine allgemeine, umfassende Bewertungstheorie bei unsicheren Erwartungen zurückgreifen können. Präferenzabhängige Bewertungsrelationen erfordern darüber hinaus für empirische Zwecke regelmäßig die Schätzung von Marktparametern wie z.B. einer Risikoaversion des Marktes oder von Risikoprämien und erwarteten Renditen im Gleichgewicht. Hierbei muß mit sehr großen Schätzfehlern gerechnet werden[131]. Aufgrund des sehr hohen Kompliziertheitsgrades dieser komplexen Modelle und der großen Schätzprobleme bei empirischen Untersuchungen soll auf diese Modellgruppe nicht näher eingegangen werden.

---

128) Vgl. Egle/Trautmann (1981), S. 401 - 403.

129) Vgl. ebenda, S. 408 - 414.

130) Vgl. ebenda, S. 414. Den Autoren ist es damit gelungen, risikoneutrale Bewertungsrelationen bei notwendigerweise beschränkten Investorenpräferenzen unter schwächeren Bedingungen abzuleiten, als dies in früheren Arbeiten der Fall war. Vgl. Merton (1973), S. 141 - 183, Rubinstein (1976), S. 407 - 425, und Brennan (1979), S. 53 - 68.

131) Vgl. zu dieser Modellgruppe Geske/Trautmann (1986), S. 94f., sowie Cox/Rubinstein (1985), S. 420 - 423.

2.2.2 Grundsätzliche Probleme eines Tests auf Validität des Bewertungsmodells

Die grundsätzlichen Probleme, die bei dem Versuch auftreten, die Gültigkeit eines Optionsbewertungsmodells anhand empirischer Daten zu testen, lassen sich besser verdeutlichen, wenn man die unterschiedlichen Testansätze vorab systematisiert. In einer ersten Gruppe sollen deshalb alle Ansätze zusammengefaßt werden, deren Ziel es ist festzustellen, inwieweit sich die Realität durch die Annahmen des theoretischen Bewertungsmodells zumindest annähernd beschreiben läßt und inwiefern von gravierenden Verletzungen der Annahmen ausgegangen werden muß. Diese Tests sollen im folgenden als Annahmentests bezeichnet werden. Die zweite Gruppe enthält die sogenannten Robustheitstests[132], mit deren Hilfe Aufschluß darüber erzielt werden soll, wie sensibel die theoretisch abgeleiteten Ergebnisse eines Modells auf Verletzungen wesentlicher Annahmen oder auf Fehlschätzungen bzw. -messungen von Modellvariablen reagieren. In der letzten Gruppe werden schließlich der Test des Erklärungs- bzw. Prognosegehalts, der Test auf Unverzerrtheit und der Test auf Überrenditen zusammengefaßt. Beim Test des Erklärungs- bzw. Prognosegehalts geht es darum festzustellen, ob ein bestimmtes Modell oder eine bestimmte Art, Modellparameter zu schätzen, zu systematisch geringeren Abweichungen von den tatsächlich realisierten Marktpreisen führt als andere Modelle bzw. Schätzmethoden. Der Test auf Unverzerrtheit soll Aufschluß darüber geben, ob bei einem bestimmten Modell bzw. einer bestimmten Parameterschätzmethode systematische Prognosefehler auftreten. Der letzte Test untersucht schließlich, ob durch die Bildung eines risikolosen Hedge-Portfolios im Durchschnitt Renditen erzielt werden können, die über dem risikolosen Marktzins liegen.

Tests auf Verletzungen der Annahmen des Black/Scholes-Modells beziehen sich insbesondere auf die Verteilungshypothese, die der stochastischen Aktienkursbewegung zugrunde gelegt wird. Insoweit steht man vor der Aufgabe, aus einer Zeitreihe beobachteter Aktienkursrenditen auf die zugrunde liegende Wahrscheinlichkeitsverteilung zu schließen. Hierbei sind zwei Einschränkungen zu beachten. Zum einen kann mit einem statistischen Verteilungstest eine bestimmte Verteilungsannahme nicht exakt verifiziert oder falsifiziert werden. Vielmehr kann nur festgestellt werden, ob das Vorliegen einer bestimmten hypothetischen Verteilung bzw. eines bestimmten hypothetischen Verteilungstyps aufgrund der beobachteten Renditen als extrem unwahrscheinlich einzustufen ist. Ist dies nicht der Fall, so bleibt zu hoffen, daß die unterstellte Verteilung die Realität wenigstens einigermaßen gut annähert. Dies entspricht der bekannten Aussagefähigkeit statistischer Signifikanztests[133]. Zum andern setzen Tests auf Verteilungstypen oder einzelne Verteilungsparameter, die anhand von Zeitreihen beobachteter Renditen durchgeführt werden, voraus, daß die Wahrscheinlich-

132) Definition und Systematisierung der Testansätze in der zweiten und dritten Gruppe sind entnommen aus Geske/Trautmann (1986), S. 107ff.

133) Eine Ablehnung der Nullhypothese bedeutet nicht, daß die in ihr unterstellte Verteilungsannahme sicher falsch ist, sondern nur, daß bei ihrer Richtigkeit die beobachtete Zeitreihe von Aktienkursrenditen sehr unwahrscheinlich wäre. Umgekehrt ist die Nicht-Ablehnung der Nullhypothese nicht mit ihrer erwiesenen Richtigkeit gleichzusetzen. Vgl. Basler (1986), S. 115f.

keitsverteilungen der Renditen zu unterschiedlichen Zeitpunkten gewissen Stationaritäts- und Unabhängigkeitsanforderungen genügen[134].

Tests auf Robustheit können zum einen mittels zufällig erzeugter Aktienkurse durchgeführt werden, was den Vorteil hat, daß eine bestimmte Renditeverteilung der Aktienkurse simuliert werden kann[135]. Zum andern wird aber auch durch Rückgriff auf empirisch beobachtete Renditen auf Robustheit bestimmter Ergebnisse des Optionsbewertungsmodells getestet[136]. Hier lassen sich dann jedoch bezüglich der der Berechnung zugrunde liegenden, aber nicht beobachtbaren Wahrscheinlichkeitsverteilung der Aktienkursrenditen wiederum nur die oben formulierten Aussagen eines statistischen Verteilungstests machen. Mittels solcher Robustheitstests wird z.B. versucht zu beurteilen, ob große Ungenauigkeiten auftreten, wenn man ein bestimmtes Optionsbewertungsmodell auch dann noch als Erklärungsansatz für die Optionspreisbildung in der Realität verwendet, wenn zu vermuten ist, daß die empirische Wahrscheinlichkeitsverteilung der Aktienkursrenditen systematisch von dem Verteilungstyp abweicht, der dem verwendeten Modell zugrunde liegt. Dazu wird überprüft, inwieweit die mit den simulierten bzw. empirisch beobachteten Aktienkursrenditen berechneten Optionswerte signifikant von den ebenfalls mit diesen Renditen berechneten Werten des alternativen Optionsbewertungsmodells abweichen, das für den simulierten bzw. in der Empirie vermuteten Verteilungstyp das theoretisch exakte Modell darstellt.

Bei der dritten und letzten der vorgestellten Testgruppen treten besonders gravierende Interpretationsprobleme der Testergebnisse auf, da erst bei diesen Ansätzen tatsächlich realisierte Optionspreise in die jeweilige Untersuchung miteinbezogen und den jeweils berechneten Modellwerten gegenübergestellt werden. Dabei entsprechen die auftretenden Schwierigkeiten den insbesondere unter den Gliederungspunkten II.2.2.2 und II.2.2.4 dargestellten Problemen der Interpretation der Abweichungen realisierter Preise von den entsprechenden Modellwerten bei der Durchführung von Informationseffizienztests. Gerade die Ansätze dieser Gruppe lassen sich ja nicht nur als Tests auf Gültigkeit des Bewertungsmodells, sondern indirekt oder im Falle des Tests auf Überrenditen sogar direkt auch als Tests auf Informationseffizienz interpretieren[137]. Die Darstellung der Probleme dieser Gruppe entspricht insofern einer Zusammenfassung der entsprechenden, bereits in Kapitel II angeführten Punkte, so daß zur Ergänzung auf die früheren ausführlichen Erläuterungen verwiesen sei.

---

134) Vgl. hierzu auch die ausführlichen Erläuterungen bei Franke (1980), S. 137 - 143.

135) Vgl. z.B. Boyle/Emanuel (1980).

136) Vgl. z.B. Ball/Torous (1985).

137) Dabei bezieht sich diese Unterscheidung lediglich darauf, ob die Profitabilität einer kurzfristigen Handelsstrategie explizit getestet wird oder nicht; vgl. hierzu die unter II.2.2.3 gegebene Definition direkter Tests auf Informationseffizienz.

Bei der Durchführung der Tests der letzten Gruppe werden regelmäßig mehr oder weniger große Diskrepanzen zwischen den beobachteten realisierten Optionspreisen und den entsprechenden Modellwerten festgestellt. Diese Abweichungen könnten nun dahingehend gedeutet werden, daß das jeweils betrachtete Bewertungsmodell für den Untersuchungsmarkt und -zeitraum keine Gültigkeit besitzt. Geht man einmal davon aus, daß bei der Ableitung der Berechnungsformel aus den vorgegebenen Annahmen kein Fehler gemacht wurde, so wäre diese Interpretation gleichbedeutend mit der Aussage, daß die Diskrepanzen zwischen Modellwert und Marktpreis allein darauf zurückzuführen sind, daß die Modellannahmen die Realität nicht exakt widerspiegeln. Da in der Tat jedes Modell bis zu einem gewissen Grad von der Realität abstrahiert, könnten Abweichungen zwischen Modellwerten und Preisen schon aus diesem Grund tatsächlich nie ganz vermieden werden. Gemäß dieser Interpretation der Abweichungen könnte das Prämissensystem, das den Gegebenheiten auf einem bestimmten Untersuchungsmarkt noch am ehesten gerecht würde und dessen Modellwert den Bewertungsvorgang in der Realität noch "am besten" widerspiegeln würde, durch besonders kleine Abweichungen zwischen jeweiligem Modellwert und Optionspreis identifiziert werden. Tatsächlich ist die mangelnde Validität eines Bewertungsmodells aber nur einer von mehreren denkbaren Gründen für festgestellte Diskrepanzen zwischen Modellwerten und tatsächlich beobachteten Preisen[138], so daß von relativ hohen Abweichungen eben gerade nicht zwingend auf eine falsche Struktur des Bewertungsmodells geschlossen werden muß. Vielmehr könnten auch Fehler bei der Schätzung von Modellparametern die Ursache sein. Selbst die Black/Scholes-Formel, deren Vorteil ja insbesondere die Beobachtbarkeit der meisten Parameter ist, enthält mit der zukünftigen Volatilität der Momentanrendite der Aktie zumindest eine Größe, die nicht unmittelbar beobachtbar ist und deshalb geschätzt werden muß[139].

Neben der Fehlschätzung von Modellparametern besteht aber des weiteren auch die Möglichkeit, daß der Handel auf dem Options- und Aktienmarkt nicht synchron erfolgt. Ein Hedging-Modell, das den Wert einer Option zu einem bestimmten Zeitpunkt aus dem beobachteten Aktienkurs zu diesem Zeitpunkt ableitet, würde dann schon allein deshalb einen vom beobachteten Optionspreis abweichenden Wert ermitteln, weil für denselben Zeitpunkt erhobene Options- und Aktienkurse tatsächlich nicht zeitgleich realisiert worden wären. Außerdem ermitteln Hedging-Modelle Optionswerte, die im Arbitragegleichgewicht gelten. In der Realität ist es aber durchaus denkbar, daß neue kursrelevante Informationen nicht völlig zeitgleich in den Aktienkursen bzw. Optionspreisen verarbeitet werden. Dies würde insbesondere implizieren, daß zumindest für eines der beiden Kapitalmarktsegmente keine unendlich hohe Anpassungsgeschwindigkeit an Preisveränderungen auf dem jeweils anderen Marktsegment gegeben ist. Es könnten in der Realität somit zwischen den beiden Kapitalmarktsegmenten durchaus Ungleichgewichtssituationen auftreten, die auf unterschiedlich

138) Eine Aufzählung denkbarer Gründe findet sich bei Geske/Trautmann (1986), S. 107. Vgl. ebenfalls die unter II.2.2.2 und II.2.2.4 aufgeführten Gründe und die dort angegebenen Literaturverweise.

139) Vgl. hierzu die Ausführungen unter Gliederungspunkt III.2.2.3.4 und III.2.3.4.

hohe Grade an Informationseffizienz bzw. zumindest nicht völlig zeitgleiche Informationsverarbeitung zurückzuführen wären. Dies würde für sich allein genommen ebenfalls schon zu Abweichungen zwischen ermittelten Modellwerten und beobachteten Optionspreisen führen[140]. Darüber hinaus sind, wie bei jeder empirischen Untersuchung, auch noch Erhebungsfehler bei den beobachteten Modellparametern oder Optionspreisen denkbar, die einen weiteren potentiellen Grund für auftretende Abweichungen liefern[141].

Die Schwierigkeit besteht nun darin, daß bei konstatierten Diskrepanzen zwischen Optionswert und -preis nicht isoliert werden kann, welcher Teil der Abweichung auf welchen der aufgeführten Gründe zurückzuführen ist. Man kann zwar durch aufwendige Datenkontrollen oder die Erhebung möglichst zeitgleicher Kurse versuchen, das Problem der Datenfehler oder der Asynchronität zumindest zum Teil in den Griff zu bekommen[142]. Dies löst aber dann immer noch nicht die Frage, ob bei Durchführung eines Tests festgestellte Abweichungen nun auf die Verwendung eines "falschen" Bewertungsmodells, auf Fehler bei der Parameterschätzung oder auf Ineffizienzen bzw. zumindest nicht völlig zeitgleiche Informationsverarbeitung auf dem Aktien- und/oder Optionsmarkt hindeuten. In bezug auf das zu Beginn gesteckte Ziel, die Validität des Black/Scholes-Modells zu testen, können die häufig durchgeführten Tests der letzten Gruppe somit letztlich keine eindeutige Antwort geben. Dies muß bei der Beurteilung einiger im folgenden vorgestellten empirischen Ergebnisse berücksichtigt werden.

2.2.3 Verletzungen der Annahmen des Black/Scholes-Modells und seine empirische Überprüfung auf dem deutschen Markt

Bei keinem theoretischen Bewertungsmodell kann erwartet werden, daß seine Annahmen in der Realität exakt zutreffen. In diesem Kapitel soll deshalb als erstes dargelegt werden, wie gut die Annahmen des Black/Scholes-Modells die tatsächlichen Gegebenheiten in den hier zu untersuchenden Kapitalmarktsegmenten approximieren, welche Abweichungen von den Prämissen bestehen und welche Auswirkungen davon bei der Modellanwendung zu erwarten sind. Als nächstes werden dann aus der Fülle empirischer Studien, die mit dem Black/

140) Jede aus diesem Grund bestehende Abweichung, die länger als eine logische Sekunde zu beobachten wäre, würde aber bereits wieder auf Verletzungen der Modellannahmen in der Realität hinweisen. Werden bei ansonsten geltenden Annahmen des Black/Scholes-Modells die Abweichungen nicht unendlich schnell durch Arbitragetransaktionen beseitigt, so könnte dies z.B. darauf hindeuten, daß die Investoren nicht stets rational handeln oder daß sie gar nicht unverzüglich reagieren können, da keine kontinuierlichen Handelsmöglichkeiten gegeben sind.

141) Soweit nicht nur simulierte Daten verwendet werden, beeinträchtigen Erhebungsfehler natürlich auch die Ergebnisse von Annahmen- oder Robustheitstests.

142) Der Erhebung zeitgleicher Kurse sind durch Marktbedingungen jedoch schon Grenzen gesetzt. Wird nicht zeitgleich gehandelt oder kann von den verfügbaren Kursdaten nicht auf die genaue Handelszeit geschlossen werden, so ist das Problem der Asynchronität nicht völlig zu beheben. Vgl. hierzu Abschnitt III.2.3.2.

Scholes-Modell arbeiten, einige für diese Untersuchung interessante Ergebnisse vorgestellt werden. Im Mittelpunkt stehen dabei Arbeiten Trautmanns, der die Preisbildung am deutschen Optionsmarkt bisher am umfassendsten untersucht hat. Darüber hinaus reicht der Untersuchungszeitraum der von ihm betrachteten Arbeiten bis einschließlich März 1987 und deckt damit fast den gesamten Untersuchungszeitraum dieser Arbeit ab[143].

2.2.3.1 Vollkommene Märkte

Die Unvollkommenheit des Kapitalmarktes in der Realität ist ein Grund dafür, warum bei empirischen Untersuchungen Diskrepanzen zwischen Optionspreis und Black/Scholes-Wert zu erwarten sind[144]. Ist die Differenz zwischen Optionspreis und Black/Scholes-Wert z.B. kleiner als die Transaktionskosten, die bei Ausnutzung einer risikolosen Arbitragemöglichkeit mittels einer Hedge-Strategie entstehen, so wird diese Differenz dauerhaft zu beobachten sein, ohne daß daraus auf eine Verletzung der Arbitragefreiheitsbedingung geschlossen werden kann. Cox/Rubinstein weisen in diesem Zusammenhang jedoch darauf hin, daß Transaktionskosten, aber auch Sicherheitsleistungen und Steuern zwar einen bedeutenden Einfluß auf die Vorteilhaftigkeit individueller Optionsstrategien besitzen können, daß der Einfluß dieser Größen auf die Preisbildung am Optionsmarkt aber relativ gering sein dürfte[145]. Zur Begründung dieser Vermutung führen sie an, daß der Preis im Arbitragegleichgewicht lediglich die Transaktionskosten und Sicherheitsanforderungen für diejenigen Marktteilnehmer widerspiegelt, die insoweit die günstigsten Konditionen erhalten. Während ein nur geringer Einfluß von Transaktionskosten damit auch für den deutschen Optionsmarkt durchaus plausibel erscheint, ist diese Einschätzung bei den zu leistenden Sicherheiten schon nicht mehr so eindeutig, wenn man bedenkt, daß während des Untersuchungszeitraums selbst Börsenteilnehmer für Stillhaltergeschäfte noch erhebliche Sicherheiten leisten mußten[146]. Der Einfluß der Besteuerung auf die Höhe der Optionspreise im Arbitragegleichgewicht dürfte hingegen immer dann minimal sein, wenn davon ausgegangen werden kann, daß alle mit der Durchführung von Arbitrage verbundenen Transaktionen mit dem

143) Mit der Arbeit von Jentzsch existiert zwar eine zweite ausführliche empirische Untersuchung des deutschen Optionsmarktes; da ihr Untersuchungszeitraum aber schon am 30.12.1980 endet, ist kaum zu erwarten, daß die Ergebnisse für den hier gewählten Untersuchungszeitraum noch große Relevanz besitzen. Dies gilt um so mehr, wenn man bedenkt, daß vor der Standardisierung der Basispreise und Verfallstermine der Optionen am 1.4.1983 faktisch kein Sekundärhandel in Optionen erfolgte. Vgl. hierzu auch die Einschätzung bei Jentzsch (1985), S. 287ff. Auch vor einer Übertragung der Ergebnisse amerikanischer Untersuchungen muß jeweils erst überlegt werden, inwieweit diese durch von den deutschen Verhältnissen abweichende Marktbedingungen mitbeeinflußt sein könnten. Die in Kapitel II schon mehrfach erwähnte deutsche Untersuchung von Lion bleibt deshalb unberücksichtigt, weil der Autor mit keinem vollständigen Gleichgewichtsmodell für den Optionsmarkt arbeitet, sondern lediglich Wertunter- und -obergrenzen der Optionen verwendet; vgl. Lion (1989), insb. S. 45f. und S. 51f.

144) Vgl. zu einigen relevanten Unvollkommenheiten Geske/Trautmann (1986), S. 99.

145) Vgl. Cox/Rubinstein (1985), S. 426.

146) Vgl. ausführlich III.1.3.5.

gleichen Satz besteuert werden[147]. Die Annahme, daß diese Bedingung für den deutschen Markt näherungsweise erfüllt ist, erscheint nicht unplausibel. Der weit überwiegende Anteil der relevanten Umsätze entfällt hier nämlich auf institutionelle Anleger und ist somit nicht der privaten Vermögensverwaltung zuzurechnen, bei der die steuerliche Behandlung von Kapitalgewinnen bzw. -verlusten aus Aktien- und Optionsgeschäften sowie Geldanlage bzw. Kreditaufnahme im Gegensatz zur gewerblichen Vermögensverwaltung äußerst uneinheitlich erfolgt.

Der Mindestschluß bei Optionsgeschäften und die Unteilbarkeit von Aktien führen dazu, daß die theoretisch geforderte kontinuierliche Anpassung eines risikolosen Hedge-Portfolios nicht exakt gemäß der sich beständig ändernden Hedge-Ratio möglich ist. Diese als erste Ableitung der Black/Scholes-Formel nach dem Aktienkurs ermittelte Kennzahl entspricht in der Realität auch nur approximativ der Veränderung des Optionspreises bei kleinstmöglicher Änderung des Aktienkurses, da die vorgeschriebenen Spannen bei der Kursnotierung von Optionen und Aktien nur diskrete Änderungen der jeweiligen Preise zulassen. Dies dürfte allerdings kaum einen merklichen Einfluß auf die Übertragbarkeit des Black/Scholes-Modells auf reale Bewertungsvorgänge haben.

Ein unvollkommener Kapitalmarkt beinhaltet aber insbesondere auch, daß in der Realität weder ein einheitlicher Soll- und Habenzinsfuß existiert noch Sicherheit über zukünftige Zinssätze herrscht[148]. Der Effekt dieser Verletzung der Modellannahmen wird aufgrund der geringen Sensibilität der Black/Scholes-Formel gegenüber Änderungen des Zinssatzes[149] in der Literatur aber regelmäßig als so gering eingestuft, daß es für vollkommen ausreichend angesehen wird, bei empirischen Untersuchungen jeweils einen für die Restlaufzeit der Option konstanten Zinssatz zu unterstellen[150]. Dieser soll allerdings kontinuierlich aktualisiert werden[151].

Auch das im Untersuchungszeitraum in Deutschland bestehende Leerverkaufsverbot für Wertpapiere dürfte auf die Übertragbarkeit des Black/Scholes-Modells auf reale Märkte keine entscheidende Auswirkung haben. Auf solchen Märkten kann nämlich immerhin noch davon ausgegangen werden, daß gegebenenfalls nur die Investoren Arbitrage betreiben kön-

---

147) Vgl. die vorletzte Fußnote.

148) Darüber hinaus sind die jeweils realisierbaren Soll- und Habenzinsen auch noch von der Investorengruppe abhängig. Vgl. den Hinweis bei Trautmann (1990a), S. 93. Unsicherheit wird zwar nicht als Definitionsbestandteil unvollkommener Märkte angesehen, sie liefert jedoch eine wichtige Erklärung für das dauerhafte Bestehen von Kapitalmarktunvollkommenheiten. Vgl. hierzu Schmidt (1986), S. 115.

149) Vgl. Gliederungspunkt III.2.3.3 zur Änderung des Black/Scholes-Wertes bei Änderungen des Zinssatzes.

150) Vgl. z.B. Geske/Trautmann (1986), S. 121, und Cox/Rubinstein (1985), S. 275 und S. 425f.

151) Vgl. Cox/Rubinstein (1985), S. 425f.

nen, die das leerzuverkaufende Papier bereits halten und den Leerverkauf deshalb durch einen einfachen Verkauf substituieren können[152].

2.2.3.2 Kontinuierlicher Handel als Voraussetzung für ein risikoloses "Hedge-Portfolio"

Für empirische Tests gravierend scheint die in der Realität bestehende Abweichung von der Annahme kontinuierlichen Handels am Kapitalmarkt zu sein. So wurden im hier zu untersuchenden Zeitraum Optionen im allgemeinen nur einmal pro Tag gehandelt, und auch bei den betrachteten Aktien war trotz variablem Handel natürlich kein kontinuierlicher Handel rund um die Uhr gegeben[153]. Darüber hinaus ist aus den Umsatzvolumina dieser Jahre zu entnehmen, daß der Optionsmarkt auch nach den Reformen am 01.04.1983 zumindest in der Zeit unmittelbar danach noch relativ wenig Tiefe besaß, so daß zu einem festgestellten Optionspreis oft nur wenige Kontrakte gehandelt werden konnten oder gar für einen angebotenen Kontrakt keine Marktgegenseite vorhanden war.

Da auf einem realen Markt nur in diskreten Zeitabständen gehandelt wird und mehr als zwei Umweltzustände in bezug auf die Aktienkursentwicklung denkbar sind, ist die Erstellung eines vollkommen risikolosen Hedge-Portfolios schon allein aus diesem Grunde in der Realität gar nicht möglich[154]. Damit scheint ein weiteres Argument gefunden, das die Übertragung des Black/Scholes-Modells auf reale Bewertungsvorgänge in Frage stellt. Zwar läßt sich zeigen, daß unter der Prämisse log-normalverteilter Aktienkurse die Annahme kontinuierlichen Handels durch die Annahme einer isoelastischen Nutzenfunktion des repräsentativen Investors ersetzt werden kann, ohne daß die Gültigkeit der Black/Scholes-Formel beeinträchtigt wird[155]. Damit ist jedoch nicht viel gewonnen, denn es müßte nun erst einmal gezeigt werden, daß die empirischen Nutzenfunktionen der Investoren zumindest näherungsweise mit dieser speziellen Annahme über die Risikopräferenz vereinbar sind.

Mehr verspricht hier schon die folgende Überlegung: Wird das Hedge-Portfolio nicht kontinuierlich revidiert, so ist es zwar nicht mehr risikolos, aber es kann gezeigt werden, daß das entstehende Risiko nicht-systematischer Natur ist und somit durch Diversifikation zum Ver-

152) Vgl. Thorp (1973), S. 1033.

153) Eine auch nur näherungsweise kontinuierliche Revision eines Hedge-Portfolios scheitert in der Realität darüber hinaus regelmäßig an den prohibitiv hohen Transaktionskosten dieser Strategie.

154) Vgl. die Bedingungen zur Erstellung eines risikolosen Hedge-Portfolios in einem diskreten Modell bei Cox/Rubinstein (1985), S. 366f.

155) Vgl. den Beweis bei Egle/Trautmann (1981), S. 410 - 414, sowie den Hinweis bei Cox/Rubinstein (1985), S. 215. Vgl. hierzu auch die Ausführungen unter III.2.2.1.1.2.

schwinden gebracht werden kann[156]. Damit wäre das Risiko dann auch für die Marktbewertung im Gleichgewicht zu vernachlässigen. Da zumindest die Möglichkeit begrenzter Diversifikation empirisch haltbar erscheint, verliert das vorgetragene Argument gegen die Anwendung der Black/Scholes-Formel in empirischen Untersuchungen wieder an Gewicht.

2.2.3.3 Dividendenzahlungen

Wie bereits unter Gliederungspunkt III.2.1.1 dargestellt, wird in dieser Untersuchung immer gegen die Annahme europäischer Kaufoptionen verstoßen und vielfach auch gegen die Annahme, daß während der Restlaufzeit der Option für die zugrunde liegende Aktie keine Dividenden, sonstige Ausschüttungen oder Bezugsrechte anfallen dürfen. Während allein aufgrund des ersten Verstoßes keine zusätzlichen Abweichungen zwischen tatsächlich beobachteten Optionspreisen und Black/Scholes-Modellwerten zu erwarten sind, ist die Benützung der Grundformel (3.9) zur Berechnung des Wertes dividendengeschützter Optionen mit einer Dividendenzahlung während der Restlaufzeit nur eine Approximation des Optionswertes, da der praktizierte Dividendenschutz nicht wertneutral ist[157]. Während nach den Ausführungen unter III.2.1.1 zu erwarten wäre, daß der Black/Scholes-Wert in einem solchen Fall tendenziell nach oben vom Optionspreis abweicht, da der Dividendenschutz regelmäßig zu gering ist, ist zu berücksichtigen, daß letzteres nur dann gilt, wenn der Aktienkurs nach Dividendenzahlung jeweils um den Dividendenbetrag sinkt, um den der Basispreis gemäß den Besonderen Bedingungen für Optionsgeschäfte an den deutschen Wertpapierbörsen zu ermäßigen ist. In einem realistischen Szenario mit Transaktionskosten und unterschiedlichen Grenzsteuersätzen der Marktteilnehmer kann der Dividendenabschlag nun aber ohne weiteres von der deklarierten Dividende ohne Körperschaftsteuergutschrift abweichen[158]. Da der durch die Dividendenzahlung induzierte Aktienkursabschlag damit auch geringer als dieser Betrag sein kann, kann der praktizierte Dividendenschutz auch zu einem Nettogewinn beim Optionswert führen[159]. Damit würde dann der Black/Scholes-Wert vom wahren Wert nach unten abweichen.

Auf die Anwendung der Formel (3.9) für nicht optimal dividendengeschützte Optionen führen Geske/Roll/Shastri im übrigen den bereits von Black/Scholes bei einer empirischen Un-

156) Vgl. Black/Scholes (1973), S. 642f., insbesondere S. 643, Fußnote 7.

157) Dies gilt analog auch für den Fall sonstiger Ausschüttungen oder den Handel von Bezugsrechten. Vgl. die Erläuterungen unter III.2.1.1.

158) Der bis zum 1.4.1987 geltende Dividendenschutz sah eine Verminderung des Basispreises um die deklarierte Dividende ohne Körperschaftsteuergutschrift vor; vgl. III.1.3.4.

159) Vgl. hierzu Geske/Roll/Shastri (1983), S. 1275. Dies gilt analog auch für den Fall sonstiger Ausschüttungen oder den Handel von Bezugsrechten. Hier kann es aber zusätzlich auch dann zu einem Nettogewinn beim Optionswert kommen, falls der Basispreis abgerundet werden muß.

tersuchung festgestellten "variance bias" zurück[160]. In dieser Untersuchung zeigte sich nämlich, daß das Black/Scholes-Modell Optionen mit hoher Varianz der Momentanrendite der Aktie relativ zum beobachteten Marktpreis systematisch überbewertet und solche mit niedriger Varianz systematisch unterbewertet[161]. Unter der Annahme, daß der Dividendenabschlag stets exakt dem Betrag entspricht, um den der Basispreis der Optionen nach erfolgter Dividendenzahlung zu ermäßigen ist, leiten Geske/Roll/Shastri mit Hilfe numerischer Methoden ab, daß die durch den theoretisch nicht exakten Dividendenschutz induzierte Wertminderung einer Option mit Dividendenzahlungen während der Restlaufzeit um so größer ausfällt, je größer die Varianz der Momentanrendite der zugrunde liegenden Aktie ist. Sodann weisen die Autoren darauf hin, daß der Dividendenabschlag in den USA abweichend von der getroffenen Annahme nun aber häufig geringer sein wird als der vom Basispreis abzuziehende Betrag der deklarierten Dividende[162]. Daraus folgern sie, daß der praktizierte Dividendenschutz in der Realität um so eher zu einem relativen Gewinn im Optionswert führt, je kleiner die Varianz der Momentanrendite der Aktie ist[163].

Doch nicht nur bei Verwendung der bisher betrachteten Bewertungsformel (3.9) kann es aufgrund auftretender Dividenden während der Optionsrestlaufzeit zu Abweichungen zwischen ermitteltem Optionswert und wahrem Wert kommen. Vielmehr sind gewisse Abweichungen auch bei der im Falle der Optionen ohne Dividendenschutz verwendeten alternativen Bewertungsformel (3.12) zu erwarten, obwohl hier die Verletzung der Annahme, daß während der Optionsrestlaufzeit keine Dividenden anfallen, explizit berücksichtigt wird. Dies erklärt sich dadurch, daß der in Formel (3.12) bzw. Formel (3.13) berücksichtigte Dividendenabschlag in der vorliegenden Untersuchung jeweils gleich der deklarierten Dividende ohne Körperschaftsteuergutschrift gesetzt wird[164]. Zwar wird damit der Steuereinfluß nicht gänzlich vernachlässigt; die mit der Wahl der Dividende ohne Körperschaftsteuergutschrift implizit verbundene Festlegung des Grenzsteuersatzes des Grenzanbieters bzw. -nachfragers auf 36% entbehrt jedoch nicht einer gewissen Willkür[165].

---

160) Vgl. ebenda, S. 1275f.

161) Vgl. Black/Scholes (1972), S. 416f.

162) Dies erklärt sich dadurch, daß in den USA im Gegensatz zu den Gegebenheiten auf dem deutschen Aktienmarkt die deklarierte Dividende nicht um eine auf die Einkommensteuerschuld anrechenbare Körperschaftsteuer gekürzt ist, sondern einer Dividende vor jeglicher Einkommensteuerbelastung entspricht.

163) Demgegenüber wird in einer anderen Untersuchung von Geske und Roll der "variance bias" auf Schätzprobleme bei der Volatilitätsschätzung zurückgeführt; vgl. Geske/Roll (1984b).

164) Vgl. hierzu die unter Gliederungspunkt III.2.3.5 beschriebene Spezifikation des Dividendenparameters.

165) Eine weitere, jedoch vernachlässigbare Ungenauigkeit bei Verwendung der modifizierten Bewertungsformel (3.13) ergibt sich dadurch, daß in der Realität die betrachteten Sofortausübungswerte am Börsentag vor dem ex-Tag realisiert werden müßten. In der Formel wird hingegen implizit unterstellt, daß (S_F^{cum} -K) durch Ausübung der Option und Verkauf der Aktie eine logische Sekunde vor dem ex-Termin realisiert werden kann. Die darüber hinaus auftretenden Ungenauigkeiten aufgrund der theoretisch nicht

2.2.3.4 Kontinuierlicher Aktienkursverlauf mit konstanter Volatilität

Die empirische Relevanz des von Black/Scholes unterstellten Aktienkursverlaufs ist eine weitere wichtige Frage bei der Beurteilung der Anwendbarkeit des Black/Scholes-Modells in empirischen Untersuchungen. Zur Beantwortung dieser Frage soll als erstes überprüft werden, inwieweit davon ausgegangen werden kann, daß die Wahrscheinlichkeitsverteilungen der Momentanrenditen der in dieser Arbeit betrachteten Aktienkurse für beliebige Fristigkeiten jeweils durch eine Normalverteilung approximiert werden können[166]. Dazu wird ein Chi-Quadrat-Anpassungstest mit täglichen Aktienkursrenditen durchgeführt, wobei jedes Kalenderjahr separat betrachtet wird[167]. Die für die Testvariable X^2 ermittelten Werte sind der folgenden Tabelle 3.3 zu entnehmen. Die Normalverteilungsannahme ist bei einem Signifikanzniveau von 5% zu verwerfen, falls $X^2 \geq 27{,}59$. Diese Fälle sind mit einem s gekennzeichnet.

X^2	BASF	BAYER	HOECH	BMW	DAIM	VW	5% sign.	
1983	26,65	24,00	13,18	30,12**s**	27,06	13,80	1	16,67%
1984	50,73**s**	31,73**s**	14,28	36,21**s**	17,83	13,82	3	50,00%
1985	45,49**s**	43,62**s**	40,98**s**	35,68**s**	66,81**s**	42,37**s**	6	100,00%
1986	30,55**s**	20,90	35,22**s**	31,79**s**	27,75**s**	14,83	4	66,67%
1987	47,27**s**	34,87**s**	35,64**s**	66,19**s**	53,16**s**	71,92**s**	6	100,00%
1988	29,23**s**	21,69	13,54	25,38	28,15**s**	23,69	2	33,33%
sign. Fälle	5	3	3	5	4	2	Σ22	
5%-Niv.	83,3%	50%	50%	83,3%	66,7%	33,3%	61,1%	

Tabelle 3.3

Für 61,1% aller untersuchten Fälle muß die Normalverteilungshypothese bei einem Signifikanzniveau von 5% verworfen werden. Die höchste Ablehnungsquote weisen BASF und BMW auf, die mit Abstand geringste VW. Auch über die Untersuchungsjahre sind die Ablehnungsfälle nicht gleichverteilt. 1983 muß die Normalverteilungsannahme nur für BMW verworfen werden, 1985 und 1987 ist sie dagegen in jedem Fall abzulehnen.

Das relativ ungünstige Testergebnis wird etwas abgeschwächt, wenn man bedenkt, daß bisher durchgeführte empirische Tests zeigen, daß die Normalverteilungshypothese tendenziell um so seltener abgelehnt wird, je länger man die Fristigkeit der Renditen wählt[168]. So kommt Trautmann für seinen etwas kürzer gewählten Untersuchungszeitraum bei wöchent-

ganz konsistenten Ableitung der Bewertungsformel (3.12) und der Notwendigkeit, numerisch zu integrieren, können ebenfalls vernachlässigt werden. Vgl. III.2.1.2 und III.2.3.5.

166) Zur sprachlichen Vereinfachung wird im folgenden statt von Momentanrenditen immer nur von Renditen gesprochen.

167) Zur ausführlichen Beschreibung des Testaufbaus vgl. die Erläuterungen zum analogen Test auf Normalverteilung der Regressionsresiduen unter IV.5.2.

168) Vgl. z.B. Fama (1976), S. 33, und Trautmann (1983), S. 629.

lichen Renditen und einem Signifikanzniveau von 5% zwar noch zu einer Ablehnung der Normalverteilungsannahme in 54,3% aller Fälle; für die hier untersuchten Firmen wird die Normalverteilungsannahme jedoch nur für BMW und Daimler-Benz abgelehnt[169]. Bei monatlichen Renditen wäre mit einer weiteren Verbesserung zu rechnen. Für die Anwendung des Black/Scholes-Modells folgt daraus, daß insbesondere für Optionen mit kurzen Restlaufzeiten festgestellte Diskrepanzen zwischen Optionspreisen und Black/Scholes-Modellwerten auch verstärkt auf die Verletzung der Verteilungsannahme für kurze Fristigkeiten zurückgeführt werden könnten.

Tabelle 3.4 über Schiefe und Exzeß der untersuchten empirischen Häufigkeitsverteilungen ist zu entnehmen, daß die Verteilungen mit Ausnahme von Bayer 1983 alle mehr oder weniger ausgeprägt positive Kurtosis aufweisen[170]. Die durch die Schiefe gemessenen Abweichungen von einer symmetrischen eingipfligen Verteilung zeigen hingegen keine so eindeutige Tendenz bezüglich der Abweichungsrichtung, da in 50% der Fälle positive und in 50% der Fälle negative Schiefe festgestellt werden kann[171]. Wegen des bereits durchgeführten Chi-Quadrat-Anpassungstests wird auf die Überprüfung der Signifikanz der Abweichungen verzichtet.

Schiefe Kurtosis	BASF	BAYER	HOECH	BMW	DAIM	VW
1983	-0,038 0,445	-0,141 -0,131	-0,301 0,057	0,363 1,162	0,755 3,972	-0,071 0,238
1984	-0,203 1,009	-0,157 0,882	-0,343 1,356	-0,285 2,132	0,023 0,845	0,061 0,290
1985	-0,053 1,793	0,251 1,274	0,064 0,780	0,120 2,363	0,598 5,710	0,891 4,534
1986	0,344 0,779	0,376 1,357	0,273 1,013	0,290 1,860	0,320 0,987	0,248 1,082
1987	-1,519 8,862	-0,573 3,586	-0,874 8,166	-0,245 5,264	-0,431 3,299	-0,671 4,625
1988	-0,181 5,074	-0,142 3,058	0,234 1,838	0,645 3,903	0,173 3,634	-0,238 1,912

Tabelle 3.4

169) Vgl. Trautmann (1990b), S. 9. Seine Testergebnisse sind allerdings nicht unmittelbar mit den hier vorliegenden vergleichbar, da Trautmann Kassakurse verwendet und einen anderen Verteilungstest gewählt hat.

170) Ein Exzeß bzw. eine Kurtosis größer null besagt, daß das Maximum der untersuchten empirischen Häufigkeitsverteilung größer ist als das Maximum der Dichtefunktion einer Normalverteilung mit gleicher Varianz.

171) Ist die Schiefe einer Verteilung gleich null, so ist die Verteilung symmetrisch. Je stärker negativ die Schiefe, desto linksschiefer ist die Verteilung (das arithmetische Mittel ist kleiner als der Median). Je stärker positiv die Schiefe, desto rechtsschiefer ist die Verteilung (das arithmetische Mittel ist größer als der Median). Vgl. Hartung/Elpelt/Klösener (1987), S. 47ff.

Trautmann stellt fest, daß sich die beobachteten Verteilungen der Aktienkursrenditen auf dem deutschen Markt durch eine Wahrscheinlichkeitsverteilung, wie sie sich bei Annahme eines Sprung-Diffusionsprozesses der Aktienkursbewegung ergibt, relativ besser approximieren lassen als durch eine Normalverteilung. Dabei ist der Unterschied um so deutlicher, je kürzer die Fristigkeit der Renditen gewählt wird[172]. Damit könnte man auf den ersten Blick vermuten, daß das wesentlich kompliziertere Optionsbewertungsmodell von Merton, das einen Sprung-Diffusionsprozeß für die Aktienkursbewegung annimmt, für die vorliegende Untersuchung besser geeignet wäre als das Black/Scholes-Modell[173]. Ein von Ball/Torous auf dem amerikanischen Aktienmarkt durchgeführter Robustheitstest zeigt jedoch, daß die Black/Scholes-Modellwerte nicht signifikant von den Merton-Modellwerten abweichen, obwohl auch für die untersuchten amerikanischen Aktien gilt, daß die empirische Verteilung ihrer Renditen durch die von Merton angenommene Aktienkursbewegung besser erklärt werden kann als durch die dem Black/Scholes-Modell zugrunde liegende[174]. Lediglich für deep-out-of-the-money calls sind hohe prozentuale Abweichungen der beiden Modellwerte statistisch signifikant, wobei diese um so größer ausfallen, je kürzer die Restlaufzeit ist[175].

Die dem Black/Scholes-Modell zugrunde liegende Annahme über die Aktienkursbewegung beinhaltet neben einer Vorschrift über den Verteilungstyp auch die Prämisse, daß die Aktienkursrenditen im Zeitablauf unabhängig voneinander verteilt sind. Diese Annahme wird für die vorliegenden Daten unter Verwendung täglicher Aktienkursrenditen mittels eines t-Tests auf serielle Korrelation erster bis achter Ordnung und eines nichtparametrischen Run-Tests überprüft[176].

---

172) Vgl. Trautmann (1990a), S. 93, und die graphische Darstellung für die täglichen und wöchentlichen Renditen von Siemens bei demselben (1990b), S. 8. Der abnehmende Unterschied bei längeren Fristigkeiten ist darauf zurückzuführen, daß sich die theoretischen Verteilungen mit zunehmender Fristigkeit einander annähern.

173) Vgl. zum Optionsbewertungsmodell von Merton Gliederungspunkt III.2.2.1.1.2 sowie Merton (1976a).

174) Vgl. Ball/Torous (1985), S. 172. Ihre Stichprobe umfaßt 30 Aktien der New York Stock Exchange vom 1.1.81 bis 31.12.82. Vgl. allerdings eine neue, wenn auch nicht auf Aktienoptionen bezogene Untersuchung von Bates (1991), S. 1009 - 1044. In dieser wird mit einer anderen Version des Sprung-Diffusions-Modells gearbeitet und ein höherer Erklärungsgehalt dieses Bewertungsmodells für die im Zeitraum von 1985 - 1987 untersuchten Preise der "S&P 500 futures options" abgeleitet.

175) Vgl. Ball/Torous (1985), S. 171ff., und Merton (1976b), S. 343ff. Die Autoren führen die im allgemeinen nicht signifikanten Unterschiede zwischen den berechneten Werten der beiden Modelle darauf zurück, daß der empirisch festgestellte Sprung-Diffusionsprozeß nicht durch relativ große und seltene Sprünge gekennzeichnet ist, sondern durch relativ häufige und kleine. Vgl. im Gegensatz dazu aber neuerdings Bates (1991), insb. S. 1035, Fußnote 27 i.V.m. S. 1015, Fußnote 12, der die für die Beurteilung des Black/Scholes-Modells relativ günstigen Ergebnisse der beiden Untersuchungen darauf zurückführt, daß sie mit einem Spezialfall des Sprung-Diffusionsmodells arbeiten (log-symmetrische Sprünge mit einer durchschnittlichen Größe von null), der von vornherein nicht geeignet sei, den money bias des Black/Scholes-Modells zu beseitigen.

176) Zur ausführlichen Beschreibung des Aufbaus und der Aussagefähigkeit der beiden Testverfahren vgl. die Erläuterungen zu den analogen Tests auf Unabhängigkeit der Regressionsresiduen unter IV.5.3.1. Im Gegensatz zum dortigen Vorgehen wird ein "run" im folgenden aber anders definiert.

Beim Test auf serielle Korrelation werden für alle Jahre und Firmen insgesamt 288 Autokorrelationskoeffizienten geschätzt, wobei nur 43 (14,9%) bei einer Irrtumswahrscheinlichkeit von 10% signifikant von null verschieden sind. Die Aufteilung auf die unterschiedlichen time-lags kann folgender Tabelle 3.5 entnommen werden:

lag von ... Tagen	1	2	3	4	5	6	7	8
Anzahl der signifikanten Koeffizienten	4	13	3	3	4	3	6	7
Anteil signifikanter Korrelationen	11,1%	36,1%	8,3%	8,3%	11,1%	8,3%	16,7%	19,4%

Tabelle 3.5

Die geschätzten signifikanten Koeffizienten sind dabei so klein, daß in keinem Fall mehr als 5% der Varianz der Aktienrenditen auf serielle Korrelation zurückgeführt werden kann.

Bei dem durchgeführten Run-Test wird überprüft, ob aufeinanderfolgende Aktienkursrenditen relativ zu ihrem Stichprobenmittelwert systematische Abweichungen aufweisen. Unter einem "run" soll also eine Folge von Renditen verstanden werden, die in gleicher Richtung von ihrem Mittelwert abweichen. Der Test ergibt, daß bei einem Signifikanzniveau von 10% nur in 13,9% aller untersuchten Fälle die Zahl der festgestellten "runs" signifikant nach oben oder unten von der erwarteten Anzahl bei unterstellter Unabhängigkeit abweicht. Signifikant zu viele "runs" ergeben sich bei BASF und Bayer im Jahr 1983, signifikant zu wenig "runs" bei Höchst 1984 und bei BMW und Daimler-Benz im Jahr 1985.

Aufgrund der Ergebnisse der durchgeführten Unabhängigkeitstests scheint eine Verletzung der Annahme unabhängig verteilter Renditen tendenziell eher von untergeordneter Bedeutung zu sein. Dieser Befund deckt sich mit den Ergebnissen der bisher durchgeführten Unabhängigkeitstests für den deutschen Aktienmarkt, bei denen regelmäßig nur sehr kleine Abhängigkeiten festgestellt werden konnten[177]. Außerdem lassen die bisher durchgeführten Untersuchungen die Interpretation zu, daß die Unabhängigkeit der Aktienrenditen im Zeitablauf zugenommen hat[178].

Gemäß den Annahmen des Black/Scholes-Modells sollen die Momentanrenditen der Aktien im Zeitverlauf jedoch nicht nur unabhängig, sondern auch identisch verteilt sein, was unter anderem erfordert, daß die Volatilität der Rendite über die Zeit konstant ist. Betrachtet man jedoch Volatilitätsschätzungen über einen längeren Zeitraum, so ist zu erkennen, daß die

177) Vgl. Winkelmann (1981a), S. 22, sowie Mühlbradt (1978), S. 251. Dabei ist es unerheblich, daß beide im Gegensatz zur vorliegenden Untersuchung nicht mit logarithmierten Renditen arbeiten, vgl. Fama (1976), S.20.

178) Vgl. Winkelmann (1981a), S. 11 u. S. 16. Natürlich beziehen sich die Ergebnisse jeweils auf ganz spezifische Testverfahren. Winkelmann weist explizit darauf hin, daß jeder Test immer nur eine ganz bestimmte Art der Abhängigkeit aufdecken kann. Vgl. ebenda, S. 22, insbesondere Fußnote 1.

Volatilität in der Realität erheblichen Schwankungen ausgesetzt ist[179]. Dabei ist zu vermuten, daß die Höhe der jeweiligen zukünftigen Volatilität sowohl von der absoluten Kurshöhe der betrachteten Aktie als auch von anderen Zufallsvariablen abhängt und daß außerdem immer die Möglichkeit plötzlicher und zumeist geballt auftretender Sprünge in der als kontinuierlich unterstellten Aktienkursbewegung besteht[180]. Entsprechend dem von Cox/Rubinstein empfohlenen Vorgehen für empirische Untersuchungen wird in dieser Arbeit deshalb versucht, den Effekt dieser Verletzung der Black/Scholes-Modellannahme dadurch näherungsweise auszugleichen, daß die Black/Scholes-Werte mit für jeden Bewertungszeitpunkt aktualisierten Volatilitätsschätzungen berechnet werden[181]. Die Anwendung dieser Methode liefert in Verbindung mit dem im folgenden noch näher zu erläuternden Problem der Ermittlung einer vernünftigen Schätzung der zukünftigen Volatilität einen weiteren wesentlichen Grund für auftretende Abweichungen zwischen beobachteten Optionspreisen und Black/Scholes-Modellwerten[182]. Dies gilt um so mehr, als die Black/Scholes-Werte sehr sensibel auf Änderungen der Volatilität reagieren[183]. Allerdings ist zu vermuten, daß sich die aufgezählten Bestimmungsfaktoren der Volatilität in ihrer Auswirkung auf die Höhe des Optionswertes zumindest teilweise ausgleichen[184]. So kann z.B. eine von Barone-Adesi durchgeführte Untersuchung, die das Black/Scholes-Modell gegen das Compound Option Modell von Geske testet, für die betrachtete Stichprobe amerikanischer Optionen keinen höheren Erklärungsgehalt von Geskes Modell nachweisen, obwohl dieses explizit stochastisch variierende Volatilitäten berücksichtigt[185].

179) Vgl. Trautmann (1990), S. 97, der in seinem Untersuchungszeitraum z.B. für BASF einen minimalen historischen Volatilitätsschätzer von 0,15 und einen maximalen von 0,28 ermittelt. Für den Zeitraum vom 1.1.1985 bis 31.12.1987 schätzt Gais unter Verwendung eines längeren Vorlaufs für BASF sogar eine minimale Volatilität von 0,1102 und eine maximale von 0,3796; vgl. Gais (1989), S. 36. Diese Ergebnisse lassen es äußerst unwahrscheinlich erscheinen, daß die auftretenden Spannweiten lediglich auf Schätzfehler aufgrund endlicher Stichproben zurückzuführen sind.

180) Vgl. Cox/Rubinstein (1985), S. 426. Es ist zu vermuten, daß eine inverse Beziehung zwischen der Volatilität der Rendite und der Kurshöhe besteht.

181) Vgl. ebenda, S. 424ff. Der Vorschlag, den Black/Scholes-Wert eines Zeitpunkts als gewichteten Durchschnitt mehrerer mit unterschiedlichen Volatilitätsschätzungen berechneter Black/Scholes-Werte zu ermitteln, wird in der vorliegenden Arbeit wegen der Vielzahl der Freiheitsgrade eines solchen Verfahrens nicht weiter verfolgt.

182) Zu beachten ist auch, daß die Ermittlung eines unverzerrten Schätzers für die Volatilität nicht bedeutet, daß der damit berechnete Optionswert ebenfalls eine unverzerrte Schätzung ist. Vgl. Thorp (1976), S. 235 - 276. Da die entstehende Verzerrung jedoch gering ist (vgl. Boyle/Ananthanarayanan (1977), S. 375 - 387), wird dieses Problem im folgenden vernachlässigt. Selbst wenn die Stationarität und Unabhängigkeit der Wahrscheinlichkeitsverteilung der Aktienkursrenditen im Zeitverlauf gegeben wäre, würde in der vorliegenden Untersuchung im übrigen strenggenommen nur eine unverzerrte Schätzung für die Varianz der Aktienkursrenditen ermittelt. Die Wurzel daraus wäre hingegen wiederum nur ein Näherungswert für einen unverzerrten Volatilitätsschätzer. Aufgrund des hier gewählten langen Vorlaufs für die historische Volatilitätsschätzung wäre diese Näherung jedoch sehr genau. Vgl. hierzu III.2.3.4 und Cox/Rubinstein (1985), S. 256, Fußnote 2.

183) Vgl. hierzu die Erläuterungen unter III.2.3.4.

184) Vgl. Cox/Rubinstein (1985), S. 426.

185) Vgl. Barone-Adesi (1986), S. 188.

Hat man sich nun also dazu entschlossen, der Möglichkeit stochastisch schwankender Volatilitäten lediglich näherungsweise dadurch gerecht zu werden, daß man in die Black/ Scholes-Formel stets einen für den jeweiligen Bewertungszeitpunkt aktualisierten Volatilitätswert einsetzt, so bleibt immer noch das Problem, wie dieser Wert am besten zu schätzen ist. Grundsätzlich gibt es die Möglichkeit, die zukünftige Volatilität aus historischen Aktienrenditen vor dem Bewertungszeitpunkt zu ermitteln, oder aber eine sogenannte implizite Volatilität zu schätzen. Bei der letzten Methode werden realisierte Optionspreise sowie alle sonstigen Parameter mit Ausnahme der Volatilität in die Black/Scholes-Formel eingesetzt. Diese wird dann numerisch nach der Volatilität aufgelöst. Neben der grundsätzlichen Unterscheidung in historische und implizite Volatilität existieren darüber hinaus für die einzelnen Ermittlungsmethoden noch zahlreiche Freiheitsgrade[186].

Die Erläuterung des Begriffs der impliziten Volatilität zeigt bereits, daß die Verwendung eines impliziten Volatilitätsschätzers für die vorliegende Untersuchung nicht geeignet ist. Würde die implizite Volatilität nämlich separat für jede Option ermittelt, so würden bei keiner Option Abweichungen der Optionspreise von den entsprechenden Black/Scholes-Werten auftreten. Die durchschnittliche tägliche Fehlbewertung wäre demzufolge stets gleich Null[187]. Anstatt einen Volatilitätswert für jede Option zu bestimmen, wird abweichend dazu auch so vorgegangen, daß pro Tag und Aktie lediglich eine implizite Volatilität berechnet wird. In die Ermittlung dieser Schätzung gehen dann die Preise aller unterschiedlichen Optionen ein, die an diesem Tag auf die entsprechende Aktie gehandelt wurden. Die Schätzung kann z.B. dem Volatilitätswert entsprechen, mit dem die jeweiligen Black/Scholes-Werte berechnet werden müssen, damit die Summe der quadrierten Abweichungen der Optionspreise von ihren jeweiligen Modellwerten minimiert wird[188]. Sofern in die Berechnung der impliziten Volatilitäten und der Fehlbewertungen jeweils die Optionspreise desselben Tages eingehen[189], würden bei diesem Vorgehen die durchschnittlichen täglichen Fehlbewertungen zwar nicht mehr ganz, aber immerhin noch näherungsweise verschwinden. Unabhängig von der jeweils gewählten Methode zur Ermittlung der impliziten Volatilität würden somit

186) Vgl. zu den unterschiedlichen Verfahren der Ermittlung historischer und impliziter Volatilitäten Cox/ Rubinstein (1985), S. 276 - 285.

187) Dies gilt jedenfalls solange, wie in die Berechnung der impliziten Volatilitäten und der Fehlbewertungen jeweils die Optionspreise desselben Zeitpunktes eingehen.

188) Vgl. hierzu z.B. das Vorgehen bei Whaley (1982), S. 39 - 41. Der Autor ermittelt allerdings laufzeitspezifische Volatilitäten. Dies besagt, daß in die Volatilitätsberechnung nur die Preise der Optionen mit gleichem Fälligkeitstermin eingehen. Damit werden für einen bestimmten Zeitpunkt gerade so viele implizite Volatilitäten hinsichtlich einer Aktie berechnet, wie es unterschiedliche Restlaufzeiten der Optionen auf diese Aktie gibt.

189) Whaley weist auf ein konzeptionelles Problem dieses Vorgehens hin. Das Problem besteht darin, daß zu ein und demselben Zeitpunkt davon ausgegangen wird, daß die Bewertungsgleichung Optionen richtig bewertet (wenn die implizite Volatilität berechnet wird) und gleichzeitig falsch bewertet (wenn das Modell zur Bestimmung von Fehlbewertungen verwendet wird); vgl. ebenda, S. 40. Um dieses Problem zumindest teilweise zu verringern, verwendet Whaley für die Berechnung der Fehlbewertungen des Zeitpunktes t die impliziten Volatilitäten, die unter Zuhilfenahme der Optionspreise und Modellwerte des Zeitpunktes t-1 berechnet werden.

zumindest tendenziell genau die Größen zum Verschwinden gebracht[190], von deren unterschiedlich starker Ausprägung im Zeitablauf in dieser Untersuchung Hinweise auf Insiderhandel erlangt werden sollen. Deshalb bedingt das Ziel der vorliegenden Arbeit die Verwendung eines historischen Volatilitätsschätzers.

Wie die Untersuchungsergebnisse Trautmanns zeigen, muß im übrigen nicht davon ausgegangen werden, daß durch die Verwendung eines impliziten Volatilitätsschätzers systematisch bessere Schätzungen für die zukünftige Volatilität ermittelt werden können als bei der Ermittlung einer Schätzung auf der Basis historischer Aktienkursrenditen. Für die meisten der von Trautmann untersuchten deutschen Optionspapiere vom 1.4.1983 bis 31.3.1987 weist der von ihm gewählte historische Volatilitätsschätzer nämlich eine bessere Prognosequalität bezüglich der zukünftigen Volatilität auf als der gewählte implizite Volatilitätsschätzer[191]. Dabei bestimmt Trautmann die implizite Volatilität mit Hilfe der Kaufoptionspreise der dem Bewertungstag vorausgehenden fünf Börsentage nach dem Verfahren von Whaley[192]. Die historische Volatilität wird aus den letzten 200 Tagesrenditen der jeweiligen Aktie vor dem Bewertungstag und die zukünftige Volatilität aus den auf den Bewertungstag folgenden 200 Tagesrenditen ermittelt[193]. Damit besteht insofern ein Unterschied zu der vorliegenden Untersuchung, als in dieser für die Ermittlung des historischen Volatilitätsschätzers jeweils ein längerer Vorlauf gewählt wird[194].

2.2.3.5 Der Erklärungsgehalt des Black/Scholes-Modells für den deutschen Markt

Bei der Beschreibung bisheriger Untersuchungen zum Erklärungsgehalt des Black/Scholes-Modells für den deutschen Markt soll allein auf die Untersuchungen Trautmanns für den Zeitraum vom 1.4.1983 bis 31.3.1987 eingegangen werden, da die dort erzielten Ergebnisse zur vorliegenden Untersuchung den engsten Bezug aufweisen[195]. Dies folgt daraus, daß

190) Für das Verfahren von Whaley wäre diese Aussage abzuschwächen. Eine Tendenz zur Verringerung der Fehlbewertungen ist jedoch auch hier gegeben.

191) Vgl. Trautmann (1990a), S. 93f. i.V.m. S. 97.

192) Vgl. Whaley (1982), S. 39 - 41.

193) Vgl. Trautmann (1990a), S. 93f.

194) Vgl. zur Volatilitätsberechnung Gliederungspunkt III.2.3.4. Die Begründung Trautmanns, er wähle einen Vorlauf von 200 Tagesrenditen, weil 200 Börsentage in etwa der maximalen Restlaufzeit der betrachteten Aktienoptionen entsprechen, bleibt letztlich auch willkürlich. Vgl. Trautmann (1990a), S. 94, Fußnote 5. Weitere Volatilitätsunterschiede zu dieser Untersuchung sind darauf zurückzuführen, daß jeweils zu unterschiedlichen Tageszeiten quotierte Aktienkurse verwendet werden.

195) Damit wird auch eine frühere Untersuchung Trautmanns für den Zeitraum vom 1.1.1979 bis 31.3.1983 ausgeschlossen, in der der Erklärungsgehalt des Black/Scholes-Modells mit dem des alternativen Optionsbewertungsmodells von Lee/Rao/Auchmuty verglichen wird; vgl. Trautmann (1983). Für diese Arbeit gilt aufgrund der ab dem 1.4.1983 stark veränderten Marktbedingungen genau wie für die Untersuchung von Jentzsch, daß kaum zu erwarten ist, daß die Ergebnisse auf den Markt nach dem 31.3.1983

alle in dieser Arbeit untersuchten Firmen auch in der Stichprobe Trautmanns enthalten sind und daß sein Untersuchungszeitraum eine Teilmenge des hier gewählten Zeitraums bildet. Einschränkungen der Übertragbarkeit der Erkenntnisse können sich allerdings daraus ergeben, daß Unterschiede in der Spezifikation der Modellparameter bestehen[196], die hier einbezogenen Firmen nur eine Teilmenge der Stichprobe Trautmanns darstellen und der Zeitraum ab April 1987 in den betrachteten Untersuchungen Trautmanns nicht mehr eingeschlossen ist. Damit sind nicht dividendengeschützte Optionen, die in dieser Arbeit gegebenenfalls mit einer modifizierten Formel bewertet werden, dort gänzlich ausgeschlossen.

Die Untersuchung Trautmanns ergibt, daß in seinem Untersuchungszeitraum die mit historischen Volatilitäten berechneten Black/Scholes-Modellwerte von den Marktpreisen der Kaufoptionen im Durchschnitt um 13% nach unten abweichen, wobei die betragsmäßige relative Abweichung mit durchschnittlich 29% noch wesentlich höher liegt[197]. Für 117 für den Teilzeitraum vom 1.4.1983 bis zum 30.6.1985 durchgeführte, wöchentliche lineare Querschnittsregressionen, die die beobachteten Optionpreise in Abhängigkeit von den mit historischen Volatilitätsschätzern berechneten Black/Scholes-Werten abbilden, ergibt sich sowohl ein signifikant von Null verschiedenes durchschnittliches Absolutglied als auch eine signifikant von Eins verschiedene durchschnittliche Steigung. Die Regressionen weisen aber immerhin ein durchschnittliches Bestimmtheitsmaß von 83% auf[198]. Letzteres besagt, daß im Durchschnitt 83% der Varianz der Optionspreise durch die Varianz der Black/Scholes-Werte erklärt werden kann.

Eine Einteilung der Optionen nach der Restlaufzeit und dem Verhältnis zwischen Aktienkurs und Basispreis zeigt für den gesamten Untersuchungszeitraum, daß die festgestellten Abweichungen der Modellwerte von den Marktpreisen bezüglich dieser Merkmale nicht zufällig verteilt sind[199]. Vielmehr ergeben sich für deep-out-of-the-money Optionen mit einer Restlaufzeit von mehr als vier Wochen Black/Scholes-Werte, die im Durchschnitt bis zu

übertragbar sind. Im übrigen werden für das Lee/Rao/Auchmuty-Modell zwar im Durchschnitt geringere relative Abweichungen von den Marktpreisen nachgewiesen als für das Black/Scholes-Modell, die Unterschiede sind jedoch nicht sehr groß und fallen für die hier betrachteten Firmen sogar zum Teil zuungunsten des Lee/Rao/Auchmuty-Modells aus. Vgl. ebenda, S. 634, letzte Spalte für VW und Hoechst, und S. 635f., jeweils Spalte MSE für VW, Hoechst und Daimler-Benz.

196) Trautmann verwendet keine Eröffnungs-, sondern Aktienkassakurse und wählt einen kürzeren Vorlauf für die Volatilitätsschätzung.

197) Vgl. Trautmann (1990a), S. 94f. Trautmann definiert die relative Abweichung als (Black/Scholes-Wert - Optionspreis)/Optionspreis. Bei Verwendung impliziter Volatilitäten sind die Abweichungen naturgemäß erheblich geringer, da die Volatilität in diesem Fall unter Verwendung der Optionspreise ermittelt wird.

198) Vgl. derselbe (1987), S. 323. Die Regressionsgleichungen lauten: $OP = a_0 + a_1 C$, wobei OP = Optionspreis, C = Black/Scholes-Wert, a_0 und a_1 = Regressionsparameter.

199) Vgl. derselbe (1990a), S. 95 i.V.m. S. 98f., und derselbe (1990b), S. 12. Die Untersuchung bezieht sich hierbei nur auf eine Teilstichprobe von 12 Firmen, in der die 6 Unternehmen dieser Untersuchung aber enthalten sind.

80% unter den beobachteten Marktpreisen liegen[200]. Für kurze Restlaufzeiten ist diese Beobachtung unabhängig von der Art der Volatilitätsberechnung, für längere Restlaufzeiten läßt sich das beschriebene Phänomen jedoch nur noch bei Verwendung historischer Volatilitäten beobachten. Unabhängig von der Volatilitätsberechnung liegen die Black/Scholes-Werte von at-the-money Optionen mit kurzer Restlaufzeit hingegen im Durchschnitt über den Marktpreisen[201]. Die beschriebene Abhängigkeit der Höhe des durchschnittlichen prozentualen Prognosefehlers des Black/Scholes-Modells von der Restlaufzeit und dem Verhältnis zwischen Aktienkurs und Basispreis gilt im übrigen auch für eine von Trautmann gebildete Teilstichprobe, die Kaufoptionen enthält, in deren Restlaufzeit keine Dividenden oder Bezugsrechte anfallen[202]. Allerdings ist die Höhe des mittleren prozentualen Prognosefehlers zumindest bei Verwendung historischer Volatilitäten in dieser Teilstichprobe generell etwas geringer[203].

Mit den soeben dargestellten Befunden weist Trautmann die Existenz eines in vielen amerikanischen Untersuchungen entdeckten "time" und "money bias" des Black/Scholes-Modells auch für den deutschen Markt nach[204]. Die tendenziell sehr stark unter den Marktpreisen liegenden Black/Scholes-Werte für deep-out-of-the-money Optionen und die über den Marktpreisen liegenden für at-the-money Optionen werden von Ball/Torous und Merton darauf zurückgeführt, daß ein Sprung-Diffusionsprozeß die Aktienkursbewegung am Markt besser beschreibt als der reine Diffusionsprozeß nach Black/Scholes[205]. Dies würde auch erklären, warum dieser "money bias" tendenziell bei kurzen Restlaufzeiten besonders ausgeprägt ist. Je länger die Zeitperiode, desto mehr nähern sich nämlich die Endverteilungen der Aktienrenditen aus den alternativen stochastischen Prozessen einander an[206]. Andere Autoren führen den "time" und "money bias" hingegen auf die nicht korrekte Berücksichtigung von Dividenden zurück[207]. Diese Schlußfolgerung kann jedoch durch das Ergebnis

---

200) Vgl. ebenda, wobei zu beachten ist, daß Restlaufzeiten unter 2 Wochen aufgrund fehlender Daten gar nicht berücksichtigt werden.

201) Allerdings sind die mittleren prozentualen Abweichungen in diesem Fall betragsmäßig wesentlich geringer als die entgegengesetzten Abweichungen bei deep-out-of-the-money Optionen mit kurzer Restlaufzeit.

202) Vgl. ebenda, S. 98f.

203) Vgl. derselbe (1990b), S. 12. Für die Verwendung impliziter Volatilitäten kann deshalb keine eindeutige Aussage getroffen werden, da bisher nur die graphische Darstellung der Ergebnisse in derselbe (1990a), S. 99, publiziert wurde.

204) Allerdings wird in amerikanischen Untersuchungen auch wiederholt eine Umkehrung des "money bias" festgestellt. Vgl. z.B. MacBeth/Merville (1979), S. 1185f., Rubinstein (1985), S. 478, und Barone-Adesi (1986), S. 190. Letztere betrachten Marktunvollkommenheiten als die wahrscheinlichste Ursache für die von ihnen festgestellte Instabilität des "money bias".

205) Vgl. Merton (1976b), S. 343ff., und Ball/Torous (1985), S. 171f.

206) Vgl. Merton (1976b), S. 345.

207) Vgl. Geske/Roll (1984a), S. 454.

kaum gestützt werden, das Trautmann für die Teilstichprobe ermittelt, die nur Kaufoptionen enthält, in deren Restlaufzeit keine Dividenden oder Bezugsrechte anfallen.

Im übrigen läßt sich auch ein erstes Indiz für das Vorliegen eines "variance bias" finden[208]. Dies ergibt sich aus einer von Trautmann durchgeführten Regressionsschätzung, die den Zusammenhang zwischen relativem Prognosefehler des Black/Scholes-Modells als abhängiger Variable und dem historischen Volatilitätsschätzer als unabhängiger Variable überprüft. Dabei wird ein signifikant negatives durchschnittliches Absolutglied und eine signifikant positive durchschnittliche Steigung ermittelt. Das durchschnittliche Bestimmtheitsmaß beträgt 26%[209].

2.2.4 Beurteilung der Entscheidung für das Black/Scholes-Modell

Unter diesem Gliederungspunkt sollen alle bisher aufgeführten Argumente stichpunktartig zusammengefaßt werden, die für eine Verwendung des Black/Scholes-Modells in der vorliegenden Untersuchung sprechen:

1. Das Black/Scholes-Modell ist sehr viel weniger kompliziert als alternative Optionsbewertungsmodelle. Dies gilt sowohl für den Rechenaufwand als auch für die Schätzung von Modellparametern.

2. Es erlaubt eine präferenzfreie Bewertung und enthält nur einen nicht direkt beobachtbaren Modellparameter.

3. Bisher konnte keine eindeutige Überlegenheit eines alternativen Optionsbewertungsmodells nachgewiesen werden[210].

4. Die Validität eines Bewertungsmodells bzw. seiner Annahmen für die Realität läßt sich nicht verifizieren.

5. Das Black/Scholes-Modell ist in vieler Hinsicht sehr robust gegenüber einer Verletzung seiner Modellprämissen.

---

208) Was man unter dem "variance bias" versteht, wurde unter Gliederungspunkt III.2.2.3.3 bereits erläutert.

209) Vgl. Trautmann (1987), S. 323. Die Regressionsschätzung bezieht sich nur auf den Teilzeitraum vom 1.4.1983 bis 30.6.1985.

210) Zu einem abweichenden Ergebnis kommt allerdings eine neue Untersuchung von Bates (1991), S. 1009 - 1044. Vgl. die Verweise auf diese Untersuchung bei der Diskussion der Ergebnisse von Ball/Torous und Merton unter III.2.2.3.4. Neben den bereits zitierten Tests sei noch auf Vergleiche zwischen Black/Scholes-Modell und "CEV-model" hingewiesen; vgl. Emanuel/MacBeth (1982), insbesondere S. 541, sowie Macbeth/Merville (1980). Vgl. vor allem auch die Kritik an dem Vorgehen von Macbeth/Merville bei Manaster (1980), S. 301 - 303.

6. Die Grundformel kann so modifiziert werden, daß eine näherungsweise Berücksichtigung von fehlendem Dividendenschutz möglich ist. Außerdem können stochastisch fluktuierende Zinssätze und Volatilitäten ebenfalls approximativ erfaßt werden.

7. Das Black/Scholes-Modell ist das am häufigsten verwendete und untersuchte Optionsbewertungsmodell in Wissenschaft und Praxis.

2.3 Die Spezifikation der Parameter des Black/Scholes-Modells

Unter diesem Gliederungspunkt soll für jeden der Parameter des Black/Scholes-Modells detailliert dargestellt werden, wie er für die Berechnungen der vorliegenden Untersuchung spezifiziert wird. Dabei werden sowohl die Schließung noch offener Freiheitsgrade bei der Parameterwahl als auch die Reagibilität der Black/Scholes-Modellwerte auf Änderungen der Parameterwerte erläutert.

2.3.1 Basispreis und Laufzeit der Option

Am unproblematischsten ist die Festlegung des Basispreises und der jeweiligen Restlaufzeit der Option. Die Basispreise sind der Börsen-Zeitung unmittelbar zu entnehmen. Die jeweilige Restlaufzeit der Option wird als Jahresbruchteil ermittelt. Dazu ist die in Kalendertagen berechnete Differenz aus Fälligkeitstermin und Bewertungszeitpunkt durch 365 zu dividieren. Dabei muß allerdings beachtet werden, daß der Fälligkeitstag der Option in der Börsen-Zeitung stets als 15. Kalendertag des jeweils betrachteten Fälligkeitsmonats ausgewiesen wird. Dies ist immer dann unrichtig, wenn es sich dabei nicht um einen Börsentag handelt. In diesen Fällen ist zu berücksichtigen, daß der Fälligkeitstag auf den ersten Börsentag fällt, der auf den 15. Kalendertag des Fälligkeitsmonats folgt[211]. In der vorliegenden Untersuchung ergeben sich damit die folgenden Abweichungen vom 15. Kalendertag:

1983: 17.10.
1984: 16.01., 16.04. und 16.07.
1985 - 1988: keine Abweichungen.

Während in den Jahren 1983 bis 1985 in der Börsen-Zeitung pro Tag jeweils drei unterschiedliche Fälligkeitstermine notiert sind, erfolgt ab dem zweiten Quartal 1986 für den 1. bis 14. Kalendertag der Fälligkeitsmonate Januar, April, Juli oder Oktober eine zusätzliche Veröffentlichung der Optionspreisnotierungen für die am 15. Kalendertag desselben Monats fällig werdenden Optionen[212]. Die Black/Scholes-Werte und Fehlbewertungen dieser Op-

211) Vgl. die Darstellung der Bedingungen für Optionsgeschäfte unter III.1.3.2.

212) Vgl. ebenda.

tionen werden zwar ebenfalls ermittelt, bei der späteren Überprüfung der Untersuchungshypothese werden sie aus Gründen der Vergleichbarkeit jedoch nicht mehr berücksichtigt.

Wie die Black/Scholes-Werte ceteris paribus auf eine marginale Veränderung des Basispreises oder der Restlaufzeit reagieren, läßt sich formal mit Hilfe der ersten Ableitung der Black/Scholes-Formel nach dem jeweiligen Parameter darstellen. Zur Erläuterung der Reagibilität der Black/Scholes-Modellwerte auf Änderungen der Parameterwerte wird in diesem und den folgenden drei Gliederungspunkten jeweils auf die Grundversion der Black/ Scholes-Formel gemäß Gleichung (3.9) Bezug genommen[213].

Die erste Ableitung der Black/Scholes-Werte nach dem Basispreis lautet[214]:

$$(3.14) \qquad \frac{\partial c_0}{\partial K} = -r^{-t} \, N(x-\sigma\sqrt{t}).$$

Der Wert der Verteilungsfunktion der Standardnormalverteilung $N(x-\sigma\sqrt{t})$ liegt zwischen Null und Eins[215], wobei er sich im vorliegenden Fall um so mehr Null annähert, je größer ceteris paribus der Basispreis ist, und um so mehr Eins annähert, je kleiner der Basispreis ist[216]. Damit gilt folgender Zusammenhang: bei ansteigendem (fallendem) Basispreis sinkt (steigt) ceteris paribus der Wert der Kaufoption, da die erste Ableitung immer negativ ist. Der Optionswert sinkt (steigt) aber um so weniger, je höher ceteris paribus das aktuelle Basispreisniveau bereits ist, denn der Betrag der ersten Ableitung nimmt mit zunehmendem Basispreis kontinuierlich ab[217]. Geht K gegen unendlich, so nähert sich der Optionswert Null an, geht K gegen Null, so approximiert der Black/Scholes-Wert die Höhe des Aktienkurses im Bewertungszeitpunkt[218].

Die erste Ableitung der Black/Scholes-Formel nach der Restlaufzeit lautet folgendermaßen[219]:

---

213) Außerdem wird unterstellt, daß die jeweils nicht explizit betrachteten Parameter keine "Extremwerte" annehmen. Das heißt, daß die Parameter S, K, r, t und σ zum einen größer Null und zum andern nicht unendlich groß sein sollen. Darüber hinaus sei der Zinssatz stets positiv; r soll somit nicht nur größer Null, sondern sogar größer als Eins sein.

214) Vgl. Jarrow/Rudd (1983), S. 119. Die Unterschiede bei der Schreibweise des Abzinsungsfaktors ergeben sich dadurch, daß bei Jarrow/Rudd r nicht Eins plus dem Zinssatz pro Zeiteinheit entspricht, sondern r für die Momentanverzinsung steht.

215) Da "Extremwerte" bei den Parametern ausgeschlossen werden (vgl. die vorletzte Fußnote), kann der Wert der Verteilungsfunktion nie genau Null bzw. Eins betragen.

216) Vgl. Cox/Rubinstein (1985), S. 205.

217) Vgl. hierzu auch die Ermittlung der stets positiven zweiten Ableitung nach dem Basispreis bei Jurgeit (1989), S. 131 i.V.m. S. 470.

218) Vgl. Cox/Rubinstein (1985), S. 215 i.V.m. den Arbitrageüberlegungen auf S. 129 - 131 u. S. 136.

219) Vgl. Jarrow/Rudd (1983), S. 119.

$$(3.15)\qquad \frac{\partial c_0}{\partial t} = [S_0\sigma/(2\sqrt{t})]\ N'(x) + Kr^{-t}\ \ln r\ N(x-\sigma\sqrt{t}).$$

Diese Ableitung wird auch als Options-Theta bezeichnet[220]. Der Ausdruck ist immer positiv[221], so daß mit zunehmender Restlaufzeit der Kaufoptionswert ceteris paribus ansteigt et vice versa. Bei unendlich großer Restlaufzeit entspricht der Optionswert dem aktuellen Aktienkurs, bei gegen Null gehender Restlaufzeit nähert sich der Modellwert für out-of-the-money Optionen Null und für in-the-money Optionen der Differenz aus aktuellem Aktienkurs und Basispreis an[222].

2.3.2 Die Wahl des Aktienkurses unter dem Gesichtspunkt der Marktsynchronisation

Aufgrund des variablen Handels der Aktien der hier untersuchten Firmen könnten allein dem Handelsblatt, aus dem die Aktienkursdaten für diese Untersuchung in der Regel erfaßt wurden, fünf verschiedene Kurse pro Aktie und Börsentag entnommen werden. Es handelt sich dabei um den Eröffnungs-, den Hoch-, den Tief-, den Schluß- und den Kassakurs. Wie schon mehrfach erörtert[223], sind die dadurch vorhandenen Freiheitsgrade bei der Wahl des für die Berechnung der Black/Scholes-Werte notwendigen Aktienkurses nun dahingehend auszuüben, daß ein möglichst zeitgleich zu den entsprechenden Optionspreisen festgelegter Aktienkurs verwendet wird. Deshalb werden in der vorliegenden Untersuchung im Gegensatz zur Untersuchung Trautmanns nicht die Kassakurse, sondern die am Bewertungstag für den ersten Handel nach Beginn der Börsensitzung festgestellten Aktienkurse zur Berechnung der Black/Scholes-Werte herangezogen[224]. Es besteht nämlich Anlaß zu der Vermutung, daß für letztere der zeitliche Abstand zur Feststellung der notierten Optionspreise in der Mehrzahl der Fälle geringer ist als für die Kassakurse[225]. Während der Kassakurs um ca. 12.30 Uhr festgestellt wurde, erfolgte die Feststellung der hier verwendeten Kurse im Untersuchungszeitraum im allgemeinen schon zu Beginn der Börsensitzung um 11.30 Uhr, denn in der weit überwiegenden Zahl der Fälle war der Eröffnungskurs bereits mit dem er-

---

220) Vgl. ebenda, S. 120. Vgl. allerdings abweichend hierzu Cox/Rubinstein (1985), S. 222. Diese definieren als Options-Theta die mit minus eins multiplizierte erste Ableitung der Black/Scholes-Formel nach der Restlaufzeit.

221) Dies folgt aus der Annahme eines positiven Zinssatzes.

222) Vgl. Cox/Rubinstein (1985), S. 215.

223) Vgl. die Gliederungspunkte II.2.2.4 und III.2.2.2.

224) Diese sind im allgemeinen identisch mit den im Handelsblatt veröffentlichten Eröffnungskursen. Lediglich wenn es sich bei diesen um Brief- oder Geldkurse handelt, werden die entsprechenden Kurse unmittelbar dem amtlichen Kursblatt der Frankfurter Wertpapierbörse entnommen.

225) Die im folgenden dargestellte Begründung dieser Vermutung stützt sich auf Informationen aus Lingner (1987), S. 155f., Trautmann (1990a), S. 87, Fußnote 2, sowie auf zwei Telefongespräche vom 19.9.1989 mit den für den Aktienoptionshandel in Verkehrs- bzw. Anilinwerten im Untersuchungszeitraum zuständigen Frankfurter Maklerhäusern Fritz Nols KG und Fa. Horst Pulina.

sten Kurs, zu dem ein Aktienhandel zustande kam, identisch. Gleichzeitig wurde mit der Optionspreisfeststellung von BMW, BASF und Hoechst, somit der Hälfte der hier untersuchten Firmen, bereits um ca. 11.30 Uhr begonnen. Nach Abschluß der teilweise parallelen Preisfeststellung für BASF und Hoechst folgte unmittelbar die Quotierung von Bayer, wohingegen bei den Verkehrswerten auf BMW erst die nicht in die Untersuchung einbezogene Lufthansa, dann Daimler-Benz und zum Schluß VW folgten. An Tagen mit geringem Auftragsvolumen konnte schon um ca. 11.45 Uhr mit dem Beginn der Quotierung der Daimleroptionen gerechnet werden. An umsatzstarken Tagen war jedoch auch eine Verzögerung bis ca. 12.15 Uhr nicht ungewöhnlich[226]. In Ausnahmefällen war es allerdings möglich, sowohl von dieser Handelsreihenfolge abzuweichen, als auch eine erneute Preisfeststellung für eine Optionsserie zu einem späteren Zeitpunkt der Börsensitzung vorzunehmen. Die Quotierung der Optionen konnte sich also auch durchaus über die gesamte Börsenzeit hinziehen. Obwohl kein zwingender zeitlicher Zusammenhang zwischen der Feststellung der Optionspreise und der Kurse der zugrunde liegenden Aktien besteht, bleibt aufgrund der obigen Ausführungen doch zu vermuten, daß mit den hier verwendeten Kursen im Vergleich zu den Kassakursen ein relativ höheres Ausmaß an Zeitgleichheit von Optionspreis- und Aktienkursfeststellung erreicht werden kann.

Nachdem die Spezifikation des Aktienkursparameters begründet ist, soll im folgenden die Reagibilität des Black/Scholes-Wertes auf Veränderungen des Aktienkurses erläutert werden.

Die erste Ableitung der Black/Scholes-Formel nach dem Aktienkurs entspricht gerade der Hedge-Ratio, d.h. der Anzahl an Aktien, die in einem risikolosen Hedge-Portfolio auf eine Option entfallen[227]. Wie aus der folgenden Gleichung (3.16) sofort zu ersehen ist, ist die Anzahl der Aktien in einem solchen Portfolio stets geringer als die Anzahl der Optionen, da die Hedge-Ratio Werte zwischen Null und Eins annehmen kann[228]:

$$(3.16) \qquad \frac{\partial c_0}{\partial s_0} = N(x)\,.$$

Da diese erste Ableitung, die auch als Options-Delta bezeichnet wird[229], immer positiv ist, hat ein steigender Aktienkurs ceteris paribus auch stets einen ansteigenden Black/Scholes-Wert zur Folge et vice versa. Dabei verändert sich der Black/Scholes-Wert bei einer marginalen Änderung des Aktienkurses ceteris paribus um so stärker, je höher der aktuelle Ak-

226) Berücksichtigt man zusätzlich, daß bei den hier untersuchten Optionen die Gruppe der 3-Monats-Optionen die am stärksten vertretene Optionsrestlaufzeitklasse ist (vgl. Gliederungspunkt III.2.4.1), so ist in diesem Zusammenhang weiterhin von Bedeutung, daß innerhalb einer Branche jeweils zuerst die Optionen mit der kürzesten Restlaufzeit quotiert wurden.

227) Vgl. hierzu Gliederungspunkt III.2.1.1.

228) Vgl. z.B. Jarrow/Rudd (1983), S. 119ff. Für den Ausschluß der Werte Null und Eins gilt die Anmerkung zur Verteilungsfunktion der Gleichung (3.14) analog.

229) Vgl. z.B. Cox/Rubinstein (1985), S. 222.

tienkurs bereits ist. Dies ergibt sich aus der stets positiven zweiten Ableitung des Optionswertes nach dem Aktienkurs, dem sogenannten Options-Gamma[230]:

$$(3.17) \qquad \frac{\partial^2 C_0}{\partial S_0^2} = \frac{1}{S_0 \sigma \sqrt{t}} \, N'(x) .$$

Das Options-Gamma ist ceteris paribus dann maximal, wenn der aktuelle Kurs der der Option zugrunde liegenden Aktie relativ knapp unter dem Basispreis liegt[231]. Damit verändert sich die durch das Options-Delta gemessene Sensitivität des Black/Scholes-Wertes in bezug auf eine Änderung des Aktienkurses am stärksten bei Optionen, die gerade noch out-of-the-money sind. Für deep-out-of-the-money und deep-in-the-money Optionen verändert sich diese Sensitivität hingegen bei sich änderndem Aktienkurs nur langsam, wobei sie bei ersteren nahe Null, bei letzteren nahe Eins liegt. Während das Options-Delta und damit die absolute Änderung des Black/Scholes-Wertes, die auf eine gleichbleibende absolute Änderung des Aktienkurses zurückzuführen ist, mit steigendem Aktienkurs ceteris paribus mehr oder weniger schnell zunimmt, gilt für das Verhältnis der relativen Änderung des Black/Scholes-Wertes in bezug auf eine gleichbleibende prozentuale Änderung des Aktienkurses genau der umgekehrte Zusammenhang. Die Options-Elastizität ist nämlich ceteris paribus um so höher, je geringer das Niveau des gegenwärtigen Aktienkurses ist[232]:

$$(3.18) \qquad \frac{\delta C_0 / C_0}{\delta S_0 / S_0} = \frac{S_0 \; N(x)}{C_0} .$$

Die abschließende Betrachtung extremer Werte des Aktienkursparameters ergibt, daß sich der Kaufoptionswert für einen gegen Null gehenden Aktienkurs Null annähert und für einen gegen unendlich gehenden Aktienkurs unendlich groß wird[233].

2.3.3 Die Wahl des Zinsfußes

Als Zinssatz für die Berechnung der Optionswerte wird in dieser Untersuchung der Geldmarktsatz für Dreimonatsgeld am Frankfurter Bankplatz gewählt. Dieser wurde den Monatsberichten der deutschen Bundesbank entnommen, wo er als ungewichteter Monatsdurchschnittszinssatz veröffentlicht wird[234]. Damit werden die Black/Scholes-Werte für

---

230) Vgl. Jarrow/Rudd (1983), S. 120.

231) Das Maximum liegt exakt an der Stelle $S_0 = Kr^{-t} e^{(-\frac{3}{2}\sigma^2 t)}$. Vgl. Cox/Rubinstein (1985), S. 224, 227 u. 229.

232) Vgl. ebenda, S. 224 - 229, und Jarrow/Rudd (1983), S. 121.

233) Vgl. Cox/Rubinstein (1985), S. 215.

234) Neben den ungewichteten Monatsdurchschnittszinssätzen werden dort auch die jeweiligen Niedrigst- und Höchstsätze veröffentlicht. Diese werden für die vorliegende Untersuchung jedoch nicht berücksichtigt.

alle Börsentage desselben Monats unter Verwendung eines einheitlichen Zinsfußes berechnet; es erfolgt somit lediglich eine monatliche Aktualisierung des Zinses. Dieses Vorgehen führt zwar nicht zu einer modellmäßig exakten Erfassung des Zinseinflusses; für empirische Untersuchungen wird eine starke Vereinfachung bei der Spezifikation dieses Parameters in der Literatur aber generell als unumgänglich betrachtet[235]. Allein die Berücksichtigung der in der Realität beobachtbaren Zinssatzdifferenzierungen hätte schon zur Folge, daß für jede Option nur investorenspezifische Optionswerte ermittelt werden könnten. Die Wahl des jeweils richtigen Zinssatzes hinge in diesem Fall von den unterschiedlichen sonstigen Anlagealternativen, den Kreditaufnahmemöglichkeiten, den Konsumpräferenzen und dem Vermögen jedes Investors ab[236]. Die Höhe des für diese Untersuchung benötigten Optionsmarktwertes im Gleichgewicht ergäbe sich dann aus dem Ausgleich der von den unterschiedlichen Grenzpreisen der Investoren bestimmten Kauf- und Verkaufsorders.

Selbst wenn die beschriebenen Zinssatzdifferenzen vernachlässigbar klein wären und damit vom Problem unterschiedlicher Zinssätze zu einem bestimmten Zeitpunkt abstrahiert werden könnte, wäre das Problem der Zinserfassung noch sehr komplex. So müßte der jeweils verwendete Zinssatz bei Berücksichtigung sich ändernder Zinsen im Zeitablauf jeweils aus der Rendite einer festverzinslichen Anlage abgeleitet werden, bei der vor Laufzeitende keine Zahlung an den Anleger erfolgt und deren Restlaufzeit exakt der Restlaufzeit der zu bewertenden Option entspricht[237]. Dieses Vorgehen dürfte bereits an der Datenbeschaffung scheitern. Schließlich ist noch zu berücksichtigen, daß ein Arbitrage-Ansatz wie das Black/Scholes-Modell ohnehin nur deterministische, nicht hingegen stochastische Zinssatzänderungen korrekt erfassen kann[238].

Die starke Vereinfachung bei der Spezifikation des Zinsparameters wird regelmäßig damit begründet, daß die Werte von Kaufoptionen auf Aktien nicht sehr sensibel auf Zinssatzänderungen reagieren[239]. Dies soll im folgenden noch näher dargelegt werden. Wie sich aus der ersten Ableitung des Black/Scholes-Wertes nach dem Diskontierungsfaktor ergibt, steigt der Wert der Option grundsätzlich ceteris paribus mit steigendem Zins an et vice versa[240]:

---

235) Vgl. hierzu z.B. die Vorschläge bei Geske/Trautmann (1986), S. 121, und Cox/Rubinstein (1985), S. 275 u. S. 425f.

236) Vgl. zum Problem der Wahl des "richtigen" Diskontierungsfaktors auf einem unvollkommenen Kapitalmarkt Hirshleifer (1974), insb. S. 197ff.

237) Vgl. Cox/Rubinstein (1985), S. 274f. Bei nicht dividendengeschützten Optionen, während deren Restlaufzeit eine Dividendenzahlung anfällt, wäre selbst dieses Vorgehen nicht ausreichend, da der optimale Ausübungszeitpunkt vor Ende der Restlaufzeit der Option liegen kann.

238) Vgl. ebenda.

239) Dies ist auch das Ergebnis umfangreicher Berechnungen mit jeweils drei alternativen Zinssätzen bei Jentzsch (1985), S. 191 - 197.

240) Vgl. Cox/Rubinstein (1985), S. 221.

$$(3.19) \qquad \frac{\delta c_0}{\delta r} = tKr^{-(t+1)}\ N(x-\sigma\sqrt{t}).$$

Dabei ist gemäß Gleichung (3.19) die Reagibilität des Black/Scholes-Wertes auf den Zins nicht unabhängig von der jeweiligen Restlaufzeit t und dem Verhältnis des aktuellen Aktienkursniveaus S_0 zum Basispreis K[241]. Da die Zinsreagibilität für out-of-the-money Optionen und für Optionen mit kurzer Restlaufzeit sehr klein ausfällt[242], kann sie schon aus diesem Grunde für die vorliegende Untersuchung nicht von entscheidender Bedeutung sein, denn bei einem sehr großen Teil der untersuchten Optionen handelt es sich um out-of-the-money Optionen und/oder um Optionen mit maximaler Restlaufzeit von 3,5 Monaten[243]. Doch auch bei deep-in-the-money Optionen und langer Restlaufzeit ist das bei den Aktienoptionen der Stichprobe erreichbare Niveau an Zinsreagibilität noch relativ gering. Die folgende Berechnung von Black/Scholes-Werten bei alternativen Zinssätzen soll dies veranschaulichen[244]. Der gewählte Zinssatz von 3,65% entspricht dabei dem Minimum aller erhobenen Monatsdurchschnitte im Untersuchungszeitraum, der Zinssatz von 6,48% dem Maximum:

Volatilität: 25%
Aktienkurs: 250

Zinssatz (r-1) in %	3,65	5,0	6,48
Restlaufzeit: 1 Monat Basispreis: 270	1,4545	1,4958	1,5416
Restlaufzeit: 9 Monate Basispreis: 230	36,0689	37,5059	39,0837

Dem Zinsanstieg um 77,5% von 3,65% auf 6,48% entspricht bei der out-of-the-money Option mit kurzer Restlaufzeit nur eine Erhöhung des Black/Scholes-Wertes um knapp 0,09 DM bzw. knapp 6% von 1,4545 DM auf 1,5416 DM. Bei der in-the-money Option mit langer Restlaufzeit wird durch diesen Zinsanstieg ein Anwachsen des Black/Scholes-Wertes um ca. 3,01 DM bzw. ca. 8,4% von 36,0689 DM auf 39,0837 DM induziert. Vergegenwärtigt man sich neben diesem Ergebnis noch die Tatsache, daß hier sehr extreme Zinsänderungen betrachtet werden, so zeigt sich, daß die Zinsreagibilität selbst bei jenen Optionen eher gering ist, die aufgrund ihrer relativ langen Restlaufzeit und/oder ihrem im Vergleich zum Basispreis relativ hohen Kurs der zugrunde liegenden Aktie noch am stärksten auf Zinsänderungen reagieren[245].

---

241) Der Quotient (S_0/K) geht in die Ermittlung des Wertes von x ein.

242) Vgl. Cox/Rubinstein (1985), S. 224 i.V.m. S. 226.

243) Vgl. hierzu die Ergebnisse unter Gliederungspunkt III.2.4.1.

244) Die Black/Scholes-Werte werden dabei durchweg mit der Grundformel aus Gleichung (3.9) berechnet.

245) Vgl. hierzu auch die Gegenüberstellung der Veränderung der Black/Scholes-Werte bei jeweils gleicher prozentualer Änderung nur eines Modellparameters bei Cox/Rubinstein (1985), S. 217f.

2.3.4 Die Schätzung der zukünftigen Aktienkursvolatilität

Da die Verwendung eines impliziten Volatilitätsschätzers für die Zwecke dieser Untersuchung ungeeignet ist[246], wird zur Ermittlung der für die Berechnung der Black/Scholes-Werte erforderlichen Schätzung der zukünftigen Aktienkursvolatilität ein historischer Volatilitätsschätzer verwendet. Die Schätzung wird für jeden Bewertungszeitpunkt aktualisiert[247].

Ausgangspunkt jeder historischen Ermittlungsmethode ist eine Stichprobe aus vor dem Bewertungszeitpunkt realisierten Aktienkursen[248]. Aus unmittelbar aufeinanderfolgenden Kursen werden die jeweiligen Momentanrenditen berechnet, für die dann die Stichprobenvarianz bestimmt wird. Aus dieser wird schließlich noch die Standardabweichung ermittelt, wobei gleichzeitig eine Umrechnung auf Jahresbasis vorgenommen wird, da die Volatilität als Jahresgröße in die Black/Scholes-Formel eingeht[249].

Freiheitsgrade ergeben sich nun insbesondere bei der Festlegung der Länge des Schätzzeitraums und der Anzahl der zu berücksichtigenden Renditen. Letztere wiederum ist sowohl von der pro Beobachtungsdatum erhobenen Anzahl an Aktienkursen als auch von der zu wählenden Fristigkeit der Renditen abhängig. Schließlich bestehen bei der Berechnung der Stichprobenvarianz noch Freiheitsgrade in bezug auf eine mögliche Gewichtung der in die Rechnung einbezogenen Renditen.

Während in dieser Untersuchung mit dem für den ersten Handel nach Beginn der Börsensitzung festgestellten Aktienkurs pro Beobachtungstag nur ein Kurs zur Volatilitätsermittlung verwendet wird, findet man in der Literatur mitunter den Vorschlag, die Volatilitätsschätzung durch gleichzeitige Einbeziehung der Höchst- und Tiefstkurse eines Tages zu verbessern. Unter Umständen sollen diese Kurse sogar noch durch Eröffnungs- und Schlußkurse ergänzt werden[250]. Dieser Vorschlag wird jedoch in der vorliegenden Untersuchung deshalb nicht aufgegriffen, weil er mit einem wesentlich höheren Datenerfassungs- und Überprüfungsaufwand verbunden wäre, ohne daß gleichzeitig sichergestellt werden könnte, daß

246) Vgl. hierzu Gliederungspunkt III.2.2.3.4.

247) Vgl. zur Begründung dieses Vorgehens die ausführlichen Erläuterungen in Gliederungspunkt III.2.2.3.4 zur Verletzung der Modellannahme konstanter Volatilität im Zeitablauf.

248) Dabei wird der Aktienkurs zum Bewertungszeitpunkt selbst regelmäßig noch mit in die Stichprobe einbezogen. Dieser Vorgehensweise wird hier gefolgt, so daß der Bewertungszeitpunkt also den letzten Tag des Schätzzeitraums bildet.

249) Selbstverständlich könnte der Black/Scholes-Formel auch eine beliebige andere Zeiteinheit zugrunde gelegt werden. Als Konvention gilt jedoch, daß als Zeiteinheit ein Jahr gewählt wird. Dies hat immerhin den Vorteil, daß die erhobenen Zinsdaten nicht umgerechnet werden müssen, da diese generell als Jahresgrößen angegeben werden.

250) Vgl. z.B. Parkinson (1980), S. 61 - 65, oder Garman/Klass (1980), S. 67 - 78.

die bei Gültigkeit der Black/Scholes-Modellannahmen zu erwartende Verbesserung der Schätzung unter den empirischen Gegebenheiten überhaupt eintreten würde. So ist die Wahrscheinlichkeit nämlich besonders groß, daß sich ein während des Tages falsch erfaßter Kurs gerade auf die Notierung des Höchst- bzw. Tiefstkurses auswirkt. Darüber hinaus ist eine Verbesserung der Volatilitätsschätzung nur dann zu erwarten, wenn die Annahme lognormalverteilter Aktienkurse streng zutrifft[251]. Gerade davon ist nach den unter Gliederungspunkt III.2.2.3.4 durchgeführten Tests auf Normalverteilung der Momentanrenditen der Aktienkurse für diese Untersuchung jedoch nicht auszugehen. Die Anzahl der zu berücksichtigenden Renditen bei gegebener Länge des Schätzzeitraums wird in der vorliegenden Arbeit somit nicht durch die Erfassung mehrerer Kurse pro Beobachtungsdatum erhöht, wohl aber durch die Wahl von täglichen Renditen. Neben einer Erhöhung des Stichprobenumfangs hat dies vor allem den Effekt, den Einfluß, der von Fehlern bei der Schätzung des Renditeerwartungswerts auf die Schätzgenauigkeit der Volatilität ausgeht, auf ein Minimum zu reduzieren[252].

Die Anzahl der für die Volatilitätsschätzung zu berücksichtigenden historischen Aktienkurse wird in dieser Untersuchung für jeden Bewertungszeitpunkt durch die Anzahl der Börsentage des Vorjahres bestimmt[253]. Der gewählte Vorlauf schwankt deshalb zwischen 248 und 252 Tagen. Dieser relativ lange Vorlauf führt zu einer Verringerung des Einflusses einzelner extremer Werte bei den Renditen in der nahen Vergangenheit und damit tendenziell zu einer Verstetigung der Varianzschätzung[254]. Bei einem Vorlauf von 250 Börsentagen ermittelt Jentzsch für ihre Untersuchung von Optionen mit maximaler Restlaufzeit von 6 Monaten die geringsten Abweichungen zwischen berechneten Black/Scholes-Werten und tatsächlich realisierten Marktpreisen[255]. Auch Trautmann, dessen Ergebnisse für die vorliegende Untersuchung mehr Relevanz besitzen, verwendet einen langen, wenn auch mit 200 Börsentagen doch deutlich kürzeren Vorlauf. Seine Begründung, er habe diese Anzahl an Börsentagen vor allem deshalb gewählt, weil sie in etwa der maximal möglichen Restlaufzeit der Optionen entspricht, bleibt jedoch willkürlich[256]. Dies gilt um so mehr, wenn man bedenkt, daß die Mehrzahl der untersuchten Optionen eine Restlaufzeit von deutlich unter 200 Börsentagen aufweist.

---

251) Vgl. zu diesen Kritikpunkten Cox/Rubinstein (1985), S. 277.

252) Vgl. ebenda, S. 276 i.V.m. S. 258ff.

253) Die Länge des Schätzzeitraums entspricht damit der Anzahl der Börsentage des Vorjahres plus Eins, da der Aktienkurs am Bewertungstag selbst zu diesem Vorlauf noch hinzukommt. Eine Ausnahme bilden die Bewertungszeitpunkte des Jahres 1983. Hier entspricht die Anzahl von 252 für die Schätzung herangezogenen, historischen Aktienkursen der Anzahl an Börsentagen vom 01.04.1982 bis 31.03.1983.

254) Eine Verstetigung der Varianzschätzung bei Verlängerung des Schätzzeitraums zeigen z.B. Jentzsch (1985), S. 217 i.V.m. S. 352, und Gais (1989), S. 35f. i.V.m. S. 82 - 84.

255) Vgl. Jentzsch (1985), S. 218ff.

256) Diese Begründung findet sich bei Trautmann (1990a), S. 94, Fußnote 5.

Bei einigen Untersuchungen wird schließlich noch vorgeschlagen, die Aktienkursrenditen für die Berechnung der Stichprobenvarianz um so stärker zu gewichten, je näher ihr Beobachtungszeitpunkt am jeweiligen Bewertungszeitpunkt liegt[257]. Dieses Vorgehen stützt sich auf die Vermutung, daß der Informationsgehalt im Hinblick auf die zukünftige Varianz abnimmt, je weiter die Renditen zurückliegen. Da jedoch nicht entschieden werden kann, welches Gewichtungsschema allen anderen überlegen ist[258], wird im folgenden gänzlich auf eine Gewichtung verzichtet.

Die Ermittlung der Schätzgröße für die zukünftige Volatilität läßt sich für diese Untersuchung somit formelmäßig folgendermaßen darstellen:

$$(3.20) \qquad \hat{\sigma}_0 = \left[\frac{1}{n-1}\sum_{j=-n}^{-1}\left[\ln(S_{j+1}/S_j) - \hat{\mu}\right]^2\right]^{\frac{1}{2}} \sqrt{n}, \quad \text{wobei}$$

$\hat{\sigma}_0$ = einheitliche Schätzung der zukünftigen Volatilität für die Berechnung jeder im Zeitpunkt 0 zu bewertenden Option einer Firma (ausgedrückt als Jahresgröße).

n = Anzahl der in die Berechnung einbezogenen Momentanrenditen. Die Stichprobe umfaßt genau n+1 Aktienkurse, den Kurs im Bewertungszeitpunkt 0 und die n unmittelbar davor liegenden Kurse. Dabei entspricht n der jeweiligen Anzahl der Börsentage des Vorjahres.

$\sqrt{n}$ = Annualisierungsfaktor zur Umrechnung der täglichen Volatilität in eine jährliche.

S_j = Für den ersten Handel nach Beginn der Börsensitzung festgestellter Aktienkurs am (-j)-ten Tag vor dem Bewertungszeitpunkt 0, wobei der Aktienkurs gegebenenfalls noch um Dividenden, Bezugsrechte oder Splits zu bereinigen ist[259].

$\hat{\mu} = \frac{1}{n}\sum_{j=-n}^{-1}\ln(S_{j+1}/S_j)$; Mittelwert der auf Tagesbasis errechneten Momentanrenditen der Stichprobe.

---

257) Vgl. z.B. das Vorgehen bei demselben (1983), S. 625.

258) Vgl. ebenda, S. 626, wo ein solcher Einwand bereits antizipiert wird.

259) Die Bereinigung erfolgt nach der "operation blanche"; vgl. hierzu die Erläuterungen unter I.2. Vgl. ebenso die Durchführung der Bereinigung bei Cox/Rubinstein (1985), S. 260.

Wie sich aus der ersten Ableitung der Black/Scholes-Formel nach der Volatilität ergibt, steigt der Wert der Kaufoption ceteris paribus bei zunehmender Volatilität der Aktie an und umgekehrt[260]:

$$(3.21) \qquad \frac{\partial c_0}{\partial \sigma} = S_0 \sqrt{t} \; N'(x).$$

Die durch Gleichung (3.21) ausgedrückte Sensibilität des Optionswertes gegenüber Änderungen der Volatilität ist dabei um so größer, je länger ceteris paribus die Restlaufzeit der Option ist. Darüber hinaus beeinflußt auch das Verhältnis von Aktienkurs zu Basispreis die Reagibilität des Optionswertes auf Änderungen der Volatilität. Die höchste Sensibilität wird ceteris paribus bei einem knapp unter dem Basispreis liegenden Aktienkurs erreicht, am geringsten ist sie für deep-in- oder deep-out-of-the-money Optionen[261]. Das folgende Zahlenbeispiel zeigt, daß die Volatilitätsreagibilität sehr hoch sein kann, weshalb der Qualität der Volatilitätsschätzung eine entscheidende Bedeutung zukommt. Die gewählten Volatilitätswerte des Beispiels geben in etwa die Schwankungen des Volatilitätsschätzers für BASF im Verlauf des Jahres 1987 wieder:

Zinssatz: 5%
Aktienkurs: 250

Volatilität in %	21	25	31
Restlaufzeit: 1 Monat Basispreis: 230	21,3914	21,8449	22,7484
Restlaufzeit: 9 Monate Basispreis: 270	13,8469	17,2913	22,4796

Bei der in-the-money Option mit kurzer Restlaufzeit entspricht einer Volatilitätserhöhung um 47,62% von 21% auf 31% bereits eine Erhöhung des Optionswertes um ca. 1,36 DM bzw. 6,34%, nämlich von 21,3914 DM auf 22,7484 DM. Derselbe Volatilitätsanstieg bewirkt bei der out-of-the-money Option mit langer Restlaufzeit gar eine Erhöhung des Optionswertes von 13,8469 DM auf 22,4796 DM, somit also eine Erhöhung um ca. 8,63 DM bzw. 62,34%. Der Wertanstieg ist damit sogar prozentual größer als der auslösende Volatilitätsanstieg[262].

Für extreme Volatilitätswerte ergeben sich allgemein folgende Grenzwerte für die Kaufoptionen: Bei einer gegen unendlich gehenden Volatilität nähert sich der Wert der Kaufoption dem Aktienkurs im Bewertungszeitpunkt an. Geht die Volatilität gegen Null, so approximiert der Optionswert ebenfalls Null, falls der Aktienkurs im Bewertungszeitpunkt kleiner

260) Vgl. Jarrow/Rudd (1983), S. 119.

261) Vgl. Cox/Rubinstein (1985), S. 224f.

262) Vgl. hingegen das Beispiel zur Zinsreagibilität des Optionswertes im vorigen Gliederungspunkt. Hier löste ein Zinsanstieg um 77,5% im ungünstigsten Fall des Beispiels nur einen Anstieg des Optionswertes um ca. 3,01 DM bzw. 8,4% aus.

ist als der über die Restlaufzeit diskontierte Basispreis. Gilt hingegen das umgekehrte Größenverhältnis zwischen Aktienkurs und diskontiertem Basispreis, so nähert sich der Optionswert bei gegen Null gehender Volatilität der Differenz aus aktuellem Aktienkurs und über die Restlaufzeit abgezinstem Basispreis an[263].

2.3.5 Zusätzliche Parameter des modifizierten Black/Scholes-Modells

Wurde bei einer Kaufoption, die am 15. Januar 1988 oder später fällig war, zwischen Bewertungszeitpunkt und Laufzeitende eine Dividende gezahlt, so muß der Wert der Option mit der unter Gliederungspunkt III.2.1.2 ausführlich erläuterten, modifizierten Bewertungsformel ermittelt werden. Gegenüber dem Grundmodell sind dafür die folgenden Parameter zusätzlich zu spezifizieren: die Höhe der Dividendenzahlung D, die Zeitspanne f vom Bewertungszeitpunkt bis zum Zeitpunkt der Dividendenzahlung sowie die Kursunter- und -obergrenze UG bzw. OG und die diskrete Schrittweite ΔS_F^{cum} zur Festlegung aller bei der numerischen Integration nach Gleichung (3.13) zu berücksichtigenden Aktienkurse unmittelbar vor dem Dividendenabschlag.

Die Höhe der Dividendenzahlung und damit gemäß diesem Modell auch die Größe des Dividendenabschlags wird in dieser Untersuchung jeweils gleich der deklarierten Dividende ohne Körperschaftsteuergutschrift gesetzt. Die Berücksichtigung von Steuern in Höhe der Ausschüttungsbelastung mit Körperschaftsteuer bei der Ermittlung des Dividendenabschlags wird im folgenden als Näherungslösung akzeptiert. In der Realität hängt der exakte Einfluß der Besteuerung auf die Höhe des Dividendenabschlags von den unterschiedlichen Grenzsteuersätzen der Marktteilnehmer ab.

Die jeweilige Zeitspanne vom Bewertungszeitpunkt bis zum Zeitpunkt der Dividendenzahlung wird analog zur Ermittlung der maximalen Restlaufzeit der Option als Jahresbruchteil ermittelt. Dazu ist die in Kalendertagen berechnete Differenz aus ex-Tag und Bewertungszeitpunkt durch 365 zu dividieren.

Schließlich wird gemäß Gleichung (3.13) über die cum Dividende-Kurse summiert, die sich ausgehend von einem Drittel des Aktienkurses im Bewertungszeitpunkt (= UG) bis zu einschließlich dem Dreifachen dieses Kurses (= OG) ergeben, wenn man ein Prozent des Aktienkurses im Bewertungszeitpunkt als diskrete Schrittweite ΔS_F^{cum} wählt. Dieses Vorgehen sichert eine für die Zwecke dieser Untersuchung bei weitem ausreichende Genauigkeit[264].

---

263) Vgl. Cox/Rubinstein (1985), S. 216. Das bei gegen Null gehender Volatilität relevante Größenverhältnis zwischen Aktienkurs und Basispreis ist dort allerdings nicht richtig angegeben.

264) Von Gais wird eine Genauigkeit auf sechs Nachkommastellen gegenüber einem binomialen Bewertungsmodell mit 1000 Schritten ermittelt. Vgl. hierzu auch den kurzen Hinweis bei Gais (1989), S. 43.

Für den Wert einer nicht dividendengeschützten Kaufoption gilt, daß dieser um so geringer (höher) ist, je größer (kleiner) ceteris paribus die während der maximalen Restlaufzeit der Option anfallende Dividende ist[265]. Gleichzeitig steigt mit zunehmender Dividendenhöhe ceteris paribus auch die Wahrscheinlichkeit dafür an, daß eine Ausübung der Option unmittelbar vor dem ex-Termin und damit vor dem Fälligkeitstag optimal wird[266].

2.4 Die Auswertung der Optionsdaten

In diesem Kapitel sollen erste Ergebnisse der empirischen Untersuchung des Optionsmarktes dargestellt werden. Auf eine Analyse der quantitativen und qualitativen Zusammensetzung der Stichprobe folgt eine detaillierte Beschreibung der Ermittlung der Optionsfehlbewertungen. Da für den weiteren Verlauf der Untersuchung Tage mit ausgeprägten relativen Fehlbewertungen am Optionsmarkt identifiziert werden müssen, wird die Berechnung in zwei Schritten vorgenommen. Als erstes werden die Fehlbewertungen pro Option ermittelt, diese sind dann zu einer Durchschnittsgröße pro Gesellschaft und Tag zu aggregieren. Nach der Beschreibung des Ermittlungsvorgangs wird abschließend eine erste Analyse der auftretenden Fehlbewertungen durchgeführt.

2.4.1 Einige Kennzahlen der Stichprobe

Die Stichprobe umfaßt insgesamt 108 757 Optionspreisnotierungen. In die weitere Untersuchung werden davon allerdings nur 66 410 Preise einbezogen, da die Stichprobe um die Notierungen bereinigt wird, die den Kurszusatz Brief oder Geld tragen[267]. Dadurch soll vermieden werden, daß in die Berechnung der durchschnittlichen täglichen Fehlbewertungen Preise eingehen, zu denen an dem betreffenden Tag gar kein Handel zustande gekommen ist. Auch die im folgenden dargestellte Analyse des Datenmaterials bezieht sich ausschließlich auf die um Brief- und Geldkurse bereinigte Stichprobe.

Zur Optionsbewertung unter Berücksichtigung von Dividenden mittels des binomialen Bewertungsmodells vgl. Cox/Rubinstein (1985), S. 236 - 245.

265) Dies folgt indirekt auch aus dem Vergleich des Wertes von Optionen mit und ohne Dividende bei Cox/ Rubinstein (1985), S. 243 - 245.

266) Vgl. ebenda, S. 239. Die Aussage gilt allerdings erst dann, wenn die Dividende bereits so groß ist, daß gilt: $D > K - Kr^{-(t-f)}$. Solange diese Ungleichung nicht erfüllt ist, ist die Wahrscheinlichkeit dafür, daß eine Ausübung unmittelbar vor dem ex-Termin in Abhängigkeit von dem dann realisierten Aktienkurs optimal sein könnte, immer gleich null. Vgl. ebenda, S. 140 i.V.m. S. 144.

267) Der Zusatz G für Geld bedeutet, daß zu diesem Preis nur Nachfrage nach der betreffenden Option bestand. Der Zusatz B für Brief bedeutet, daß die Option zu diesem Preis lediglich angeboten wurde. Vgl. hierzu Frankfurter Wertpapierbörse (1990c), Feststellung von Kursen und Preisen, S. 21.

Was die zeitliche Entwicklung der Anzahl an notierten Optionspreisen betrifft, so steigt diese bis 1986 von Jahr zu Jahr kontinuierlich, 1987 hingegen erfolgt ein deutlicher Rückgang[268]. Mit Ausnahme von BASF und BMW läßt sich diese auf die Gesamtstichprobe bezogene Entwicklung auch bei Betrachtung der einzelnen Unternehmen feststellen. Bei BASF nimmt die Anzahl der Preisnotierungen abweichend von dieser generellen Tendenz bereits 1986 ab, so daß das Maximum für den Untersuchungszeitraum hier schon 1985 erreicht wird. Bei BMW hingegen steigt nach einem Einbruch im Jahr 1984 die Zahl der notierten Optionspreise pro Jahr über den weiteren Untersuchungszeitraum kontinuierlich an und ist somit erst 1987 am größten.

Teilt man die Optionen entweder nach der maximalen Restlaufzeit oder dem Verhältnis von Aktienkurs zu Basispreis in unterschiedliche Gruppen ein, so zeigt sich, daß sich die berücksichtigten Optionspreise nicht gleichmäßig auf die Gruppen verteilen. Vielmehr sind gut 41% der Kursnotierungen Preise von 3-Monats-Optionen, d.h. von Optionen mit einer Restlaufzeit von höchstens dreieinhalb Monaten. Knapp 37% aller Preise entfallen auf Optionen mit einer Restlaufzeit von bis zu sechseinhalb Monaten, und nur ca. 22% beziehen sich auf Optionen mit einer maximalen Restlaufzeit von neuneinhalb Monaten. Teilt man die Gesamtstichprobe auf die einzelnen Untersuchungsjahre auf, so zeigt sich allerdings, daß in den Jahren 1983 und 1984 mehr Optionspreise für 6-Monats-Optionen festgestellt werden können als für 3-Monats-Optionen. Erst ab dem Jahr 1985 kehrt sich die Rangfolge endgültig um. Diese für die Gesamtheit der untersuchten Unternehmen festgestellte Zusammensetzung der Stichprobe findet sich fast ausnahmslos auch bei den unternehmensspezifischen Teilstichproben wieder. Mit Ausnahme von BMW, wo das Gewicht deutlich stärker bei den 3- und 6-Monats-Optionen liegt, weichen die Anteile der nach der maximal möglichen Restlaufzeit gebildeten Gruppen für die einzelnen Unternehmen selten mehr als zwei Prozentpunkte von den für die Gesamtstichprobe angegebenen Anteilen ab. Bei einer Aufteilung auf die einzelnen Untersuchungsjahre ergeben sich lediglich für BMW und Daimler geringe Abweichungen von der für die Gesamtstichprobe festgestellten Aufteilung der Optionspreise in den einzelnen Jahren. So sind bei BMW die Gruppen der 3- und 6-Monats-Optionen im Jahr 1983 genau gleich stark vertreten, und bei Daimler überwiegen abweichend von der Betrachtung aller Unternehmen auch 1985 noch die Optionspreisnotierungen der 6-Monats-Optionen.

Eine deutliche Ungleichverteilung der Optionspreise ist auch bei einer Einteilung der Optionen nach dem Verhältnis von Aktienkurs zu Basispreis zu erkennen. So beträgt das Verhältnis der Preise von in-the-money zu out-of-the-money Optionen für die Gesamtstichprobe und die meisten Unternehmensteilstichproben in etwa eins zu zwei. Lediglich bei BMW und Daimler wird beinahe ein Verhältnis von eins zu drei erreicht. Betrachtet man nicht den Un-

268) Bei Jahresvergleichen muß im folgenden allerdings immer beachtet werden, daß die Stichprobe für das Jahr 1983 kein ganzes Kalenderjahr umfaßt, so daß eine exakte Vergleichbarkeit mit den anderen Jahren des Untersuchungszeitraums nicht gegeben ist.

tersuchungszeitraum insgesamt, sondern die Aufteilung auf die Optionsgruppen in den einzelnen Jahren, so lassen sich sowohl für die Gesamtstichprobe als auch für die einzelnen Unternehmen von Jahr zu Jahr zum Teil erhebliche Schwankungen des Verhältnisses der Notierungen von in-the-money zu out-of-the-money Optionen feststellen. Generell gilt jedoch, daß der Anteil der Preise von out-of-the-money Optionen durchweg deutlich über dem Anteil der Notierungen von in-the-money Optionen liegt[269].

Das der Analyse der prozentualen Zusammensetzung der Optionsstichprobe zugrunde liegende exakte Zahlenmaterial kann den Tabellen in Anhang I dieser Arbeit entnommen werden.

2.4.2 Die Berechnung der Fehlbewertungen

2.4.2.1 Ermittlung und Analyse der Fehlbewertungen pro Option

Jede auftretende Abweichung zwischen dem notierten Preis einer Option und dem für diese Option berechneten Black/Scholes-Wert wird in dieser Untersuchung als Optionsfehlbewertung bezeichnet. Dabei wird eine Fehlbewertung im folgenden allerdings nicht als absolute Größe definiert, sondern als relative Abweichung des Optionspreises vom jeweils berechneten Black/Scholes-Wert[270]. Damit ergibt sich folgende Formel für das Fehlbewertungssignal MP_{ikj} der Optionsserie k der Unternehmung i am Tag j[271]:

$$(3.22) \qquad MP_{ikj} = \frac{C_{ikj} - OP_{ikj}}{C_{ikj}}$$

wobei C_{ikj} = ermittelter Black/Scholes-Wert nach Gleichung (3.9) bzw. (3.13) für die Optionsserie k der Firma i am Tag j.

OP_{ikj} = notierter Optionspreis für die Optionsserie k der Firma i am Tag j.

269) Eine Ausnahme bildet Hoechst im Jahr 1983, wo der Anteil der Notierungen von out-of-the-money Optionen mit 51,56% nur relativ knapp über dem Anteil von 47,61% der in-the-money Optionen liegt.

270) Vgl. abweichend hierzu die Definition der Fehlbewertung bei Trautmann (1987), S. 313 i.V.m. S. 320. Er dividiert die Differenz zwischen Black/Scholes-Wert und Optionspreis durch den Optionspreis, da er unter anderem mit Hilfe der relativen Abweichung des Black/Scholes-Wertes vom Marktpreis die Prognosefähigkeit des Black/Scholes-Modells beurteilen will; vgl. auch derselbe (1990a), S. 93 - 96. In dieser Untersuchung kommt es hingegen auf relative Abweichungen der Marktpreise vom jeweiligen Gleichgewichtswert an.

271) MP steht dabei als Abkürzung für "mispricing signal". Eine Optionsserie umfaßt alle Kaufoptionen einer Firma mit gleichem Basispreis und gleichem Verfallstermin.

Kommt es in Ausnahmefällen am gleichen Börsentag zu einer zweiten Optionspreisnotierung für eine Optionsserie, so werden entsprechend auch zwei Fehlbewertungen für diese Serie berechnet[272]. Gemäß Definition (3.22) ist ein positives Fehlbewertungssignal als Unterbewertung, ein negatives als Überbewertung der betrachteten Option zu deuten. Des weiteren werden, wie bereits unter Gliederungspunkt III.2.4.1 angekündigt, nur Fehlbewertungen zu Optionspreisen erfaßt, die weder den Kurszusatz Brief noch den Kurszusatz Geld tragen. Im übrigen werden alle berechneten Black/Scholes-Werte unter 0,05 DM auf 0,05 DM aufgerundet[273]. Die aufgetretenen Fehlbewertungen pro Option sollen im folgenden näher analysiert werden.

Faßt man alle Optionen einer Unternehmung zusammen, so zeigt sich, daß bei allen Chemiefirmen und bei BMW der Anteil an nur gering fehlbewerteten Optionen bezogen auf den gesamten Untersuchungszeitraum zwischen 24,85% und 27,94% schwankt und damit bei diesen Firmen in etwa gleich groß ist. Dabei werden im folgenden die Optionen als "gering fehlbewertet" eingestuft, deren Fehlbewertungsbetrag 10% nicht übersteigt. Als "deutlich fehlbewertet" gelten in diesem Gliederungspunkt dementsprechend die Optionen, deren Fehlbewertungsbetrag 10% überschreitet. Am schlechtesten schneidet gemäß dieser Einteilung Daimler-Benz ab, bei der nur 19,51% aller Optionen geringe Fehlbewertungen aufweisen. Mit 34,18% ergibt sich für VW der größte Anteil an gering fehlbewerteten Optionen. Betrachtet man die Entwicklung dieses Merkmals über die einzelnen Jahre des Untersuchungszeitraums, so lassen sich nur wenig gemeinsame Tendenzen ausmachen. Der größte Anteil gering fehlbewerteter Optionen liegt für BASF, Hoechst und Daimler jeweils im Jahr 1983, für Bayer und VW im Jahr 1984 und für BMW im Jahr 1987. Der kleinste Anteil hingegen findet sich bei BASF und BMW im Jahr 1984, bei Bayer und Hoechst 1985, bei Daimler 1986 und bei VW 1987. Für alle drei Chemiefirmen gilt darüber hinaus, daß nach einer starken Abnahme der Anteile ab dem Jahr 1985 wieder ein kontinuierlicher Anstieg dieser Anteile erfolgt[274]. Diese Ergebnisse sind in der folgenden Tabelle 3.6 dargestellt:

Gering fehlbewertete Optionen (in %)	1983	1984	1985	1986	1987	Alle Jahre
BASF	33,84	19,60	21,59	23,14	32,26	24,85
BAYER	28,18	33,70	18,36	22,69	31,43	25,02
HOECHST	41,28	36,13	20,11	22,00	33,50	27,94
BMW	25,74	19,89	24,88	20,55	31,07	25,47
DAIMLER	27,09	21,90	20,62	17,44	20,11	19,51
VW	36,73	39,07	34,05	36,09	26,30	34,18

Tabelle 3.6

272) Genaugenommen müßten MP_{ikj} und OP_{ikj} in Formel (3.22) somit für eine Unterscheidung zwischen verschiedenen, am gleichen Tag aufgetretenen Optionspreisen derselben Optionsserie noch einen weiteren Index tragen. Darauf wird jedoch wegen des äußerst seltenen Auftretens dieses Falls verzichtet.

273) 0,05 DM ist die kleinstmögliche Optionspreisnotiz, da Optionspreise in Spannen von 0,05 DM angegeben werden müssen. Vgl. hierzu III.1.3.3.

274) Bei BASF erfolgt dieser Anstieg sogar schon ab 1984.

Bei allen Unternehmen ist im gesamten Untersuchungszeitraum der Anteil der deutlich überbewerteten Optionen erheblich größer als der Anteil der deutlich unterbewerteten. Besonders ausgeprägt ist dieses Mißverhältnis bei den Chemiefirmen. Demgegenüber stellt BMW selbst innerhalb der Gruppe der Automobilunternehmen insofern noch eine Ausnahme dar, als bei BMW der Anteil der deutlich überbewerteten Optionen nur um 4% über dem entsprechenden Anteil an deutlich unterbewerteten liegt[275]. Werden die Anteile von deutlich über- oder unterbewerteten Optionen der Unternehmen in den einzelnen Jahren betrachtet, so lassen sich ebenfalls Abweichungen von der beschriebenen Aufteilung der Optionen auf die beiden Gruppen feststellen. Ein weitaus höherer Anteil an unterbewerteten als an überbewerteten Optionen ist nämlich bei BMW und Daimler sowohl 1984 als auch 1987 sowie bei VW und Bayer 1987 vorhanden. Außerdem geht mit Ausnahme von BMW der Anteil an überbewerteten Optionen seit 1985 bei allen Unternehmen kontinuierlich zurück[276]. Allgemein heben sich die überbewerteten Optionen aber nicht nur durch ihre deutlich höhere Anzahl von den unterbewerteten ab, sondern auch durch den Betrag der einzelnen Fehlbewertung. Während bei den unterbewerteten Optionen in der gesamten Stichprobe nur 18 identifiziert werden können, die eine Unterbewertung zwischen 90% und 100% aufweisen und ansonsten die meisten Unterbewertungen weitaus kleiner sind, gibt es bei den überbewerteten mehrere hundert Optionen mit einer Überbewertung von zum Teil weit über 200%[277].

Unterteilt man die Optionen jeder Unternehmung nach der maximal möglichen Laufzeit, so zeigt sich, daß bei allen Firmen der Anteil nur gering fehlbewerteter Optionen bei den 3-Monats-Optionen am größten, bei den 6-Monats-Optionen bereits kleiner und bei den 9-Monats-Optionen am geringsten ist. Eine Ausnahme hierzu bildet nur Daimler-Benz. Zwar ist auch für dieses Unternehmen bei den 3-Monats-Optionen der Anteil am größten; der Anteil von 16,51% gering fehlbewerteter 6-Monats-Optionen ist bei Daimler jedoch in etwa gleich groß wie der entsprechende Anteil von 16,96% bei den 9-Monats-Optionen. Auffällig ist, daß bei den Chemiefirmen die betrachteten Anteile gering fehlbewerteter Optionen mit zunehmender Optionslaufzeit sehr viel stärker abnehmen als bei den Automobilunternehmen. Allerdings liegen die Anteile gering fehlbewerteter 3-Monats-Optionen der Chemiefirmen von durchweg mindestens 35% deutlich über den entsprechenden Anteilen bei BMW und Daimler. VW hingegen erzielt bei allen drei Laufzeitgruppen jeweils höhere Anteile als alle übrigen Unternehmen. Die erläuterten Ergebnisse können der folgenden Tabelle 3.7 entnommen werden:

---

275) Bei Hinzunahme nur gering fehlbewerteter Optionen übersteigt bei BMW der Anteil der unterbewerteten Optionen sogar den Anteil der überbewerteten.

276) Bei VW gilt diese Aussage nur für die deutlich überbewerteten Optionen. Bei BMW ist nur ein Rückgang des Anteils an überbewerteten Optionen von 1986 auf 1987 festzustellen.

277) Genauere Werte können deshalb nicht angegeben werden, da oberhalb dieser Grenze auf eine weitere Klasseneinteilung der Fehlbewertungen pro Option verzichtet wird. Die unter III.2.4.2.2 bestimmten Extremwerte für die durchschnittlichen täglichen Fehlbewertungen lassen jedoch darauf schließen, daß die Überbewertungen pro Option mitunter ein Vielfaches von 200% erreichen.

Gering fehlbewertete Optionen (in %)	3-Monats-Opt.	6-Monats-Opt.	9-Monats-Opt.
BASF	37,11	19,35	14,27
BAYER	35,18	19,48	16,02
HOECHST	35,68	25,07	18,88
BMW	26,59	25,24	22,79
DAIMLER	23,67	16,51	16,96
VW	37,58	33,13	29,27

Tabelle 3.7

Bei Betrachtung der einzelnen Untersuchungsjahre zeigt sich, daß eine generelle Abnahme des Anteils der Optionen mit geringen Fehlbewertungen bei zunehmender Laufzeit der Optionen ausnahmslos in allen Jahren nur bei BASF beobachtet werden kann. Bei allen anderen Firmen ist diese allgemeine Aussage nicht durchgängig gültig. Besonders extrem sind die Abweichungen bei BMW, wo ein konsequentes Sinken der Anteile bei steigender Laufzeit überhaupt nur 1987 gegeben ist. Bei VW werden 1987 die Anteile der geringen Fehlbewertungen sogar mit zunehmender Laufzeit kontinuierlich größer.

Bei der Untersuchung des Verhältnisses der deutlich über- zu den deutlich unterbewerteten Optionen läßt sich für den gesamten Untersuchungszeitraum feststellen, daß der Anteil dieser überbewerteten Optionen in den einzelnen Laufzeitgruppen mit zunehmender Laufzeit zunimmt und der Anteil der entsprechenden unterbewerteten Optionen abnimmt. Außerdem gibt es in jeder Gruppe mehr deutlich überbewertete als unterbewertete Optionen. Die einzige Ausnahme hiervon bildet BMW, wo bei den 3-Monats-Optionen mehr unterbewertete als überbewertete auftreten und der Anteil der deutlich unterbewerteten Optionen bei den 6-Monats-Optionen außerdem geringer ist als bei den 9-Monats-Optionen. Darüber hinaus ist der Anteil deutlich überbewerteter Optionen bei den 6- und 9-Monats-Optionen von BMW ungefähr gleich groß. Führt man dieselbe Analyse nach Untersuchungsjahren getrennt durch, so ist insbesondere auffällig, daß bei den Automobilfirmen für das Jahr 1987 bis auf zwei kleine Ausnahmen die für den gesamten Untersuchungszeitraum getroffene, allgemeine Tendenzaussage gerade umgekehrt werden muß. Bei den Chemiefirmen hingegen ist in diesem Jahr lediglich verstärkt zu beobachten, daß der Anteil deutlich unterbewerteter Optionen mit zunehmender Laufzeit überwiegend zunimmt. Das einzige Jahr, in dem die oben abgeleiteten Tendenzen für alle Unternehmen mit Ausnahme von BMW uneingeschränkt zutreffen, ist das Jahr 1985.

Teilt man die Optionen nicht nach der Laufzeit, sondern nach dem Verhältnis von Aktienkurs zu Basispreis ein, so ist generell festzustellen, daß die Anteile der gering über- oder unterbewerteten Optionen bei den in-the-money Optionen bei weitem größer sind als die entsprechenden Anteile bei den out-of-the-money Optionen. Dabei weisen für zwei Unternehmen über die Hälfte der in-the-money Optionen lediglich geringe Abweichungen vom Black/Scholes-Wert auf. Dies gilt zum einen für VW mit einem Anteil von gering fehlbewerteten in-the-money Optionen von 54,72% sowie für Hoechst mit einem Anteil von

50,58%. Bei den out-of-the-money Optionen hingegen wird überhaupt nur bei VW noch ein Anteil von über 20% erreicht. Dies kann der folgenden Tabelle 3.8 entnommen werden.

Gering fehlbewertete Optionen (in %)	in-the-money	out-of-the-money
BASF	49,12	12,26
BAYER	48,77	12,32
HOECHST	50,58	17,18
BMW	42,62	18,84
DAIMLER	36,64	13,42
VW	54,72	22,74

Tabelle 3.8

Bei Erweiterung der Analyse auf die einzelnen Untersuchungsjahre lassen sich mit Ausnahme von BMW im Jahr 1984 bei jeder Firma in jedem einzelnen Jahr die deutlich höheren Anteile gering fehlbewerteter Optionen bei den in-the-money im Vergleich zu den out-of-the-money Optionen feststellen. Besonders auffällig ist der Anteil der deutlichen Fehlbewertungen bei den out-of-the-money Optionen der Chemiefirmen im Jahr 1985. Er beträgt hier durchweg über 90%.

Die Anteile der deutlich überbewerteten Optionen sind durchweg für alle Unternehmen bei den out-of-the-money Optionen sehr viel höher als bei den in-the-money Optionen. Darüber hinaus ist nicht nur der Prozentsatz an Überbewertungen bei den out-of-the-money Optionen größer, sondern auch die Anzahl extremer Überbewertungen. Während es in der gesamten Stichprobe nur je eine in-the-money und at-the-money Option mit einer Überbewertung von mehr als 200% gibt und ansonsten der weit überwiegende Teil der dort auftretenden Überbewertungen unter 100% liegt, existieren Hunderte von out-of-the-money Optionen, die um deutlich mehr als 200% überbewertet sind[278]. Dies sind klare Anzeichen für das Vorliegen des schon von Trautmann für seine Stichprobe nachgewiesenen "money bias", der sich ja insbesondere in extremen Überbewertungen von out-of-the-money Optionen mit kurzer Restlaufzeit niederschlägt[279].

Betrachtet man das Verhältnis von deutlich über- zu deutlich unterbewerteten Optionen, so überwiegt bei den Chemiefirmen in jeder Gruppe der Anteil der überbewerteten Optionen. Darüber hinaus ist bei diesen Unternehmen der Anteil der deutlich unterbewerteten Optionen bei den in-the-money und out-of-the-money Optionen in etwa gleich groß. Bei den Automobilunternehmen gibt es keine streng einheitlichen Tendenzen. Es fällt jedoch insbesondere auf, daß bei den in-the-money Optionen von BMW und Daimler jeweils die deutlich unterbewerteten Optionen die deutlich überbewerteten in der Anzahl übertreffen.

278) Vgl. hierzu die letzte Fußnote.

279) Die in Verbindung mit dem "money bias" von Trautmann festgestellte, weit weniger extreme Unterbewertung von Optionen mit kurzer Restlaufzeit, die nahe am Geld sind, ist aufgrund der gröberen Gruppeneinteilung hier nicht nachzuweisen.

Wieder mit Ausnahme von BMW 1984 ist der höhere Anteil der deutlich überbewerteten Optionen bei den out-of-the-money Optionen im Vergleich zu den in-the-money Optionen auch in den einzelnen Jahren bei allen Firmen zu beobachten. Dabei liegt das erreichte Maximum der entsprechenden Anteile bei out-of-the-money Optionen wieder mit Ausnahme von BMW für alle Unternehmen im Jahr 1985. Für die Chemiefirmen sind hier zwischen 88,21% und 95,1% aller out-of-the-money Optionen deutlich überbewertet; VW und Daimler erreichen immerhin noch Werte von 66,59% bzw. 79,83%. Außerdem fällt auf, daß im Jahr 1987 bei Bayer, Daimler und VW die deutlich unterbewerteten out-of-the-money Optionen die deutlich überbewerteten zahlenmäßig bei weitem übertreffen. Für BMW und Daimler gilt dasselbe auch für 1984.

2.4.2.2 Ermittlung und Analyse der durchschnittlichen Fehlbewertungen pro Tag

Um Tage mit ausgeprägten relativen Fehlbewertungen identifizieren zu können, müssen die Fehlbewertungen aller an einem bestimmten Tag gehandelten Optionsserien einer Unternehmung zu einer einzigen Fehlbewertungsgröße pro Tag aggregiert werden. Dazu wird ein gewichteter Durchschnitt aus diesen Fehlbewertungen berechnet, wobei als Gewicht der Anteil des Black/Scholes-Wertes der jeweiligen Optionsserie an der Summe aller Black/Scholes-Werte des jeweiligen Tages verwendet wird[280]. Zu beachten ist, daß in diese Summe auch wieder nur die Black/Scholes-Werte von Optionsserien eingehen, in denen an diesem Tag tatsächlich ein Handel stattgefunden hat. Für die durchschnittliche Fehlbewertung $\overline{MP}_{ij}$ gilt folglich:

$$\overline{MP}_{ij} = \sum_{k=1}^{n} \frac{C_{ikj} - OP_{ikj}}{C_{ikj}} \; \frac{C_{ikj}}{\sum_{k=1}^{n} C_{ikj}} = \sum_{k=1}^{n} \frac{C_{ikj} - OP_{ikj}}{\sum_{k=1}^{n} C_{ikj}} \tag{3.23}$$

wobei n der Anzahl unterschiedlicher, gehandelter Optionsserien k des Optionspapiers i am Tag j entspricht[281].

Durch die Gewichtung soll erreicht werden, daß die täglichen Fehlbewertungen nicht von hohen prozentualen Fehlbewertungen der Optionsserien überproportional beeinflußt werden, die absolut einen sehr geringen Optionswert aufweisen. Dadurch wird insbesondere auch ein verzerrender Einfluß der gravierendsten Auswirkungen des "money bias" in Form

---

280) Für die Tage in den Jahren 1986 und 1987, für die auch Preise von Optionen mit einer Restlaufzeit von unter 15 Tagen notiert wurden, wird der Tagesdurchschnitt allerdings unter Ausschluß der für diese Optionen ermittelten Fehlbewertungen berechnet.

281) Abweichungen hiervon können sich in zwei Ausnahmefällen ergeben. Vgl. hierzu zum einen die vorhergehende Fußnote und zum andern den Fall, daß an einem Tag zu derselben Optionsserie mehrere Preise existieren.

der prozentual sehr hohen und häufig auftretenden Überbewertungen der deep-out-of-the-money Optionen vermindert[282].

Neben der Ermittlung einer globalen Fehlbewertungsgröße pro Unternehmung und Tag werden zusätzlich noch gewichtete durchschnittliche Fehlbewertungen pro Unternehmung, Tag und Fälligkeitstermin berechnet. Sie unterscheiden sich dadurch von den globalen Fehlbewertungssignalen, daß bei ihrer Ermittlung lediglich die Fehlbewertungen der Optionsserien mit gleicher Restlaufzeit aggregiert werden. Diese zusätzliche Einteilung nach Fälligkeitsterminen erscheint für die Fragestellung dieser Untersuchung deshalb sinnvoll, weil zu vermuten ist, daß Insider, die sich in Optionen einer bestimmten Unternehmung engagieren, um von zukünftigen Aktienkursbewegungen zu profitieren, nicht indifferent bezüglich der Restlaufzeit der Option sein werden[283]. Dies folgt daraus, daß die Reagibilität des Optionswertes auf Aktienkursänderungen durch geschickte Wahl des Fälligkeitstermins günstig beeinflußt werden kann. Das trifft allerdings nicht nur auf die Wahl des Fälligkeitstermins, sondern auch auf die Wahl des Basispreises zu[284], so daß man strenggenommen die Optionsserien mit gleicher Restlaufzeit noch nach dem unterschiedlichen Verhältnis von Aktienkurs zu Basispreis in weitere Untergruppen hätte aufteilen können. Da jedoch aufgrund des insbesondere in den ersten Jahren des Untersuchungszeitraums noch sehr dünnen Optionsmarktes schon bei einer Aufteilung der täglichen Fehlbewertungen nach Fälligkeitsterminen wiederholt nicht alle Optionsgruppen pro Tag besetzt sind, soll eine weitere Aufgliederung der täglichen Fehlbewertungen unterbleiben[285].

Anhang II und III geben einen Überblick über Anzahl, Größenordnung und zeitlichen Verlauf der ermittelten durchschnittlichen Fehlbewertungen pro Tag. Die in Anhang II mit "Alle3" bezeichnete Fehlbewertungsgruppe umfaßt jeweils die durchschnittlichen Fehlbewertungen aller an einem bestimmten Tag gehandelten Optionsserien einer Unternehmung mit Ausnahme der 1986 und 1987 zusätzlich notierten Optionen mit einer maximalen Rest-

---

282) Vgl. zum "money bias" des Black/Scholes-Modells die Erläuterungen unter Gliederungspunkt III.2.2.3.5 sowie die dort dargestellten Ergebnisse Trautmanns. Vgl. ebenso die Analyse der pro Option ermittelten Fehlbewertungen dieser Untersuchung im vorhergehenden Gliederungspunkt III.2.4.2.1.

283) Vgl. hierzu auch die Ausführungen unter V.1.

284) Vgl. hierzu die unter Gliederungspunkt III.2.3.2 beschriebene Abhängigkeit des Options-Deltas und der Optionselastizität von der Höhe des Aktienkurses bei gegebenem Basispreis. Vgl. darüber hinaus Cox/ Rubinstein (1985), S. 222f. u. S. 228f. Dort ist insbesondere auch die Abhängigkeit des Options-Deltas und der Optionselastizität von der Restlaufzeit der Option dargestellt. Für die Elastizität gilt generell, daß sie mit abnehmender Restlaufzeit der Kaufoption zunimmt. Das Options-Delta hingegen nimmt bei abnehmender Restlaufzeit nur für in-the-money Optionen zu, für out-of-the-money Optionen nimmt es ab.

285) Dies dient nicht zuletzt auch einer Begrenzung des Umfangs dieser Untersuchung. Bei einer zusätzlichen Unterteilung nach dem Verhältnis von Aktienkurs zu Basispreis würden sich im übrigen auch große Freiheitsgrade bei der Gruppenbildung ergeben, da eine Einteilung in in-the-, at-the- und out-of-the-money Optionen noch zu grob sein dürfte.

laufzeit von unter 15 Tagen[286]. Die graphische Darstellung der Fehlbewertungsentwicklung im Zeitablauf in Anhang III bezieht sich ausschließlich auf die mit "Alle3" bezeichnete Fehlbewertungsgruppe.

Bei der Analyse der Daten dieser Gruppe in Anhang II ist zu erkennen, daß bei den Chemiefirmen und bei VW im gesamten Untersuchungszeitraum erwartungsgemäß die Anzahl von Tagen mit im Durchschnitt überbewerteten Optionen deutlich die Anzahl von Tagen mit im Durchschnitt unterbewerteten Optionen übersteigt. Bei BMW gilt hingegen genau das umgekehrte Verhältnis und bei Daimler treten etwa genauso viele Tage mit Überbewertungen wie mit Unterbewertungen auf. Darüber hinaus ist auffällig, daß bei BMW und Daimler die Gesamtanzahl der Tage, für die eine durchschnittliche Fehlbewertung ermittelt wird, jeweils wesentlich unter der Anzahl bei den übrigen Unternehmen liegt. Dies ist darauf zurückzuführen, daß bei BMW und Daimler insbesondere in den ersten zwei Jahren des Untersuchungszeitraums an sehr vielen Tagen kein Optionshandel zustandekam, sondern allenfalls Brief- oder Geldkurse festgestellt wurden[287]. Dies erklärt auch die zahlreich auftretenden Sprungstellen bei den Graphiken dieser beiden Firmen in Anhang III. Während bei BMW und Daimler darüber hinaus in den einzelnen Untersuchungsjahren keine einheitliche Tendenz bezüglich einer Dominanz von Tagen mit Über- bzw. Unterbewertungen festzustellen ist, haben bei den übrigen Unternehmen mit Ausnahme des Jahres 1987 auch in jedem einzelnen Jahr die Tage mit im Durchschnitt überbewerteten Optionen eindeutig das Übergewicht. 1987 hingegen gibt es bei allen sechs Firmen deutlich mehr Tage mit im Durchschnitt unterbewerteten Optionen.

Die mittleren durchschnittlichen Fehlbewertungen pro Tag liegen bei den Chemiefirmen bezogen auf den gesamten Untersuchungszeitraum zwischen -23% bei Bayer und Hoechst und -25% bei BASF bei einer Standardabweichung von 35% bei BASF und Bayer und 40% bei Hoechst. In einzelnen Untersuchungsjahren werden jedoch betragsmäßig deutlich höhere Mittelwerte erreicht. So liegt der Mittelwert 1985 und 1986 für BASF jeweils bei einer Überbewertung von 35%, für Hoechst in denselben Jahren bei einer Überbewertung von 40% bzw.43% und für Bayer im Jahr 1985 bei einer Überbewertung von 44%. Bei den Automobilunternehmen sind die mittleren durchschnittlichen Fehlbewertungen pro Tag bezogen auf den gesamten Untersuchungszeitraum mit -5% bei BMW, -14% bei Daimler und -9% bei VW deutlich geringer ausgeprägt. Während die zugehörige Standardabweichung bei VW lediglich 25% beträgt, liegt sie für BMW bei 46% und für Daimler gar bei 56%. Auch hier ergeben sich bezogen auf die einzelnen Jahre deutliche Schwankungen. So betragen die mittleren durchschnittlichen Fehlbewertungen pro Tag bei Daimler und VW bis zu -40% bzw. -17% im Jahr 1985, im Jahr 1987 hingegen +1% bzw.+2%. Bei BMW wird je-

286) Diese werden nicht berücksichtigt, um insoweit Vergleichbarkeit zwischen den einzelnen Jahren zu gewährleisten.

287) Weniger ausgeprägt ist dies bei BMW auch noch 1985 und 1986 der Fall, bei Daimler nur noch 1985.

weils ein Mittelwert von bis zu -13% in den Jahren 1983 und 1986, im Jahr 1984 demgegenüber von +8% erreicht.

Bei Betrachtung der graphischen Darstellung der Entwicklung der durchschnittlichen Fehlbewertungen im Zeitablauf in Anhang III ist zu erkennen, daß während bestimmter Zeitabschnitte die Fehlbewertungsentwicklung für alle Unternehmen mehr oder weniger parallel verläuft. So ist mit Ausnahme von Hoechst bei allen Firmen im ersten Quartal 1984 eine Phase relativ starker Überbewertung zu erkennen[288]. Auch das zweite Halbjahr 1985 und das erste Halbjahr 1986 sind durch eine solche Phase gekennzeichnet, wobei bei BMW und Daimler Ausschläge bis zu einer Überbewertung von 487% erreicht werden. Eine Phase relativ geringer Über- bzw. häufig sehr hoher Unterbewertungen läßt sich hingegen während des zweiten Halbjahrs 1986 und insbesondere auch bis zum Börsencrash im Oktober 1987 beobachten. Auf diesen folgt schließlich wieder eine Periode extremer Überbewertungen. Hier finden sich die betragsmäßig höchsten durchschnittlichen täglichen Fehlbewertungen aller Autofirmen. Bei BMW kann einmal eine Überbewertung von 642%, bei Daimler von 546% und bei VW immerhin noch von 264% beobachtet werden.

Abweichungen von dieser allgemeinen Tendenz ergeben sich, wie schon erwähnt, insbesondere bei Hoechst im Jahr 1984. Während sich hier im ersten Quartal die Überbewertungen nicht so stark von der späteren Entwicklung abheben, gibt es im Juni 1984 erhebliche Ausschläge. Am 12. Juni wird eine Überbewertung von 356% erreicht und am 27. Juni eine Unterbewertung von 66%. Auch bei VW und BMW treten 1984 außerhalb des ersten Quartals noch besonders extreme Ausschläge auf, die jedoch alle zu unterschiedlichen Zeitpunkten liegen. Bei Hoechst fällt darüber hinaus im Jahr 1987 noch eine hohe Unterbewertung von über 30% während der Phase allgemeiner Überbewertung im Oktober/November auf sowie eine extreme Überbewertung am Jahresende. Das Jahr 1983 schließlich ist für alle Firmen generell durch starke Schwankungen im Fehlbewertungsverlauf gekennzeichnet, ohne daß allgemeingültige Tendenzen ausgemacht werden könnten.

Betrachtet man in Anhang II die Kenngrößen der für die einzelnen Laufzeitgruppen berechneten durchschnittlichen Fehlbewertungen pro Tag, so lassen sich erwartungsgemäß tendenziell sehr ähnliche Ergebnisse ableiten wie bei den Fehlbewertungen pro Option. Bezogen auf den gesamten Untersuchungszeitraum liegt bei allen Chemiefirmen in jeder einzelnen Laufzeitgruppe die Anzahl der Tage mit im Durchschnitt überbewerteten Optionen der entsprechenden Fälligkeit deutlich über der Anzahl der Tage mit Unterbewertungen. Bei den Autofirmen hingegen trifft dies für die 3-Monats-Optionen jeweils nicht zu. Hier überwiegen vielmehr die Tage mit im Schnitt unterbewerteten 3-Monats-Optionen[289]. Bei den Che-

288) Bei Daimler-Benz kann hier eine maximale Überbewertung von 446% beobachtet werden.

289) Darüber hinaus entspricht die Anzahl der Tage mit im Durchschnitt überbewerteten 6-Monats-Optionen bei Daimler-Benz in etwa der Anzahl der Tage mit im Durchschnitt unterbewerteten 6-Monats-Optionen.

mieunternehmen und bei VW steigt darüber hinaus der auf den gesamten Untersuchungszeitraum bezogene Betrag der mittleren durchschnittlichen Fehlbewertung pro Tag mit zunehmender Laufzeit an, wobei die Unterschiede zwischen den Laufzeitgruppen bei den Chemiefirmen allerdings deutlich größer sind als bei VW. Selbstverständlich sind die Mittelwerte auch durchweg negativ. Letzteres gilt ebenso für die entsprechenden Mittelwerte bei BMW und Daimler, die allerdings in ihrer betragsmäßigen Höhe nicht mehr streng positiv mit der Laufzeit korreliert sind. Die mittleren durchschnittlichen Fehlbewertungen der Automobilfirmen dürften jedoch zum Teil auch überproportional durch in einzelnen Jahren vorhandene, extreme Ausreißertage beeinflußt sein. So existiert bei Daimler im Jahr 1985 z.B. ein Tag mit einer durchschnittlichen Fehlbewertung der 9-Monats-Optionen von -20100%. Bei den 3-Monats-Optionen finden sich bei BMW 1987 und bei Daimler 1985 und 1987 Tage mit Überbewertungen von immerhin noch mehr als 3500%. VW schließlich weist 1987 bei den 3-Monats-Optionen einen Tag mit einer Überbewertung von 1900% auf[290].

Betrachtet man das Verhältnis von Tagen mit im Durchschnitt überbewerteten zu Tagen mit im Durchschnitt unterbewerteten Optionen derselben Laufzeitgruppe sowie die Veränderung des Mittelwerts in Abhängigkeit von der Laufzeit, so fällt auf, daß es in den Jahren 1983 und 1987 bei den Chemiefirmen zum Teil zu Abweichungen von den oben für den gesamten Untersuchungszeitraum festgestellten Tendenzen kommt. 1987 ist darüber hinaus auch das Jahr, in dem bei allen Autofirmen in allen Laufzeitgruppen sehr deutlich die Tage mit im Durchschnitt unterbewerteten Optionen dominieren.

290) Demgegenüber gibt es bei den Chemieunternehmen mit Ausnahme einer durchschnittlichen täglichen Fehlbewertung von -1010% bei BASF 1983 keine einzige durchschnittliche Fehlbewertung pro Tag, die über 1000% liegt.

IV. SELEKTION VON TAGEN MIT "ABNORMAL PERFORMANCE" AM AKTIENMARKT

1. Das theoretische Bewertungsmodell für den Aktienmarkt

Die unter II.3.1 spezifizierte Hypothese dieser Untersuchung läßt sich überhaupt erst dann testen, wenn geklärt ist, wie Optionsfehlbewertungen bestimmt bzw. Tage mit betragsmäßig besonders hoher "abnormal performance" ausgewählt werden. Während in Kapitel III ausführlich dargestellt wurde, wie Fehlbewertungen am Optionsmarkt in der vorliegenden Untersuchung berechnet werden, soll im folgenden der Begriff der betragsmäßig besonders hohen "abnormal performance" operationalisiert werden. In der Literatur wird von "abnormal performance" immer dann gesprochen, wenn der tatsächlich realisierte Kurs einer Aktie vom ex ante erwarteten Gleichgewichtskurs abweicht. Die "abnormal performance" wird dabei durch die Höhe der Differenz zwischen beobachteter und mit Hilfe eines Gleichgewichtsmodells ermittelter erwarteter Aktienrendite pro Zeiteinheit gemessen[1]. Deshalb muß analog zur Vorgehensweise bei der Betrachtung des Optionsmarktes auch für den Aktienmarkt zuerst ein Gleichgewichtsmodell der Aktienbewertung eingeführt werden. In dieser Arbeit soll davon ausgegangen werden, daß sich die Bestimmung erwarteter Gleichgewichtsrenditen der Aktien mit dem Marktmodell in seiner Ein-Faktor-Version[2] vernünftig annähern läßt. Dieses Modell, das in der Literatur auch als Einindexmodell bezeichnet wird[3], soll als nächstes genau beschrieben werden.

1.1 Darstellung und Annahmen des Marktmodells

Die zentrale Aussage des Marktmodells besteht darin, daß zwischen dem Erwartungswert der Rendite einer Aktie bei gegebener Rendite eines noch näher zu spezifizierenden Marktfaktors und der Rendite dieses Marktfaktors ein linearer Zusammenhang existiert. Dabei wird der Marktfaktor in der Literatur regelmäßig durch einen Aktienkursindex repräsentiert[4]. Unter der Rendite einer Aktie bzw. eines Index soll in dieser Arbeit immer die Momentanverzinsung verstanden werden, d.h. der natürliche Logarithmus aus Eins plus Effek-

---

1) Vgl. hierzu die Einführung zu Abschnitt II.2.2.1 und die dort angegebenen Quellen.

2) Vgl. zur Differenzierung in Ein- und Mehr-Faktor-Versionen z.B. Fama (1976), S. 371f. Wird der Begriff des Marktmodells im folgenden ohne Zusatz verwendet, so ist darunter immer das Marktmodell in seiner Ein-Faktor-Version zu verstehen.

3) Vgl. zur Verwendung dieses Begriffs z.B. Elton/Gruber (1987), S. 97 - 99.

4) Vgl. z.B. Möller (1986), S. 67. Auf die Problematik der Freiheitsgrade bei der Indexwahl und die Konkretisierung des Marktfaktors in dieser Untersuchung wird unter Gliederungspunkt IV.3.2.3 noch näher eingegangen werden.

tivrendite. Welche Vorteile diese logarithmische Betrachtungsweise bietet, wird später noch ausführlich erläutert werden[5].

Der Zusammenhang zwischen Indexrendite und erwarteter Rendite einer Aktie i läßt sich formal folgendermaßen darstellen[6]:

$$E[\ln(1+r_{it}) \mid \ln(1+r_{mt})] = \alpha_i + \beta_i \ln(1+r_{mt}) \tag{4.1}$$

wobei r_{it} (r_{mt}): Effektivrendite der Aktie i (des Marktfaktors) für den Tag t, d.h. für den Zeitraum vom Tag t-1 bis zum folgenden Tag t;

α_i, β_i: noch näher zu spezifizierende Modellparameter;

E(...): Erwartungswert einer Zufallsvariablen;

linke Seite der Gleichung: Erwartungswert der Rendite der Aktie i im Zeitraum zwischen t-1 und t unter der Bedingung, daß die Marktrendite die Ausprägung $\ln(1+r_{mt})$ annimmt.

Geht man analog zur Herleitung des Marktmodells bei Fama zunächst einmal von der strengen Annahme aus, daß Indexrendite und Aktienrendite gemeinsam normalverteilt sind, so kann gezeigt werden, daß der lineare Zusammenhang gemäß Gleichung (4.1) und alle im folgenden noch darzustellenden Eigenschaften des Marktmodells unmittelbar aus dieser Verteilungsannahme folgen[7].

Sind Aktien- und Indexrendite gemeinsam normalverteilt, so ist der lineare Zusammenhang zwischen dem bedingten Erwartungswert der Aktienrendite und der Rendite des Marktfaktors damit bereits genau spezifiziert. Für die aktienspezifischen Modellparameter α_i und β_i muß dann nämlich gelten:

$$\beta_i = \frac{\mathrm{cov}[\ln(1+r_{it}),\ \ln(1+r_{mt})]}{\sigma^2[\ln(1+r_{mt})]} \tag{4.2}$$

$$\alpha_i = E[\ln(1+r_{it})] - \beta_i\, E[\ln(1+r_{mt})] \quad ,$$

wobei cov(...,...): Kovarianz zwischen 2 Zufallsvariablen;

σ^2(...): Varianz einer Zufallsvariablen.

---

5) Vgl. hierzu die Beschreibung der Spezifikation der Modellparameter unter IV.3.2.2 und IV.3.2.3.

6) Analog zum vorhergehenden Kapitel III wird auch in diesem Kapitel IV für eine Zufallsvariable und ihre (zufällige) Realisierung jeweils dasselbe Symbol verwendet. Damit muß im folgenden aus dem Zusammenhang entnommen werden, ob die Zufallsvariable oder ihre Realisierung gemeint ist. Vgl. z.B. das gleiche Vorgehen bei Schneeweiß (1978), S. 341.

7) Vgl. die Darstellung bei Fama (1976), S. 66 - 72.

Aus der Verteilungsannahme folgt ebenso unmittelbar, daß die bedingte Verteilung der Aktienrendite einer Normalverteilung entspricht, deren Varianz unabhängig von dem jeweils realisierten Niveau der Indexrendite ist. Hieraus lassen sich sofort drei Eigenschaften für den sogenannten Störterm ε_{it}, d.h. für die Abweichung der Aktienrendite von ihrem bedingten Erwartungswert, ableiten. Demzufolge ist die Störgröße ε_{it} normalverteilt und besitzt einen vom Niveau der Indexrendite unabhängigen Erwartungswert von Null sowie eine gleichfalls davon unabhängige konstante Varianz. Damit ist der Störterm nicht mit der Indexrendite korreliert; die Kovarianz zwischen beiden Zufallsvariablen beträgt Null:

(4.3) ε_{it} ist normalverteilt.

(4.4) $E[\varepsilon_{it} | \ln(1+r_{mt})] = E(\varepsilon_{it}) = 0$

(4.5) $\sigma^2[\varepsilon_{it} | \ln(1+r_{mt})] = \sigma^2(\varepsilon_{it})$

(4.6) $\mathrm{cov}[\varepsilon_{it}, \ln(1+r_{mt})] = 0$

Gleichung (4.1) läßt sich damit jetzt auch als linearer, nach Maßgabe von α und β aus Gleichung (4.2) spezifizierter Zusammenhang zwischen den gemeinsam normalverteilten Renditen von Aktie und Index darstellen, wobei dieser Zusammenhang durch eine Störgröße ε_{it} mit den obigen Eigenschaften (Gleichungen (4.3) bis (4.6)) überlagert wird:

(4.7) $\ln(1+r_{it}) = \alpha_i + \beta_i \ln(1+r_{mt}) + \varepsilon_{it}$

Unter Berücksichtigung der Unabhängigkeit zwischen Indexrendite und Störterm ergibt sich aus Gleichung (4.7) eine Zerlegung der Varianz der Aktienrendite in einen von der Varianz der Indexrendite abhängigen und einen allein von der Varianz des Störterms abhängigen Teil:

(4.8) $\sigma^2[\ln(1+r_{it})] = \beta_i^2 \sigma^2[\ln(1+r_{mt})] + \sigma^2(\varepsilon_{it})$

Bisher wurde das Marktmodell als Reflex der Annahme gemeinsam normalverteilter Index- und Aktienrenditen dargestellt, d.h. die Eigenschaften (4.1) bis (4.8) folgten unmittelbar aus dieser Verteilungsannahme. Die Forderung nach bivariat normalverteilten Renditen wird für die vorliegende Untersuchung jedoch als zu restriktiv abgelehnt. Dies hat zur Folge, daß die Eigenschaften des Marktmodells selbst zum Teil den Charakter von Prämissen erhalten. Es genügt jedoch anzunehmen, Gleichung (4.1), (4.2), (4.3) und (4.5) seien erfüllt, alle übrigen Gleichungen folgen dann wieder aus diesen Annahmen[8].

Für die ausführlich im nächsten Abschnitt zu erläuternde Interpretation der Störgröße ist insbesondere auch die jetzt noch darzustellende Eigenschaft des Einindexmodells von Be-

8) Vgl. ebenda, S. 78 i.V.m. S. 66 - 72. Gleichung (4.3) ist keine Voraussetzung für die Gültigkeit einer der Gleichungen (4.1) bis (4.8). Gleichung (4.3) stellt jedoch eine wichtige Annahme in bezug auf das später durchzuführende Schätzverfahren dar.

deutung. In ihr drückt sich vor allem der Unterschied zwischen Ein- und Mehrfaktorenmodellen aus. Beim Einindexmodell wird die vereinfachende Annahme getroffen, daß es nur genau einen gemeinsamen Marktfaktor gibt, der die Renditen unterschiedlicher Aktien systematisch beeinflußt. Damit hängen die jeweiligen Ausprägungen der Störgrößen unterschiedlicher Aktien nicht von gemeinsamen, renditebeeinflussenden Faktoren ab. Die Störgrößen sind somit unkorreliert. Für beliebige Aktien i und j gilt also[9]:

$$(4.9) \qquad \operatorname{cov}(\varepsilon_{it}, \varepsilon_{jt}) = E(\varepsilon_{it} \cdot \varepsilon_{jt}) = 0 \text{ für alle } i \neq j.$$

1.2 Der Begriff der "abnormal performance" und die Interpretation des Störterms aus modelltheoretischer Sicht

Die Aufteilung der Aktienrendite in eine "normal" und "abnormal performance" geht auf die empirische Literatur zur Untersuchung der Preiswirkungen bestimmter Informationen sowie auf Tests der halbstrengen Informationseffizienz des Aktienmarktes zurück[10]. Dabei werden regelmäßig die Auswirkungen herausragender firmenspezifischer Ereignisse auf die Aktienrendite der jeweiligen Unternehmung betrachtet. Die Studien untersuchen zum einen, ob die jeweiligen Ereignisse die Bewertung am Aktienmarkt beeinflussen, d.h. ob sie Informationsgehalt haben. In einem Teil der Arbeiten wird außerdem zur Überprüfung der halbstrengen Informationseffizienz des Marktes zusätzlich untersucht, ob die erfaßten firmenspezifischen Informationen, sofern sie als bewertungsrelevant eingestuft werden, im Zeitpunkt ihrer öffentlichen Bekanntgabe durch die Implementierung einer kurzfristig orientierten Handelsstrategie noch zur Erzielung systematischer Überrenditen hätten genutzt werden können[11].

Die Durchführung dieser Untersuchungen setzt voraus, daß der Teil der Aktienrendite isoliert werden kann, der sich ausschließlich auf die Verarbeitung firmenspezifischer Informationen zurückführen läßt[12]. Genau das leistet das Marktmodell. Aus der Annahme der Unkorreliertheit von Störterm und Marktrendite folgt, daß der Teil der Aktienrendite, der von der Entwicklung der Rendite des alle Aktien gemeinsam beeinflussenden Marktfaktors abhängt, durch $\beta_i \ln(1 + r_{mt})$ beschrieben wird. Im Störterm ε_{it} hingegen spiegelt sich ausschließlich die Reaktion auf Informationen wider, die sich nicht auf den gemeinsamen Marktfaktor beziehen. Berücksichtigt man jetzt noch die Annahme der Unkorreliertheit der Störgrößen unterschiedlicher Aktien, so läßt sich die Interpretation des Störterms noch da-

9) Vgl. hierzu z.B. Elton/Gruber (1987), S. 99.

10) Vgl. zu dieser Terminologie eine der ersten Untersuchungen auf diesem Gebiet für den amerikanischen Aktienmarkt: Ball/Brown (1968), S. 165, Fußnote 17 und S. 168.

11) Vgl. hierzu die ausführlichen Erläuterungen unter II.2.1 und II.2.2.1.

12) Wie dieser Teil gegebenenfalls noch auf Informationen über verschiedene firmenspezifische Ereignisse aufgeteilt werden kann, ist im folgenden unerheblich.

hingehend präzisieren, daß er ausschließlich auf für die jeweilige Aktie spezifische Einflüsse zurückzuführen ist und nicht etwa zum Teil noch auf weitere, mehrere Aktien gemeinsam beeinflussende Marktfaktoren, wie etwa die Branchenzugehörigkeit oder Beteiligungsverhältnisse.

Die nach dem Marktmodell erwartete, durch die Sensitivität der Aktie bezüglich Gesamtmarkteinflüssen bestimmte Aktienrendite wird in der Literatur als "normal performance" oder "normal return" bezeichnet[13]. Die auf die Verarbeitung aktienspezifischer Information zurückzuführende Differenz zwischen aktueller und erwarteter Rendite, die Störgröße ε der Marktmodellgleichung, nennt man im Gegensatz dazu "abnormal performance" bzw. "abnormal return"[14]. Eine im Zeitpunkt t neu auftretende, noch nicht im Kurs antizipierte aktienspezifische Information wird sich im übrigen immer dann sofort vollständig in der "abnormal performance" des Zeitpunktes t niederschlagen, wenn "der Markt" bezüglich der betrachteten Informationsart vollständig informationseffizient ist[15]. Abweichungen von dieser strengen Annahme können sich in einem time lag bis zum Einsetzen der Marktreaktion oder auch durch einen Informationsverarbeitungsprozeß bemerkbar machen, der sich über mehr als einen Tag erstreckt.

Wie bereits an anderer Stelle erwähnt, sollen in der vorliegenden Arbeit Tage identifiziert werden, die bezüglich der bei den Aktien der Stichprobe aufgetretenen "abnormal performance" ganz bestimmte, in Abschnitt IV.4 exakt beschriebene Kriterien erfüllen. Ganz vereinfacht dargestellt, handelt es sich um die Selektion von Tagen mit betragsmäßig besonders hoher "abnormal performance" bzw. von zusammenhängenden Tagen, deren "abnormal performance" aufsummiert besonders hohe positive oder negative Werte annimmt. Würden die Annahmen des Einindexmodells die Realität nun tatsächlich genau beschreiben und wären die wahren Modellparameter α und β bekannt, so könnte die "abnormal performance" und damit der Teil der Aktienrendite, der ausschließlich von firmenspezifischen Ereignissen bestimmt wird, für jeden Tag exakt ermittelt werden[16]. Die in dieser Untersuchung nach rein formalen Gesichtspunkten ausgewählten Tage ließen sich dann auch materiell als die Tage

---

13) Ganz exakt enthält die erwartete Aktienrendite und damit die definierte "normal performance" auch die aktienspezifische Konstante α, die den Teil des Erwartungswertes der Aktienrendite widerspiegelt, der sich nicht auf Markteinflüsse zurückführen läßt; vgl. Sharpe (1985), S. 185. Da α jedoch konstant ist, können sich neue, bewertungsrelevante firmenspezifische Informationen nur in der Störgröße niederschlagen, und allein darauf kommt es in dieser Untersuchung und bei den Untersuchungen zur Informationseffizienz an. Im übrigen sind bis auf eine Ausnahme alle in dieser Arbeit ermittelten Schätzwerte für Alpha nicht signifikant von Null verschieden; vgl. hierzu IV.3.3.

14) Vgl. Ball/Brown (1968), S. 165, Fußnote 17 und S. 168; statt "abnormal performance" wird auch oft "excess return" als Synonym verwendet.

15) Vgl. Fama (1976), S. 153f.

16) Eine weitere Voraussetzung dafür wäre natürlich auch, daß keine Erhebungs- und Berechnungsfehler auftreten.

interpretieren, an denen Informationen über aktienspezifische Ereignisse mit besonders hohem Informationswert[17] in den Aktienkursen verarbeitet wurden[18].

Unter II.2.2.2 ist jedoch bereits allgemein erläutert worden, daß die exakte Höhe "echter abnormal performance" in empirischen Untersuchungen regelmäßig nicht genau bestimmt werden kann. Die in diesem Zusammenhang unter anderem relevanten Probleme einer möglichen Fehlspezifikation des Bewertungsmodells sowie des Auftretens von Schätzfehlern bei der Modellparameterschätzung sollen in den folgenden Unterpunkten IV.2 und IV.5 noch ausführlich diskutiert werden. Vorab sei die in diesem Abschnitt dargelegte Interpretation des Störterms jedoch bereits in einem Punkt relativiert[19]. Es ist explizit darauf hingewiesen worden, daß die Interpretation des Störterms als Zeichen der Verarbeitung unternehmensspezifischer Information im Aktienkurs zwingend die Gültigkeit der Annahme unkorrelierter Störgrößen unterschiedlicher Aktien voraussetzt. Ist diese Annahme hingegen nicht exakt erfüllt, so läßt sich die "abnormal performance" lediglich als Reaktion auf nicht den Gesamtmarkt betreffende Information deuten, was jedoch Information, die gleichzeitig mehr als ein Unternehmen betrifft, nicht ausschließt[20]. In Abschnitt IV.2.2 wird die Frage diskutiert werden, warum es für diese Untersuchung nicht für zweckmäßig erachtet wird, denkbare Einflüsse unternehmensgruppenspezifischer Information auf die "abnormal performance" durch Verwendung von Mehrindexmodellen zu verhindern bzw. zumindest zu verringern. Obwohl die Beurteilung der Realitätsnähe der Annahme (4.9) und Spezifikationsprobleme von Mehrfaktorenmodellen erst in Gliederungspunkt IV.2.2 zur Sprache kommen sollen, sei vorab bereits darauf hingewiesen, daß eine möglicherweise in der Realität zumindest zeitweise bestehende Verletzung der Annahme (4.9) nicht die Erreichung des Untersuchungsziels dieser Arbeit gefährdet. Durch die Verwendung von Tagen mit betragsmäßig hoher "abnormal performance" als Referenzpunkt für die Bestimmung potentieller Insiderhandelstage sollte für die vorliegende Untersuchung ursprünglich zwar eine Begrenzung auf die Betrachtung von Unternehmensinsidern erreicht werden. Die Erläuterungen in Kapitel II.1.3 zur Plausibilität der dieser Untersuchung zugrunde liegenden Vermutung über das

---

17) Vgl. die Definition des Wertes aktienspezifischer Information als Produkt der Absolutbeträge der ihr zurechenbaren "abnormal returns" bei Ball/Brown (1968), S. 174; die Produktbildung ist in der vorliegenden Arbeit durch die Summenbildung zu ersetzen, da abweichend von Ball/Brown in dieser Arbeit Momentanrenditen verwendet werden. Vgl. hierzu auch die Erläuterungen unter IV.3.2.2.

18) Vgl. in diesem Zusammenhang allerdings insbesondere auch den in Gliederungspunkt II.3.2 ausführlich diskutierten potentiellen Einfluß fundamental bedeutungsloser Ereignisse auf das Entstehen von "abnormal performance".

19) Vgl. auch die erweiterte Interpretation der "abnormal performance" unter II.3.

20) Bei dieser Gruppe von Unternehmen könnte es sich etwa um Gesellschaften einer Branche oder um sehr stark miteinander verflochtene Unternehmen etc. handeln. Das einzige Kennzeichen, das die Gruppe aufweisen muß, ist die Eigenschaft, daß sie nur einen Teil der Unternehmen umfassen darf, deren Aktien im Marktfaktor der Marktmodellgleichung erfaßt sind. Wenn im Zusammenhang mit dem Marktmodell vom Gesamtmarkt gesprochen wird, so ist damit ebenfalls nur die Gesamtheit der Unternehmen gemeint, deren Aktien im Marktfaktor jeweils erfaßt werden. Vgl. zur Spezifikation des Marktfaktors in dieser Untersuchung IV.3.2.3.

Verhalten von Insidern machen jedoch deutlich, daß diese Vermutung ebenso für Insider sinnvoll erscheint, die Informationsvorsprünge in bezug auf Informationen besitzen, die mehrere Unternehmen gleichzeitig betreffen. Darüber hinaus wurde bei der Diskussion der gewählten Operationalisierung der Insiderhypothese auch immer gleich die Möglichkeit mitbetrachtet, daß in einzelnen Fällen die hohe "abnormal performance" der selektierten Tage nicht auf die Verarbeitung unternehmens-, sondern unternehmensgruppenspezifischer Information zurückzuführen ist[21]. Damit ist die strikte Einhaltung der Annahme (4.9) für die vorliegende Untersuchung nicht wesentlich.

2. Empirische Relevanz des Marktmodells für den deutschen Aktienmarkt

Unter diesem Gliederungspunkt soll dargestellt werden, wie gut das Einindexmodell die Realität der Bewertung am deutschen Aktienmarkt nach bisher durchgeführten empirischen Untersuchungen beschreibt, und warum die Modellparameter α und β und damit auch die "abnormal performance" nur geschätzt werden können.

Wie jedes Modell reduziert auch das Marktmodell die Komplexität der Realität durch vereinfachende Annahmen. Wenn aber dieses Modell als Ausgangspunkt für eine empirische Untersuchung verwendet wird, so muß dargelegt werden, welchen Erklärungsgehalt es für reale Phänomene, in diesem Fall die Preisbildung am Aktienmarkt, besitzt bzw. ob es die Realität ausreichend annähert. Grundsätzlich läßt sich diese Frage in zwei, allerdings in bezug auf die Testmöglichkeiten interdependente Problembereiche aufteilen. Zum einen könnte das Einindexmodell als solches eine Fehlspezifikation sein, was gleichbedeutend damit wäre, daß die Modellannahmen zu keiner Zeit auch nur annähernd die Realität beschreiben würden. Dies wäre insbesondere dann der Fall, wenn Hinweise dafür gefunden werden könnten, daß systematische Abweichungen von dem annahmegemäß linearen Zusammenhang zwischen erwarteter Aktien- und Indexrendite bestehen oder daß die Varianz der Renditen einzelner Aktien durch mehr als einen gemeinsamen Marktfaktor systematisch beeinflußt wird. Der zweite Problembereich läßt sich dadurch beschreiben, daß es durchaus denkbar ist, daß die Modellannahmen die Realität zwar relativ gut beschreiben, die Modellparameter jedoch nicht annähernd richtig bestimmt werden können, da sie über die Zeit hinweg nicht stabil sind. Dies soll noch etwas näher erläutert werden. Die Gleichung (4.7) des Marktmodells beschreibt den Zusammenhang zwischen Zufallsvariablen, die durch ihre jeweilige Wahrscheinlichkeitsverteilung bestimmt sind. Die erwartete Aktienrendite einer Aktie i für einen zukünftigen Zeitpunkt t hängt von der erwarteten Indexrendite für diesen Zeitpunkt gemäß den für t geltenden Modellparametern α_{it} und β_{it} linear ab. Um diese Modellparameter zu bestimmen, müßten also Daten über die "Erwartungen des Marktes" hinsichtlich der zukünftigen Entwicklung von Renditen vorliegen. Da die Ermittlung dieser Da-

21) Diese Erweiterung wurde auch bei der für diese Untersuchung gewählten Definition von Insidern bzw. von Insiderinformationen bereits berücksichtigt. Vgl. hierzu II.1.1.

ten über eine Befragung von Marktteilnehmern jedoch ein unlösbares Problem darstellen dürfte[22], geht man regelmäßig einen anderen Weg. Statt das Modell mittels Erwartungen über zukünftige Wahrscheinlichkeitsverteilungen zu spezifizieren, wird versucht, die Parameter aus historischen Realisationen von Aktien- und Indexrenditen zu schätzen. Damit die ex post-Schätzung aus Zeitreihen von beobachteten Renditepaaren jedoch überhaupt sinnvolle Ergebnisse liefern kann, muß es sich bei der Bewertung der Aktien um einen stationären Prozeß handeln; d.h. die Modellparameter α_i und β_i müssen über den gesamten Schätzzeitraum stabil bleiben. Darüber hinaus setzen die jeweils verwendeten statistischen Schätzverfahren noch die Gültigkeit zusätzlicher Annahmen voraus. So erfordert das in dieser Untersuchung verwendete Verfahren zumindest, daß Erwartungswert und Varianz der Störgröße nicht nur für einen bestimmten, sondern für jeden Zeitpunkt unabhängig von der Marktrendite und insbesondere über den gesamten Beobachtungszeitraum konstant sind. Der Erwartungswert der Störgröße muß darüber hinaus für jeden Zeitpunkt gerade gleich Null sein[23]. Ferner müssen die Störgrößen von Beobachtung zu Beobachtung stochastisch unabhängig variieren bzw. dürfen zumindest nicht autokorreliert sein[24].

Das Problem bei der Beurteilung der Gültigkeit des Einindexmodells liegt nun darin, daß mittels statistischer Tests festgestellte Befunde in ihren Implikationen nicht eindeutig sind[25]. So könnte ein Ergebnis darauf hinweisen, daß bestimmte Modellannahmen abgelehnt werden müssen; ebensogut könnte es aber auch dahingehend zu interpretieren sein, daß die Annahmen verletzt sind, die für eine Schätzung aus historischen Daten erfüllt sein müssen. Schließlich könnte das Ergebnis auch auf das Vorliegen von Informationsineffizienz hindeuten[26]. Wird z.B. in einer Untersuchung eine signifikante Autokorrelation der geschätzten Störgrößen festgestellt, so kann der Schluß gezogen werden, daß zusätzliche erklärende Variablen in das Modell aufgenommen werden sollten oder daß kein linearer Zusammenhang zwischen Aktien- und Indexrendite besteht; andererseits könnten sich aber auch die Modellparameter über die Zeit geändert haben, so daß in diesem Fall die Autokorrelation nicht für eine Modifikation des Modells, sondern eine Veränderung des Schätzvorgangs spräche. Darüber hinaus könnte positive Autokorrelation auch auf einen gewissen Grad an Informationsineffizienz auf dem Aktienmarkt hindeuten.

---

22) Vgl. Franke (1980), S. 132, der insbesondere betont, daß die meisten Marktteilnehmer gar nicht in der Lage sein werden, ihre Zukunftserwartungen exakt zu quantifizieren.

23) Vgl. Schneeweiß (1978), S. 36.

24) Vgl. ebenda sowie die ausführlichen Erläuterungen und zusätzlichen Annahmen unter IV.3.1.

25) Vgl. die analogen Erläuterungen zu Testproblemen bei Effizienztests unter II.2.2.2 bzw. die im Zusammenhang mit der Beurteilung des Black/Scholes-Modells geschilderte Problematik von Validitätstests unter III.2.2.2.

26) Darüber hinaus ist ein verzerrender Einfluß von Erhebungs- oder Berechnungsfehlern auf die Testresultate ebenfalls nie ganz auszuschließen.

Über die Ambivalenz bei der Interpretation von Testergebnissen hinaus sind die Befunde selbst wiederum auch nicht eindeutig, sondern von der gewählten Stichprobe abhängig. Die Stichproben können sich sowohl bezüglich der betrachteten Aktien und des Index als auch bezüglich des Untersuchungszeitraums und des gewählten Renditeintervalls unterscheiden.

Akzeptiert man die Einschränkung des Anspruchs, zweifelsfrei beurteilen zu können, ob bestimmte Testergebnisse auf Informationsineffizienz oder eine Verletzung des Gleichgewichtsmodells oder auf Beschränkungen der Möglichkeiten hinweisen, dieses gut zu schätzen, so erscheint es geboten, sowohl eigene Tests mit den hier verwendeten Daten durchzuführen als auch auf Ergebnisse bisheriger Untersuchungen zur Gültigkeit des Einindexmodells für den deutschen Aktienmarkt einzugehen. Eigene Tests, die vor allen Dingen Anhaltspunkte über die Güte des in dieser Untersuchung verwendeten Schätzverfahrens geben sollen, werden in Kapitel IV.5 ausführlich beschrieben. Auf die bisherige Literatur hingegen wird sogleich exemplarisch eingegangen, wobei nur die Aspekte berücksichtigt werden, die in dieser Arbeit nicht Gegenstand einer separaten Untersuchung bzw. Erörterung sind. Damit wäre zum einen auf die Frage der Stabilität der Modellparameter und zum andern auf die grundsätzliche Frage einzugehen, ob ein Mehrfaktorenmodell dem Einindexmodell nicht überlegen ist.

2.1 Stabilität der Modellparameter

Einen kurzen Überblick über jeweils verwendete Daten und abgeleitete Ergebnisse bei Untersuchungen des Marktmodells für Deutschland gibt Möller, der selbst auch Marktmodellberechnungen vornimmt und beurteilt[27].

Die Untersuchung der Stabilitätsbedingung für die Modellparameter führt regelmäßig zu dem Ergebnis, daß von einer Stabilität über längere Zeiträume auf keinen Fall ausgegangen werden kann. Reiß/Mühlbradt, die nur die Stabilität des Betafaktors untersuchen, unterteilen hierzu ihren neunjährigen Untersuchungszeitraum in zwei gleich lange Teilzeiträume, für die sie jeweils getrennt die Parameter des Marktmodells schätzen[28]. Als Ergebnis halten sie fest, daß die zwei Betawerte jeder Aktie zwar nicht völlig voneinander unabhängige Werte annehmen, der Korrelationskoeffizient zwischen den Betas der ersten und den entsprechenden der zweiten Periode im Durchschnitt aller Aktien aber nur 0,72 beträgt[29]. Winkelmann gelangt bei gleichem Vorgehen, aber etwas längeren Teilperioden für seine Gesamtstich-

27) Vgl. Möller (1986), S. 63 - 79.

28) Ihre gesamte Stichprobe beinhaltet 46 deutsche Aktien und umfaßt einen Untersuchungszeitraum vom 30.12.1966 bis 31.12.1975. Vgl. Reiß/Mühlbradt (1979), S. 52f.

29) Vgl. ebenda, S. 58ff.

probe SAMPLE[30] sogar nur zu einem Korrelationskoeffizienten von 0,65 zwischen den Betas der Teilperioden[31]. Er ermittelt außerdem exemplarisch für BMW die Modellparameter α und β sowie die mittleren Aktienrenditen für jeden Zeitpunkt seines Untersuchungszeitraums. Die Parameter und die mittlere Rendite zum Zeitpunkt t werden dabei jeweils aus den Beobachtungen der Monate t-12 bis t+11 berechnet. Dabei ergeben sich im Zeitablauf starke Schwankungen der Parameter bzw. Renditen und eine deutliche Korrelation zwischen mittleren Aktienrenditen und Alphas bzw. Betas, wobei der Zusammenhang zwischen mittleren Renditen und Alphas wesentlich stärker ist[32]. Winkelmann führt einen Teil der Schwankungen der Parameter auf einzelne, zufällig verteilte Ausreißer in den Zeitreihen der Beobachtungsdaten zurück[33] und einen weiteren Teil auf die Anpassung der Marktbewertung der Unternehmung an die Veränderung ihrer wirtschaftlichen Lage im Zeitablauf[34]. Er äußert die Vermutung, daß einer Verzerrung der Schätzung durch zufällig verteilte Ausreißer dadurch entgegengewirkt werden kann, daß die Zahl der Beobachtungen, die der Parameterschätzung zugrunde liegen, erhöht wird. Dies erfordert ceteris paribus die Wahl kürzerer Fristigkeiten der Renditen oder längerer Beobachtungszeiträume[35]. Winkelmann untermauert diese Folgerung durch zahlreiche Testergebnisse aus der Literatur sowie durch einen selbst durchgeführten Test, bei dem sich beim Übergang von monatlichen zu wöchentlichen Renditen ein deutlicher Anstieg des Korrelationskoeffizienten der zwei Teilperioden-Betas nachweisen läßt[36]. Ist es für die Elimination der Verzerrungswirkung durch einzelne Ausreißer noch gleichgültig, ob die Zahl der Beobachtungen mittels Verkürzung der Fristigkeiten der Renditen oder Verlängerung des Beobachtungszeitraums erhöht wird, so sollte bei Berücksichtigung möglicher Änderungen der wirtschaftlichen Lage der Unternehmung im Zeitablauf der Beobachtungszeitraum nicht zu lang gewählt werden. Je kürzer der Beobachtungszeitraum, desto höher ist die Wahrscheinlichkeit, daß die Realität durch

---

30) Winkelmann betrachtet in seiner Untersuchung zum einen die Gesamtstichprobe SAMPLE, die 93 deutsche Aktienwerte enthält, und zum andern zumeist auch eine Teilstichprobe aus SAMPLE, die er GROGE nennt und die die 31 marktgängigsten Werte aus SAMPLE enthält. Sein Untersuchungszeitraum umfaßt die Jahre 1971 bis 1981 je einschließlich. Vgl. Winkelmann (1984), S. 9 - 16.

31) Allerdings weist Winkelmann auch auf die irreführende Aussagekraft besonders hoher Korrelationskoeffizienten hin. Da diese nur die Güte des linearen Zusammenhangs zwischen den Teilperioden-Betas ausdrücken, wäre bei einem stark von Null abweichenden Absolutglied dieser linearen Beziehung ein hoher Korrelationskoeffizient noch lange nicht als wertmäßige Übereinstimmung der Betas zu interpretieren. Die festgestellten niedrigen Korrelationskoeffizienten hingegen lassen auf eine Instabilität der Betas schließen. Vgl. ebenda, S. 91.

32) Vgl. ebenda, S. 91ff.

33) Vgl. ebenda, S. 101. Bei sämtlichen, im folgenden dargestellten Ausführungen zur Stabilität der Modellparameter bezieht er sich allerdings nur auf die Betafaktoren, da diesen bei dem von ihm durchgeführten Test des CAPM eine besonders herausragende Bedeutung zukommt.

34) Vgl. ebenda, S. 103.

35) Vgl. ebenda, S. 101.

36) Vgl. die Übersicht ebenda, S. 102. Für die Gesamtstichprobe Winkelmanns steigt der Korrelationskoeffizient von 0,64 bei monatlichen auf 0,78 bei wöchentlichen Renditen.

als stabil angenommene Modellparameter noch einigermaßen gut angenähert wird[37]. Winkelmann wiederholt deshalb seinen Test des CAPM für Teilperioden, die jeweils nur ein Kalenderjahr umfassen und bei denen eine ausreichende Beobachtungszahl durch Übergang von monatlichen auf tägliche Renditen sichergestellt wird[38].

Auch Möller unterteilt seinen gesamten Untersuchungszeitraum von 1961 bis 1979 in 52 Wochen lange Teilperioden, da mit seinen Daten durchgeführte Tests auf Gleichheit der Varianzen der betrachteten Aktienrenditen in den einzelnen Teilperioden in fast allen Fällen zur Ablehnung der Gleichheitshypothese führen[39]. Dies bedeutet, daß von einer Stationarität der Wahrscheinlichkeitsverteilung der Aktienrenditen über seinen gesamten Untersuchungszeitraum nicht ausgegangen werden kann. Letztlich bleibt natürlich auch die Zäsur nach jeweils einem Jahr willkürlich[40], jedoch muß berücksichtigt werden, daß bei weiterer Verkürzung der Teilperioden die Gefahr von Schätzungenauigkeiten aufgrund dann zu geringen Stichprobenumfangs anstiege.

Aufgrund der angeführten Testergebnisse wird in dieser Arbeit der Untersuchungszeitraum in Kalenderjahre aufgeteilt, für die jeweils getrennt die Marktmodellparameter geschätzt werden. Dabei wird auf tägliche Aktienrenditen als Beobachtungen zurückgegriffen, was zum einen eine ausreichende Beobachtungszahl gewährleisten soll und zum andern eher verhindert, daß Effekte neuer fundamentaler Informationen auf die Aktienbewertung in zufälligen Bewertungsschwankungen untergehen bzw. mit diesen vermischt werden.

2.2 Einindex- versus Mehrfaktorenmodell

In der vorliegenden Untersuchung wird unterstellt, daß sich die Aktienbewertung in der Realität für die Zwecke dieser Arbeit durch das Einindexmodell hinreichend genau annähern läßt. Welche Argumente dafür angeführt werden können, soll anhand einiger Testergebnisse für den deutschen Aktienmarkt im folgenden dargestellt werden[41].

---

37) Vgl. ebenda, S. 17f.

38) Vgl. ebenda, S. 103ff. Winkelmann weist ausdrücklich darauf hin, daß er dafür aber das Problem der mangelnden Normalverteilungseigenschaft täglicher Renditen in Kauf nehmen muß.

39) Vgl. Möller (1986), S. 29. Möller führt zwei verschiedene Tests durch, wobei beim Test nach Hartley in allen Fällen, beim Test nach Cochran in 228 von 233 Fällen bei einer Irrtumswahrscheinlichkeit von 1% die Gleichheitshypothese abgelehnt wird.

40) Möller betrachtet allerdings als Teilperioden nicht Kalenderjahre, sondern Geschäftsjahre, da er annimmt, daß sich die Verteilung der Aktienrenditen eher in Abhängigkeit vom Geschäftsjahr verändert; vgl. ebenda, S. 65f.

41) Vgl. in diesem Zusammenhang auch die Ausführungen zu einer potentiellen Verletzung der Annahme (4.9) in Abschnitt IV.1.2.

Alle bisher durchgeführten Untersuchungen weisen übereinstimmend für sehr viele Aktien signifikant von Null verschiedene Betaschätzwerte nach, was darauf hindeutet, daß tatsächlich ein Zusammenhang zwischen den einzelnen Aktienrenditen und der Indexrendite besteht[42]. Die Ergebnisse sind diesbezüglich ähnlich, obwohl sich die Untersuchungen hinsichtlich des betrachteten Zeitraums, der ausgewählten Aktien, der Fristigkeit der Renditen und des verwendeten Marktindex zum Teil sehr stark unterscheiden. Allerdings sind die jeweiligen Resultate stets unter dem Vorbehalt zu sehen, daß für die verwendeten Daten die für die Signifikanztests nötige Annahme der Normalverteilung der Störgröße zutrifft. Nicht in jeder Untersuchung wird diese Annahme explizit getestet[43]. Das Bestimmtheitsmaß, das ein Maß für die Güte des linearen Zusammenhangs zwischen Aktien- und Indexrendite darstellt und das angibt, wieviel Prozent der Varianz der Rendite der einzelnen Aktie durch die Varianz der Indexrendite erklärt werden kann, schwankt je nach betrachteter Unternehmung sehr stark. Es ist jedoch bei marktgängigen Papieren, zu denen ja auch die Aktien der in der vorliegenden Untersuchung betrachteten Unternehmen gehören, besonders groß[44]. Reiß/Mühlbradt ermitteln z.B. für diese sechs Firmen Bestimmtheitsmaße zwischen 46% und 69%, Winkelmann zwischen 46% und 53%.

Aufgrund des selbst bei diesen großen Unternehmen noch vorhandenen hohen Varianzanteils der Aktienrendite, der sich nicht auf den verwendeten Marktfaktor zurückführen läßt, vermuten Reiß/Mühlbradt, daß dieser durch den Index nicht erklärte Rest der Varianz systematisch durch weitere gemeinsame Faktoren beeinflußt und somit nicht ausschließlich einzelwertspezifisch sei. Dies würde bedeuten, daß die in Gleichung (4.9) für das Marktmodell formulierte Annahme der Unkorreliertheit der Störgrößen unterschiedlicher Aktien in der Realität tatsächlich nicht zuträfe. Reiß/Mühlbradt testen diese Vermutung mittels der Berechnung der Korrelationen zwischen den geschätzten Störgrößen unterschiedlicher Firmen und erhalten in 166 von 1035 Fällen auf dem 5%-Niveau signifikant von Null verschiedene Korrelationskoeffizienten. Nach einer branchenweisen Betrachtung der Unternehmen stellen sie weiterhin fest, daß innerhalb einer Branche sehr viele signifikante und außerdem sehr hohe Koeffizienten auftreten, so daß sie zu dem Schluß gelangen, daß Branchenfaktoren als weitere gemeinsame Faktoren in das Marktmodell aufgenommen werden sollten. Darüber hinaus vermuten sie als zusätzliche Kursbestimmungsfaktoren auch Besitz- und Beteiligungsverhältnisse, da sie hohe signifikante Koeffizienten zwischen Unternehmen unterschiedlicher Branchen bzw. niedrige innerhalb einer Branche nicht nur auf die unvermeidbare Willkür bei der Brancheneinteilung zurückführen[45].

---

42) Vgl. z.B. Reiß/Mühlbradt (1979), S. 55ff., Winkelmann (1984), S. 34 - 41, und Möller (1986), S. 76 - 79.

43) Bei Reiß/Mühlbradt (1979) wird diesbezüglich kein eigener Test durchgeführt.

44) Vgl. die vorletzte Fußnote.

45) Vgl. Reiß/Mühlbradt (1979), S. 57f.

In diesem Zusammenhang sei auf ein wichtiges Ergebnis hingewiesen, das bei Winkelmann referiert wird. Es läßt sich zeigen, daß ein von Zellner vorgeschlagenes Schätzverfahren zur Bestimmung der Marktmodellparameter, bei dem die Korrelationen zwischen den Störgrößen unterschiedlicher Aktien explizit berücksichtigt werden, zu keinen anderen Parameterschätzungen führt als der im folgenden verwendete einfache Kleinst-Quadrate-Schätzer[46]. Die Genauigkeit der Schätzung der hier interessierenden "abnormal performance" wird durch die festgestellten Korrelationen also nicht beeinträchtigt.

Die Ergebnisse von Reiß/Mühlbradt sowie eigene Korrelationsanalysen veranlaßten Winkelmann dazu[47], für den deutschen Aktienmarkt eine detaillierte Untersuchung über die Existenz zusätzlicher Marktfaktoren mit Hilfe verschiedener multivariater statistischer Verfahren durchzuführen.

Um gemeinsame Bestimmungsfaktoren für die Varianz der Aktienrenditen zu identifizieren, führt Winkelmann für seine beiden Stichproben GROGE und SAMPLE[48] eine Hauptkomponentenanalyse durch[49]. Dabei ergibt sich bei beiden Stichproben als dominierender Faktor die erste Hauptkomponente, die als Aktienkursindex interpretiert werden kann[50]. Bei der Stichprobe marktgängiger Werte, die bereits alle sechs Gesellschaften dieser Untersuchung enthält, erklärt die erste Hauptkomponente 50,57% der verallgemeinerten Varianz[51].

Für die Trennung der Hauptkomponenten in gemeinsame und firmenspezifische Faktoren sind unterschiedliche Verfahren entwickelt worden, die in ihren Ergebnissen jedoch nicht übereinstimmen müssen. Während es nach dem Resultat des Screetests bei beiden Stichproben Winkelmanns durchaus möglich wäre, daß nur ein gemeinsamer Faktor existiert, weisen das von Winkelmann ebenfalls angewandte Kaiser-Dickman Kriterium bzw. der Bartlett-Test auf wesentlich mehr gemeinsame Faktoren hin, wobei sich die Ergebnisse jedoch je nach Stichprobe bzw. angewandtem Verfahren stark unterscheiden[52].

---

46) Vgl. Winkelmann (1984), S. 87f. Vgl. zum Zellner-Modell Zellner (1962), vgl. zum ausführlichen Beweis auch Schönfeld (1969), S. 151f.

47) Bei einem Signifikanzniveau von 5% ermittelt Winkelmann für SAMPLE in 16,29% aller Fälle signifikante Korrelationen zwischen den geschätzten Störgrößen und für GROGE in 30,75% der Fälle. Auch dieser Signifikanztest geht von der Gültigkeit der Annahme normalverteilter Störgrößen aus. Vgl. Winkelmann (1984), S. 87f. Zur Zusammensetzung der Stichproben SAMPLE und GROGE vgl. die Erläuterungen in IV.2.1, Fußnote 30.

48) Zur Beschreibung der Stichproben vgl. den Verweis in der vorhergehenden Fußnote.

49) Vgl. Winkelmann (1984), S. 152 - 170.

50) Vgl. ebenda, S. 163f. u. S. 169.

51) Vgl. ebenda, S. 162.

52) Eine kurze Beschreibung dieser 3 Testmethoden findet sich ebenda, S. 158f., die Testergebnisse folgen auf S. 160 - 170.

Die Schwierigkeit, weitere, über einen allgemeinen Marktindex hinausgehende gemeinsame Faktoren überhaupt eindeutig zu identifizieren, und der hohe zusätzliche Rechenaufwand, der mit diesem Versuch verbunden wäre, sind weitere Gründe, warum in dieser Arbeit eine Beschränkung auf das Einindexmodell erfolgt. Zusätzliche Argumente dafür ergeben sich aus der weiteren Analyse Winkelmanns[53].

Eine zur ökonomischen Interpretation der Faktoren durchgeführte Rotationsanalyse und eine ergänzende Clusteranalyse weisen sowohl Größeneffekte als auch Brancheneinflüsse nach, wobei letztere bezogen auf die Gesamtstichprobe aber nur in wenigen speziellen Branchen, insbesondere bei den Großbanken und der Großchemie, stark ausgeprägt sind[54]. Insgesamt sind die Resultate in hohem Maße stichprobenabhängig; so können Größeneffekte bei GROGE z.B. überhaupt nicht nachgewiesen werden, da hier die kleinen Gesellschaften gerade nicht enthalten sind. Ein großer Teil der bei der Hauptkomponentenanalyse identifizierten, potentiellen Marktfaktoren lassen sich bei der Gesamtstichprobe SAMPLE den meist schwach ausgeprägten Größen- und Brancheneffekten nicht zuordnen. Da eine über diese Effekte hinausgehende Strukturierung der Stichprobe aber auch nicht festgestellt werden kann, gelangt Winkelmann unter Berücksichtigung der dominierenden Bedeutung des ersten Faktors zu einer neuen Interpretationsmöglichkeit. Es könnte sich zumindest bei einigen, bei der Faktorenanalyse über den Aktienindex hinaus abgeleiteten gemeinsamen Faktoren um statistische Artifakte handeln, die durch eine Veränderung der gemeinsamen Verteilung der Aktienrenditen im Zeitablauf bzw. eine Veränderung der Modellparameter induziert wären[55]. Diese Vermutung wird durch das Ergebnis eines Tests auf Gleichheit der Kovarianzmatrizen der jeweiligen Stichprobe in den beiden Teilperioden seines Untersuchungszeitraums untermauert. Hierbei ergibt sich nämlich, daß von einer Stationarität der gemeinsamen Verteilung der Aktienrenditen tatsächlich nicht ausgegangen werden kann[56]. Nach Durchführung einer hier nicht weiter zu erörternden Querschnittsanalyse formuliert Winkelmann seine Vermutung sogar noch schärfer, indem er ausführt, daß möglicherweise die gesamte Korrelation der geschätzten Störgrößen nicht auf zusätzliche Marktfaktoren zurückzuführen ist. Analog zu einem Vorgehen Brenners[57] kann nämlich gezeigt werden, daß allein durch das Konstanthalten der Parameterschätzwerte zweier Unternehmen, deren Betawerte sich im Zeitablauf gleichmäßig ändern, eine signifikante Korrelation ihrer geschätzten

---

53) Zur Diskussion über die Verwendung eines Einindex- im Gegensatz zu einem Mehrindexmodell vgl. zusätzlich aber auch die Arbeit von Frantzmann (1989), S. 203. Dort wird für empirische Untersuchungen eine Verwendung des CAPM im Vergleich zu einer Verwendung der APT für zweckmäßiger gehalten.

54) Vgl. Winkelmann (1984), S. 171 - 180 zur Rotationsanalyse und S. 180 - 189 zur Clusteranalyse.

55) Vgl. ebenda, S. 189f.

56) Vgl. ebenda, S. 190 - 194.

57) Brenner zeigt, daß bei einer Unternehmung, deren wahre Betafaktoren sich über die Zeit ändern, durch die Annahme konstanter Parameterschätzwerte Autokorrelation in den geschätzten Störgrößen erzeugt werden kann. Vgl. Brenner (1977), S. 65.

Störgrößen bewirkt wird. Damit wären alle abgeleiteten, potentiellen Marktfaktoren, die über den Aktienindex hinausgehen, nur auf die Veränderung der Modellparameter des Einindexmodells im Zeitablauf zurückzuführen. Zur Stützung dieser Interpretation und damit als Argumente zugunsten des Einindexmodells führt Winkelmann drei Befunde an. So spricht sowohl die nach dem Ergebnis der Faktorenanalyse dominierende Bedeutung des Marktindex als auch die von der Stichprobe abhängige ökonomische Interpretation der Korrelation zwischen den geschätzten Störgrößen für diese Interpretation. Schließlich stützt auch die relativ geringe Anzahl signifikanter Korrelationen in der Gesamtstichprobe die von Winkelmann abgeleitete Schlußfolgerung[58].

3. Schätzung der Parameter und Störvariablen des Marktmodells mit Hilfe des Kleinst-Quadrate-Schätzers der linearen Regression

Nachdem das hier zugrunde gelegte Bewertungsmodell für den Aktienmarkt vorgestellt ist und eine Beurteilung der Güte des Modells anhand bereits durchgeführter empirischer Untersuchungen vorgenommen wurde, sollen im folgenden die Parameter α_i, β_i und $\sigma^2(\varepsilon_{it})$ für alle in dieser Arbeit betrachteten Firmen geschätzt werden. Nach der Beschreibung des Schätzverfahrens und der für den Schätzvorgang zusätzlich benötigten Annahmen werden die verwendeten Beobachtungsdaten und die Aufteilung des Beobachtungszeitraums näher spezifiziert. Der Gliederungspunkt endet mit der Darstellung der Ergebnisse der Parameterschätzungen.

3.1 Darstellung und Annahmen des Kleinst-Quadrate-Schätzers

3.1.1 Modellannahmen

Um die Parameter des Einindexmodells aus historischen Realisationen von Aktien- und Indexrenditen so schätzen zu können, daß sie bestimmte erwünschte Eigenschaften aufweisen, müssen die unter IV.1.1 dargestellten Annahmen des Marktmodells noch um weitere Annahmen ergänzt werden[59].

Alle unter IV.1.1 für jeweils einen bestimmten Zeitpunkt t formulierten Prämissen sind in ihrer Gültigkeit auf alle Zeitpunkte t = 1 bis T des Schätzzeitraums auszudehnen[60]. Diese Forderung beinhaltet insbesondere, daß die durch Gleichung (4.1) beschriebene lineare Beziehung zwischen erwarteter Aktienrendite und vorgegebener Indexrendite, die sogenannte

58) Vgl. Winkelmann (1984), S. 220 - 230, insbesondere S. 228.

59) Vgl. hierzu auch bereits die einleitenden Erläuterungen zu Gliederungspunkt IV.2.

60) Vgl. Schneeweiß (1978), S. 38, sowie Fama (1976), S. 79.

Regressionsfunktion[61], über den Schätzzeitraum unverändert gilt. Das ist gleichbedeutend mit einer Stabilität der Modellparameter α_i und β_i, den sogenannten Regressionsparametern[62]. Was Erwartungswert und Varianz der Störvariablen betrifft, so sei angenommen, daß sie zu jedem beliebigen Beobachtungszeitpunkt unabhängig von der Indexrendite den gleichen konstanten Wert aufweisen, wobei dieser für den Erwartungswert der Störvariable gerade Null beträgt. Dabei bezeichnet man die Eigenschaft der Unabhängigkeit der Varianz der Störvariablen sowohl von der Indexrendite als auch vom Zeitpunkt t als Homoskedastizität[63]. Über die bisher aufgeführten Stationaritätsannahmen hinaus wird außerdem davon ausgegangen, daß die Störvariablen zu verschiedenen Beobachtungszeitpunkten unkorreliert sind[64].

Um eine Schätzung der Regressionsparameter überhaupt zu ermöglichen, muß schließlich noch gewährleistet sein, daß die Stichprobenvarianz der Indexrenditen im Schätzzeitraum größer als Null ist. Dies besagt nichts anderes, als daß die Realisationen der Indexrendite nicht alle denselben Wert annehmen dürfen und der Schätzzeitraum mehr als eine Beobachtung umfassen muß.

Ansonsten ist das Modell, was die Verteilung der unabhängigen Variablen betrifft, äußerst flexibel. Letztlich wird lediglich beabsichtigt, mit Hilfe des Modells die bedingte Wahrscheinlichkeitsverteilung der Aktienrendite für eine gegebene Indexrendite darzustellen. Wenn nicht explizit davon Abstand genommen wird, soll im folgenden deshalb so vorgegangen werden, als ob die Indexrenditen zu den einzelnen Zeitpunkten deterministisch vorgegeben wären[65].

3.1.2 Das Schätzverfahren

Nach der Darstellung der für den Schätzvorgang zusätzlich benötigten Annahmen soll nun beschrieben werden, welches Verfahren aus der Menge aller denkbaren Methoden im folgenden verwendet wird, um die Modellparameter zu schätzen. Dabei ist auch darauf einzugehen, welche Gründe gerade für dieses Schätzverfahren sprechen.

Das Grundproblem der Parameterschätzung besteht darin, daß zu jedem Zeitpunkt nur eine Realisation der abhängigen Variablen beobachtet werden kann, die bei gegebener, ebenfalls

---

61) Zu dieser Bezeichnung vgl. Schneeweiß (1978), S. 34.

62) Vgl. ebenda.

63) Vgl. die entsprechenden Gleichungen (4.4), (4.5) und (4.6) sowie Schneeweiß (1978), S. 36f. Zum Begriff der Homoskedastizität vgl. z.B. ebenda, S. 39.

64) Vgl. ebenda, S. 36f., sowie insbesondere auch Fama (1976), S. 115 (Fußnote).

65) Vgl. Schneeweiß (1978), S. 39f.

beobachtbarer Realisation der unabhängigen Variablen noch von der zufälligen, nicht direkt beobachtbaren Realisation der Störvariablen zu diesem Zeitpunkt abhängt. Mittels des in dieser Untersuchung verwendeten Kleinst-Quadrate-Schätzverfahrens soll die unbekannte Regressionsfunktion nun "möglichst gut" geschätzt werden. Das im folgenden kurz KQ-Prinzip genannte Verfahren geht von folgender Zielfunktion aus[66]:

$$\text{(4.10a)} \quad \underset{a_i,\, b_i}{\text{Minimiere}} \sum_{t=1}^{T} [\ln(1+r_{it}) - a_i - b_i \ln(1+r_{mt})]^2 \; !$$

In Worten: Wähle a_i und b_i so, daß die quadrierte Differenz aus beobachteter Aktienrendite und der Summe aus a_i plus b_i mal der beobachteten Indexrendite summiert über alle Zeitpunkte des Schätzzeitraums minimal wird!

Die ermittelten Differenzen stellen dabei Schätzungen der nicht beobachtbaren wahren Störvariablen zu den einzelnen Zeitpunkten dar, die im folgenden als Residuen e_{it} bezeichnet werden. Verkürzt läßt sich die Zielfunktion somit auch folgendermaßen formulieren:

$$\text{(4.10b)} \quad \underset{e_{it}}{\text{Minimiere}} \sum_{t=1}^{T} e_{it}^2 \; !$$

In Worten: Minimiere die Summe der quadrierten Residuen!

Die Minimierung der Zielfunktion führt zu folgenden Schätzwerten für die Regressionsparameter:

$$\text{(4.11)} \quad b_i = \frac{T \sum_{t=1}^{T} [\ln(1+r_{mt}) \ln(1+r_{it})] - \sum_{t=1}^{T} \ln(1+r_{mt}) \sum_{t=1}^{T} \ln(1+r_{it})}{T \sum_{t=1}^{T} [\ln(1+r_{mt})]^2 - [\sum_{t=1}^{T} \ln(1+r_{mt})]^2}$$

$$= \frac{\operatorname{cov}[\ln(1+r_{mt}),\, \ln(1+r_{it})]}{\sigma^2[\ln(1+r_{mt})]}$$

$$\text{(4.12)} \quad a_i = \frac{1}{T} \sum_{t=1}^{T} \ln(1+r_{it}) - b_i \frac{1}{T} \sum_{t=1}^{T} \ln(1+r_{mt})$$

---

66) Vgl. zur Beschreibung des KQ-Prinzips ebenda, S. 41ff. Im folgenden sollen die durch das KQ-Prinzip gewonnenen Schätzwerte durch lateinische Buchstaben, die wahren Parameter bzw. Variablen hingegen durch griechische Buchstaben gekennzeichnet werden. Analog zu der Wahl desselben Symbols für Zufallsvariable und ihre Realisierungen werden beliebig gewählte Probewerte hingegen mit demselben lateinischen Buchstaben wie der jeweilige Schätzwert bezeichnet. Sollte der entsprechende lateinische Buchstabe für die Schätzungen ausnahmsweise bereits vergeben sein, so wird in diesen Fällen die Schätzung bzw. der Probewert durch den entsprechenden mit einem $\wedge$ gekennzeichneten griechischen Buchstaben markiert.

$$= \overline{\ln(1+r_i)} - b_i \overline{\ln(1+r_m)} ,$$

wobei durch $\overline{(...)}$ das arithmetische Mittel symbolisiert wird.

Die Varianz der Störvariablen läßt sich nach Bereinigung um die Zahl der Freiheitsgrade gemäß Gleichung (4.13) erwartungstreu schätzen:

$$(4.13) \qquad \sigma^2(e_{it}) = \frac{1}{T-2} \sum_{t=1}^{T} (e_{it} - \overline{e_i})^2 = \frac{1}{T-2} \sum_{t=1}^{T} e_{it}^2 .$$

Das KQ-Prinzip schätzt die Residuen gerade so, daß ihr arithmetisches Mittel und die Stichprobenkovarianz mit den beobachteten Indexrenditen gleich Null sind[67]. Diese Eigenschaften der Residuen sind damit gleichwertig zu den Annahmen über Erwartungswert und entsprechende Kovarianz der wahren Störvariablen des Marktmodells. Eine potentielle Verletzung dieser Annahmen, die zu einer Verzerrung der Schätzung führen könnte, ist damit anhand der Residuen nicht zu testen. Deshalb beschränken sich die unter Gliederungspunkt IV.5 mittels der Residuen durchgeführten Tests auf die Untersuchung möglicher Verletzungen der Annahme der Homoskedastizität, der Prämisse nicht existierender Autokorrelation und der Annahme normalverteilter Störvariablen.

Selbst bei exakter Gültigkeit aller Annahmen des Regressionsmodells können die wahren Modellparameter nicht genau bestimmt werden; könnte man nämlich bei zu jedem Zeitpunkt fest vorgegebenen Indexrenditen die Beobachtung der Aktienrenditen innerhalb eines bestimmten Zeitraums mehrmals wiederholen, so würden sich aufgrund der zufällig eintretenden Abweichungen der Aktienrenditen von ihrem Erwartungswert jeweils andere Renditepaare $[\ln(1+r_{mt}),\ln(1+r_{it})]$ und damit auch andere Parameterschätzungen ergeben. Das KQ-Prinzip hat aber die wünschenswerte Eigenschaft, daß es bei deterministisch vorgegebenen exogenen Variablen unter allen denkbaren linearen Schätzern für α_i und β_i jeweils den "best linear unbiased estimator", kurz BLUE genannt, ermittelt[68]. Dabei bedeutet "unbiased" bzw. erwartungstreu, daß die Erwartungswerte der Schätzvariablen a_i und b_i jeweils den wahren Werten α_i und β_i entsprechen[69]. "Best linear estimator" bzw. effizienter linearer Schätzer hingegen besagt, daß das KQ-Prinzip von allen denkbaren, linearen erwartungstreuen Schätzvariablen für α_i und β_i die mit der minimalen Varianz bestimmt[70]. Gilt außerdem noch die fakultativ formulierte Annahme normalverteilter Störvariablen, so sind die KQ-Schätzer ganz allgemein effizient und nicht nur bei Einschränkung auf lineare Schätz-

67) Dies folgt unmittelbar aus der Ableitung der Zielfunktion (4.10a) nach a_i bzw. b_i; vgl. ebenda, S. 43 u. 46.

68) Vgl. Schneeweiß (1978), S. 73, sowie Schönfeld (1969), S. 61 i.V.m. S. 54.

69) Zum Beweis der Erwartungstreue vgl. Schneeweiß (1978), S. 59.

70) Zum Beweis vgl. ebenda, S. 73.

variablen[71]. Darüber hinaus sind sie dann auch noch Maximum-Likelihood-Schätzer. Dies besagt, daß die Schätzer so ermittelt werden, daß, angenommen sie wären die wahren Werte, den beobachteten Realisationen der Renditen die größte Wahrscheinlichkeitsdichte zukäme[72].

3.2 Die Spezifikation des Regressionsmodells

3.2.1 Die Aufteilung des Untersuchungszeitraums

Bei der Aufteilung des gesamten Untersuchungszeitraums in einzelne Schätzzeiträume, innerhalb derer die Modellparameter jeweils als stabil angenommen werden, muß ein Kompromiß zwischen zwei gegenläufigen Tendenzen geschlossen werden[73]. Die Wahl kürzerer Teilperioden erhöht die Wahrscheinlichkeit, daß die Realität durch als stabil angenommene Modellparameter noch einigermaßen gut angenähert wird. Gleichzeitig verringert sich aber ceteris paribus der Stichprobenumfang bzw. die Zahl der Beobachtungen, die in die Schätzung der Regressionsfunktion eingehen, was tendenziell zu höheren Schätzungenauigkeiten führt. Das liegt daran, daß sich zum einen mit sinkendem Stichprobenumfang die Varianz der geschätzten Regressionsparameter erhöht und daß zum andern der verzerrende Einfluß zufällig verteilter Ausreißer in den Zeitreihen der Beobachtungsdaten zunimmt[74]. Diese bei der Festlegung der Länge der Schätzzeiträume auftauchenden Probleme werden in der vorliegenden Arbeit dadurch gelöst, daß auf der einen Seite durch die Aufteilung des Untersuchungszeitraums in Kalenderjahre relativ kurze Teilperioden gewählt werden, gleichzeitig aber durch die Wahl von Tagesintervallen und damit sehr kurzer Fristigkeiten der Renditen ein relativ großer Stichprobenumfang gewährleistet wird.

Für die Wahl von Tagesabständen bei der Berechnung der Renditen läßt sich im übrigen noch ein zweites Argument anführen, das nicht auf den geschilderten statistischen Überlegungen basiert. Vielmehr kann dieses Argument aus dem Ziel bzw. den Hypothesen der vorliegenden Untersuchung hergeleitet werden. In dieser Arbeit soll die Verarbeitung wesentlicher, neuer firmen- bzw. firmengruppenspezifischer Information am Aktienmarkt anhand des Auftretens betragsmäßig besonders großer Residuen zeitlich lokalisiert werden. Da davon ausgegangen werden kann, daß entsprechende Kursreaktionen oft binnen weniger Ta-

71) Zum Beweis vgl. ebenda, S. 72.

72) Vgl. ebenda, S. 53 - 57. Allerdings entspricht die Maximum-Likelihood-Schätzung der Varianz der Störvariablen nicht der um die Zahl der Freiheitsgrade korrigierten Version gemäß Gleichung (4.13). Diese ist vielmehr noch mit (T-2)/T zu multiplizieren.

73) Vgl. zum folgenden insbesondere auch die unter IV.2.1 dargestellten Ergebnisse empirischer Untersuchungen und die dort angegebenen Quellenangaben.

74) Zur Abhängigkeit der Varianz der Schätzungen für die Regressionsparameter vom Stichprobenumfang vgl. Schneeweiß (1978), S. 59 - 61.

ge erfolgen, wären die Tage, an denen wesentliche, neue Informationen verarbeitet werden, dann zumeist überhaupt nicht zu lokalisieren, wenn man statt Tages- etwa nur Monatsabstände verwenden würde. Die systematischen Abweichungen der Aktienrenditen von den gleichgewichtigen Renditen des Marktmodells zum Zeitpunkt der Informationsverarbeitung würden dann nämlich durch die zufallsbedingten Abweichungen während der übrigen Tage des Monats zumindest zu einem großen Teil ausgeglichen[75].

Nachdem die Wahl sehr kurzer Fristigkeiten für die Berechnung der Renditen in zweifacher Hinsicht begründet worden ist, soll im folgenden auch die gewählte Aufteilung des Untersuchungszeitraums in Kalenderjahre noch mit zusätzlichen Überlegungen konfrontiert werden. Möller berechnet in seiner Untersuchung eine Regression pro Geschäftsjahr, da er vermutet, daß es aufgrund neuer Informationen über die Unternehmung besonders zum Abschluß eines Geschäftsjahres zu Veränderungen der Verteilung der Aktienrenditen und damit am ehesten zu einem Strukturbruch in den Regressionsparametern kommt[76]. Zwar wird seinem Vorgehen in dieser Arbeit automatisch gefolgt, weil bei allen untersuchten Firmen das Geschäftsjahr gerade mit dem Kalenderjahr zusammenfällt, jedoch wird sein Argument nicht als stichhaltig beurteilt. Es könnte nämlich noch viel eher vermutet werden, daß sich die Einschätzung der wirtschaftlichen Lage der Unternehmung vor allem während des Zeitraums der Veröffentlichung der Jahresabschlußdaten verändert, der regelmäßig nicht mit dem Zeitraum um den Bilanzstichtag zusammenfällt. Wann die Jahresabschlußinformationen öffentlich werden, ließe sich jedoch wiederum nur sehr ungenau bestimmen. Wie auch immer man sich entscheidet, letztlich wird die Aufteilung des Untersuchungszeitraums stets bis zu einem gewissen Grad willkürlich bleiben.

Für jede der sechs Firmen dieser Untersuchung wird für jedes Kalenderjahr von 1983 bis 1988 separat eine Regressionsfunktion geschätzt, so daß pro Unternehmung sechs getrennte Schätzungen vorliegen. Dabei mag es auf den ersten Blick verwunderlich erscheinen, warum für das Jahr 1988 eine Regressionsfunktion geschätzt wird, obwohl die Daten des Optionsmarktes nur bis Ende 1987 berücksichtigt werden. Dieses Vorgehen ist darauf zurückzuführen, daß im weiteren Verlauf der Untersuchung Tage identifiziert werden müssen, die mehr oder weniger dicht vor Tagen mit betragsmäßig besonders hoher "abnormal performance" liegen. Um nun festzustellen, ob am Ende des Untersuchungszeitraums, d.h. Ende 1987, Tage mit dieser Eigenschaft existieren, muß die "abnormal performance" zu Beginn des Jahres 1988 bestimmt und mit der Höhe der "abnormal performance" an den übrigen Tagen des Jahres 1988 verglichen werden. Dies ist aber nur möglich, wenn eine Regressionsschätzung für dieses Jahr vorliegt.

75) Vgl. Elton/Gruber (1987), S. 382.

76) Vgl. Möller (1986), S. 65f.

3.2.2 Die endogene Variable

Nach der Abgrenzung der Teilzeiträume, für die jeweils eine Regressionsfunktion geschätzt wird, sind im folgenden die Variablen des Regressionsmodells zu spezifizieren. Als abhängige bzw. endogene Variable des Modells wird die tägliche Aktienrendite der jeweils betrachteten Unternehmung gewählt, wobei unter dieser Rendite stets die Momentanrendite zu verstehen ist. Sie entspricht damit dem natürlichen Logarithmus aus dem Verhältnis des gegebenenfalls bereinigten Aktienkurses des betrachteten Tages zum Aktienkurs des Vortages:

$$(4.14) \qquad \text{Aktienrendite des Tages } t = \ln \frac{S_{it}}{S_{i,t-1}} = \ln(1+r_{it})$$

S_{it}: Eröffnungskurs bzw. erster Kurs des Tages t, zu dem tatsächlich ein Handel in der Aktie i zustandekam. S_{it} ist gegebenenfalls noch um Dividenden, Bezugsrechte oder Splits zu bereinigen[77].

r_{it}: Effektivrendite der Aktie i für den Tag t, d.h. für den Zeitraum vom Tag t-1 bis zum folgenden Tag t.

Abweichend von der dargestellten Renditeermittlung gehen im Jahr 1988 in die Berechnung der endogenen Variablen allerdings nicht Eröffnungs-, sondern Schlußkurse bzw. zuletzt gehandelte Kurse ein. Dies ist darauf zurückzuführen, daß für das erste Halbjahr 1988 für den Index nur Tagesschlußstände zu beschaffen sind, so daß aus Gründen der Zeitgleichheit zwischen exogener und endogener Variable auch bei letzterer auf Tagesschlußstände übergegangen wird[78].

Während die Wahl von Tagesabständen für die Berechnung der Renditen bereits im vorhergehenden Gliederungspunkt begründet wurde, soll im folgenden der Vorteil der Verwendung der Momentan- im Gegensatz zur Betrachtung der Effektivrendite dargestellt werden. Die Überlegungen gelten dabei zugleich auch für die unabhängige bzw. exogene Variable.

Formuliert man das Marktmodell und damit auch das Regressionsmodell als eine von einem Störterm überlagerte lineare Beziehung zwischen dem natürlichen Logarithmus des Verhältnisses der Aktienkurse in t+1 und t und dem natürlichen Logarithmus des Verhältnisses der Indexwerte zu diesen Zeitpunkten, so läßt sich die additive Verknüpfung der Residuen mehrerer aufeinanderfolgender Perioden als kumulierte abnormale Momentanrendite der Aktie unmittelbar sinnvoll interpretieren. Die Residuensumme ist unter diesen Bedingungen eine Schätzung für den Teil der Momentanverzinsung der Aktie über den betrachteten Zeit-

77) Vgl. die Beschreibung der Bereinigungsprozedur unter Gliederungspunkt I.2.

78) Das erste Halbjahr 1988 war die Testphase des DAX. Da die erstellte Indexzeitreihe für diese Zeit noch etliche Berechnungsfehler aufweist, hat man sich im nachhinein durch Neuberechnung der DAX-Tagesschlußstände beholfen. Vgl. hierzu Mella (1988), S. 3.

raum, der nicht auf dem Einfluß des gemeinsamen Marktfaktors beruht[79]. Wird die Residuensumme in den Exponenten der Euler'schen Zahl gesetzt, so stellt dieser Ausdruck eine Schätzung des Aufzinsungsfaktors dar, der zusammen mit dem marktbedingten Aufzinsungsfaktor die gesamte Kursveränderung im betrachteten Zeitraum erklärt:

$$(4.15a) \quad \frac{S_{i,t+n}}{S_{i,t-1}} = 1+r_{i,t\to t+n} = e^{\sum_{k=t}^{t+n} \ln(1+r_{ik})} =$$

$$= e^{\sum_{k=t}^{t+n} [a_i+b_i \ln(1+r_{mk})+e_{ik}]}$$

$$= e^{\sum_{k=t}^{t+n} [a_i+b_i \ln(1+r_{mk})]} \; e^{\sum_{k=t}^{t+n} e_{ik}}$$

$$= e^{\sum_{k=t}^{t+n} \ln(1+\hat{r}_{ik})} \; e^{\sum_{k=t}^{t+n} \ln(1+\hat{r}^{ab}_{ik})}$$

$$= (1+\hat{r}_{i,t\to t+n}) \quad \cdot \quad (1+\hat{r}^{ab}_{i,t\to t+n})$$

geschätzter effektiver "normal return" der Aktie i für den Zeitraum vom Tag t-1 bis zum Tag t+n | geschätzter effektiver "abnormal return" der Aktie i für den Zeitraum vom Tag t-1 bis zum Tag t+n

$$(4.16a) \quad S_{i,t+n} = [(1+\hat{r}_{i,t\to t+n}) \; S_{i,t-1}] \; (1+\hat{r}^{ab}_{i,t\to t+n})$$

$$(4.17a) \quad \hat{r}^{ab}_{i,t\to t+n} = \frac{S_{i,t+n}}{(1+\hat{r}_{i,t\to t+n}) \; S_{i,t-1}} - 1$$

$1+r_{i,t\to t+n} = \prod_{k=t}^{t+n} (1+r_{ik})$: Eins plus Effektivrendite der Aktie i für den Zeitraum vom Tag t-1 bis zum Tag t+n;

$\ln(1+\hat{r}_{ik}) = a_i+b_i \ln(1+r_{mk})$: zu $\ln(1+r_{mk})$ gehöriger geschätzter Regressionswert;

$\ln(1+\hat{r}^{ab}_{ik}) = e_{ik}$: Residuum für den Tag k;

$\hat{r}_{i,t\to t+n}$ ($\hat{r}^{ab}_{i,t\to t+n}$): geschätzter effektiver "normal return" ("abnormal return") der Aktie i für den Zeitraum vom Tag t-1 bis zum Tag t+n.

---

79) Zu diesem Teil der Momentanverzinsung der Aktie gehört zwar auch ein entsprechendes Vielfaches des Absolutglieds a_i; gemäß der unter IV.1.2 gegebenen Definition der "normal performance" wird der durch a_i geschätzte aktienspezifische Einfluß im folgenden aber als Teil des geschätzten, effektiven "normal return" über den jeweils betrachteten Zeitraum angesehen. Vgl. die Erläuterungen unter IV.1.2.

Würde man, der Mehrzahl der Literatur folgend, stattdessen das Regressionsmodell als eine von einem Störterm überlagerte lineare Beziehung zwischen effektiver Aktienrendite und effektiver Indexrendite formulieren, so könnte ein geschätzter effektiver "abnormal return" über mehrere Perioden nicht mehr durch einfache Residuenaddition ermittelt werden. Beim einfachsten Fall über zwei Perioden wäre der gesamte effektive Aufzinsungsfaktor folgendermaßen zu zerlegen:

$$(4.15b)\quad \frac{S_{i,t+1}}{S_{i,t-1}} = 1+r_{i,t->t+1} = \prod_{k=t}^{t+1} (1+r_{ik})$$

$$= \prod_{k=t}^{t+1} [1+(a_i+b_i\ r_{mk}+e_{ik})] = \prod_{k=t}^{t+1} (1+\hat{r}_{ik}+e_{ik})$$

$$= (1+\hat{r}_{it})\ (1+\hat{r}_{i,t+1})+(1+\hat{r}_{it})\ e_{i,t+1}+(1+\hat{r}_{i,t+1})\ e_{it}+e_{it}\ e_{i,t+1},$$

wobei jetzt annahme- bzw. definitionsgemäß gilt:

$$r_{ik} = a_i+b_i\ r_{mk}+e_{ik}$$

$$\hat{r}_{ik} = a_i+b_i\ r_{mk}.$$

$$(4.16b)\quad S_{i,t+1} = (1+\hat{r}_{it})\ (1+\hat{r}_{i,t+1})\ S_{i,t-1}+[(1+\hat{r}_{it})\ e_{i,t+1}$$

$$+(1+\hat{r}_{i,t+1})\ e_{it}+e_{it}\ e_{i,t+1}]\ S_{i,t-1}$$

Definiert man bei diesem Modell die Summe aller Terme, die mindestens ein Residuum enthalten, als Eins plus geschätzter "abnormal return", so erhält man schon im einfachsten Fall den relativ komplizierten Ausdruck, der durch die eckigen Klammern in Gleichung (4.16b) eingeschlossen wird[80]. Außerdem ist der so definierte "abnormal return" auch anders zu interpretieren als beim logarithmischen Modell, denn der abnormale Aufzinsungsfaktor bezieht sich bei letzterem gemäß Gleichung (4.16a) auf den bereits mit dem "normal return" aufgezinsten Anfangskurs, wohingegen sich die Aufzinsungsfaktoren beim nicht logarithmischen Modell beide auf den Anfangskurs beziehen. In der Literatur wird beim zweiten Modell die Definition des "abnormal return" über mehrere Perioden im allgemeinen dadurch vereinfacht, daß alle gemischten Summenglieder weggelassen werden und Eins plus der geschätzte "abnormal return" eines bestimmten Zeitraums als Produkt aus Eins plus den zugehörigen Residuen definiert wird[81]:

---

80) Mit steigender Periodenzahl nimmt die Komplexität des Ausdrucks noch zu.

81) Vgl. z.B. Ball/Brown (1968), S. 168. Alternative Tests mit dem logarithmischen Modell erbrachten für ihre Untersuchung jedoch sehr ähnliche Ergebnisse, vgl. ebenda, S. 162, Fußnote 11.

$$(4.17b) \quad 1+\hat{r}^{ab}_{i,t->t+n} = \prod_{k=t}^{t+n} (1+e_{ik})$$

Der Preis dieser Definition ist neben ihrer Willkür ein zusätzliches Interpretationsproblem. Selbst wenn während eines Zeitintervalls keinerlei neue Information im Aktienkurs verarbeitet würde und sich auch die Residuen im Schnitt gerade aufheben würden, wäre der gemäß Gleichung (4.17b) ermittelte, geschätzte "abnormal return" nicht gleich Null, sondern negativ. Schlimmstenfalls könnte trotz positiver Auswirkung einer Information auf den Aktienkurs der "abnormal return" des betrachteten Zeitraums aufgrund dieser systematischen Verzerrung negativ sein, ohne daß dies auf Schätzfehlern beruhen würde[82].

3.2.3 Die Wahl des Marktfaktors

Mit der Entscheidung für das Marktmodell in seiner Ein-Faktor-Version ist zwar festgelegt, daß die Aktienrenditen annahmegemäß nur von einem Faktor systematisch gemeinsam beeinflußt werden, jedoch ist noch nichts darüber ausgesagt, wie dieser gemeinsame Faktor genau zu spezifizieren ist. In empirischen Untersuchungen des Aktienmarktes wird er regelmäßig durch einen Aktienkursindex repräsentiert. Bei der Vielzahl publizierter Indices und den nahezu unbegrenzten Möglichkeiten, weitere Indices selbst zu konstruieren, hilft jedoch auch diese Einschränkung bei der Lösung des Spezifikationsproblems noch nicht weiter. Deshalb wurden für den deutschen Aktienmarkt wiederholt Marktmodellberechnungen mit alternativen Indices durchgeführt und Vergleiche der Ergebnisse vorgenommen[83]. Dabei kommen alle Untersuchungen für die dort jeweils berücksichtigten Indices zu dem übereinstimmenden Ergebnis, daß die Unterschiede in den relevanten Schätzungen so gering bzw. zumindest nicht so groß sind, als daß ein Index als ungeeignet für die Varianzzerlegung mittels des linearen Regressionsmodells einzustufen wäre[84].

Möller führt Vergleiche mit drei öffentlich publizierten und fünf aus der jeweiligen Stichprobe berechneten Indices durch, wobei diese sich vor allem durch die Gewichtung der berücksichtigten Aktienkurse und die Vornahme bzw. Nicht-Vornahme von Dividendenbereinigungen unterscheiden. Außerdem weichen die öffentlich publizierten Indices voneinander

82) Vgl. Elton/Gruber (1987), S. 383, Fußnote 11. Hier findet sich auch das folgende Zahlenbeispiel: Die Folge der vier Residuen +0,20 -0,20 +0,20 -0,20 führt über die vier Perioden zu einem geschätzten "abnormal return" von -7,84%.

83) Vgl. z.B. Winkelmann (1981b), S. 475 - 487, derselbe (1984), S. 105 - 110, sowie Möller (1986), S. 67 - 82.

84) Autoren, die darüber hinaus auch einen Test des CAPM intendieren, zeigen zum Teil, daß auch hierfür aufgrund der nachgewiesenen hohen Korrelation der untersuchten Indices der Indexwahl praktisch keine Bedeutung zukommt. Sind die Indices nämlich hoch korreliert, so sind die Betafaktoren näherungsweise proportional zueinander, was wiederum zu einer näherungsweise identischen Performance-Messung mittels der security-market-line führt. Vgl. hierzu Winkelmann (1981b), S. 475 - 487, sowie derselbe (1984), S. 105 - 110.

und von den selbst berechneten Indices durch die zugrunde liegenden Indexwerte ab[85]. Die Ergebnisse seiner Tests auf Verletzungen der Annahmen des Regressionsmodells bei Verwendung der unterschiedlichen Indices veranlassen Möller zu dem Schluß, daß kein Index als ungeeignet für die Schätzung einer Regressionsfunktion erscheint[86]. Der durchschnittliche prozentuale Anteil von Bestimmtheitsmaßen, die auf dem 5%-Niveau nicht signifikant von Null verschieden sind, liegt für die 74 Publikumsaktiengesellschaften seiner Gesamtstichprobe zwischen 9,38% und 22,93%. Das beste Ergebnis liefert der mit dem nicht in der Hand von Großaktionären befindlichen Marktwert gewichtete Index; fast ebensogut schneidet aber auch ein gleichgewichteter Index ab[87].

Winkelmann berechnet in einer Untersuchung mit drei alternativen Indices[88] durchschnittliche Betafaktoren zwischen 0,923 und 1,005, ein durchschnittliches, um die Freiheitsgrade korrigiertes Bestimmtheitsmaß von 33,2% bis 35,2% und eine durchschittliche Standardabweichung des Betaschätzers zwischen 0,117 und 0,12[89]. Diese geringe Abhängigkeit der Regressionsergebnisse vom gewählten Index führt Winkelmann darauf zurück, "daß auf dem deutschen Aktienmarkt bereits eine relativ geringe Anzahl von Aktienwerten die Masse des Umsatzes ausmacht und diese Werte in allen benutzten Indices enthalten sind. Diese Werte dominieren mit ihrem Verhalten den Börsentrend, die Schwankungen der Indices werden wesentlich durch die Schwankungen dieser umsatzstarken Papiere verursacht."[90].

Aufgrund dieser eindeutigen Ergebnisse in früheren Untersuchungen wird in dieser Arbeit auf eine Optimierung der Indexwahl, die z.B. über die Berechnung der jeweiligen Bestimmtheitsmaße hätte vorgenommen werden können[91], verzichtet und stattdessen allein mit dem Deutschen Aktienindex (DAX) für 1988 bzw. mit den auf die neue Basis des DAX umgerechneten Werten des Index der Börsen-Zeitung (BZ-Index) für 1983 bis 1987 gerechnet[92]. Die Entscheidung für diese Indexzeitreihe läßt sich vielfältig begründen. Zum einen sind die Daten unmittelbar als ASCII-Dateien und damit in EDV-verwertbarer Form erhält-

85) Vgl. Möller (1986), S. 68.

86) Vgl. ebenda, S. 76.

87) Vgl. ebenda, S. 81.

88) Vgl. Winkelmann (1984), S. 106f. Hierbei geht es dem Autor vor allem um die Untersuchung des Einflusses von Dividendenbereinigungen.

89) Vgl. ebenda, S. 108.

90) Winkelmann (1981b), S. 484f. Dieses Zitat ist einer früheren Untersuchung des Autors entnommen; es läßt sich jedoch unmittelbar auch auf die Ergebnisse der vorgenannten Untersuchung anwenden.

91) Zur Auswahl einer exogenen Variablen mit Hilfe des Bestimmtheitsmaßes vgl. Schneeweiß (1978), S. 49f.

92) Der DAX wurde rückwärts mit dem BZ-Index verknüpft. Dazu wurde die Zeitreihe des BZ-Index durch Multiplikation jedes Wertes mit dem Faktor 3,7193 von der alten Basis 30.12.1959 = 100 auf die neue Basis 30.12.1987 = 1000 umgerechnet. Vgl. Mella (1988), S. 9.

lich. Gleichzeitig erfüllt sowohl der BZ-Index als auch der DAX die Anforderung, für den deutschen Aktienmarkt in besonderem Maße repräsentativ zu sein, da beide Indices im Grundsatz aus den Kursen der dreißig vor Einführung des jeweiligen Index gerade börsenumsatzstärksten Aktienwerte berechnet sind[93]. So betrug der Anteil der Indexwerte des BZ-Index am gesamten Börsenumsatz deutscher Aktien im Jahr 1980 ca. 80%. Das gleiche gilt für den entsprechenden Anteil der DAX-Werte im Jahr 1987[94]. Weiterhin ist sowohl der BZ-Index als auch der DAX um Dividenden und Kapitalveränderungen bereinigt[95], womit eine Gleichbehandlung der exogenen und endogenen Variable für diese Untersuchung gewährleistet ist.

Abschließend sei noch auf ein Mißverständnis hingewiesen, das bei Möller im Zusammenhang mit der Beurteilung einzelner Indices auftaucht. Er erläutert, daß allein die Tatsache, daß eine Aktie, die als endogene Variable einer Regressionsfunktion fungiert, auch als Indexwert in die Berechnung der exogenen Variablen eingeht, zu der Vermutung Anlaß gibt, die Annahme stochastischer Unabhängigkeit zwischen exogener Variable und Störvariable wäre verletzt[96]. Tatsächlich weist dies aber nur auf eine Abhängigkeit zwischen Aktien- und Indexrendite hin, die sehr wohl in einer reinen Abhängigkeit der erwarteten Aktien- von der Indexrendite bestehen kann[97]. Im folgenden soll deshalb weiterhin davon ausgegangen werden, daß exogene Variable und Störvariable unkorreliert sind.

3.3 Die Regressionsergebnisse

Nachdem das Schätzverfahren, die Abgrenzung der Schätzzeiträume und die Spezifikation der Inputvariablen erläutert sind, werden in den folgenden Tabellen die Ergebnisse der unter Anwendung des KQ-Prinzips ermittelten Parameterschätzungen dargestellt. Die Übersicht erfolgt nach Firmen und Jahren aufgegliedert:

---

93) Demzufolge gehen auch nicht genau die gleichen 30 Aktienwerte in die beiden Indices ein, vielmehr unterscheiden sich DAX und BZ-Index in 6 Werten. Vgl. hierzu ebenda, S. 2. Außerdem existieren einige wenige Abweichungen von dem strengen Prinzip, daß die 30 Werte nur aus den 30 umsatzstärksten Aktien exakt vor dem Einführungszeitpunkt der Indices ausgewählt wurden. Was die Ausnahmen für den BZ-Index betrifft, vgl. derselbe (1981), S. 2.

94) Vgl. ebenda die aus dem Jahresbericht 1980 der Frankfurter Wertpapierbörse entnommene Statistik sowie derselbe (1988), S. 6.

95) Vgl. ebenda, S. 2.

96) Vgl. Möller (1986), S. 72 - 74 i.V.m. S. 60.

97) Vgl. Fama (1976), S. 74 i.V.m. S. 69f., sowie derselbe (1973), S. 1184f.

BASF:

Jahr	T	a	$\hat{\sigma}(a)$	b	$\hat{\sigma}(b)$	95%-KONF für β	$\sigma(e_t)$	B	r
1983	196	0,0006	0,0006	1,02	0,07	0,88 1,15	0,0087	0,54	0,74
1984	259	0,0002	0,0004	1,02	0,06	0,91 1,13	0,0070	0,55	0,74
1985	257	-0,0002	0,0005	1,00	0,05	0,90 1,10	0,0085	0,59	0,77
1986	257	-0,0002	0,0006	1,03	0,05	0,94 1,12	0,0100	0,66	0,81
1987	258	0,0010	0,0008	0,90	0,05	0,81 0,99	0,0123	0,60	0,77
1988	260	-0,0004	0,0004	0,86	0,03	0,80 0,92	0,0061	0,76	0,87
$\overline{(..)}$		0,0002	0,0006	0,97	0,05		0,0088	0,62	0,79

BAYER:

Jahr	T	a	$\hat{\sigma}(a)$	b	$\hat{\sigma}(b)$	95%-KONF für β	$\sigma(e_t)$	B	r
1983	196	0,0006	0,0006	1,04	0,06	0,92 1,17	0,0083	0,58	0,76
1984	259	0,0003	0,0004	1,03	0,05	0,92 1,13	0,0067	0,58	0,76
1985	257	-0,0003	0,0006	0,91	0,06	0,80 1,02	0,0091	0,51	0,72
1986	257	0,0006	0,0008	1,04	0,06	0,93 1,15	0,0120	0,58	0,76
1987	258	0,0010	0,0006	1,11	0,04	1,04 1,18	0,0096	0,79	0,89
1988	260	-0,0002	0,0003	0,89	0,02	0,84 0,94	0,0050	0,83	0,91
$\overline{(..)}$		0,0003	0,0005	1,00	0,05		0,0084	0,64	0,80

HOECHST:

Jahr	T	a	$\hat{\sigma}(a)$	b	$\hat{\sigma}(b)$	95%-KONF für β	$\sigma(e_t)$	B	r
1983	196	0,0008	0,0006	0,95	0,06	0,83 1,08	0,0084	0,53	0,73
1984	259	0,0002	0,0004	1,04	0,06	0,93 1,15	0,0068	0,57	0,76
1985	257	-0,0002	0,0006	0,99	0,06	0,88 1,11	0,0094	0,54	0,74
1986	257	-0,0001	0,0006	0,96	0,05	0,87 1,05	0,0099	0,63	0,80
1987	258	0,0012	0,0009	0,91	0,05	0,80 1,01	0,0137	0,55	0,74
1988	260	0,0000	0,0003	0,77	0,03	0,72 0,82	0,0055	0,75	0,87
$\overline{(..)}$		0,0003	0,0006	0,94	0,05		0,0089	0,60	0,77

BMW:

Jahr	T	a	$\hat{\sigma}(a)$	b	$\hat{\sigma}(b)$	95%-KONF für β	$\sigma(e_t)$	B	r
1983	196	0,0012	0,0007	1,07	0,08	0,92 1,22	0,0099	0,51	0,71
1984	259	-0,0008	0,0006	1,02	0,07	0,88 1,16	0,0089	0,43	0,66
1985	257	-0,0007	0,0008	1,23	0,08	1,07 1,39	0,0133	0,47	0,69
1986	257	0,0004	0,0009	1,01	0,07	0,88 1,15	0,0145	0,47	0,69
1987	258	0,0011	0,0009	1,47	0,06	1,36 1,58	0,0149	0,73	0,85
1988	260	-0,0004	0,0005	1,06	0,04	0,97 1,14	0,0084	0,71	0,84
$\overline{(..)}$		0,0001	0,0007	1,14	0,07		0,0117	0,55	0,74

DAIMLER:

Jahr	T	a	$\hat{\sigma}(a)$	b	$\hat{\sigma}(b)$	95%-KONF für β		$\sigma(e_t)$	B	r
1983	196	0,0017	0,0006	0,79	0,06	0,67	0,91	0,0080	0,46	0,68
1984	259	-0,0007	0,0005	0,92	0,06	0,80	1,04	0,0073	0,48	0,69
1985	257	0,0007	0,0008	1,13	0,07	0,98	1,27	0,0122	0,47	0,69
1986	257	0,0006	0,0008	1,39	0,06	1,27	1,52	0,0135	0,66	0,81
1987	258	-0,0009	0,0007	1,47	0,04	1,39	1,56	0,0113	0,83	0,91
1988	260	-0,0003	0,0005	1,17	0,04	1,10	1,25	0,0077	0,78	0,88
$\overline{(..)}$		0,0002	0,0006	1,15	0,06			0,0100	0,61	0,78

VW:

Jahr	T	a	$\hat{\sigma}(a)$	b	$\hat{\sigma}(b)$	95%-KONF für β		$\sigma(e_t)$	B	r
1983	196	0,0001	0,0010	1,22	0,10	1,02	1,42	0,0134	0,42	0,65
1984	259	-0,0004	0,0006	1,20	0,08	1,03	1,37	0,0104	0,44	0,66
1985	257	0,0006	0,0010	1,42	0,09	1,24	1,60	0,0151	0,48	0,69
1986	257	-0,0001	0,0009	1,31	0,07	1,18	1,44	0,0143	0,61	0,78
1987	258	-0,0007	0,0010	1,33	0,06	1,21	1,45	0,0167	0,64	0,80
1988	260	0,0007	0,0006	1,09	0,05	0,99	1,18	0,0097	0,66	0,81
$\overline{(..)}$		0,0000	0,0008	1,26	0,08			0,0133	0,54	0,73

Tabellen 4.1a - 4.1f

T: Stichprobenumfang, Anzahl der Beobachtungen pro Regressionsschätzung;

$\hat{\sigma}(a_i)$: geschätzter Standardfehler beim Schätzen von α_i, d.h. geschätzte Standardabweichung des Fehlers bei der Schätzung des Absolutglieds α_i der Regressionsgleichung für die Unternehmung i, wobei gilt[98]:

$$(4.18) \qquad \hat{\sigma}^2(a_i) = \frac{\overline{\ln(1+r_m)^2}\ \sigma^2(e_{it})}{(T-1)\ \sigma^2[\ln(1+r_{mt})]} \quad .$$

$\hat{\sigma}(b_i)$: geschätzter Standardfehler beim Schätzen von β_i, d.h. geschätzte Standardabweichung des Fehlers bei der Schätzung der Steigung β_i der Regressionsgerade für die Unternehmung i, wobei gilt:

$$(4.19) \qquad \hat{\sigma}^2(b_i) = \frac{\sigma^2(e_{it})}{(T-1)\ \sigma^2[\ln(1+r_{mt})]} \quad .$$

98) In den Gleichungen (4.18) bis (4.20) wird vorausgesetzt, daß die benötigte Stichprobenvarianz der exogenen bzw. endogenen Variable jeweils durch Division der summierten Abweichungsquadrate mit (T-1) ermittelt wird. Vgl. die Formeln bei Huang (1970), S. 34. Die Standardfehler können jeweils nur geschätzt werden, da die wahre Varianz der Störvariablen nicht bekannt ist. Vgl. Schneeweiß (1978), S.60.

95%-KONF für β_i: Grenzen des Konfidenzintervalls, in dem mit 95% Wahrscheinlichkeit der unbekannte Parameter β_i liegt. Die Grenzen ergeben sich allgemein aus $b_i - t_{T-2}(95)\,\hat{\sigma}(b_i)$ und $b_i + t_{T-2}(95)\,\hat{\sigma}(b_i)$, wobei der Koeffizient $t_{T-2}(95)$ so gewählt ist, daß $-t_{T-2}(95)$ und $+t_{T-2}(95)$ gerade 95% der Wahrscheinlichkeitsmasse der t-Verteilung mit T-2 Freiheitsgraden einschließen[99].

$\sigma(e_{it})$: Standardabweichung der Residuen der Unternehmung i, wobei die Berechnung der zugrunde liegenden Varianz gemäß Gleichung (4.13) mit T-2 Freiheitsgraden erfolgt. Die so ermittelte Varianz hat die Eigenschaft, eine erwartungstreue Schätzung der Varianz der Störvariablen zu sein[100].

B_i: Bestimmtheitsmaß. Es gibt an, wieviel Prozent der Varianz der Rendite der Aktie der Unternehmung i sich durch die Varianz der Indexrendite erklären lassen. Dabei gilt[101]:

$$B_i = \frac{\sum_{t=1}^{T} [a_i + b_i \ln(1+r_{mt}) - \overline{\ln(1+r_i)}]^2}{\sum_{t=1}^{T} [\ln(1+r_{it}) - \overline{\ln(1+r_i)}]^2} \tag{4.20}$$

r_i: Korrelationskoeffizient für die Korrelation zwischen der Rendite der Aktie i und der Indexrendite; sein Betrag wird als Wurzel aus dem Bestimmtheitsmaß B_i aus Gleichung (4.20) ermittelt, sein Vorzeichen entspricht dem Vorzeichen von b_i[102].

In Übereinstimmung mit den Resultaten bisher durchgeführter Untersuchungen[103] lassen sich für alle betrachteten Firmen und alle Schätzzeiträume signifikant von Null verschiedene Betaschätzwerte bzw. Bestimmtheitsmaße ableiten. Die unter Zuhilfenahme der Argumente der Verteilungsfunktion der t-Verteilung mit T-2 Freiheitsgraden getestete Nullhypothese,

---

99) Vgl. Schneeweiß (1978), S. 66 - 68.

100) Vgl. ebenda, S. 64.

101) Im folgenden wird die Formel für das empirische Bestimmtheitsmaß angegeben. Dieses mißt, wieviel Prozent der Stichprobenvarianz der Aktienrendite durch den geschätzten linearen Zusammenhang zwischen Aktien- und Indexrendite "erklärt" werden kann. Da das empirische Bestimmtheitsmaß das wahre bzw. theoretische Bestimmtheitsmaß im Durchschnitt überschätzt, wird das empirische Bestimmtheitsmaß häufig noch um die Anzahl der Freiheitsgrade korrigiert. Dieses korrigierte Bestimmtheitsmaß ist im allgemeinen nicht so stark verzerrt und unterschätzt das wahre Bestimmtheitsmaß im Durchschnitt. Vgl. Schönfeld (1969), S. 72 i.V.m. S. 46. Die Tabellen 4.1a - 4.1f enthalten deshalb jeweils das korrigierte Bestimmtheitsmaß. Bei einer Rundung auf nur zwei Nachkommastellen ergibt sich jedoch aufgrund des durchweg relativ hohen Stichprobenumfangs überhaupt nur für BASF, Hoechst und VW im Jahr 1983 eine Differenz von jeweils einem Hundertstel gegenüber dem unkorrigierten Wert.

102) Vgl. ebenda, S. 48.

103) Vgl. z.B. die unter Gliederungspunkt IV.2 angeführten Untersuchungen.

daß die Steigung β_i der wahren Regressionsgerade Null betrage, kann dabei mit einer Irrtumswahrscheinlichkeit von unter 0,005% abgelehnt werden[104]. Für die Ablehnung der zu dieser Hypothese äquivalenten Nullhypothese, daß das Bestimmtheitsmaß Null betrage, gilt dieselbe Irrtumswahrscheinlichkeit. Der Test wird allerdings mit Hilfe der Verteilungsfunktion der F-Verteilung bei einem und T-2 Freiheitsgraden durchgeführt[105]. Das geschätzte durchschnittliche Bestimmtheitsmaß der Unternehmen über den gesamten Untersuchungszeitraum liegt dabei zwischen 54% bei VW und 64% bei Bayer. Während das Bestimmtheitsmaß angibt, wieviel Prozent der Varianz der Rendite der einzelnen Aktie sich durch die Varianz der Indexrendite erklären läßt, entspricht die Differenz aus Eins minus Bestimmtheitsmaß gerade dem Anteil der Varianz des für diese Untersuchung interessierenden "abnormal return" an der gesamten Varianz der Rendite der einzelnen Aktie. Der geschätzte durchschnittliche Anteil der Varianz der "abnormal performance" an der Varianz der gesamten "performance" einer Aktie liegt damit zwischen 36% bei Bayer und 46% bei VW. In absoluten Größen ist die durchschnittliche Standardabweichung der Residuen bzw. der geschätzten "abnormal performance" mit 0,0084 bei Bayer am kleinsten und bei VW mit 0,0133 am größten. Da sich die geschätzten Standardabweichungen der Schätzfehler gemäß Gleichung (4.18) und (4.19) von Unternehmung zu Unternehmung nur aufgrund der unterschiedlichen Höhe der Standardabweichung der Residuen unterscheiden, ist die durchschnittliche Schätzgenauigkeit somit bei Bayer am größten und bei VW am kleinsten. Dies gilt für die Betawerte sowohl absolut als auch relativ, denn das Verhältnis von geschätztem durchschnittlichem Standardfehler zu durchschnittlichem Betaschätzwert erreicht bei Bayer das Minimum von 0,0482 und bei VW das Maximum von 0,0602. Für das Absolutglied α_i ist der relativ zum durchschnittlichen Betrag des Alphaschätzwerts gemessene Schätzfehler allerdings nicht bei Bayer, sondern mit 0,7844 bei Daimler am geringsten. Die Höhe des Wertes zeigt aber, daß die Schätzungen von α_i generell sehr starken Schwankungen unterliegen[106]. Im übrigen kann die Nullhypothese, daß das wahre Absolutglied Null beträgt, mit Ausnahme von Daimler 1983 selbst bei Zugrundelegung einer Sicherheitswahrscheinlichkeit von nur 95% nicht abgelehnt werden. Damit ist der Teil des Erwartungswertes der Aktienrendite bzw. der "normal performance", der sich nicht auf Markteinflüsse zurückführen läßt, für die betrachteten Unternehmen nicht signifikant von Null verschieden.

Abschließend soll noch hervorgehoben werden, daß alle durchgeführten Signifikanztests normalverteilte Störvariablen voraussetzen. Darüber hinaus sind die ermittelten Schätzungen der Standardfehler nur dann korrekt, wenn die Störvariablen tatsächlich homoskeda-

---

104) Vgl. zur Prüfung von Hypothesen über α und β mit Hilfe des t-Tests Schneeweiß (1978), S. 68f.

105) Vgl. zur Prüfung der Signifikanz des Bestimmtheitsmaßes mittels des F-Tests SPSS/PC+ Base Manual (1986), S. B-203.

106) Diese sehr unzuverlässige Schätzung des Absolutglieds ist bei ökonometrischen Untersuchungen sehr oft gegeben, da die Werte der exogenen Variablen meist sehr weit vom Nullpunkt entfernt liegen. Je größer diese Entfernung, desto ungenauer ceteris paribus die Schätzung. Vgl. hierzu Schneeweiß (1978), S. 60f.

stisch variieren und nicht autokorreliert sind. Eine korrekte Schätzung der Standardfehler ist wiederum eine Grundvoraussetzung dafür, daß die durchgeführten Signifikanztests überhaupt Aussagekraft besitzen. Inwieweit diese Modellannahmen erfüllt sind, und welche Implikationen mögliche Verletzungen für die Güte der Selektion der Tage mit betragsmäßig hoher "abnormal performance" haben, wird in Kapitel IV.5.2 und IV.5.3 ausführlich untersucht werden. Vorab wird im nächsten Gliederungspunkt noch erläutert, wie diese zeitlichen Intervalle mittels der Regressionsresiduen bestimmt werden.

4. Ermittlung der Intervalle mit ausgeprägten Residuen

Im vorigen Kapitel IV.3 wird ausführlich dargelegt, wie die Parameter des Marktmodells mit Hilfe des Kleinst-Quadrate-Schätzers der linearen Regression geschätzt werden. Insbesondere wird darauf hingewiesen, daß die ermittelten Residuen eine Schätzung für die wahren Störterme und damit für die "abnormal performance" der jeweils betrachteten Aktie darstellen. Es wird ferner gezeigt, daß aufgrund der logarithmischen Modellformulierung auch die Summe zeitlich aufeinanderfolgender Residuen unmittelbar sinnvoll interpretiert werden kann.

Da in dieser Arbeit untersucht werden soll, ob sich ein systematischer Zusammenhang zwischen Fehlbewertungen am Optionsmarkt und zeitlich folgender, betragsmäßig besonders hoher "abnormal performance" am Aktienmarkt ableiten läßt, soll in diesem Abschnitt der Begriff der Tage mit betragsmäßig besonders hoher "abnormal performance" für die Zwekke dieser Untersuchung operationalisiert werden. Dazu wird das formale Selektionsverfahren beschrieben, das zur Isolierung dieser "kritischen Tage" am Aktienmarkt führt.

Der Auswahlprozeß erfolgt in zwei Stufen:

Stufe 1:

Es werden zehn Gruppen gebildet. In der ersten Gruppe wird jedem Börsentag des betrachteten Jahres das Residuum zugeordnet, das sich unmittelbar aus der Regressionsschätzung der jeweils betrachteten Gesellschaft für diesen Tag ergibt. In der zweiten Gruppe wird jedem Börsentag die Summe aus dem berechneten Residuum dieses Tages und des Vortages zugeordnet. Entsprechend wird in der dritten Gruppe jedem Tag die Summe aus den Residuen des Tages und der beiden letzten Tage zugewiesen. Analog wird für alle weiteren Gruppen verfahren, wobei die Anzahl der in die Summe eingehenden Residuen von Gruppe zu Gruppe jeweils um Eins erhöht wird[107]. Sodann werden in jeder Gruppe die zehn betragsmäßig größten Residuensummen bestimmt, und die Tage selektiert, deren Residuen in

107) Um den ersten Börsentagen des jeweils betrachteten Jahres in jeder Gruppe eine Residuensumme zuordnen zu können, müssen gegebenenfalls die für die letzten Tage des Vorjahres ermittelten Residuen berücksichtigt werden.

die Berechnung dieser Summen eingegangen sind[108]. Als Ergebnis dieser ersten Stufe des Auswahlprozesses ergeben sich für die erste Gruppe somit zehn einzelne Tage, für die zweite Gruppe zehn Zwei-Tagesintervalle usw.. Aus der letzten Gruppe werden schließlich zehn Zehn-Tagesintervalle ausgewählt[109].

Die auf dieser Stufe vorgenommene Bildung von mehreren Gruppen dient allein dem Zweck, die geschätzte "abnormal performance" auch summiert über eine unterschiedliche Anzahl von Tagen zu betrachten. Dies ist deshalb sinnvoll, weil davon ausgegangen werden muß, daß der Aktienmarkt nicht so informationseffizient ist, daß jede neu auftretende Information sofort binnen eines Tages in den Kursen verarbeitet wird.

Stufe 2:

Im nächsten Schritt werden die bisher bestimmten zeitlichen Intervalle durch das "Abschneiden von Randtagen" immer dann verkürzt, wenn die Residuensumme der Tage des dann verbleibenden kürzeren Intervalls betragsmäßig größer ist als die Residuensumme des bisherigen Intervalls. Damit soll erreicht werden, daß bei längeren Intervallen, bei denen nicht alle Tage des Intervalls zum Anwachsen des Betrags der Intervallresiduensumme beitragen, die unbedeutenden Tage an den Intervallrändern "abgeschnitten" werden.

Alle nach Stufe 2 noch verbleibenden Tage werden im folgenden als "kritische Tage" am Aktienmarkt mit besonders hoher geschätzter "abnormal performance" betrachtet. Die in einzelnen Intervallen zusammengefaßten Tage werden für die weitere Untersuchung dabei noch insofern neu geordnet, als sich überlappende oder unmittelbar aneinanderangrenzende zeitliche Intervalle immer dann zu einem Intervall zusammengefaßt werden, wenn die jeweiligen Intervallresiduensummen das gleiche Vorzeichen aufweisen[110]. Außerdem wird jedes Intervall eliminiert, das vollständig in einem anderen enthalten ist.

Die entscheidensten Freiheitsgrade ergeben sich bei diesem Selektionsverfahren sicherlich auf der ersten Stufe bei der Festlegung der Anzahl der zu bildenden Gruppen und der Anzahl der betragsmäßig größten Residuensummen, die aus diesen Gruppen jeweils zu wählen sind. Dadurch wird letztendlich die Zahl der zeitlichen Intervalle determiniert, die pro betrachtetem Kalenderjahr als Intervalle mit betragsmäßig besonders hoher "abnormal performance" angesehen werden. Gemäß der oben beschriebenen Vorgehensweise erhält man in

108) Abweichend hiervon werden bei Betrachtung des Kalenderjahres 1983 in jeder Gruppe statt den zehn größten nur jeweils die sieben größten Residuensummen bestimmt. Damit wird der Tatsache Rechnung getragen, daß das Jahr 1983 erst ab April im Untersuchungszeitraum enthalten ist und somit nur ca. 75% der Anzahl der Börsentage der übrigen Jahre aufweist.

109) Wird der Testzeitraum 1983 betrachtet, so wäre die zehn jeweils durch sieben zu ersetzen; vgl. die vorhergehende Fußnote.

110) Als unmittelbar aneinanderangrenzende Intervalle werden dabei die Intervalle bezeichnet, bei denen der erste Tag des einen Intervalls der direkt auf den letzten Tag des anderen Intervalls folgende Börsentag ist.

dieser Untersuchung im Durchschnitt pro Gesellschaft und Jahr eine Auswahl von etwa 12 Intervallen mit einer durchschnittlichen Länge von 5,8 Tagen[111]. Die genauen Zahlen können der folgenden Tabelle 4.2 entnommen werden. Die selektierten Intervalle sind in Anhang V vollständig aufgeführt:

Anzahl der selektierten Intervalle	1983	1984	1985	1986	1987	1988
BASF	10	13	12	9	16	11
BAYER	7	13	13	12	8	12
HOECHST	10	14	14	10	11	10
BMW	8	12	12	12	15	7
DAIMLER	7	10	13	16	14	11
VW	8	10	12	14	14	10

Tabelle 4.2

Wie die groß die durchschnittliche Anzahl der selektierten zeitlichen Intervalle pro Firma und Jahr sein sollte, könnte sich einerseits danach richten, wieviele Veröffentlichungen neuer, besonders bedeutender, "vom Markt" noch nicht antizipierter Unternehmensnachrichten im Durchschnitt pro Jahr zu erwarten sind. Einen ersten Anhaltspunkt für die Beantwortung dieser Frage liefert die amerikanische Untersuchung von Givoly/Palmon. Diese haben relativ kleine Gesellschaften untersucht und dabei während ihres Untersuchungszeitraums durchschnittlich knapp acht offiziell gemeldete Insidertransaktionen pro Unternehmen und Jahr registriert[112]. Darüber hinaus ergibt ihre Erhebung wesentlicher, im Wall Street Journal Index veröffentlichter Nachrichten über diese Gesellschaften eine durchschnittliche Anzahl von sechs Ereignissen pro Firma und Jahr[113], wobei durch Einbeziehung weiterer öffentlicher Informationsquellen von Givoly/Palmon allenfalls eine sehr geringfügige Erhöhung dieses Durchschnitts erwartet wird[114]. Die Autoren weisen jedoch darauf hin, daß diese relativ geringe Anzahl veröffentlichter, potentiell kursrelevanter Nachrichten pro Jahr allein auf ihre Auswahl relativ kleiner Unternehmen zurückzuführen ist,

111) Zur Ermittlung dieser durchschnittlichen Intervallanzahl ist die jeweilige Intervallanzahl des Jahres 1983 durch Multiplikation mit 4/3 auf ein ganzes Jahr hochgerechnet.

112) Vgl. Givoly/Palmon (1985), S. 71, insb. auch Fußnote 2. Die Zahl der Insidertransaktionen pro Gesellschaft und Jahr kann aus den dort angegebenen Zahlen errechnet werden.

113) Vgl. ebenda, S. 75, insb. Fußnote 9 und S. 76, Fußnote 11. Da im vorliegenden Zusammenhang nur die Anzahl der Nachrichten relevant ist, die "vom Markt" noch nicht im Kurs antizipiert sind, könnte die Zahl der kursrelevanten Nachrichten noch unter sechs liegen. Vgl. hierzu auch ebenda, S. 78, wo die Mehrzahl der Nachrichten als neutral eingestuft wird. Diese Einordnung ist allerdings zu relativieren, da sich hier wieder das unter II.2.2.2 und II.3.2 bereits diskutierte Problem der Zuordnung der Renditeentwicklung der Aktie zu der für sie ursächlichen Information ergibt.

114) Vgl. Givoly/Palmon (1985), S. 72, insb. Fußnote 4.

wohingegen bei einer Untersuchung großer Aktiengesellschaften mit einem weitaus größeren Nachrichtenfluß zu rechnen wäre[115]. Letztere Behauptung wird durch eine erste ergänzende Studie zu der vorliegenden Arbeit für die dieser Untersuchung zugrunde liegenden großen Gesellschaften bestätigt[116]. Aufgrund dieser Erkenntnis ist die Zahl der durchschnittlich selektierten Intervalle mit einem Intervall pro Monat bzw. 12 pro Jahr in dieser Arbeit deutlich über sechs pro Jahr angesetzt.

Andererseits muß jedoch berücksichtigt werden, daß einer beliebigen Erhöhung der Intervallanzahl gerade die Erreichung des Ziels entgegensteht, durch die Vernachlässigung von Intervallen mit betragsmäßig relativ niedrigen Residuensummen die Gefahr zu verringern, daß Tage ausgewählt werden, deren Residuen lediglich auf Modell- und Schätzungenauigkeiten, Erhebungs- und Berechnungsfehlern oder reinen Zufallseinflüssen beruhen[117]. Im folgenden soll deshalb unterstellt werden bzw. bleibt zu hoffen, daß die unerwünschte Auswahl solcher Tage noch in ausreichendem Maße vermieden werden kann.

5. Verletzungen der Modellannahmen des gewöhnlichen Kleinst-Quadrate-Schätzers

Um die Tage mit betragsmäßig hoher "abnormal performance" möglichst exakt identifizieren zu können, ist es notwendig, die "abnormal performance" mittels der Regressionsresiduen möglichst gut zu schätzen. Dies wiederum ist gleichbedeutend mit einer möglichst guten Schätzung der Regressionsparameter α und β. Da sowohl die Schätzgenauigkeit als auch die richtige Quantifizierung der geschätzten Standardabweichung des Schätzfehlers entscheidend von der Gültigkeit der Modellannahmen des KQ-Prinzips abhängen, soll anhand der ermittelten Residuen im folgenden getestet werden, inwieweit von der Einhaltung der Modellprämissen ausgegangen werden kann. Dabei wird im gesamten Kapitel IV.5 bei der Beschreibung der Tests aus Gründen der vereinfachten Darstellung generell auf eine Indizierung der Variablen mit dem Firmenindex i verzichtet werden. Strenggenommen würde die hier vorgenommene Aufteilung des Untersuchungszeitraums in einzelne Testzeiträume neben einem Firmenindex im übrigen auch noch einen bei allen Darstellungen bisher bereits eingesparten Index für den jeweiligen Schätzzeitraum erfordern. Die im folgenden beschriebenen Tests werden somit separat für jede der 36 geschätzten Regressionen durchgeführt. Lediglich im folgenden Gliederungspunkt IV.5.1 erfolgt nur eine exemplarische Betrachtung einer Firma während eines Jahres.

---

115) Vgl. ebenda, S. 71. Es erscheint plausibel, daß dann auch die Zahl der noch nicht im Aktienkurs antizipierten Nachrichten größer wäre.

116) Vgl. Höfling (1991), der schwerpunktmäßig aus dem Handelsblatt, aber auch aus etlichen Börsenbriefen (Actien-Börse, Börsen-Kompaß, Effectenspiegel, Finanzwoche, Platow-Brief) eine Fülle von potentiell kursrelevanten Nachrichten für die drei Farbennachfolger BASF, BAYER und HOECHST in den Jahren 1984 und 1985 erhoben hat.

117) Vgl. hierzu ausführlich die entsprechenden Erläuterungen unter II.3.2.

5.1 Auswirkungen extremer Residuen

Die Modellannahme, der Erwartungswert der Störvariablen betrage unabhängig vom Zeitpunkt und der Höhe der Indexrendite stets Null, läßt sich mittels der Residuen nicht testen. Werden diese mit dem KQ-Prinzip ermittelt, so ist ihr arithmetisches Mittel nämlich stets Null. Wie sich sogleich zeigen wird, besteht jedoch auch ohne ein einschlägiges Testergebnis begründeter Anlaß zu der Vermutung, daß diese Modellprämisse nicht für alle Störvariablen erfüllt ist.

In den Untersuchungen zur halbstrengen Informationseffizienzhypothese wird die Auswirkung neuer firmenspezifischer Information auf den jeweiligen Aktienkurs gemäß den Implikationen des Marktmodells mittels der Ausprägung des geschätzten "abnormal return" quantifiziert. Die Möglichkeit, hohen positiven bzw. negativen "abnormal return" zumindest zum Teil als Ausdruck der Verarbeitung positiver oder negativer Unternehmensnachrichten zu interpretieren[118], ist auch der Grund, warum diese Größe in der vorliegenden Untersuchung als Selektionskriterium für die "kritischen Tage" am Aktienmarkt gewählt wurde. Fama, Fisher, Jensen, Roll erkennen nun aber, daß gerade das durch den jeweiligen Informationsinhalt induzierte Auftreten systematisch positiver oder negativer Störvariablen dazu führt, daß auch mit einem systematisch von Null abweichenden Erwartungswert der Variablen in den jeweiligen Zeitintervallen gerechnet werden muß[119]. Um die dadurch bedingten Schätzungenauigkeiten zu vermeiden, schließen sie bei ihrer Regressionsschätzung alle die Beobachtungen aus, bei denen der Erwartungswert der Störterme sehr wahrscheinlich nicht Null ist[120]. Da die Operationalisierung dieses Ausschlußkriteriums jedoch großen Ermessensspielraum bietet, führen Fama, Fisher, Jensen, Roll ihre komplette Untersuchung parallel auch mit Regressionsschätzungen durch, bei denen auf eine Herausnahme von Beobachtungen gänzlich verzichtet wird. Mit beiden Vorgehensweisen gelangen sie zu kaum voneinander abweichenden Ergebnissen[121].

Aufgrund dieser Befunde und der Willkür bei der Festlegung des Ausschlußkriteriums wird es im folgenden als ausreichend betrachtet, exemplarisch für eine Unternehmung und ein Untersuchungsjahr festzustellen, ob durch eine alternative Regressionsschätzung die Festlegung der "kritischen Tage" am Aktienmarkt wesentlich beeinflußt wird[122]. Dies soll am Beispiel von BASF 1984 untersucht werden.

---

118) Auf das gesamte Spektrum der Interpretationsmöglichkeiten wurde ausführlich in Abschnitt IV.1.2 eingegangen.

119) Vgl. Fama/Fisher/Jensen/Roll (1969), S. 4.

120) Vgl. ebenda, S. 4f., und die gleiche Vorgehensweise bei Möller (1986), S. 66.

121) Vgl. Fama/Fisher/Jensen/Roll (1969), S. 5, Fußnote 9.

122) Vgl. die Vorgehensweise bei Ball/Brown (1968), S. 164 (insbesondere Fußnote 16), die mit Hinweis auf die Ergebnisse von Fama/Fisher/Jensen/Roll sowie aufgrund ihres Stichprobenumfangs von durchweg

Dazu werden zuerst die Tage mit betragsmäßig besonders hoher "abnormal performance" bestimmt, wie sie sich gemäß dem in Abschnitt IV.4 beschriebenen Verfahren aus den Residuen einer Regressionsschätzung ergeben, bei der alle 259 Renditen der 84er Stichprobe berücksichtigt sind. Dann werden die Renditen der so ermittelten Tage aus der Stichprobe herausgenommen. Mit den restlichen Renditen wird erneut eine Regressionsschätzung nach dem KQ-Prinzip durchgeführt. Im Fall von BASF 1984 verbleiben nach Abzug von 48 "kritischen Tagen" hierzu noch die Renditen von 211 Tagen. Als nächstes werden für die 48 ausgeschlossenen Tage Residuen bestimmt. Dazu wird von den an diesen Tagen beobachteten Renditen der BASF-Aktien der für den jeweiligen Tag geschätzte Regressionswert der Rendite abgezogen, der sich aus der zuletzt ermittelten Regressionsschätzung ergibt. Nachdem nun wieder allen 259 Tagen Residuen zugeordnet sind, kann erneut das Selektionsverfahren gemäß IV.4 durchgeführt werden.

In den folgenden Tabellen 4.3 und 4.4 sind sowohl die Regressionsergebnisse als auch die für die weitere Untersuchung benötigten selektierten Tage der beiden unterschiedlichen Schätzvorgänge gegenübergestellt. Dabei ist deutlich zu erkennen, daß der zweistufige Schätzvorgang mit Ausschluß der Renditen der "kritischen Tage" im Vergleich zur Regressionsschätzung ohne Ausschluß nur eine marginale Änderung bei den selektierten Tagen hervorruft. Obwohl beim zweistufigen Schätzvorgang der Schätzwert für β um 1,8% und der für α um 241,2% niedriger ist, wird allein der 10.02.1984 nicht mehr als "kritischer Tag" ausgewählt. Ansonsten stimmen alle selektierten Intervalle überein.

Das gleiche Phänomen hoher Übereinstimmung konnte auch beobachtet werden, nachdem einige Aktienrenditedateien um Ausreißer berichtigt worden waren, die als Erhebungsfehler identifiziert werden konnten. Obwohl sich die geschätzten Regressionsparameter nach Eliminierung der Ausreißer zum Teil erheblich veränderten, konnte selbst dann noch ein relativ hoher Grad an Übereinstimmung der selektierten Tage festgestellt werden. Für die vorliegende Untersuchung wird deshalb das einstufige Schätzverfahren auf Basis aller Beobachtungen als geeignet betrachtet.

BASF 1984:

	T	a	$\hat{\sigma}(a)$	b	$\hat{\sigma}(b)$	$\sigma(e_t)$	B	d
Einstufiges Verfahren	259	0,0002	0,0004	1,02	0,06	0,0070	0,55	2,11
Zweistufiges Verfahren	211	-0,0002	0,0004	1,00	0,05	0,0056	0,64	2,37

Tabelle 4.3

mindestens 100 Beobachtungen und niedriger beobachteter Autokorrelation der Residuen ganz auf eine alternative Regressionsschätzung verzichten.

d = Testvariable des Durbin-Watson-Tests auf Autokorrelation der Störvariablen[123].

In beiden Fällen ist b signifikant von null verschieden.

Selektierte "kritische Tage" am Aktienmarkt:

Intervall	Intervallänge in Tagen	Intervallresiduensumme Einstufiges Verfahren	Intervallresiduensumme Zweistufiges Verfahren
(10.02.)	1	1,98696	(-)
02.11.	1	2,13796	2,73647
27.03.	1	-2,76841	-3,38001
24.08. - 27.08.	2	2,96321	3,83289
24.02. - 27.02.	2	3,04507	3,97382
22.08. - 23.08.	2	-4,84953	-5,91231
03.02. - 09.02.	5	-5,28456	-6,34405
16.07. - 23.07.	6	5,75926	7,48752
16.04. - 30.04.	9	5,87108	7,91273
11.09. - 20.09.	8	-8,04280	-9,19745
02.10. - 16.10.	11	11,94697	15,68021

Tabelle 4.4

Der eingeklammerte Tag wird beim zweistufigen Verfahren nicht mehr selektiert.

5.2 Die Wahrscheinlichkeitsverteilung der Störgröße

Im Gegensatz zu den Modellannahmen, deren Gültigkeit im folgenden Kapitel IV.5.3 untersucht wird, ist die Erfüllung der Normalverteilungseigenschaft der Störvariablen ceteris paribus keine Voraussetzung dafür, daß die KQ-Schätzung einen "best linear unbiased estimator" ermittelt[124]. Selbst wenn Anlaß zu der Vermutung bestünde, daß die Wahrscheinlichkeitsverteilung der Störterme keiner Normalverteilung entspricht, wären die KQ-Schätzer bei deterministisch vorgegebenen exogenen Variablen unter allen linearen Schätzern immer noch die mit der höchsten Güte. Allerdings wären sie keine Maximum-Likelihood-Schätzer mehr[125].

Wird das gewählte Schätzverfahren durch eine Verletzung der Normalverteilungsannahme der Störgröße auch nicht in Frage gestellt, so ist die Gültigkeit dieser Annahme strenggenommen aber Voraussetzung für die bereits erfolgte Durchführung des t-Tests auf Signifikanz der geschätzten Regressionsparameter a und b bzw. des F-Tests auf Signifikanz des

123) Zur Interpretation vgl. die Erläuterungen unter IV.5.3.1.

124) Vgl. hierzu ausführlich Gliederungspunkt IV.3.1.2.

125) Vgl. Schneeweiß (1978), S. 72f.

Bestimmtheitsmaßes[126]. Das gleiche gilt auch für einige, im nächsten Kapitel noch vorzustellende parametrische Tests, wie z.B. den Durbin-Watson-Test auf Autokorrelation[127].

Deshalb soll im folgenden mit Hilfe eines Chi-Quadrat-Anpassungstests untersucht werden, ob davon ausgegangen werden kann, daß die Störvariablen tatsächlich normalverteilt sind. Da die Realisationen der wahren Störterme nicht beobachtet werden können, wird der Test auf die Regressionsresiduen angewendet. Die Nullhypothese

H_0: die Wahrscheinlichkeitsverteilung der Störvariable ist eine Normalverteilung

wird zu den alternativen Signifikanzniveaus 1% und 5% gegen die Alternativhypothese

H_1: die Wahrscheinlichkeitsverteilung der Störvariable ist keine Normalverteilung

getestet.

Der Test ist folgendermaßen aufgebaut: Zuerst werden alle Residuen durch Division mit ihrer Standardabweichung standardisiert, wobei letztere als Maximum-Likelihood-Schätzer aus den Residuen ermittelt wird[128]. Sodann wird das Intervall der reellen Zahlen von minus unendlich bis plus unendlich dergestalt in 20 unterschiedlich breite Klassen eingeteilt, daß bei angenommener Standardnormalverteilung auf jede Klasse die gleiche Wahrscheinlichkeitsdichte entfällt[129]. Dabei ergeben sich folgende Klassengrenzen z_1 bis z_{19}:

z_1:	-1,64485	z_{11}:	$-z_9$
z_2:	-1,28155	z_{12}:	$-z_8$
z_3:	-1,03643	z_{13}:	$-z_7$
z_4:	-0,84162	z_{14}:	$-z_6$
z_5:	-0,67449	z_{15}:	$-z_5$
z_6:	-0,52440	z_{16}:	$-z_4$
z_7:	-0,38532	z_{17}:	$-z_3$
z_8:	-0,25335	z_{18}:	$-z_2$
z_9:	-0,12566	z_{19}:	$-z_1$
z_{10}:	0,0		

Die Anzahl der Klassen ist willkürlich gewählt, wobei jedoch darauf geachtet wurde, eine gewisse, für eine ausreichende Approximationsgenauigkeit notwendige Mindestgröße nicht

---

126) Vgl. ebenda, S. 66 - 68, sowie Huang (1970), S. 47.

127) Vgl. Schönfeld (1969), S. 230.

128) Vgl. Schaich (1990), S. 225 i.V.m. S. 46f. Der Maximum-Likelihood-Schätzer ML für die Standardabweichung der Störvariable ergibt sich aus

$$ML = \left(\frac{1}{T} \sum_{t=1}^{T} e_t^2 \right)^{0,5}$$

129) Vgl. zu dieser Vorgehensweise den Hinweis ebenda, S. 224.

zu unterschreiten[130]. Als nächstes wird für jede Klasse festgestellt, wieviele der standardisierten Residuen innerhalb der jeweiligen Klassengrenzen liegen. Bezeichnet man die beobachtete Anzahl pro Klasse mit O_k für k=1 bis 20, so errechnet sich die Testvariable folgendermaßen:

$$(4.21)\qquad X^2 = \frac{\sum_{k=1}^{20}\left(O_k - \frac{T}{20}\right)^2}{\frac{T}{20}}$$, wobei

T = gesamte Beobachtungszahl, Umfang der Stichprobe;

$\frac{T}{20}$ = erwartete Anzahl an Residuen pro Klasse[131].

Bei Gültigkeit der Nullhypothese ist die Testvariable approximativ Chi-Quadrat-verteilt mit 17 Freiheitsgraden[132]. Die relevanten Quantile der Chi-Quadrat-Verteilung ergeben sich zu $\chi^2(17;0{,}95) = 27{,}59$ und $\chi^2(17;0{,}99) = 33{,}41$[133]. Damit ist die Nullhypothese bei einem Signifikanzniveau von 1% zu verwerfen, falls $X^2 > 33{,}41$; bei einem Signifikanzniveau von 5% ist sie bereits zu verwerfen, falls $X^2 > 27{,}59$. Die Testergebnisse sind der folgenden Tabelle 4.5 zu entnehmen, wobei die Fälle, bei denen die Normalverteilungsannahme bei einem Signifikanzniveau von 5% verworfen werden muß, mit einem s gekennzeichnet sind.

X^2	BASF	BAY	HOE	BMW	DAI	VW	5% sign.	
1983	18,49	18,69	13,18	35,02s	27,67s	30,33s	3	50,0%
1984	19,84	19,69	35,29s	23,55	31,12s	12,74	2	33,3%
1985	21,52	25,57	18,10	29,93s	55,61s	50,78s	3	50,0%
1986	38,33s	45,96s	28,21s	30,39s	26,35	19,03	4	66,7%
1987	86,65s	24,02	70,68s	29,60s	23,40	33,32s	4	66,7%
1988	37,38s	19,38	20,62	37,85s	46,46s	29,08s	4	66,7%
sign. Fälle 5%-Niv.	3 50%	1 16,7%	3 50%	5 83,3%	4 66,7%	4 66,7%	Σ 20 55,6%	
sign. Fälle 1%-Niv.	3	1	2	2	2	1	Σ 11 (30,6%)	

Tabelle 4.5

Für 55,6% aller berechneten Regressionen muß die Normalverteilungshypothese für die Störvariablen bei einem Signifikanzniveau von 5% abgelehnt werden. Selbst bei einem Si-

130) Die geringste erwartete Anzahl an Residuen pro Klasse beträgt in dieser Untersuchung 9,8 für das Jahr 1983. Zur Mindestgröße vgl. Hartung/Elpelt/Klösener (1987), S. 182.

131) Vgl. ebenda.

132) Zur Berechnung der Freiheitsgrade vgl. Schaich (1990), S. 225.

133) Vgl. die tabellierten Quantile der Chi-Quadrat-Verteilung bei Hartung/Elpelt/Klösener (1987), S. 893. Von den beiden Zahlen in der Klammer bezeichnet die erste die Zahl der Freiheitsgrade und die zweite die Höhe der jeweils zugrunde gelegten Sicherheitswahrscheinlichkeit.

gnifikanzniveau von nur 1% kommt es noch zu einer Ablehnungsrate von 30,6%. Da dann jedoch der hier entscheidende Fehler 2. Art noch größer ist, sollen nur die Ergebnisse des 5%-Niveaus Gegenstand der weiteren Erörterungen sein[134]. Bayer erzielt das mit Abstand "beste" Ergebnis, BMW das "schlechteste". Während bei Bayer die Nullhypothese nur einmal verworfen werden muß, ist dies bei BMW gleich fünfmal der Fall. Von den Untersuchungsjahren schneidet 1984 mit einer Ablehnung der Nullhypothese in 33,3% aller Fälle noch am "besten" ab. Im Gegensatz dazu wird 1986 bis 1988 eine Ablehnungsrate von jeweils 66,7% erreicht.

Betrachtet man die empirisch ermittelten Häufigkeitsverteilungen bzw. Verteilungsfunktionen der Residuen oder die tatsächliche Belegung der Klassen beim Chi-Quadrat-Anpassungstest, so läßt sich erkennen, daß die auftretenden Abweichungen von der Normalverteilung mehr oder weniger deutlich einem ähnlichen Muster folgen. An dem im folgenden dargestellten Beispiel von BASF 1988 ist sehr gut zu sehen, daß im Vergleich zu der erwarteten Wahrscheinlichkeitsdichte der Normalverteilung tendenziell eine höhere Wahrscheinlichkeit für Residuen in der Nähe ihres Mittelwertes sowie für extrem kleine bzw. große Residuen besteht[135]. Die Tendenz zu Extremwerten kann vor allem aus dem Histogramm sehr gut ersehen werden, da hier die außerhalb des 2σ - Bereichs liegende Zone beidseitig jeweils noch in vier Intervalle unterteilt ist. Auf diese Intervalle dürften unter der Normalverteilungsannahme nur ungefähr 4,55% der Wahrscheinlichkeitsmasse entfallen. Bei Betrachtung der Klassenbelegung beim Chi-Quadrat-Anpassungstest läßt sich die Tendenz zu relativ zu vielen sehr kleinen bzw. sehr großen Residuen deshalb nicht ablesen, da hier nicht in gleich breite, sondern gleich wahrscheinliche Intervalle eingeteilt wird, so daß die äußersten Intervalle schon bei -1,64485 bzw. +1,64485 beginnen und auf sie insgesamt noch 10% der Wahrscheinlichkeitsmasse entfallen. Dadurch werden Überbelegungen bei Extremwerten durch Unterbelegungen in der Gegend des Intervallanfangs in den meisten Fällen zumindest ausgeglichen.

BASF 1988:

Ergebnis des Chi-Quadrat-Anpassungstests:

- erwartete Anzahl an Residuen pro Klasse: 13
- tatsächliche Anzahl in den einzelnen Klassen:

Kl	1	2	3	4	5	6	7	8	9	10	11	12	13	14	15	16	17	18	19	20
An	9	3	11	14	14	12	16	16	15	11	22	15	24	17	13	13	14	9	6	6
				*	*		*	*	*		*	*	*	*			*			

*: tatsächliche Anzahl > erwartete Anzahl

Tabelle 4.6

134) Zum Fehler zweiter Art, d.h. dem Fehler, eine falsche Nullhypothese nicht abzulehnen, vgl. Basler (1986), S. 117f. Die Wahrscheinlichkeit für den Fehler zweiter Art steigt mit sinkendem Signifikanzniveau.

135) Darüber hinaus gewinnt man den Eindruck, daß eine leichte Rechtsschiefe der Verteilungen vorherrscht. Diese Eigenschaft ist aber weder deutlich ausgeprägt, noch überhaupt einheitlich in allen Fällen zu bemerken.

Abb. 4.1: Histogramm der standardisierten Residuen[136]

```
N  Exp N      (* = 1 Cases,    . : = Normal Curve)
2    .20   Out **
1    .40  3.00 *
0   1.02  2.67 .
1   2.32  2.33 *.
1   4.74  2.00 *   .
2   8.69  1.67 **      .
8   14.3  1.33 ********     .
*   21.0  1.00 ********************:
*   27.6   .67 ***************************:
*   32.6   .33 ********************************:***********
*   34.4  0.0  *********************************:************
*   32.6  -.33 ********************************:******
*   27.6  -.67 ***************************:**
*   21.0 -1.00 ********************:**
2   14.3 -1.33 **           .
6   8.69 -1.67 ******  .
3   4.74 -2.00 *** .
0   2.32 -2.33  .
1   1.02 -2.67 :
1    .40 -3.00 *
1    .20   Out *
```

- N (erste Spalte): tatsächliche Anzahl
- Exp N (zweite Spalte): erwartete Anzahl
- dritte Spalte: Intervall- bzw. Klassenmitte
- Der Verlauf der Dichtefunktion der Normalverteilung ist gepunktet. Ist die beobachtete Häufigkeit mindestens so groß wie die erwartete, so ist dies mit einem Doppelpunkt gekennzeichnet.
- Jeder Stern des Histogramms entspricht einem beobachteten Residuum. Ein Stern in der ersten Spalte zeigt an, daß N in dieser Klasse größer als 9 ist.

136) Da dieses Histogramm und die noch folgende Verteilungsfunktion mit SPSS/PC+ erstellt sind und dieses Programm die Residuen mit der erwartungstreuen Schätzung der Standardabweichung (= Wurzel aus der Varianz gemäß Gleichung (4.13)) standardisiert, weichen die standardisierten Residuen geringfügig von denen des Chi-Quadrat-Tests ab. Vgl. SPSS/PC+ Base Manual (1986), S. B-207 i.V.m. S. B-200.

Abb. 4.2: Kumulierte Verteilung der standardisierten Residuen

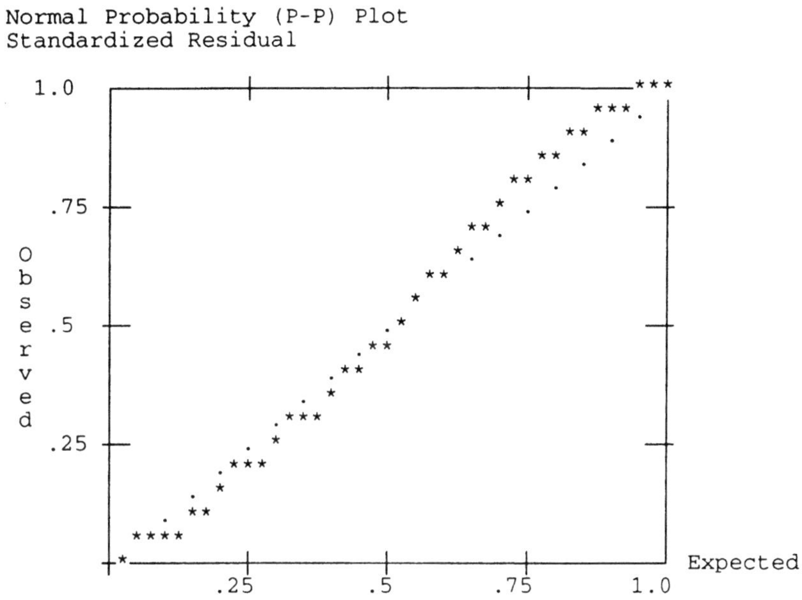

- Die gepunktete gerade Linie entspricht der erwarteten kumulierten Verteilung der standardisierten Residuen bei unterstellter Standardnormalverteilung.

- Die Sterne markieren die kumulierte Verteilung der beobachteten standardisierten Residuen.

Betrachtet man das Ergebnis des Chi-Quadrat-Anpassungstests unter dem Aspekt der Beurteilung der Zuverlässigkeit der bisher bereits durchgeführten Signifikanztests, so erscheint es mit einer Ablehnungsrate der Normalverteilungshypothese von 55,6% auf den ersten Blick reichlich ungünstig. Dieses Urteil läßt sich jedoch abschwächen, wenn man bedenkt, daß diese Signifikanztests im allgemeinen nicht sehr sensibel auf Abweichungen von der Normalverteilungsannahme reagieren. So haben Box/Watson gezeigt, daß der F-Test selbst bei nicht normalverteilten Störgrößen noch ganz gute Ergebnisse liefern kann, wenn wenigstens die exogene Variable approximativ normalverteilt ist[137]. Ein aus diesem Grund durchgeführter Chi-Quadrat-Anpassungstest in bezug auf die Indexrendite[138] ergibt denn auch, daß für die Untersuchungsjahre 1983, 1984 und 1986 die Normalverteilungsannahme bei einem Signifikanzniveau von 5% nicht verworfen werden kann; für 1985 ist dies immerhin noch bei einem Signifikanzniveau von 1% der Fall. Die folgende Tabelle 4.7 zeigt,

137) Vgl. Box/Watson (1962), S. 93 - 106.

138) Der Testaufbau wurde genau analog zu dem Chi-Quadrat-Anpassungstest in bezug auf die Störvariable vorgenommen.

daß eine relativ große Abweichung von der Normalverteilungsannahme bezüglich der Indexrendite im Jahr 1987 am wahrscheinlichsten ist.

Jahr	1983	1984	1985	1986	1987	1988
x^2	14,41	18,45	32,88	20,74	41,69	35,54

Tabelle 4.7

Schneeweiß weist darauf hin, daß bei nicht normalverteilten Störvariablen unabhängig von der Wahrscheinlichkeitsverteilung der exogenen Variablen immer dann noch von einer hohen Zuverlässigkeit des t-Tests und der für die Regressionsparameter ermittelten Konfidenzintervalle ausgegangen werden kann, wenn die geschätzten Regressionsparameter nach dem zentralen Grenzwertsatz zumindest asymptotisch normalverteilt sind[139]. Voraussetzungen für eine Anwendung des zentralen Grenzwertsatzes sind neben einem in dieser Untersuchung ohnehin gegebenen relativ großen Stichprobenumfang unabhängig identisch verteilte Störvariablen. Darüber hinaus sollte die Menge der exogenen Variablen beschränkt sein, die Varianz dieser Variablen sollte für unendlich große Stichproben einen positiven Grenzwert besitzen, und der Grenzwert des Mittelwertes der Quadrate der unabhängigen Variablen sollte endlich sein[140].

Aus dem Ergebnis des Chi-Quadrat-Anpassungstests auf Normalverteilung der Störvariablen und den soeben dargelegten Überlegungen zu Abweichungen von der Normalverteilungsannahme läßt sich die vorsichtige Schlußfolgerung ziehen, daß für die überwiegende Mehrzahl der hier betrachteten Fälle die ermittelten Konfidenzintervalle einigermaßen genau sind und die Ergebnisse der Signifikanztests als zuverlässig eingestuft werden können. Im übrigen werden im folgenden Kapitel IV.5.3 zur Untersuchung der Gültigkeit bestimmter Modellannahmen neben parametrischen Tests auch immer noch zusätzlich (normal)verteilungsfreie Tests eingesetzt werden.

5.3 Die Momente zweiter Ordnung

5.3.1 Autokorrelation

Fehlende Autokorrelation bzw. fehlende serielle Korrelation der Störvariablen bedeutet, daß die Störvariablen ε_t und $\varepsilon_{t'}$ zu beliebigen unterschiedlichen Zeitpunkten t und t' nicht miteinander korreliert sind. Dies ist eine wichtige Voraussetzung dafür, daß das KQ-Prinzip effiziente Schätzer erzeugt. Analog zu dem Vorgehen unter IV.5.2 wird auch diese Eigen-

139) Vgl. Schneeweiß (1978), S. 66 - 68.

140) Vgl. ebenda, S. 62 i.V.m. S. 37. Die Voraussetzungen für die Anwendung des zentralen Grenzwertsatzes lassen sich sogar noch wesentlich allgemeiner fassen. Vgl. hierzu ebenda, S. 62, und Schönfeld (1969), S. 194.

schaft der Störvariablen anhand der geschätzten Residuen getestet. Dabei werden im folgenden alternativ drei Tests durchgeführt, die sich im wesentlichen in der Verteilungshypothese und dem zugrunde liegenden Autokorrelationsmodell unterscheiden.

Der Durbin-Watson-Test geht von einem einfachen Modell für die Autokorrelation der Störvariablen aus[141]. Es gelte folgender Zusammenhang:

$$\varepsilon_t = \rho\, \varepsilon_{t-1} + \upsilon_t \quad , \quad |\rho| < 1. \tag{4.22}$$

ρ: Korrelationskoeffizient unmittelbar aufeinanderfolgender ε_t (Autokorrelationskoeffizient erster Ordnung);

υ_t: Zufallsvariable, für die gilt: $E(\upsilon_t) = 0$, $E(\upsilon_t^2) = \sigma^2(\upsilon) = \text{konstant} \ \forall \ t = 1, 2,...,T$ und $E(\upsilon_t \upsilon_{t'}) = 0 \ \forall \ t \neq t'$.

Die Testvariable für die Nullhypothese H_0: $\rho = 0$ und die Gegenhypothese H_1: $\rho \neq 0$ lautet:

$$d = \frac{\sum_{t=2}^{T} (e_t - e_{t-1})^2}{\sum_{t=1}^{T} e_t^2} \tag{4.23}$$

Dabei gilt, daß gemäß dieser Definition die möglichen Werte für d auf keinen Fall Null unter- bzw. Vier überschreiten können. Außerdem besteht die Möglichkeit, mit Hilfe von d eine erste Schätzung des Autokorrelationskoeffizienten erster Ordnung zu erhalten. Anstatt für die e_t in Gleichung (4.22) die aus der herkömmlichen Regressionsgleichung ermittelten Residuen e_t einzusetzen und ρ dann mittels des KQ-Prinzips aus dieser neuen Regressionsgleichung zu schätzen, läßt sich eine Schätzung für ρ auch folgendermaßen ermitteln:

$$\hat{\rho} = 1 - \frac{d}{2} \tag{4.24}$$

$\hat{\rho}$: Schätzgröße für den wahren Korrelationskoeffizienten ρ.

Beide Schätzungen unterscheiden sich um so weniger, je größer der Stichprobenumfang T ist[142].

Aus (4.24) folgt, daß für d = 2 der geschätzte Korrelationskoeffizient Null beträgt; d = 4 ergibt $\hat{\rho} = -1$ und d = 0 impliziert $\hat{\rho} = 1$. Die Nullhypothese wird also nur dann abgelehnt wer-

141) Vgl. zum Durbin-Watson-Test Schönfeld (1969), S. 229 - 232, und Schneeweiß (1978), S. 186 - 190 i.V.m. S. 180 -182.

142) Vgl. Schneeweiß (1978), S. 187 i.V.m. S. 183.

den, wenn d signifikant von zwei verschieden ist. Um jeweils festzustellen, ob dies der Fall ist, haben Durbin und Watson Signifikanzschwellen zu bestimmten Irrtumswahrscheinlichkeiten tabelliert, wobei sie von folgenden, zusätzlichen Annahmen ausgegangen sind:

Die Störgrößen ε_t seien standardnormalverteilt mit für alle t gleicher Varianz. Dies schließt die Gültigkeit der Nullhypothese $\rho = 0$ ein. Außerdem besitze die Regression ein Absolutglied und nicht stochastische exogene Variablen[143].

Da die Signifikanzschwellen von den exogenen Variablen abhängig sind, gibt es einen Unschärfebereich, für den jeweils keine Aussage über Ablehnung oder Nicht-Ablehnung der Nullhypothese gemacht werden kann[144]. Dieser Bereich kommt jedoch aus unterschiedlichen Gründen im weiteren nicht zum Tragen.

Ausgehend von einer von Savin/White erweiterten Tabelle für eine Irrtumswahrscheinlichkeit von 10% ergeben sich bei dem hier durchgeführten zweiseitigen Test für 1983 folgende, durch lineare Interpolation ermittelte Grenzen[145]:

H_0 wird für $1{,}775 < d < 2{,}225$ nicht abgelehnt; H_0 muß für $d \leq 1{,}755$ oder $d \geq 2{,}245$ verworfen werden.

Für 1983 liegt keiner der in dieser Untersuchung berechneten d-Werte im Unschärfebereich zwischen 1,755 und 1,775 bzw. 2,225 und 2,245[146].

Die Signifikanzschwellen für die übrigen Untersuchungsjahre mit fast gleich großen Stichprobenumfängen zwischen T = 257 und 260 müssen mittels Extrapolation aus der Tabelle geschätzt werden[147]. Da der Unschärfebereich bei dieser Beobachtungszahl auf jeden Fall bereits deutlich kleiner als 0,02 sein muß, andererseits die Signifikanzschwellen aber nicht auf ein Hundertstel genau extrapoliert werden können, wird der relevante Tabellenwert unter Vernachlässigung des Unschärfebereiches auf 1,80 geschätzt. Damit muß die Nullhypothese in diesen Untersuchungsjahren immer nur dann verworfen werden, wenn $d \leq 1{,}80$ oder $d \geq 2{,}20$ ist.

---

143) Vgl. Schönfeld (1969), S. 230.

144) Vgl. ebenda.

145) Vgl. Savin/White (1977), S. 1994. Da sich das dort angegebene Signifikanzniveau von 5% auf einen einseitigen Test bezieht, ergibt sich bei Verwendung der Tabelle für einen zweiseitigen Test ein Signifikanzniveau von 10%. Das relativ hohe Signifikanzniveau bewirkt eine relativ geringere Wahrscheinlichkeit für den Fehler zweiter Art, was hier durchaus wünschenswert ist. Die Ermittlung der Grenzen durch lineare Interpolation ist bis auf 2 Nachkommastellen genau möglich. Vgl. ebenda, S. 1990.

146) Vgl. Tabelle 4.8.

147) Eine genauere Ermittlung der Grenzen scheitert an dem extrem hohen Rechenaufwand. Vgl. Savin/White (1977), S. 1990.

Die Ergebnisse des Durbin-Watson-Tests und eine Schätzung des seriellen Korrelationskoeffizienten erster Ordnung gemäß Gleichung (4.24) können den folgenden Tabellen entnommen werden. Fälle mit signifikanter Autokorrelation sind mit einem s markiert.

	BASF		BAYER		HOECHST	
	d	$\hat{\rho}$	d	$\hat{\rho}$	d	$\hat{\rho}$
1983	2,1467	-0,0733	1,8372	0,0814	2,1845	-0,0923
1984	2,1134	-0,0567	2,2108**s**	-0,1054**s**	2,2890**s**	-0,1445**s**
1985	1,8825	0,0587	2,0823	-0,0412	1,8041	0,0979
1986	2,0252	-0,0126	2,1032	-0,0516	2,0027	-0,0014
1987	2,6935**s**	-0,3467**s**	2,0196	-0,0098	2,5893**s**	-0,2947**s**
1988	2,1292	-0,0646	1,9062	0,0469	1,9795	0,0102

Tabelle 4.8a

	BMW		DAIMLER		VW	
	d	$\hat{\rho}$	d	$\hat{\rho}$	d	$\hat{\rho}$
1983	2,0527	-0,0263	1,7460**s**	0,1270**s**	1,8554	0,0723
1984	2,4161**s**	-0,2081**s**	1,9634	0,0183	2,0876	-0,0438
1985	1,9930	0,0035	1,9878	0,0061	2,0195	-0,0098
1986	2,1822	-0,0911	2,5337**s**	-0,2669**s**	2,1972	-0,0986
1987	2,1758	-0,0879	2,3754**s**	-0,1877**s**	2,0952	-0,0476
1988	1,7846**s**	0,1077**s**	1,7757**s**	0,1122**s**	1,8865	0,0568

Tabelle 4.8b

Den Tabellen 4.8a und 4.8b ist zu entnehmen, daß in ca. 28% aller Fälle die Nullhypothese $\rho = 0$ verworfen werden muß. Allerdings sollte bei diesem Ergebnis berücksichtigt werden, daß zum einen die Irrtumswahrscheinlichkeit relativ hoch angesetzt ist, was die Wahrscheinlichkeit der Ablehnung von H_0 entsprechend steigen läßt und daß zum andern bei einigen signifikanten Fällen der d-Wert sehr nahe bei den geschätzten Signifikanzschwellen liegt. Außerdem wird nur in einem Ausnahmefall (BASF 1987) durch die geschätzte Autokorrelation mehr als 10% der Varianz der Residuen erklärt[148]. Es werden 13 positive und 23 negative Autokorrelationskoeffizienten geschätzt, wobei von den negativen sieben und von den positiven drei signifikant von Null verschieden sind. Während bei VW in keinem Jahr eine signifikante Autokorrelation festgestellt werden kann, muß die Nullhypothese bei Daimler mit Ausnahme von 1984 und 1985 in jedem Jahr verworfen werden. Damit entfallen allein 40% aller signifikanten Autokorrelationsfälle auf Daimler. Wird Daimler ausgeklammert, so kann in den Jahren 1983, 1985 und 1986 bei keiner Unternehmung signifikante Autokorrelation festgestellt werden. Die Verteilung der signifikanten Autokorrelationsfälle auf die Unternehmen bzw. Jahre kann den folgenden Übersichten entnommen werden.

148) Dies wird mit Hilfe des Bestimmtheitsmaßes gemessen, das durch $\hat{\rho}^2$ geschätzt werden kann.

	BASF	BAY	HOE	BMW	DAI	VW
Anzahl der Fälle mit Ablehnung von H_0:	1	1	2	2	4	0

Tabelle 4.9a

	1983	1984	1985	1986	1987	1988
Anzahl der Fälle mit Ablehnung von H_0:	1	3	0	1	3	2
dito ohne Daimler:	0	3	0	0	2	1

Tabelle 4.9b

Der zweite durchgeführte Autokorrelationstest ist insofern interessant, als hier auch Autokorrelationskoeffizienten höherer Ordnung bis zu einem time-lag von acht Tagen geschätzt werden[149]. Berechnet wird jeweils ein Pearson-Bravais'scher Stichprobenkorrelationskoeffizient[150], für den mittels eines zweiseitigen t-Tests bestimmt wird, ob die Nullhypothese

H_0: es besteht keine Autokorrelation xter Ordnung zwischen den Störvariablen

zu Gunsten der Gegenhypothese

H_1: es ist Autokorrelation xter Ordnung zwischen den Störvariablen vorhanden

verworfen werden muß. Der Nachteil des Tests liegt in der Tatsache, daß wie beim Durbin-Watson-Test wieder nur auf lineare Abhängigkeiten zwischen den Störvariablen unterschiedlicher Zeitpunkte getestet wird und daß wieder die Normalverteilungsannahme erforderlich ist[151].

Für ein time-lag von Eins werden die Irrtumswahrscheinlichkeiten, die bei einer Ablehnung von H_0 akzeptiert werden müßten, in der folgenden Tabelle 4.10 aufgeführt. Die Wahrscheinlichkeiten kleiner gleich 10% sind mit einem s markiert. Da der aus dem d-Wert geschätzte Autokorrelationskoeffizient $\hat{\rho}$ approximativ gleich dem Pearson-Bravais'schen Autokorrelationskoeffizienten ist, weichen die Testergebnisse nur gering (in 2 Fällen) von denen des Durbin-Watson-Tests ab. Dabei handelt es sich durchweg um Fälle, deren d-Werte sehr nahe bei den geschätzten Signifikanzschwellen liegen. Insgesamt wird die Nullhypothese genauso oft verworfen wie beim Durbin-Watson-Test. Die ungünstige Einschätzung von Daimler bleibt bestehen. Bei Ausklammerung der Daimler-Ergebnisse findet sich 1986 jetzt eine weitere signifikante Autokorrelation, 1988 hingegen hat ohne Berücksichtigung von Daimler keinen Autokorrelationsfall mehr.

149) Bei Berücksichtigung eines time-lags von x Tagen erhält man den Autokorrelationskoeffizienten xter Ordnung. Dieser mißt die Korrelation zwischen e_t und e_{t-x} für alle t von (x+1) bis T.

150) Vgl. die allgemeine Formel für beliebige lags bei Kendall/Stuart (1983), S. 444.

151) Allerdings erweist sich das Testverfahren als sehr robust gegenüber Verletzungen seiner Normalverteilungsannahme; vgl. Basler (1986), S. 175.

	BASF	BAYER	HOECH	BMW	DAIM	VW	Anzahl der Fälle mit Ablehnung v. H_0 mit/ohne DAI
1983	0,285	0,297	0,189	0,646	0,081**s**	0,334	1 / 0
1984	0,318	0,086**s**	0,017**s**	0,001**s**	0,805	0,483	3 / 3
1985	0,352	0,505	0,251	0,956	0,941	0,703	0 / 0
1986	0,839	0,403	0,972	0,136	0,000**s**	0,077**s**	2* / 1*
1987	0,000**s**	0,828	0,000**s**	0,145	0,002**s**	0,410	3 / 2
1988	0,246	0,551	0,953	0,153	0,075**s**	0,477	1* / 0*
Anz. Ableh. v. H_0:	1	1	2	1*	4	1*	Σ10 / Σ6

*: Unterschiede zum Ergebnis des Durbin-Watson-Tests

Tabelle 4.10

Für alle Jahre und Firmen werden insgesamt 252 Autokorrelationskoeffizienten höherer Ordnung geschätzt, wobei nur 37 (14,7%) bei einer Irrtumswahrscheinlichkeit von 10% signifikant von Null verschieden sind. Die Aufteilung auf die unterschiedlichen time-lags kann folgender Tabelle 4.11 entnommen werden:

lag von ... Tagen	2	3	4	5	6	7	8
Anzahl der Fälle mit Ablehnung von H_0:	4	5	8	5	7	6	2
Anteil signifikanter Autokorrelationen:	11,1%	13,9%	22,2%	13,9%	19,4%	16,7%	5,6%

Tabelle 4.11

Die geschätzten signifikanten Koeffizienten sind dabei aber so klein, daß nur in einem Fall mehr als 5% der Varianz der Residuen auf die Autokorrelation zurückgeführt werden kann.

Da die Tests zur Wahrscheinlichkeitsverteilung der Störvariablen ergeben haben, daß häufig von einer mehr oder weniger starken Abweichung von der Normalverteilungsannahme auszugehen ist, soll als letztes noch ein nicht parametrischer Test auf Autokorrelation der Störvariablen durchgeführt werden. Der ausgewählte Test auf "runs by sign" zeichnet sich dadurch aus, daß er eine beliebige Wahrscheinlichkeitsverteilung der Störvariablen zuläßt. Außerdem liegt ihm ein von den Annahmen der bisherigen Tests abweichendes Autokorrelationsmodell zugrunde. Statt auf lineare Abhängigkeit testet er lediglich auf Abhängigkeit der Vorzeichen aufeinanderfolgender Residuen. Die Nullhypothese

H_0: aufeinanderfolgende Störvariablen sind in bezug auf ihr Vorzeichen unabhängig voneinander

muß zu Gunsten der Gegenhypothese

H_1: aufeinanderfolgende Störvariablen sind in bezug auf ihr Vorzeichen nicht unabhängig voneinander

verworfen werden, falls die Anzahl beobachteter "runs" signifikant von der Anzahl erwarteter "runs" bei unterstellter Unabhängigkeit nach oben oder unten abweicht[152]. Unter einem "run" versteht man dabei eine Folge von Residuen gleichen Vorzeichens.

	BASF	BAYER	HOECHST	BMW	DAIMLER	VW	Anz. Abl. v. H_0
1983	0,1361-	0,2803-	0,1640-	0,0146s-	0,9456-	0,5984-	1
1984	0,0787s-	0,0817s-	0,0211s-	0,1166-	0,7337-	0,9348-	3
1985	0,8357-	0,1931	0,0540s	0,6391-	0,9448	0,5564	1
1986	0,6214-	0,1506	0,4393	0,7500-	0,0000s-	0,1046-	1
1987	0,2598-	0,4541-	0,4390-	0,9497	0,0317s-	0,7016-	1
1988	0,0034s	0,0515s	0,8397	0,7008	0,1064	0,9011	2
Anz. Ableh. v. H_0:	2	2	2	1	2	0	

Tabelle 4.12

Die Prüfvariable ist im vorliegenden Fall approximativ normalverteilt[153]. Die Irrtumswahrscheinlichkeit bei Ablehnung von H_0 kann für diesen zweiseitigen Test Tabelle 4.12 entnommen werden. Die Fälle, bei denen unter Zugrundelegung einer Irrtumswahrscheinlichkeit von 10% die Nullhypothese abgelehnt werden muß, sind mit einem s markiert. Ein Mangel an "runs" läßt auf eine Tendenz zum Gleichbleiben des Vorzeichens, zu viele "runs" lassen auf einen systematischen Vorzeichenwechsel schließen. Letzterer Fall ist in der Tabelle durch ein Minus gekennzeichnet. Erwartungsgemäß unterscheiden sich die Testergebnisse erheblich von den vorherigen, da dieses Verfahren ein grundsätzlich anderes Autokorrelationsmodell testet[154]. Dennoch kann für VW wie schon beim Durbin-Watson-Test auch hier keinerlei signifikante Abhängigkeit aufgedeckt werden. Im übrigen zeichnen sich die Jahre 1983, 1985 und 1986 (wobei allerdings abweichend noch 1987 hinzukommt) wieder durch besonders wenige signifikante Korrelationsfälle aus. Auffällig ist außerdem noch, daß 1983 und 1984 in jedem Fall überdurchschnittlich viele "runs" auftreten; das gleiche gilt mit einer Ausnahme auch für 1987. 1988 hingegen ist die beobachtete Anzahl an "runs" bei jeder Unternehmung geringer als die erwartete Anzahl.

Eine erste Beurteilung aller Testergebnisse ergibt, daß ohne Berücksichtigung der time-lags größer Eins zwar in 44,4% der Fälle in mindestens einem Test signifikante Autokorrelation

152) Vgl. Schaich (1990), S. 241.

153) Bei jeder Regression ist sowohl die Anzahl positiver als auch negativer Residuen größer als 20. Damit ist die Voraussetzung für die Verwendung der Normalverteilung gegeben. Vgl. ebenda, S. 242.

154) Vgl. Winkelmann (1981a), S. 22. Er weist nachdrücklich auf die Abhängigkeit des Ergebnisses eines Unabhängigkeitstests vom gewählten Testverfahren hin.

auftritt, daß das Autokorrelationsproblem aber insofern als nicht besonders gravierend einzustufen ist, als selbst in diesen Fällen durchweg nur sehr kleine Autokorrelationskoeffizienten geschätzt werden. Selbst bei den wenigen Ausreißern kann nur in einem Fall ein Bestimmtheitsmaß größer 10% geschätzt werden (exakt 12% bei BASF 1987), die Mehrheit bewegt sich deutlich darunter. Bei den Autokorrelationskoeffizienten höherer Ordnung ergibt sich sogar noch ein deutlich besseres Bild. Hier kann nur ein Bestimmtheitsmaß über 5% geschätzt werden, und die Zahl signifikanter Korrelationen liegt darüber hinaus mit 14,7% relativ niedrig. Des weiteren ist die Irrtumswahrscheinlichkeit mit 10% sehr hoch angesetzt[155]. Die Ergebnisse des letzten Tests, der auf Abhängigkeiten testet, die nicht mit den ermittelten Korrelationskoeffizienten gemessen werden, sind insbesondere auch unter diesem Aspekt zu betrachten. Bei einer Irrtumswahrscheinlichkeit von 10% beträgt hier die Ablehnungsquote der Nullhypothese 25%, bei einer Irrtumswahrscheinlichkeit von 5% lediglich 13,9%.

Wie die KQ-Schätzung überhaupt auf das Vorliegen von Autokorrelation reagiert, und warum in dieser Untersuchung von einer Modifikation des Schätzverfahrens abgesehen wird, soll abschließend noch erörtert werden.

Führt man beim Vorliegen von autokorrelierten Störvariablen eine Regressionsschätzung nach dem gewöhnlichen KQ-Prinzip ohne Berücksichtigung der Autokorrelation durch, so sind die geschätzten Parameter a und b zwar nach wie vor erwartungstreu, aber sie sind nicht mehr effizient. Es existieren andere lineare Schätzverfahren, deren Parameterschätzungen a und b eine kleinere Varianz besitzen. Darüber hinaus werden die Standardfehler mit den bisher verwendeten Formeln gemäß Gleichung (4.18) und (4.19) falsch geschätzt, was wiederum bedeutet, daß auch die Konfidenzintervalle für α und β falsch ermittelt werden. Dasselbe gilt für die Testvariablen der Tests auf Signifikanz der Regressionsparameter bzw. des Bestimmtheitsmaßes. Dies erklärt sich zum Teil durch die Tatsache, daß die Schätzung für die Varianz der Störvariablen gemäß Gleichung (4.13) im Gegensatz zu den Schätzungen a und b nicht mehr erwartungstreu ist[156].

In der Literatur wird wiederholt versucht, das Ausmaß der Verzerrung der Schätzung dieser Varianz sowie der Standardfehler zu quantifizieren. Dies ist allerdings äußerst komplex, da die Verzerrung sowohl von sämtlichen Autokorrelationsbeziehungen zwischen den Störvariablen als auch zwischen den exogenen Variablen abhängt[157]. Deshalb wird die Betrachtung regelmäßig vereinfacht. So zeigt Huang, daß der Standardfehler hinsichtlich β in der Regel unterschätzt wird, wenn, bei ausschließlicher Berücksichtigung von Autokorrelation

155) Diese wurde nur deshalb so gewählt, weil die Signifikanzschwellen für den Durbin-Watson-Test nicht für eine Irrtumswahrscheinlichkeit von 5% bei Durchführung eines zweiseitigen Tests tabelliert sind.

156) Vgl. z.B. Schneeweiß (1978), S. 178 - 180, und Degen (1989), S. 37.

157) Vgl. die entsprechenden Formeln bei Schönfeld (1969), S. 140.

erster Ordnung der Störvariablen, diese Autokorrelation positiv ist und ebenfalls positive Autokorrelation bei der exogenen Variablen vorliegt[158]. Damit läßt sich für diese Untersuchung der vorsichtige Umkehrschluß ziehen, daß hier zumindest tendenziell keine systematische Unterschätzung der Standardfehler erfolgt, die Regressionsergebnisse aus IV.3.3 insoweit also kein generell zu günstiges Bild zeichnen. Dies folgt daraus, daß zum einen in 64% aller Fälle gerade keine positiven, sondern negative Autokorrelationskoeffizienten erster Ordnung für die Störvariablen geschätzt werden. Außerdem sind die festgestellten positiven Koeffizienten die betragsmäßig unbedeutenderen[159]. Der Umkehrschluß ist allerdings nur dann zulässig, wenn zumindest die mit dem größten Gewicht in die Formel zur Ermittlung des Standardfehlers von β eingehende Autokorrelation erster Ordnung der exogenen Variablen positiv ist. Auch das trifft hier zu, denn nur 1983 und 1988 können negative Koeffizienten geschätzt werden, die allerdings weder betragsmäßig bedeutend noch überhaupt signifikant von Null verschieden sind[160].

Was die Effizienz des hier angewendeten Schätzverfahrens betrifft, so ermittelt das sogenannte Aitken-Verfahren im allgemeinen Schätzer mit geringerer Varianz, da dieses Verfahren die Autokorrelation der Störvariablen explizit berücksichtigt[161]. Allerdings zeigt Schönfeld, daß die Unterschiede in der Effizienz bei Berücksichtigung von Autokorrelation erster Ordnung für die Störvariable dann relativ gering sind, wenn die Autokorrelation wie in dieser Untersuchung so schwach ist, daß ρ^n für n größer gleich drei ungefähr null ergibt[162]. Außerdem weist Sawa daraufhin, daß die herkömmlichen KQ-Schätzwerte besonders bei niedrigem Stichprobenumfang sehr ungenau sind[163]; diese Bedingung trifft für die vorliegende Untersuchung aber gerade nicht zu.

---

158) Vgl. Huang (1970), S. 137f.

159) Es werden überhaupt nur drei positive $\hat{\rho}$ geschätzt, die größer als 10% sind. Bei Daimler 1983 beträgt $\hat{\rho} = 0{,}1270$, bei Daimler 1988 0,1122 und bei BMW 1988 gilt $\hat{\rho} = 0{,}1077$.

160) Der Schätzwert für den Pearson-Bravais'schen Korrelationskoeffizienten für 1983 beträgt -0,0835 und für 1988 -0,07. Der als t-Test durchgeführte Signifikanztest ist allerdings nur dann aussagekräftig, wenn die ihm zugrunde liegende Verteilungshypothese der Normalverteilung der Grundgesamtheit wenigstens annähernd zutrifft.

161) Vgl. Huang (1970), S. 135 - 139.

162) Vgl. Schönfeld (1969), S. 204 - 206, insbesondere S. 206 Punkt c). Für die Autokorrelationskoeffizienten der exogenen Variablen wird dabei gemäß Gleichung (7.1.33) auf S. 205 eine geometrisch degressive Abfolge unterstellt. Für die mit Abstand größte Schätzung für ρ in der vorliegenden Untersuchung ergibt sich $\hat{\rho} = -0{,}3467$ und damit $\hat{\rho}^3 = -0{,}042$.

163) Vgl. Sawa (1978), S. 159 - 172. Im allgemeinen sind die herkömmlichen KQ-Schätzer trotz Autokorrelation der Störvariablen nach wie vor konsistent, was bedeutet, daß $\operatorname{plim}_{T \to \infty} a = \alpha$ und $\operatorname{plim}_{T \to \infty} b = \beta$. Vgl. Degen (1989), S. 37.

Selbst bei Mißtrauen gegen die oben angeführten Tendenzaussagen ist zu berücksichtigen, daß die Alternative des Aitken-Verfahrens in der Praxis entweder zu relativ hohem Rechenaufwand und hohen Rechenzeiten führt oder bei Durchführung in zwei Phasen nicht mehr die überlegenen Effizienzeigenschaften besitzt[164]. Ausschlaggebend für die Ablehnung des Aitken-Verfahrens ist darüber hinaus jedoch vor allem auch der Einwand, daß bei der Anwendung dieses Verfahrens regelmäßig nur ein bestimmtes Autokorrelationsmodell zugrundegelegt wird und eine gleichzeitige Berücksichtigung von Heteroskedastizität unterbleibt[165].

5.3.2 Heteroskedastizität

Das gewöhnliche KQ-Schätzverfahren nimmt an, daß die Störvariablen eine konstante und damit sowohl vom Zeitpunkt t als auch von der Höhe der exogenen Variablen unabhängige Varianz aufweisen. Ist diese Eigenschaft der Homoskedastizität verletzt, liegen also sogenannte heteroskedastische Störvariablen vor, so ermittelt das hier angewendete KQ-Schätzverfahren analog zum Fall autokorrelierter Störvariablen keine effizienten Schätzer mehr. Ähnlich wie schon im Fall der Autokorrelation tritt bei der Entscheidung der Frage, ob die Hypothese homoskedastischer Störvariablen verworfen werden muß, das Problem auf, daß jeder statistische Test immer nur gegen ein ganz bestimmtes Modell der Heteroskedastizität testet und außerdem von unterschiedlichen Verteilungsannahmen ausgeht. Aus der Vielzahl denkbarer Modelle werden im folgenden drei ausgewählt. Diese Modelle werden mittels statistischer Testverfahren oder mittels der Auswertung von Streudiagrammen der Residuen beurteilt. Zusätzlich werden zum Teil für die Beurteilung der Modelle auch die bisher schon ermittelten Regressionsergebnisse herangezogen.

Beim ersten Test wird die Nullhypothese

H_0: die Höhe der Indexrendite und des Absolutbetrages der Störvariablen sind nicht korreliert

gegen die Alternativhypothese

---

164) Das Problem besteht darin, daß die Kovarianzmatrix der Störvariablen in der Praxis nicht bekannt ist. Werden ρ und $\sigma^2(e_t)$ simultan mit den Regressionsparametern mit der Maximum-Likelihood-Methode geschätzt, so gilt der erste Einwand. Schätzt man ρ zuvor aus den Residuen der herkömmlichen KQ-Methode, so entsteht das zweite Problem. Vgl. hierzu Schneeweiß (1978), S. 183, sowie Schönfeld (1969), S. 207.

165) Ist in der Realität aber mit beiden Phänomenen zu rechnen, so ist die Effizienz eines Schätzers, der die potentielle Heteroskedastizität (bzw. umgekehrt die Autokorrelation) vernachlässigt, nicht mehr gewährleistet. Die bisher entwickelten Modelle und Verfahren betrachten jedoch aus Gründen der Komplexitätsreduktion fast ausschließlich partielle Verletzungen der Modellannahmen. Dies gilt auch für die Beweise der Optimalitätseigenschaften des Aitken-Schätzers. Eine Ausnahme findet sich bei Harrison/McCabe (1975), S. 214 - 216.

H_1: die Höhe der Indexrendite und des Absolutbetrages der Störvariablen sind positiv oder negativ korreliert

getestet[166]. Unterstellt wird damit also ein Heteroskedastizitätsmodell, bei dem die Streuung der Störterme strikt positiv oder negativ von der Höhe der exogenen Variablen abhängt. Was die Verteilungsannahme betrifft, so setzt das Testverfahren im allgemeinen voraus, daß die Verteilungsfunktionen der beiden auf Unabhängigkeit zu testenden Größen näherungsweise stetig sind[167]. Als Maß für die Stärke der Abhängigkeit zwischen der Indexrendite und dem Absolutbetrag der Residuen wird der Rang-Korrelationskoeffizient nach Spearman gewählt. Um diesen zu errechnen, muß für jeden Zeitpunkt t für das jeweilige Paar aus Indexrendite und Absolutbetrag des Residuums das zugehörige Rangzahl-Paar ermittelt werden. Treten bei der Bestimmung des Rangs der Ausprägung einer Variablen innerhalb ihrer Beobachtungsreihe mehrere Variablen gleicher Ausprägung auf[168], so wird jeder von ihnen das arithmetische Mittel der auf sie entfallenden Ränge zugeordnet[169]. Der Spearman'sche Rang-Korrelationskoeffizient kann Werte von -1 bis +1 annehmen und wird folgendermaßen berechnet:

$$(4.25)\qquad \hat{\rho}_S = 1 - \frac{6 \sum_{t=1}^{T} [Rg(\ln(1 + r_{mt})) - Rg(|e_t|)]^2}{T(T + 1)(T - 1)}$$, wobei

Rg(...): Rangzahl einer Variablen innerhalb ihrer Beobachtungsreihe

$\hat{\rho}_S = -1\ (+1)$: strikte Gegenläufigkeit (Gleichläufigkeit) der Rangzahlen der Beobachtungspaare[170].

Würden keine Bindungen, d.h. keine Variablen gleicher Ausprägung innerhalb einer Beobachtungsreihe auftreten, so wäre $\hat{\rho}_S \sqrt{T - 1}$ bei Gültigkeit der Nullhypothese approximativ standardnormalverteilt[171]. Da bei den vorliegenden Daten jedoch durchaus hin und wieder Bindungen auftreten, soll im folgenden die für diesen Fall noch verbesserte, unter Annahme der Richtigkeit der Nullhypothese approximativ standardnormalverteilte Testgröße

$$(4.26)\qquad \frac{Z - E(Z)}{\sigma(Z)}$$

---

166) Aus der Formulierung der Alternativhypothese H_1 folgt unmittelbar, daß im folgenden ein zweiseitiger Test durchgeführt werden muß.

167) Da im folgenden wegen zum Teil auftretender Bindungen mit einer speziellen Korrekturformel gerechnet wird, kann jedoch sogar diese Annahme entfallen; vgl. hierzu insbesondere Basler (1986), S. 175 i.V.m. S. 181; vgl. zum Begriff der "Bindungen" die späteren Ausführungen.

168) Im vorliegenden Zusammenhang muß dabei bei der Beobachtungsreihe der Residuen bereits dann von einer gleichen Ausprägung ausgegangen werden, wenn die Residuen denselben Absolutbetrag aufweisen.

169) Vgl. Basler (1986), S. 153.

170) Vgl. ebenda, S. 176f.

171) Vgl. ebenda, S. 179.

verwendet werden, wobei $Z = \sum_{t=1}^{T} [Rg(\ln(1 + r_{mt})) - Rg(|e_t|)]^2$ ist.

Für den Erwartungswert und die Varianz von Z gilt bei Gültigkeit der Nullhypothese[172]:

$$(4.27) \quad E(Z) = \frac{1}{6}(T^3 - T) - \frac{1}{12}\sum_{j=1}^{m}(g_j^3 - g_j) - \frac{1}{12}\sum_{l=1}^{n}(h_l^3 - h_l)$$

$$(4.28) \quad \sigma^2(Z) = \frac{(T-1)T^2(T+1)^2}{36}\left(1 - \frac{\sum_{j=1}^{m}(g_j^3 - g_j)}{T^3 - T}\right)\left(1 - \frac{\sum_{l=1}^{n}(h_l^3 - h_l)}{T^3 - T}\right)$$

wobei m (n) : Anzahl der auftretenden unterschiedlichen Ausprägungen in der Beobachtungsreihe der Indexrenditen (der Residuen)[173]

g_j (h_l) : Anzahl der gebundenen Variablen an der j-ten (l-ten) Stelle der Skala aus m (n) Werten.

Aus der folgenden Tabelle 4.13 kann für jede durchgeführte Regression die Größe des Absolutbetrages der Testvariablen entnommen werden. Übersteigt dieser Betrag den Wert 1,959963, so ist die Nullhypothese bei einer Irrtumswahrscheinlichkeit von 5% zu verwerfen[174]. Diese Fälle sind mit einem s markiert. Darüber hinaus ist nach jeder Testvariablen noch das Vorzeichen des Rang-Korrelationskoeffizienten angegeben, das Auskunft über die Richtung einer potentiellen Abhängigkeit zwischen dem Absolutbetrag des Residuums und der Indexrendite gibt.

	1983	1984	1985	1986	1987	1988	sign. Fälle 5%-Niv
BASF	0,9351-	0,2156	0,3920	2,4880**s**	0,8839	1,8355	1
BAYER	0,0409-	0,4839	2,2797**s**	1,5402	0,4110	0,1149-	1
HOECHST	0,8861-	0,4234-	1,5616	1,5204	0,6909-	1,8649	0
BMW	0,0698	0,3345	1,4443	1,7846	0,4014	1,4564	0
DAIMLER	0,8570-	2,0800**s**	2,1927**s**	1,6255	1,1929-	2,1571**s**	3
VW	0,9325	0,1733-	2,8167**s**	2,0042**s**	0,4751	1,2850	2
sign. Fälle 5%-Niv.	0	1	3	2	0	1	
sign. Fälle 1%-Niv.	0	0	1	0	0	0	

Tabelle 4.13

172) Alle Formeln sind entnommen aus Lehmann (1975), S. 301f.

173) Vgl. hinsichtlich der unterschiedlichen Ausprägungen der Residuen die Erläuterungen in Fußnote 168 auf der vorhergehenden Seite.

174) Ist der Absolutbetrag der Testvariablen größer als 2,575832, so ist die Nullhypothese selbst bei einer Irrtumswahrscheinlichkeit von lediglich 1% zu verwerfen.

Der Übersicht ist zu entnehmen, daß in 19,44% aller untersuchten Fälle die Unabhängigkeitshypothese bei einer Irrtumswahrscheinlichkeit von 5% verworfen werden muß. Auffällig ist dabei, daß alle signifikanten Rang-Korrelationskoeffizienten ein positives Vorzeichen aufweisen, was auf eine steigende Varianz der Störvariablen bei steigender Indexrendite hindeutet. Daimler schneidet mit einer Ablehnung der Nullhypothese bei 50% aller berechneten Regressionen am "schlechtesten" ab. Hoechst und BMW hingegen erzielen die "besten" Ergebnisse, da bei ihnen die Nullhypothese in keinem einzigen Fall verworfen werden muß. Betrachtet man die Anzahl der auf die einzelnen Jahre entfallenden signifikanten Testgrößen, so entfällt auf 1983 und 1987 keine einzige, auf 1985 aber ein Maximum von drei. Bei der Interpretation der Testergebnisse sollte zum einen berücksichtigt werden, daß die Ablehnungsquote für die Gesamtstichprobe noch vergleichsweise niedrig ist und daß zum andern mit einer Ausnahme alle signifikanten Testvariablen noch unterhalb der 1%-Signifikanzschwelle von 2,575832 liegen. Selbst für das "allerschlechteste" Ergebnis von VW im Jahr 1985, das als einziges bereits bei einer Irrtumswahrscheinlichkeit von 1% zur Ablehnung der Nullhypothese führt, ergibt sich nur ein Rang-Korrelationskoeffizient relativ geringer Größenordnung in Höhe von 0,1760. Allerdings könnten diese niedrigen Rang-Korrelationskoeffizienten auch auf eine Fehlspezifikation des unterstellten Heteroskedastizitätsmodells zurückzuführen sein, das von einem monotonen Zusammenhang zwischen der Größe der Indexrendite und dem Absolutbetrag der Störvariablen ausgeht. Diesem Einwand ist bei der Auswahl des folgenden Tests auf Heteroskedastizität Rechnung getragen worden[175].

Der zweite Test unterstellt ebenfalls wieder ein Heteroskedastizitätsmodell, das eine Abhängigkeit zwischen der Größe der Varianz des Störterms und der Größe der exogenen Variablen unterstellt. Dieser Zusammenhang muß im Gegensatz zum vorigen Modell jedoch nicht strikt positiv oder negativ sein, da im folgenden Test die Menge der exogenen Variablen in mehrere Klassen unterteilt wird. Die zugrunde liegende Verteilungsannahme ist allerdings strenger, denn es werden normalverteilte Störvariablen vorausgesetzt[176].

In einem ersten Schritt werden alle Residuen auf eine Varianz von Eins standardisiert. Dann werden die Paare aus Indexrendite und zugehörigem standardisiertem Residuum nach der Größe der Indexrendite geordnet und in etwa gleich große Gruppen eingeteilt, wobei hier eine Anzahl von drei Gruppen gewählt wird[177]. Nun muß für jede Gruppe die Varianz der standardisierten Residuen dieser Gruppe gemäß folgender Formel berechnet werden:

175) Vgl. die analoge Argumentation und gleiche Vorgehensweise bei Winkelmann (1984), S. 70.

176) Vgl. hierzu Schaich (1990), S. 201f. Er weist auch darauf hin, daß der Chi-Quadrat-Test auf Varianzgleichheit nicht sehr robust gegen Verletzungen der Normalverteilungseigenschaft ist.

177) Eine optimale Gruppenzahl für die Einteilung der Residuen läßt sich nicht analytisch bestimmen, vgl. Huang (1970), S. 147.

$$(4.29)\quad \sigma^2(e_{sgt}) = \frac{1}{T_g - 1}\sum_{t=1}^{T_g}(e_{sgt} - \overline{e_{sg}})^2 \qquad \text{für } g = 1, 2, 3;$$

wobei T_g : Anzahl standardisierter Residuen in der g-ten Gruppe

e_{sgt} : standardisiertes Residuum aus Gruppe g zum Zeitpunkt t.

Für jede Gruppe kann nun die Nullhypothese

H_0: die Varianz der Störterme dieser Gruppe entspricht der für den gesamten Schätzzeitraum ermittelten Varianzschätzung

gegen die Alternativhypothese

H_1: die Varianz der Störterme dieser Gruppe stimmt nicht mit der für den gesamten Schätzzeitraum ermittelten Varianzschätzung überein

getestet werden. Dazu wird ein zweiseitiger χ^2-Test mit folgender Testvariable X_g^2 verwendet:

$$(4.30)\quad X_g^2 = (T_g - 1)\,\sigma^2(e_{sgt}) = \sum_{t=1}^{T_g}(e_{sgt} - \overline{e_{sg}})^2.$$

Bei Gültigkeit der Nullhypothese ist X_g^2 approximativ χ^2-verteilt mit T_g - 1 Freiheitsgraden[178]. Die relevanten Quantile der χ^2-Verteilung bei einer Irrtumswahrscheinlichkeit von 5% bzw. 1% sind für die im folgenden relevanten Freiheitsgrade der Tabelle 4.14 zu entnehmen[179]:

	0,005	0,025	0,975	0,995
Freiheitsgrade				
64	38,58	43,76	88,01	96,91
65	39,35	44,59	89,19	98,14
84	54,34	60,53	111,25	121,16
85	55,14	61,38	112,40	122,36
86	55,94	62,23	113,55	123,55

Tabelle 4.14

Die Nullhypothese ist bei 5% Irrtumswahrscheinlichkeit immer dann zu verwerfen, falls $X_g^2 < X_{Tg-1;0,025}^2$ oder $X_g^2 > X_{Tg-1;0,975}^2$. Diese Fälle sind in der folgenden Tabelle 4.15 mit einem s markiert.

178) Allerdings wird hier nicht berücksichtigt, daß die Testergebnisse für die drei Gruppen einer berechneten Regression nicht unabhängig voneinander sind; vgl. Winkelmann (1984), S. 71.

179) Die Quantile der χ^2-Verteilung sind nach dem Approximationsverfahren von Wilson und Hilferty ermittelt; vgl. die entsprechende Formel bei Hartung/Elpelt/Klösener (1987), S. 894 i.V.m. S. 891.

Jahr		1983	1984	1985	1986	1987	1988
BASF							
Gruppe 1:	(T_g-1)	64	85	84	84	85	85
	X^2	72,41	74,62	87,79	80,52	184,71**s**	57,34**s**
Gruppe 2:	(T_g-1)	64	85	85	85	85	86
	X^2	71,81	77,12	66,19	74,37	26,54**s**	39,98**s**
Gruppe 3:	(T_g-1)	65	86	85	85	85	86
	X^2	49,67	92,00	96,54	99,70	43,49**s**	159,84**s**
BAYER							
Gruppe 1:	(T_g-1)	64	85	84	84	85	85
	X^2	63,24	83,07	62,39	46,10**s**	105,89	97,04
Gruppe 2:	(T_g-1)	64	85	85	85	85	86
	X^2	81,63	83,54	81,48	116,57**s**	61,50	69,22
Gruppe 3:	(T_g-1)	65	86	85	85	85	86
	X^2	48,96	86,82	107,25	90,68	87,04	90,48
HOECHST							
Gruppe 1:	(T_g-1)	64	85	84	84	85	85
	X^2	68,52	82,29	76,02	77,62	175,66**s**	70,54
Gruppe 2:	(T_g-1)	64	85	85	85	85	86
	X^2	76,75	79,24	78,28	75,89	24,01**s**	61,54**s**
Gruppe 3:	(T_g-1)	65	86	85	85	85	86
	X^2	46,71	94,52	99,11	101,38	55,72**s**	124,01**s**
BMW							
Gruppe 1:	(T_g-1)	64	85	84	84	85	85
	X^2	51,97	96,14	69,61	86,83	81,13	70,81
Gruppe 2:	(T_g-1)	64	85	85	85	85	86
	X^2	55,24	75,45	93,16	35,23**s**	48,46**s**	67,27
Gruppe 3:	(T_g-1)	65	86	85	85	85	86
	X^2	86,78	84,81	90,23	131,43**s**	125,35**s**	118,51**s**
DAIMLER							
Gruppe 1:	(T_g-1)	64	85	84	84	85	85
	X^2	50,59	76,67	64,36	56,73**s**	101,52	73,89
Gruppe 2:	(T_g-1)	64	85	85	85	85	86
	X^2	49,18	88,34	68,94	79,55	52,44**s**	59,55**s**
Gruppe 3:	(T_g-1)	65	86	85	85	85	86
	X^2	92,96**s**	90,35	121,11**s**	117,26**s**	100,95	124,50**s**
VW							
Gruppe 1:	(T_g-1)	64	85	84	84	85	85
	X^2	43,36**s**	76,40	46,74**s**	76,11	113,41**s**	81,99
Gruppe 2:	(T_g-1)	64	85	85	85	85	86
	X^2	101,40**s**	86,59	71,09	70,20	37,26**s**	58,85**s**
Gruppe 3:	(T_g-1)	65	86	85	85	85	86
	X^2	48,44	92,51	136,59**s**	106,73	105,26	114,84**s**
sign. Fälle 5%-Niveau 1.Gr./2.Gr./3.Gr.		1/1/1	0/0/0	1/0/2	2/2/2	3/5/3	1/4/5
sign. Fälle 1%-Niveau 1.Gr./2.Gr./3.Gr.		0/1/0	0/0/0	1/0/1	1/1/1	2/5/2	0/1/3

Tabelle 4.15

Da das in diesem Test unterstellte Heteroskedastizitätsmodell eine Abhängigkeit zwischen der Größe der Varianz des Störterms und der Größe der exogenen Variablen unterstellt, seien in den folgenden Tabellen 4.16a und 4.16b noch die für die einzelnen Gruppen errechneten Varianzen der standardisierten Residuen dargestellt. Für die Interpretation ist zu beachten, daß die Indexrenditen so geordnet sind, daß die erste Gruppe die kleinsten und die dritte Gruppe entsprechend die größten enthält. Die in der vorhergehenden Tabelle bereits markierten Fälle mit einer bei einer Irrtumswahrscheinlichkeit von 5% signifikant von Eins abweichenden Varianz sind auch hier wieder mit dem Index s gekennzeichnet:

	BASF			BAYER			HOECHST		
	1.Gr.	**2.Gr.**	**3.Gr.**	**1.Gr.**	**2.Gr.**	**3.Gr.**	**1.Gr.**	**2.Gr.**	**3.Gr.**
1983	1,13	1,12	0,76	0,99	1,28	0,75	1,07	1,20	0,72
1984	0,88	0,91	1,07	0,98	0,98	1,01	0,97	0,93	1,10
1985	1,05	0,78	1,14	0,74	0,96	1,26	0,91	0,92	1,17
1986	0,96	0,87	1,17	0,55**s**	1,37**s**	1,07	0,92	0,89	1,19
1987	2,17**s**	0,31**s**	0,51**s**	1,25	0,72	1,02	2,07**s**	0,28**s**	0,66**s**
1988	0,67**s**	0,46**s**	1,85**s**	1,14	0,80	1,05	0,83	0,72**s**	1,44**s**

Tabelle 4.16a

	BMW			DAIMLER			VW		
	1.Gr.	**2.Gr.**	**3.Gr.**	**1.Gr.**	**2.Gr.**	**3.Gr.**	**1.Gr.**	**2.Gr.**	**3.Gr.**
1983	0,81	0,86	1,34	0,79	0,77	1,43**s**	0,68**s**	1,58**s**	0,75
1984	1,13	0,89	0,99	0,90	1,04	1,05	0,90	1,02	1,08
1985	0,83	1,10	1,06	0,77	0,81	1,42**s**	0,56**s**	0,84	1,61**s**
1986	1,03	0,41**s**	1,55**s**	0,68**s**	0,94	1,38**s**	0,91	0,83	1,26
1987	0,95	0,57**s**	1,47**s**	1,19	0,62**s**	1,19	1,33**s**	0,44**s**	1,24
1988	0,83	0,78	1,38**s**	0,87	0,69**s**	1,45**s**	0,96	0,68**s**	1,34**s**

Tabelle 4.16b

Aus den Tabellen ist zu entnehmen, daß die Nullhypothese bei einer Irrtumswahrscheinlichkeit von 5% für die erste Gruppe in 22,2%, für die zweite Gruppe in 33,3% und für die letzte Gruppe in 36,1% aller Fälle abgelehnt werden muß. Betrachtet man die Testergebnisse separat für die einzelnen Jahre, so ergibt sich für 1984 mit keiner einzigen Ablehnung der Nullhypothese das "beste" und für die Jahre 1987 und 1988 das "schlechteste" Resultat. In diesen beiden Jahren ist die Nullhypothese für jede Gesellschaft mit Ausnahme von Bayer mindestens für eine Gruppe zu verwerfen. Auffällig ist außerdem, daß in den Jahren 1983 bis einschließlich 1985 für die drei Farbennachfolger und BMW in keinem einzigen Teilbereich eine signifikant von Eins abweichende Varianz der Residuen festzustellen ist. Für Daimler und VW hingegen kann diese Beobachtung nicht bestätigt werden. Diese Gesellschaften schneiden vielmehr in der Gesamtbetrachtung ihrer Testergebnisse am "schlechtesten" ab, da für Daimler in jedem Jahr außer 1984 und für VW in jedem Jahr außer 1984 und 1986 für mindestens eine Gruppe die Nullhypothese verworfen werden muß. Bayer erzielt im Gegensatz dazu das "beste" Resultat mit lediglich einer signifikant von Eins abweichenden Varianz in der ersten und zweiten Gruppe im Jahr 1986. Betrachtet man die Größenordnung der einzelnen Abweichungen, so scheint sich der gegen den ersten Test vorgebrachte Einwand eines fehlenden streng monotonen Zusammenhangs zwischen der Höhe der Indexrendite und der Varianz der Störvariablen tatsächlich zum Teil zu bestätigen. Dies ist insbesondere für das Jahr 1987 deutlich zu erkennen, wo bei jeder Gesellschaft die ermittelte Varianz der standardisierten Residuen in der mittleren Gruppe am kleinsten ist, während sie sowohl für ganz kleine als auch für ganz große Indexrenditen größer ist. Dies würde auch die im Gegensatz zu diesem Test "sehr gute" Beurteilung des Jahres 1987 beim vorhergehenden Test erklären. Ebenfalls auffällig ist, daß die beiden mit Abstand am stärksten signifikant von Eins nach oben abweichenden Varianzen jeweils im ersten Teilbereich bei BASF und Hoechst im Jahr 1987 zu finden sind. Dies zeigt sehr deutlich, daß auch bei kleinen Indexrenditen hohe Varianzen der Störvariablen auftreten können, und relativiert damit die aus dem Auftreten stets positiver signifikanter Rang-Korrelationskoeffizienten gezogene Schlußfolgerung.

Aggregiert man die Ergebnisse der beiden bisher durchgeführten Tests, so kommt es in 58,3% aller berechneten Regressionen bei mindestens einem Test zu einer Ablehnung der Hypothese der Unabhängigkeit zwischen der Höhe der Indexrendite und der Größe der Varianz der Störvariablen.

Wie bereits zu Beginn dieses Gliederungspunktes angedeutet, ermittelt das hier angewendete KQ-Schätzverfahren analog zum Fall autokorrelierter Störvariablen zwar auch beim Vorliegen von Heteroskedastizität noch erwartungstreue Schätzungen für die wahren Regressionsparameter α und β, diese Schätzer sind jedoch dann nicht mehr effizient. Darüber hinaus kommt es durch die Verwendung der Formeln (4.18) und (4.19) beim Auftreten von Heteroskedastizität zu einer falschen Schätzung der Standardfehler mit allen bereits im vorigen Gliederungspunkt IV.5.3.1 für den Fall der Autokorrelation geschilderten Konsequenzen[180].

Auch beim Vorliegen von Heteroskedastizität gilt, daß das sogenannte Aitken-Verfahren im allgemeinen Schätzer mit geringerer Varianz ermittelt als das gewöhnliche KQ-Verfahren, da das Aitken-Verfahren die explizite Berücksichtigung von Heteroskedastizität ermöglicht[181]. Die Überlegungen, die im vorliegenden Fall dazu geführt haben, das Aitken-Verfahren trotzdem nicht anzuwenden, entsprechen den im letzten Abschnitt des vorhergehenden Gliederungspunktes IV.5.3.1 dargelegten Argumenten und sollen deshalb an dieser Stelle nicht noch einmal wiederholt werden[182].

Abschließend soll nun noch die Frage untersucht werden, ob es Hinweise darauf gibt, daß sich die Varianz der Störvariablen im Zeitablauf ändert. Da in dieser Untersuchung für jede Unternehmung sechs Regressionen geschätzt wurden, bietet es sich an, diese Frage zuerst einmal anhand der Gegenüberstellung der für die einzelnen Untersuchungsjahre ermittelten Standardabweichungen der Residuen zu beantworten. Natürlich kann allein aus einer Veränderung dieser Standardabweichung von Jahr zu Jahr noch nicht auf heteroskedastische

---

180) Vgl. hierzu IV.5.3.1 sowie Schneeweiß (1978), S. 178 - 180 i.V.m. S. 191.

181) Vgl. ebenda.

182) Der Begriff der Autokorrelation ist dort lediglich durch den Begriff der Heteroskedastizität auszutauschen.

Störvariablen geschlossen werden. Selbst bei im Zeitablauf konstanter Varianz würde die KQ-Methode nämlich aufgrund der von Jahr zu Jahr veränderten Stichprobe unterschiedliche Schätzungen für die Standardabweichung der Störvariablen berechnen. Die Gegenüberstellung dieser bereits in IV.3.3 ermittelten Schätzungen in der folgenden Tabelle 4.17 zeigt jedoch, daß die Schwankungen für alle Firmen einem vom Untersuchungsjahr abhängigen systematischen Muster folgen, das in seiner Tendenz wohl nicht mehr auf zufälligen Schätzungenauigkeiten beruhen kann. Insofern lassen sich also in der Tat Strukturbrüche der Varianz der Störvariablen im Zeitverlauf vermuten[183].

$\sigma(e_t)$	BASF	BAY	HOE	BMW	DAIM	VW
1983	0,0087	0,0083	0,0084	0,0099	0,0080	0,0134
1984	0,0070	0,0067	0,0068	0,0089	0,0073	0,0104
1985	0,0085	0,0091	0,0094	0,0133	0,0122	0,0151
1986	0,0100	0,0120	0,0099	0,0145	0,0135	0,0143
1987	0,0123	0,0096	0,0137	0,0149	0,0113	0,0167
1988	0,0061	0,0050	0,0055	0,0084	0,0077	0,0097
MIN	1988	1988	1988	1988	1984	1988
MAX	1987	1986	1987	1987	1986	1987
Spann-weite:	0,0062	0,0070	0,0082	0,0065	0,0062	0,0070

Tabelle 4.17

Deutlich ist zu erkennen, daß bei allen Firmen die Standardabweichung, nachdem sie von 1983 auf 1984 absinkt, kontinuierlich über die Jahre ansteigt, bis sie, bei Bayer und Daimler bereits 1986, bei allen anderen Gesellschaften erst 1987 ihr Maximum erreicht[184]. Für alle Firmen folgt 1988 dann eine deutliche Abnahme, die bei Höchst sogar zu einem Rückgang auf 40% der Standardabweichung von 1987 führt. Mit Ausnahme von Daimler wird das Minimum der Standardabweichung in bezug auf den gesamten Untersuchungszeitraum 1988 erreicht. Doch auch bei Daimler liegt der Wert 1988 nur knapp 5,5% über dem Minimum im Jahr 1984. Zwischen den Farbennachfolgern und den Automobilunternehmen ist schließlich insofern ein Unterschied zu erkennen, als bei letzteren der mit Abstand deutlichste Anstieg bereits von 1984 auf 1985 erfolgt, wohingegen bei den Farbennachfolgern der Anstieg von 1984 bis 1986 bzw. 1987 gleichmäßiger verläuft.

Werden Strukturbrüche der Varianz der Störvariablen im Zeitablauf festgestellt, so ist diesem Befund durch abschnittsweises Schätzen von Regressionen Rechnung zu tragen. Dies ist in dieser Untersuchung bereits erfolgt, da für jede Gesellschaft der gesamte Beobachtungszeitraum von 1983 bis 1988 in sechs getrennte Schätzzeiträume aufgeteilt wurde. Na-

183) Vgl. zur Definition eines Strukturbruchs Schneeweiß (1978), S. 118. Auf die Durchführung eines expliziten Tests auf Strukturbruch in der Störvarianz wird im vorliegenden Fall verzichtet; vgl. zu der für diesen Zweck möglichen Durchführung eines F-Tests ebenda, S. 121.

184) VW bildet hierbei insofern eine Ausnahme, als es hier von 1985 nach 1986 zu einem leichten Rückgang der Standardabweichung kommt. Dieser ist allerdings relativ klein, da er nur etwa 5,3% der Standardabweichung von 1985 beträgt.

türlich könnte hier eingewendet werden, daß dieses Vorgehen ziemlich willkürlich ist, da Strukturbrüche in der Varianz der Störterme häufiger als einmal pro Jahr erfolgen können und sie außerdem nicht zwingend mit dem Ende eines Kalender- bzw. Geschäftsjahres zusammenfallen müssen[185]. Die hier gewählte Vorgehensweise stellt jedoch einen guten Kompromiß dar. Was den ersten Einwand betrifft, so ist auf Gliederungspunkt IV.3.2.1 zu verweisen, in dem bereits erläutert wird, daß ein Ausgleich zwischen Schätzungenauigkeiten aufgrund zu kleinen Stichprobenumfangs und auftretender Ungenauigkeiten aufgrund von Verletzungen der Stabilität der Regressionsparameter bei zu großen Schätzzeiträumen geschaffen werden muß. Was den zweiten Einwand betrifft, so ist aus den in Anhang IV beispielhaft für BMW dargestellten Streudiagrammen der Residuen kein Hinweis auf eine sinnvollere Aufteilung des gesamten Untersuchungszeitraums in ungefähr die gleiche Anzahl von Schätzzeiträumen zu erkennen[186]. Es sieht so aus, als ob die Varianz innerhalb eines Kalenderjahres nicht plötzlich auf ein neues Niveau steigt oder fällt, sondern vielmehr immer wieder einmal große Ausreißer bei den Residuen auftreten. Dieselbe Tendenz findet sich mehr oder weniger stark ausgeprägt auch bei den anderen in die Untersuchung einbezogenen Firmen.

185) Für die hier betrachteten Firmen ist das Geschäftsjahr jeweils mit dem Kalenderjahr identisch.

186) Eine firmenindividuelle Aufteilung des Untersuchungszeitraums in einzelne Schätzzeiträume würde im übrigen den Auswertungsaufwand vervielfachen.

V. DER INFORMATIONSGEHALT DES OPTIONSMARKTES FÜR DEN AKTIENMARKT

1. Erwartete Asymmetrie der Testergebnisse

Im vorliegenden Gliederungspunkt wird an die allgemeine Diskussion des gewählten Testansatzes in Kapitel II angeknüpft. Dort wurde die Insiderhypothese durch die Formulierung zweier Teilhypothesen operationalisiert. Die erste Teilhypothese unterstellt, daß die Wahrscheinlichkeit für das Auftreten deutlicher relativer Überbewertungen am Kaufoptionsmarkt im Vorfeld ausgeprägter positiver "abnormal performance" am Markt der jeweils zugrunde liegenden Aktie größer ist als an sonstigen Tagen. Die zweite Teilhypothese postuliert das Entsprechende für die Wahrscheinlichkeit des Auftretens deutlicher relativer Unterbewertungen am Kaufoptionsmarkt im Vorfeld ausgeprägter negativer "abnormal performance" am Aktienmarkt. Im folgenden soll nun erläutert werden, inwiefern zu erwarten ist, daß in Abhängigkeit davon, welche Teilhypothese getestet und welcher Testzeitraum gewählt wird, systematische Unterschiede in der Signifikanz der Testergebnisse auftreten. Darüber hinaus soll erörtert werden, inwiefern es zusätzlich von Bedeutung sein könnte, welche Restlaufzeit bzw. welches Aktienkurs-Basispreis-Verhältnis die jeweils untersuchte Optionsgruppe aufweist.

In Kapitel II.1.3.2 wurde bereits darauf hingewiesen, daß in bezug auf die Inanspruchnahme des Marktes für Kaufoptionen durch die Insider eine Asymmetrie zu erwarten ist. Es ist zu vermuten, daß sich die zweite Teilhypothese im Gegensatz zur ersten in den folgenden Tests tendenziell weniger "bestätigen" läßt. Dafür können mehrere Gründe angeführt werden. Zum einen verlangen die Kreditinstitute während des hier betrachteten Untersuchungszeitraums von einer Privatperson, die eine Stillhalterposition in Aktien begründet, d.h. also Kaufoptionen verkaufen will, als Sicherheitsleistung im allgemeinen eine Verpfändung von Stücken der zugrunde liegenden Aktie in Höhe des gesamten Kontraktvolumens[1]. Im vorliegenden Zusammenhang bedeutet dies, daß ein Insider, der einen außergewöhnlichen Kurseinbruch der Aktien erwartet, diese, sofern er sie besitzt, nicht zum noch höheren Kurs verkaufen könnte und sie, falls er sie nicht besitzt, sogar noch zum höheren Kurs erwerben müßte. Damit wäre für ihn unter diesem Gesichtspunkt sowohl der Verkauf des zu den entsprechenden Kaufoptionen äquivalenten Portfolios[2] als auch der Kauf entsprechender Verkaufsoptionen wesentlich vorteilhafter, da beide Strategien nicht zum Halten der Aktie zwingen. Allerdings bliebe die erste Strategie aufgrund des Leerverkaufsverbots[3] in

---

1) Vgl. hierzu sowie zu den geforderten Sicherheiten von Börsenteilnehmern, die eine Stillhalterposition in Aktien eingehen, die Ausführungen unter III.1.3.5.

2) Unter dem Verkauf des äquivalenten Portfolios versteht man den Verkauf der Aktien und die teilweise sichere Anlage des Erlöses aus diesem Aktienverkauf; vgl. II.1.3.2.

3) Vgl. hierzu ebenda, insbesondere auch den Hinweis auf die Möglichkeit des kurzfristigen Aktienleerverkaufs durch den Berufshandel.

Deutschland ausschließlich den Insidern vorbehalten, die zum relevanten Zeitpunkt gerade im Besitz der entsprechenden Aktien wären[4]. Die einzige Ausnahme in der bisherigen Argumentation bilden lediglich die Insider, die zufällig bereits die jeweiligen Kaufoptionen in ihrem Portfolio halten und diese somit am Sekundärmarkt verkaufen könnten, ohne daß sie eine Stillhalterposition eingehen und die damit verbundenen Sicherheiten stellen müßten. Dies dürfte jedoch nur in Einzelfällen gegeben sein und kann nicht zur Entkräftung der dargestellten Argumente führen. Neben den eventuell zu erbringenden Sicherheitsleistungen sind noch weitere Argumente denkbar, die man als potentiellen Hinweis dafür interpretieren könnte, daß negative Insiderinformationen in der Regel wohl nicht durch Verkauf von Kaufoptionen verwertet werden. Allerdings dürften die zu leistenden Sicherheiten das eindeutigste und wichtigste Argument zur Stützung der vorgebrachten Vermutung sein. Die weiteren potentiellen Begründungen seien im folgenden noch erläutert.

In II.1.3.1 wurde bereits darauf hingewiesen, daß ein beim Kauf einer Kaufoption aufgrund einer Aktienkurssenkung auftretender Verlust maximal der Höhe des ursprünglichen Optionspreises entsprechen kann, wohingegen beim äquivalenten Portfolio im Extremfall zusätzlich noch Kapital in Höhe des gesamten eingesetzten Fremdkapitals verloren gehen könnte[5]. Betrachtet man im vorliegenden Zusammenhang jedoch den Verkauf der jeweiligen Positionen durch Insider, die von einer noch nicht "vom Markt" antizipierten zukünftigen Aktienkurssenkung profitieren wollen, so verwandelt sich die Verlustbegrenzung der Kaufoption in eine Gewinnbegrenzung und damit einen relativen Nachteil des Verkaufs der Kaufoption gegenüber dem Verkauf des äquivalenten Portfolios. Während die letzte Strategie jedoch der Gruppe von Insidern vorbehalten bleibt, die gleichzeitig Besitzer der jeweiligen Aktien sind, könnte ein in diesem Zusammenhang eventuell bestehender Vorteil des Kaufs von Verkaufsoptionen von jedem Insider realisiert werden. Für diese Strategie würde gelten, daß der Verlust aus einem Anstieg des Aktienkurses auf den Optionspreis begrenzt wäre, wohingegen bei einer im vorliegenden Zusammenhang relevanten Aktienkurssenkung der Gewinn im Extremfall bis auf die Differenz aus Basispreis und ursprünglich gezahlter Optionsprämie ansteigen könnte[6]. Dieser Extremfall dürfte zwar kaum von praktischer Re-

---

4) Das geschilderte Argument läßt sich übrigens im Fall der ersten Teilhypothese bei unterstellter positiver Insiderinformation genau umkehren. Der Verkauf von Verkaufsoptionen ist in diesem Fall schon deshalb nachteiliger als der Kauf von Kaufoptionen, da bereits Börsenteilnehmer, die eine Stillhalterposition in Geld eingehen, beim Verkauf von Verkaufsoptionen bis zu 30% ihres Engagements als Sicherheitsleistung erbringen müssen. Vgl. hierzu III.1.3.5.

5) Ist der Zeitfaktor dabei nicht zu vernachlässigen, so wäre beim Kauf des äquivalenten Portfolios im Vergleich zum Kauf der Kaufoption zusätzlich noch ein höherer Zinsverlust möglich. In der folgenden Diskussion soll beim äquivalenten Portfolio keine kontinuierliche Revision unterstellt werden, da das Portfolio in diesem Fall aufgrund der exorbitant hohen Transaktionskosten nie vorteilhaft sein könnte. Strenggenommen ist das Portfolio damit in dieser Erörterung nur im Zeitpunkt seines Aufbaus exakt äquivalent zur Optionsposition, da es nur für diesen kurzen Moment die Option genau dupliziert. Vgl. auch die Diskussion unter II.1.3.1, wo in diesem Fall immer von der nicht revidierten Aktien-Kredit-Position gesprochen wird.

6) Dieser Extremfall entspräche einem Absinken des Aktienkurses auf Null. Ist die Zeitspanne zwischen Aufbau und Glattstellung der zu vergleichenden Positionen nicht vernachlässigbar klein, so müßten für die exakte Ermittlung des jeweiligen Gewinns im Glattstellungszeitpunkt beim Kauf der Verkaufsoptio-

levanz sein, es lassen sich jedoch, wie die folgenden Überlegungen zeigen, trotzdem gewisse Unterschiede in der Wertentwicklung einer Vermögensposition aus verkauften Kaufoptionen im Vergleich zu einer Position aus gekauften Verkaufsoptionen ausmachen. Dabei ist jeweils davon auszugehen, daß die Positionen kurze Zeit nach allgemeiner Bekanntgabe der neuen Information "am Markt" zu den dann geltenden Bedingungen wieder glattgestellt werden. Da anzunehmen ist, daß der Insider eine möglichst große Hebelwirkung anstrebt[7], wird er sich im Fall des Verkaufs von Kaufoptionen tendenziell für Optionen mit hohem Basispreis relativ zum im Transaktionszeitpunkt geltenden Aktienkurs entscheiden, wohingegen er beim Kauf von Verkaufsoptionen Optionen mit einem im Vergleich zum Aktienkurs relativ niedrigen Basispreis wählen wird. Im übrigen wird er in beiden Fällen eher zu Optionen mit kürzerer Restlaufzeit tendieren[8].

Um im folgenden einen unmittelbaren Vergleich der Kauf- und Verkaufsposition zu ermöglichen, sei ferner angenommen, daß bei der Verkaufsposition der Erlös aus dem Verkauf der Kaufoptionen gerade so hoch ist wie der Investitionsbetrag in den Kauf der Verkaufsoptionen bei der Kaufposition. Darüber hinaus sei die Verkaufsposition noch um die sichere Anlage des Verkaufserlöses bis zum Glattstellungszeitpunkt und die Kaufposition um Kreditaufnahme bzw. Abzug von Eigenkapital aus alternativen Verwendungen in Höhe des Kaufpreises vervollständigt. Außerdem soll gelten, daß die unterschiedlichen Optionsmerkmale bei den in den jeweiligen Positionen enthaltenen Kauf- und Verkaufsoptionen gerade so gewählt sind, daß die zu vergleichenden Positionen dasselbe Positions-Delta besitzen[9]. In der folgenden Betrachtung seien nun in einem ersten Schritt der Zeitfaktor und damit insbesondere auch Zinseffekte vernachlässigt. Würde der Aktienkurs nun ceteris paribus um eine marginale Einheit sinken, so würde dies den Wert beider Positionen um den gleichen Betrag erhöhen[10]. Kommt es jedoch nach Bekanntwerden der negativen Insiderinformation "am Markt" zu einem größeren Kurseinbruch, so nimmt ceteris paribus der Wert der Kaufposition stärker zu als der der Verkaufsposition. Dies ist darauf zurückzuführen, daß das Opti-

---

nen noch Zinsverluste und beim Verkauf der Kaufoptionen entsprechende Zinsgewinne berücksichtigt werden; vgl. hierzu die Erläuterungen im folgenden.

7) Vgl. II.1.3.1.

8) Dies garantiert in beiden Fällen eine betragsmäßig relativ hohe Optionselastizität; vgl. z.B. Cox/Rubinstein (1985), S. 228f. und S. 235, sowie Gliederungspunkt III.2.3.2.

9) Das Positions-Delta ist definiert als die Summe der gewichteten Deltas der Wertpapiere, aus denen die Position aufgebaut ist. Als Gewicht fungiert die jeweilige Anzahl dieser Wertpapiere, wobei die Gewichte ein positives Vorzeichen aufweisen, wenn die Wertpapiere gekauft wurden, und ein negatives Vorzeichen, wenn sie verkauft wurden; vgl. Cox/Rubinstein (1985), S. 288f.

10) Der Wert der Kaufposition steigt deshalb, weil Verkaufsoptionen grundsätzlich ein negatives Delta besitzen. Bei einem sinkenden Aktienkurs steigt also der Wert der Optionen und damit auch der Wert der Position. Bei den Kaufoptionen, die grundsätzlich ein positives Delta haben, sinkt der Wert der Optionen demzufolge zwar ab, da diese jedoch verkauft wurden und somit mit negativem Vorzeichen in den Positionswert der Verkaufsposition eingehen, steigt dieser ebenfalls an. Vgl. ebenda zur Definition des Positionswertes als Summe der gewichteten Werte der enthaltenen unterschiedlichen Wertpapiere, wobei die Gewichte genau wie beim Positions-Delta gewählt werden.

ons-Gamma von Kauf- und Verkaufsoptionen stets positiv ist, wohingegen das Options-Delta nur für Kaufoptionen positiv ist[11]. Übertragen auf die Verkaufsposition ergibt sich damit, daß der Wert der Position zwar mit sinkendem Aktienkurs ansteigt, weil ein sinkender Wert der Kaufoptionen einen späteren Rückkauf zu geringeren Preisen ermöglicht. Gleichzeitig nimmt dieser Wertzuwachs pro Einheit Aktienkursverminderung aber kontinuierlich ab, da ein positives Options-Gamma wiederum ein abnehmendes Options-Delta bei sinkenden Aktienkursen impliziert. Bei der Kaufposition hingegen steigt der Wertzuwachs pro Einheit Aktienkursverminderung beständig an, da ein abnehmendes Options-Delta in diesem Fall aufgrund des generell negativen Deltas der Verkaufsoptionen einen betragsmäßigen Anstieg desselben impliziert[12].

Während diese Betrachtung für den Insider den Kauf von Verkaufsoptionen zur Verwertung einer negativen Insiderinformation am vorteilhaftesten erscheinen läßt, ist dieses Urteil bei Einbezug des Zeitfaktors zu relativieren. Da der Wert einer Kaufoption ceteris paribus mit sinkender Restlaufzeit sinkt und dasselbe bei einer Verkaufsoption der Fall sein kann, wird die Verkaufsposition ceteris paribus um so mehr an Wert gewinnen, je mehr Zeit zwischen Verkauf und Rückkauf der Kaufoptionen durch den Insider vergeht, wohingegen die Kaufposition im Zeitverlauf ceteris paribus an Wert verlieren kann[13]. Diese Tendenz wird noch verstärkt, wenn man berücksichtigt, daß bei der Verkaufsposition durch die sichere Anlage der beim Aufbau der Position eingenommenen Optionsprämien noch Zinsen verdient werden können, wohingegen bei der Kaufposition aufgrund des anfänglichen Kapitalbedarfs Zinskosten bzw. Opportunitätskosten des Eigenkapitals auftreten. Je weniger Reaktionszeit den Insidern verbleibt, um ihre Strategie einzuleiten, bevor "der Markt" die Information erhält, je schneller also die Glattstellung der Positionen erfolgt, desto weniger dürften diese Argumente allerdings ins Gewicht fallen.

Abschließend soll ein Ergebnis amerikanischer Untersuchungen zum Insiderhandel referiert werden, das ein weiterer, potentieller Hinweis dafür sein könnte, daß der durch die zweite Teilhypothese postulierte Zusammenhang zwischen Optionsfehlbewertungen und negativer "abnormal performance", der als Folge der Verwertung negativer Insiderinformationen am Kaufoptionsmarkt abgeleitet wurde, in der Realität möglicherweise nicht so stark ausgeprägt ist wie der durch die erste Teilhypothese postulierte Zusammenhang zwischen Optionsfehl-

11) Vgl. ebenda, S. 221 - 234, sowie Gliederungspunkt III.2.3.2.

12) Vgl. hierzu auch Cox/Rubinstein (1985), S. 300 - 305.

13) Vgl. ebenda, S. 221 u. S. 229, zum stets positiven Vorzeichen der Ableitung des Kaufoptionswertes nach der Zeit und dem nicht immer positiven Vorzeichen der entsprechenden Ableitung des Verkaufsoptionswerts. Steigt der Insider jedoch annahmegemäß bevorzugt in Verkaufsoptionen ein, bei denen $S > K$ gilt, so ist ein Sinken ihres Wertes mit sinkender Restlaufzeit zu erwarten; vgl. ebenda, S. 231. Der Vorteil der Verkaufsposition aufgrund sinkender Restlaufzeit wird allerdings wieder dadurch etwas relativiert, als das Kaufoptions-Delta bei out-of-the-money Optionen tendenziell mit abnehmender Restlaufzeit sinkt, wohingegen das Verkaufsoptions-Delta mit sinkender Restlaufzeit dann tendenziell betragsmäßig ansteigt, wenn der ursprünglich über dem Basispreis liegende Aktienkurs schon auf diesen abgesunken ist.

bewertungen und positiver "abnormal performance". Dabei ist allerdings zu beachten, daß die Ergebnisse amerikanischer Untersuchungen schon deshalb nicht ohne weiteres auf den deutschen Markt übertragen werden können, als in den USA immer die Möglichkeit mitzuberücksichtigen ist, daß "der Markt" auch auf die Veröffentlichung der Insidertransaktion an sich reagieren kann. In Deutschland hingegen sind diese Transaktionen aufgrund der fehlenden Meldepflicht "dem Markt" im allgemeinen gar nicht bekannt. Nach Ergebnissen amerikanischer Untersuchungen hat es nun den Anschein, als ob Insider Aktienkurssteigerungen besser antizipieren könnten als Kurssenkungen[14]. So stellen Lorie/Niederhoffer bei der Untersuchung besonders hoher Aktienkursveränderungen in ihrer auf den Aktienmarkt beschränkten Arbeit fest, daß die letzte Insidertransaktion innerhalb von sechs Monaten vor den betrachteten hohen Kursveränderungen in 71 von 100 Fällen ein Aktienkauf ist, falls die Kursveränderung einem starken Kursanstieg entspricht. Vor einem starken Kursverfall läßt sich hingegen nur in 53 von 100 Fällen als letzte Insidertransaktion ein Aktienverkauf beobachten[15]. Allerdings bereinigen Lorie/Niederhoffer im Gegensatz zu dieser Arbeit die Kursveränderungen nicht um die allgemeine Marktbewegung, was die Vergleichbarkeit mit der vorliegenden Untersuchung zusätzlich sehr stark einschränkt.

Während bis jetzt die potentielle Abhängigkeit der Testergebnisse von der jeweils getesteten Teilhypothese diskutiert worden ist, soll im folgenden erläutert werden, inwiefern die Wahl des Testzeitraums und dabei vor allem die während diesem Zeitraum vorherrschende, allgemeine Markttendenz einen systematischen Einfluß auf die Ergebnisse haben könnte. So wäre es zum einen vorstellbar, daß Insider insbesondere während der ersten beiden Jahre des vorliegenden Untersuchungszeitraums die grundsätzlichen Vorteile eines Optionsengagements möglicherweise noch gar nicht ausreichend nutzen konnten, weil der Optionsmarkt zu dieser Zeit noch eine sehr geringe Liquidität aufwies. Deshalb dürfte in dieser Periode die Realisierung von Überrenditen durch Verwertung von Insiderinformationen auf dem Optionsmarkt im Vergleich zum liquideren Aktienmarkt sehr viel schwieriger gewesen sein[16]. Dies könnte zur Folge haben, daß signifikante Zusammenhänge zwischen dem Auftreten von Optionsfehlbewertungen und von "abnormal performance" am Aktienmarkt, wenn überhaupt, dann vor allen Dingen in den späteren Jahren des Untersuchungszeitraums auftreten.

Darüber hinaus könnten die Ergebnisse noch in ganz anderer Hinsicht durch die Wahl der jeweiligen Testzeiträume beeinflußt sein. Bei der Begründung der Plausibilität der Teilhypothesen wurde bisher das Auftreten positiver "abnormal performance" stets mit einem Aktienkursanstieg und das Auftreten negativer "abnormal performance" stets mit einer Kurs-

---

14) Vgl. hierzu den Hinweis bei Ballwieser (1976), S. 248 und die dort angegebenen Quellen.

15) Vgl. Lorie/Niederhoffer (1968), S. 47.

16) Vgl. hierzu insbesondere die in den Tabellen 5.1 bis 5.4 unter Gliederungspunkt V.2.2.3 ausgewiesene, relativ hohe Zahl von Tagen ohne erfolgten Optionshandel bei BMW und Daimler 1983 und 1984. Vgl. auch die Umsatzstatistiken unter III.1.2.

senkung gleichgesetzt[17]. Tatsächlich kann bei jeweils stark gegenläufiger allgemeiner Markttendenz trotz des Auftretens positiver "abnormal performance" aufgrund neuer positiver Information über die spezifische Unternehmung bzw. Unternehmensgruppe der Kurs der Aktie insgesamt durch den Einfluß der Marktkomponente sinken. Ebenso kann trotz des Auftretens negativer "abnormal performance" aufgrund neuer, negativer unternehmens- bzw. unternehmensgruppenspezifischer Information der Kurs ansteigen. Damit wären die jeweils diskutierten Optionsstrategien in diesen Fällen für die Insider nicht mehr vorteilhaft. Daraus kann jedoch nicht ohne weiteres geschlossen werden, daß die Gültigkeit der ersten Teilhypothese in einer ausgesprochenen baisse-Periode und die der zweiten Teilhypothese für eine starke hausse-Periode nicht mehr plausibel erscheinen. Vielmehr dürfte der Insider, sofern er bezüglich der Entwicklung kursrelevanter gesamtwirtschaftlicher Daten keine bessere Voraussicht hat als "der Markt", nach wie vor damit rechnen, daß die von ihm erwartete positive "abnormal performance" auch einen absoluten Kursanstieg erwarten läßt. Dies kann damit begründet werden, daß "der Markt" das Marktportfolio im Gleichgewicht immer so bewerten wird, daß die "vom Markt" erwartete zukünftige Indexrendite und damit auch die "vom Markt" erwarteten Renditen der hier betrachteten Aktien positiv sind[18]. In bezug auf negative Nachrichten könnte der Insider zumindest bei sehr bedeutenden Informationen durchaus noch eine absolute Kurssenkung erwarten[19]. Lediglich wenn man davon ausgeht, daß ein Insider die baisse antizipieren kann bzw. zumindest der Marktentwicklung mißtraut, wäre in langanhaltenden baisse-Perioden mit einer Abschwächung des von der ersten Teilhypothese postulierten Zusammenhangs zu rechnen. Für die zweite Teilhypothese könnte während einer anhaltenden hausse-Periode analog argumentiert werden, sofern sich diese Teilhypothese überhaupt in irgendeinem Fall als signifikant erweisen sollte.

Da die Hypothesen im folgenden auch für Optionsgruppen untersucht werden, die sich bezüglich des Merkmals der Optionsrestlaufzeit unterscheiden, soll abschließend noch erörtert werden, inwiefern zu erwarten ist, daß die Beurteilung der Hypothesen von der untersuchten Laufzeitklasse abhängt. In II.1.3.1 wird als Vorteil der Kaufoption für den Insider der durch die Option realisierbare Leverage-Effekt genannt. Da sich das Ausmaß der möglichen Hebelwirkung jedoch in Abhängigkeit von den vom Investor wählbaren Optionsmerkmalen "Restlaufzeit" und "Aktienkurs-Basispreis-Verhältnis" verändert[20], ist zu vermuten, daß der Insider jeweils die Kaufoptionen bevorzugen wird, deren Merkmale eine möglichst hohe

17) Vgl. insbesondere II.3.

18) Das gleiche Vorzeichen von erwarteter Aktien- und erwarteter Indexrendite kann aus den für alle hier untersuchten Aktien signifikant positiven Betas und den vernachlässigbar kleinen Alphas der unter IV.3.3 ermittelten Regressionsgeraden abgeleitet werden.

19) Erwartet "der Markt" stets positive zukünftige Aktienrenditen, so könnte dies ein weiteres Argument für möglicherweise weniger signifikante Ergebnisse der Tests der zweiten Teilhypothese sein. In diesem Fall wäre nämlich denkbar, daß der Insider im Gegensatz zu seinem Verhalten bei positiven Nachrichten bei negativer Information erst dann am Optionsmarkt tätig wird, wenn er die Kursrelevanz der Information als ganz besonders hoch einschätzt.

20) Vgl. Cox/Rubinstein (1985), S. 228f.

Optionselastizität versprechen. Er wird somit tendenziell vor allem out-of-the-money Optionen mit kurzer Restlaufzeit wählen, da die Elastizität einer Kaufoption in bezug auf Aktienkursänderungen ceteris paribus um so größer ist, je kleiner der Aktienkurs bzw. je kürzer die Restlaufzeit[21]. Darüber hinaus wird mitunter auch die höhere Marktliquidität bei "Kurzläufern" als Argument für eine Bevorzugung kurzer Restlaufzeiten genannt[22]. In dieser Untersuchung werden zwar keine Umsatzzahlen des Optionsmarktes miterfaßt, aus den vorhandenen, rudimentären Daten läßt sich allerdings mit einiger Sicherheit schließen, daß die Marktliquidität der 9-Monats-Optionen während des gesamten Untersuchungszeitraums bei allen untersuchten Firmen geringer war als die der 6-Monats-Optionen. Für den Vergleich von 9- mit 3-Monats-Optionen kann dies hingegen nicht generell gefolgert werden. Auch die Einschätzung der Liquidität von 3- zu 6-Monats-Optionen ergibt kein völlig eindeutiges Bild[23]. Sollte also überhaupt ein auf Insiderhandel am Optionsmarkt beruhender Zusammenhang zwischen Optionsfehlbewertungen und nachfolgender "abnormal performance" am Aktienmarkt bestehen, so wäre zu erwarten, daß dieser Zusammenhang zumindest bei den 9-Monats-Optionen im Vergleich zu der Gruppe der 6-Monats-Optionen tendenziell schwächer ausgeprägt ist. Während die hohe Optionselastizität eindeutig für ein starkes Engagement in 3-Monats-Optionen spricht, könnte das Liquiditätsargument diese Einschätzung möglicherweise wieder etwas abschwächen. Darüber hinaus ergibt sich das zusätzliche Problem, daß die Gruppe der 3-Monats-Optionen mit einer minimalen Restlaufzeit von einem halben Monat auch Optionen enthält, die für den Insider möglicherweise deshalb nicht in Frage kommen, weil er nicht sicher sein kann, daß "der Markt" die Verarbeitung der neuen Information rechtzeitig vor dem Verfall der Option abschließt[24]. Schließlich ist auch eine positive Abhängigkeit der Signifikanz der Teilergebnisse von dem Anteil der out-of-the-money Preisnotierungen in den einzelnen Restlaufzeitgruppen zu erwarten.

2. Durchführung des Tests auf zeitlichen Vorlauf der Optionspreise

Im folgenden Kapitel sollen die unter Gliederungspunkt II.3.1 formulierten Teilhypothesen einem Signifikanztest unterzogen werden. Dazu wird unter V.2.1 eine zweckmäßige Dar-

---

21) Vgl. ebenda sowie III.2.3.2. Vgl. die analoge Argumentation bei Bhattacharya (1987), S. 4f., zur Auswahl der von ihm untersuchten Optionen in seiner Untersuchung über den Informationsgehalt von Optionspreisen für den Aktienmarkt.

22) Vgl. Bhattacharya (1987), S. 4.

23) Vgl. zur Gegenüberstellung der Liquidität der einzelnen Laufzeitklassen die ausführlichen Erläuterungen unter V.2.3.1.2.3.

24) Vgl. eine ähnliche Argumentation bei Powell (1990), S. 93. Dies ist ein weiterer Grund, warum in den Jahren 1986 und 1987 die Preisnotierungen von Optionen, die noch im gleichen Monat fällig werden und damit eine Restlaufzeit von höchstens einem halben Monat haben, im folgenden bei den Tests erst gar nicht miteinbezogen werden. Vgl. z.B. ein analoges Ausschlußkriterium bei Patell/Wolfson (1981), S. 451f., die Optionen mit einer Restlaufzeit bis zu 20 Tagen nicht in ihre Untersuchung miteinbeziehen. Sie stellen nämlich insbesondere während der letzten 15 Tage der Laufzeit sehr stark schwankende Schätzungen der impliziten Standardabweichungen fest.

stellung des Stichprobenmaterials aufgezeigt und das später verwendete statistische Testverfahren vorgestellt. Sodann werden in Abschnitt V.2.2 die für die Durchführung des Tests relevanten Merkmale spezifiziert und die unterschiedlichen Testdurchläufe beschrieben. Dabei ist insbesondere zu klären, welche der für den Optionsmarkt berechneten, durchschnittlichen täglichen Fehlbewertungen jeweils als deutliche relative Fehlbewertungen einzustufen sind[25] und welche der vor den selektierten Intervallen mit ausgeprägten Residuen am Aktienmarkt liegenden Börsentage als potentielle Insiderhandelstage klassifiziert werden sollen[26]. Der letzte Teil V.2.3 enthält schließlich eine ausführliche Dokumentation und Interpretation der Testergebnisse.

2.1 Formale Darstellung der Stichprobe und Beschreibung des Testverfahrens

2.1.1 Systematisierung des Datenmaterials mit Hilfe von Vier-Felder-Tafeln

Für den Test der Hypothesen dieser Untersuchung ist es zweckmäßig, die jeweils relevanten Daten der Stichprobe mittels der folgenden Vier-Felder-Tafel darzustellen[27]:

	F_1: ausgeprägte, relative tägliche Fehlbew.	F_2: keine ausgeprägte, relative tägliche Fehlbewertung	
T_1: potentieller Insiderhandelstag	n_{11}	n_{12}	$n_{1.}$
T_2: kein potent. Insiderhandelstag	n_{21}	n_{22}	$n_{2.}$
	$n_{.1}$	$n_{.2}$	$n_{..}$

wobei n_{km} = Besetzungszahl eines Feldes, die der Anzahl der beobachteten Börsentage vom Typ T_k entspricht, an denen eine Fehlbewertung der Klasse F_m aufgetreten ist.

$n_{.m}$ ($n_{k.}$) = Randwerte, die der Summe der Besetzungszahlen der Spalte m (der Zeile k) entsprechen; Summe aller beobachteten Börsentage, die eine Fehlbewertung der Klasse F_m aufweisen (die den Typ T_k aufweisen).

---

25) Vgl. zur Ermittlung der durchschnittlichen täglichen Fehlbewertungen am Optionsmarkt Abschnitt III.2.4.2.2.

26) Vgl. zur Selektion der Intervalle mit ausgeprägten Residuen am Aktienmarkt Abschnitt IV.4.

27) Vgl. zu diesem Begriff z.B. Sachs (1972), S. 269. Synonym dazu wird auch die Bezeichnung 2x2-Felder-Tafel verwendet, so z.B. bei Hartung/Elpelt/Klösener (1987), S. 411. Die Auswertung von Vier-Felder-Tafeln dient vor allem der Analyse qualitativen Datenmaterials, sie eignet sich aber auch zur Untersuchung quantitativer oder unterschiedlich skalierter Merkmale. In den zuletzt genannten Fällen wird die Analyse dadurch ermöglicht, daß Klassen gebildet werden und die Besetzungszahlen dieser Klassen für die Tests herangezogen werden. Vgl. ebenda, S. 407 - 409.

$n_{..} = n =$ Summe aller Besetzungszahlen der vier Felder; Summe aller beobachteter Börsentage[28].

Dabei ist zu beachten, daß im folgenden das Auftreten besonders hoher positiver bzw. betragsmäßig besonders hoher negativer "abnormal performance" am Aktienmarkt jeweils getrennt untersucht wird. Damit bezeichnet T_1 im Fall positiver "abnormal performance" eine wohldefinierte Anzahl von Börsentagen, die vor den selektierten Intervallen mit hoher positiver Residuensumme liegen, während T_2 für alle sonstigen Börsentage steht, die dieser Definition nicht entsprechen. F_1 wiederum bezeichnet in diesem Fall ausschließlich ausgeprägte relative Optionsüberbewertungen. Das Merkmal F_2 hingegen wird jedem Börsentag zugeordnet, der gerade nicht durch eine ausgeprägte relative Optionsüberbewertung gekennzeichnet ist. Umgekehrt steht T_1 im Fall negativer "abnormal performance" am Aktienmarkt für bestimmte Tage, die vor den selektierten Intervallen mit betragsmäßig hoher negativer Residuensumme liegen. Alle sonstigen Börsentage werden unter T_2 zusammengefaßt. Entsprechend bezeichnet F_1 dann ausgeprägte relative Unterbewertungen. F_2 wiederum wird allen Börsentagen zugeordnet, die nicht das Merkmal F_1 aufweisen[29].

Grundsätzlich lassen sich mittels einer Vier-Felder-Tafel zwei unterschiedliche Arten von Stichprobenerhebungen darstellen[30]. Zum einen kann das Ziehen einer Stichprobe aus einer Grundgesamtheit betrachtet werden, deren Elemente bezüglich zweier jeweils dichotomer Merkmale klassifizierbar sind. Eine auf diese Weise durchgeführte Stichprobenerhebung impliziert, daß alle vier Randwerte der Vier-Felder-Tafel als Realisationen von zufälligen Variablen anzusehen sind[31]. In diesem Fall könnte die Frage geprüft werden, ob die beiden Merkmale statistisch unabhängig voneinander sind. Unter Verwendung der oben eingeführten Symbole wäre also folgende Nullhypothese H_0, die auch als Unabhängigkeitshypothese bezeichnet wird, zu prüfen:

H_0: T_1, T_2 und F_1, F_2 sind statistisch unabhängig,

was gleichbedeutend wäre mit

H_0: $p(T_k \cap F_m) = p(T_k)\, p(F_m)$, für $k = 1, 2$ und $m = 1, 2$,

wobei $p(x)$ = Wahrscheinlichkeit für das Eintreten des zufälligen Ereignisses x.

Auf der anderen Seite ist es jedoch auch denkbar, vor der Stichprobenerhebung die Größe der beiden rechten Randwerte $n_{1.}$ und $n_{2.}$ bereits festzulegen, wobei man dann davon aus-

28) Die Notation ist übernommen von ebenda, S. 411, bzw. Basler (1986), S. 192.

29) Vgl. hierzu die Formulierung der Teilhypothesen in Gliederungspunkt II.3.1.

30) Vgl. zu den folgenden, ausführlichen Erläuterungen z.B. Hartung/Elpelt/Klösener (1987), S. 412f.

31) Man spricht in diesem Fall dann auch von einer Vier-Felder-Kontingenztafel, vgl. z.B. Basler (1986), S. 196. Allerdings werden die Begriffe Vier-Felder-Tafel und Vier-Felder-Kontingenztafel mitunter auch synonym verwendet, so z.B. bei Hartung/Elpelt/Klösener (1987), S. 411.

geht, daß zwei Grundgesamtheiten existieren, von denen die eine ausschließlich Elemente mit der Merkmalsausprägung T_1 und die andere ausschließlich Elemente mit der Merkmalsausprägung T_2 enthält. Hingegen sollen beide Grundgesamtheiten sowohl Elemente mit der Merkmalsausprägung F_1 als auch F_2 enthalten. Aus jeder Grundgesamtheit wird dann eine Zufallsstichprobe vom Umfang $n_{1.}$ bzw. $n_{2.}$ gezogen. Anhand der Stichproben könnte nun überprüft werden, ob die Wahrscheinlichkeit dafür, daß man beim Ziehen eines Elementes aus einer der beiden Grundgesamtheiten ein Element mit der Merkmalsausprägung F_m erhält, jeweils den gleichen Wert aufweist und zwar unabhängig davon, aus welcher der beiden Grundgesamtheiten die Entnahme erfolgt[32]. Die auch als Homogenitätshypothese bezeichnete Nullhypothese H_0 wäre in diesem Fall also folgendermaßen zu formulieren[33]:

$$H_0: \quad p_1(F_1) = p_2(F_1) \text{ und } p_1(F_2) = p_2(F_2),$$

wobei $p_k(F_m)$ = Wahrscheinlichkeit dafür, daß ein aus der Grundgesamtheit k gezogenes Element die Merkmalsausprägung F_m aufweist.

Aufgrund der Dichotomie des Merkmals F gilt außerdem:

$$p_1(F_2) = 1 - p_1(F_1) \text{ und } p_2(F_2) = 1 - p_2(F_1)$$

Damit läßt sich die Homogenitätshypothese vereinfachen zu:

$$H_0: \quad p_1(F_1) = p_2(F_1).$$

Da sich p_1 und p_2 somit immer nur auf F_1 beziehen, kann die Darstellung der Nullhypothese durch Elimination des Klammerausdrucks noch weiter vereinfacht werden:

$$H_0: \quad p_1 = p_2 = p.$$

Bei vielen empirischen Problemstellungen ist es nun nicht immer eindeutig, welche der beiden soeben dargestellten Vorstellungen über die Art und Weise der Stichprobenerhebung dem konkreten Untersuchungsproblem am besten gerecht wird. Es läßt sich jedoch zeigen, daß in beiden Fällen die Nullhypothese mit demselben Testverfahren getestet werden kann und beide Hypothesen in gewissem Sinne äquivalent sind[34]. Insofern ist eine Klärung dieser Frage unter dem Gesichtspunkt der Auswahl eines Testverfahrens gar nicht erforderlich.

32) Vgl. hierzu insbesondere auch Basler (1986), S. 189.

33) Vgl. zu der folgenden, ausführlichen Darstellung der Nullhypothese ebenda, S. 192.

34) Vgl. z.B. ebenda, S. 196f., und Hartung/Elpelt/Klösener (1987), S. 412f. Die Unabhängigkeitshypothese läßt sich auch folgendermaßen formulieren: $p(F_m | T_k) = p(F_m)$; das bedeutet, daß die Wahrscheinlichkeit, das Merkmal F_m zu beobachten, wenn bereits T_k vorliegt, der unbedingten Wahrscheinlichkeit für das Auftreten von F_m entspricht und damit für alle Merkmalsausprägungen T_k gleich groß ist. Interpretiert man das zufällige Auftreten der Merkmalsausprägung T_k beim Ziehen eines Elementes aus einer Grundgesamtheit nun stattdessen als Entnahme aus einer Grundgesamtheit, die ausschließlich Elemente mit der Merkmalsausprägung T_k enthält, so entspräche die Umformulierung der Unabhängigkeitshypothese exakt der in diesem Fall zu testenden Homogenitätshypothese. Tatsächlich wird bei statistischen Untersuchungen auf Unabhängigkeit häufig ein Vergleich von $p(F_m | T_1)$ mit $p(F_m | T_2)$ vorgenommen.

Dennoch soll im folgenden vom zuletzt vorgestellten Szenario ausgegangen werden. Es wird somit die Nullhypothese getestet, daß die Wahrscheinlichkeit für das Auftreten ausgeprägter relativer Fehlbewertungen an potentiellen Insiderhandelstagen und sonstigen Tagen gleich groß ist. Die Formulierung entspricht damit der Homogenitätshypothese[35].

Aus den tatsächlich beobachteten Besetzungszahlen der einzelnen Felder der Vier-Felder-Tafel können im übrigen die jeweils erwarteten Besetzungszahlen geschätzt werden. Bei Annahme des Zutreffens der Nullhypothese gilt für die Schätzung dieser Erwartungswerte allgemein[36]:

$$(5.1) \qquad E(n_{km} | H_0) = \frac{n_{k.} \; n_{.m}}{n_{..}}$$, wobei

$E(n_{km} | H_0)$ = Erwartungswert für die Besetzungszahl n_{km} unter der Bedingung, daß H_0 richtig ist.

2.1.2 Das Testverfahren

Die Nullhypothese H_0: $p_1 = p_2$ wird in dieser Untersuchung gegen die Alternativhypothese H_1: $p_1 > p_2$ mittels des sogenannten exakten Tests von Fisher getestet[37]. Die Formulierung der Alternativhypothese entspricht dabei der als Operationalisierung der Theorie über das Verhalten von Insidern gewählten Untersuchungshypothese, die unterstellt, daß an potentiellen Insiderhandelstagen eine stärkere Tendenz zu ausgeprägten relativen Fehlbewertungen besteht als an sonstigen Börsentagen. Der Test ist in einer einseitigen Form anzuwenden. Die Teststatistik läßt sich aus folgenden Überlegungen herleiten:

Geht man davon aus, daß jeweils eine bestimmte, gleichbleibende Wahrscheinlichkeit p_1 dafür besteht, daß ein aus einer Grundgesamtheit von potentiellen Insiderhandelstagen zufällig herausgegriffener potentieller Insiderhandelstag eine ausgeprägte relative Fehlbewertung F_1 aufweist, so ist die Wahrscheinlichkeit dafür, daß unter $n_{1.}$ potentiellen Insiderhandelstagen n_{11} Tage mit ausgeprägten relativen Fehlbewertungen sind, durch folgende Wahrscheinlichkeit einer Binomialverteilung gegeben[38]:

---

35) Es sei nochmals betont, daß mit dieser Hypothese selbst dann gearbeitet werden könnte, wenn die Frage nach statistischer Unabhängigkeit der Merkmale von Elementen aus einer Grundgesamtheit der vorliegenden Problemstellung eher gerecht würde. Vgl. die vorhergehende Fußnote.

36) Vgl. Basler (1986), S. 190f. bzw. für den Unabhängigkeitsfall S. 196.

37) Eine Beschreibung dieses Tests findet sich z.B. ebenda, S. 197 - 200.

38) Dabei wird unterstellt, daß es sich bei der Stichprobe von $n_{1.}$ Insiderhandelstagen entweder um eine Zufallsstichprobe mit Zurücklegen oder um die zufällige Entnahme aus einer unendlichen Grundgesamtheit handelt. Vgl. hierzu die Erläuterungen zur Binomialverteilung und die Abgrenzung zur hypergeometrischen Verteilung bei Pfanzagl (1978), S. 18 - 23. Die angegebene Wahrscheinlichkeit wäre jedoch bereits dann näherungsweise korrekt, wenn eine Zufallsstichprobe ohne Zurücklegen einen relativ zum

$$\binom{n_{1.}}{n_{11}} p_1^{n_{11}} (1 - p_1)^{n_{1.}-n_{11}} \quad .$$

Geht man analog dazu davon aus, daß eine bestimmte, gleichbleibende Wahrscheinlichkeit p_2 dafür besteht, daß ein aus einer Grundgesamtheit von sonstigen Börsentagen entnommener sonstiger Tag eine ausgeprägte relative Fehlbewertung F_1 aufweist, so gilt für die Wahrscheinlichkeit, daß unter $n_{2.}$ sonstigen Tagen n_{21} Tage mit ausgeprägter relativer Fehlbewertung sind, folgender Ausdruck[39]:

$$\binom{n_{2.}}{n_{21}} p_2^{n_{21}} (1 - p_2)^{n_{2.}-n_{21}} \quad .$$

Unter der Annahme der Richtigkeit der Nullhypothese H_0: $p_1 = p_2$ und bei jeweils vorgegebenem Stichprobenumfang $n_{1.}$ und $n_{2.}$ sowie unter der Bedingung, daß $n_{.1}$ Tage mit ausgeprägten relativen Fehlbewertungen beobachtet werden, ist die Anzahl n_{11} aller Tage, die sowohl potentielle Insiderhandelstage sind als auch eine ausgeprägte relative Fehlbewertung aufweisen, gemäß der hypergeometrischen Verteilung $H(n_{..}, n_{1.}, n_{.1}/n_{..})$ verteilt[40]. Die Wahrscheinlichkeit $p(n_{11})$, daß n_{11} der $n_{1.}$ potentiellen Insiderhandelstage Tage mit ausgeprägten relativen Fehlbewertungen sind, beträgt somit

$$(5.2) \qquad p(n_{11}) = \frac{\binom{n_{.1}}{n_{11}} \binom{n_{..}-n_{.1}}{n_{1.}-n_{11}}}{\binom{n_{..}}{n_{1.}}}$$

und ist vom unbekannten Parameter $p_1 = p_2 = p$ unabhängig[41]. Werden nun als Stichprobenergebnis $x_{11} = n_{11}$ ausgeprägte relative Fehlbewertungen an potentiellen Insiderhandelstagen beobachtet, so ist bei Ablehnung der Nullhypothese H_0: $p_1 = p_2$ eine Irrtumswahrscheinlichkeit α in folgender Höhe zu akzeptieren[42]:

$$(5.3) \qquad \alpha = p(x_{11} \geq n_{11} | H_0) = \sum_{x_{11}=n_{11}}^{\min(n_{1.}, n_{.1})} p(x_{11}) \quad ,$$

Umfang der endlichen Grundgesamtheit sehr kleinen Stichprobenumfang hätte. Vgl. Basler (1986), S. 73.

39) Dabei gelten die in der vorhergehenden Fußnote genannten Bedingungen hier analog.

40) Vgl. hierzu Basler (1987), S. 288f., sowie zur hypergeometrischen Verteilung derselbe (1986), S. 71 - 73.

41) Vgl. ebenda.

42) Vgl. hierzu allgemein Basler (1986), S. 199, bzw. anhand von Zahlenbeispielen Pfanzagl (1978), S. 123f. Gemäß der Notation bei Basler (1987), S. 288ff., werden von nun an, sofern eine Unterscheidung notwendig ist, die Realisationen der Besetzungszahlen mit n_{km} und die zugehörigen Zufallsvariablen mit x_{km} bezeichnet.

wobei $\min(n_{1.},n_{.1})$ = Minimum aus der Anzahl der auftretenden potentiellen Insiderhandelstage und der Anzahl der insgesamt auftretenden Tage mit ausgeprägten relativen Fehlbewertungen[43].

Das soeben vorgestellte Testverfahren wird immer dann als exakter Test von Fisher bezeichnet, wenn es zum Test auf Homogenität oder Unabhängigkeit bei beliebigen Vier-Felder-Tafeln angewendet wird, deren Randwerte nicht oder nur zum Teil vorgegeben sind. Zur Durchführung des Verfahrens werden die jeweiligen Realisationen der Randwerte dann einfach so behandelt, als ob sie vorgegeben gewesen wären[44]. Exakt ist der Test insofern, als er mit der exakten Wahrscheinlichkeitsverteilung der Zufallsvariablen x_{11} bei als vorgegeben betrachtetem Randwert $n_{.1}$ arbeitet und nicht nur mit einer Approximation dieser Verteilung, wie dies etwa der bei Mehr-Felder-Tafeln häufig verwendete χ^2-Test tut[45]. Der exakte Test von Fisher wurde vor allen Dingen für geringe Stichprobenumfänge oder stark asymmetrische Vier-Felder-Tafeln konzipiert, um die dann sehr ungenaue Approximation beim χ^2-Test zu umgehen[46]. Seine generelle Anwendung in der vorliegenden Untersuchung erspart eine einzelfallbezogene Überprüfung der Einhaltung bestimmter, geforderter Schätzwerte für die erwarteten Besetzungszahlen und erübrigt somit die Verwendung unterschiedlicher oder zumindest jeweils modifizierter Testverfahren[47]. Darüber hinaus gilt der exakte Test von Fisher sowohl für den Test auf Unabhängigkeit als auch auf Homogenität in einer Vier-Felder-Tafel mit "kleinen Besetzungszahlen" deshalb als optimaler Test für die Praxis[48], da bewiesen ist, daß er in beiden Fällen gleichmäßig bester unverfälschter Test bezüglich einer Sicherheitswahrscheinlichkeit $(1-\alpha)$ ist[49]. Basler weist jedoch darauf hin, daß dieser Beweis nur für den Test in seiner randomisierten Form[50] Gültigkeit besitzt, während der Test bei statistischen Auswertungen stets nicht-randomisiert angewendet wird[51]. Die Verwendung von Randomisierungen ist deshalb als bedenklich anzusehen, weil erhaltene

---

43) Eine Summation über dieses Minimum hinaus erübrigt sich, da $p(x_{11}) = 0$ für alle $x_{11} > \min(n_{1.},n_{.1})$.

44) Vgl. Basler (1986), S. 199.

45) Vgl. Hartung/Elpelt/Klösener (1987), S. 415.

46) Vgl. ebenda, S. 414.

47) Zu den Anwendungsvoraussetzungen des χ^2-Tests und seinen Modifikationen vgl. Basler (1986), S. 192f.

48) Vgl. z.B. ebenda, S. 200, und derselbe (1987), S. 301.

49) Die Aussage wird bewiesen von Tocher (1950), S. 130 - 144, sowie von Lehmann (1959), S. 134f. Der Beweis findet sich auch bei Witting (1966), S. 166 u. S. 173ff. Zum Begriff des gleichmäßig besten unverfälschten Tests vgl. z.B. Fisz (1958), S. 467 - 474.

50) Vgl. zum Begriff des randomisierten Tests Basler (1986), S. 150f. Ein Test mit einer diskreten Testgröße wird dann in seiner randomisierten Form verwendet, wenn Aussagen über die Güte bzw. Optimalität verschiedener Tests bei einer vorgegebenen Irrtumswahrscheinlichkeit α getroffen werden sollen. Die Randomisierung dient hier der Herstellung der erforderlichen Vergleichbarkeit der Tests.

51) Vgl. derselbe (1987), S. 292.

Testergebnisse durch einen Dritten nicht mehr auf Richtigkeit überprüft werden können[52]. Auch in der vorliegenden Untersuchung wird der Test aus diesem Grunde in seiner nicht-randomisierten Form verwendet. Auf die Anwendung einer von Basler abgeleiteten Verbesserung des exakten Tests von Fisher, die dieser als "Fisher 2" bezeichnet, soll hier jedoch aufgrund des sehr viel höheren Aufwandes, der mit der Durchführung dieser modifizierten Version verbunden wäre, verzichtet werden[53]. Allgemein gilt, daß der hier verwendete Test im Vergleich zu "Fisher 2" konservativ ist, d.h. daß die bei Ablehnung der Nullhypothese zu akzeptierende Irrtumswahrscheinlichkeit oft überschätzt wird, was gleichbedeutend damit ist, daß die Nullhypothese bei einer vorgegebenen Sicherheitswahrscheinlichkeit $(1-\alpha)$ tendenziell nicht so häufig abgelehnt wird wie bei "Fisher 2"[54].

2.2 Spezifikation der relevanten Merkmale und Beschreibung der Testdurchläufe

2.2.1 Die Aufteilung des Untersuchungszeitraums und der Optionsstichprobe

Der im vorigen Gliederungspunkt vorgestellte Test der beiden Teilhypothesen wird zum einen separat für jede Gesellschaft unter Einbezug der durchschnittlichen täglichen Fehlbewertungen durchgeführt, die jeweils aus den Fehlbewertungen aller an einem Tag gehandelter Optionsserien der jeweiligen Gesellschaft ermittelt werden[55]. Des weiteren erfolgt jedoch zusätzlich auch eine Aufteilung der Optionsstichprobe in Restlaufzeitklassen. Dies impliziert die Verwendung der durchschnittlichen täglichen Fehlbewertungen, für deren Ermittlung lediglich die Fehlbewertungen der gehandelten Optionsserien einer Gesellschaft mit am jeweiligen Tag gleicher maximaler Restlaufzeit berücksichtigt werden[56]. Da es plausibel erscheint, daß Insider nicht indifferent bezüglich des Optionsmerkmals "Restlaufzeit" sind[57], dürften die separat für jede Unternehmung durchgeführten, nach Optionsrest-

52) Vgl. derselbe (1986), S. 151.

53) Zur Konstruktion von "Fisher 2" vgl. derselbe (1987), S. 298f. Es wird zwar gezeigt, daß sich der Test in manchen Fällen durch die Anwendung der nach Yates korrigierten Testgröße des χ^2-Tests ersetzen läßt. Diese Möglichkeit wurde bisher jedoch nur an Beispielen untersucht, so etwa für den hier nicht relevanten Bereich $n_{..} \leq 20$; $\alpha = 0{,}01$; $\alpha = 0{,}05$; $\alpha = 0{,}10$. Vgl. ebenda, S. 317 - 321.

54) Dies erklärt sich dadurch, daß beim exakten Test von Fisher der Randwert $n_{.1}$ so behandelt wird, als ob er vorgegeben wäre. Tatsächlich ist $n_{.1}$ eine Zufallsvariable mit bestimmter Eintrittswahrscheinlichkeit. Die Verbesserung durch "Fisher 2" beruht auf der expliziten Berücksichtigung dieses Sachverhalts. Vgl. ebenda, S. 294f.

55) Allerdings sind die Fehlbewertungen der Optionen nicht berücksichtigt, die am 15. Kalendertag desselben Monats fällig werden und deren Preise seit dem zweiten Quartal 1986 ebenfalls veröffentlicht werden. Vgl. zur Begründung für dieses Ausschlußkriterium Gliederungspunkt V.1. Dieser Ausschluß gilt im übrigen generell, d.h. auch für die im folgenden beschriebene Aufteilung der Optionsstichprobe in Laufzeitklassen.

56) Vgl. zur Ermittlung der durchschnittlichen täglichen Fehlbewertungen für die einzelnen Laufzeitklassen III.2.4.2.2.

57) Vgl. zur Begründung dieser Vermutung ebenda sowie Gliederungspunkt V.1.

laufzeitklassen getrennten Tests der Untersuchungshypothese zusätzliche Aussagekraft besitzen. Ein Vergleich der Testergebnisse unterschiedlicher Laufzeitklassen kann somit weitere, wichtige Indizien für oder gegen die Gültigkeit der Insiderhypothese, aus der die untersuchten Teilhypothesen abgeleitet wurden, erbringen[58]. Darüber hinaus verhindert eine Aufteilung nach Laufzeitklassen auch, daß das Auftreten von Insiderhandel, falls dieser sich z.B. hauptsächlich auf Optionen einer Klasse beschränken sollte, nur deshalb nicht entdeckt werden kann, weil das Gewicht der Fehlbewertungen dieser Laufzeitklasse bei der Ermittlung der globalen Fehlbewertung zu gering ist.

Für die Durchführung aller Tests wird eine Aufspaltung des gesamten Untersuchungszeitraums in fünf einzelne Testzeiträume vorgenommen, von denen jeder mit Ausnahme des ersten gerade einem Kalenderjahr entspricht. Der erste Testzeitraum hingegen umfaßt nur ein dreiviertel Jahr, da das Kalenderjahr 1983 überhaupt erst ab einschließlich April im Untersuchungszeitraum enthalten ist. Die Teilhypothesen werden somit bei jeder Gesellschaft in jedem der fünf Testzeiträume jeweils unter Zuhilfenahme von vier unterschiedlichen Optionsstichproben getestet. Bei diesen handelt es sich um die 3-, 6- und 9-Monats-Optionen sowie um die nicht nach Restlaufzeitklassen aufgeteilte Optionsstichprobe des jeweiligen Testzeitraums. Insgesamt werden pro Gesellschaft somit 20 unterschiedliche Testzeitraum-Optionsklassen-Kombinationen berücksichtigt[59]. Analog zur Aufteilung der Optionsstichprobe in Laufzeitklassen bietet auch die Einteilung des gesamten Untersuchungszeitraums in mehrere separate Testzeiträume entscheidende Vorteile. In Gliederungspunkt V.1 wurde in diesem Zusammenhang bereits erläutert, inwiefern eine Abhängigkeit der Testergebnisse von bestimmten Gegebenheiten des jeweils gewählten Testzeitraums möglich erscheint. Falls es im folgenden gelingt, tatsächlich feststellbare Unterschiede zwischen den Testergebnissen verschiedener Testzeiträume auf nach diesen Überlegungen plausible Unterschiede zurückzuführen[60], so könnte dies als ein weiterer Anhaltspunkt für die Stützung der dieser Arbeit zugrunde liegenden Vermutung über das Verhalten von Insidern gewertet werden. Zusätzlich ermöglicht ein nach gleichen Kriterien in mehreren, aufeinanderfolgenden, sich nicht überlappenden Testzeiträumen durchgeführter Test aber auch eine Aussage über die zeitliche Stabilität und die Systematik von Testergebnissen.

---

58) Vgl. zu den tendenziell erwarteten Unterschieden zwischen den Testergebnissen unterschiedlicher Laufzeitklassen V.1 und V.2.3.1.2.3.

59) Dies gilt allerdings nicht für BMW und Daimler. Hier wird im Jahr 1984 für die 9-Monats-Optionen auf eine Durchführung des Tests verzichtet, da in beiden Fällen nur an weniger als 20% aller Börsentage dieses Jahres überhaupt ein Handel in Optionen dieser Laufzeitklasse stattfand.

60) Diese Möglichkeit ist allerdings insofern eingeschränkt, als ein Kalenderjahr natürlich nicht unbedingt nur eine Ausprägung einer in diesem Zusammenhang relevanten Gegebenheit aufweist. So kann sich die Markttendenz am Aktienmarkt im Verlaufe eines Jahres dramatisch ändern, und es ist z.B. auch nicht davon auszugehen, daß sich die Liquidität des Optionsmarktes ab dem Jahreswechsel 1984/1985 schlagartig erhöht hat.

2.2.2 Die Bestimmung der potentiellen Insiderhandelstage

Will man mittels des unter Gliederungspunkt V.2.1.2 vorgestellten Testverfahrens die Teilhypothesen dieser Untersuchung einem statistischen Test unterziehen, so ist zum einen eine Entscheidung darüber zu treffen, wie die Tage des jeweiligen Testzeitraums bestimmt werden sollen, die potentielle Handelstage von Insidern am Optionsmarkt darstellen. Dazu muß die Frage beantwortet werden, wieviele Tage vor allgemeiner Verarbeitung der jeweiligen Information am Aktienmarkt, die in dieser Arbeit durch das jeweils betrachtete Intervall mit ausgeprägten Residuen zeitlich lokalisiert wird, vernünftigerweise bereits mit entsprechenden Transaktionen von Insidern auf dem Optionsmarkt gerechnet werden könnte. Unter der Annahme, daß der Zeitpunkt der "Veröffentlichung" der jeweiligen kursrelevanten Information "am Markt" entweder irgendwo innerhalb des jeweils betrachteten Intervalls mit ausgeprägten Residuen am Aktienmarkt liegt oder sich zumindest sehr nahe bei diesem Intervall befindet, wäre somit die empirische Frage zu klären, wieviele Tage vor allgemeiner Verbreitung einer Information ein Insider im allgemeinen von dieser Kenntnis erlangen kann. Da dies nicht direkt beobachtbar ist, müssen Plausibilitätsüberlegungen bzw. Surrogatmaße zu Hilfe genommen werden. Einigkeit besteht in der einschlägigen Literatur darüber, daß es im allgemeinen nicht gelingen wird, eine wichtige kursrelevante Information besonders lange geheimzuhalten. Sehr uneinheitlich sind hingegen die Interpretationen dessen, was als "besonders lange Zeitspanne" anzusehen ist. Während z.B. Wenger es für plausibel erachtet, daß ein Insider im Durchschnitt allerhöchstens vier Wochen bzw. 20 Handelstage Zeit hat, um eine Insiderinformation für die Erzielung von Überrenditen auszunützen[61], reicht z.B. bei Givoly/Palmon die erwähnte "nicht besonders lange Zeitspanne" bis zu einer Periodenlänge von 9 Monaten oder 180 Handelstagen[62]. Allerdings scheinen letztere diese große Zeitspanne doch eher als absoluten Ausnahmefall einzustufen, was daraus geschlossen werden kann, daß etliche von ihnen durchgeführte Tests auf die Betrachtung einer maximalen Zeitperiode von 90, in einem Fall sogar von lediglich 60 Handelstagen beschränkt sind[63]. Für die Zwecke dieser Untersuchung erscheint es ebenfalls sinnvoll, die Zeitspanne eher knapper zu bemessen. Im vorliegenden Fall muß ja berücksichtigt werden, daß der Insider überhaupt nur dann von einer Optionstransaktion profitieren kann, wenn "der Markt" noch innerhalb der Optionsrestlaufzeit auf die Information reagiert. Da selbst die 9-Monats-Optionen nur etwa eine Restlaufzeit zwischen 130 und 190 Handelstagen aufweisen, wäre die Betrachtung einer Zeitspanne von 180 Handelstagen nicht mehr vernünftig zu begründen. Für die vorliegende Untersuchung wird deshalb festgelegt, daß jeweils höchstens die 60 Börsentage vor dem ersten Tag eines nach IV.4 selektierten Intervalls mit ausgeprägten Re-

61) Vgl. Wenger (1986), S. 10. Die Durchschnittsbetrachtung schließt natürlich längere Zeitspannen im Einzelfall nicht aus.

62) Vgl. Givoly/Palmon (1985), S. 75, Fußnote 10.

63) Vgl. ebenda, z.B. S. 79 und S. 84.

siduen am Aktienmarkt als potentielle Insiderhandelstage T_1 betrachtet werden[64]. Dabei dürfte es wieder interessant sein, bei Durchführung des Tests mit einem Vorlauf von 60 Börsentagen die Testergebnisse in den unterschiedlichen Optionslaufzeitklassen zu betrachten. Im Gegensatz zu den 6- und 9-Monats-Optionen erscheint es bei den 3-Monats-Optionen mit einer Restlaufzeit von nur etwa 10 bis 70 Börsentagen kaum wahrscheinlich, daß ein Insider für seine Transaktionen gerade diese wählt, wenn er erwartet, daß die Information noch sehr lange nicht an die Öffentlichkeit gelangt. Diese Überlegung liefert einen der Gründe, warum es nicht sinnvoll wäre, bei allen Testdurchläufen die potentiellen Insiderhandelstage T_1 lediglich gemäß diesem Vorlauf von 60 Börsentagen zu bestimmen. Stattdessen werden für jede Testzeitraum-Optionsklassen-Kombination einer Gesellschaft zunächst acht Testdurchläufe gewählt, die mit unterschiedlichen Vorlaufzeiträumen operieren. Gewählt werden Vorläufe von 5, 10, 15, 20, 30, 40, 50 oder eben 60 Börsentagen.

Für die Berücksichtigung von Vorläufen, die wesentlich unter den als Maximum gewählten 60 Börsentagen liegen, sprechen insbesondere auch noch die folgenden Gründe. Zum einen werden pro jährlichem Testzeitraum im Schnitt 6,67 bzw. 5,52 Intervalle mit besonders hoher, geschätzter positiver bzw. negativer "abnormal performance" am Aktienmarkt selektiert. Je länger nun der gewählte Vorlauf ist und je gleichmäßiger sich diese Intervalle über das Jahr verteilen, desto mehr besteht die Gefahr, daß als Nicht-Insiderhandelstage T_2 nur mehr sehr wenige Tage eingestuft werden oder im Extremfall sogar überhaupt kein Tag des Testzeitraums mehr als Nicht-Insiderhandelstag T_2 verbleibt. Insbesondere der erwähnte Extremfall macht deutlich, daß dann das Testergebnis keinerlei Aussagekraft mehr besitzt. Zum andern erscheint es plausibel, daß die Länge der Zeitspanne von dem Zeitpunkt, an dem die erste Person Kenntnis von der Insiderinformation erhält, bis zu dem Zeitpunkt, an dem die Information bereits so weit verbreitet ist, daß ihre Verarbeitung zu außergewöhnlichen Kursausschlägen am Aktienmarkt führt, vor allem auch von der Art der Information abhängt. So wird etwa eine Information, die auf dem Verhandlungsergebnis mehrerer größerer Gremien beruht oder Übereinkünfte zwischen verschiedenen Firmen betrifft, tendenziell schneller durchsickern als eine Information, die lediglich von der Entscheidung eines einzelnen bzw. einer sehr kleinen Gruppe abhängt. Auch das Verhalten der jeweiligen Insider spielt eine entscheidende Rolle. Diese könnten, nachdem sie ihre Transaktionen getätigt haben, die Verbreitung der Information durch gezielte Informationspolitik bewußt beschleunigen. Im übrigen ist gerade bei einer mit der Zeit steigenden Zahl von Insidern, die nach und nach Kenntnis von der Information erlangen, mit verstärkten Optionsengagements und damit einem erhöhten Preisdruck auf dem Optionsmarkt zu rechnen. Auch diese Überlegung spricht dafür, deutlich unter 60 Börsentagen liegende Vorläufe ebenfalls auf das Vorliegen ausgeprägter relativer Fehlbewertungen am Optionsmarkt zu untersuchen[65].

---

64) In diesem Zusammenhang sei noch einmal darauf hingewiesen, daß für einen Testdurchlauf nur entweder Intervalle mit positiver oder Intervalle mit negativer "abnormal performance" am Aktienmarkt berücksichtigt werden; vgl. die Erläuterungen unter V.2.1.1.

65) Falsch wäre es hingegen anzunehmen, daß es deshalb ausreichend sein könnte, lediglich einen Testdurchlauf mit sehr langem Vorlauf durchzuführen, weil die bei einem kürzeren Vorlauf selektierten po-

Die bisher beschriebenen acht Testdurchläufe pro Testzeitraum-Optionsklassen-Kombination einer Gesellschaft, die sich durch die Art und Weise unterscheiden, wie die potentiellen Insiderhandelstage T_1 innerhalb eines Testzeitraums zu identifizieren sind, werden noch durch acht weitere Testdurchläufe ergänzt. Bei diesen werden zusätzlich zu den jeweiligen Vorlauftagen auch die ersten fünfzig Prozent der gemäß IV.4 selektierten kritischen Tage am Aktienmarkt als potentielle Insiderhandelstage T_1 betrachtet[66]. Diesem Vorgehen liegt die bei der Entwicklung der Teilhypothesen geäußerte Vermutung zugrunde, daß es nicht völlig auszuschließen ist, daß sich das Zeitintervall mit ausgeprägten relativen Fehlbewertungen am Optionsmarkt und die nachfolgende Periode besonders hoher positiver bzw. negativer "abnormal performance" am Aktienmarkt überlappen. Dabei erscheint, wenn überhaupt eine Überlappung auftritt, insbesondere eine partielle Überlappung plausibel[67].

In einem letzten Schritt werden zu den bis jetzt erläuterten 16 Testdurchläufen pro Testzeitraum-Optionsklassen-Kombination einer Gesellschaft noch einmal neun weitere hinzugefügt[68]. Die ersten acht davon sind dadurch charakterisiert, daß sie von 5, 10, 15, oder 20 Börsentagen Vorlauf bei der Auswahl potentieller Insiderhandelstage T_1 ausgehen, wobei abweichend zum bisherigen Vorgehen zwischen diesen Tagen und dem ersten Tag des selektierten Intervalls mit ausgeprägten Residuen am Aktienmarkt aber ein Abstand von 5 bzw. 10 Handelstagen berücksichtigt wird. Diese Testdurchgänge gehen somit zum einen von der Erwartung einer höheren Relevanz relativ kurzer Vorläufe aus und unterstellen zum andern, daß sich die Phase der Transaktionen der Insider am Optionsmarkt und die nachfolgende Phase der vollständigen Verarbeitung der Information am Aktienmarkt nicht nur nicht überlappen, sondern daß diese sogar nicht einmal nahtlos ineinanderübergehen. Beim letzten Testdurchlauf werden schließlich alle Tage der selektierten Intervalle mit ausgeprägten Residuen am Aktienmarkt als potentielle Insiderhandelstage T_1 für den Optionsmarkt betrachtet. Damit wird in diesem Fall insofern von der Untersuchungshypothese abgewichen, als nicht mehr auf einen zeitlichen Vorlauf der Optionsfehlbewertungen gegenüber der "abnormal performance" am Aktienmarkt getestet wird. Die Testergebnisse dieses letzten Test-

---

tentiellen Insiderhandelstage stets nur eine Teilmenge der bei sehr langem Vorlauf ausgewählten Tage darstellen. Bei einem solchen Vorgehen könnte es nämlich zu erheblichen "Verwaschungseffekten" kommen. Regelmäßig nur an Tagen relativ kurz vor den Intervallen mit ausgeprägten Residuen am Aktienmarkt auftretende, deutliche relative Optionsfehlbewertungen könnten dann unentdeckt bleiben.

66) Entspricht die Intervallänge einer ungeraden Anzahl von Tagen, so wird für die Bestimmung der Tage, die zur ersten Hälfte des Intervalls gehören und damit noch als potentielle Insiderhandelstage am Optionsmarkt zu qualifizieren sind, die halbe Intervallänge stets auf volle Tage abgerundet. Die Insiderhandelstage, die innerhalb des Intervalls mit ausgeprägten Residuen liegen, werden im folgenden als Überlappungstage bezeichnet, wohingegen die vor den Intervallen liegenden selektierten Insiderhandelstage als Vorlauftage bezeichnet werden.

67) Vgl. hierzu die Erläuterungen unter II.3.1.

68) Genaugenommen handelt es sich natürlich um 2 x 16 und 2 x 9 Testdurchläufe, da pro Selektionskriterium ein Durchlauf für Intervalle mit hohen positiven und ein zweiter Durchlauf für Intervalle mit hohen negativen Residuen am Aktienmarkt durchgeführt wird. Inwiefern diese Testdurchläufe durch alternative Definitionen ausgeprägter relativer Fehlbewertungen noch weiter aufgegliedert werden, ist dem nächsten Gliederungspunkt V.2.2.3 zu entnehmen.

durchlaufs können für die Beurteilung der Insiderhypothese deshalb nur dann etwas aussagen, wenn sie im Zusammenhang mit den übrigen Testergebnissen interpretiert werden.

Abschließend soll noch auf einige Punkte eingegangen werden, die bei der Technik der Selektion der Insiderhandelstage T_1 berücksichtigt werden müssen. Zum einen war bei der Ausarbeitung des Selektionsprogramms zu beachten, daß pro Testdurchlauf jeder Tag nur maximal einmal als Insiderhandelstag erfaßt werden darf. Damit entsprechen die zu wählenden Insiderhandelstage T_1 pro Testdurchlauf der Vereinigungsmenge aller nach dem jeweiligen Selektionskriterium für die einzelnen Intervalle ermittelten Insiderhandelstage. Des weiteren ist zu beachten, daß nach dem jeweiligen Selektionskriterium zu wählende Insiderhandelstage unter Umständen periodenübergreifend zugeordnet werden müssen. Dazu wird zu Beginn und Ende eines Testzeitraums folgendermaßen verfahren: für Intervalle mit ausgeprägten Residuen am Aktienmarkt, die am Jahresanfang liegen, werden jeweils nur die Tage des Intervalls und/oder nur die Vorlauftage als Insiderhandelstage für den jeweiligen Testzeitraum erfaßt, die noch innerhalb des betrachteten Jahres liegen. Am Ende des Teilzeitraums sind dementsprechend auch die Tage als Insiderhandelstage zu erfassen, die noch im aktuellen Testzeitraum liegen, die aber Vorlauftage bzw. Überlappungstage von selektierten Intervallen mit hoher "abnormal performance" am Aktienmarkt sind, die bereits zum auf den Teilzeitraum folgenden Jahr gehören[69].

2.2.3 Das Fehlbewertungsmerkmal als dichotome Variable

Die Nullhypothese dieser Untersuchung unterstellt, daß die Wahrscheinlichkeit dafür, daß an einem potentiellen Insiderhandelstag T_1 eine Fehlbewertung auftritt, die eine relativ niedrig angesetzte Obergrenze nicht über- bzw. eine relativ hoch angesetzte Untergrenze nicht unterschreitet[70], genauso groß ist wie die Wahrscheinlichkeit dafür, daß ein sonstiger Tag T_2 des Testzeitraums eine solche Fehlbewertung aufweist. Wie die durchschnittlichen täglichen Fehlbewertungen in der vorliegenden Arbeit berechnet werden, wurde bereits in Gliederungspunkt III.2.4.2.2 erläutert. Um die Nullhypothese testen zu können, muß deshalb im

69) Überlappungstage können in diesem Fall immer nur dann auftreten, wenn das selektierte Intervall mit ausgeprägten Residuen gerade am Jahreswechsel liegt und somit Börsentage aus beiden Jahren enthält.

70) Gemäß der hier verwendeten Formel (3.22) ist die Fehlbewertung einer einzelnen Option als Differenz aus Black/Scholes-Wert und Optionspreis dividiert durch den Black/Scholes-Wert definiert; vgl. Gliederungspunkt III.2.4.2.1. Demzufolge wird nicht nur der Absolutbetrag der prozentualen Abweichung des Optionspreises vom Black/Scholes-Wert ermittelt; vielmehr kann am Vorzeichen der Fehlbewertung abgelesen werden, ob es sich um eine Überbewertung (=negatives Vorzeichen) oder um eine Unterbewertung (=positives Vorzeichen) handelt. Werden berechnete Fehlbewertungen der Größe nach geordnet und wird ihr jeweiliges Vorzeichen dabei explizit berücksichtigt, so entspricht die Überbewertung mit dem größten Absolutbetrag der "kleinsten" Fehlbewertung und die stärkste Unterbewertung der "größten" Fehlbewertung. Aus der Fehlbewertungsdefinition folgt somit, daß die für die erste Teilhypothese zu spezifizierenden, ausgeprägten relativen Überbewertungen dadurch gekennzeichnet sind, daß sie eine festzulegende Obergrenze nicht überschreiten. Für die beim Test der zweiten Teilhypothese relevanten, ausgeprägten relativen Unterbewertungen gilt entsprechend, daß sie eine festzulegende Untergrenze nicht unterschreiten.

folgenden lediglich noch spezifiziert werden, wie die jeweilige Fehlbewertungsober- bzw. -untergrenze unter Berücksichtigung des Ziels dieser Untersuchung festzulegen ist. Sinnvollerweise wird im vorliegenden Zusammenhang die Frage, ob ein Tag eine ausgeprägte relative Über- bzw. Unterbewertung für die jeweils betrachtete Optionsklasse aufweist, nicht durch Vergleich mit einer allgemeingültigen, für alle Gesellschaften und Testzeiträume fest vorgegebenen Ober- bzw. Untergrenze beantwortet; vielmehr wird ein Vergleich mit den tatsächlich an allen übrigen Tagen des jeweiligen Testzeitraums für die betrachtete Optionsklasse aufgetretenen Fehlbewertungen vorgenommen. Dieses Vorgehen ist noch näher zu begründen.

Würde es in den einzelnen Testzeiträumen jeweils etwa genauso viele Tage mit Über- wie mit Unterbewertungen geben und wäre darüber hinaus der für die Teilperiode berechnete Durchschnitt aus allen durchschnittlichen täglichen Fehlbewertungen nahe Null, so würde es plausibel erscheinen, daß verstärkte Kaufaktivitäten von Insidern am Optionsmarkt vor Intervallen mit positiver "abnormal performance" am Aktienmarkt tendenziell zu hohen Überbewertungen der Optionen führen würden. Umgekehrt würden starke zusätzliche Verkaufsaktivitäten am Optionsmarkt vor Intervallen mit negativer "abnormal performance" am Aktienmarkt tendenziell zu hohen Unterbewertungen führen. Tatsächlich läßt sich in der Realität jedoch ein Bias bei der Marktbewertung der Optionen im Vergleich zum Black/ Scholes-Modell feststellen. So wird unter III.2.4.2.2 bei der Auswertung der Optionsstichprobe dieser Untersuchung festgestellt, daß in der überwiegenden Mehrzahl der Fälle die Anzahl der Tage mit im Durchschnitt überbewerteten Optionen die Zahl der Tage mit im Durchschnitt unterbewerteten Optionen deutlich übersteigt und darüber hinaus der jährliche Fehlbewertungsmittelwert ebenfalls eine Überbewertung signalisiert. In diesen Fällen erscheint es nun jedoch durchaus möglich, daß sich ein Sinken der Optionspreise aufgrund potentieller, starker Verkaufsaktivitäten von Insidern vor Intervallen mit negativer "abnormal performance" am Aktienmarkt lediglich in betragsmäßig besonders kleinen Überbewertungen der Optionen niederschlägt. Umgekehrt wäre in den Fällen, in denen der jährliche Fehlbewertungsmittelwert ausnahmsweise eine Unterbewertung anzeigt und im gesamten Testzeitraum mehr Tage mit Optionsunterbewertungen auftreten, analog denkbar, daß Kaufaktivitäten von Insidern am Optionsmarkt vor Intervallen mit positiver "abnormal performance" am Aktienmarkt lediglich zu besonders niedrigen Unter- bzw. im Vergleich zu anderen Jahren oder Firmen betragsmäßig nur kleinen Überbewertungen führen. Diese Überlegungen erklären, weshalb die Fehlbewertungsober- bzw. -untergrenzen separat für jede Testzeitraum-Optionsklassen-Kombination einer Gesellschaft in Abhängigkeit von den für alle Börsentage dieses Teilzeitraums berechneten durchschnittlichen Fehlbewertungen festgelegt werden. Die Vergleichbarkeit zwischen den Ergebnissen von Testdurchläufen, die unter Verwendung gleicher Selektionskriterien für potentielle Insiderhandelstage für unterschiedliche Jahre und/oder Firmen durchgeführt werden, dürfte durch dieses Vorgehen am besten gewährleistet sein. Die in Gliederungspunkt V.2.1.1 verwendete Aufteilung des Fehlbewertungsmerkmals in F_1 (Tage mit ausgeprägten relativen Fehlbewertungen) und F_2

(alle Tage, die nicht unter F_1 fallen) sagt somit nicht in jedem Fall etwas über das Vorzeichen der ausgeprägten relativen Fehlbewertung oder über die absolute Höhe des Fehlbewertungsbetrages aus[71].

Analog zur Selektion der potentiellen Insiderhandelstage wird im folgenden ebenfalls mit mehreren, alternativen Definitionen für die Merkmalsausprägung F_1 gearbeitet, wobei jede Definition einen neuen Testdurchlauf bedingt. Bei Berücksichtigung der Intervalle mit positiver "abnormal performance" am Aktienmarkt wird somit entweder den 5%, 10%, 15%, 20%, 25%, 30%, 35%, 40%, 45% oder den 50% Börsentagen, die die "kleinsten" Fehlbewertungen[72] im jeweiligen Teilzeitraum aufweisen, die Merkmalsausprägung F_1 zugeordnet. Umgekehrt erhalten bei den Testdurchgängen mit Intervallen mit negativer "abnormal performance" alternativ alle die Börsentage des Testzeitraums die Merkmalsausprägung F_1 zugewiesen, die zu den 5%, 10%, 15%, 20%, 25%, 30%, 35%, 40%, 45% oder den 50% Handelstagen mit den "größten" Fehlbewertungen des jeweiligen Teilzeitraums gehören. Die parallele Durchführung der Untersuchung mit unterschiedlichen Anteilsätzen als Definition für die Merkmalsausprägung F_1 bietet entscheidende Vorteile. Würde man nämlich z.B. nur die 5% Börsentage mit den "kleinsten" bzw. "größten" Fehlbewertungen unter F_1 subsumieren, so wäre hier die Gefahr ganz besonders groß, daß das Testergebnis durch einen Ausreißer, der lediglich auf einem Erhebungs- oder Berechnungsfehler beruht, verzerrt wird. Diese Gefahr kann durch die Wahl eines höheren Anteilsatzes verringert werden, da damit die Anzahl der Tage, die unter F_1 zu subsumieren sind, steigt und somit ein Ausreißertag keinen so großen Einfluß auf das Testergebnis mehr ausüben kann. Selbst unter Ausscheidung der kleinsten Anteilsätze wäre die weitere Entscheidung für lediglich einen bestimmten Prozentsatz jedoch nur willkürlich zu treffen. Zusätzlich ist zu bedenken, daß die Stärke des Preisdrucks auf dem Optionsmarkt, der durch die potentiellen Käufe bzw. Verkäufe der Insider an einem bestimmten Tag ausgelöst wird, jeweils von deren relativer Stärke an diesem Tag abhängt. Diese wiederum wird durch das Transaktionsvolumen der Insider und die Höhe des gesamten Umsatzes in dem jeweiligen Marktsegment zum betrachteten Zeitpunkt bestimmt. Da beide Faktoren beständig im Zeitablauf schwanken und sich auch zwischen den Firmen unterscheiden können, ist jedoch gerade die Durchführung des Tests mit alternativen Grenzen für die Bestimmung von F_1 besonders aussagekräftig. Ist die

---

71) Existieren für eine Gesellschaft in einem Testzeitraum beispielsweise kaum Tage mit im Durchschnitt unterbewerteten Optionen, so wird bei den Testdurchläufen mit Berücksichtigung von negativer "abnormal performance" am Aktienmarkt die Merkmalsausprägung F_1 (=ausgeprägte relative Unterbewertung) nicht nur Börsentagen mit im Durchschnitt unterbewerteten Optionen (=Fehlbewertungen mit positivem Vorzeichen), sondern auch Börsentagen mit im Durchschnitt zumindest schwach überbewerteten Optionen (=Fehlbewertungen mit negativem Vorzeichen und geringem Absolutbetrag) zuzuordnen sein; vgl. hierzu auch die vorhergehende Fußnote.

72) Es sei noch einmal betont, daß der Börsentag mit der "kleinsten" Fehlbewertung im vorliegenden Zusammenhang nicht etwa der Tag des Testzeitraums ist, an dem die Preise der Optionen einer Gesellschaft im Durchschnitt am wenigsten von den jeweiligen Black/Scholes-Werten abweichen; vielmehr ist es der Tag mit der höchsten durchschnittlichen Überbewertung des Testzeitraums. Die "größte" Fehlbewertung ist analog mit der höchsten, durchschnittlichen täglichen Unterbewertung des Testzeitraums gleichzusetzen. Vgl. hierzu die Erläuterungen in der vorletzten Fußnote.

Marktliquidität z.B. sehr hoch und/oder agieren nur sehr wenige Insider mit relativ geringem Auftragsvolumen, so könnten die durch den tendenziell nicht sehr hohen Preisdruck ausgelösten Optionsfehlbewertungen bei Verwendung eines relativ großen F_1-Anteilsatzes noch zu einer signifikanten Ablehnung der Nullhypothese führen. Je kleiner der Anteilsatz, desto geringer ist hingegen die Wahrscheinlichkeit, daß noch ein signifikantes Ergebnis erzielt wird. Umgekehrt dürften die auf einem sehr engen Markt und/oder von relativ vielen gleichzeitig agierenden Insidern mit insgesamt hohem Auftragsvolumen ausgelösten Optionsfehlbewertungen tendenziell eher bei kleineren F_1-Anteilsätzen zu einer signifikanten Ablehnung der Nullhypothese führen. Bei der Wahl eines großen Anteilsatzes würden hingegen möglicherweise "Verwaschungseffekte" auftreten.

Auf eine Besonderheit der Merkmalsausprägung F_2 sei abschließend noch hingewiesen. F_2 wird insbesondere auch all jenen Börsentagen zugeordnet, an denen in der jeweils betrachteten Optionsklasse gar kein Handel zustande kam und für die demzufolge auch keine entsprechende durchschnittliche Fehlbewertung berechnet werden kann. Wie der folgenden Tabelle 5.3 zu entnehmen ist, tritt dieser Fall im Marktsegment der 9-Monats-Optionen bei BMW und Daimler im Jahr 1984 derart häufig auf, daß nur ein kleiner Bruchteil der hinsichtlich der Definition des Fehlbewertungsmerkmals zu unterscheidenden Testdurchläufe überhaupt durchgeführt werden könnte. An nicht einmal 20% der Börsentage des Jahres 1984 fand bei BMW und Daimler ein Handel in 9-Monats-Optionen statt. Da es bei einem derart illiquiden Markt aber nicht wahrscheinlich erscheint, daß sich Insider überhaupt dieses Marktsegments bedienen, um ihre Insiderinformation auszunützen, wird in diesen beiden Fällen gänzlich auf eine Durchführung des Tests verzichtet. Darüber hinaus wird bei allen Testzeitraum-Optionsklassen-Kombinationen einer Gesellschaft, bei denen die Anzahl der Börsentage ohne Optionshandel in der jeweiligen Laufzeitklasse fünfzig Prozent der Anzahl der Börsentage des jeweiligen Jahres überschreitet, die Zahl der Testdurchläufe halbiert, so daß statt der zehn jeweils nur mehr die fünf kleinsten F_1-Anteilsätze berücksichtigt werden. Dies trifft, wie den Tabellen 5.1 bis 5.4 entnommen werden kann, auf sieben weitere Fälle zu.

3-Monats-Optionen

Börsentage ohne Handel absolut in Prozent	1983	1984	1985	1986	1987
BASF	32 17,1%	15 6,0%	2 0,8%	0 0,0%	7 2,8%
BAYER	28 15,0%	3 1,2%	0 0,0%	1 0,4%	1 0,4%
HOECHST	48 25,7%	31 12,4%	2 0,8%	3 1,2%	6 2,4%
BMW	86 44,0%	146 58,4%	62 25,0%	32 12,9%	31 12,5%
DAIMLER	130 69,5%	123 49,2%	62 25,0%	4 1,6%	18 7,2%
VW	6 3,2%	4 1,6%	2 0,8%	2 0,8%	3 1,2%

Tabelle 5.1

6-Monats-Optionen

Börsentage ohne Handel absolut in Prozent	1983	1984	1985	1986	1987
BASF	7 3,7%	4 1,6%	0 0,0%	0 0,0%	2 0,8%
BAYER	8 4,3%	2 0,8%	0 0,0%	0 0,0%	1 0,4%
HOECHST	9 4,8%	14 5,6%	4 1,6%	2 0,8%	2 0,8%
BMW	74 39,6%	113 45,2%	55 22,2%	52 21,0%	29 11,7%
DAIMLER	111 59,4%	77 30,8%	43 17,3%	13 5,2%	11 4,4%
VW	0 0,0%	3 1,2%	0 0,0%	1 0,4%	4 1,6%

Tabelle 5.2

9-Monats-Optionen

Börsentage ohne Handel absolut in Prozent	1983	1984	1985	1986	1987
BASF	21 11,2%	25 10,0%	6 2,4%	14 5,6%	14 5,6%
BAYER	22 11,8%	28 11,2%	6 2,4%	22 8,9%	16 6,4%
HOECHST	23 12,3%	67 26,8%	35 14,1%	28 11,3%	28 11,2%
BMW	115 61,5%	219 87,6%	152 61,3%	142 57,3%	105 42,2%
DAIMLER	137 73,3%	207 82,8%	86 34,7%	72 29,0%	60 24,1%
VW	8 4,3%	25 10,0%	10 4,0%	30 12,1%	26 10,4%

Tabelle 5.3

Aggregierte Optionsstichprobe

Börsentage ohne Handel absolut in Prozent	1983	1984	1985	1986	1987
BASF	1 0,5%	2 0,8%	0 0,0%	0 0,0%	1 0,4%
BAYER	1 0,5%	0 0,0%	0 0,0%	0 0,0%	0 0,0%
HOECHST	0 0,0%	3 1,2%	0 0,0%	1 0,4%	0 0,0%
BMW	24 12,8%	64 25,6%	18 7,3%	14 5,6%	6 2,4%
DAIMLER	61 32,6%	42 16,8%	9 3,6%	1 0,4%	1 0,4%
VW	0 0,0%	0 0,0%	0 0,0%	1 0,4%	1 0,4%

Tabelle 5.4

Die Ausführungen in den einzelnen Unterpunkten des Gliederungspunktes V.2.2 ergeben, daß der unter V.2.1.2 beschriebene exakte Test von Fisher pro untersuchter Gesellschaft insgesamt zehntausendmal durchzuführen ist. Diese Zahl setzt sich aus allen denkbaren Kombinationsmöglichkeiten der 20 Testzeitraum-Optionsklassen-Kombinationen mit den 25 Selektionskriterien für potentielle Insiderhandelstage sowie den 10 alternativen Definitionen für die Ausprägungen des Fehlbewertungsmerkmals und den zwei möglichen Vorzeichen der besonders hohen "abnormal performance" am Aktienmarkt zusammen.

2.3 Darstellung und Auswertung der Testergebnisse

Die Ausführungen dieses Gliederungspunktes dienen der Dokumentation und Interpretation der Testergebnisse. Während in V.2.3.1 ausschließlich die Testergebnisse bei Berücksichtigung von Intervallen mit geschätzter positiver "abnormal performance" am Aktienmarkt diskutiert werden, widmet sich der Gliederungspunkt V.2.3.2 entsprechend allein den Testdurchläufen, die lediglich Intervalle mit geschätzter negativer "abnormal performance" am Aktienmarkt einbeziehen.

2.3.1 Die Testergebnisse bei Berücksichtigung von Intervallen mit positiver "abnormal performance" am Aktienmarkt

2.3.1.1 Tabellarische Ergebnisübersicht

Da eine vollständige Darstellung sämtlicher Testergebnisse den Umfang der vorliegenden Arbeit bei weitem sprengen würde und darüber hinaus gar nicht übersichtlich möglich wäre[73], muß im folgenden das Problem gelöst werden, eine möglichst komprimierte und dennoch aussagefähige Übersicht über die Ergebnisse zu erstellen. Es ist dabei naturgemäß unvermeidbar, daß Information verlorengeht. So geben die folgenden Tabellen keine Auskunft über die exakten, bei Ablehnung der Nullhypothese im Einzelfall zu akzeptierenden Irrtumswahrscheinlichkeiten, und es erfolgt auch keine vollständige Aufgliederung der Ergebnisse auf die zehn alternativ verwendeten Ausprägungen F_1 des Fehlbewertungsmerkmals. Darüber hinaus kann ebenfalls nicht entnommen werden, welche absoluten Werte den als Anteilsätze definierten Ausprägungen F_1 jeweils entsprechen. Schließlich ist die Gesamtanzahl an potentiellen Insiderhandelstagen, die sich nach den jeweiligen alternativen Selektionskriterien pro Gesellschaft und Testzeitraum ergeben, nicht ersichtlich. Die zwei zuletzt genannten Informationen können allerdings zumindest teilweise Anhang VI und VII entnommen werden[74].

In den folgenden Tabellen 5.5 bis 5.10 werden die Ergebnisse des exakten Tests von Fisher für jedes der 25 alternativen Selektionskriterien für potentielle Insiderhandelstage jeweils in

---

73) Ein verkürzter Computerausdruck, der lediglich für alle Testdurchläufe die berechneten Alphas nach Gesellschaften und Optionsklassen getrennt angibt, umfaßt bereits 192 Seiten Endlospapier.

74) Was die Obergrenzen betrifft, die den als Anteilsätze definierten Ausprägungen F_1 des Fehlbewertungsmerkmals entsprechen, so enthält Anhang VII nur die Grenzen, die jeweils dem 5-, 25- und 50-Prozent-Anteilsatz der aggregierten Optionsstichprobe entsprechen.

zwei Zeilen ausgewiesen. Der Eintrag in der ersten Zeile steht dabei stets für die Resultate, die sich ergeben, wenn die Anteilsätze zur Definition der Merkmalsausprägung F_1 auf 5% bis 25% gesetzt sind. Die nachfolgende Zeile zeigt entsprechend die Ergebnisse, wenn die F_1-Selektionsgrenzen auf 30% bis 50% gesetzt sind. Jede Spalte der Tabelle enthält die Ergebnisse für ein Kalenderjahr, wobei jede Jahresspalte noch in vier Spalten unterteilt ist, um eine parallele Darstellung der Ergebnisse für die 3-, 6- und 9-Monats-Optionen sowie für die aggregierte Optionsstichprobe zu ermöglichen. In jedem Feld sind die folgenden fünf Einträge möglich:

Kein Eintrag : die zu akzeptierende Irrtumswahrscheinlichkeit α wäre bei Ablehnung der Nullhypothese in jedem der fünf Testdurchläufe größer als 5% ($\alpha > 0{,}05$).

5 : die zu akzeptierende Irrtumswahrscheinlichkeit liegt bei Ablehnung der Nullhypothese in mindestens einem Testdurchlauf zwischen 1% und 5% ($0{,}01 < \alpha \leq 0{,}05$).

1 : die zu akzeptierende Irrtumswahrscheinlichkeit liegt bei Ablehnung der Nullhypothese in mindestens einem Testdurchlauf nicht über 1% ($\alpha \leq 0{,}01$).

- mit Zusatz * : Alpha liegt in mindestens einem Testdurchlauf zwischen 0,00000001 und 0,00004 ($0{,}00000001 \leq \alpha \leq 0{,}00004$).
- mit Zusatz # : Alpha liegt in mindestens einem Testdurchlauf unter 0,00000001 ($\alpha < 0{,}00000001$)[75].

75) Vgl. zur Begründung der Verwendung der zusätzlichen Grenze von 0,00004 für Alpha die Ausführungen in Gliederungspunkt V.2.3.1.2.1. Die Wahl der kleinsten Grenze von 0,00000001 erklärt sich durch die Tatsache, daß das Testprogramm die Alphas auf sieben Nachkommastellen genau ermittelt; die achte Nachkommastelle wird gerundet. Alle Aussagen hinsichtlich der Größenordnung ermittelter Alphas, die im Verlaufe dieses Kapitels gemacht werden, beziehen sich damit jeweils auf diese gerundeten Werte.

BASF (positive "abnormal performance")

Jahr:	1983				1984				1985				1986				1987			
Laufzeitkl.:	3-	6-	9-	AL	3-	6-	9-	AL	3-	6-	9-	AL	3-	6-	9-	AL	3-	6-	9-	AL
5 Tg. Vorl.		1	1	1	1	1	1	1	5			5	1	1	5	1	1	1	1	1
			1	5	1	1	1	1	5			5	1	1		1	1			
10 Tg. Vorl.	1	1	1*	1*	5	1*	1	1					1	1	1	1	1*	1*	1*	1*
	1	1	1*	1*		1*		1					1*	1*	1	1*	1			
15 Tg. Vorl.	1	1	1*	1		1		5					1	1	1	1	1	1*	1*	1*
	1	1*	1*	1*		1		5					1#	1#	1*	1#	1			
20 Tg. Vorl.	1	1	1	1	5	5							1*	1*	1*	1*	5	1	1	1
	1*	1*	1*	1*		5							1#	1#	1#	1#	1			
30 Tg. Vorl.	1*	1*	1	1*	5	5							1*	1*	1*	1*		1	1	1
	1*	1#	1*	1#	5	1		5					1#	1#	1#	1#				
40 Tg. Vorl.	1	1*	1	1*	5	1		1					1#	1*	1*	1*				
	1	1#	1#	1*	5			5					1#	1#	1#	1#				
50 Tg. Vorl.	5	1*	1*	1	5	5		5					1#	1#	1#	1#				
	5	1*	1*	1*									1#	1#	1#	1#				
60 Tg. Vorl.		5	5	5									1*	1*	1*	1*				
	5	1	1	1									1#	1#	1#	1#				
<u>50% Überlapp.:</u>																				
5 Tg. Vorl.		1	1	1	1	1	1	1	5				5	1*	1	1	1#	1*	1*	1#
			1	5	1*	1*	1	1*					1	1*	1	1*	1			
10 Tg. Vorl.	1	1	1*	1*	5	1*	5	1					5	1*	1	5	1*	1*	1*	1*
	1	1*	1*	1*	1	1*	5	1*					1*	1#	1*	1#	1			
15 Tg. Vorl.	1	1	1*	1*		1		5					1	1*	1*	1	1	1	1	1*
	1	1*	1*	1*		1		1					1#	1#	1#	1#	1			
20 Tg. Vorl.	1	1	1	1*	1	5							1*	1#	1#	1*	1	1	1	1
	1*	1*	1*	1*		1		1					1#	1#	1#	1#	1			
30 Tg. Vorl.	1*	1*	1*	1*	5	5		5					1*	1*	1#	1*		1	5	5
	1*	1#	1#	1#	1	1		1					1#	1#	1#	1#				
40 Tg. Vorl.	1	1*	1	1*	1	1		1					1#	1#	1#	1#		5		
	1	1#	1#	1*	1	5		1					1#	1#	1#	1#				
50 Tg. Vorl.	5	1*	1*	1	1			5					1#	1#	1#	1#			5	
	5	1*	1*	1*	5	5		1					1#	1#	1#	1#				
60 Tg. Vorl.		5	5	5									1*	1*	1*	1*				
	5	1	1	1									1#	1#	1#	1#				
<u>5 Tg. Abst.:</u>																				
5 Tg. Vorl.	1	1	1	1		1									5		1	1	1	1
	1	1*	1	1		5							1	1	1	1*	1	5	5	5
10 Tg. Vorl.	5	5	1	1		5							5	5	1		1	1*	1	1
	1	1*	1	1									1*	1*	1*	1*	1			
15 Tg. Vorl.	1	5	1	1									1	1	1*	1	5	1	1	1
	1	1*	1	1									1*	1#	1#	1#	5			
20 Tg. Vorl.	5	5	5	1									1	1	1	1		1	5	5
	1*	1*	1*	1									1*	1#	1#	1#				
<u>10 Tg. Abst.:</u>																				
5 Tg. Vorl.													5		5		1			
		5											1	1	1	1	5			
10 Tg. Vorl.	5												1	1	1	1				
	1	5	5										1	1*	1*	1*	5			
15 Tg. Vorl.													1	1	1	1				
	5	1	1	5									1	1	1*	1*				
20 Tg. Vorl.		1											1	1	1	1				
	5	1	1	1									1	1	1	1*				
<u>"abn.prf."int.</u>																				
															5		1	1	1	1*
					1									1	1		5			

Tabelle 5.5

BAYER (positive "abnormal performance")

Jahr:	1983				1984				1985				1986				1987			
Laufzeitkl.:	3-	6-	9-	AL	3-	6-	9-	AL	3-	6-	9-	AL	3-	6-	9-	AL	3-	6-	9-	AL
5 Tg. Vorl.					1	1	1	1	1	1	5	1			1	5	1*			5
		5			1	1	5	1	1			1	1		5	5	1	5	5	1
10 Tg. Vorl.					1*	1	1	1*	1	5			1	5	1*	1	1*			5
		5			1*	1	1	1*	1			1	1*	5	5	1*	1*	5	5	1
15 Tg. Vorl.					1*	1	1	1					1	1	1*	5	1#	1	1	1
					1*	1	5	1					1*	1	5	1	1#	1	1	1
20 Tg. Vorl.					1*	1	1	1					1	5	1		1#	1*	1*	1*
					1	1		1					1*	1		1	1#	1	1	1*
30 Tg. Vorl.					1	1	1	1							1		1#	1*	1	1*
					1	5						5					1#	1*	1*	1*
40 Tg. Vorl.					1	5											1#	1#	1*	1#
					1				5			1					1#	1#	1#	1#
50 Tg. Vorl.												5			5		1#	1#	1#	1#
									1	1	5	1					1#	1#	1#	1#
60 Tg. Vorl.									1	1		1*					1#	1#	1#	1#
									1*	1*	1	1*					1#	1#	1#	1#
<u>50% Überlapp.:</u>																				
5 Tg. Vorl.					1	1	1*	1*	1	5		5			1	5	1*	1	1	1
					5	1		1	5			5	1	5	1	1	1*	1	1	1
10 Tg. Vorl.					1*	1*	1*	1*	5				1	5	1*	1	1#	1	1	1*
					1*	1	1	1	5	5			1*	1	1	1*	1#	1	1	1
15 Tg. Vorl.					1*	1*	1*	1*					1	5	1*		1#	1*	1*	1*
					1	1	5	1					1*	1	1	1*	1#	1	1	1*
20 Tg. Vorl.					1*	1*	1	1*					5		1*		1#	1*	1	1*
					1	1		1					1	1	5	1	1#	1	1	1*
30 Tg. Vorl.					1	1	1	1							1		1#	1*	1	1*
					1	5		5									1#	1*	1*	1*
40 Tg. Vorl.					1	5	5	5							5		1#	1#	1*	1#
					1							5					1#	1#	1#	1#
50 Tg. Vorl.					5							5					1#	1#	1#	1#
									1	5		1					1#	1#	1#	1#
60 Tg. Vorl.									1	1		1*					1#	1#	1#	1#
									1*	1	1	1*					1#	1#	1#	1#
<u>5 Tg. Abst.:</u>																				
5 Tg. Vorl.					1	5	1	1	5				1	5	1		1			
					1	5		5				5	1			1	1			
10 Tg. Vorl.					5		5	5					1	1	1		1*	1	1	1
					1			5					1	5		1	1*	5		1
15 Tg. Vorl.					1	5	5	1					1	1	1		1*	1*	1	1*
					1	5		5					1	5		5	1*	1	5	1
20 Tg. Vorl.					1	1	5	1						1	1		1#	1*	1*	1*
					1	5											1#	1	1*	1*
<u>10 Tg. Abst.:</u>																				
5 Tg. Vorl.														5			1	5	1	5
																	1	5		5
10 Tg. Vorl.															1		1	1	1	1
																	1	5		5
15 Tg. Vorl.						5									1		1*	1*	1	1*
																	1*	1*	1*	1*
20 Tg. Vorl.															5		1#	1#	1*	1#
			1						5		5	1					1#	1#	1#	1#
<u>"abn.prf."int.</u>																				
						5	5										1#	1#	1*	1#
																	1	1	5	1

Tabelle 5.6

HOECHST (positive "abnormal performance")

Jahr:	1983				1984				1985				1986				1987			
Laufzeitkl.:	3-	6-	9-	AL	3-	6-	9-	AL	3-	6-	9-	AL	3-	6-	9-	AL	3-	6-	9-	AL
5 Tg. Vorl.					5	1	1	1*									5	1		1
	1				5	1		1					1	1	1	5	5	1	1	1
10 Tg. Vorl.					1	1	1*	1*					1	1	5	1	1	1	1	1
					1	1*		1*					1*	1*	1	1*	1	1*	1	1*
15 Tg. Vorl.					1	1*	1	1*					1*	1	1	1*	1	1*	1*	1*
					1	1*	1	1#					1*	1*	1	1*	5	1*	1*	1*
20 Tg. Vorl.					1	1	1	1*					1	1	1*	1	1*	1*	1*	1*
					1	1*	1	1*					1*	1*	1	1*	1	1#	1*	1#
30 Tg. Vorl.					1	1	1	1*					5	1	1*	1	1	1#	1#	1#
					1	1*		1*					1	1	5	1	1	1#	1#	1#
40 Tg. Vorl.					1	1	1	1							1*		1	1#	1#	1#
					1	1		1									1*	1#	1#	1#
50 Tg. Vorl.						5		5							1		1	1#	1#	1#
					5												1*	1#	1#	1#
60 Tg. Vorl.															1		5	1#	1#	1*
																	1	1#	1#	1#
50% Überlapp.:																				
5 Tg. Vorl.						5	5	5									1*	1	5	1*
	1					1		5					1*	1	1	1	1	1	1	1*
10 Tg. Vorl.						1	1	1					1	1		1	1*	1*	1	1*
	5					1		1					1*	1*	1	1*	1*	1*	1*	1#
15 Tg. Vorl.					5	1	1	1*					1*	1	1	1*	1*	1*	1	1*
					1	1*	5	1#					1#	1*	1	1*	1	1*	1*	1*
20 Tg. Vorl.					5	1	1	1					1	1*	1	1*	1*	1*	1*	1*
						1*	5	1*					1*	1#	1*	1*	1	1*	1*	1#
30 Tg. Vorl.					5	1	5	1						1	1*	1	1*	1#	1*	1#
					1	1*		1*					1	1	1	1	1	1#	1#	1#
40 Tg. Vorl.					1	1	1	1							1		1*	1#	1#	1#
					1	1*		1*									1*	1#	1#	1#
50 Tg. Vorl.															1		1	1#	1#	1#
					5	1		1									1*	1#	1#	1#
60 Tg. Vorl.															1		1	1*	1#	1*
																	1*	1#	1#	1#
5 Tg. Abst.:																				
5 Tg. Vorl.						5		5					1*	1	5	1	5	5	1	1
						5		5					1	1		1*	5	1	1	1
10 Tg. Vorl.					5	1	1	1*					1*	1	1	1*	5	1*	1*	1
					1	1	1	1*					1*	1*		1*	5	1*	1*	1*
15 Tg. Vorl.						5	1	1					1	1	1*	1	1	1*	1*	1*
						1	1	1*					1*	1*	1	1*	1	1*	1*	1*
20 Tg. Vorl.							1	1					5	1	1*	1	1	1#	1#	1*
					5	1	1	1					1	1*	5	1*	1	1#	1#	1#
10 Tg. Abst.:																				
5 Tg. Vorl.							1	1					5	1	5	1		5	1	
					5	1	1	1*					5	1		5		1	1	1
10 Tg. Vorl.							1	1						1	1		5	1*	1*	1
						1	1	1*					5	1	5	1	5	1*	1*	1*
15 Tg. Vorl.							1	5						5	1			1*	1#	1*
						5	1	1					5	1	5	5	1	1#	1#	1#
20 Tg. Vorl.															1		5	1#	1#	1*
						5	5	1						5			1	1#	1#	1#
"abn.prf."int.																				
																	1*	5	1	1
													5	1	1	1	1			5

Tabelle 5.7

BMW (positive "abnormal performance")

Jahr:	1983	1984	1985	1986	1987
Laufzeitkl.:	3-6-9- AL	3-6-9- AL	3-6-9- AL	3-6-9- AL	3-6-9- AL
5 Tg. Vorl.		5 5	1	1*1 5 1	1*1*5 1*
	5			1*1 1*	1*1 1*
10 Tg. Vorl.		5 1	5	1#1 5 1*	1#1*1 1#
				1#1 1#	1#1 1*
15 Tg. Vorl.		5	1	1#1*1 1*	1*1*1 1*
				1#1* 1#	1*1 1
20 Tg. Vorl.		5 5	5 5	1*1*5 1*	1*1 5 1*
		1	5	1#1* 1#	1*1 1
30 Tg. Vorl.		1 1	1 1 1 1	1#1*1 1*	1 1 1 1
		5 5	1 5	1#1* 1#	1 1 1
40 Tg. Vorl.		1 1 1	1 1 1* 1	1#1*1* 1#	1*1*5 1*
		1 5	1 1 5	1#1# 1#	1*1 1
50 Tg. Vorl.		1 1 1	1 1*1* 1	1#1#1* 1#	1 1 1
		1* 1	1 1* 1	1#1# 1#	1 1 5
60 Tg. Vorl.		1 1 1	1 1*1* 1	1*1*1 1*	5 5
		1* 1	1 1* 1*	1#1* 1#	1 5
<u>50% Überlapp.:</u>					
5 Tg. Vorl.		1 1	1 5	1 1 1 1	1*1*1 1*
		1 1		1 1 1	1 1 1*
10 Tg. Vorl.		1 1	5	1*1 1 1	1#1*1 1*
	5	1 1		1*1 1#	1*1* 1*
15 Tg. Vorl.		1 1	1 5	1*1*1 1*	1*1 1 1*
		1 5	5	1#1* 1#	1*1 1*
20 Tg. Vorl.		5 1 1	5 1	1*1*5 1*	1*1 5 1
		1 1	1	1#1* 1#	1*1 1*
30 Tg. Vorl.		1 5 1*	5 1 1 1	1#1#1 1*	1 1 1 1
		1 1	1 1 5	1#1* 1#	1 1 1
40 Tg. Vorl.		1 1 1*	1 1 1* 1	1#1#1* 1#	1*1 1 1*
		1 1	1 1 1	1#1# 1#	1*1* 1*
50 Tg. Vorl.		1 1 1	1 1*1* 1	1#1#1 1#	1 1 5 1
		1* 1	1 1* 1	1#1# 1#	1 1* 1*
60 Tg. Vorl.		1 1 1	1 1*1* 1	1*1*1 1*	5 1 5 1
		1* 1	1 1* 1*	1#1* 1#	5 1 1
<u>5 Tg. Abst.:</u>					
5 Tg. Vorl.		1		1 5 1	1 1 1
				1* 1	1 5 5
10 Tg. Vorl.			5	1 1 1	1*1* 1*
				1*1 1*	1*5 1
15 Tg. Vorl.		5		1 1*1 1*	1*1* 1*
		1		1#1* 1#	1*1 1
20 Tg. Vorl.		5	5	1*1*1 1*	1*1* 1*
		5		1*1* 1#	1 1 1
<u>10 Tg. Abst.:</u>					
5 Tg. Vorl.			5	1 5	1 1 1
				5 1 1	1 5 1
10 Tg. Vorl.		1	5	1*1 1	1*1* 1*
		1		1 1 1*	1*1* 1
15 Tg. Vorl.		1	1	1 1*1 1*	1*1* 1*
		1		1*1* 1*	1 1* 1*
20 Tg. Vorl.		1*	5 1 5	1 1*1* 1*	1*1* 1*
				1*1* 1#	1 1 1
<u>"abn.prf."int.</u>					
		1	5 1		
	1	1 1	1		

Tabelle 5.8

DAIMLER (positive "abnormal performance")

Jahr:	1983				1984				1985				1986				1987			
Laufzeitkl.:	3-	6-	9-	AL	3-	6-	9-	AL	3-	6-	9-	AL	3-	6-	9-	AL	3-	6-	9-	AL
5 Tg. Vorl.	1			5	1				1	1	1*	1	1	1	5	1	1	1		1
					5				5	1*	1*	1*	1*	1*	5	1*	1	1*	5	1*
10 Tg. Vorl.	1				1	5		5	1*	1	1*	1	1*	1*	1	1*	1*	1*	1	1*
						5			1*	1#	1*	1#	1#	1#	1*	1#	1*	1*	1	1*
15 Tg. Vorl.	5			1	1	1		1	1*	1	1*	1*	1*	1*	1*	1*	1*	1#	1*	1#
						5		5	1*	1#	1#	1#	1#	1#	1#	1#	1*	1#	1	1#
20 Tg. Vorl.	1		1	1*	1	1		1	1*	1*	1*	1*	1*	1*	1*	1*	1*	1#	1*	1#
				1		1		1	1*	1#	1#	1#	1#	1#	1#	1#	1*	1#	1*	1#
30 Tg. Vorl.	1	5	5	1	5	1		1	1*	1#	1*	1#	1#	1#	1#	1#	1*	1#	1#	1#
				1		1		1	1#	1#	1#	1#	1#	1#	1#	1#	1#	1#	1#	1#
40 Tg. Vorl.	1	1	5	1*	1	1*		1*	1*	1*	1*	1*	1#	1#	1#	1#	1*	1#	1#	1#
				1		1		1	1*	1#	1#	1#	1#	1#	1#	1#	1*	1#	1*	1#
50 Tg. Vorl.	5	1	5	1*	1	1*		1*	1	1	1	1	1#	1#	1#	1#	1*	1#	1#	1#
				1		1		1	1*	1#	1#	1#	1#	1#	1#	1#	1*	1#	1*	1#
60 Tg. Vorl.	5	1		1*	1	1*		1*	1	1	1	1	1#	1#	1#	1#	1*	1#	1*	1#
						1*		1	1	1*	1*	1*	1#	1#	1#	1#	1	1#	1*	1#
50% Überlapp.:																				
5 Tg. Vorl.	1				1				1	5	1*	1	1*	1	5	1	1*	1*		1*
									5	1	1*	1	1#	1#	5	1#	1*	1*	1	1#
10 Tg. Vorl.	1				1*	5			1	1	1*	1	1*	1	1	1	1*	1#	1	1#
									1	1*	1*	1*	1#	1#	1	1#	1#	1#	1*	1#
15 Tg. Vorl.	5			5	1*	1		1	1	1	1*	1	1*	1*	1	1*	1#	1#	1*	1#
								5	1*	1#	1#	1#	1#	1#	1#	1#	1#	1#	1*	1#
20 Tg. Vorl.	1		5	1*	1	1		1	1	1*	1*	1*	1*	1*	1*	1*	1*	1#	1*	1#
				5		1		1	1*	1#	1#	1#	1#	1#	1#	1#	1#	1#	1#	1#
30 Tg. Vorl.	1	5	5	1	1	1		1	1*	1*	1*	1*	1#	1#	1#	1#	1*	1#	1#	1#
				1		5		1	1#	1#	1#	1#	1#	1#	1#	1#	1#	1#	1#	1#
40 Tg. Vorl.	1	1*	5	1*	1	1*		1*	1*	1*	1*	1*	1#	1#	1#	1#	1*	1#	1#	1#
				1		1		1	1*	1#	1#	1#	1#	1#	1#	1#	1*	1#	1#	1#
50 Tg. Vorl.	5	1*	5	1*	1	1*		1*	1	1	1	1	1#	1#	1#	1#	1*	1#	1#	1#
				1		1		1	1*	1#	1#	1#	1#	1#	1#	1#	1*	1#	1*	1#
60 Tg. Vorl.	5	1		1*	1	1*		1*	1	1	1	1	1#	1#	1#	1#	1*	1#	1*	1#
				5		1		1	1	1*	1*	1*	1#	1#	1#	1#	1	1#	1*	1#
5 Tg. Abst.:																				
5 Tg. Vorl.									1	5	1	1	1	1	5	1	5	1	1	1
									1	1	1	1*	1*	1*	1	1*	5	1	5	1
10 Tg. Vorl.			5	5				5	5	1	1	1	1*	1	1	1	5	1	1	1
								5	1	1*	1*	1#	1#	1#	1#	1#	1	1	1	1
15 Tg. Vorl.	5	5	1	1				1	1	1	1	1	1	1	1*	1*	1	1*	1*	1*
				5				1	1*	1#	1#	1#	1#	1#	1#	1#	1	1*	1*	1*
20 Tg. Vorl.	5	1	1	1				5	1*	1	1	1	1*	1*	1*	1*	1	1*	1*	1*
				1				1	1*	1#	1#	1#	1#	1#	1#	1#	1	1#	1*	1#
10 Tg. Abst.:																				
5 Tg. Vorl.			5			5		5		1	1	1	5		5	5	5	5	1	5
								5	5	1	1*	1*	1*	1*	1*	1*		1	1	5
10 Tg. Vorl.	5	5	1	1		1		5	1	1	1*	1	1		1	1	5	1	1	1
				1		5		5	1	1#	1*	1#	1#	1#	1#	1#		1*	1	1*
15 Tg. Vorl.		5	1	1		5			1	1	1	1	1	1	1*	1	1	1	1	1
				1*		5		1	1*	1#	1#	1#	1#	1#	1#	1#	5	1*	1*	1*
20 Tg. Vorl.		5	1	5		5		5	1	1*	1*	1*	1*	1	1	1*	1	1#	1*	1*
				1				1	1*	1#	1#	1#	1#	1#	1#	1#	1	1#	1*	1#
"abn.prf."int.																				
	1				5						5		1#	1	1	1	1*	1*	1*	1*
				5	1				5		5		1#	1#	1	1#	1#	1#	1*	1#

Tabelle 5.9

VW (positive "abnormal performance")

Jahr:	1983				1984				1985				1986				1987			
Laufzeitkl.:	3-	6-	9-	AL	3-	6-	9-	AL	3-	6-	9-	AL	3-	6-	9-	AL	3-	6-	9-	AL
5 Tg. Vorl.			5											5			1			5
			5										5		1		1	5		5
10 Tg. Vorl.			1	5										5	5		1		5	1
			5										5		1		1	1	5	1
15 Tg. Vorl.		5	1	5									1		1	5	1*	5	1	1
			1	5									1		1		1	1	1	1*
20 Tg. Vorl.	5	1*	1*	1*					1	5	5	5	1		1*	5	1	5	5	1
		1	1	1						5	5	5	1		1*	5	1	1	1	1
30 Tg. Vorl.	1	1*	1	1*			1	5	1*	1*	1*	1*	1		1	5	1*	1	1	1*
	5	1	1	1*					1*	1*	1*	1*	1*	5	1*	1	1*	1	1*	1*
40 Tg. Vorl.	1	1*	1	1*		5	1	5	1	1	5	1	5	1	1*	1	1*	1*	1	1*
	1	1	1	1*					1	1		1	1	1	1#	1	1*	1*	1*	1#
50 Tg. Vorl.	1	1*	1	1*			5							1	1*	1	1*	1	1	1
	1	1	1	1									1	1	1*	1	1*	1*	1*	1*
60 Tg. Vorl.	5	1		1									1	1	1	1	1	1	1	1
		1		1									1	1	1*	1	1	1	1	1
50% Überlapp.:																				
5 Tg. Vorl.																	1*	1*	1*	1*
													5				1*	1	1	1
10 Tg. Vorl.																	1*	1	1	1
													5				1*	1	1	1*
15 Tg. Vorl.													5		1		1*	1	1*	1*
													1		1	5	1*	1*	1*	1*
20 Tg. Vorl.		1	1	1					5		5		5		1		1*	1	1	1*
			5	1							5		1		1*	5	1*	1*	1*	1*
30 Tg. Vorl.	1	1*	5	1			1	5	1*	1*	1*	1*	5		1	5	1#	1*	1*	1#
		5	5	1					1*	1*	1*	1*	1*	5	1*	1	1#	1#	1#	1#
40 Tg. Vorl.	1	1*	1	1		5	1	5	1	1	5	1		5	1*	1	1#	1*	1*	1*
		1	1	1					1	1	5	1	1	1	1*	1	1#	1#	1*	1#
50 Tg. Vorl.	5	1	5	1			5							5	1*	5	1*	1*	1*	1*
		1		1									1	1	1*	1	1*	1#	1#	1#
60 Tg. Vorl.		1		5									5	1	1	1	1	1	1	1
		1											1	1	1*	1	1	1*	1*	1*
5 Tg. Abst.:																				
5 Tg. Vorl.															5		5			5
																	5			1
10 Tg. Vorl.		5		5							5				5		1			5
											5		5		5		1	5	1	1
15 Tg. Vorl.	5	1*	1	1					5	5	1	1	5		1		1			5
			5	1								5	5		1*		5	1	1	1
20 Tg. Vorl.	1	1*	1	1					1*	1	1*	1	1		1		1			
	5	5	5	1					1	1	1	1*	1		1*	1	1	1	1	1
10 Tg. Abst.:																				
5 Tg. Vorl.											5									
																			5	5
10 Tg. Vorl.	5	1	5	1					5	1	1	1			5					
				5						5		5			1*			5	5	1
15 Tg. Vorl.	1	1	5	1			5		1	1	1*	1	5		1		5			
	5			5					1	1	5	1	1		1	5	1	1	1	1
20 Tg. Vorl.	1*	1		1		5	1*	1	1	1*	1*	1	5		1		1	1		5
	1	5		1					5	5	1	1	1		1*	1	1	1	1	1
"abn.prf."int.																				
																	1*	1*	1*	1*
											5						1	1	1	1

Tabelle 5.10

2.3.1.2 Auswertung und Interpretation der Ergebnisse

2.3.1.2.1 Vorbemerkung

Der eigentlichen Auswertung der Testergebnisse soll eine allgemeine Überlegung zur methodischen Vorgehensweise bei der Durchführung der Tests vorangestellt werden. Anstatt pro Gesellschaft, Kalenderjahr und Optionsklasse nur einen bestimmten Fall dem exakten Test von Fisher zu unterziehen, werden in der vorliegenden Untersuchung stattdessen 250 Fälle getestet, die sich hinsichtlich des Selektionskriteriums für die potentiellen Insiderhandelstage und/oder hinsichtlich der Definition der Merkmalsausprägung F_1 unterscheiden. Die Untersuchung mehrerer Fälle ist deshalb nötig, weil es mittels theoretischer Überlegungen nicht möglich ist, die Teilhypothese so weit zu spezifizieren, daß lediglich die Durchführung eines Testdurchlaufs mit jeweils einem bestimmten Selektionskriterium für potentielle Insiderhandelstage und einer einzigen Definition der Merkmalsausprägung F_1 sinnvoll erscheint. Wird die Nullhypothese nun abgelehnt, wenn bei der Durchführung des Tests eine Irrtumswahrscheinlichkeit Alpha von z.B. 0,01 ermittelt wird, so würde dies bei der Untersuchung nur eines einzigen Testdurchlaufs in der Tat bedeuten, daß die Wahrscheinlichkeit, daß man die Nullhypothese ablehnt, obwohl sie richtig ist, nur 1% beträgt. Werden jedoch 250 Fälle betrachtet und wird dabei lediglich bei irgendeinem Fall ein Alpha von unter 0,01 ermittelt, so darf nicht bereits aufgrund dieses Resultats für die jeweils untersuchte Testzeitraum-Optionsklassen-Kombination einer Gesellschaft die Nullhypothese verworfen werden[76]. Die Wahrscheinlichkeit, daß bei 250 Testdurchläufen einmal ein "seltener Fall" mit $\alpha \leq 0{,}01$ eintritt, obwohl die Wahrscheinlichkeit für das Auftreten von Fehlbewertungen jeglicher Größenordnung für alle Börsentage des Jahres gleich hoch ist, dürfte nämlich im allgemeinen weit größer als 1% sein. Geht man zur Erläuterung dieses Sachverhalts zuerst einmal von der vereinfachenden, im folgenden allerdings nicht zutreffenden Annahme aus, daß die Ergebnisse der 250 Testdurchläufe Realisationen voneinander statistisch unabhängiger Zufallsereignisse sind, so ist die Wahrscheinlichkeit für mindestens ein signifikantes Ergebnis mit $\alpha \leq 0{,}01$ nämlich gleich $(1 - 0{,}99^{250}) = 91{,}9\%$[77]. Bei dieser Überlegung wird allerdings der entscheidende Befund vernachlässigt, daß bei den für diese Untersuchung vorliegenden Ergebnissen die vorgegebene Obergrenze für die Irrtumswahrscheinlichkeit Alpha häufig sehr stark unterschritten wird, denn selbst Ergebnisse mit $\alpha < 0{,}00000001$ sind

76) Dabei ist darauf hinzuweisen, daß sich der Begriff der Nullhypothese in diesem Zusammenhang nicht mehr auf den einzelnen Testdurchlauf bezieht. Vielmehr ist die auf eine Testzeitraum-Optionsklassen-Kombination einer Gesellschaft bezogene Nullhypothese folgendermaßen zu definieren: die Wahrscheinlichkeit für das Auftreten von Optionsfehlbewertungen, die eine bestimmte Obergrenze nicht überschreiten, ist für potentielle Insiderhandelstage und sonstige Börsentage des Jahres gleich hoch, wobei dies völlig unabhängig davon gilt, mit welcher der in V.2.2.3 vorgestellten alternativen Definitionen der Merkmalsausprägung F_1 man arbeitet und welches der in V.2.2.2 vorgestellten 25 Selektionskriterien für potentielle Insiderhandelstage man wählt.

77) Dies entspricht Eins minus der Wahrscheinlichkeit, daß in allen 250 Fällen nur Alphas größer 1% auftreten, wenn die Nullhypothese für die jeweilige Testzeitraum-Optionsklassen-Kombination der Gesellschaft richtig ist. Vgl. zu den allgemeinen Überlegungen bis zu diesem Punkt auch die Ausführungen bei Basler (1986), S. 204 - 207.

keine Seltenheit[78]. Betrachtet man statt der oben errechneten Wahrscheinlichkeit nun aber die Wahrscheinlichkeit für mindestens ein signifikantes Ergebnis mit $\alpha \leq 0{,}0001$ oder 0,00001, so schrumpft diese auf nur mehr $(1 - 0{,}9999^{250}) = 2{,}5\%$ bzw. $(1 - 0{,}99999^{250}) = 0{,}25\%$. Bei einem Alpha von kleiner gleich 0,00004 würde diese Wahrscheinlichkeit in etwa gerade einem Prozent entsprechen, da $(1 - 0{,}99996^{250}) = 0{,}995\% \approx 1\%$. Bereits ein solches Ergebnis pro Jahr, wäre also ausreichend, um die Nullhypothese unter Zugrundelegung einer Irrtumswahrscheinlichkeit von 1% in diesem Jahr für die betrachtete Optionsklasse dieser Gesellschaft ablehnen zu können.

Berücksichtigt man nun allerdings zusätzlich, daß entgegen der oben getroffenen vereinfachenden Annahme die Testergebnisse der 250 Testdurchläufe nicht völlig statistisch unabhängig voneinander sind, so können exakte Wahrscheinlichkeiten für das Auftreten mindestens eines Alphas einer bestimmten Größenordnung allerdings nicht mehr so einfach ermittelt werden. Freilich erscheint es im vorliegenden Fall plausibel, daß die relevanten Wahrscheinlichkeiten tendenziell sogar kleiner ausfallen als im Fall der völligen statistischen Unabhängigkeit[79]. Im folgenden soll deshalb die Nullhypothese für eine Testzeitraum-Optionsklassen-Kombination einer Gesellschaft auf jeden Fall immer dann verworfen werden, wenn mindestens ein Alpha ermittelt wird, das kleiner oder gleich 0,00004 ist. Bei diesen Kombinationen dürfte gewährleistet sein, daß die Wahrscheinlichkeit für den Fehler erster Art (= Ablehnen der Nullhypothese, obwohl sie richtig ist) ein Prozent auf keinen Fall überschreitet[80].

Es liegt nahe, bei der Auswertung der Testergebnisse im folgenden insbesondere zu untersuchen, ob sich bei den Resultaten systematische Tendenzen und Asymmetrien erkennen lassen, die durch die vor allem unter Gliederungspunkt V.1 genannten, erwarteten Unterschiede zwischen den Ergebnissen erklärt werden könnten.

---

78) Vgl. zur Verwendung dieser Obergrenze für Alpha Fußnote 75 in V.2.3.1.1.

79) Bei Richtigkeit der Nullhypothese für die Testzeitraum-Optionsklassen-Kombination dürfte die bedingte Wahrscheinlichkeit dafür, daß z.B. beim zweiten durchgeführten Testdurchlauf kein Alpha kleiner 0,00004 auftritt, wenn dies beim ersten Durchlauf schon nicht so war, im allgemeinen größer sein als die Wahrscheinlichkeit von 0,99996 beim ersten Testdurchlauf.

80) Das Problem, daß aufgrund der statistischen Abhängigkeit der Ergebnisse der einzelnen Testdurchläufe für eine Testzeitraum-Optionsklassen-Kombination einer Gesellschaft nicht ermittelt werden kann, bis zu welcher Obergrenze von Alpha noch eine Irrtumswahrscheinlichkeit von exakt einem Prozent gewährleistet wäre, erweist sich, wie die spätere Auswertung zeigt, bei Berücksichtigung von Intervallen mit positiver "abnormal performance" am Aktienmarkt als nicht sehr relevant. Zumindest bei den nicht in Laufzeitklassen aufgeteilten Optionsstichproben ergeben sich nämlich entweder in einem Testzeitraum sowieso Alphas unter 0,00004, oder es werden gleich gar keine Alphas unter 1% bzw. 5% realisiert. Eine Ausnahme stellt lediglich VW 1984 und 1986 dar; vgl. hierzu die folgenden Ausführungen.

2.3.1.2.2 Stabilität der Ergebnisse im Zeitablauf

Vergleicht man die Resultate verschiedener Kalenderjahre miteinander, so fällt als erstes auf, daß es mehrere Jahre gibt, in denen bei Einbeziehung aller gehandelter Optionen und/ oder bei Aufteilung der Optionsstichprobe nach Laufzeitklassen für einzelne Gesellschaften in keinem einzigen der jeweils 250 Testdurchläufe eine Irrtumswahrscheinlichkeit Alpha von kleiner 1% ermittelt werden kann. Die Nullhypothese einer für alle Börsentage gleichen Wahrscheinlichkeit für das Auftreten ausgeprägter relativer Fehlbewertungen läßt sich deshalb bei Betrachtung der Testergebnisse für die aggregierten Optionsstichproben im Jahr 1983 für Bayer, Hoechst und BMW und im Jahr 1985 für BASF und Hoechst nicht ablehnen. Darüber hinaus muß es unter Berücksichtigung der eingangs gegebenen Warnung vor einer zu euphorischen Interpretation des vereinzelten Auftretens von kleinen Irrtumswahrscheinlichkeiten ziemlich zweifelhaft erscheinen, ob im Fall von VW 1984 schon davon ausgegangen werden kann, daß es Börsentage vor Intervallen mit hoher positiver "abnormal performance" am Aktienmarkt gibt, an denen die Wahrscheinlichkeit für das Auftreten von Optionsfehlbewertungen einer bestimmten Größenordnung signifikant größer ist als an sonstigen Börsentagen. Bei VW 1984 läßt sich nämlich überhaupt nur in einem von 250 Fällen ein Alpha kleiner als 1% feststellen, dessen Wert mit 0,0024688 im übrigen nicht einmal extrem weit unter 1% liegt[81]. Tatsächlich zeigt sich bei Betrachtung der Ergebnisse für die einzelnen Optionslaufzeitklassen, daß dieses Resultat lediglich auf die 9-Monats-Optionen zurückzuführen ist, bei denen in diesem Testdurchlauf ein Alpha von unter 0,00004 und in einigen weiteren Fällen immerhin noch Alphas von deutlich unter 0,01 auftreten. Bei der Gruppe der 3- und 6-Monats-Optionen kann hingegen in keinem Testdurchlauf überhaupt ein Alpha von unter einem Prozent ermittelt werden. Analog zum Jahr 1984 lassen sich bei der Betrachtung der Testergebnisse für die aggregierte Optionsstichprobe von VW auch im Jahr 1986 zwar Alphas kleiner als 0,01 feststellen, aber es tritt kein einziges Alpha auf, das die in den Überlegungen im vorhergehenden Gliederungspunkt genannte, niedrigere Grenze von 0,00004 unterschreitet. Trotzdem dürfte das Resultat von 1986 im Vergleich zu dem von 1984 als deutlich besser einzustufen sein. Zum einen sind 1986 etliche Alphas von deutlich unter 1% festzustellen, wobei zwei sogar Werte von unter 0,000065 erreichen, und zum andern zeigt sich bei Betrachtung der Ergebnisse für die einzelnen Laufzeitklassen, daß von den Alphas lediglich im Fall der 6-Monats-Optionen die Grenze von 0,00004 in keinem einzigen der 250 Testdurchläufe unterschritten wird.

Überprüft man, inwiefern die aufgrund der Testergebnisse für die jeweils aggregierten Optionsstichproben ermittelte Nicht-Ablehnung der Nullhypothese für einzelne Firmen in einzelnen Jahren durch die Testresultate für die drei Laufzeitklassen bestätigt wird, so ergibt sich eine hohe Übereinstimmung. Für BASF und Hoechst im Jahr 1985 sowie für BMW im

81) Dieses Ergebnis ergibt sich bei Verwendung des 5%-Anteilsatzes für die Definition der Merkmalsausprägung F_1 und gleichzeitiger Wahl eines Vorlaufs von 20 Tagen mit 10 Tagen Abstand als Selektionskriterium für potentielle Insiderhandelstage.

Jahr 1983 kann auch bei den Testdurchläufen für die einzelnen Laufzeitklassen in keinem Fall ein Alpha unter einem Prozent festgestellt werden[82]. Bei Hoechst 1983 gilt dies zwar nicht mehr für die 3-Monats-Optionen und bei Bayer 1983 nicht mehr für die 9-Monats-Optionen, in beiden Fällen sind die Abweichungen jedoch relativ gering[83]. Bei Verwendung der strengeren Obergrenze von 0,00004 statt der Ein-Prozent-Grenze könnte bei weiteren Testzeitraum-Optionsklassen-Kombinationen die Nullhypothese nicht verworfen werden. Hinzu kämen dann im Jahr 1983 noch die Gruppe der 3- und 9-Monats-Optionen von Daimler, im Jahr 1984 die 3-Monats-Optionen von Hoechst und die 9-Monats-Optionen von BASF, 1985 die 3-Monats-Optionen von BMW und die 9-Monats-Optionen von Bayer, 1986 die 6-Monats-Optionen von Bayer sowie 1987 noch die 9-Monats-Optionen von BMW. Darüber hinaus ist in diesem Zusammenhang noch zu berücksichtigen, daß für die 9-Monats-Optionen von BMW und Daimler im Jahr 1984 aufgrund einer zu geringen Anzahl von Notierungen gar keine Tests durchgeführt werden konnten[84].

Die durch die bisherige Analyse offenbarte, besondere Häufung schlechter Ergebnisse im Jahr 1983 und das vor allem für VW noch sehr schlechte Resultat im Jahr 1984 stimmen recht gut mit den ex ante gebildeten Erwartungen überein. So wurde ja bereits vermutet, daß aufgrund der generell deutlich geringeren Liquidität des Optionsmarktes in diesen beiden Jahren die Vorteile eines Optionsengagements im Vergleich zu einem Aktienengagement für den Insider tendenziell sehr viel weniger ausgeprägt gewesen sein dürften als in den späteren Jahren[85]. Umgekehrt paßt dazu auch der Befund, daß die sehr umsatzstarken Jahre 1986 und 1987 im Vergleich zu den ersten beiden Jahren so hervorragend abschneiden[86]. Allerdings muß in diesem Zusammenhang überraschen, daß gerade BMW und Daimler im Jahr 1984 mit Ausnahme des nicht untersuchten Marktsegments der 9-Monats-Optionen trotz der jeweils hohen Quote an Börsentagen ohne Optionsnotierung nicht zu der Gruppe der Unternehmen mit den schlechtesten Ergebnissen während dieses Testzeitraums gehören.

---

82) Bei BMW 1983 treten bei Verwendung der Teilstichprobe der 3-Monats-Optionen und Selektion der Tage mit besonders hoher positiver "abnormal performance" am Aktienmarkt als potentielle Insiderhandelstage für die zwei größten F_1-Anteilsätze allerdings Alphas kleiner als ein Prozent auf. Wie unter V.2.2.2 erläutert, kann allein aus diesem Ergebnis jedoch gerade nicht auf einen zeitlichen Vorlauf der Optionsfehlbewertungen gegenüber der "abnormal performance" am Aktienmarkt geschlossen werden.

83) Bei den 9-Monats-Optionen von Bayer ergibt sich lediglich beim Testdurchlauf mit 20 Tagen Vorlauf und 10 Tagen Abstand für den größten F_1-Anteilsatz ein Alpha unter einem Prozent ($\alpha = 0{,}00172291$). Bei den 3-Monats-Optionen von Hoechst lassen sich jeweils bei der Wahl von 5 Tagen Vorlauf mit und ohne Berücksichtigung von Überlappungstagen für die drei größten F_1-Anteilsätze Alphas zwischen 0,002 und 0,008 ermitteln.

84) Vgl. V.2.2.3.

85) Vgl. Gliederungspunkt V.1.

86) Vgl. zum Umsatz in den einzelnen Jahren die Umsatzstatistiken für den Frankfurter Optionsmarkt unter III.1.2. Vgl. in diesem Zusammenhang auch die Tabellen 5.1 bis 5.4 über die Anteile der Börsentage ohne Optionshandel in den einzelnen Jahren. Es wird unterstellt, daß die aus den Statistiken unter III.1.2 berechenbaren, prozentualen Umsatzänderungen für den Gesamtmarkt näherungsweise auch die Verhältnisse für das hier untersuchte Teilsegment widerspiegeln.

Das gleiche gilt auch für die aggregierte Optionsstichprobe sowie die 6-Monats-Optionen von Daimler im Jahr 1983. Darüber hinaus lassen sich insbesondere auch die schlechten Ergebnisse von BASF und Hoechst im Jahr 1985 nicht mit ex ante gebildeten Erwartungen erklären. So ist dieses Jahr bei alleiniger Berücksichtigung des Zweitmarktes der Kaufoptionen das umsatzstärkste Jahr des gesamten Untersuchungszeitraums überhaupt, und auch die in diesem Zusammenhang betrachtete allgemeine Markttendenz am Aktienmarkt weist 1985 nicht etwa eine baisse, sondern im Gegenteil einen durchweg steigenden Trend auf[87]. Allerdings könnten die Ergebnisse möglicherweise durch eine kaum vermeidbare Schwäche der Testmethode beeinflußt sein, die sich immer dann bemerkbar machen kann, wenn sich das Fehlbewertungsniveau am Optionsmarkt innerhalb eines Kalenderjahres dramatisch ändert. Ein Grund für die Definition der Ausprägungen F_1 als deutliche relative Überbewertungen eines Teilzeitraums im Gegensatz zu der Vorgabe einheitlicher Obergrenzen für alle Teilzeiträume und Gesellschaften ist ja gerade das für unterschiedliche Teilperioden des Untersuchungszeitraums und für verschiedene Firmen nicht konstante Fehlbewertungsniveau. Durch die standardisierte Aufteilung des Untersuchungszeitraums in Testzeiträume, die Kalenderjahren entsprechen, kann jedoch nur eine näherungsweise Anpassung der Fehlbewertungsobergrenzen an Niveauveränderungen erfolgen, weil eine Veränderung ja nicht unbedingt sprunghaft und zu Beginn eines Jahres stattfindet. Da nun das zweite Halbjahr 1985 bei BASF und Hoechst durch eine Phase sehr starker Überbewertungen im Vergleich zum ersten Halbjahr gekennzeichnet ist und bei beiden Firmen auch jeweils knapp die Hälfte bzw. exakt die Hälfte aller selektierter Intervalle mit positiver "abnormal performance" im ersten Halbjahr oder zumindest zu Beginn des zweiten Halbjahres liegen, könnte es möglicherweise aus diesem Grund zu einer Verzerrung der Testergebnisse kommen[88].

Ein Vergleich der Ergebnisse für unterschiedliche Kalenderjahre erschöpft sich nicht in einer Betrachtung der aufgezählten, schlechtesten Resultate. Vielmehr dient die Gegenüberstellung der Ergebnisse für eine Gesellschaft in unterschiedlichen Kalenderjahren insbesondere der Überprüfung der Stabilität signifikanter Zusammenhänge im Zeitablauf. Dabei könnte eine hohe Stabilität als ein Indiz dafür angesehen werden, daß eine Ablehnung der Nullhypothese für ein Jahr nicht etwa nur das Ergebnis des Eintretens seltener Ereignisse ist bzw. auf einer Scheinkorrelation beruht.

Der detaillierten Analyse der Ergebnisse für die einzelnen Firmen in den unterschiedlichen Kalenderjahren soll eine Übersicht vorangestellt werden, die Auskunft darüber gibt, welche

87) Zu den Umsätzen am Optionsmarkt vgl. die vorhergehende Fußnote. Zu einem möglichen Einfluß des Trends am Aktienmarkt auf die Testergebnisse vgl. Gliederungspunkt V.1.

88) Vgl. zu den entsprechenden Intervallen mit ausgeprägten Residuen am Aktienmarkt Anhang V. Vgl. zum Fehlbewertungsverlauf im Jahr 1985 Gliederungspunkt III.2.4.2.2 sowie die entsprechenden Graphiken für die aggregierten Optionsstichproben in Anhang III. Beispielsweise kann bei Betrachtung der nicht in Laufzeitklassen aufgeteilten Optionsstichprobe von BASF 1985 festgestellt werden, daß von den 5% Börsentagen mit den höchsten Überbewertungen am Optionsmarkt kein einziger im ersten Halbjahr liegt und selbst von den 50% Börsentagen mit den höchsten Überbewertungen nur etwas mehr als ein Viertel zur ersten Hälfte des Jahres gehört.

Selektionskriterien für potentielle Insiderhandelstage bei allen Firmen im Durchschnitt besonders häufig sehr kleine Alphas aufweisen und für welche Kriterien zumeist kein einziges Alpha unter einem Prozent ermittelt wird. In der folgenden Tabelle 5.11 sind die Ergebnisse der nicht nach Laufzeitklassen aufgeteilten Optionsstichprobe über alle Jahre und Firmen aggregiert. Der Tabelle ist zu entnehmen, wie oft bei jedem Selektionskriterium für potentielle Insiderhandelstage in mindestens einem der zehn Testdurchläufe ein Alpha erreicht wird, das nicht über einem Prozent, nicht über 0,00004 oder sogar unter 0,00000001 liegt. Da jedes Selektionskriterium für jede Gesellschaft in jedem Testzeitraum getestet wird, ergeben sich bezüglich eines Selektionskriteriums insgesamt 30 Untersuchungen mit je 10 Testdurchläufen. Die Zahlen in der Tabelle geben somit jeweils an, bei wievielen dieser 30 Untersuchungen des in der Zeile angegebenen Selektionskriteriums mindestens ein Alpha ermittelt werden kann, das die in der entsprechenden Spalte angegebene Obergrenze einhält.

Mindestens ein α	$\leq 0{,}01$	$\leq 0{,}00004$	$< 0{,}00000001$
5 Tage Vorlauf	14	6	-
10 Tage Vorlauf	18	13	4
15 Tage Vorlauf	17	12	6
20 Tage Vorlauf	18	12	6
30 Tage Vorlauf	21	12	7
40 Tage Vorlauf	20	13	8
50 Tage Vorlauf	17	12	7
60 Tage Vorlauf	16	11	6
50% Überlappung:			
5 Tage Vorlauf	16	9	3
10 Tage Vorlauf	17	15	5
15 Tage Vorlauf	18	15	6
20 Tage Vorlauf	20	14	6
30 Tage Vorlauf	21	12	8
40 Tage Vorlauf	19	14	8
50 Tage Vorlauf	19	12	8
60 Tage Vorlauf	16	12	6
5 Tage Abstand:			
5 Tage Vorlauf	14	4	-
10 Tage Vorlauf	14	8	2
15 Tage Vorlauf	18	10	4
20 Tage Vorlauf	18	10	6
10 Tage Abstand:			
5 Tage Vorlauf	8	3	-
10 Tage Vorlauf	14	8	2
15 Tage Vorlauf	14	9	3
20 Tage Vorlauf	18	8	6
"abn.perf." Interv.:	8	5	3

Tabelle 5.11

Auffällig ist zum einen die in der überwiegenden Mehrzahl der Fälle nicht signifikante Ablehnung der Nullhypothese bei den Testdurchläufen, die die selektierten Tage mit ausgeprägter positiver "abnormal performance" am Aktienmarkt als potentielle Insiderhandelstage auswählen. Zum andern weisen insbesondere auch alle Selektionskriterien, die mit lediglich

5 Tagen Vorlauf arbeiten, vergleichsweise wenig signifikante Ergebnisse auf[89].

Vergleicht man die Selektionskriterien, bei denen die einzelnen Firmen die größte Stabilität bezüglich kleiner Alphas besitzen, so zeigt sich, daß diese Kriterien bei allen Chemiefirmen tendenziell kürzere Vorläufe aufweisen als bei den Automobilfirmen. Diese generelle Tendenz sowie die exakte Spezifizierung dieser Kriterien ist der nachfolgenden Stabilitätsanalyse für die einzelnen Firmen zu entnehmen. In dieser erfolgt, sofern nicht explizit etwas anderes angegeben wird, weiterhin eine Beschränkung auf die Ergebnisse, die bei Verwendung der aggregierten Optionsstichproben erzielt werden.

a) BASF:

Bei BASF ist entsprechend dem zu Beginn des Gliederungspunktes referierten Ergebnis die Stabilität der Resultate über die Zeit schon insofern verletzt, als im Jahr 1985 die Nullhypothese gleicher Wahrscheinlichkeiten für das Auftreten von Optionsfehlbewertungen, die bestimmte Obergrenzen nicht überschreiten, nicht abgelehnt werden kann. In allen anderen Jahren wird davon ausgegangen, daß die Nullhypothese grundsätzlich zu verwerfen ist, da in jedem Jahr mindestens ein Alpha kleiner als 0,00004 ist. Wie oben bereits beschrieben, gilt dies mit Ausnahme des Marktsegments der 9-Monats-Optionen 1984 in den ersten beiden umsatzschwächeren Teilzeiträumen auch für die einzelnen Laufzeitklassen, so daß in bezug auf dieses Kriterium im Vergleich zu den umsatzstarken Jahren 1986 und 1987 allenfalls ein marginal schlechteres Abschneiden von 1984 festzustellen ist. Die damit bei Ausklammerung des Resultats von 1985 erkennbare, weitgehende Stabilität der Ergebnisse zwischen den übrigen Jahren erstreckt sich allerdings nur darauf, daß in diesen Jahren an Tagen vor und zum Teil noch innerhalb von Intervallen mit hoher positiver "abnormal performance" am Aktienmarkt verstärkt ausgeprägte relative Überbewertungen am Optionsmarkt auftreten. Dieser Befund stützt die erste Teilhypothese dieser Untersuchung. Sehr wohl existieren hingegen Unterschiede bei den Ergebnissen einzelner Testdurchläufe, die für die jeweiligen Jahre unter Anwendung des gleichen Selektionskriteriums für potentielle Insiderhandelstage sowie unter Berücksichtigung der gleichen Definition von F_1 durchgeführt werden.

Als erstes fällt sofort auf, daß die Ergebnisse der Jahre 1983 und 1986 relativ ähnlich sind, wohingegen sich beim Vergleich der Ergebnisse dieser Jahre mit den Resultaten der Jahre 1984 und 1987 gravierende Divergenzen ergeben. Im Jahr 1986 wird für 24 der 25 alternativen Selektionskriterien für potentielle Insiderhandelstage in mindestens drei der zehn Testdurchläufe ein Alpha von unter 1% erzielt, wobei lediglich bei der Wahl von nur 5 Vorlauftagen bzw. 5 Vorlauftagen und 10 Tagen Abstand kein Alpha unter 0,00004 ermittelt werden kann. Darüber hinaus ist das einzige Selektionskriterium, für das in der Mehrzahl nur Alphas von weit über 50% ermittelt werden, gerade das Kriterium, das die Wahl der selektierten Tage mit hoher "abnormal performance" am Aktienmarkt als potentielle Insiderhan-

89) Von dieser allgemeinen Aussage könnte noch am ehesten das Selektionskriterium ausgenommen werden, das mit 5 Tagen Vorlauf mit Überlappung arbeitet.

delstage vorschreibt. Zieht man die Werte der Alphas auch für die übrigen Selektionskriterien mit in die Betrachtung ein, so zeigt sich, daß in vielen Fällen der Wert von Alpha 0,00000001 noch unterschreitet. Ein zeitlicher Vorlauf von ausgeprägten relativen Optionsüberbewertungen vor besonders hoher positiver "abnormal performance" am Aktienmarkt kann für 1986 somit bei gegen Null gehender Irrtumswahrscheinlichkeit angenommen werden. Die Verteilung dieser sehr kleinen Alphas auf die Selektionskriterien für potentielle Insiderhandelstage könnte darüber hinaus möglicherweise auf eine leichte Tendenz zu besseren Ergebnissen bei längeren Vorläufen sowie bei kontinuierlichem Übergang zwischen potentiellen Insiderhandelstagen und nachfolgendem Intervall mit ausgeprägten Residuen am Aktienmarkt hindeuten[90]. Bei Betrachtung des Jahres 1983 läßt sich im Gegensatz zu 1986 feststellen, daß zum einen nicht so häufig so kleine Alphas ermittelt werden und zum andern bei allen Selektionskriterien mit Abstand zwischen potentiellen Insiderhandelstagen und kritischen Tagen am Aktienmarkt sowie bei der Wahl von 60 Tagen Vorlauf mit oder ohne Überlappung auch keine Alphas kleiner 0,00004 mehr festzustellen sind. Der gravierendste Unterschied tritt dabei bei 5 bzw. 10 Tagen Vorlauf mit 10 Tagen Abstand auf, da hier 1983 durchgängig nur Alphas von weit über 5% ermittelt werden. Dieses relativ schlechtere Abschneiden aller Selektionskriterien mit Abstand sowie mit 60 Tagen Vorlauf mit oder ohne Überlappung ist im Jahr 1984 noch wesentlich ausgeprägter. Hier findet sich bei diesen Kriterien in keinem einzigen Testdurchlauf überhaupt ein Alpha von unter 5%. Darüber hinaus unterscheidet sich dieses Jahr insbesondere noch dadurch entscheidend von 1983 und 1986, als zwar bei allen anderen Selektionskriterien mit Ausnahme von zweien mindestens Alphas kleiner 5% erzielt werden[91], aber überhaupt nur im Fall von 5 und 10 Tagen Vorlauf mit 50% Überlappung Alphas unter 0,00004 auftreten. Auch 1987 können allein bei Selektionskriterien für potentielle Insiderhandelstage mit kurzem Vorlauf Alphas in dieser Größenordnung ermittelt werden. Dies ist der Fall bei 10 und 15 Tagen Vorlauf mit und ohne Überlappung, sowie bei 5 Tagen Vorlauf mit Überlappungstagen und bei der Wahl der Tage des Intervalls mit "abnormal performance". In diesem Jahr besteht somit eine besonders starke Tendenz zu besseren Ergebnissen bei kurzen Vorläufen und Überlappung mit dem Intervall der kritischen Tage am Aktienmarkt. Dies kommt zum einen insbesondere auch darin zum Ausdruck, daß außer bei den Selektionskriterien mit 10 Tagen Abstand auch bei 40 bis 60 Tagen Vorlauf mit und ohne Überlappung durchweg keine Alphas unter 5% auftreten. Zum andern wird das Minimum von Alpha mit einem Wert unter 0,00000001 bei der Wahl von 5 Tagen Vorlauf mit Überlappungstagen für den Testdurchlauf ermittelt, bei dem 10% aller Börsentage des Jahres als Tage klassifiziert werden, an denen Fehlbewertungen mit der Merkmalsausprägung F_1 auftreten. Auffällig ist 1987 darüber hinaus auch noch, daß die kleinsten Alphas durchweg nur bei den Testdurchläufen berechnet werden, bei de-

90) Lediglich bei allen Selektionskriterien mit 10 Tagen Abstand sowie mit 10 Tagen Vorlauf mit und ohne 5 Tage Abstand und schließlich generell bei allen Selektionskriterien mit nur 5 Tagen Vorlauf treten keine Alphas dieser Größenordnung auf.

91) Die Ausnahmen treten bei der Wahl von 20 Tagen Vorlauf auf sowie bei der Wahl der Tage mit besonders hoher positiver "abnormal performance" als potentielle Insiderhandelstage. Bei dem zuletzt genannten Kriterium wird allerdings auch 1983 und 1986 kein signifikantes Ergebnis erzielt.

nen 5% bis 20% aller Börsentage des Jahres die Merkmalsausprägung F_1 zugeordnet wird. 1983 und 1986 hingegen liegen bei den Selektionskriterien mit Alphas unter 1% zumeist die Alphas für fast alle zehn alternativ untersuchten Ausprägungen von F_1 in diesem Größenbereich, wobei ein eventuell auftretendes größeres Alpha fast immer bei dem kleinsten F_1-Anteilsatz festgestellt werden kann[92].

Aus den bisher gegenübergestellten Testergebnissen der einzelnen Jahre läßt sich nun ersehen, welche Ergebnisse nach Ausklammerung von 1985 bei BASF über alle Jahre hinweg stabil sind. Danach ist die Wahl von 10 Tagen Vorlauf mit Überlappungstagen das einzige Selektionskriterium für potentielle Insiderhandelstage, bei dem in jedem Jahr ein Alpha von unter 0,00004 ermittelt werden kann. Allerdings ist dies 1987 bei den drei kleinsten F_1-Anteilsätzen der Fall, in den übrigen Jahren hingegen bei den drei größten sowie 1983 zusätzlich noch beim 10%-Anteilsatz und 1986 beim 35%-Anteilsatz. Reduziert man die Größenanforderungen bezüglich Alpha dahingehend, daß bereits Selektionskriterien, die in jedem Jahr mindestens ein Alpha unter 5% aufweisen, erfaßt werden, so kann die Gruppe immerhin auf die Selektionskriterien mit 5 bis 30 Tagen Vorlauf mit Überlappungstagen sowie mit Ausnahme von 20 Tagen Vorlauf auch auf die entsprechenden Selektionskriterien ohne Überlappungstage erweitert werden.

Bei der Überprüfung der Stabilität der Ergebnisse in unterschiedlichen Jahren mittels des Vergleichs der Testergebnisse für gleiche Selektionskriterien von potentiellen Insiderhandelstagen kann sich allerdings ein Problem ergeben, das für die richtige Interpretation des Ergebnisvergleichs von entscheidender Bedeutung ist. Für BASF wurde z.B. soeben festgestellt, daß im Gegensatz zu 1983 und 1986 vor allem im Jahr 1987, weniger ausgeprägt auch im Jahr 1984, keinerlei signifikante Ergebnisse für längere Vorläufe auftreten, wohingegen bei kurzen Vorläufen nach wie vor auch in diesen Jahren tendenziell kleine Alphas festzustellen sind. Es wäre jedoch falsch, daraus sofort zu schließen, daß für diese Testzeiträume der Zusammenhang zwischen dem Auftreten ausgeprägter relativer Optionsüberbewertungen und nachfolgender, hoher positiver "abnormal performance" am Aktienmarkt grundsätzlich ganz anders geartet sei als in den übrigen Teilzeiträumen und daß somit keine Stabilität der Ausgestaltung dieses Zusammenhangs über die Jahre bestünde. Immer dann, wenn die Ergebnisse lediglich für lange Vorläufe schlecht ausfallen, könnte dies nämlich unter Umständen zumindest teilweise auf das Vorliegen des unter V.2.2.2 bereits genannten, methodischen Problems zurückzuführen sein. Dieses besteht darin, daß in manchen Jahren mit tendenziell überdurchschnittlicher Anzahl an selektierten Intervallen mit hoher positiver "abnormal performance" und/oder besonders gleichmäßiger Verteilung dieser Intervalle über den Testzeitraum die Anwendung eines Selektionskriteriums mit besonders langen Vorläufen dazu führen kann, daß nahezu alle Tage des Jahres als potentielle Insiderhandels-

92) 1984 können zwar häufig nicht so viele Alphas unter einem Prozent pro Selektionskriterium ermittelt werden, diese treten jedoch in diesem Jahr in keinem einzigen Fall bei den Testdurchläufen auf, die mit dem kleinsten F_1-Anteilsatz von 5% arbeiten.

tage klassifiziert werden. In einem solchen Fall wäre ein Test, der überprüfen soll, ob besonders viele Börsentage des Jahres mit Fehlbewertungen einer bestimmten Größenklasse zu diesen potentiellen Insiderhandelstagen gehören, aufgrund der zu kleinen Vergleichsbasis an Nicht-Insiderhandelstagen nicht mehr aussagekräftig. Der exakte Test von Fisher könnte selbst dann noch zu Alphas über 5% führen, wenn alle Fehlbewertungen des Jahres, die der entsprechenden Größenklasse angehören, an potentiellen Insiderhandelstagen realisiert würden.

Genau dieses Problem läßt sich bei BASF 1987 feststellen. In diesem Jahr werden neun Intervalle mit positiver "abnormal performance" am Aktienmarkt selektiert, 1986 im Vergleich dazu hingegen nur fünf. Darüber hinaus sind die Intervalle im Jahr 1987 relativ gut über das ganze Jahr verteilt, was zur Folge hat, daß 1987 bei 50 Tagen Vorlauf bereits 92,8% aller Börsentage als potentielle Insiderhandelstage selektiert werden, wohingegen es 1986 bei demselben Selektionskriterium nur 72,6% sind. Bei 60 Tagen Vorlauf werden 1987 entsprechend gar 98,4% aller Tage selektiert, 1986 hingegen nur 77%[93]. In diesem Extremfall existieren im Jahr 1987 also nur mehr vier potentielle Nicht-Insiderhandelstage. Daraus läßt sich folgern, daß die oben aufgezeigten, ausgeprägt schlechteren Ergebnisse bei langen Vorläufen im Jahr 1987 zumindest teilweise auf das geschilderte Problem zurückzuführen sind und nicht als Verletzung der Stabilität der Ergebnisse im Zeitablauf interpretiert werden können[94]. Während die Vergleichbarkeit der Testergebnisse bei Selektionskriterien mit langem Vorlauf also unter Umständen stark eingeschränkt ist, wenn es um die Überprüfung der Stabilität der Ergebnisse in unterschiedlichen Jahren geht, gilt dies nicht für den später noch durchzuführenden Vergleich der Ergebnisse für unterschiedliche Optionslaufzeitklassen einer Unternehmung in jeweils gleichen Testzeiträumen. Vor der Auswertung dieser Resultate sollen jedoch auch für die übrigen Gesellschaften die Testergebnisse in den unterschiedlichen Jahren verglichen werden.

b) BAYER:

Bei Bayer kann die Nullhypothese gleicher Wahrscheinlichkeiten für das Auftreten von Optionsfehlbewertungen, die bestimmte Obergrenzen nicht überschreiten, lediglich im umsatzschwächsten Jahr 1983 nicht abgelehnt werden. In allen übrigen Jahren werden Alphas unter 0,00004 festgestellt, so daß im Gegensatz zu BASF ab einschließlich 1984 die erste Teilhypothese dieser Untersuchung ausnahmslos gestützt wird. In diesen Jahren ist damit an Tagen vor und zum Teil noch innerhalb von Intervallen mit hoher positiver "abnormal performance" am Aktienmarkt eine signifikant höhere Wahrscheinlichkeit für das Auftreten aus-

---

93) Die entsprechenden Prozentzahlen für die Jahre 1983 und 1984 liegen für 50 Tage Vorlauf bei 81,3% bzw. 88,8% und für 60 Tage Vorlauf bei 92% bzw. 96,4%.

94) Trotzdem scheint die festgestellte Tendenz zu besseren Ergebnissen bei kürzeren Vorläufen im Jahr 1987 nicht alleine auf dieser Begründung zu beruhen. Denn bereits bei 30 Tagen Vorlauf mit oder ohne Überlappung treten beispielsweise deutlich schlechtere Ergebnisse auf, obwohl hier die Anzahl der selektierten Insiderhandelstage mit 167 bzw. 176 Tagen noch erheblich unter der Anzahl aller Börsentage des Jahres liegt.

geprägter relativer Überbewertungen am Optionsmarkt feststellbar als an den sonstigen Börsentagen des jeweiligen Jahres. Auch bei Bayer existieren jedoch Unterschiede bei den Ergebnissen einzelner Testdurchläufe, die für unterschiedliche Jahre unter Anwendung des jeweils gleichen Selektionskriteriums für potentielle Insiderhandelstage sowie unter Berücksichtigung der gleichen Definition von F_1 durchgeführt werden.

Von einer gewissen Ähnlichkeit zwischen den Einzelergebnissen der verschiedenen Jahre kann, wenn überhaupt, nur bei den Ergebnissen der Jahre 1984 und 1986 gesprochen werden. In beiden Jahren ergeben sich bei allen Selektionskriterien für potentielle Insiderhandelstage mit 5 bis 20 Tagen Vorlauf mit oder ohne Überlappung jeweils mindestens in einem Jahr Alphas unter einem Prozent und in jedem der beiden Jahre mindestens ein Alpha unter fünf Prozent. Dasselbe gilt ebenso für alle Selektionskriterien, die 5 Tage Abstand berücksichtigen, wobei allerdings 1986 bei 20 Tagen Vorlauf mit 5 Tagen Abstand kein Alpha unter 5% ermittelt wird. Im Jahr 1984 können darüber hinaus auch bei 30 Tagen Vorlauf mit oder ohne Überlappung noch Alphas unter einem Prozent festgestellt werden. In beiden Jahren sind besonders kleine Alphas unter 0,00004 bei der Wahl von 10 Tagen Vorlauf sowie von 10 bzw. 15 Tagen Vorlauf mit Überlappungstagen zu beobachten; 1984 außerdem noch bei 5 und 20 Tagen Vorlauf mit Überlappung. Was die Zuordnung der festgestellten kleinen Alphas zu den alternativen Merkmalsausprägungen F_1 betrifft, so läßt sich 1986 bei Verwendung der größeren F_1-Anteilsätze ein verstärktes Auftreten kleiner Alphas feststellen. Tatsächlich ist in keinem einzigen Testdurchlauf, bei dem die vier kleinsten F_1-Anteilsätze berücksichtigt werden, ein Alpha unter einem Prozent zu beobachten. 1984 hingegen ist es in der Mehrzahl der Fälle so, daß, falls für ein Selektionskriterium besonders gute Ergebnisse ermittelt werden, dies unabhängig von der jeweils verwendeten Merkmalsausprägung F_1 nahezu für alle zehn Testdurchläufe gilt. Die Testergebnisse des Jahres 1985 unterscheiden sich sehr stark von denen aller übrigen Jahre. Alphas von unter 0,00004 werden hier lediglich bei den Selektionskriterien erreicht, die mit 60 Tagen Vorlauf mit oder ohne Überlappung arbeiten. Demzufolge besteht in diesem Jahr eine Tendenz zu besonders guten Ergebnissen bei besonders langem Vorlauf. Allerdings treten außer bei Selektionskriterien mit 40 oder 50 Tagen Vorlauf sowie mit 20 Tagen Vorlauf und 10 Tagen Abstand auch bei Kriterien, die mit kurzem Vorlauf von 5 oder 10 Tagen ohne Überlappung und Abstand arbeiten, Alphas unter einem Prozent auf[95]. Im Jahr 1987 werden im Gegensatz zu den vorhergehenden Jahren bei nahezu allen Selektionskriterien hervorragende Ergebnisse erzielt. Dabei sind die Resultate bei sehr kurzen Vorläufen unabhängig von einem eventuell zusätzlich gewählten Abstand relativ am schlechtesten, bei langen Vorläufen am besten. So werden Alphas unter 0,00004 bei folgenden Selektionskriterien erzielt: bei 20 bis 60 Tagen Vorlauf, bei allen Kriterien mit Überlappungstagen mit Ausnahme des Kriteriums, das nur mit 5 Vorlauftagen arbeitet sowie jeweils bei 15 bzw. 20 Tagen Vorlauf mit 5 oder 10 Ta-

95) Bei 40 Tagen Vorlauf sowie 20 Tagen Vorlauf mit 10 Tagen Abstand ergibt sich jeweils nur bei dem Testdurchlauf ein Alpha von unter einem Prozent, bei dem der Hälfte aller Börsentage des Jahres die Merkmalsausprägung F_1 zugeordnet wird.

gen Abstand[96]. Dabei liegen in diesen Fällen zumeist die Alphas nahezu aller zehn Testdurchläufe eines Selektionskriteriums zumindest unter einem Prozent. Darüber hinaus kann für Bayer 1987 die Nullhypothese mit gegen Null gehender Irrtumswahrscheinlichkeit abgelehnt werden. Bei 40 bis 60 Tagen Vorlauf mit oder ohne Überlappung und bei 20 Tagen Vorlauf mit 10 Tagen Abstand ergeben sich nämlich jeweils mindestens sechs Alphas unter 0,00000001. Lediglich bei 5 Tagen Vorlauf mit 10 Tagen Abstand ergibt sich kein Alpha unter einem Prozent, beim gleichen Vorlauf, aber 5 Tagen Abstand kann nicht einmal eines unter fünf Prozent ermittelt werden.

Analog zum Fall von BASF im Jahr 1987 darf auch bei Bayer in den Jahren 1984 und 1986 von den schlechten Ergebnissen bei sehr langen Vorläufen nicht automatisch auf eine instabile Ausgestaltung des Zusammenhangs zwischen dem Auftreten ausgeprägter relativer Optionsüberbewertungen und nachfolgender, hoher positiver "abnormal performance" am Aktienmarkt geschlossen werden. Denn insbesondere 1984 treten auch hier die bei BASF bereits geschilderten Probleme auf[97]. Bei kürzeren Vorläufen ist jedoch keine Stabilität der Ergebnisse im Zeitablauf gegeben, was allerdings vor allem auf das Jahr 1985 zurückzuführen ist. Klammert man dieses aus, so gibt es immerhin zwei Selektionskriterien für potentielle Insiderhandelstage, bei denen in allen übrigen Jahren ab 1984 stets Alphas unter 0,00004 ermittelt werden. Dies ist bei den Kriterien der Fall, die von 10 bzw. 15 Tagen Vorlauf mit Überlappungstagen ausgehen. Darüber hinaus können in diesen Jahren für alle Selektionskriterien mit 5 bis 20 Tagen Vorlauf mit oder ohne Überlappung sowie mit 10 bzw. 15 Tagen Vorlauf mit 5 Tagen Abstand zumindest in jedem Jahr Alphas von unter fünf Prozent und in mindestens zwei Jahren Alphas von unter einem Prozent ermittelt werden. Bezieht man hingegen das Jahr 1985 in den Vergleich mit ein, so trifft letzteres lediglich auf die Selektionskriterien mit 5 bzw. 10 Tagen Vorlauf sowie mit 5 Tagen Vorlauf mit Überlappung zu. Ein Alpha von unter 0,00004 kann in diesem Fall bei keinem einzigen Selektionskriterium in allen vier Jahren erzielt werden.

c) HOECHST:

Wäre die Stabilität der Testergebnisse bei Hoechst nicht bereits dadurch verletzt, daß neben 1983 auch 1985 die Nullhypothese gleicher Wahrscheinlichkeiten für das Auftreten von Optionsfehlbewertungen unterhalb einer bestimmten Obergrenze nicht verworfen werden kann, so würde Hoechst eine sehr hohe Übereinstimmung besonders signifikanter Ergebnisse in den unterschiedlichen Jahren aufweisen. Dies zeigt sich daran, daß allein bei sieben

---

96) Allerdings werden auch bei der Wahl der selektierten Tage mit hoher positiver "abnormal performance" als potentielle Insiderhandelstage Alphas unter 0,00004, in einem Fall sogar unter 0,00000001 ermittelt. Dies dürfte auch erklären, warum bei sehr kurzen Vorläufen mit Überlappungstagen abweichend von der oben beschriebenen allgemeinen Tendenz deutlich bessere Ergebnisse auftreten als bei den sonstigen Selektionskriterien, die mit sehr kurzen Vorläufen arbeiten.

97) Bei 60 Tagen Vorlauf werden im Jahr 1984 und 1986 95,6% bzw. 86,3% aller Börsentage des jeweiligen Jahres als potentielle Insiderhandelstage gewählt. In den Jahren 1985 und 1987 betragen die entsprechenden Prozentsätze hingegen nur 61,3% bzw. 61,8%.

Selektionskriterien für potentielle Insiderhandelstage sowohl 1984 als auch 1986 und 1987 Alphas unter 0,00004 ermittelt werden. Dies ist bei der Wahl von 10 bis 20 Tagen Vorlauf der Fall sowie bei 10 bzw. 15 Tagen Vorlauf mit 5 Tagen Abstand und bei 15 bzw. 20 Tagen Vorlauf mit Überlappungstagen. Reduziert man die Anforderungen an die Größe der Alphas auf Werte unter einem Prozent, so steigt die Zahl der Übereinstimmungen noch weiter an.

Mit gegen Null gehender Irrtumswahrscheinlichkeit kann die Nullhypothese für 1987 verworfen werden, da hier bei Selektionskriterien mit 20 bis 60 Tagen Vorlauf mit und ohne Überlappung, bei der Wahl von 10 Tagen Vorlauf mit Überlappung sowie bei 20 Tagen Vorlauf mit 5 oder 10 Tagen Abstand und bei 15 Tagen Vorlauf mit 10 Tagen Abstand Alphas von unter 0,00000001 auftreten. Doch auch bei allen übrigen Selektionskriterien für potentielle Insiderhandelstage werden ähnlich signifikante Ergebnisse erzielt, da in jedem Fall mehrfach Alphas unter einem Prozent ermittelt werden. Darüber hinaus liegen diese Alphas lediglich bei der Wahl der selektierten Tage mit "abnormal performance" am Aktienmarkt als potentielle Insiderhandelstage und bei der Wahl von 5 Tagen Vorlauf mit und ohne 5 bzw. 10 Tage Abstand nicht unter 0,00004. Auch zwischen den Ergebnissen der Testdurchläufe jeweils eines Selektionskriteriums für potentielle Insiderhandelstage bestehen insofern keine großen Unterschiede, als sehr häufig alle zehn Resultate Alphas von unter einem Prozent aufweisen. Tritt doch einmal ein schlechteres Ergebnis auf, so ist dies zumeist bei den Merkmalsausprägungen F_1 der Fall, bei denen die gewählten F_1-Anteilsätze am niedrigsten angesetzt sind. Letzteres gilt in der Tendenz auch für die übrigen Jahre, wobei in diesen bei Selektionskriterien für potentielle Insiderhandelstage, die Alphas unter einem Prozent aufweisen, zumeist mindestens noch bei sechs der zehn Testdurchläufe diese Größenordnung erreicht wird. Der gravierendste Unterschied der Ergebnisse für 1986 im Vergleich zu denen von 1987 zeigt sich in den 1986 durchweg nicht signifikanten Ergebnissen für lange Vorläufe. Bei 40 bis 60 Tagen Vorlauf mit oder ohne Überlappung kann kein einziges Alpha unter 5% ermittelt werden. Dabei ist diese Tendenz zu schlechteren Ergebnissen bei längeren Vorläufen eindeutig nicht auf das oben geschilderte methodische Problem bei der Wahl langer Vorläufe zurückzuführen, da 1986 bei den entsprechenden Kriterien, wenn überhaupt, dann nur unwesentlich mehr potentielle Insiderhandelstage gewählt werden als etwa im Jahr 1987 und außerdem selbst bei 60 Tagen Vorlauf noch knapp 30% der Börsentage des Jahres als sonstige Tage T_2 eingestuft werden. Auch bei 20 Tagen Vorlauf mit 10 Tagen Abstand wird 1986 kein Alpha unter 5%, bei 15 Tagen Vorlauf mit 10 Tagen Abstand bzw. bei 5 Tagen Vorlauf keines unter einem Prozent ermittelt. Darüber hinaus sind die ermittelten Alphas tendenziell nicht ganz so klein wie 1987. So kann kein Alpha unter 0,00000001 festgestellt werden; Alphas unter 0,00004 finden sich außer bei den zu Beginn genannten sieben Selektionskriterien 1986 noch bei 5 bzw. 20 Tagen Vorlauf mit 5 Tagen Abstand und bei 10 Tagen Vorlauf mit Überlappungstagen. Auch 1984 läßt sich analog zu 1986 eine Tendenz zu schlechteren Ergebnissen bei längeren Vorläufen erkennen, wenn auch eine deutliche Verschlechterung erst ab 50 Tagen Vorlauf festgestellt werden kann. Im Gegensatz zu 1986 dürfte dieses Ergebnis jedoch gänzlich auf das oben beschriebene methodische Problem zurückzuführen sein[98]. Neben diesen schlechten Ergebnissen für lange Vorläufe können auch bei dem kurzen Vorlauf von 5 Tagen mit Überlappung oder mit 5 Tagen Abstand lediglich Alphas unter fünf Prozent ermittelt werden; bei der Wahl der selektierten Tage mit "abnormal performance" am Aktienmarkt als potentielle Insiderhandelstage ist schließlich nicht einmal mehr das der Fall. Letzteres kann in Verbindung mit der Beobachtung, daß insbesondere bei kurzen Vorläufen die Hinzunahme von Überlappungstagen fast durchweg zu einer Verschlechterung der Ergebnisse der Testdurchläufe mit jeweils gleicher Merkmalsausprägung F_1 führt, möglicherweise als Indiz dafür interpretiert werden, daß es sich bei dem Vorlauf der Optionsfehlbewertungen vor der "abnormal performance" am Aktienmarkt in diesem Jahr tendenziell tatsächlich um einen reinen Vorlauf ohne Überlappung handelt. Wie 1987 kann auch 1984 die Nullhypothese mit gegen Null gehender Irrtumswahrscheinlichkeit verworfen werden, da bei der Wahl von 15 Tagen Vorlauf mit oder ohne Überlappung jeweils Alphas von unter 0,00000001 ermittelt werden. Alphas, die immerhin noch kleiner als 0,00004 sind, lassen sich darüber hinaus außer bei den sieben zu Beginn für alle Jahre genannten Selektionskriterien auch noch bei 5 und 30 Tagen Vorlauf, bei 30 bzw. 40 Tagen Vorlauf mit Überlappung und bei 5 bzw. 10 Tagen Vorlauf mit 10 Tagen Abstand feststellen.

d) BMW:

Genau wie zuvor bei Bayer wird die erste Teilhypothese dieser Untersuchung auch bei BMW für jedes Jahr mit Ausnahme von 1983 gestützt, da außer 1983 in jedem Jahr Alphas unter 0,00004 ermittelt werden. Allerdings wäre es im Fall von BMW durchaus denkbar, daß das Jahr mit dem geringsten Umsatz in BMW-Optionen möglicherweise nicht das für den gesamten Optionsmarkt umsatzschwächste Jahr 1983, sondern vielmehr das Jahr 1984 war. In diesem gab es nämlich gerade doppelt soviele Tage ohne jeglichen Handel in BMW-Kaufoptionen wie 1983[99]. Das im Jahr 1984 gegenüber dem Jahr 1983 signifikante Ergebnis wird somit wahrscheinlich nicht auf eine gestiegene Marktliquidität zurückzuführen sein.

Die ersten beiden Jahre 1984 und 1985, für die die Nullhypothese gleicher Wahrscheinlichkeiten für das Auftreten von Optionsfehlbewertungen unterhalb einer bestimmten Obergrenze generell verworfen wird, sind im Gegensatz zu den beiden letzten Jahren 1986 und 1987 insbesondere dadurch charakterisiert, daß bei allen Selektionskriterien, die als potentielle Insiderhandelstage nur Intervalle mit 5 bzw. 10 Tagen Abstand zum nachfolgenden Intervall mit "abnormal performance" am Aktienmarkt auswählen, fast ausnahmslos keine Al-

98) Bei der Wahl von 60 Tagen Vorlauf werden im Jahr 1984 99,2% aller Börsentage des Jahres als potentielle Insiderhandelstage selektiert.

99) Vgl. hierzu Tabelle 5.4.

phas unter einem Prozent ermittelt werden können[100]. Alphas unter 0,00004 hingegen treten 1984 lediglich bei der Wahl von 30 bzw. 40 Tagen Vorlauf mit Überlappung auf, 1985 nur bei 60 Tagen Vorlauf mit oder ohne Überlappung. Die daraus bereits ablesbare Tendenz für besonders gute Ergebnisse bei langem Vorlauf im Jahr 1985 wird noch dadurch bestätigt, daß in diesem Jahr ansonsten überhaupt nur noch bei Selektionskriterien mit 30 bis 50 Tagen Vorlauf mit und ohne Überlappung wenigstens Alphas unter einem Prozent erreicht werden. Dabei weisen bei den beiden längsten Vorläufen jeweils fast alle zehn Testdurchläufe Alphas von unter einem Prozent auf. Bei 30 bzw. 40 Tagen Vorlauf mit oder ohne Überlappung ist die Anzahl von Alphas dieser Größenordnung geringer; die kleinsten Alphas werden hier tendenziell bei den Testdurchläufen mit den niedrigeren F_1-Anteilsätzen ermittelt. Diese Ausführungen zur Größe der Alphas bei den einzelnen Testdurchläufen sind für 30 bis 60 Tage Vorlauf mit oder ohne Überlappung auf das Jahr 1984 übertragbar. Für die übrigen Selektionskriterien für potentielle Insiderhandelstage, bei denen 1984 noch Alphas unter einem Prozent auftreten, läßt sich keine allgemeingültige Aussage bezüglich der Verteilung der Alphas auf die einzelnen Testdurchläufe machen. Generell ist im Jahr 1984 die extreme Beschränkung auf lange Vorläufe nicht so ausgeprägt wie 1985. 1984 werden fast ausnahmslos für alle Selektionskriterien mit 5 bis 60 Tagen Vorlauf mit oder ohne Überlappung sowie für die Wahl der selektierten Tage mit "abnormal performance" am Aktienmarkt als potentielle Insiderhandelstage Alphas von unter einem Prozent ermittelt. Einzige Ausnahme sind die Kriterien mit 5, 15 oder 20 Tagen Vorlauf ohne Überlappungstage; für diese können lediglich Alphas kleiner 5% festgestellt werden. Die von 1984 bis 1985 zu beobachtende, sich verstärkende Tendenz zu besonders guten Ergebnissen bei besonders langen Vorläufen erweist sich in den späteren Jahren jedoch nicht als stabil. So wird in den Jahren 1986 und 1987 lediglich für das Selektionskriterium, das die Tage mit besonders hoher positiver "abnormal performance" am Aktienmarkt als potentielle Insiderhandelstage definiert, in keinem der jeweils zehn Testdurchläufe ein Alpha von unter einem Prozent berechnet. 1987 werden außerdem noch bei der Wahl von 60 Tagen Vorlauf lediglich Alphas von unter 5% ermittelt. Insbesondere für 1986 sind die Ergebnisse für fast alle der 24 Selektionskriterien für potentielle Insiderhandelstage mit Alphas unter einem Prozent noch weitaus besser, als nach dieser ersten Beschreibung anzunehmen. So ist überhaupt nur bei den drei Selektionskriterien, die mit 5 Tagen Vorlauf, kombiniert mit 5 bzw. 10 Tagen Abstand, oder mit 5 Tagen Vorlauf mit Überlappung arbeiten, kein Alpha unter 0,00004 zu ermitteln. Außerdem tritt in den Fällen mit 10 bis 60 Tagen Vorlauf mit oder ohne Überlappung sowie mit 15 Tagen Vorlauf plus 5 und 20 Tagen Vorlauf plus 5 oder 10 Tagen Abstand stets mindestens ein Alpha unter 0,00000001 auf. Darüber hinaus sind sehr häufig die Alphas von mindestens neun der zehn Testdurchläufe kleiner als ein Prozent, wobei der Testdurchlauf mit dem schlechtesten Ergebnis tendenziell der ist, bei dem die Merkmalsausprägung F_1 lediglich 5% aller Börsentage des Jahres zugeordnet wird. Für 1987 gilt dies nicht ganz so ausgeprägt, auch finden sich in diesem Jahr des öfteren die schlechteren Er-

---

100) Lediglich im Jahr 1984 wird bei 5 Tagen Vorlauf mit 5 Tagen Abstand in einem Testdurchlauf zumindest ein Alpha von 0,00433893 ermittelt.

gebnisse bei den Testdurchläufen mit den höchsten F_1-Anteilsätzen. Abweichend zu 1986 treten 1987 bei weniger Selektionskriterien für potentielle Insiderhandelstage Alphas von unter 0,00004 auf. Diese Grenze wird nicht mehr unterschritten bei 30, 50 und 60 Tagen Vorlauf sowie bei 30 bzw. 60 Tagen Vorlauf mit Überlappung. Demgegenüber gibt es lediglich ein Selektionskriterium, bei dem 1987 im Gegensatz zu 1986 Alphas unter 0,00004 ermittelt werden. Dies trifft bei der Wahl von 5 Tagen Vorlauf mit Überlappungstagen zu. Darüber hinaus wird 1987 nur mehr bei einem einzigen Testdurchlauf, nämlich bei der Wahl von 10 Tagen Vorlauf und dem zweitkleinsten F_1-Anteilsatz, ein Alpha von unter 0,00000001 berechnet.

Aus der Beschreibung der Resultate für die einzelnen Jahre läßt sich ersehen, daß bei BMW für die Jahre 1984 bis 1987 von stabilen Ergebnissen hinsichtlich bestimmter Selektionskriterien für potentielle Insiderhandelstage überhaupt nur dann gesprochen werden kann, wenn man keine hohen Anforderungen an die Größe der Alphas stellt. Dann gilt nämlich immerhin, daß in allen Jahren bei der Wahl von 30 bis 60 Tagen Vorlauf mit oder ohne Überlappung wenigstens Alphas unter einem Prozent ermittelt werden. Die einzige Ausnahme bilden die Testdurchläufe mit 60 Tagen Vorlauf im Jahr 1987, wo sich lediglich Alphas unter 5% ergeben.

e) DAIMLER:

Die Nullhypothese, daß grundsätzlich für alle Börsentage die Wahrscheinlichkeit für das Auftreten von Optionsfehlbewertungen, die bestimmte Obergrenzen nicht überschreiten, gleich hoch sei, kann bei Daimler für jedes der fünf Untersuchungsjahre verworfen werden, da in jedem Jahr Alphas unter 0,00004 auftreten. Diese hohe Stabilität der Ergebnisse über den gesamten Untersuchungszeitraum bezieht sich dabei nicht nur auf die für jedes Jahr grundsätzlich festgestellte, signifikant höhere Wahrscheinlichkeit für das Auftreten ausgeprägter relativer Optionsüberbewertungen an nach unterschiedlichen Kriterien ausgewählten Tagen vor oder auch noch innerhalb von Intervallen mit hoher positiver "abnormal performance" am Aktienmarkt. Vielmehr sind auch die Testergebnisse bei Verwendung jeweils gleicher Selektionskriterien für potentielle Insiderhandelstage in unterschiedlichen Jahren in einigen Fällen über den gesamten Untersuchungszeitraum relativ stabil. So wird bei allen Kriterien, die mit 40 bis 60 Tagen Vorlauf mit oder ohne Überlappung arbeiten, in jedem Jahr mindestens ein Alpha unter 0,00004 ermittelt. Darüber hinaus existiert mit Ausnahme eines Selektionskriteriums für jedes der übrigen fünf genannten Kriterien mindestens eine Definition der Merkmalsausprägung F_1, bei deren Verwendung der Testdurchlauf in jedem Jahr ein Alpha unter einem Prozent aufweist. Dabei ist die relativ geringere Übereinstimmung hinsichtlich der Ergebnisse bestimmter Testdurchläufe desselben Selektionskriteriums vor allem auf die ersten Jahre zurückzuführen. Während 1986 und 1987 nämlich jeweils alle zehn Testdurchläufe der betrachteten sechs Kriterien Alphas von unter einem Prozent aufweisen, trifft dies für die ersten Jahre stets nur für einige Testdurchläufe zu. In der Tendenz gilt für alle Selektionskriterien, bei denen überhaupt Testdurchläufe mit Alphas unter einem Prozent auftreten, daß ab 1985 ausnahmslos jeweils für mehr als die Hälfte der zehn F_1-Definitionen Alphas dieser Größenordnung ermittelt werden, wohingegen dies 1983 und 1984 nicht zutrifft. Auch ansonsten läßt sich insofern eine zeitliche Entwicklung ablesen, als die Unterschiede zwischen der Gruppe der ersten zwei im Vergleich zur Gruppe der letzten drei Jahre wesentlich größer sind als die Unterschiede zwischen den Jahren derselben Gruppe. So fällt für 1983 und 1984 insbesondere auf, daß es hier etliche Selektionskriterien für potentielle Insiderhandelstage gibt, für deren Testdurchläufe kein einziges Alpha unter einem Prozent ermittelt wird. Diese schlechten Ergebnisse treten ausschließlich bei kurzen Vorläufen auf, so bei der Wahl von 5 bzw. 10 Tagen Vorlauf mit oder ohne Überlappung, ferner bei der Selektion von 5 bzw. 10 Tagen Vorlauf mit 5 Tagen Abstand, bei 5 Tagen Vorlauf mit 10 Tagen Abstand und bei der Wahl der selektierten Tage mit ausgeprägter positiver "abnormal performance" am Aktienmarkt als potentielle Insiderhandelstage[101]. In den Jahren 1985 bis 1987 werden demgegenüber mit Ausnahme der Wahl von 5 Tagen Vorlauf mit 10 Tagen Abstand im Jahr 1987 bzw. der Intervalle mit ausgeprägter positiver "abnormal performance" am Aktienmarkt im Jahr 1985 bei allen Selektionskriterien für potentielle Insiderhandelstage mindestens Alphas unter einem Prozent ermittelt. Bei den meisten Kriterien sind einige der Alphas sogar kleiner als 0,00004. Für 1986 trifft dies auf alle 25 verschiedenen Selektionskriterien zu, für 1985 kann dies neben der soeben angeführten Ausnahme lediglich für die Wahl von 5 Tagen Vorlauf mit Überlappung nicht bestätigt werden, und für 1987 ist die oben genannte Ausnahme noch um die Kriterien mit 5 bzw. 10 Tagen Vorlauf und 5 Tagen Abstand zu erweitern. Darüber hinaus treten erst ab dem Jahr 1985 in jedem Jahr Alphas von unter 0,00000001 auf. Dies ist für alle drei Jahre fast ausnahmslos bei der Wahl von 10 bis 60 Tagen Vorlauf mit oder ohne Überlappung der Fall. Alphas unter 0,00000001 treten außerdem bei 10 bis 20 Tagen Vorlauf mit 5 bzw. 10 Tagen Abstand auf sowie bei der Wahl der selektierten Tage mit besonders hoher positiver "abnormal performance" als potentielle Insiderhandelstage[102].

f) VW:

Während bei Daimler die Stabilität und Signifikanz der Ergebnisse im Zeitablauf als äußerst hoch einzustufen ist, sind die Ergebnisse bei VW deutlich weniger überzeugend. Es wurde in diesem Zusammenhang bereits erläutert, daß es zweifelhaft ist, ob die Nullhypothese für die aggregierte Optionsstichprobe im Jahr 1984 noch bei akzeptabler Irrtumswahrscheinlichkeit verworfen werden kann. Auch für 1986 wurde darauf hingewiesen, daß bei keinem Testdurchlauf ein Alpha unter 0,00004 ermittelt wird. Trotzdem soll hier davon ausgegangen werden, daß die Nullhypothese für 1986 bei vergleichsweise noch kleiner Irrtumswahrscheinlichkeit abgelehnt werden kann, da immerhin bei der Wahl von 40 Tagen Vorlauf mit

101) Zusätzlich gilt dies bei 15 Tagen Vorlauf mit Überlappung für das Jahr 1983 und bei 10 Tagen Vorlauf mit 10 Tagen Abstand für 1984.

102) Eine Ausnahme bildet im Jahr 1985 die Wahl der Tage mit besonders hoher positiver "abnormal performance" am Aktienmarkt sowie die Wahl von 60 Tagen Vorlauf mit oder ohne Überlappung und die Selektion von 10 Tagen Vorlauf. Darüber hinaus gibt es im Jahr 1987 noch Ausnahmen. Hier wäre zum einen ebenfalls die Wahl von 10 Tagen Vorlauf zu nennen, außerdem noch die Wahl von 10 bzw. 15 Tagen Vorlauf, kombiniert mit 5 oder 10 Tagen Abstand.

und ohne Überlappung zwei Alphas von unter 0,000065 festzustellen sind und außerdem bei der nach Laufzeitklassen getrennten Durchführung des Tests sowohl bei den 3- als auch bei den 9-Monats-Optionen Alphas unter 0,00004 auftreten.

Aus diesen Ausführungen läßt sich unmittelbar folgern, daß eine Stabilität der Größenordnung der Alphas, die bei Verwendung jeweils gleicher Selektionskriterien für potentielle Insiderhandelstage ermittelt werden, für die Alphas unter 0,00004 auch unter Ausklammerung von 1984 über die Jahre nicht gegeben ist. Immerhin lassen sich aber Selektionskriterien für potentielle Insiderhandelstage finden, bei denen mit Ausnahme von 1984 in jedem Jahr in einigen Testdurchläufen Alphas unter einem Prozent ermittelt werden. Dies ist bei der Wahl von 20 Tagen Vorlauf mit 5 oder 10 Tagen Abstand der Fall sowie bei 30 bzw. 40 Tagen Vorlauf mit oder ohne Überlappung. Dabei sind noch längere Vorläufe nur wegen der schlechten Ergebnisse im Jahr 1985 nicht in dieser Gruppe enthalten[103]. Diese schlechten Resultate dürften jedoch lediglich auf das oben erwähnte, mitunter auftretende methodische Problem bei langen Vorläufen zurückzuführen sein[104] und können somit nicht ohne weiteres als Hinweis auf mangelnde Stabilität der untersuchten Zusammenhänge in den betrachteten vier Jahren interpretiert werden.

Sucht man die Selektionskriterien mit den jeweils besten Ergebnissen in den einzelnen Jahren, so wären für das Jahr 1983 die Kriterien mit 20 bis 50 Tagen Vorlauf zu nennen. Für diese können jeweils Alphas unter 0,00004 ermittelt werden. 1985 finden sich Alphas dieser Größenordnung lediglich bei 30 Tagen Vorlauf mit oder ohne Überlappung sowie bei 20 Tagen Vorlauf mit 5 Tagen Abstand. Das Jahr 1987 hingegen weist zahlreiche sehr gute Ergebnisse mit Alphas unter 0,00004 auf, so bei 15, 30, 40 und 50 Tagen Vorlauf, außerdem bei 5 bis 60 Tagen Vorlauf mit Überlappungstagen und schließlich auch bei der Wahl der Tage des Intervalls mit besonders hoher positiver "abnormal performance" am Aktienmarkt als potentielle Insiderhandelstage. Letzteres deutet insbesondere auch auf die Tendenz zu besonders guten Ergebnissen bei allen Kriterien hin, die mit Überlappungstagen arbeiten. Außerdem ist 1987 das einzige Jahr, das auch Alphas unter 0,00000001 aufweist. Dies ist bei der Wahl von 40 Tagen Vorlauf der Fall sowie bei der Wahl von 30 bis 50 Tagen Vorlauf mit Überlappungstagen. Besonders auffällig sind bei VW insbesondere auch noch die bei allen Jahren mit Ausnahme des Jahres 1987 extrem schlechten Ergebnisse für sehr kurze Vorläufe. So werden bei 5 bis 15 Tagen Vorlauf mit oder ohne Überlappung, bei 5 Tagen Vorlauf plus 10 Tagen Abstand sowie bei 5 bzw. 10 Tagen Vorlauf, kombiniert mit 5 Tagen Abstand, durchweg keine Alphas unter einem, zumeist nicht einmal unter fünf Prozent erzielt[105]. Aber auch 1987 schneiden die kurzen Vorläufe zumindest im Vergleich zu den üb-

---

103) Bei 60 Tagen Vorlauf mit Überlappungstagen werden allerdings auch 1983 nur noch Alphas unter 5% erreicht.

104) Bei 50 bzw. 60 Tagen Vorlauf werden 1985 98% bzw. 100% der Börsentage eines Jahres als potentielle Insiderhandelstage selektiert.

105) Dies gilt mit Ausnahme des Jahres 1983 auch noch für 20 Tage Vorlauf mit oder ohne Überlappung.

rigen Ergebnissen des Jahres relativ schlecht ab. So sind die Selektionskriterien mit 5 Tagen Vorlauf bzw. 5 Tagen Vorlauf plus 10 Tagen Abstand die einzigen, bei deren Testdurchläufen im Jahr 1987 kein einziges Alpha unter einem Prozent ermittelt wird. Und auch bei 5 Tagen Vorlauf, kombiniert mit 5 Tagen Abstand, bzw. 10 Tagen Vorlauf, kombiniert mit 10 Tagen Abstand, wird abweichend zu den übrigen Selektionskriterien jeweils nur bei dem F_1-Anteilsatz von 45%, d.h. in einem einzigen Testdurchlauf, ein Alpha unter einem Prozent erreicht.

Betrachtet man abschließend noch, wie sich die Alphas bei den Selektionskriterien mit Alphas unter einem Prozent auf die Testdurchläufe mit alternativen F_1-Obergrenzen verteilen, so fällt insbesondere auf, daß im Jahr 1986 Alphas dieser Größenordnung in keinem einzigen Fall bei den Testdurchläufen zu finden sind, bei denen die Merkmalsausprägung F_1 5% bis 15% aller Börsentage des Jahres zugeordnet wird. 1983 hingegen treten Alphas unter einem Prozent tendenziell eher bei den mittleren und niedrigen F_1-Anteilsätzen auf, 1985 wiederum läßt sich keine allgemeingültige Tendenz ausmachen. 1987 schließlich weisen, wenn überhaupt, dann zumeist die Testdurchläufe mit den niedrigsten F_1-Anteilsätzen keine Alphas unter einem Prozent auf.

2.3.1.2.3 Abhängigkeit der Ergebnisse von der betrachteten Restlaufzeitklasse

Die Gegenüberstellung der Ergebnisse für die drei verschiedenen Optionsrestlaufzeitklassen dient der Überprüfung, ob sich die Resultate für die einzelnen Teilstichproben systematisch voneinander unterscheiden. Dabei ist insbesondere von Bedeutung, inwieweit sich die bei Gültigkeit der Insiderhypothese erwarteten Unterschiede zwischen den Ergebnissen der Restlaufzeitklassen tatsächlich beobachten lassen[106]. Jede bestätigte Erwartung kann dann als ein zusätzliches Indiz dafür gewertet werden, daß eine festgestellte, signifikante Ablehnung der Nullhypothese tatsächlich auf die Gültigkeit der dieser Untersuchung zugrunde liegenden Vermutung über das Verhalten von Insidern hindeutet.

In Gliederungspunkt V.1 wurden vor allen Dingen zwei für den vorliegenden Zusammenhang relevante Faktoren genannt, die die Entscheidung eines Insiders für eine bestimmte Option einer Gesellschaft beeinflussen dürften. Danach wird der Insider tendenziell zum einen eine hohe Liquidität des jeweiligen Optionsmarktsegments anstreben und zum andern eine hohe Optionselastizität bevorzugen. Letzteres impliziert wiederum ceteris paribus die Wahl einer möglichst kurzen Optionsrestlaufzeit[107]. Darüber hinaus wurde in V.2.2.2 darauf hingewiesen, daß die Entscheidung des Insiders auch von der von ihm erwarteten Länge

---

106) Vgl. zu diesen erwarteten Unterschieden V.1 und V.2.2.2.

107) Die Optionselastizität ist außerdem ceteris paribus um so größer, je mehr die Option out-of-the-money ist.

der Zeitspanne zwischen der Optionstransaktion und der Veröffentlichung der Information abhängen dürfte.

Aus diesen Überlegungen folgt, daß zum einen für die 9-Monats-Optionen im Vergleich zu den 6-Monats-Optionen weniger signifikante Ergebnisse erwartet werden. Alle vorhandenen, wenn auch rudimentären Daten deuten nämlich darauf hin, daß die Marktliquidität der 9-Monats-Optionen während des gesamten Untersuchungszeitraums bei allen Firmen stets geringer war als die der 6-Monats-Optionen[108]. Für den Vergleich von 9- mit 3-Monats-Optionen kann dies hingegen nicht generell gefolgert werden[109]. Die ceteris paribus relativ höhere Optionselastizität bei kürzerer Restlaufzeit müßte das bessere "Abschneiden" der 6- im Vergleich zu den 9-Monats-Optionen noch zusätzlich unterstützen. Darüber hinaus ist für diese beiden Restlaufzeitklassen eine Vergleichbarkeit aller Testdurchläufe gegeben und zwar unabhängig davon, wieviele Börsentage Vorlauf gemäß dem jeweils gewählten Selektionskriterium für potentielle Insiderhandelstage zu berücksichtigen sind[110].

Bei den 3-Monats-Optionen hingegen könnte der für die Selektion der potentiellen Insiderhandelstage gewählte Vorlauf im Gegensatz zum Fall der 6- und 9-Monats-Optionen allein deshalb einen Einfluß auf die Signifikanz der Ergebnisse haben, weil der Vorlauf die Restlaufzeit einer 3-Monats-Option unter Umständen erheblich überschreiten kann[111]. Erwartet ein Insider jedoch eine sehr späte Informationsveröffentlichung, so wird für ihn der gegenüber den Optionen mit längerer Restlaufzeit bei den 3-Monats-Optionen auf jeden Fall bestehende Vorteil einer höheren Optionselastizität tendenziell durch den dann vorhandenen Nachteil einer zu kurzen Restlaufzeit überkompensiert werden. Somit wäre bei Gültigkeit der Insiderhypothese bei der Wahl besonders langer Vorläufe mit vergleichsweise schlechten Testergebnissen für die 3-Monats-Optionen zu rechnen.

Diese Erwartung kann nun allerdings nicht schon dann als bestätigt angesehen werden, wenn die ermittelten Ergebnisse für die 3-Monats-Optionen bei langen Vorläufen weniger häufig signifikant sind bzw. tendenziell größere Alphas aufweisen als bei kurzen Vorläufen. Dies kann aufgrund des im letzten Gliederungspunkt angesprochenen methodischen Problems des Testverfahrens nämlich bei allen Laufzeitklassen auftreten, ohne daß diese Beob-

---

108) Vgl. hierzu die Umsatzstatistiken unter III.1.2, die Aufteilung der Optionsnotierungen auf die Laufzeitklassen in Anhang I und die Tabellen 5.1 bis 5.3.

109) Vgl. ebenda. So treten etwa im Jahr 1983 bei allen Chemiefirmen bei den 3-Monats-Optionen mehr Börsentage ohne Handel auf als bei den 9-Monats-Optionen. Darüber hinaus werden im Jahr 1983 und 1985 am Erstmarkt zum letzten Verfallstermin mehr Kaufoptionskontrakte abgeschlossen als zum ersten Verfallstermin.

110) Für 6-Monats-Optionen beträgt die durchschnittliche Restlaufzeit bereits ca. 100 Börsentage, und selbst die minimal mögliche Restlaufzeit ist mit ca. 70 Börsentagen immer noch um 10 Tage länger als der maximal wählbare Vorlauf.

111) Die minimale Restlaufzeit einer 3-Monats-Option beträgt ca. 10, die durchschnittliche Restlaufzeit ca. 40 Börsentage.

achtung als zusätzliches Indiz für oder gegen die Gültigkeit der Insiderhypothese gewertet werden könnte. Weiterhin könnten z.B. auch bei der Wahl sehr kurzer Vorläufe dann wenig signifikante Ergebnisse auftreten, wenn die Insider in der überwiegenden Zahl der Fälle bereits relativ lange vor allgemeiner Verbreitung der relevanten Informationen "am Markt" von diesen Kenntnis erhalten und so sehr frühzeitig reagieren können. Im übrigen impliziert die oben formulierte Erwartung auch nicht, daß sich für 3-Monats-Optionen bei langen Vorläufen etwa gar keine kleinen Alphas mehr ergeben. Zum einen könnten Insider in einzelnen Fällen beim Kauf von 3-Monats-Optionen eine schnellere Informationsverarbeitung am Aktienmarkt erwartet haben, als in der Realität dann tatsächlich eingetreten ist. Zum andern könnten sehr gute Ergebnisse bei sehr langen Vorläufen auch auf einem "Verwaschungseffekt" beruhen. Dieser könnte sich ergeben, wenn bei kürzeren Vorläufen ganz besonders signifikante Ergebnisse auftreten[112] und/oder die selektierten Intervalle mit besonders hoher positiver "abnormal performance" am Aktienmarkt zeitlich so dicht beisammen liegen, daß eine Erhöhung des gewählten Vorlaufs nur zu einer relativ geringfügigen Steigerung der Anzahl der selektierten Insiderhandelstage führt.

Ob die für die 3-Monats-Optionen in dieser Untersuchung festgestellten Ergebnisse bei der Wahl besonders langer Vorläufe die bei Gültigkeit der Insiderhypothese erwartete Tendenz aufweisen, läßt sich somit nur dann sinnvoll überprüfen, wenn man die für eine weitere Laufzeitklasse ermittelten Ergebnisse als Vergleichsbasis heranzieht. Im folgenden werden dafür die Resultate der 6-Monats-Optionen ausgewählt[113]. Zu überprüfen ist nun, ob das jeweilige Verhältnis aus der Anzahl besonders signifikanter Fälle bei den 3-Monats-Optionen und der entsprechenden Anzahl bei den 6-Monats-Optionen bei der Wahl von 50 oder 60 Tagen Vorlauf für die 3-Monats-Optionen tendenziell schlechter ausfällt als das entsprechende Verhältnis bei der Wahl kürzerer Vorläufe.

Das soeben beschriebene Prüfkriterium kann völlig unabhängig davon angewendet werden, ob bei der Wahl von kurzen Vorläufen tendenziell signifikantere Ergebnisse für die 3-Monats-Optionen im Vergleich zu den 6-Monats-Optionen festgestellt werden oder ob das Gegenteil der Fall ist. Welches Verhältnis zwischen den Ergebnissen für die beiden Laufzeitklassen bei der Wahl kurzer Vorläufe bei Gültigkeit der Insiderhypothese zu erwarten wäre, läßt sich nicht völlig eindeutig ableiten. Der Insider wird zwar, wenn er mit einer sehr späten Informationsveröffentlichung rechnet, tendenziell die 6-Monats-Optionen den 3-Monats-Optionen vorziehen. Welche der beiden Optionskategorien er jedoch rationalerweise dann

---

112) Liegen z.B. alle Börsentage, die eine Fehlbewertung der Merkmalsausprägung F_1 aufweisen, innerhalb eines Vorlaufs von 40 Börsentagen vor den Intervallen mit besonders hoher positiver "abnormal performance" und wird in diesem Fall dann z.B. ein Alpha unter 0,00000001 ermittelt, so ist es wahrscheinlich, daß auch bei der Wahl von 50 Tagen Vorlauf noch ein relativ kleines Alpha festgestellt wird, obwohl an den hinzugenommenen Tagen keine weitere Fehlbewertung der Merkmalsausprägung F_1 zu finden ist.

113) In der vorliegenden Untersuchung würde die alternative Verwendung der 9-Monats-Optionen zu keinen qualitativ anderen Erkenntnissen führen.

bevorzugen wird, wenn er mit einer zügigen Verbreitung der Information "am Markt" rechnet, kann anders als beim Vergleich von 6- mit 9-Monats-Optionen nicht völlig zweifelsfrei bestimmt werden. Während die höhere Optionselastizität eindeutig für eine Bevorzugung der 3-Monats-Optionen spricht, erbringt der Vergleich der Marktliquidität der beiden Optionsmarktsegmente kein eindeutiges Ergebnis. In der weit überwiegenden Zahl der Fälle können bei den 3-Monats-Optionen mehr Börsentage ohne Handel beobachtet werden als bei den 6-Monats-Optionen. Außerdem wurden am Erstmarkt durchweg mehr Kontrakte zum übernächsten als zum nächsten Verfallstermin abgeschlossen. Insbesondere der erste Befund kann als wichtiges Indiz für eine höhere Umsatztätigkeit im Marktsegment der 6-Monats-Optionen gewertet werden. Demgegenüber ist die Anzahl der Preisnotierungen ohne Berücksichtigung von Brief- und Geldkursen bei den 3-Monats-Optionen ab 1985 fast ausnahmslos höher als bei den 6-Monats-Optionen[114]. Hier muß allerdings berücksichtigt werden, daß die höhere Anzahl der Notierungen bei den 3-Monats-Optionen zumindest zum Teil auch auf eine mit abnehmender Restlaufzeit tendenziell steigende Anzahl vorhandener Basispreiskategorien zurückzuführen sein könnte[115].

Um zu überprüfen, ob die beschriebenen, bei Gültigkeit der Insiderhypothese erwarteten systematischen Unterschiede zwischen den Testergebnissen der verschiedenen Optionsrestlaufzeitklassen tatsächlich beobachtet werden können, sollen im folgenden lediglich aggregierte Ergebnisse gegenübergestellt werden. Neben einer Vereinfachung der Auswertung ist damit auch der Vorteil verbunden, daß eventuell auftretende, systematische, aber unter Umständen nur kleine Abweichungen zwischen den Resultaten aufkumuliert und damit besser erkennbar werden. Die Aggregation der Einzelergebnisse wird prinzipiell genauso vorgenommen wie bei der Erstellung der Tabelle 5.11 in Gliederungspunkt V.2.3.1.2.2. Allerdings werden im vorliegenden Fall nicht die Ergebnisse der nicht nach Laufzeitklassen aufgeteilten Optionsstichprobe über alle Jahre und Firmen aggregiert. Vielmehr werden die Resultate für jede der drei Laufzeitklassen separat zusammengefaßt. Im übrigen wird wie bei Tabelle 5.11 nicht über einzelne Testdurchläufe aggregiert, sondern lediglich über Selektionskriterien für potentielle Insiderhandelstage. Jedes Selektionskriterium wird für jede Gesellschaft und jede Optionslaufzeitklasse in jedem Testzeitraum getestet, so daß pro Laufzeitklasse hinsichtlich eines Selektionskriteriums insgesamt 6 x 5 = 30 Untersuchungen mit je 10 Testdurchläufen durchgeführt werden. Die Zahlen in der folgenden Tabelle 5.12 geben somit jeweils an, bei wievielen dieser 30 Untersuchungen des in der Zeile angegebenen Selektionskriteriums bei der in der jeweiligen Spalte angeführten Restlaufzeitklasse mindestens ein Alpha ermittelt worden ist, das die ebenfalls in der Spalte angegebene Obergrenze einhält[116].

114) Vgl. hierzu die Umsatzstatistiken unter III.1.2, die Aufteilung der Optionsnotierungen auf die Laufzeitklassen in Anhang I und die Tabellen 5.1 bis 5.3.

115) Vgl. hierzu III.1.3.2.

116) Wie relativ wenig Information durch die Aggregation der Ergebnisse verlorengeht, zeigt sich im übrigen, wenn die der Tabelle 5.12 entsprechenden 6 Tabellen für die einzelnen Gesellschaften erstellt werden. Ergeben sich in einer dieser Tabellen hinsichtlich eines Selektionskriteriums für potentielle Insi-

Mindestens ein α Laufzeitklasse:	≤ 0,01 3-	6-	9-	≤ 0,00004 3-	6-	9-	< 0,00000001 3-	6-	9-
5 Tage Vorlauf	18	14	10	4	4	1	-	-	-
10 Tage Vorlauf	18	14	15	11	10	6	3	2	-
15 Tage Vorlauf	18	17	17	11	11	8	4	4	2
20 Tage Vorlauf	19	18	16	12	11	10	4	5	3
30 Tage Vorlauf	19	19	20	10	11	11	6	6	5
40 Tage Vorlauf	19	19	15	10	12	12	4	8	8
50 Tage Vorlauf	15	17	13	8	13	11	4	7	6
60 Tage Vorlauf	13	17	13	6	11	8	4	5	4
50% Überlapp.:									
5 Tage Vorlauf	19	16	14	9	7	4	1	1	-
10 Tage Vorlauf	17	16	15	13	11	8	4	3	-
15 Tage Vorlauf	18	18	16	13	12	10	6	4	3
20 Tage Vorlauf	18	20	15	12	12	10	5	5	4
30 Tage Vorlauf	21	20	17	11	12	11	7	8	7
40 Tage Vorlauf	20	19	16	9	14	11	5	9	7
50 Tage Vorlauf	15	17	12	8	14	10	4	8	7
60 Tage Vorlauf	13	17	13	7	11	9	4	5	4
5 Tage Abstand:									
5 Tage Vorlauf	11	10	10	3	3	-	-	-	-
10 Tage Vorlauf	14	13	13	6	7	4	1	1	1
15 Tage Vorlauf	13	16	17	8	11	7	2	3	3
20 Tage Vorlauf	15	16	17	8	11	10	2	5	4
10 Tage Abstand:									
5 Tage Vorlauf	5	9	7	1	1	2	-	-	-
10 Tage Vorlauf	8	14	13	2	7	5	1	2	1
15 Tage Vorlauf	13	15	16	5	7	7	1	3	3
20 Tage Vorlauf	13	13	16	7	8	9	2	5	4
"abn.perf."Interv.	11	8	9	6	4	3	3	3	-
Summe:	383	392	355	200	235	187	77	102	76

Tabelle 5.12

Beim Vergleich der Ergebnisse der 6- mit den Ergebnissen der 9-Monats-Optionen ist bei der weit überwiegenden Mehrzahl der Selektionskriterien die erwartete Tendenz eindeutig zu erkennen. Bei den 6-Monats-Optionen weisen von insgesamt 392 Fällen mit mindestens einem Alpha, das ein Prozent nicht überschreitet, knapp 60% (235) noch mindestens ein Alpha auf, das 0,00004 nicht überschreitet, und immerhin noch 26% (102) dieser 392 Fälle weisen sogar mindestens ein Alpha unter 0,00000001 auf. Bei den 9-Monats-Optionen wird die Ein-Prozent-Grenze nur mehr in 355 Fällen nicht überschritten, wobei der Anteil der Fälle mit besonders kleinen Alphas geringer ist als bei den 6-Monats-Optionen, da nun nur mehr in 52,7% (187) der 355 Fälle auch die Obergrenze von 0,00004 eingehalten wird und gar nur mehr in 21,4% (76) dieser Fälle die niedrigste Obergrenze von 0,00000001.

derhandelstage und einer Obergrenze für Alpha z.B. die Einträge 3(3-M.), 2(6-M.) und 1(9-M.), so ist in der weit überwiegenden Mehrzahl der Fälle die folgende Interpretation zulässig: Bei den 3-Monats-Optionen der betrachteten Firma wird in drei der untersuchten fünf Testzeiträume die vorgeschriebene Obergrenze der Alphas unterschritten, bei den 6-Monats-Optionen nur mehr in zwei dieser drei Testzeiträume und bei den 9-Monats-Optionen nur mehr in einem dieser zwei Testzeiträume. Die Jahre, auf die sich die jeweils kleinere Anzahl bezieht, sind also eine Teilmenge der Jahre, auf die sich die nächst größere Anzahl bezieht. In 150 (= 6 x 25) Fällen kommt es nur zu 27 Abweichungen von diesem Schema, wobei allein 10 dieser Abweichungen bei VW auftreten.

Bei allen Selektionskriterien für potentielle Insiderhandelstage, die mit Überlappungstagen arbeiten, liegt für alle alternativen Obergrenzen von Alpha die Anzahl der Fälle, bei denen diese Obergrenze mindestens einmal eingehalten wird, für die 9-Monats-Optionen ausnahmslos unter der Anzahl für die 6-Monats-Optionen. Bei den Selektionskriterien ohne Überlappung und ohne Abstand ist zwar bei 10 bzw. 30 Tagen Vorlauf die jeweils entsprechende Anzahl bei der Ein-Prozent-Grenze für die 9-Monats-Optionen um eins größer als für die 6-Monats-Optionen. Darüber hinaus weisen bei 15 Tagen Vorlauf immerhin beide Laufzeitklassen für die Ein-Prozent-Obergrenze noch eine gleich hohe Fallzahl auf. Trotzdem dürfte das Ergebnis der 9-Monats-Optionen zumindest bei zwei der genannten Selektionskriterien als tendenziell weniger signifikant einzustufen sein. Bei 15 Tagen Vorlauf werden die niedrigeren Obergrenzen für Alpha nämlich in deutlich weniger Fällen eingehalten als bei den 6-Monats-Optionen (8 gegenüber 11 bzw. 2 gegenüber 4). Bei 10 Tagen Vorlauf wiederum ist zwar bei der Ein-Prozent-Grenze die Anzahl der Fälle für die 9-Monats-Optionen um eins größer als für die 6-Monats-Optionen, bei den kleineren Obergrenzen dreht sich dieses Verhältnis jedoch deutlich um (nur 6 statt 10 bzw. 0 statt 2). Nicht eindeutig ausgeprägt ist die Überlegenheit der 6-Monats-Optionen bei der Wahl von 30 Tagen Vorlauf. Hier wird für die 6-Monats-Optionen lediglich ein Fall mit mindestens einem sehr kleinen Alpha unter 0,00000001 mehr ermittelt, gegenüber einem Fall weniger bei der höchsten Obergrenze von einem Prozent. Bei den verbleibenden neun Selektionskriterien ist ein mehr oder weniger deutlich besseres Ergebnis für die 6-Monats-Optionen bei der Wahl von 5 bzw. 10 Tagen Vorlauf, kombiniert mit 5 Tagen Abstand, sowie bei der Wahl von 10 Tagen Vorlauf mit 10 Tagen Abstand gegeben. Für die übrigen Selektionskriterien ist die Tendenz zum Teil nicht mehr eindeutig. Bei 15 bzw. 20 Tagen Vorlauf mit 10 Tagen Abstand muß sogar von einem insgesamt besseren Ergebnis für die 9-Monats-Optionen ausgegangen werden.

Auch beim Vergleich der Ergebnisse der 3- mit den Ergebnissen der 6-Monats-Optionen können die erwarteten Unterschiede zumindest tendenziell bestätigt werden. Geradezu beispielhaft erfüllen die Resultate bei den Selektionskriterien mit 5 bis 60 Tagen Vorlauf ohne Überlappungstage das für diesen Vergleich formulierte Prüfkriterium, wenn man die Ein-Prozent-Grenze für die Alphas zugrunde legt. Während im Fall der vier kürzesten Vorläufe bei den 3-Monats-Optionen stets in mehr Fällen als bei den 6-Monats-Optionen mindestens ein Alpha die geforderte Obergrenze einhält, ist die Anzahl der Fälle bei 30 und 40 Tagen Vorlauf für beide Laufzeitklassen jeweils gerade gleich hoch, bis sich bei 50 und 60 Tagen Vorlauf das Verhältnis schließlich zugunsten der 6-Monats-Optionen umkehrt. Auch bei der Obergrenze von 0,00004 werden die Erwartungen tendenziell bestätigt. Während bei den kürzeren Vorläufen die Zahlen für die 3-Monats-Optionen, wenn überhaupt, dann maximal um eins unter denen der 6-Monats-Optionen liegen, können für die 6-Monats-Optionen bei 40 Tagen Vorlauf zwei, bei 50 bzw. 60 Tagen Vorlauf sogar jeweils gleich fünf Fälle mehr identifiziert werden, die in mindestens einem ihrer zehn Testdurchläufe ein Alpha von höchstens 0,00004 aufweisen. Auch bei der niedrigsten Obergrenze für Alpha gilt für die kurzen Vorläufe das soeben Gesagte, wohingegen lediglich bei 40 und 50 Tagen Vorlauf das Ergebnis der 3-Monats-Optionen deutlich hinter dem der 6-Monats-Optionen zurückbleibt. Bei 60 Tagen Vorlauf ist der Unterschied hingegen nicht größer als bei 20 Tagen Vorlauf. Eine deutliche Verschlechterung der 3-Monats-Optionen relativ zu den 6-Monats-Optionen kann für die niedrigste Obergrenze von Alpha bei 60 Tagen Vorlauf somit nicht festgestellt werden.

Bei Betrachtung der Selektionskriterien, bei denen zusätzlich Überlappungstage berücksichtigt werden, lassen sich die Erwartungen tendenziell ebenfalls bestätigen. Zwar liegen die für die 3-Monats-Optionen bei der Ein-Prozent-Grenze aufgeführten Fälle bei der Wahl von 50 Tagen Vorlauf genau wie bei der Wahl von 20 Tagen Vorlauf nur um zwei Fälle unter der entsprechenden Anzahl bei den 6-Monats-Optionen. Dafür fällt aber in den Fällen, in denen gleichzeitig mindestens ein Alpha auch noch die Obergrenze von 0,00004 einhält, das Gesamtergebnis für die 3-Monats-Optionen relativ zu dem der 6-Monats-Optionen bei der Wahl von 50 Tagen Vorlauf im Vergleich zu der Wahl eines Vorlaufes bis zu 30 Tagen erheblich schlechter aus. Insgesamt ist somit bei der Wahl von 50 Tagen Vorlauf für die 3-Monats-Optionen im Vergleich zu den 6-Monats-Optionen eine relativ geringere Signifikanz zu konstatieren als bei den kürzeren Vorläufen. Auch das Ergebnis für die niedrigste Obergrenze von Alpha bestätigt diese Einschätzung.

Bei 60 Tagen Vorlauf mit Überlappung kann das Ergebnis für die Selektionskriterien ohne Überlappungstage insofern bestätigt werden, als ebenfalls lediglich für die Grenze von 0,00000001 im Vergleich zu einem kürzeren Vorlauf von in diesem Fall 30 Tagen keine deutliche Verschlechterung der 3-Monats-Optionen relativ zu den 6-Monats-Optionen festgestellt werden kann. Darüber hinaus tritt bei den Selektionskriterien mit Überlappungstagen bereits bei der Wahl von 40 Tagen Vorlauf bei den beiden kleinsten Obergrenzen von Alpha eine so deutliche Verschlechterung für die 3-Monats-Optionen relativ zu den 6-Monats-Optionen auf, daß wohl auch bei diesem Selektionskriterium tendenziell bereits von einer relativ verschlechterten Signifikanz bei den 3- im Vergleich zu den 6-Monats-Optionen gesprochen werden kann.

Die unter diesem Gliederungspunkt durchgeführte Gegenüberstellung der Testergebnisse für die einzelnen Restlaufzeitklassen bestätigt, daß sich zumindest in der Tendenz die bei Gültigkeit der Insiderhypothese erwarteten Unterschiede zwischen den Resultaten beobachten lassen. Allerdings können die analysierten Abweichungen unter Berücksichtigung der Tatsache, daß über alle Jahre und Firmen aggregierte Ergebnisse verglichen werden, nicht als ausgeprägt eingestuft werden. Vielmehr besitzen die oben festgestellten Unterschiede zwischen den Ergebnissen der Laufzeitklassen, auf einzelne Gesellschaften und Jahre bezogen, lediglich ein marginales Ausmaß[117].

117) Die Beantwortung der Frage, ob die Unterschiede bei akzeptabler Irrtumswahrscheinlichkeit überhaupt signifikant von Null verschieden sind, scheitert an der fehlenden statistischen Unabhängigkeit der Ergebnisse; vgl. hierzu die Ausführungen in Gliederungspunkt V.2.3.1.2.1.

2.3.1.2.4 Fazit

In den Kapiteln III und IV wurde jeweils ausführlich erläutert, warum die in dieser Untersuchung gewählten theoretischen Bewertungsmodelle und die Vorgehensweise bei der Bestimmung ihrer Modellparameter geeignet erscheinen, das Ausmaß der aufgetretenen Optionsfehlbewertungen bzw. die Höhe der "abnormal performance" am Aktienmarkt näherungsweise zu bestimmen. Wird somit vorausgesetzt, daß diese für die Durchführung der Tests benötigten Größen annähernd "richtig" gemessen werden, so kann die Hypothese, daß Optionspreise generell keinen Informationsgehalt in bezug auf zukünftige positive "abnormal performance" der jeweils zugrunde liegenden Aktie besitzen, aufgrund der vorgestellten Testergebnisse eindeutig verworfen werden.

Für jede der untersuchten Gesellschaften ist nämlich zumindest in der Mehrzahl der betrachteten fünf Teilzeiträume an Börsentagen vor und zum Teil auch noch innerhalb von Intervallen mit ausgeprägter positiver "abnormal performance" am Aktienmarkt die Wahrscheinlichkeit für das Auftreten von Optionsfehlbewertungen, die relativ niedrige Obergrenzen nicht überschreiten, signifikant größer als an den sonstigen Börsentagen[118].

Daraus kann nun allerdings nicht abgeleitet werden, daß die Phase des verstärkten Auftretens ausgeprägter relativer Optionsüberbewertungen und die Phase mit positiver "abnormal performance" am Aktienmarkt zeitlich strikt getrennt sind. Vielmehr werden auch dann sehr häufig signifikante Ergebnisse erzielt, wenn die Tage mit potentiell höherer Wahrscheinlichkeit für das Auftreten ausgeprägter relativer Überbewertungen so gewählt werden, daß sie nur zum Teil vor, zum Teil aber auch im Intervall mit besonders hohen positiven Residuen am Aktienmarkt liegen. Es besteht jedoch insofern ein signifikanter Vorlauf der Optionspreise, als aus den Ergebnissen gefolgert werden kann, daß der Reaktionsprozeß am Optionsmarkt stets bereits vor der Reaktion am Aktienmarkt einsetzt. Selbst in den Fällen, in denen signifikante Resultate auch dann festgestellt werden, wenn als Tage mit potentiell verstärktem Auftreten ausgeprägter relativer Optionsüberbewertungen lediglich die selektierten Tage mit besonders hoher positiver "abnormal performance" am Aktienmarkt gewählt werden, kann für dieselbe Testzeitraum-Optionsklassen-Kombination derselben Gesellschaft ein mindestens gleicher Grad an Signifikanz mit nur wenigen Ausnahmen auch für mindestens ein Selektionskriterium festgestellt werden, das keinerlei Überlappungstage berücksichtigt[119].

118) Die Wahrscheinlichkeit ist nämlich nahe Null, daß trotz Gültigkeit der Nullhypothese für alle Firmen und Jahre bei Verwendung der aggregierten Optionsstichprobe in 23 von 30 untersuchten Testzeitraum-Gesellschafts-Kombinationen bzw. bei jeder Gesellschaft in jeweils mindestens 3 von 5 Teilperioden in mindestens einem Testdurchlauf ein Alpha unter 0,00004 ermittelt wird.

119) Für die aggregierte Optionsstichprobe gilt diese Aussage ausnahmslos für alle Gesellschaften. Bei Betrachtung der Ergebnisse für die einzelnen Laufzeitklassen lassen sich insofern Ausnahmen erkennen, als in einigen Fällen nur die schwächere Anforderung erfüllt ist, daß wenigstens ein Testdurchlauf, bei dem Überlappungstage berücksichtigt werden, einen mindestens gleichen Grad an Signifikanz aufweist. Diese Anforderung ist dann aber ausnahmslos erfüllt, sofern für die jeweilige Testzeitraum-Optionsklassen-Kombination der jeweils betrachteten Gesellschaft die Nullhypothese überhaupt zu verwerfen ist.

Der durch die Alternativhypothese unterstellte Informationsgehalt von Optionsfehlbewertungen für zukünftige positive Überrenditen am Markt der jeweils zugrunde liegenden Aktie wurde in Gliederungspunkt II.3 als geeignete Operationalisierung der Vermutung dargestellt, daß Insider zur Ausbeutung einer positiven Insiderinformation ein Engagement am Optionsmarkt einem Engagement am Aktienmarkt vorziehen. Damit könnte eine signifikante Ablehnung der Nullhypothese im folgenden als Indiz bzw. als statistischer "Nachweis" dafür interpretiert werden, daß die Insiderhypothese hinsichtlich positiver Insiderinformation in der Realität Gültigkeit besitzt. Zusätzlich wurde aber auch darauf hingewiesen, daß die Übersetzung eines theoretischen Sachverhaltes in einen empirisch meßbaren nie eineindeutig möglich ist, so daß jede Operationalisierung spezifische Nachteile aufweist und die Rückschlüsse von Testergebnissen auf den zugrunde liegenden theoretischen Sachverhalt stets bestimmten Einschränkungen unterliegen[120]. Deshalb werden im folgenden die erzielten Testergebnisse nicht einfach nur als Bestätigung bzw. Nicht-Bestätigung der zugrunde liegenden Theorie über das Verhalten von Insidern interpretiert; vielmehr soll ausführlich diskutiert werden, ob sich Hinweise darauf ergeben, daß dieser Rückschluß besonders plausibel erscheint. Dazu muß herausgearbeitet bzw. zusammengefaßt werden, inwiefern die beobachteten Besonderheiten der Testergebnisse, wie z.B. Instabilitäten im Zeitablauf oder Unterschiede zwischen den Resultaten der Laufzeitklassen, mit dieser möglichen Interpretation in Einklang stehen bzw. vielleicht durch diesen Rückschluß überhaupt erst erklärbar werden. Dabei wird auch untersucht, ob die erzielten Resultate spezifische Eigenschaften aufweisen, die die in Gliederungspunkt II.3.2 ausführlich diskutierte, aus empirischen Untersuchungen von Patell/Wolfson abgeleitete alternative Interpretation der Ergebnisse besonders unplausibel erscheinen lassen.

Eine Deutung der erzielten Testergebnisse entsprechend der in der vorliegenden Untersuchung unterstellten Interpretationsmöglichkeit würde ergeben, daß die Gültigkeit der Insiderhypothese hinsichtlich positiver Insiderinformation in den Jahren des Untersuchungszeitraums für alle sechs Firmen zumeist als statistisch "nachgewiesen" zu betrachten wäre. Allerdings würde es bei der Mehrzahl der Gesellschaften mindestens ein Jahr geben, in dem das unterstellte Verhalten der Insider im Gegensatz zu den restlichen Jahren entweder gar

---

Die Ausnahmefälle liegen in der Mehrzahl im Jahr 1987, wo die Ergebnisse für die 3-Monats-Optionen von BASF und Hoechst sowie für die 6- und 9-Monats-Optionen von VW jeweils lediglich die beschriebene, schwächere Anforderung erfüllen.

120) Vgl. hierzu die Ausführungen in Gliederungspunkt II.3.1 und II.3.2. Eine Einschränkung der Interpretation der gewonnenen Testergebnisse könnte sich auch daraus ergeben, daß die in der Realität festgestellten, durchschnittlichen täglichen Fehlbewertungen am Optionsmarkt die Tendenz zeigen, in Serien von Über- oder Unterbewertungen aufzutreten; vgl. zum Fehlbewertungsverlauf Gliederungspunkt III.2.4.2.2 sowie die entsprechenden Graphiken für die aggregierten Optionsstichproben in Anhang III. Dies könnte zur Folge haben, daß die Irrtumswahrscheinlichkeiten für die Testzeitraum-Optionsklassen-Kombinationen einer Gesellschaft, für die die Nullhypothese abgelehnt wird, in der vorliegenden Untersuchung unter Umständen in bestimmten Fällen unterschätzt werden. Umgekehrt werden die Irrtumswahrscheinlichkeiten für die Testzeitraum-Optionsklassen-Kombinationen einer Gesellschaft, für die die Nullhypothese in dieser Untersuchung nicht abgelehnt wird, in bestimmten Fällen möglicherweise überschätzt.

nicht bzw. zumindest in zu geringem Maße aufträte, als daß die Insiderhypothese für das jeweilige Jahr angenommen werden könnte.

In Gliederungspunkt V.2.3.1.2.2 wurde in diesem Zusammenhang nun bereits ausführlich erläutert, daß ein abweichendes Verhalten der Insider, was die Jahre 1983 und 1984 betrifft, nicht nur mit der Gültigkeit der Insiderhypothese in den übrigen Jahren vereinbar ist, sondern aufgrund der generell deutlich geringeren Liquidität des Optionsmarktes in den ersten beiden Jahren sogar den Erwartungen über rationales Insiderverhalten entspricht. Damit können die relativ seltene Ablehnung der Nullhypothese im Jahr 1983 und das vergleichsweise schlechte Ergebnis bei VW 1984, ebenso wie die im Gegensatz dazu fast ausnahmslos hochsignifikanten Ergebnisse für die umsatzstarken Jahre 1986 und 1987 nicht nur mit der aufgezeigten Interpretation der Testergebnisse in Einklang gebracht werden, sondern sie sind geradezu ein zusätzliches Indiz für deren Plausibilität[121].

Dies gilt hingegen nicht für die schlechten Ergebnisse von BASF und Hoechst im Jahr 1985, da dieses Jahr bei alleiniger Berücksichtigung des Zweitmarktes für Kaufoptionen das umsatzstärkste Jahr des gesamten Untersuchungszeitraums überhaupt ist. Auch eine baisse am Aktienmarkt kommt nicht als Erklärung für die Nicht-Ablehnung der Nullhypothese in Frage, da das Jahr 1985 einen durchweg steigenden Trend am Aktienmarkt aufweist. In Gliederungspunkt V.2.3.1.2.2 wurde deshalb bereits eine methodische Schwäche des Tests ausführlich erläutert, die zu Verzerrungen der Testergebnisse führen kann, wenn sich das Fehlbewertungsniveau am Optionsmarkt innerhalb des untersuchten Jahres für die jeweils betrachtete Firma dramatisch ändert. Letzteres trifft sowohl auf die Fehlbewertungsentwicklung von BASF als auch von Hoechst im Jahr 1985 zu[122]. Aber auch ohne die Aussagefähigkeit der Testergebnisse in diesen Fällen anzuzweifeln, läßt sich vielleicht eine Erklärung für schlechte Resultate in einzelnen Jahren finden, die mit der prinzipiellen Gültigkeit der Insiderhypothese hinsichtlich positiver Insiderinformation in den übrigen Jahren nicht in Widerspruch steht. So erscheint es sehr wahrscheinlich, daß das Ausmaß der Tätigkeit der Insider am Optionsmarkt in den einzelnen Jahren noch von sehr viel mehr Faktoren abhängt als nur von der Liquidität des Optionsmarktes oder der allgemeinen Tendenz am Aktienmarkt[123].

Während jedoch die jeweilige Ausprägung letzterer Faktoren anhand der für diese Untersuchung erhobenen Daten zumindest grob geschätzt bzw. sogar ziemlich exakt beschrieben

121) Vgl. hierzu die ausführlichen Erläuterungen in Gliederungspunkt V.2.3.1.2.2.

122) Vgl. die Erläuterungen und Verweise ebenda.

123) Dieses Argument läßt sich genau umgekehrt dann auch als potentielle Erklärung für die nicht unbedingt ex ante zu erwartende Ablehnung der Nullhypothese bei den 6-Monats-Optionen und der aggregierten Optionsstichprobe von Daimler im Jahr 1983 sowie bei den 3- und 6-Monats-Optionen und der aggregierten Optionsstichprobe von BMW und Daimler im Jahr 1984 heranziehen. Bei diesen Unternehmen bzw. Marktsegmenten ist aufgrund der hohen Quote von Börsentagen ohne Handel während dieser Teilperioden nämlich eher eine relativ niedrige Marktliquidität anzunehmen.

werden kann, ist dies bei den folgenden möglichen Einflußfaktoren nicht der Fall. So wird in der vorliegenden Untersuchung grundsätzlich angenommen, daß es in jedem Jahr und bei nahezu jeder besonders wichtigen Information immer irgendwelche Insider gibt, die den Inhalt der später veröffentlichten Information so rechtzeitig antizipieren, daß sie noch vor einer ersten Reaktion auf dem Aktienmarkt auf dem Optionsmarkt handeln können. Außerdem muß natürlich auch noch gewährleistet sein, daß die relative Stärke der Insider nicht so verschwindend gering ist, daß durch ihre Kauforders kein merklicher Preisauftrieb ausgelöst wird[124]. Nun wäre aber durchaus denkbar, daß der statistische "Nachweis" der Insiderhypothese für das Jahr 1985 bei BASF und Hoechst möglicherweise deshalb nicht gelingt, weil eine dieser Annahmen verletzt ist. Wären z.B. gerade 1985 bei den beiden Firmen die unternehmens- bzw. unternehmensgruppenspezifischen Informationen in der Mehrzahl so geartet, daß niemand einen ausreichenden Vorsprung gegenüber "dem Markt" haben könnte, so würde dies eine Erklärung für die schlechten Ergebnisse bieten.

Doch nicht nur die Verletzung einer der soeben erläuterten Annahmen könnte als weitere Erklärung dafür herangezogen werden, daß für BASF und Hoechst im Jahr 1985 die Gültigkeit der Insiderhypothese nicht statistisch "nachgewiesen" werden kann. Zusätzlich bzw. alternativ könnte auch noch der Fall eintreten, daß nicht alle selektierten Intervalle mit besonders hoher positiver "abnormal performance" am Aktienmarkt tatsächlich die Verarbeitung neuer fundamentaler Information widerspiegeln[125]. Vielmehr könnte die "abnormal performance" vereinzelt lediglich durch Reaktionen auf fundamental bedeutungslose Ereignisse hervorgerufen sein, was einen "Verwaschungseffekt" bei den Testergebnissen zur Folge hätte.

Die Resultate für BASF und Hoechst im Jahr 1985 lassen sich aufgrund dieser Überlegungen somit zwar nicht als Indiz dafür verwenden, daß der Rückschluß von den Testergebnissen auf die zugrunde liegende Theorie über das Verhalten von Insidern grundsätzlich besonders plausibel ist. Die Resultate könnten jedoch sehr wohl mit dieser Interpretation vereinbar sein und deuten auf keinen Fall zwingend auf das Gegenteil hin.

Die Auswertung der Verteilung der erzielten signifikanten Ergebnisse auf die Selektionskriterien für potentielle Insiderhandelstage in den einzelnen Jahren ergibt, daß die Ausgestaltung des Zusammenhangs zwischen vorauslaufenden Optionsfehlbewertungen und nachfolgender positiver "abnormal performance" am Aktienmarkt für keine Firma in allen Jahren völlig stabil ist, in denen die Nullhypothese grundsätzlich abgelehnt wird. Zu einer Annahme der Insiderhypothese steht dieser Befund jedoch nicht in Widerspruch. Ähnlich wie zuvor, kann nämlich auch hier auf die Bedeutung der Informationsart als mögliche Erklärung hingewiesen werden. So ist in Gliederungspunkt V.2.2.2 die Verwendung alternativer Vor-

124) Vgl. Gliederungspunkt II.3.2.

125) Vgl. ebenda.

läufe bei der Selektion potentieller Insiderhandelstage unter anderem damit begründet worden, daß die Länge der Zeitspanne von dem Zeitpunkt, an dem die erste Person Kenntnis von der Insiderinformation erhält, bis zu dem Zeitpunkt, an dem die Information so weit verbreitet ist, daß ihre Verarbeitung zu außergewöhnlichen Kursausschlägen am Aktienmarkt führt, z.B. von der Art und Weise des Entscheidungsprozesses abhängt, der die Information generiert. Damit könnten die zwischen den Jahren bestehenden Unterschiede in der Ausgestaltung des erwähnten Zusammenhangs möglicherweise darauf zurückzuführen sein, daß auch für ein und dieselbe Gesellschaft in unterschiedlichen Jahren nicht immer die gleiche Informationsart dominiert.

Selbst wenn die Ergebnisse hinsichtlich eines bestimmten Selektionskriteriums für potentielle Insiderhandelstage im Zeitablauf stabil sind, treten noch Instabilitäten in bezug auf einzelne signifikante Testdurchläufe auf. Diese Instabilitäten könnten damit erklärt werden, daß die in einem Zeitpunkt realisierte Fehlbewertungshöhe vom Preisauftrieb auf dem Optionsmarkt abhängt, der wiederum von der relativen Stärke der zu dieser Zeit agierenden Insider beeinflußt wird. Ständige Schwankungen dieser relativen Stärke sind nun aber sehr plausibel, so daß exakte Stabilität hinsichtlich der Ergebnisse einzelner Testdurchläufe eines Selektionskriteriums für potentielle Insiderhandelstage selbst bei strenger Gültigkeit der Insiderhypothese nicht zu erwarten ist.

Schwieriger dürfte es hingegen sein, plausibel zu erklären, warum die größte Stabilität hinsichtlich kleiner Alphas bei den Chemiefirmen tendenziell bei Selektionskriterien mit kürzeren Vorläufen liegt als bei den Automobilfirmen. Dieses Ergebnis würde nämlich implizieren, daß die Insider der Automobilunternehmen häufig bereits längere Zeit vor der Verarbeitung der für sie relevanten Informationen durch "den Aktienmarkt" handeln, während die Insider der Chemieunternehmen durchweg eher relativ kurz vor der Verarbeitung der für sie interessanten Informationen durch "den Aktienmarkt" agieren. Daraus wäre zu schließen, daß sich entweder die Verbreitungsgeschwindigkeit von Informationen oder das Verhalten von Insidern zwischen Automobil- und Chemiefirmen systematisch unterscheidet oder aber daß "der Aktienmarkt" auf Informationen aus diesen beiden Branchen unterschiedlich schnell reagiert.

Im Gegensatz zu den soeben diskutierten Ergebnissen entspricht die in der überwiegenden Mehrzahl der Fälle nicht signifikante Ablehnung der Nullhypothese bei den Testdurchläufen, die die selektierten Tage mit ausgeprägter positiver "abnormal performance" am Aktienmarkt als potentielle Insiderhandelstage auswählen, wieder sehr gut den Erwartungen über das in dieser Untersuchung unterstellte Insiderverhalten. Es wird ja gerade postuliert, daß Insider nicht hauptsächlich gleichzeitig, sondern zeitlich vor der Verarbeitung der neuen positiven Information am Aktienmarkt bereits Käufe am Optionsmarkt tätigen.

Auch die in Gliederungspunkt V.2.3.1.2.3 durchgeführte Gegenüberstellung der Testergebnisse für die einzelnen Restlaufzeitklassen bestätigt, daß die bei Gültigkeit der Insiderhypothese erwarteten Abweichungen zwischen den Resultaten der Laufzeitklassen tendenziell beobachtet werden können. Da die Unterschiede jedoch nur relativ schwach ausgeprägt sind, ist nicht klar, ob sie bereits als zusätzliche Unterstützung der hier beabsichtigten Interpretation der Testergebnisse gedeutet werden können. Allerdings kann dieser Einwand wieder entscheidend relativiert werden, wenn man berücksichtigt, daß in die formulierten Erwartungen nicht restlos alle denkbaren Einflußgrößen eingegangen sind. So wurde in Gliederungspunkt V.2.3.1.2.3 für den Vergleich der Resultate der 3- mit den 6-Monats-Optionen bereits auf zusätzliche Aspekte hingewiesen, die dafür verantwortlich sein könnten, daß der beobachtete Unterschied zwischen den Ergebnissen nicht so deutlich ausgeprägt ist wie erwartet. Ein zusätzlicher Einflußfaktor, der das Resultat des durchgeführten Vergleichs zwischen 6- und 9-Monats-Optionen beeinflussen könnte, wäre z.B. der jeweils in den einzelnen Restlaufzeitklassen enthaltene Anteil an out-of-the-money Optionen[126].

Abschließend soll anhand der erzielten Testergebnisse noch erläutert werden, warum diese geeignet sind, den auf der Annahme der Verallgemeinerungsfähigkeit der Testresultate von Patell/Wolfson beruhenden Einwand gegen die in der vorliegenden Untersuchung durchgeführte Interpretation der Testergebnisse weitgehend zu entkräften[127]. Wäre dieser Einwand stichhaltig, so müßte gemäß den Ausführungen in Gliederungspunkt II.3.2 für jede Option, die erst nach einem "dem Markt" ex ante bekannten Informationsveröffentlichungstermin fällig wird, erwartet werden, daß der Unterschied zwischen dem in dieser Untersuchung für die jeweilige Option berechneten Black/Scholes-Wert und dem für diese Option durch "den Markt" ermittelten Wert tendenziell um so größer ist, je weniger Abstand zwischen dem Bewertungstag und dem Veröffentlichungstermin der Information besteht[128]. Unter der Annahme, daß die Informationsveröffentlichungstermine jeweils frühestens unmittelbar vor den in dieser Untersuchung selektierten Intervallen mit ausgeprägten Residuen am Aktienmarkt liegen, wären somit tendenziell bei den Testdurchläufen die besten Ergebnisse zu erwarten, bei denen für die Selektion der potentiellen Insiderhandelstage der kürzeste Vorlauf verwendet wird. Diese Erwartung läßt sich jedoch durch das in der vorliegenden Untersuchung erzielte, insgesamt im Vergleich zu der Verwendung längerer Vorläufe relativ schlechtere Ergebnis für alle Testdurchläufe, die lediglich mit 5 Tagen Vorlauf arbeiten, nicht bestätigen.

Im übrigen ist das Auftreten von besonders hoher "abnormal performance" am Aktienmarkt völlig unabhängig davon, ob der Veröffentlichungstermin der Information, die diese "abnor-

126) Vgl. zur Begründung der Bevorzugung von out-of-the-money Optionen durch Insider V.1 i.V.m. III.2.4.2.2 und III.2.3.2.

127) Vgl. Patell/Wolfson (1979) und (1981) sowie die ausführlichen Erläuterungen zu diesem Einwand in Gliederungspunkt II.3.2.

128) Vgl. hierzu die Begründung in Gliederungspunkt II.3.2 und die dort angegebenen Verweise.

mal performance" hervorruft, "dem Markt" ex ante bekannt ist oder nicht. Da mit den von Patell/Wolfson postulierten Zusammenhängen aber überhaupt nur bei Informationen zu rechnen ist, deren Bekanntgabetermine für "den Markt" vorhersehbar sind, kann die häufig äußerst signifikante Ablehnung der Nullhypothese beim vorliegenden Testszenario kaum ausschließlich auf den aus den Testergebnissen von Patell/Wolfson abgeleiteten, alternativen Erklärungsansatz zurückgeführt werden. Damit erscheint die hier diskutierte Interpretation der Ablehnung der Nullhypothese als "statistischer Nachweis" der Insiderhypothese erneut plausibel[129].

2.3.2 Die Testergebnisse bei Berücksichtigung von Intervallen mit negativer "abnormal performance" am Aktienmarkt

2.3.2.1 Tabellarische Ergebnisübersicht

In den folgenden Tabellen 5.13 bis 5.18 werden die Ergebnisse der Testdurchläufe mit Berücksichtigung von negativer "abnormal performance" am Aktienmarkt getrennt nach Gesellschaften ausgewiesen, wobei die gleiche verkürzte Darstellungsweise gewählt wird wie in Gliederungspunkt V.2.3.1.1. Was die Erläuterung des Tabellenaufbaus und der einzelnen möglichen Einträge betrifft, sei deshalb auf diesen Gliederungspunkt verwiesen.

Die Gesamtanzahl an potentiellen Insiderhandelstagen, die sich nach den jeweiligen alternativen Selektionskriterien pro Gesellschaft und Testzeitraum ergeben, sowie die Untergrenzen, die den als Anteilsätze definierten Ausprägungen F_1 des Fehlbewertungsmerkmals entsprechen, sind ebenfalls wieder Anhang VI und VII zu entnehmen. Allerdings enthält Anhang VII auch für diesen zweiten Teil der Untersuchung nur die absoluten Werte der Untergrenzen, die dem 5-, 25- und 50-Prozent-Anteilsatz der aggregierten Optionsstichprobe entsprechen.

---

129) Allerdings wäre bei Berücksichtigung von Intervallen mit positiver "abnormal performance" am Aktienmarkt in Einzelfällen bei Gültigkeit der Untersuchungshypothese von Patell/Wolfson ein Bias zugunsten einer Ablehnung der Nullhypothese dieser Untersuchung nicht völlig auszuschließen. Es wurde in Gliederungspunkt II.3.2 aber bereits darauf hingewiesen, daß es noch keinerlei Erkenntnisse darüber gibt, inwiefern die Ergebnisse von Patell/Wolfson überhaupt auf den deutschen Markt sowie auf weitere, von den Autoren nicht untersuchte Informationsarten übertragbar sind.

BASF (negative "abnormal performance")

Jahr:	1983				1984				1985				1986				1987			
Laufzeitkl.:	3-	6-	9-	AL	3-	6-	9-	AL	3-	6-	9-	AL	3-	6-	9-	AL	3-	6-	9-	AL
5 Tg. Vorl.					1	5														
					1		5	1												
10 Tg. Vorl.					1			5												
					1	5		1	5											
15 Tg. Vorl.					1	1		1												
					1	1		1												
20 Tg. Vorl.					1*	1		1												
					1	1		1												
30 Tg. Vorl.					1*	5		1												
					1	1		1*												
40 Tg. Vorl.					1										1	5				
					5			1												
50 Tg. Vorl.	5				5										1	1				
	5							5												
60 Tg. Vorl.								5							1	1				
						5		1												
50% Überlapp.:																				
5 Tg. Vorl.					1	5														
					1		5	5												
10 Tg. Vorl.					1			5												
					1	5	5	1												
15 Tg. Vorl.					1	5		5												
					1	1		1												
20 Tg. Vorl.					1*	1		1												
					1	1		1*												
30 Tg. Vorl.					1*	5		1												
					1	5		1*												
40 Tg. Vorl.					1										1					
					5			1												
50 Tg. Vorl.	5				5										1	1				
	5							5												
60 Tg. Vorl.								5							1	1				
						5		1												
5 Tg. Abst.:																				
5 Tg. Vorl.								5												
10 Tg. Vorl.					5			5												
						1		5	5											
15 Tg. Vorl.					5	1		1												
					1	1		1												
20 Tg. Vorl.					1	1		1												
					1	1*		1*												
10 Tg. Abst.:																				
5 Tg. Vorl.						5							5							
						1														
10 Tg. Vorl.						1		5								5				
						1		1												
15 Tg. Vorl.					5	1		5							5	5				
	5					1	5	1*												
20 Tg. Vorl.	5					5									5	5				
	5					5		1												
"abn.prf."int.																				

Tabelle 5.13

BAYER (negative "abnormal performance")

Jahr:	1983				1984				1985				1986				1987			
Laufzeitkl.:	3-	6-	9-	AL	3-	6-	9-	AL	3-	6-	9-	AL	3-	6-	9-	AL	3-	6-	9-	AL
5 Tg. Vorl.															5					
10 Tg. Vorl.															5					
							5		5											
15 Tg. Vorl.									1					1	1	1				
							5		1			5	5	5	5					
20 Tg. Vorl.							5		1	1	5	1*		1*	1*	1*				
							1		1*	1		1	1	1	1	5				
30 Tg. Vorl.							1		5	1		1	1	1*	1*	1*				
	5						1*	5	1	5		5	1*	1	1	1				
40 Tg. Vorl.	1						5					5	5	1	1*	1*				
	1*	5		5			1*						1	5		5				
50 Tg. Vorl.	1												1	5	1	1				
	1*	1	5	1			1						5			5				
60 Tg. Vorl.	1												1		5	1				
	1*	1	1	1*																
<u>50% Überlapp.:</u>																				
5 Tg. Vorl.															5					
10 Tg. Vorl.															5					
15 Tg. Vorl.									5					1	1	1				
							5		1											
20 Tg. Vorl.							1		1	1		1	5	1*	1*	1*				
							1		1	1		5	5	5	1	5				
30 Tg. Vorl.							1		5	1		1	5	1*	1	1*				
							1*	5	1	1			1	1	1	1				
40 Tg. Vorl.	5						1			5		5		1	1	1				
	1						1*						5							
50 Tg. Vorl.	1						5						5		1	1				
	1	1		1			1													
60 Tg. Vorl.	1												1		5	5				
	1*	1		1																
<u>5 Tg. Abst.:</u>																				
5 Tg. Vorl.									5											
									1											
10 Tg. Vorl.									1			5		5	1	1				
							5		1					5		5				
15 Tg. Vorl.									1	1	1	1*	5	1	1	1	5			
							1		1	5		1	5	1	1	1				
20 Tg. Vorl.							1	5	1	1*	1	1*	1	1*	1*	1*	5			
							1*	1	1	1		1	1	1	1	1				
<u>10 Tg. Abst.:</u>																				
5 Tg. Vorl.												5			1	1				
									1					1		5				
10 Tg. Vorl.							5		5	1	1	1	5	1	1	1*	1			
							5		1			5		1	1	5				
15 Tg. Vorl.						5	1*	1		1	1	1	1	1*	1	1*	5			
						5	1	1				5	1	1	1	1				
20 Tg. Vorl.							1	1		1	1	1	1	1*	1	1*				
					5	1	1*	1				5	1	1	1	1				
<u>"abn.prf."int.</u>																				

Tabelle 5.14

HOECHST (negative "abnormal performance")

Jahr:	1983				1984				1985				1986				1987			
Laufzeitkl.:	3-	6-	9-	AL	3-	6-	9-	AL	3-	6-	9-	AL	3-	6-	9-	AL	3-	6-	9-	AL
5 Tg. Vorl.		5		5	5	5	5	1		5		5								
		5		5	1	1	5	1												
10 Tg. Vorl.						1	1	1*	5	5		1								
				5	1	1*	5	1*	5	5		1								
15 Tg. Vorl.							1	1	5	1*		1*								
				5	1	1*	1	1*	1	1		1								
20 Tg. Vorl.						5	5	1	1	1	5	1	5		5					
					1	1*	1	1*	1	1		1*								
30 Tg. Vorl.										1		1			1					
					5	1		1		1		1			1					
40 Tg. Vorl.										1		5			5					
					5					1		1			5					
50 Tg. Vorl.									5						5					
									5	5	5	5			5					
60 Tg. Vorl.																				
<u>50% Überlapp.:</u>																				
5 Tg. Vorl.						1	1	1												
						1	1	1												
10 Tg. Vorl.						1	1	1*												
				5	5	1*	1	1*												
15 Tg. Vorl.						5	1	1		1		1								
					5	1*	1	1*	1			1								
20 Tg. Vorl.						1	1	1*		1		1	5		5					
					1	1*	1	1*	1	5		1								
30 Tg. Vorl.							5	1		1		1			1					
					1	1	5	1		1		1			5					
40 Tg. Vorl.										5					5					
					5					1		1			5					
50 Tg. Vorl.															5					
									5	5	5	5			5					
60 Tg. Vorl.																				
<u>5 Tg. Abst.:</u>																				
5 Tg. Vorl.						5		5	1			5								
						5		1	5	5		1								
10 Tg. Vorl.									5	1		1								
						5		5	1	1		1								
15 Tg. Vorl.								5	1	1		1	5		5					
					5	5		1	1	1		1*								
20 Tg. Vorl.									5	1		1	5		5					
						5		5	1	1		1								
<u>10 Tg. Abst.:</u>																				
5 Tg. Vorl.									5	1		5								
									5	5		1								
10 Tg. Vorl.									5	5		5	5		5					
									5	5		1								
15 Tg. Vorl.										5		1	5							
20 Tg. Vorl.										1		5								
										1		5								
<u>"abn.prf."int.</u>																				
							5													

Tabelle 5.15

BMW (negative "abnormal performance")

Jahr:	1983				1984				1985				1986				1987			
Laufzeitkl.:	3-	6-	9-	AL	3-	6-	9-	AL	3-	6-	9-	AL	3-	6-	9-	AL	3-	6-	9-	AL
5 Tg. Vorl.						5		5	1											
		5		1		5			1	1		5								
10 Tg. Vorl.			5			5		5	1	1	1									
	5			1		5			1	1		1								
15 Tg. Vorl.	5		5			1		5	5	1	1									
	1			1		5			5	5										
20 Tg. Vorl.						1		1	5	5	1									
	5			5		5			5											
30 Tg. Vorl.		5	1	1	5	1		1	1	1	1	5								
	5	5		1		5		1	5			5								
40 Tg. Vorl.			1*	5	5	1*		1*	1		1	1		1		1				
	5			1		1		1	5			5								
50 Tg. Vorl.		5	1	5	1	1*		1*	1		5	1		1		1				
	1			1		1*		1*												
60 Tg. Vorl.	1	5	1*	5	1	1*		1*				5		1*		1				
	1*			1		1*		1*												
<u>50% Überlapp.:</u>																				
5 Tg. Vorl.						5		1	1											
				5					1	1										
10 Tg. Vorl.			5			5		1	1	1	1									
	5			5		5			1	1		5								
15 Tg. Vorl.	5		5			1		5	5	5	1									
	1			5		5			5											
20 Tg. Vorl.			5			1		1	1	5	1									
	5					5		5	5											
30 Tg. Vorl.			1	1	5	1		1	1	1	1	5								
	1	5		1		1		1	5			5								
40 Tg. Vorl.			1*	5	5	1*		1*	1		5	1		1		1				
	1			1		1		1	5			5								
50 Tg. Vorl.		5	1	5	1	1*		1*	1		5	1		1		1				
	1			1		1*		1*												
60 Tg. Vorl.	1	5	1*	5	1	1*		1*				5		1*		1				
	1*			1		1*		1*												
<u>5 Tg. Abst.:</u>																				
5 Tg. Vorl.									5	1	1									
10 Tg. Vorl.	5		5							5	1									
	5			5																
15 Tg. Vorl.										5	1									
20 Tg. Vorl.				5		5			5	1	1									
	5			1																
<u>10 Tg. Abst.:</u>																				
5 Tg. Vorl.	5																			
	5																			
10 Tg. Vorl.											5									
15 Tg. Vorl.				5		5		5			1									
				5																
20 Tg. Vorl.			5	1		1		1		1	5									
				5		5		1												
<u>"abn.prf."int.</u>																				
								5										5		

Tabelle 5.16

DAIMLER (negative "abnormal performance")

Jahr:	1983				1984				1985				1986				1987			
Laufzeitkl.:	3-	6-	9-	AL	3-	6-	9-	AL	3-	6-	9-	AL	3-	6-	9-	AL	3-	6-	9-	AL
5 Tg. Vorl.	1	5	1																	
				1																
10 Tg. Vorl.		1	5	1																
				1																
15 Tg. Vorl.	1	1	1	1																
				1*																
20 Tg. Vorl.	1	1	5	1*																
				1*																
30 Tg. Vorl.	1	5		5															5	
				1																
40 Tg. Vorl.			5																5	
				5	5						1									
50 Tg. Vorl.					5														5	
					1			5			1									
60 Tg. Vorl.																		5		5
					5	5		5			1									
50% Überlapp.:																				
5 Tg. Vorl.	5	5	1																	
				1																
10 Tg. Vorl.		1	1	5																
				1																
15 Tg. Vorl.	1	5	1	1																
				1*																
20 Tg. Vorl.	1	1	1	1*																
				1*																
30 Tg. Vorl.	5	5		5																
				1																
40 Tg. Vorl.			5																5	
				5	5						1									
50 Tg. Vorl.					5															
					1			5			1									
60 Tg. Vorl.																		5		5
					5	5		5			1									
5 Tg. Abst.:																				
5 Tg. Vorl.		5																		
10 Tg. Vorl.		5		1																
				5																
15 Tg. Vorl.	5	5		1																
				1																
20 Tg. Vorl.				5																
10 Tg. Abst.:																				
5 Tg. Vorl.	5																			
10 Tg. Vorl.	1			1																
				1																
15 Tg. Vorl.	5																			
20 Tg. Vorl.																				
"abn.prf."int.																				
			5																	

Tabelle 5.17

VW (negative "abnormal performance")

Jahr:	1983				1984				1985				1986				1987			
Laufzeitkl.:	3-	6-	9-	AL	3-	6-	9-	AL	3-	6-	9-	AL	3-	6-	9-	AL	3-	6-	9-	AL
5 Tg. Vorl.													5	5						
			1*			5		5		5			5							
10 Tg. Vorl.													5	5		5			5	
					1	1		5	5	1*	5	5						5		
15 Tg. Vorl.					5	5	1	1		5										
					1	1		1	1	1*	1	1*								
20 Tg. Vorl.					5	5	5	1	1	1		1								
						1		5	1*	1#	1	1#								
30 Tg. Vorl.						1		1	1	1*	1	1								
									1#	1*	1	1*								
40 Tg. Vorl.								5	1	1*	1	1								
									1*	1		1*								
50 Tg. Vorl.										1		5								
									1	5		5								
60 Tg. Vorl.										5										
									1											
<u>50% Überlapp.:</u>																				
5 Tg. Vorl.			1		5									5	5	5			1	
			1		5	5		5	1	5	5	5			5					5
10 Tg. Vorl.			5		5			5						5		1			1	
					1	1		1	1	1*	1	1								5
15 Tg. Vorl.					1	5	1	1		5		5				5				
					1	1		1	1	1#	1	1*								
20 Tg. Vorl.					1	5	5	1	1	5		1				5				
					5	1		5	1*	1#	1	1*								
30 Tg. Vorl.					1	1		1	1	1	1	1		5		5				
						5			1#	1*	5	1*								
40 Tg. Vorl.					5			1	1	1*	1	1	5							
									1*	1		1*								
50 Tg. Vorl.					5			5		1		5								
									1			5								
60 Tg. Vorl.										5										
									1											
<u>5 Tg. Abst.:</u>																				
5 Tg. Vorl.																				
						1				1		5								
10 Tg. Vorl.					5	5	1	5		1										
					5	1	5	5	1	1*	1	1*								
15 Tg. Vorl.							5	5	1	1		1								
									1*	1#	1	1#								
20 Tg. Vorl.						5	5	5	1*	1	1	1								
									1#	1*	1	1#								
<u>10 Tg. Abst.:</u>																				
5 Tg. Vorl.					5		1	5	5	1		1								
							5		1	1	1	1*								
10 Tg. Vorl.							5	5	1*	1	5	1								
									1#	1*	1	1#								
15 Tg. Vorl.								5	1*	1	1*	1*								
									1#	1*	1	1*								
20 Tg. Vorl.								5	1*	1*	1*	1*								
									1#	1*	1	1*								
<u>"abn.prf."int.</u>																				
																			1	
																			5	

Tabelle 5.18

2.3.2.2 Auswertung und Interpretation der Ergebnisse

2.3.2.2.1 Vorbemerkung

Der Auswertung der Testergebnisse bei alleiniger Berücksichtigung von Intervallen mit positiver "abnormal performance" am Aktienmarkt wurde in Gliederungspunkt V.2.3.1.2.1 eine allgemeine Überlegung zur Höhe der jeweils zu akzeptierenden Irrtumswahrscheinlichkeit bei Ablehnung der Nullhypothese für eine Testzeitraum-Optionsklassen-Kombination einer Gesellschaft vorangestellt. Diese Ausführungen besitzen für diesen zweiten Teil der Untersuchung nach wie vor Gültigkeit. Im folgenden soll somit die Nullhypothese für eine Testzeitraum-Optionsklassen-Kombination einer Gesellschaft auf jeden Fall immer dann verworfen werden, wenn in mindestens einem der 250 Testdurchläufe ein Alpha ermittelt wird, das kleiner oder gleich 0,00004 ist. Die nicht mehr auf den einzelnen Testdurchlauf bezogene Nullhypothese unterstellt im vorliegenden Zusammenhang nun allerdings, daß die Wahrscheinlichkeit für das Auftreten von Optionsfehlbewertungen, die eine bestimmte Untergrenze nicht unterschreiten, für potentielle Insiderhandelstage und sonstige Börsentage des Jahres gleich hoch ist. Dabei soll dies völlig unabhängig davon gelten, welche der zehn in Gliederungspunkt V.2.2.3 vorgestellten Definitionen der Merkmalsausprägung F_1 jeweils betrachtet und welches der in Gliederungspunkt V.2.2.2 beschriebenen 25 Selektionskriterien für potentielle Insiderhandelstage gewählt wird.

Bei der Auswertung der Testergebnisse ist es im folgenden zusätzlich wichtig, diese Ergebnisse auch den Resultaten der Tests der ersten Teilhypothese gegenüberzustellen. Dadurch kann überprüft werden, ob sich die in Gliederungspunkt V.1 geäußerte Erwartung, daß die Signifikanz der Testergebnisse von der untersuchten Teilhypothese abhängt, bestätigen läßt.

2.3.2.2.2 Stabilität der Ergebnisse im Zeitablauf

Vergleicht man in einem ersten Schritt lediglich für die aggregierte Optionsstichprobe die Ergebnisse verschiedener Kalenderjahre miteinander, so fällt als erstes die insgesamt und vor allem auch im Vergleich zur Untersuchung der ersten Teilhypothese sehr hohe Zahl an Testzeitraum-Gesellschafts-Kombinationen auf, bei denen in keinem einzigen der 250 Testdurchläufe ein Alpha unter einem Prozent erzielt wird. Die Nullhypothese, daß die Wahrscheinlichkeit für das Auftreten ausgeprägter relativer Optionsunterbewertungen für alle Börsentage des Jahres gleich hoch ist, läßt sich somit schon einmal für 14 oder knapp 47% der untersuchten 30 Testzeitraum-Gesellschafts-Kombinationen nicht ablehnen. 1983 gilt dies für BASF, Hoechst und VW, 1984 für Daimler, 1985 für BASF und Daimler, 1986 für Hoechst und Daimler und 1987 für alle sechs untersuchten Firmen. Darüber hinaus existiert jedoch auch eine im Vergleich zum ersten Teil der Untersuchung sehr viel größere Anzahl von insgesamt sieben Testzeitraum-Gesellschafts-Kombinationen, für die zwar mit Ausnahme von VW im Jahr 1986 stets in mehreren Testdurchläufen Alphas unter einem Prozent ermittelt werden, für die jedoch in keinem Testdurchlauf ein Alpha unter 0,00004 zu beobachten ist. Man könnte in diesem Zusammenhang von einem wesentlich größeren "Unschärfebereich" sprechen, da in diesen Fällen jeweils nicht eindeutig zu entscheiden ist, ob die Irrtumswahrscheinlichkeit bei Ablehnung der Nullhypothese für die jeweilige Gesellschaft in dem betrachteten Testzeitraum ein Prozent bereits überschreitet oder nicht[130]. Die Ergebnisse für VW im Jahr 1986 ragen aus dieser Gruppe noch einmal dadurch heraus, daß hier überhaupt nur in einem einzigen Testdurchlauf ein Alpha von unter einem Prozent festgestellt werden kann. Dieses liegt im übrigen mit 0,00675315 nur relativ knapp unter dieser Grenze[131]. Zusätzlich ergibt die Betrachtung der Ergebnisse der einzelnen Optionslaufzeitklassen von VW im Jahr 1986, daß hier bei keiner einzigen Klasse überhaupt ein Alpha unter einem Prozent erreicht wird. Nimmt man diesen Fall deshalb noch zu den oben aufgezählten 14 hinzu, so erhöht sich die Quote der Nicht-Ablehnung der Nullhypothese auf 50%. Mindestens ein Alpha unter 0,00004 wird im Jahr 1983 lediglich bei Bayer und Daimler erreicht, 1984 bei BASF, Hoechst und BMW, 1985 bei Bayer, Hoechst und VW, 1986 bei Bayer und 1987 bei keiner Firma.

Die Nicht-Ablehnung der Nullhypothese für die aggregierte Optionsstichprobe in den 14 Fällen, die durchweg in allen Testdurchläufen Alphas über einem Prozent aufweisen, läßt sich für die entsprechenden Ergebnisse der einzelnen Laufzeitklassen in hohem Maße bestätigen. So wird lediglich bei VW im Jahr 1983 für die 9-Monats-Optionen bei der Wahl von 5 Tagen Vorlauf ein Alpha unter 0,00004 ermittelt, obwohl bei der aggregierten Optionsstichprobe in keinem einzigen der 250 Testdurchläufe ein Alpha unter einem Prozent festgestellt werden kann. Darüber hinaus gibt es insofern noch Abweichungen von den Ergebnissen der aggregierten Optionsstichprobe, als bei den 3-Monats-Optionen von Daimler im Jahr 1984[132], bei den 9-Monats-Optionen derselben Firma im Jahr 1985, bei den 9-Monats-Optionen von Hoechst im Jahr 1986 sowie bei den 3-Monats-Optionen von Bayer und den 9-Monats-Optionen von VW im Jahr 1987 immerhin Alphas unter einem Prozent, wenn auch nicht unter 0,00004 auftreten.

Im Gegensatz dazu können umgekehrt Testzeitraum-Optionsklassen-Kombinationen für einzelne Gesellschaften bestimmt werden, deren Testdurchläufe kein Alpha unter einem Prozent aufweisen, obwohl bei den jeweils entsprechenden aggregierten Optionsstichproben Alphas unter einem, in einigen Fällen sogar unter 0,00004 erreicht werden. Dazu gehören im Jahr 1983 die 6-Monats-Optionen von BMW, 1984 die 3-Monats-Optionen von Bayer

130) Vgl. hierzu Gliederungspunkt V.2.3.2.2.1 i.V.m. den Ausführungen in Gliederungspunkt V.2.3.1.2.1.

131) Dieses Ergebnis wird bei der Wahl von 10 Tagen Vorlauf mit Überlappung und Verwendung des kleinsten F_1-Anteilsatzes ermittelt.

132) Die 9-Monats-Optionen von Daimler wurden wegen der geringen Zahl von Börsentagen, an denen 1984 überhaupt ein Handel in dieser Optionsklasse stattfand, nicht untersucht.

sowie die 9-Monats-Optionen von BASF und BMW[133], 1985 die 9-Monats-Optionen von Hoechst und 1986 die 3- und 6-Monats-Optionen von BASF sowie die 3- und 9-Monats-Optionen von BMW. BASF und BMW im Jahr 1984 sowie Hoechst im Jahr 1985 sind dabei die Fälle, für die bei der aggregierten Optionsstichprobe sogar Alphas unter 0,00004 ermittelt werden. Die Ergebnisse für die Testzeitraum-Gesellschafts-Kombinationen, bei denen die Nullhypothese für die aggregierte Optionsstichprobe auf jeden Fall zu verwerfen ist, lassen sich somit nicht in so hohem Maße durch die Ergebnisse der einzelnen Laufzeitklassen bestätigen, wie dies umgekehrt bei der Nicht-Ablehnung der Nullhypothese festgestellt werden kann. Neben den gerade erwähnten Beispielen ist dieser Befund auch bei Daimler im Jahr 1983 auffällig, wo bei der aggregierten Optionsstichprobe zwar Alphas unter 0,00004, bei allen drei Laufzeitklassen hingegen lediglich Alphas unter einem Prozent und über 0,00004 ermittelt werden.

Die bisherige Analyse bestätigt damit bereits die in Gliederungspunkt V.1 begründete Erwartung. Der Zusammenhang zwischen dem Auftreten ausgeprägter relativer Optionsunterbewertungen und nachfolgender, betragsmäßig besonders hoher negativer "abnormal performance" am Aktienmarkt erweist sich im Test als deutlich weniger signifikant als der Zusammenhang zwischen dem Auftreten ausgeprägter relativer Optionsüberbewertungen und nachfolgender, besonders hoher positiver "abnormal performance" am Aktienmarkt. Dies folgt zum einen daraus, daß in diesem zweiten Teil der Untersuchung bei Betrachtung der aggregierten Optionsstichprobe die Nullhypothese nicht mehr nur für 20, sondern für 50 Prozent aller untersuchten Testzeitraum-Gesellschafts-Kombinationen nicht abgelehnt werden kann[134]. Außerdem ist der Anteil der Fälle, bei denen lediglich Alphas unter einem Prozent, nicht jedoch unter 0,00004 ermittelt werden, gegenüber der Untersuchung der ersten Teilhypothese ebenfalls stark gestiegen. Zum andern werden beim Test der zweiten Teilhypothese selbst bei den Testzeitraum-Gesellschafts-Kombinationen, bei denen die Nullhypothese für die aggregierte Optionsstichprobe jeweils verworfen wird, tendenziell keine so kleinen Irrtumswahrscheinlichkeiten mehr erreicht wie beim Test der ersten Teilhypothese. Während dort für jede Gesellschaft stets zumindest in einem Teilzeitraum sogar Alphas unter 0,00000001 ermittelt werden, treten Alphas dieser Größenordnung beim Test der zweiten Teilhypothese nur noch bei VW im Jahr 1985 auf.

Vergleicht man darüber hinaus, ob die Nullhypothese für die Testzeitraum-Optionsklassen-Kombinationen der einzelnen Gesellschaften, für die sie im ersten Teil der Untersuchung nicht abgelehnt wird, auch beim Test der zweiten Teilhypothese nicht zu verwerfen ist, so läßt sich keine allzu hohe Übereinstimmung der Ergebnisse feststellen. Lediglich für Hoechst im Jahr 1983 und für BASF im Jahr 1985 wird die jeweilige Nullhypothese in bei-

---

133) Für die 9-Monats-Optionen von BMW gilt im Jahr 1984 das in der vorherigen Fußnote zu Daimler Gesagte analog.

134) Bei der Berechnung des Anteils von 20 Prozent für die erste Teilhypothese wurde VW für das Jahr 1984 als Nicht-Ablehnungsfall klassifiziert.

den Fällen für die aggregierte Optionsstichprobe und alle Laufzeitklassen nicht abgelehnt. Für BMW 1983 gibt es zumindest noch Übereinstimmung bei den 6- und für Hoechst 1985 bei den 9-Monats-Optionen[135].

Es existieren jedoch ebenso Testzeitraum-Optionsklassen-Kombinationen einzelner Gesellschaften, für die die Nullhypothese im ersten Teil der Untersuchung nicht abgelehnt wird, für die jedoch beim Test der zweiten Teilhypothese Alphas unter 0,00004 ermittelt werden, so daß in diesen Fällen ein signifikanter Zusammenhang zwischen dem Auftreten ausgeprägter relativer Optionsunterbewertungen und nachfolgender, betragsmäßig besonders hoher negativer "abnormal performance" am Aktienmarkt angenommen werden kann. Dies läßt sich im Jahr 1983 für die 3- und 9-Monats-Optionen von BMW sowie die 3-Monats-Optionen und die aggregierte Optionsstichprobe von Bayer feststellen. Im Jahr 1985 trifft es darüber hinaus noch auf die 6-Monats-Optionen und die aggregierte Optionsstichprobe von Hoechst zu. Bei allen übrigen Testzeitraum-Optionsklassen-Kombinationen der untersuchten Gesellschaften, für die bei der Untersuchung der ersten Teilhypothese lediglich Alphas über einem Prozent ermittelt werden, liegen die kleinsten erreichten Alphas im zweiten Teil der Untersuchung gerade im Unschärfebereich zwischen 0,00004 und einem Prozent.

Beim Vergleich der Resultate des ersten und zweiten Teils der Untersuchung fällt jedoch insbesondere auch auf, daß sich beim Test der zweiten Teilhypothese die besonders schlechten Ergebnisse nicht mehr in den ersten beiden umsatzschwachen Untersuchungsjahren häufen. Ganz im Gegenteil liegen 11 der 15 Fälle, bei denen die Nullhypothese für die aggregierte Optionsstichprobe und zumeist auch für die einzelnen Laufzeitklassen nicht verworfen wird, gerade in den umsatzstärksten Jahren 1985 bis 1987. Insbesondere für das Jahr 1987 ergibt sich eine völlig andere Einschätzung. Während es bei der ersten Teilhypothese 1987 mit Ausnahme der 9-Monats-Optionen von BMW keine einzige weitere Optionsklasse irgendeiner Gesellschaft gibt, für die nicht in mindestens einem Testdurchlauf ein Alpha unter 0,00004 ermittelt wird, kann bei der Untersuchung der zweiten Teilhypothese die Nullhypothese in keinem einzigen Fall abgelehnt werden. Bei Betrachtung der aggregierten Optionsstichprobe wird 1987 nie ein Alpha unter einem Prozent ermittelt, und bei den einzelnen Laufzeitklassen kann außer bei den 3-Monats-Optionen von Bayer und den 9-Monats-Optionen von VW ebenfalls kein Alpha dieser Größenordnung festgestellt werden. Damit lassen sich mittels dieser Verteilung der besonders schlechten Ergebnisse auf die einzelnen Jahre die ex ante gebildeten Erwartungen über den Einfluß der Marktliquidität nicht bestätigen.

Allerdings ist nicht vollständig auszuschließen, daß das besonders schlechte Ergebnis für das Jahr 1987 im zweiten Teil der Untersuchung tendenziell durch die Schwäche der Testmethode mitbeeinflußt sein könnte, die in Gliederungspunkt V.2.3.1.2.2 bereits für die für

135) Vgl. außerdem die vorletzte und drittletzte Fußnote. Das dort angesprochene Ausschlußkriterium gilt natürlich hinsichtlich der Untersuchung beider Teilhypothesen.

das Jahr 1985 ermittelten Ergebnisse von BASF und Hoechst erläutert wurde. Im Jahr 1987 ist der erste Teil des Jahres nämlich einheitlich für alle Firmen durch eine Phase relativ hoher Optionsunterbewertungen gekennzeichnet, die ungefähr ab August in eine Phase hoher Über- bzw. deutlich niedrigerer Unterbewertungen übergeht[136]. Da nun aber bei zweidrittel aller untersuchten Firmen die deutliche Mehrzahl bzw. zumindest die Hälfte der für das Jahr 1987 selektierten Intervalle mit ausgeprägter negativer "abnormal performance" am Aktienmarkt zu den letzten vier Monaten des Jahres bzw. zum Beginn des darauffolgenden Jahres gehört[137], könnte möglicherweise die durchgängig nicht signifikante Ablehnung der Nullhypothese im zweiten Teil der Untersuchung teilweise auch dadurch beeinflußt sein[138].

Vergleicht man die Ergebnisse der Tests der beiden Teilhypothesen nicht jahres-, sondern firmenweise, so fällt weiterhin insbesondere auf, daß die einzige Firma, für deren aggregierte Optionsstichprobe die Nullhypothese im ersten Teil der Untersuchung in jedem Jahr verworfen wird, gerade im zweiten Teil der Untersuchung ganz besonders schlecht "abschneidet". Hier wird für Daimler bei Verwendung der aggregierten Optionsstichprobe mit Ausnahme von 1983 nämlich in keinem Jahr auch nur ein Alpha unter einem Prozent ermittelt[139]. Ordnet man im zweiten Teil der Untersuchung die Firmen nach der Anzahl der Jahre, für die bei Verwendung der aggregierten Optionsstichprobe mindestens in einem Testdurchlauf ein Alpha unter 0,00004 ermittelt wird, so erzielt Bayer das beste Ergebnis mit immerhin drei Jahren, für die diese Anforderung zutrifft. Bei Hoechst sind es noch zwei Jahre und bei BASF sowie allen Automobilfirmen jeweils nur ein einziges Jahr.

Wird für den zweiten Teil der Untersuchung verglichen, in wievielen Fällen bei einem Selektionskriterium für potentielle Insiderhandelstage in mindestens einem der zehn Testdurchläufe ein Alpha erreicht wird, das kleiner oder gleich einem Prozent, kleiner oder gleich 0,00004 oder kleiner 0,00000001 ist, wenn die Ergebnisse der nicht nach Laufzeit-

136) Vgl. hierzu die entsprechenden Graphiken für die aggregierten Optionsstichproben in Anhang III.

137) Dies trifft insbesondere nicht auf Hoechst, aber auch nicht auf VW zu. Vgl. hierzu die Übersicht über die selektierten Intervalle mit negativer "abnormal performance" in Anhang V.

138) Diesem Hinweis müßten auch nicht unbedingt die signifikanten Ergebnisse für das Jahr 1987 beim Test der ersten Teilhypothese widersprechen, denn es ist ja neben der Veränderung des Fehlbewertungsniveaus auch die jeweilige Verteilung der selektierten Intervalle mit positiver bzw. negativer "abnormal performance" am Aktienmarkt relevant. Die selektierten Intervalle mit positiver "abnormal performance" häufen sich 1987 nun aber bei nahezu allen Firmen gerade nicht in der Unterbewertungsphase. Lediglich bei BASF besteht in dieser Phase ein leichtes Übergewicht an selektierten Intervallen mit positiver "abnormal performance".

139) Allerdings ist auch in diesem Fall ein Einfluß des soeben für die Ergebnisse des Jahres 1987 angeführten Phänomens zumindest nicht völlig auszuschließen, wenn man bei Daimler den Fehlbewertungsverlauf und die Verteilung der selektierten Intervalle mit negativer "abnormal performance" in den einzelnen Jahren betrachtet. Als alleinige Erklärung für das schlechte Ergebnis dürfte dieser Befund jedoch, ähnlich wie bei der Beurteilung der Ergebnisse für das Jahr 1987, nicht ausreichen. Es lassen sich nämlich stets auch Gegenbeispiele finden, bei denen trotz relativ zum Fehlbewertungsverlauf ungünstiger Verteilung der Intervalle mit "abnormal performance" signifikante Ergebnisse erzielt werden. Für den zweiten Teil der Untersuchung könnte z.B. Bayer im Jahr 1986 als ein solches Gegenbeispiel angeführt werden.

klassen aufgeteilten Optionsstichprobe über alle Jahre und Firmen aggregiert werden, so können hinsichtlich der schlechtesten Ergebnisse die im ersten Teil der Untersuchung festgestellten Tendenzen bestätigt werden. Der folgenden Tabelle 5.19 ist zu entnehmen, daß auch beim Test der zweiten Teilhypothese auffallend wenig signifikante Ergebnisse bei den Selektionskriterien erzielt werden, die lediglich mit 5 Tagen Vorlauf arbeiten. Bei den Testdurchläufen, die die selektierten Tage mit besonders hoher "abnormal performance" am Aktienmarkt als potentielle Insiderhandelstage auswählen, wird im zweiten Teil der Untersuchung sogar noch ein wesentlich extremeres Ergebnis erzielt als im ersten Teil. Hier wird nun nicht nur in der überwiegenden Mehrzahl der Fälle, sondern in ausnahmslos allen Fällen kein Alpha unter einem Prozent ermittelt.

Mindestens ein α	$\leq 0,01$	$\leq 0,00004$	$< 0,00000001$
5 Tage Vorlauf	4	-	-
10 Tage Vorlauf	6	1	-
15 Tage Vorlauf	8	4	-
20 Tage Vorlauf	9	6	1
30 Tage Vorlauf	10	3	-
40 Tage Vorlauf	8	3	-
50 Tage Vorlauf	7	1	-
60 Tage Vorlauf	7	2	-
50% Überlappung:			
5 Tage Vorlauf	3	-	-
10 Tage Vorlauf	7	1	-
15 Tage Vorlauf	7	3	-
20 Tage Vorlauf	9	5	-
30 Tage Vorlauf	10	3	-
40 Tage Vorlauf	9	2	-
50 Tage Vorlauf	7	1	-
60 Tage Vorlauf	6	1	-
5 Tage Abstand:			
5 Tage Vorlauf	2	-	-
10 Tage Vorlauf	4	-	-
15 Tage Vorlauf	7	3	1
20 Tage Vorlauf	7	4	1
10 Tage Abstand:			
5 Tage Vorlauf	3	1	-
10 Tage Vorlauf	6	2	1
15 Tage Vorlauf	6	3	-
20 Tage Vorlauf	7	2	-
"abn.perf." Interv.:	-	-	-

Tabelle 5.19

Aufgrund der insgesamt sehr hohen Quote an Testzeitraum-Optionsklassen-Kombinationen der einzelnen Gesellschaften, für die die Nullhypothese nicht abgelehnt werden kann, erübrigt es sich in diesem zweiten Teil der Untersuchung bei den meisten Firmen, die Resultate für einzelne Kalenderjahre gegenüberzustellen, um die Stabilität der Ergebnisse zu überprüfen. Im folgenden sollen deshalb nur sehr kurz die wesentlichen Resultate für die aggregierten Optionsstichproben der einzelnen Firmen zusammengefaßt werden.

a) BASF:

Für BASF kann die Nullhypothese mit einer auf jeden Fall unter einem Prozent liegenden Irrtumswahrscheinlichkeit lediglich 1984 abgelehnt werden. In diesem Jahr wird bei der Wahl von 15 Tagen Vorlauf mit 10 Tagen Abstand, bei 20 Tagen Vorlauf mit Überlappungstagen bzw. mit 5 Tagen Abstand sowie bei der Wahl von 30 Tagen Vorlauf mit und ohne Überlappung jeweils in mindestens einem Testdurchlauf ein Alpha unter 0,00004 erzielt. Ansonsten weisen die meisten Selektionskriterien zumindest Alphas unter einem Prozent auf. Eine Ausnahme dazu bilden lediglich die Kriterien, die mit 5 Tagen Vorlauf mit Überlappungstagen oder mit 5 Tagen Vorlauf, kombiniert mit 5 bzw. 10 Tagen Abstand, arbeiten, sowie die Kriterien, bei denen 10 Tage Vorlauf mit 5 Tagen Abstand oder 50 Tage Vorlauf mit oder ohne Überlappung gewählt werden[140]. Auffällig ist darüber hinaus, daß 1984 bei den Testdurchläufen, bei denen 5% bis 20% aller Börsentage des Jahres die Merkmalsausprägung F_1 zugeordnet wird, in keinem Fall ein Alpha unter einem Prozent ermittelt werden kann. Falls bei einem Selektionskriterium für potentielle Insiderhandelstage somit überhaupt Alphas unter einem Prozent auftreten, so sind diese stets bei den größeren F_1-Anteilsätzen festzustellen. Das Jahr 1986 ist das einzige weitere Jahr, in dem zumindest noch Alphas unter einem Prozent erreicht werden. Dies ist ausschließlich bei der Wahl von 50 oder 60 Tagen Vorlauf mit oder ohne Überlappung der Fall, wobei dies zusätzlich stets nur für den Testdurchlauf gilt, der mit dem zweitkleinsten F_1-Anteilsatz arbeitet. Mit einem minimalen Wert von 0,00310637 liegt jedoch auch das kleinste Alpha noch relativ nahe unter einem Prozent.

b) BAYER:

Bayer weist für den zweiten Teil der Untersuchung mit einer Ablehnung der Nullhypothese in den Jahren 1983, 1985 und 1986 die höchste Ablehnungsquote aller untersuchten Gesellschaften auf. Hier macht es deshalb Sinn zu überprüfen, inwieweit in diesen Jahren Übereinstimmungen bzw. Unterschiede hinsichtlich der Ergebnisse einzelner Testdurchläufe bestehen, die in den genannten Jahren unter Anwendung des jeweils gleichen Selektionskriteriums für potentielle Insiderhandelstage sowie unter Berücksichtigung der gleichen Definition von F_1 durchgeführt werden.

Über alle Jahre stabil ist das grundsätzlich schlechte "Abschneiden" sehr kurzer Vorläufe. So werden bei den Testdurchläufen der Selektionskriterien, die mit 5 bzw. 10 Tagen Vorlauf mit oder ohne Überlappung sowie mit 5 Tagen Vorlauf, kombiniert mit 5 oder 10 Tagen Abstand, arbeiten, fast ausnahmslos in allen Jahren keine Alphas unter einem Prozent ermittelt. Die einzige Ausnahme davon tritt im Jahr 1986 auf, wo für den Testdurchlauf mit dem zweitkleinsten F_1-Anteilsatz bei der Wahl von 5 Tagen Vorlauf mit 10 Tagen Abstand ein Alpha von knapp unter einem Prozent berechnet wird.

---

140) Die Wahl der selektierten Tage mit ausgeprägter negativer "abnormal performance" am Aktienmarkt als potentielle Insiderhandelstage wird im folgenden beim Ergebnisvergleich nie explizit erwähnt werden, da hier mit Ausnahme von BMW 1984 bei allen Firmen in keinem einzigen Testdurchlauf für die aggregierte Optionsstichprobe auch nur ein Alpha unter 5% ermittelt wird.

Ansonsten sind die Übereinstimmungen zwischen den aufeinanderfolgenden Jahren 1985 und 1986 größer als zwischen diesen Jahren und dem Jahr 1983. Bei keinem der 25 Selektionskriterien für potentielle Insiderhandelstage wird in allen drei Jahren zugleich in jeweils wenigstens einem Testdurchlauf ein Alpha unter einem Prozent festgestellt. Allerdings kann von den Unterschieden zwischen den Ergebnissen des Jahres 1983 und den Resultaten der anderen beiden Jahre noch nicht auf Instabilitäten hinsichtlich der Ausgestaltung des untersuchten Zusammenhangs geschlossen werden. Zum einen kommt in diesem Fall wieder das schon mehrfach erläuterte, methodische Problem des Testverfahrens bei langen Vorläufen zum Tragen[141], zum andern stellt Bayer 1983 einen Sonderfall dar. Es ist nämlich der einzige Fall, in dem überhaupt für eine Gesellschaft in einem Testzeitraum nur ein einziges Intervall mit betragsmäßig besonders hoher negativer "abnormal performance" selektiert wird. Der erste Tag dieses Intervalls liegt darüber hinaus bereits drei Tage nach Beginn des Testzeitraums. Da im folgenden Jahr das erste für Bayer selektierte Intervall mit negativer "abnormal performance" erst Anfang Februar beginnt, werden für die Testdurchläufe des Jahres 1983 somit lediglich dann überhaupt mehr als drei potentielle Insiderhandelstage selektiert, wenn Selektionskriterien verwendet werden, die Überlappungstage oder mehr als 20 Tage Vorlauf berücksichtigen oder aber mit langem Vorlauf plus Abstand arbeiten. Dies erklärt das schlechte Testergebnis für kurze und mittlere Vorläufe im Jahr 1983[142].

1985 und 1986 werden Alphas unter einem Prozent hauptsächlich bei den Testdurchläufen mit den kleinsten F_1-Anteilsätzen ermittelt; Alphas unter 0,00004 werden sogar ausschließlich bei dieser Gruppe von Testdurchläufen festgestellt. In beiden Jahren treten Alphas der zuletzt genannten Größenordnung bei der Wahl von 20 Tagen Vorlauf und bei Berücksichtigung von 20 Tagen Vorlauf mit 5 Tagen Abstand auf. Zusätzlich werden im Jahr 1985 Alphas unter 0,00004 noch bei dem Selektionskriterium für potentielle Insiderhandelstage festgestellt, das mit 15 Tagen Vorlauf plus 5 Tagen Abstand arbeitet. 1986 hingegen können Alphas dieser Größenordnung abweichend von 1985 auch bei der Wahl von 10 bis 20 Tagen Vorlauf mit jeweils 10 Tagen Abstand, bei Berücksichtigung von 20 Tagen Vorlauf mit Überlappung und von 30 Tagen Vorlauf mit und ohne Überlappung sowie bei der Wahl von 40 Tagen Vorlauf ohne Überlappung ermittelt werden[143]. Außer bei der Wahl der zu Be-

141) Vgl. zur Erläuterung dieses Problems V.2.2.2 und die Ausführungen zu den Ergebnissen von BASF in Gliederungspunkt V.2.3.1.2.2. Während 1983 für Bayer bei der Wahl von 60 Tagen Vorlauf mit Überlappung nur knapp 25% der Börsentage des Jahres als potentielle Insiderhandelstage gewählt werden, sind es 1985 beim gleichen Selektionskriterium 100% und 1986 immerhin noch gut 87% aller Börsentage.

142) 1983 werden lediglich bei der Wahl von 50 bzw. 60 Tagen Vorlauf mit oder ohne Überlappung überhaupt Alphas unter einem Prozent ermittelt, wobei dies stets bei den fünf Testdurchläufen der Fall ist, die mit den größten F_1-Anteilsätzen arbeiten. Die einzige Ausnahme bildet das Selektionskriterium mit 50 Tagen Vorlauf und Überlappung. Hier liegt bei dem Testdurchlauf, der den 35%-Anteilsatz für die Definition der Merkmalsausprägung F_1 verwendet, das ermittelte Alpha lediglich zwischen einem und fünf Prozent. Bei 60 Tagen Vorlauf ohne Überlappung treten die einzigen Alphas unter 0,00004 auf.

143) Im übrigen werden bei Berücksichtigung von 15 bzw. 20 Tagen Vorlauf mit 10 Tagen Abstand sowie von 20 Tagen Vorlauf mit 5 Tagen Abstand für das Jahr 1984 die einzigen Alphas unter einem Prozent ermittelt. Diese Alphas liegen allerdings durchweg über 0,00004.

ginn genannten sehr kurzen Vorläufe oder bei Berücksichtigung von 60 Tagen Vorlauf mit Überlappung können im Jahr 1986 ansonsten bei jedem Selektionskriterium Alphas unter einem Prozent festgestellt werden. 1985 gilt dies hingegen zusätzlich auch dann nicht, wenn 15 sowie 40 bis 60 Tage Vorlauf mit oder ohne Überlappung oder 10 Tage Vorlauf mit 5 Tagen Abstand gewählt werden.

c) HOECHST:

Die einzigen beiden Jahre, für die bei Hoechst die Nullhypothese hinsichtlich der aggregierten Optionsstichprobe verworfen werden kann, sind die Jahre 1984 und 1985. Dabei sind die Testergebnisse für diese Jahre insoweit stabil, als in beiden Jahren bei der Wahl von 15 und 20 Tagen Vorlauf Alphas unter 0,00004 erreicht werden und bei Berücksichtigung von 50 bzw. 60 Tagen Vorlauf mit oder ohne Überlappung überhaupt keine Alphas unter einem Prozent auftreten. Letzteres könnte aber, was 1985 betrifft, auch ausschließlich auf das bekannte, methodische Problem bei langen Vorläufen zurückzuführen sein, da für das Jahr 1985 bei der Wahl von 60 Tagen Vorlauf mit oder ohne Überlappung jeweils 100% der Börsentage als potentielle Insiderhandelstage ausgewählt werden. 1984 werden zwar in diesen Fällen auch noch 92% bzw. 88,4% aller Börsentage selektiert, aber hier treten bereits bei Berücksichtigung von 40 Tagen Vorlauf mit oder ohne Überlappung und deutlich niedrigerer Quote an potentiellen Insiderhandelstagen keine Alphas mehr auf, die kleiner als ein Prozent sind. 1985 ist dies bei diesen Selektionskriterien hingegen noch der Fall. Da umgekehrt im Jahr 1984 im Gegensatz zum Jahr 1985 bei der Wahl von 5 Tagen Vorlauf mit oder ohne Überlappung jeweils Alphas unter einem Prozent ermittelt werden und bei der Wahl von 10 Tagen Vorlauf mit oder ohne Überlappung sogar Alphas unter 0,00004, scheint für das Jahr 1984 im Vergleich zu 1985 eine leichte Tendenz zu besseren Ergebnissen bei sehr kurzen und etwas schlechteren Ergebnissen bei langen Vorläufen zu bestehen.

Außerdem fällt für das Jahr 1984 noch das sehr schlechte "Abschneiden" der Selektionskriterien mit Abstandstagen auf. Während für 1985 bei der Wahl von 15 Tagen Vorlauf mit 5 Tagen Abstand sogar ein Alpha unter 0,00004 erzielt wird, können für 1984 überhaupt nur bei der Wahl von 5 bzw. 15 Tagen Vorlauf mit 5 Tagen Abstand wenigstens Alphas unter einem Prozent ermittelt werden. Letzteres ist für das Jahr 1985 hingegen mit Ausnahme eines Selektionskriteriums für alle Selektionskriterien der Fall, die mit Abstandstagen arbeiten. Des weiteren liegen die signifikanteren Ergebnisse für das Jahr 1984 eher bei größeren F_1-Anteilsätzen. So können für die Selektionskriterien, die 5, 10 oder 20 Tage Vorlauf mit Überlappung berücksichtigen, bei den Testdurchläufen, die mit den vier niedrigsten F_1-Anteilsätzen arbeiten, keine Alphas unter einem Prozent ermittelt werden. Für das Jahr 1985 werden hingegen sehr viel häufiger auch für einige dieser Testdurchläufe Alphas dieser Größenordnung errechnet.

d) BMW:

Bei BMW wird die Nullhypothese lediglich für das Jahr 1984 verworfen; es können jedoch noch in drei weiteren Jahren wenigstens Alphas unter einem Prozent ermittelt werden. Die signifikantesten Resultate mit Alphas unter einem Prozent in neun von zehn Testdurchläufen und jeweils einigen Alphas unter 0,00004 werden für das Jahr 1984 bei der Wahl von 40 bis 60 Tagen Vorlauf mit oder ohne Überlappung ermittelt[144]. Bei Verwendung dieser sechs verschiedenen Selektionskriterien wird darüber hinaus auch 1983, 1985 und 1986 jeweils mindestens ein Alpha unter einem Prozent berechnet. Die einzige Ausnahme hierzu bildet die Wahl von 60 Tagen Vorlauf mit oder ohne Überlappung im Jahr 1985; hier kann jeweils lediglich ein Alpha unter 5% ermittelt werden. Die sechs zuvor genannten Selektionskriterien mit den längsten Vorläufen sind gleichzeitig die einzigen Selektionskriterien für potentielle Insiderhandelstage, bei denen 1986 überhaupt Alphas unter einem Prozent auftreten. Dabei ist noch besonders auffällig, daß diese kleinen Alphas jeweils nur bei dem Testdurchlauf ermittelt werden, der den kleinsten F_1-Anteilsatz berücksichtigt. 1985 kommt als weiteres Selektionskriterium mit Testdurchläufen, für die Alphas unter einem Prozent auftreten, noch das Kriterium hinzu, das mit 10 Tagen Vorlauf arbeitet.

Für die Jahre 1983 und 1984 können hingegen wesentlich häufiger Alphas unter einem Prozent erzielt werden. In beiden Jahren werden außer bei den bereits genannten, sehr langen Vorläufen auch bei der Wahl von 30 Tagen Vorlauf mit und ohne Überlappung sowie bei Berücksichtigung von 20 Tagen Vorlauf mit 10 Tagen Abstand Alphas dieser Größenordnung ermittelt. Zusätzlich ist dies 1984 auch noch bei den Selektionskriterien für potentielle Insiderhandelstage der Fall, die mit 5 bzw. 10 Tagen Vorlauf mit Überlappungstagen und mit 20 Tagen Vorlauf mit oder ohne Überlappung arbeiten. Dabei tritt bei jedem Selektionskriterium nur bei dem Testdurchlauf ein Alpha unter einem Prozent auf, bei dem der 20%-Anteilsatz für die Definition der Merkmalsausprägung F_1 verwendet wird. Für das Jahr 1983 existiert im Gegensatz zum Jahr 1984 bei der Wahl von 5 bis 15 Tagen Vorlauf sowie bei der Wahl von 20 Tagen Vorlauf mit 5 Tagen Abstand noch jeweils ein Testdurchlauf mit einem Alpha unter einem Prozent.

e) DAIMLER:

Bei Daimler kann die Nullhypothese nur für das Jahr 1983 abgelehnt werden; in allen anderen Jahren werden nicht einmal Alphas unter einem Prozent erreicht. Somit scheitert in diesem Fall eine Überprüfung der Stabilität der Ausgestaltung des Zusammenhangs zwischen dem Auftreten deutlicher relativer Optionsunterbewertungen und nachfolgender, ausgeprägter negativer "abnormal performance" am Aktienmarkt schon daran, daß nicht einmal der Zusammenhang an sich über mehrere Jahre statistisch signifikant ist.

Die kleinsten Alphas von unter 0,00004 werden für das Jahr 1983 bei der Wahl von 15 bzw. 20 Tagen Vorlauf mit oder ohne Überlappung erreicht. Dabei sind die Selektionskriterien für potentielle Insiderhandelstage, die mit 20 Tagen Vorlauf mit oder ohne Überlappung oder auch mit 15 Tagen Vorlauf und 5 Tagen Abstand arbeiten, die einzigen Kriterien, bei

---

144) Lediglich in dem Testdurchlauf, in dem der 5%-Anteilsatz für die Definition der Merkmalsausprägung F_1 verwendet wird, können jeweils keine Alphas unter einem Prozent festgestellt werden.

denen mitunter auch bei Verwendung der vier kleinsten F_1-Anteilsätze Alphas unter einem Prozent errechnet werden. Überhaupt keine Alphas dieser Größenordnung werden bei den sehr langen Vorläufen ab einschließlich 40 Tagen erreicht, was in diesem Fall nicht auf das methodische Problem bei langen Vorläufen zurückgeführt werden kann. Schließlich können auch bei den meisten Selektionskriterien mit Abstandstagen keine Alphas unter einem Prozent festgestellt werden. Dies betrifft die Wahl von 5 und 20 Tagen Vorlauf mit 5 Tagen Abstand sowie von 5, 15 oder 20 Tagen Vorlauf mit 10 Tagen Abstand.

f) VW:

Bei VW kann die Nullhypothese auf jeden Fall im Jahr 1985 abgelehnt werden. In diesem Jahr wird bei allen Selektionskriterien für potentielle Insiderhandelstage, die mit 15 bis 40 Tagen Vorlauf mit und ohne Überlappung arbeiten, sowie bei fast allen Kriterien, die 5 bzw. 10 Tage Abstand berücksichtigen, mindestens in jeweils einem Testdurchlauf ein Alpha unter 0,00004 ermittelt. Lediglich bei der Wahl von 5 Tagen Vorlauf mit 5 Tagen Abstand trifft dies nicht zu. Außerdem ist VW 1985 die Testzeitraum-Gesellschafts-Kombination, bei der in diesem zweiten Teil der Untersuchung die mit Abstand kleinsten Alphas auftreten. Bei der Wahl von 20 Tagen Vorlauf sowie von 15 bzw. 20 Tagen Vorlauf mit 5 Tagen Abstand und von 10 Tagen Vorlauf mit 10 Tagen Abstand werden nämlich jeweils bei den Testdurchläufen mit den zwei oder drei größten F_1-Anteilsätzen Alphas unter 0,00000001 ermittelt. Lediglich bei einem weiteren Selektionskriterium für potentielle Insiderhandelstage, das bisher noch nicht genannt wurde, werden darüber hinaus noch Alphas unter einem Prozent berechnet, die aber durchweg nicht unter 0,00004 liegen. Dies ist bei 10 Tagen Vorlauf mit Überlappungstagen der Fall.

Im Jahr 1984, für das immerhin noch Alphas unter einem Prozent ermittelt werden, können bei Selektionskriterien, die Abstandstage berücksichtigen, keine Alphas dieser Größenordnung festgestellt werden. Demgegenüber treten bei der Wahl von 15 bis 30 Tagen Vorlauf mit oder ohne Überlappung sowie bei Berücksichtigung von 10 bzw. 40 Tagen Vorlauf mit Überlappung Alphas unter einem Prozent auf, wobei dies bei der Wahl von mindestens 20 Tagen Vorlauf mit oder ohne Überlappung stets nur bei dem Testdurchlauf der Fall ist, bei dem mit dem kleinsten F_1-Anteilsatz gearbeitet wird.

2.3.2.2.3 Abhängigkeit der Ergebnisse von der betrachteten Restlaufzeitklasse

Auch in diesem zweiten Teil der Untersuchung sollen die Ergebnisse für die drei verschiedenen Optionsrestlaufzeitklassen einander gegenübergestellt werden, um zu überprüfen, ob sich die bei Gültigkeit der Insiderhypothese erwarteten systematischen Unterschiede zwischen den Resultaten der Laufzeitklassen tatsächlich beobachten lassen. Jede bestätigte Erwartung könnte auch in diesem Fall als ein zusätzliches Indiz dafür gewertet werden, daß eine festgestellte, signifikante Ablehnung der Nullhypothese tatsächlich auf die Gültigkeit der dieser Untersuchung zugrunde liegenden Vermutung über das Verhalten von Insidern hindeutet.

Da die in Gliederungspunkt V.2.3.1.2.3 spezifizierten Erwartungen hinsichtlich der Unterschiede zwischen den Ergebnissen der Restlaufzeitklassen unverändert auf den Test der zweiten Teilhypothese übertragen werden können, sei an dieser Stelle auf die entsprechenden Ausführungen im ersten Teil der Untersuchung verwiesen[145]. Die in der folgenden Tabelle 5.20 gegenübergestellten aggregierten Ergebnisse für die einzelnen Laufzeitklassen sind ebenfalls völlig analog zu den in Tabelle 5.12 dargestellten, entsprechenden Resultaten des ersten Teils der Untersuchung ermittelt[146]. Die Tabellen unterscheiden sich nur insofern, als bei Tabelle 5.20 die Spalten mit der Obergrenze 0,00000001 für Alpha entfallen. Die äußerst seltenen Fälle, in denen beim Test der zweiten Teilhypothese für ein Selektionskriterium für potentielle Insiderhandelstage doch in mindestens einem Testdurchlauf ein Alpha unterhalb dieser Grenze ermittelt wird, sind in den Spalten mit der Obergrenze 0,00004 durch einen zusätzlichen Stern gekennzeichnet. Da diese Fälle überhaupt nur bei VW für das Jahr 1985 auftreten, steht ein Stern auch jeweils nur für die Anzahl eins.

Mindestens ein α Laufzeitklasse:	≤ 0,01 3-	6-	9-	≤ 0,00004 3-	6-	9-
5 Tage Vorlauf	4	2	2	-	-	1
10 Tage Vorlauf	4	5	2	-	2	-
15 Tage Vorlauf	8	9	6	-	3	-
20 Tage Vorlauf	7	9	5	3	3*	1
30 Tage Vorlauf	6	9	6	3*	2	2
40 Tage Vorlauf	5	5	7	2	2	3
50 Tage Vorlauf	7	4	5	1	1	-
60 Tage Vorlauf	5	3	4	2	2	1
50% Überlappung:						
5 Tage Vorlauf	3	2	4	-	-	-
10 Tage Vorlauf	4	5	5	-	2	-
15 Tage Vorlauf	7	7	6	-	2*	-
20 Tage Vorlauf	8	9	6	2	3*	1
30 Tage Vorlauf	8	8	6	2*	2	1
40 Tage Vorlauf	5	5	6	1	2	2
50 Tage Vorlauf	6	4	5	-	1	-
60 Tage Vorlauf	5	3	3	2	2	1
5 Tage Abstand:						
5 Tage Vorlauf	2	3	1	-	-	-
10 Tage Vorlauf	3	4	4	-	1	-
15 Tage Vorlauf	4	5	5	1	1*	-
20 Tage Vorlauf	5	6	5	1*	4	2
10 Tage Abstand:						
5 Tage Vorlauf	2	4	3	-	-	-
10 Tage Vorlauf	4	4	3	1*	1	-
15 Tage Vorlauf	2	4	5	1*	2	2
20 Tage Vorlauf	2	7	4	1*	2	2
"abn.perf."Interv.	-	-	1	-	-	-
Summe:	116	126	109	23	40	19

Tabelle 5.20

145) Vgl. V.2.3.1.2.3 i.V.m. V.1 und V.2.2.2.

146) Vgl. deshalb die entsprechenden Erläuterungen zum Aufbau der Tabelle 5.12 unter V.2.3.1.2.3.

Überprüft man anhand der Tabelle, ob der erwartete Unterschied zwischen den Ergebnissen für die 6- und die 9-Monats-Optionen in der Tendenz beobachtet werden kann, so ist dies nach dem Vergleich der jeweiligen Spaltensummen zuerst einmal eindeutig zu bejahen. Bei den 6-Monats-Optionen weisen von insgesamt 126 Fällen mit mindestens einem Alpha, das nicht über einem Prozent liegt, noch 31,7% (40) mindestens ein Alpha auf, das kleiner oder gleich 0,00004 ist, und 3,2% (4) sogar mindestens ein Alpha, das unter 0,00000001 liegt. Bei den 9-Monats-Optionen wird die Ein-Prozent-Grenze nur mehr in 109 Fällen eingehalten, wobei der Anteil der Fälle mit besonders kleinen Alphas geringer ist als bei den 6-Monats-Optionen, da nun nur mehr 17,4% (19) der 109 Fälle auch die Obergrenze von 0,00004 einhalten. Darüber hinaus tritt bei den 9-Monats-Optionen kein einziges Alpha unter 0,00000001 auf. Damit ist der Unterschied zwischen 6- und 9-Monats-Optionen beim Vergleich des Gesamtergebnisses sogar deutlicher ausgeprägt als beim Test der ersten Teilhypothese. Während dort bei den 9-Monats-Optionen die Anzahl der Fälle, die in mindestens einem von 10 Testdurchläufen irgendeines Selektionskriteriums ein Alpha von höchstens einem Prozent aufweisen, noch knapp 91% der entsprechenden Anzahl bei den 6-Monats-Optionen ausmacht, liegt dieser Prozentsatz beim Test der zweiten Teilhypothese bei nur knapp 87%. Noch drastischer zeigt sich der Unterschied bei Verwendung der Obergrenze von 0,00004. Hier steht dem entsprechenden Prozentsatz von knapp 80% im ersten Teil der Untersuchung nur ein Anteilsatz von 47,5% im zweiten Teil gegenüber[147].

Die Analyse der Ergebnisse für die einzelnen Selektionskriterien für potentielle Insiderhandelstage zeigt allerdings, daß die Erwartungen beim Test der zweiten Teilhypothese eher schlechter erfüllt werden als beim Test der ersten Teilhypothese. Zwar gibt es etliche Kriterien, wie z.B. die Wahl von 10 bis 30 Tagen Vorlauf ohne Überlappung, bei denen die 6-Monats-Optionen ganz besonders deutlich besser "abschneiden" als die 9-Monats-Optionen, dafür existieren aber mehr Kriterien, bei denen eindeutig von einem besseren Ergebnis der 9-Monats-Optionen ausgegangen werden muß. So erreichen die 9-Monats-Optionen ein insgesamt besseres Ergebnis bei der Wahl von 5 bzw. 40 Tagen Vorlauf mit oder ohne Überlappung sowie bei 15 Tagen Vorlauf mit 10 Tagen Abstand und bei der Wahl der selektierten Tage mit "abnormal performance" als potentielle Insiderhandelstage. Bei der Wahl von 50 Tagen Vorlauf mit und ohne Überlappung sowie bei der Wahl von 60 Tagen Vorlauf ohne Überlappung ist die Tendenz zumindest nicht mehr eindeutig. Allerdings beruht bei den genannten Selektionskriterien das bessere "Abschneiden" der 9-Monats-Optionen bzw. die zumindest nicht eindeutige Überlegenheit der 6-Monats-Optionen zumeist nur auf einer größeren Anzahl von Fällen bei Verwendung der Ein-Prozent-Grenze für Alpha, selten jedoch auf einer höheren Anzahl bei Berücksichtigung der Obergrenze von 0,00004.

Die Erwartung, daß das jeweilige Verhältnis aus der Anzahl besonders signifikanter Fälle bei den 3-Monats-Optionen und der entsprechenden Anzahl bei den 6-Monats-Optionen bei der Wahl von 50 oder 60 Tagen Vorlauf für die 3-Monats-Optionen tendenziell schlechter

147) Vgl. die entsprechenden Zahlen ebenda.

ausfällt als das entsprechende Verhältnis bei der Wahl kurzer Vorläufe, kann hingegen abweichend von der Beurteilung beim Test der ersten Teilhypothese für diesen zweiten Teil der Untersuchung in keinster Weise bestätigt werden. So treten bei den 3-Monats-Optionen bei allen Selektionskriterien für potentielle Insiderhandelstage mit 10 bis 40 Tagen Vorlauf mit oder ohne Überlappung stets weniger oder allenfalls gleich viele Fälle mit mindestens einem Alpha von höchstens einem Prozent auf wie bei den 6-Monats-Optionen. Bei der Wahl von 50 bzw. 60 Tagen Vorlauf mit oder ohne Überlappung verbessert sich dieses Verhältnis nun aber sogar zugunsten der 3-Monats-Optionen, so daß tendenziell genau das Gegenteil dessen eintritt, was zu erwarten wäre. Bei den entsprechenden Fällen mit mindestens einem Alpha, das kleiner oder gleich 0,00004 ist, kann letztere Tendenz zwar nicht mehr beobachtet werden; es tritt jedoch auch hier die bei der Wahl von langen Vorläufen erwartete Verschlechterung der Ergebnisse für die 3-Monats-Optionen relativ zu den entsprechenden Ergebnissen der 6-Monats-Optionen nicht ein.

Die in diesem Gliederungspunkt durchgeführte Gegenüberstellung der Testergebnisse für die einzelnen Restlaufzeitklassen bestätigt somit nur zum Teil das Auftreten der Unterschiede, die tendenziell bei Gültigkeit der Insiderhypothese zu erwarten wären. Allerdings gilt auch hier, daß die Abweichungen zwischen den Ergebnissen der Laufzeitklassen unabhängig davon, ob sie den Erwartungen entsprechen oder diesen gar zuwiderlaufen, nicht besonders stark ausgeprägt sind[148].

2.3.2.2.4 Fazit

Die Auswertung der Testergebnisse für den zweiten Teil der vorliegenden Untersuchung hat ergeben, daß bei Betrachtung der aggregierten Optionsstichprobe bei 50% aller untersuchten Testzeitraum-Gesellschafts-Kombinationen an Börsentagen vor oder innerhalb von Intervallen mit ausgeprägter negativer "abnormal performance" am Aktienmarkt nicht signifikant mehr Optionsfehlbewertungen auftreten, die relativ hohe Untergrenzen nicht unterschreiten, als an den sonstigen Börsentagen[149]. Andererseits ist aber auch die Wahrscheinlichkeit nahe Null, daß trotz Gültigkeit der Nullhypothese für alle Firmen und Jahre bei Verwendung der aggregierten Optionsstichprobe bei 9 (30%) von 30 der untersuchten Testzeitraum-Gesellschafts-Kombinationen jeweils in mindestens einem Testdurchlauf ein Alpha unter

148) Die Beantwortung der Frage, ob die jeweiligen Abweichungen bei akzeptabler Irrtumswahrscheinlichkeit überhaupt signifikant von Null verschieden sind, scheitert auch hier an der fehlenden statistischen Unabhängigkeit der Ergebnisse. Vgl. hierzu die entsprechenden Ausführungen in V.2.3.1.2.3 i.V.m. V.2.3.1.2.1.

149) Dieser Prozentsatz gilt bei Gewährleistung einer Irrtumswahrscheinlichkeit von unter einem Prozent. Bei Zugrundelegung der aggregierten Optionsstichprobe werden weitere 20% der Testzeitraum-Gesellschafts-Kombinationen einem sogenannten "Unschärfebereich" zugeordnet, da für sie nicht eindeutig zu entscheiden ist, ob die Nullhypothese noch bei einer Irrtumswahrscheinlichkeit von maximal einem Prozent abgelehnt werden kann oder nicht. VW 1986 wird dabei noch als eindeutiger Nicht-Ablehnungsfall betrachtet und ist somit nicht dem "Unschärfebereich" zugeordnet.

0,00004 ermittelt wird. Unter der Annahme, daß in dieser Untersuchung sowohl Optionsfehlbewertungen als auch Überrenditen am Aktienmarkt annähernd "richtig" gemessen werden, kann somit die Hypothese, daß Optionspreise zu keiner Zeit Informationsgehalt hinsichtlich zukünftiger negativer "abnormal performance" der jeweils zugrunde liegenden Aktie hätten, trotzdem verworfen werden. Ein solcher Informationsgehalt ist allerdings bei Berücksichtigung der nicht nach Laufzeitklassen aufgeteilten Optionsstichprobe pro untersuchter Gesellschaft zumeist nur für einen Teilzeitraum statistisch "nachweisbar"[150]; lediglich bei Hoechst und Bayer liegt diese Anzahl mit zwei bzw. drei Teilzeiträumen etwas höher. Doch selbst diese Fälle sind, was die zu akzeptierende Irrtumswahrscheinlichkeit bei Ablehnung der Nullhypothese betrifft, tendenziell schlechter einzustufen als ein Großteil der entsprechenden Fälle beim Test der ersten Teilhypothese. Dies zeigt sich schon daran, daß im ersten Teil der Untersuchung für die aggregierte Optionsstichprobe bei jeder Gesellschaft zumindest in einem Testzeitraum Alphas unter 0,00000001 ermittelt werden, wohingegen dies mit Ausnahme von VW im Jahr 1985 beim Test der zweiten Teilhypothese überhaupt nie der Fall ist. Berücksichtigt man zusätzlich noch die sehr viel häufigere Nicht-Ablehnung der Nullhypothese für die einzelnen Testzeitraum-Gesellschafts-Kombinationen im zweiten Teil der Untersuchung, so scheint der untersuchte Zusammenhang zwischen vorauslaufenden Optionsfehlbewertungen und nachfolgender negativer "abnormal performance" am Aktienmarkt deutlich weniger stark ausgeprägt zu sein als der beim Auftreten von positiver "abnormal performance" vermutete Zusammenhang. Im übrigen fällt noch auf, daß im zweiten Teil der Untersuchung bei den Testzeitraum-Gesellschafts-Kombinationen, bei denen die Nullhypothese für die aggregierte Optionsstichprobe abgelehnt wird, in keinem Fall in den Testdurchläufen ein signifikantes Ergebnis festgestellt werden kann, in denen lediglich die Tage mit ausgeprägter negativer "abnormal performance" am Aktienmarkt als Tage mit potentiell verstärktem Auftreten deutlicher relativer Optionsunterbewertungen ausgewählt werden[151]. Damit scheint eine Überlappung der Phase des verstärkten Auftretens deutlicher relativer Optionsunterbewertungen mit der nachfolgenden Phase ausgeprägter negativer "abnormal performance" am Aktienmarkt tendenziell weniger bedeutend zu sein als die Überlappung der entsprechenden Phasen im ersten Teil der Untersuchung.

Werden abweichend zum bisherigen Vorgehen in diesem Gliederungspunkt in die Analyse auch die Ergebnisse für die einzelnen Laufzeitklassen miteinbezogen, so fällt die Einschätzung der Testresultate für den Test der zweiten Teilhypothese etwas besser aus, als bisher geschildert. Dies gilt insofern, als es immerhin vier Testzeitraum-Gesellschafts-Kombina-

150) Die Wahrscheinlichkeit dafür, daß bei jeder Gesellschaft in jeweils mindestens einem von fünf Teilzeiträumen mindestens ein Alpha ermittelt wird, das kleiner oder gleich 0,00000684 ist, obwohl die Nullhypothese in allen fünf Teilperioden für die jeweilige Firma Gültigkeit besitzt, liegt unter einem Prozent. Die Grenze von 0,00000684 entspricht dabei dem Maximum der jeweils kleinsten Alphas, die bei den Testzeitraum-Gesellschafts-Kombinationen auftreten, bei denen die Nullhypothese für die aggregierte Optionsstichprobe abgelehnt wird.

151) Im zweiten Teil der Untersuchung wird in diesen Testdurchläufen außer bei den 9-Monats-Optionen von VW im Jahr 1987 überhaupt nie ein Alpha unter einem Prozent ermittelt.

tionen gibt, für die zwar bei Betrachtung der aggregierten Optionsstichprobe die Nullhypothese nicht eindeutig abgelehnt werden kann, da die Fälle zumeist dem sogenannten "Unschärfebereich" zuzuordnen sind, für die aber bei einzelnen Restlaufzeitklassen Alphas unter 0,00004 auftreten und somit die Nullhypothese auf jeden Fall verworfen werden kann. Damit erhöht sich die Zahl der Teilzeiträume, in denen der untersuchte Informationsgehalt entweder für die aus der aggregierten Optionsstichprobe der jeweiligen Gesellschaft ermittelten, durchschnittlichen täglichen Optionsfehlbewertungen oder zumindest für die durchschnittlichen täglichen Fehlbewertungen einer einzelnen Restlaufzeitklasse statistisch "nachweisbar" ist, bei Bayer auf vier, bei BMW auf drei und bei VW auf zwei Teilzeiträume. Trotz dieser Verbesserung ändert sich aber nichts an der beschriebenen grundsätzlichen Einschätzung der Ergebnisse im zweiten Teil der Untersuchung im Vergleich zu den Resultaten des ersten Teils. Nach wie vor sind die Testresultate für die zweite Teilhypothese weniger häufig signifikant bzw. weisen tendenziell größere zu akzeptierende Irrtumswahrscheinlichkeiten auf als die Ergebnisse beim Test der ersten Teilhypothese. Dies zeigt sich zum einen schon daran, daß bei 14 (93,3%) der 15 Testzeitraum-Gesellschafts-Kombinationen, für die die Nullhypothese bei Betrachtung der aggregierten Optionsstichprobe auf keinen Fall abgelehnt werden kann, auch für die einzelnen Laufzeitklassen keine Alphas unter 0,00004 ermittelt werden. Dabei wird für immerhin noch 9 (60%) dieser 15 Testzeitraum-Gesellschafts-Kombinationen das Ergebnis bei Berücksichtigung der aggregierten Optionsstichprobe bei Betrachtung der einzelnen Laufzeitklassen insofern exakt bestätigt, als hier bei keiner Laufzeitklasse auch nur Alphas unter einem Prozent ermittelt werden. Zum andern können mit Ausnahme der 3- und 6-Monats-Optionen von VW im Jahr 1985 auch bei den einzelnen Laufzeitklassen keine Alphas unter 0,00000001 ermittelt werden.

Die für den zweiten Teil dieser Untersuchung formulierte Alternativhypothese, die einen Informationsgehalt von Optionsfehlbewertungen hinsichtlich zukünftiger negativer "abnormal performance" am Markt der jeweils zugrunde liegenden Aktie unterstellt, wurde in Gliederungspunkt II.3 als geeignete Operationalisierung der Vermutung dargestellt, daß Insider zur Ausbeutung einer negativen Insiderinformation ein Engagement am Kaufoptionsmarkt einem Engagement am Aktienmarkt vorziehen. Damit könnte eine signifikante Ablehnung der Nullhypothese in diesem zweiten Teil der Untersuchung als Indiz dafür interpretiert werden, daß die Insiderhypothese im Hinblick auf negative Insiderinformation in den jeweiligen Fällen Gültigkeit besitzt[152]. Umgekehrt kann die für diesen zweiten Teil der Untersuchung äußerst relevante Nicht-Ablehnung der Nullhypothese entsprechend der allgemeinen Aussagefähigkeit statistischer Signifikanztests allerdings nicht mit der Ablehnung der Alternativhy-

152) Zu den potentiellen Einschränkungen dieser Interpretation der gewonnenen Testergebnisse vgl. die Ausführungen in Gliederungspunkt II.3.2. Vgl. in diesem Zusammenhang insbesondere auch den in Fußnote 120 in Gliederungspunkt V.2.3.1.2.4 beschriebenen Vorbehalt hinsichtlich der korrekten Bestimmung der jeweiligen Irrtumswahrscheinlichkeit. Die ganz unterschiedlichen Einschränkungen der Aussagefähigkeit der vorliegenden Untersuchung verlieren wieder etwas an Gewicht, wenn berücksichtigt wird, daß sich in beiden Teilen der Untersuchung Indizien für die Plausibilität der jeweils vorgenommenen Interpretation der Testergebnisse finden lassen. Vgl. hierzu V.2.3.1.2.4 sowie die ausführlichen Erläuterungen im folgenden.

pothese gleichgesetzt werden[153]. Die entsprechende Interpretation der Testergebnisse könnte deshalb nur lauten, daß in diesen Fällen ein statistischer "Nachweis" der Insiderhypothese hinsichtlich negativer Insiderinformation nicht gelungen ist. Der in einem Testzeitraum für eine Gesellschaft nicht signifikante Zusammenhang zwischen vorauslaufenden Optionsfehlbewertungen und nachfolgender negativer "abnormal performance" am Aktienmarkt könnte somit zum einen darauf zurückzuführen sein, daß die Insider ihre negative Insiderinformation in dieser Periode tatsächlich nicht zuerst auf dem Kaufoptionsmarkt ausgebeutet haben. Zum andern wäre aber genausogut denkbar, daß die Insiderhypothese hinsichtlich negativer Insiderinformation in diesen Fällen zwar zutrifft, die jeweilige Auswirkung auf die Optionspreise aufgrund relativ schwacher Engagements aber so gering ausfiel, daß der untersuchte Zusammenhang deshalb nicht signifikant ist.

Werden die vorliegenden Testergebnisse entsprechend der soeben aufgezeigten Möglichkeit interpretiert, so kann gefolgert werden, daß die Gültigkeit der Insiderhypothese hinsichtlich negativer Insiderinformation für jede der untersuchten Firmen bei Betrachtung des gesamten Marktes der jeweiligen Kaufoptionen zumeist nur in einem Jahr, höchstens jedoch in drei Jahren des Untersuchungszeitraums als statistisch "nachgewiesen" betrachtet werden kann. Das angegebene Maximum erhöht sich dabei bei Bayer sogar auf vier Jahre, wenn zusätzlich berücksichtigt wird, daß es Jahre gibt, in denen für einzelne Gesellschaften die Gültigkeit der Insiderhypothese in bezug auf negative Insiderinformation zwar nicht hinsichtlich des gesamten Optionsmarktes, wohl aber hinsichtlich einzelner Optionsmarktsegmente als eindeutig statistisch "nachgewiesen" betrachtet werden kann. Auf jeden Fall ist der jeweilige "Nachweis" aufgrund der fast ausnahmslos nicht unter 0,00000001 liegenden Alphas allerdings statistisch weniger signifikant als bei einer Vielzahl entsprechender Fälle im ersten Teil der Untersuchung. Dies wiederum könnte als ein Indiz dafür gedeutet werden, daß sich Insider bei der Ausbeutung von negativer Insiderinformation tendenziell nicht so stark am Kaufoptionsmarkt engagieren wie bei der Verwertung positiver Insiderinformation. Auch in den jeweils verbleibenden Jahren wäre es aufgrund der häufigen Nicht-Ablehnung der Nullhypothese wahrscheinlich, daß hier ein entsprechendes Engagement der Insider zur Ausnützung negativer Insiderinformation tendenziell zumindest nicht extrem stark ausgeprägt war.

Die folgende Analyse der Testergebnisse des zweiten Teils der Untersuchung soll nun einerseits Hinweise darauf geben, inwiefern die soeben geschilderte Interpretationsmöglichkeit der Testergebnisse durch die beobachteten Besonderheiten der Resultate des zweiten Teils der Untersuchung gestützt wird bzw. inwiefern die Interpretation zumindest mit diesen Resultaten vereinbar erscheint. Darüber hinaus soll mittels einer Gegenüberstellung der Testergebnisse aus beiden Teilen der Untersuchung überprüft werden, ob sich die vor allem in Gliederungspunkt V.1 erläuterten erwarteten Unterschiede zwischen den Ergebnissen der Tests der beiden Teilhypothesen tendenziell tatsächlich feststellen lassen. Daraus können dann nicht nur Rückschlüsse auf die Plausibilität der soeben geschilderten Interpretation der

153) Vgl. hierzu z.B. Basler (1986), S. 115 - 122.

Testergebnisse des zweiten Teils der Untersuchung gezogen werden; vielmehr dürften zusätzlich auch weitere Erkenntnisse darüber gewonnen werden, inwiefern die für den Test der ersten Teilhypothese vorgestellte Interpretation der Resultate besonders plausibel erscheint.

Die in den Gliederungspunkten II.1.3.2 und V.1 angestellten Überlegungen hinsichtlich rationalen Insiderverhaltens haben ergeben, daß die Verwendung von Kaufoptionen zur Ausbeutung von Insiderwissen für den Insider dann nicht mehr so vorteilhaft erscheint, wenn es sich nicht um die Ausbeutung positiver, sondern negativer Insiderinformation handelt. Zwar bietet ein Optionsengagement aufgrund des höheren Leverage-Effektes der Optionen und des bestehenden Leerverkaufsverbotes bei Aktien auch in letzterem Fall weiterhin Vorteile gegenüber einem Aktienengagement; da aber beim Verkauf von Kaufoptionen Sicherheiten zu stellen sind und außerdem der potentielle Gewinn auf den Optionspreis beschränkt ist, ist jedoch im Gegensatz zum Verhalten bei positiver Insiderinformation tendenziell ein bevorzugtes Engagement der Insider in Verkaufsoptionen zu erwarten. Die oben dargestellte Interpretation der vorliegenden Testergebnisse für die zweite Teilhypothese bestätigt somit in hohem Grad die formulierten Erwartungen über rationales Insiderverhalten. Dies wiederum kann als weiteres Indiz dafür gedeutet werden, daß die in beiden Teilen der Arbeit durchgeführten statistischen Tests tatsächlich zur Überprüfung der Insiderhypothese geeignet sind.

Betrachtet man für den Test der zweiten Teilhypothese allerdings die Unterschiede in der Signifikanz der Ergebnisse zwischen den einzelnen Jahren, so scheint der Befund auf den ersten Blick kaum durch ex ante gebildete Erwartungen über rationales Insiderverhalten erklärbar zu sein. Während für die ersten beiden Jahre des Untersuchungszeitraums aufgrund der in diesen Jahren noch geringen Marktliquidität nämlich ein im Vergleich zu den umsatzstärkeren Jahren 1985 bis 1987 relativ schlechteres Testergebnis plausibel erschiene, erbringt der Test ein genau gegenteiliges Resultat. So gelingt ein signifikanter "Nachweis" des untersuchten Zusammenhangs zwischen vorauslaufenden Optionsfehlbewertungen und nachfolgender negativer "abnormal performance" in den ersten beiden Jahren bei Betrachtung der aggregierten Optionsstichprobe sogar häufiger als in den letzten drei Jahren[154], und von 15 Fällen, in denen der Zusammenhang nicht signifikant ist, gehören allein 11 zu den umsatzstarken Jahren[155].

Will man sich nun nicht einfach auf methodische Mängel des Testszenarios als potentielle Erklärung berufen, so bliebe die Möglichkeit, daß der Einfluß der unterschiedlich hohen Marktliquidität auf die Entscheidung der Insider bisher vielleicht überschätzt wurde. Dies wäre der Fall, wenn die Insider das Handelsvolumen am Kaufoptionsmarkt auch in den ersten Jahren des Untersuchungszeitraums bereits als ausreichend betrachtet hätten. Für be-

154) Die Nullhypothese wird 1983 zweimal, 1984 dreimal, 1985 dreimal, 1986 einmal und 1987 überhaupt nie verworfen.

155) Die geschilderte Tendenz wird durch die Ergebnisse für die einzelnen Laufzeitklassen bestätigt.

sonders schlechte Ergebnisse in einzelnen Jahren wären dann ausschließlich andere Einflußfaktoren verantwortlich[156].

Da jedoch auch diese Überlegung auf keinen Fall für alle Firmen akzeptabel erscheint[157], könnte entgegen der oben formulierten Erwartung gerade das Liquiditätsargument noch eine Begründung dafür liefern, daß sich Insider zur Ausbeutung negativer Insiderinformation in späteren Jahren weniger am Kaufoptionsmarkt engagiert haben als in den ersten Jahren. Dieser Möglichkeit liegt folgende Überlegung zugrunde: Die Erwartung, daß Insider zur Ausbeutung negativer Insiderinformation nicht so stark am Kaufoptionsmarkt tätig sind wie bei der Ausbeutung positiver Insiderinformation, wurde damit begründet, daß der Kauf von Verkaufsoptionen im erstgenannten Fall die vorteilhaftere Alternative ist. Läßt sich nun zeigen, daß gerade diese Alternative in den ersten Jahren allenfalls rudimentär vorhanden war, so könnte dies eine Erklärung dafür liefern, daß beim Test der zweiten Teilhypothese die ersten Teilzeiträume im Vergleich zu den letzten Jahren des Untersuchungszeitraums das relativ bessere Ergebnis aufweisen. Wird bereits vermutet, daß die noch relativ niedrige Liquidität des Kaufoptionsmarktes in den ersten beiden Jahren das Engagement der Insider in diesem Marktsegment tendenziell beschränkt haben könnte, so müssen diese Bedenken für die Inanspruchnahme des Verkaufsoptionsmarktes in diesen Jahren erst recht gelten. Die Verkaufsoptionen erreichten nämlich jeweils nur etwa 20% des jährlichen Umsatzvolumens der Kaufoptionen, wenn Erst- und Zweitmarkt zusammen betrachtet werden. Bei ausschließlicher Berücksichtigung des Zweitmarktes fällt das Bild für die ersten Jahre noch wesentlich schlechter aus, da dann auf dem Verkaufsoptionsmarkt 1983 nur 9,2%, 1984 nur 14,2% und 1985 sogar nur 3,7% des jeweiligen Gesamtumsatzes auf dem Kaufoptionsmarkt erreicht wurden. Erst in den letzten beiden Jahren des Untersuchungszeitraums wurde auch für den Zweitmarkt eine Quote von etwa 20% erreicht[158].

Damit erscheint es zumindest denkbar, daß die weniger signifikanten Ergebnisse in den letzten Jahren daher rühren könnten, daß die Insider tendenziell erst zu diesem Zeitpunkt verstärkt den Kauf von Verkaufsoptionen als vorteilhaftere Alternative begriffen haben. In den ersten Jahren hingegen hätten sie gemäß dieser Überlegung tendenziell noch eher Kaufoptionen verkauft, da sie die Realisierung von nennenswerten Überrenditen am Verkaufsoptionsmarkt aufgrund der noch zu geringen Liquidität dieses Marktsegmentes als sehr unsicher eingestuft hätten[159].

---

156) Vgl. die in V.2.3.1.2.4 genannten, weiteren möglichen Einflußfaktoren.

157) Zumindest in bezug auf BMW und Daimler kann die Überlegung aufgrund der hohen Quote an Börsentagen ohne Handel in den ersten beiden Jahren kaum überzeugen.

158) Vgl. Frankfurter Wertpapierbörse (1990b), Börsenstatistik 1989, S. 38f. Die Prozentzahlen sind aus den dort angegebenen Gesamtsummen der bei den Optionsgeschäften erfaßten Aktien berechnet.

159) Im umsatzstärksten Jahr 1986 entspricht der Gesamtumsatz am Verkaufsoptionsmarkt immerhin dem 2,75fachen des Umsatzes im Jahr 1984. Dies gilt jedenfalls, wenn man die Summe der Umsätze am Erst- und Zweitmarkt betrachtet. Berücksichtigt man lediglich den Zweitmarkt, so entspricht der Umsatz im Jahr 1986 sogar dem 5,42fachen des Umsatzes im Jahr 1984. Allerdings wurden damit im Jahr

Mit den in dieser Untersuchung formulierten Erwartungen hinsichtlich rationalen Insiderverhaltens ohne weiteres in Einklang zu bringen, ist hingegen das Ergebnis, daß im zweiten Teil der Untersuchung bei den Testdurchläufen, die die selektierten Tage mit ausgeprägter negativer "abnormal performance" am Aktienmarkt als potentielle Insiderhandelstage auswählen, nahezu ausnahmslos kein einziges Alpha unter einem Prozent ermittelt werden kann. Schließlich wird in dieser Untersuchung gerade postuliert, daß Insider nicht hauptsächlich gleichzeitig, sondern, wenn überhaupt, dann bereits zeitlich vor der Verarbeitung neuer negativer Informationen am Aktienmarkt Verkäufe am Kaufoptionsmarkt tätigen.

Mit den Erwartungen über rationales Insiderverhalten ebenfalls kompatibel sind auch die auffallend wenigen signifikanten Ergebnisse bei den Selektionskriterien, die lediglich mit 5 Tagen Vorlauf arbeiten, sowie die zumindest bei Betrachtung der aggregierten Optionsstichprobe im Vergleich zu längeren Vorläufen tendenziell noch nicht so zahlreichen Fälle mit signifikanten Ergebnissen bei allen Selektionskriterien mit 10 Tagen Vorlauf[160]. Diese Ergebnisse könnten nämlich dahingehend interpretiert werden, daß sich Insider mit negativer Insiderinformation tendenziell eher am Kaufoptionsmarkt engagieren, wenn die Zeitspanne bis zur Informationsveröffentlichung "am Markt" nicht nur eine relativ kurze Zeitperiode umfaßt. Genau ein solches Verhalten erscheint nun aber vor dem Hintergrund der in Gliederungspunkt V.1 durchgeführten Analyse nicht unplausibel. Dort wurde darauf hingewiesen, daß der Vorteil der Verwendung von Verkaufsoptionen gegenüber der Verwendung von Kaufoptionen zur Ausbeutung einer negativen Insiderinformation ceteris paribus um so größer sein dürfte, je weniger Zeit zwischen Aufbau und Glattstellung der jeweiligen Position vergeht[161].

Wird die Signifikanz der Testergebnisse für jeweils gleiche Testzeitraum-Gesellschafts-Kombinationen im ersten und zweiten Teil der Untersuchung verglichen, so fällt auf, daß nicht nur der mit den bisher diskutierten Erwartungen voll kompatible Fall auftritt, bei dem die Insiderhypothese hinsichtlich positiver Insiderinformation für eine bestimmte Testzeitraum-Gesellschafts-Kombination statistisch "nachgewiesen" werden kann, wohingegen die Nullhypothese bei Betrachtung negativer "abnormal performance" am Aktienmarkt bei der gleichen Kombination sehr häufig nicht abgelehnt wird. Vielmehr ist auch der genau umgekehrte Fall zu beobachten. So kann bei Betrachtung der aggregierten Optionsstichprobe bei Bayer im Jahr 1983 und bei Hoechst im Jahr 1985 die Nullhypothese beim Test der ersten Teilhypothese nicht verworfen werden, wohingegen hinsichtlich negativer Insiderinforma-

---

1986 am Zweitmarkt trotzdem erst 76,8% und am Erst- und Zweitmarkt zusammen erst 62,6% des Umsatzes erreicht, der am Kaufoptionsmarkt bereits 1984 realisiert wurde. Vgl. ebenda.

160) Vgl. hierzu Tabelle 5.19. Die Selektionskriterien mit den sehr langen Vorläufen von 50 bzw. 60 Tagen mit oder ohne Überlappung dürfen bei diesem Vergleich aufgrund der wiederholt erwähnten potentiellen Schwäche der Testmethode bei langen Vorläufen allerdings nicht mitberücksichtigt werden.

161) Vgl. hierzu ausführlich die entsprechenden Erläuterungen in Gliederungspunkt V.1 zum Einfluß des Zinseffektes und der abnehmenden Optionsrestlaufzeit auf die Veränderung der Werte der zu vergleichenden Positionen.

tion ein signifikanter "Nachweis" der Insiderhypothese gelingt. Es muß jedoch keinen Widerspruch zur Plausibilität der hier durchgeführten Interpretation der Testergebnisse darstellen, wenn in Einzelfällen bei einer Firma bei der Ausbeutung negativer Insiderinformation eine tendenziell stärkere Insidertätigkeit am Kaufoptionsmarkt festzustellen ist als bei der Ausbeutung positiver Insiderinformation im gleichen Jahr. Vielmehr wäre analog zur möglichen Begründung von Instabilitäten der Testergebnisse im Zeitablauf als potentielle Erklärung denkbar, daß im jeweiligen Jahr für den vorliegenden Zusammenhang relevante Unterschiede in der bei den positiven im Vergleich zu den negativen Nachrichten dominierenden Informationsart bestehen[162].

Bei der im letzten Gliederungspunkt durchgeführten Gegenüberstellung der im zweiten Teil der Untersuchung ermittelten Testergebnisse für die einzelnen Restlaufzeitklassen konnten nur zum Teil die Unterschiede zwischen den Resultaten festgestellt werden, die gemäß den Erläuterungen in Gliederungspunkt V.2.3.1.2.3 dann zu erwarten wären, wenn das hier durchgeführte Testverfahren geeignet ist, Rückschlüsse auf Insidertätigkeit am Optionsmarkt zuzulassen und wenn eine derartige Insidertätigkeit für die untersuchten Gesellschaften im Untersuchungszeitraum auch tatsächlich zumindest teilweise vorgelegen hat. Allerdings ist dieser Befund keinesfalls ausreichend, um die Plausibilität der hier durchgeführten Interpretation der Testergebnisse zu verneinen. So wurde ja bereits darauf hingewiesen, daß die Abweichungen zwischen den Ergebnissen der Laufzeitklassen, völlig unabhängig davon, ob sie den Erwartungen entsprechen oder diesen gar zuwiderlaufen, nur ein relativ geringes Ausmaß aufweisen und im übrigen möglicherweise gar nicht signifikant von Null verschieden sind[163]. Darüber hinaus wurde im ersten Teil der Untersuchung insbesondere in bezug auf die Unterschiede zwischen den Resultaten der 3- und 6-Monats-Optionen erläutert, daß nicht berücksichtigte weitere Einflußfaktoren dafür verantwortlich sein könnten, daß der tatsächlich beobachtbare Ergebnisunterschied im Vergleich zum erwarteten Unterschied zumindest geringer ausfällt[164]. Schließlich könnten die den Erwartungen gerade zuwiderlaufenden Unterschiede, die hauptsächlich zwischen den Resultaten der 3- und 6-Monats-Optionen in den Fällen auftreten, in denen mindestens ein Alpha ermittelt wird, das kleiner oder gleich 0,01, nicht jedoch kleiner oder gleich 0,00004 ist, auch auf einem "Verwaschungseffekt" beruhen. Bei diesen Fällen sind nämlich auch Ergebnisse von Testzeitraum-Optionsklassen-Kombinationen einzelner Gesellschaften berücksichtigt, für die nicht ein-

162) Dies könnte zumindest auch mit ein Grund sein, warum die Testzeitraum-Gesellschafts-Kombinationen mit besonders signifikanten Ergebnissen im ersten Teil der Untersuchung nicht zwingend auch im zweiten Teil die besten Ergebnisse aufweisen müssen (besonders extremes Beispiel: Daimler). Zum Einfluß der Informationsart als potentielle Erklärung für Instabilitäten im Zeitablauf vgl. ausführlich Gliederungspunkt V.2.3.1.2.4.

163) Vgl. hierzu V.2.3.2.2.3.

164) Vgl. hierzu V.2.3.1.2.3 und V.2.3.1.2.4.

deutig klar ist, ob die Nullhypothese bei einer Irrtumswahrscheinlichkeit von höchstens einem Prozent überhaupt abgelehnt bzw. die Insiderhypothese angenommen werden kann[165].

165) Es handelt sich dabei um die Fälle, die dem sogenannten "Unschärfebereich" zugeordnet wurden.

VI. ZUSAMMENFASSUNG UND AUSBLICK

1. Die Untersuchungshypothese und der gewählte Testansatz

Ausgangspunkt dieser Untersuchung ist die Vermutung, daß Insider ihren Informationsvorsprung bevorzugt bzw. zumindest zuerst am Options- und nicht am Aktienmarkt ausbeuten. Diese Vermutung impliziert, daß Optionspreise einen Informationsgehalt hinsichtlich der zukünftigen Entwicklung der jeweils zugrunde liegenden Aktie besitzen könnten. Primäres Ziel dieser Untersuchung ist es somit, Aufschluß darüber zu erhalten, ob ein auf Handelsaktivitäten von Insidern beruhender Informationsgehalt der Optionspreise für die zukünftige Aktienkursentwicklung als statistisch "nachgewiesen" betrachtet werden kann. Dazu wird ein statistischer Signifikanztest implementiert, mit dem anhand von Zeitreihen für Kaufoptions- und Aktienkurse der Frankfurter Wertpapierbörse überprüft werden soll, ob die Wahrscheinlichkeit für das Auftreten deutlicher relativer Überbewertungen (Unterbewertungen) von Kaufoptionen im Vorfeld einer ausgeprägten positiven (negativen) "abnormal performance" am Aktienmarkt signifikant größer ist als an den übrigen Börsentagen. Jedes Indiz für eine Bestätigung der erläuterten Vermutung über das Verhalten von Insidern würde dabei gleichzeitig ein Indiz gegen die häufig aufgestellte Hypothese darstellen, daß die Existenz eines Optionsmarktes die "fundamental richtige" Bewertung am Aktienmarkt beeinträchtigt. Außerdem könnte die Klärung der primären Frage dieser Untersuchung bis zu einem gewissen Grad zusätzliche Hinweise darauf geben, ob die Durchführung weiterführender Untersuchungen lohnend erscheint, mit denen potentielle Informationsineffizienzen auf den untersuchten Kapitalmarktsegmenten aufgedeckt werden sollen.

Die oben dargestellte Vermutung einer höheren Wahrscheinlichkeit für das Auftreten bestimmter Optionsfehlbewertungen im Vorfeld einer ausgeprägten "abnormal performance" am Aktienmarkt wird in dieser Untersuchung mit Hilfe des exakten Tests von Fisher überprüft, der in einer einseitigen Form angewendet wird. Dabei werden für jedes Jahr des Untersuchungszeitraums und für jede der betrachteten Firmen separat zwei Nullhypothesen getestet. Die eine unterstellt, daß die Wahrscheinlichkeit für das Auftreten deutlicher relativer Überbewertungen der Kaufoptionen der jeweiligen Firma im Vorfeld ausgeprägter positiver "abnormal performance" der Aktien dieser Gesellschaft genauso groß ist wie an den sonstigen Börsentagen des Jahres. Die andere Nullhypothese postuliert, daß das Entsprechende für das Auftreten deutlicher relativer Optionsunterbewertungen im Vorfeld ausgeprägter negativer "abnormal performance" gilt. Die Alternativhypothesen hingegen unterstellen, daß die betrachteten Wahrscheinlichkeiten für die sonstigen Börsentage kleiner sind als die Wahrscheinlichkeiten vor "abnormalen" Aktienkursbewegungen. Die Untersuchung der Nullhypothesen erfolgt jeweils mittels mehrerer Testdurchläufe; diese unterscheiden sich zum einen durch die Festlegung der Grenze, ab der eine Fehlbewertung als ausgeprägte relative Über- bzw. Unterbewertung bezeichnet werden soll, und zum andern durch die Auswahl der kritischen Börsentage im Vorfeld "abnormaler" Aktienkursbewegungen. Darüber hinaus werden die Tests für jede Gesellschaft in jedem Testzeitraum mit vier unterschiedlichen Teilstichproben durchgeführt[1]. Eine der Stichproben umfaßt alle gehandelten Optionen der Gesellschaft im jeweiligen Testzeitraum, die anderen drei Stichproben enthalten nur Optionen mit jeweils gleich langer Restlaufzeit entsprechend den quartalsweise standardisierten Fälligkeitsterminen. In die Untersuchung sind sechs Firmen einbezogen. Es handelt sich dabei um BASF, Bayer und Hoechst sowie BMW, Daimler und VW.

2. Methodische Probleme des Testansatzes und mögliche Vorbehalte bei der Interpretation der Testergebnisse

Um eine sinnvolle, materielle Interpretation der Ergebnisse der durchgeführten Signifikanztests zu ermöglichen, waren in der Untersuchung vor der Implementierung der Tests zahlreiche Fragen zu klären bzw. vorgenommene Entscheidungen zu begründen. Dabei mußten insbesondere auch die mit diesen Entscheidungen verbundenen Probleme ausführlich diskutiert werden. Wird die Ablehnung der jeweils betrachteten Nullhypothese als statistischer "Nachweis" dafür interpretiert, daß Kaufoptionspreisen ein Informationsgehalt im Hinblick auf zukünftige Überrenditen am Markt der zugrunde liegenden Aktie zukommt, so setzt dies insbesondere voraus, daß sowohl Fehlbewertungen als auch Überrenditen annähernd "richtig" gemessen werden. Inwieweit diese Voraussetzung durch die hier verwendeten Bewertungsmodelle und die konkrete Spezifikation ihrer Parameter eingehalten wird, war Gegenstand ausführlicher Untersuchung. Der folgende Unterpunkt 2.1 ist im wesentlichen einer Zusammenfassung der dabei gewonnenen Erkenntnisse gewidmet.

Darüber hinaus macht es nur dann Sinn, überhaupt auf einen bestimmten Zusammenhang zwischen zwei ökonomischen Größen zu testen, wenn eine Theorie existiert, die gerade einen solchen Zusammenhang plausibel erscheinen läßt. Erst dadurch kann die Gefahr reduziert werden, daß signifikante Ergebnisse lediglich auf einer Scheinkorrelation beruhen. Genau eine solche Theorie steht hinter der als Ausgangspunkt dieser Untersuchung geäußerten Vermutung, Insider würden ihr Insiderwissen bevorzugt bzw. zumindest zuerst am Options- und nicht am Aktienmarkt ausbeuten. Es muß also gezeigt werden, daß die Gültigkeit dieser Theorie gerade die Existenz des hier überprüften Informationsgehalts der Kaufoptionspreise plausibel erscheinen läßt. Unter welchen Annahmen dies gelingt und welche Einwendungen und Probleme sich bei der materiellen Interpretation der Testergebnisse ergeben, wird in Unterpunkt 2.2 zusammengefaßt werden.

2.1 Probleme der formalen Modellbildung und der verwendeten Datenbasis

Bei der Beurteilung der Genauigkeit der für die Durchführung des Signifikanztests berechneten Optionsfehlbewertungen und der berechneten "abnormal performance" am Aktien-

1) Zu den Ausnahmen vgl. V.2.2.3.

markt wurden insbesondere vier potentielle Fehlerquellen erkannt. Die Ermittlung dieser Größen könnte sowohl durch Erhebungs- und Berechnungsfehler als auch durch Modell- und Schätzungenauigkeiten bzw. Fehlspezifikationen der Modellparameter verzerrt sein. Zur Verringerung von Erhebungs- und Berechnungsfehlern werden deshalb zum einen aufwendige Kontrollen der Korrektheit der erfaßten Daten vorgenommen, und zum andern wird die richtige Datenverarbeitung bei jedem weiteren Programmschritt mehrfach überprüft. Fehler dieser Art können natürlich trotzdem nicht völlig vermieden werden[2], noch weitergehendere Kontrollen wären jedoch mit einem nicht mehr vertretbaren Aufwand verbunden. Auch bei der Untersuchung von Modell- und Schätzungenauigkeiten kann es nicht darum gehen nachzuweisen, daß diese nicht existieren. Vielmehr würde jeder alternative formale Testansatz zur Untersuchung der vorgegebenen Fragestellung ebenfalls wieder die Verwendung formaler Modelle erfordern, die die Realität, so kompliziert die Modelle auch sein mögen, nie exakt beschreiben könnten und somit einen gewissen Grad an Ungenauigkeit mit sich brächten[3]. Deshalb war für die vorliegende Untersuchung "nur" die Frage zu klären, ob das Einindexmodell zur Bestimmung der erwarteten Gleichgewichtsrenditen der Aktien bzw. das Black/Scholes-Modell zur Ermittlung der Gleichgewichtswerte der Kaufoptionen die Realität der Bewertung am deutschen Aktien- bzw. Kaufoptionsmarkt im Untersuchungszeitraum hinreichend genau annähert und ob die jeweiligen Modellparameter hinreichend genau geschätzt werden können. Noch abgeschwächter formuliert, mußte "lediglich" geprüft werden, ob die Verwendung alternativer Modelle bzw. Schätzverfahren bei vertretbarem Aufwand systematische Vorteile erbringen würde.

Anhand der Ergebnisse einer sehr ausführlichen empirischen Studie für den deutschen Aktienmarkt kann gezeigt werden, daß sich keine eindeutige Überlegenheit komplizierterer Mehrindexmodelle gegenüber dem hier gewählten Marktmodell in seiner Ein-Faktor-Version ableiten läßt[4]. Da es jedoch gleichzeitig als nahezu sicher zu betrachten ist, daß die Modellparameter des Einindexmodells nicht während des gesamten Untersuchungszeitraums stabil sind und sich insbesondere auch Anzeichen für Strukturbrüche in der Residualvarianz finden, wird der Untersuchungszeitraum zur Erhöhung der Schätzgenauigkeit in fünf jährliche Schätzzeiträume unterteilt. Dabei wird ein ausreichender Stichprobenumfang durch Rückgriff auf tägliche Aktien- und Indexrenditen garantiert. Bei der Beurteilung der Genauigkeit des gewählten gewöhnlichen Kleinst-Quadrate-Schätzverfahrens ergeben sich im übrigen zwar durchaus signifikante Fälle von Autokorrelation und Heteroskedastizität der Störvariablen. Es wird jedoch insbesondere deshalb auf die Verwendung des potentiell effizienteren Aitken-Verfahrens verzichtet, weil bei diesem Verfahren regelmäßig nur ein

2) Das zeigte sich schon bei der Dateneingabe, wo zwar sehr wenige, aber doch immerhin einige Zweifelsfälle verblieben, bei denen aufgrund widersprüchlicher Quellen der korrekte Wert nicht mit Sicherheit bestimmt werden konnte.

3) Vgl. allgemein Fama (1976), S. 168.

4) Vgl. hierzu die ausführlichen Erläuterungen zur Studie von Winkelmann (1984) in Gliederungspunkt IV.2.2.

bestimmtes Autokorrelations- oder Heteroskedastizitätsmodell zugrunde gelegt wird und eine gleichzeitige Berücksichtigung beider Phänomene fast ausnahmslos unterbleibt. Da begründeter Anlaß zu der Vermutung besteht, daß der Erwartungswert der Störvariablen an einigen Tagen systematisch von Null abweicht, wurde zur Vermeidung der damit verbundenen Schätzungenauigkeiten außerdem die Durchführung eines zweistufigen Schätzvorgangs diskutiert. Aufgrund der hohen Willkür eines mit diesem Verfahren verbundenen Ausschlußkriteriums und wegen lediglich geringer erwarteter Auswirkungen auf die Selektion der kritischen Tage am Aktienmarkt wird jedoch auf die Durchführung des zweistufigen Schätzvorgangs verzichtet. Zumindest für diese erste empirische Untersuchung der hier zugrunde liegenden Fragestellung für den deutschen Markt erscheint somit sowohl das gewählte theoretische Aktienbewertungsmodell als auch das verwendete Schätzverfahren zur näherungsweisen Bestimmung der täglichen "abnormal performance" am Aktienmarkt akzeptabel.

Auch für das hier verwendete Black/Scholes-Modell gilt, daß sich eine eindeutige Überlegenheit eines alternativen Optionsbewertungsmodells bisher noch nicht überzeugend nachweisen ließ. Die Entscheidung für das Black/Scholes-Modell bringt hingegen eindeutige Vorteile mit sich. So ist das Modell insbesondere sehr viel weniger kompliziert als denkbare Alternativen. Dies zeigt sich auch daran, daß lediglich ein Modellparameter, nämlich die zukünftige Aktienkursvolatilität, nicht direkt beobachtbar ist und deshalb geschätzt werden muß. Im übrigen ist das Modell in vieler Hinsicht sehr robust gegenüber einer Verletzung seiner Modellprämissen. Letzteres ist insbesondere deshalb wichtig, weil, wie bei jedem theoretischen Bewertungsmodell, auch beim Black/Scholes-Modell nicht davon ausgegangen werden kann, daß seine Annahmen in der Realität exakt erfüllt sind. Ganz im Gegenteil weist das Auftreten von Abweichungen des beobachteten Optionspreises vom entsprechenden Black/Scholes-Wert, d.h. das Auftreten von Optionsfehlbewertungen, die nicht unendlich schnell durch Arbitragetransaktionen beseitigt werden, bereits auf Verletzungen der Modellannahmen hin. Sind die Abweichungen länger als eine logische Sekunde zu beobachten, so könnte dies z.B. darauf hindeuten, daß die Investoren nicht stets rational handeln oder daß sie gar nicht unverzüglich auf kursrelevante Informationen reagieren können, da keine kontinuierlichen Handelsmöglichkeiten gegeben sind. Tatsächlich kommen als Gründe für eine verzögerte Ausnutzung oder Nicht-Ausnutzung annahmegemäß risikoloser Arbitragemöglichkeiten natürlich noch zahlreiche, weitere in der Realität bestehende Verletzungen der Modellprämissen in Frage. Man denke in diesem Zusammenhang beispielsweise nur an die beim Black/Scholes-Modell vorausgesetzten Marktvollkommenheitsannahmen.

Was die Spezifikation der Parameter des Black/Scholes-Modells in der vorliegenden Untersuchung betrifft, so ergeben sich aufgrund der bestehenden Abweichungen von den Modellannahmen zusätzliche Probleme, die über das eigentliche Schätzproblem der zukünftigen Aktienkursvolatilität hinausgehen. Zum einen stellt die hier vorgenommene Spezifikation des Zinsparameters, die einen jeweils über einen Monat konstanten Zinssatz vorsieht, bei einem in der Realität unvollkommenen Kapitalmarkt eine starke Vereinfachung dar. Diese kann jedoch damit gerechtfertigt werden, daß die Black/Scholes-Werte nicht sehr sensibel auf Zinssatzänderungen reagieren. Zum andern könnten die berechneten Fehlbewertungen aber insbesondere auch durch die mangelnde Synchronisation von Aktien- und Optionspreisen verzerrt sein. Es wird jedoch vermutet, daß für den hier zur Berechnung der Black/Scholes-Werte gewählten Aktienkurs im Durchschnitt ein geringerer zeitlicher Abstand zwischen Aktien- und Optionspreisfeststellung gegeben ist als für den ebenfalls diskutierten Kassakurs. Sowohl die Verwendung des Black/Scholes-Modells an sich als auch die hier vorgenommene Spezifikation seiner Modellparameter kann somit als eine akzeptable Möglichkeit für die näherungsweise Bestimmung der zur Durchführung des Tests benötigten Optionsfehlbewertungen betrachtet werden.

Im übrigen wurde versucht, die zu testenden Hypothesen so zu spezifizieren, daß der Einfluß der auftretenden Erhebungs- und Berechnungsfehler sowie der Modell- und Schätz- bzw. Spezifikationsungenauigkeiten möglichst herabgesetzt wird. So werden zum einen als kritische Tage am Aktienmarkt nur die Tage ausgewählt, deren geschätzte "abnormal performance" aus allen für vergleichbar lange Zeitintervalle beobachteten Aktienkursbewegungen besonders herausragt. Zum andern wird der Tatsache, daß in der Realität ständig gewisse Abweichungen der Marktbewertung der Optionen vom Black/Scholes-Modell bestehen, dadurch Rechnung getragen, daß die Einstufung eines Tages als Börsentag mit deutlicher Fehlbewertung relativ zu den an allen übrigen Börsentagen des Testzeitraums für die jeweilige Firma ermittelten Fehlbewertungen erfolgt. Auch die Durchführung mehrerer Testdurchläufe mit jeweils unterschiedlichen Ober- bzw. Untergrenzen für die Identifikation der kritischen Fehlbewertungen hat unter anderem den Zweck, den verzerrenden Einfluß von möglichen Ausreißern, die auf Erhebungs- und Berechnungsfehlern beruhen, unter Kontrolle zu halten.

2.2 Probleme der materiellen Interpretation der Testergebnisse

Die der Untersuchung zugrunde liegende Vermutung, daß Insider ihr Insiderwissen bevorzugt bzw. zumindest zuerst am Options- und nicht am Aktienmarkt ausbeuten, läßt sich vor allem mit dem höheren Leverage-Effekt eines Optionsengagements begründen. Allerdings wurde die Vermutung hinsichtlich negativer Insiderinformation abgeschwächt, da bei einer ausschließlichen Betrachtung des Kaufoptionsmarktes zu erwarten ist, daß die Insideraktivitäten auf diesem Markt bei der Ausbeutung einer negativen Insiderinformation zumindest deutlich geringer ausfallen als bei der Ausnützung einer positiven Information. Dies kann insbesondere mit den beim Verkauf von Kaufoptionen im Gegensatz zum Kauf von Verkaufsoptionen zu leistenden Sicherheiten und der bei der zuerst genannten Alternative bestehenden Begrenzung des erzielbaren Gewinns auf den Optionspreis begründet werden. Außerdem wurden zahlreiche weitere Faktoren diskutiert, die Einfluß auf die Intensität des Engagements der Insider haben könnten. So dürften Insider z.B. tendenziell eher Optionsmarktsegmente mit hoher Optionselastizität und Marktliquidität auswählen, gleichzeitig aber die zu wählende Optionsrestlaufzeit auch vom Zeitpunkt der erwarteten "allgemeinen Marktreaktion" abhängig machen. Darüber hinaus ist auch nicht auszuschließen, daß die Bereitschaft der Insider, sich am Optionsmarkt zu engagieren, durch langanhaltende baisse- oder hausse-Perioden am Aktienmarkt beeinflußt wird.

Die hier gewählte Operationalisierung der dieser Untersuchung zugrunde liegenden Vermutung wurde durch folgende, vereinfacht wiedergegebene Überlegung plausibel gemacht. Insider werden immer dann Kaufoptionen kaufen bzw. verkaufen, wenn sie Kenntnis von einer Information erlangen, von der sie erwarten, daß ihre allgemeine Verbreitung eine "vom Markt" nicht antizipierte Aktienkurssteigerung bzw. -senkung sowie eine ebenfalls nicht antizipierte Preissteigerung bzw. -senkung der zugehörigen Kaufoptionen bewirkt. Dieses Engagement der Insider wird sich tendenziell in einem ersten Preisanstieg bzw. einer ersten Preissenkung am Kaufoptionsmarkt niederschlagen, was, da der Aktienkurs und damit auch der Black/Scholes-Wert vorerst unbeeinflußt bleiben, wiederum tendenziell zu einer Veränderung der Optionsfehlbewertung führt. Bei einem ausgelösten Optionspreisanstieg wird eine bereits bestehende, nach oben gerichtete Abweichung des Optionspreises vom Black/Scholes-Wert verstärkt bzw. zumindest eine bestehende, nach unten gerichtete Abweichung reduziert werden. Eine durch Insider ausgelöste Optionspreissenkung wird entsprechend die genau umgekehrte Wirkung haben. Mit zunehmender Verbreitung der neuen, fundamentalen und nicht den Gesamtmarkt betreffenden Information kommt es mit zeitlicher Verzögerung auch am Aktienmarkt zu einer Neubewertung der betreffenden Aktie und damit für die Dauer der Kursanpassung zu einer positiven bzw. negativen "abnormal performance". Bei Beschränkung der Betrachtung auf besonders kursrelevante Informationen erscheint es somit in der Tat plausibel, daß der hier getestete Zusammenhang zwischen ausgeprägter "abnormal performance" am Aktienmarkt und vorauslaufenden Optionsfehlbewertungen eine mögliche Operationalisierung des unterstellten Insiderverhaltens darstellt[5]. Allerdings wird dabei implizit noch von zusätzlichen Annahmen ausgegangen, die notwendig sind, wenn der Test geeignet sein soll, vorhandene Insideraktivitäten aufzudecken. So kann es durch das Insiderengagement überhaupt nur dann zu einer merklichen Beeinflussung der Optionsfehlbewertungen kommen, wenn der Kauf oder Verkauf der Optionen tatsächlich eine wesentliche Optionspreisveränderung bewirkt, was eine genügend hohe relative Stärke der Insider voraussetzt. Diese Voraussetzung als gegeben anzunehmen, erscheint für den Untersuchungszeitraum jedoch nicht unrealistisch, da auf den selbst in den umsatzstärksten Jahren noch relativ engen Optionsmärkten schon ein relativ geringer Kapitaleinsatz für eine deutliche Preisbeeinflussung ausgereicht haben dürfte. Damit der Test geeignet ist, einen möglicherweise bestehenden Zusammenhang zwischen durch Insiderhandel induzierten Optionsfehlbewertungen und nachfolgender Informationsverarbeitung am Aktienmarkt aufzudecken, muß darüber hinaus auch gelten, daß es kaum neue, fundamentale

5) Dies gilt im übrigen auch dann noch, wenn man die in dieser vereinfachten Betrachtung nicht explizit beschriebenen Arbitrageaktivitäten berücksichtigt, die durch die Insidertransaktionen tendenziell ausgelöst werden. Vgl. hierzu ausführlich die Erläuterungen in Gliederungspunkt II.3.1.

und nicht den Gesamtmarkt betreffende Informationen gibt, in bezug auf die nicht stets einige Insider einen Informationsvorsprung gegenüber "dem Markt" haben. Je weniger diese Bedingung in der Realität zuträfe, desto größer wäre die Gefahr eines "Verwaschungseffektes". Denn selbst bei exakter Gültigkeit des Marktmodells deutet das Auftreten von "abnormal performance" nur darauf hin, daß bestimmte, nicht den Gesamtmarkt betreffende Informationen am Aktienmarkt verarbeitet wurden. Es sagt jedoch nichts darüber aus, ob diese Informationen prinzipiell für Insiderhandel geeignet gewesen wären.

Diese Überlegungen zeigen, daß es trotz bestehender Insideraktivitäten am Optionsmarkt nicht notwendigerweise zu einer Ablehnung der hier betrachteten Nullhypothesen kommen muß. Umgekehrt kann aus einer Ablehnung der Nullhypothesen auch nicht zwingend geschlossen werden, daß Optionspreisen ein auf Handelsaktivitäten von Insidern beruhender Informationsgehalt für die zukünftige Aktienkursentwicklung zukommt. Viele der möglichen Vorbehalte könnten dabei sowohl in der einen als auch der anderen Richtung zu einer Beeinträchtigung des Werts der Untersuchungsergebnisse führen. So würden, wie oben erläutert, gravierende Erhebungs- und Berechnungsfehler sowie Modell- und Schätz- bzw. Spezifikationsungenauigkeiten einer allzu weitreichenden Interpretation der Testergebnisse im Wege stehen. Die hier praktizierte Identifikation der Verarbeitung neuer, fundamentaler und nicht den Gesamtmarkt betreffender Information am Aktienmarkt durch das Auftreten ausgeprägter "abnormal performance" unterliegt einer Einschränkung, die sich insbesondere aus den Ergebnissen einiger empirischer Studien herleiten läßt. Danach kann vermutet werden, daß sich Investoren am Aktienmarkt durchaus nicht immer rational verhalten[6], so daß es z.B. auch aufgrund fundamental bedeutungsloser Informationen zum Auftreten von "abnormal performance" kommen könnte. Ebenso könnten ausgeprägte relative Optionsfehlbewertungen statt auf Insideraktivitäten am Optionsmarkt auch auf irrationales Investorenverhalten hinweisen.

Ausführlich diskutiert wurde in dieser Untersuchung darüber hinaus auch eine alternative Interpretation einer signifikanten Ablehnung der Nullhypothese bei Berücksichtigung "abnormaler" Aufwärtsbewegungen am Aktienmarkt. Danach könnte die signifikant größere Wahrscheinlichkeit für das Auftreten ausgeprägter relativer Optionsüberbewertungen im Vorfeld einer positiven "abnormal performance" am Aktienmarkt auch darauf zurückzuführen sein, daß "der Markt" eine Erhöhung der zukünftigen Aktienkursvolatilität für die Zeit um einen bevorstehenden Informationsveröffentlichungstermin herum antizipiert und deshalb den Optionspreis nach oben korrigiert. Die in dieser Untersuchung berechnete Fehlbewertung wäre dann nicht auf Insiderhandel, sondern eine falsch spezifizierte Volatilität zu-

---

6) Vgl. hierzu etwa die in Gliederungspunkt II.2.2.3.2 beschriebenen Untersuchungen des Einflusses von Optionsfälligkeitsterminen auf den Kurs der zugrunde liegenden Aktie oder die in dem Übersichtsartikel von West (1988), S. 639 - 656, vorgestellten alternativen Bewertungsmodelle.

rückzuführen. Dieser Vorbehalt konnte jedoch durch die erzielten Ergebnisse weitgehend entkräftet werden[7].

Bei der Wertung dieser Einwendungen darf im übrigen nicht übersehen werden, daß die Übersetzung eines theoretischen Sachverhaltes in einen empirisch meßbaren Sachverhalt nie eineindeutig möglich ist. So werden stets mehrere alternative Operationalisierungen mit jeweils spezifischen Vor- und Nachteilen denkbar sein[8]. Die Rückschlüsse von Testergebnissen auf den zugrunde liegenden theoretischen Sachverhalt werden somit immer spezifischen Einschränkungen unterliegen. Trotzdem wird in dieser Untersuchung insofern sogar noch einen Schritt weitergegangen, als die Resultate der Tests nicht einfach als Bestätigung bzw. Nicht-Bestätigung der zugrunde liegenden Theorie interpretiert werden, sondern vielmehr die Plausibilität dieses Rückschlusses auch noch danach beurteilt wird, ob die festgestellten Unterschiede zwischen den Testergebnissen den aufgrund der Theorie gebildeten Erwartungen entsprechen bzw. durch diese erst erklärbar werden.

3. Gewonnene Ergebnisse und ihre Interpretation im Hinblick auf das Verhalten von Insidern

Die Tests führen zu dem Ergebnis, daß für jede der untersuchten Gesellschaften im Falle positiver "abnormal performance" am Aktienmarkt die Nullhypothese zumindest für die Mehrzahl der betrachteten fünf Teilzeiträume abgelehnt werden kann. Für alle fünf Teilzeiträume kann sie allerdings nur für Daimler verworfen werden. Zusätzlich gilt dies auch für VW, wenn man die Ablehnung der Nullhypothese für die 9-Monats-Optionen von VW im Jahr 1984 mitberücksichtigt. Immerhin fällt bei Bayer und BMW lediglich die erste Periode des Untersuchungszeitraums aus dem Rahmen, so daß hier ab der zweiten Periode die Ablehnung jeweils stabil bleibt. Für jede Gesellschaft ist somit in der Mehrzahl der Perioden die Wahrscheinlichkeit für das Auftreten ausgeprägter relativer Optionsüberbewertungen im Vorfeld einer positiven "abnormal performance" am Aktienmarkt signifikant größer als an den sonstigen Börsentagen. Allerdings gilt dies in den einzelnen Perioden nicht immer gleichmäßig für alle Laufzeitklassen. Außerdem trifft es zumeist nicht hinsichtlich aller alternativ verwendeten Selektionskriterien für die zu betrachtenden kritischen Börsentage und ebenso wenig in bezug auf alle alternativ getesteten Fehlbewertungsobergrenzen zu[9].

Bei Berücksichtigung von negativer "abnormal performance" am Aktienmarkt scheint der in diesen Fällen vermutete Zusammenhang zwischen vorauslaufenden Optionsfehlbewertun-

---

7) Vgl. hierzu die ausführlichen Erläuterungen in Gliederungspunkt V.2.3.1.2.4.

8) Vgl. hierzu Franke (1980), S. 131f.

9) Vgl. hinsichtlich der potentiellen Instabilitäten der Zusammenhänge im Zeitablauf aber auch die Hinweise auf einen möglicherweise verzerrenden Einfluß methodischer Schwächen des Testverfahrens in Gliederungspunkt V.2.3.1.2.2.

gen und nachfolgender "abnormal performance" deutlich weniger stark ausgeprägt zu sein als der entsprechende Zusammenhang im Falle positiver "abnormal performance". Dies zeigt sich insbesondere daran, daß bei Betrachtung des gesamten Marktes der jeweiligen Kaufoptionen für 15 (50%) der 30 untersuchten Testzeitraum-Gesellschafts-Kombinationen die im Falle negativer "abnormal performance" relevante Nullhypothese nicht verworfen werden kann. Diese grundsätzlich schlechtere Einschätzung verbessert sich auch dann nicht entscheidend, wenn zusätzlich die Resultate hinsichtlich einzelner Optionslaufzeitklassen ausgewertet werden. Bei immerhin noch 9 (60%) dieser 15 Testzeitraum-Gesellschafts-Kombinationen kann auch bei Betrachtung einzelner Marktsegmente die Nullhypothese in keinem Fall verworfen werden. Doch selbst dann, wenn die Nullhypothese abgelehnt werden kann, erreichen die zu akzeptierenden Irrtumswahrscheinlichkeiten zumeist keine so kleinen Werte wie im Falle positiver "abnormal performance". Darüber hinaus kann bei Berücksichtigung negativer "abnormal performance" die Nullhypothese für keine einzige Gesellschaft in allen fünf Teilzeiträumen verworfen werden. Für BASF und Daimler erfolgt eine Ablehnung der Nullhypothese sogar jeweils nur in einem einzigen Teilzeitraum, wobei diese Aussage auch dann noch zutrifft, wenn die Ergebnisse für einzelne Optionslaufzeitklassen mitberücksichtigt werden.

Die detaillierte Analyse der abgeleiteten Testergebnisse ergibt, daß tatsächlich Besonderheiten der Resultate festgestellt werden können, die einen Rückschluß von den Testergebnissen auf die zugrunde liegende Theorie über das Verhalten von Insidern besonders plausibel erscheinen lassen. So sind insbesondere die deutlich weniger signifikanten Ergebnisse bei Berücksichtigung von negativer im Vergleich zu positiver "abnormal performance" am Aktienmarkt in sehr hohem Maße mit der Erwartung kompatibel, daß das Engagement von Insidern am Kaufoptionsmarkt bei der Ausbeutung negativer Insiderinformationen deutlich weniger stark ausgeprägt ist. Diese Erwartung macht die beobachteten Unterschiede überhaupt erst plausibel erklärbar. Die übrigen aus der Theorie abgeleiteten Prognosen hinsichtlich zu erwartender Ergebnisunterschiede können zu einem Großteil ebenfalls durch die ermittelten Resultate bestätigt werden. Allerdings sind die Unterschiede häufig nur so schwach ausgeprägt, daß nicht klar ist, ob sie überhaupt Aussagekraft besitzen. Diese Einschätzung gilt auch für die hauptsächlich bei den Tests mit Berücksichtigung von negativer "abnormal performance" zum Teil festgestellten Abweichungen bzw. Widersprüche zu den aus der Theorie abgeleiteten Prognosen. In diesem Zusammenhang muß jedoch darauf hingewiesen werden, daß bei der Bildung der formulierten Erwartungen längst nicht alle denkbaren Faktoren berücksichtigt werden konnten, die auf die jeweilige Intensität des Insiderhandels am Kaufoptionsmarkt während eines bestimmten Zeitraums Einfluß gehabt haben könnten.

Die Testergebnisse dieser Untersuchung können somit als erstes Indiz für eine Bestätigung der Vermutung betrachtet werden, daß Insider im allgemeinen, d.h. insbesondere bei genügend entwickeltem Sekundärhandel am Optionsmarkt, dazu tendieren, ihr positives Insiderwissen bevorzugt bzw. zumindest zuerst am Kaufoptions- und nicht am Aktienmarkt auszubeuten. Für die abweichenden Resultate in den wenigen Teilzeiträumen des Untersuchungszeitraums, in denen diese Präferenz bei einzelnen Firmen nicht als statistisch "nachgewiesen" betrachtet werden kann, können zumeist plausible Erklärungen gefunden werden. Wieviele Tage vor allgemeiner Verarbeitung der Information am Aktienmarkt bereits mit Insideraktivitäten und damit Preisreaktionen am Kaufoptionsmarkt zu rechnen ist und wie stark diese Reaktionen ausfallen, dürfte im übrigen gemäß den Testergebnissen auch bei derselben Firma im Zeitverlauf starken Schwankungen unterliegen.

Wie bereits erläutert, könnte das Ergebnis ein weiterer Anhaltspunkt dafür sein, daß die Existenz eines Optionsmarktes die "fundamental richtige" Bewertung am Aktienmarkt nicht beeinträchtigt. Ganz im Gegenteil könnten die durch Insiderkäufe erzeugten Preissignale und die damit möglicherweise verbundenen Arbitrageaktivitäten sogar zu einer Beschleunigung der Informationsverarbeitung am Aktienmarkt führen.

4. Einordnung der Ergebnisse im Hinblick auf die Informationseffizienz des Kapitalmarktes

Bei der Einordnung dieser Arbeit in die Systematik der Untersuchungsansätze zur Informationsverarbeitung auf dem Options- und Aktienmarkt wurde bereits festgestellt, daß es sich bei dieser Untersuchung um keinen direkten Test auf Informationseffizienz handelt. Trotzdem können die Ergebnisse der vorliegenden Arbeit als erste, wenn auch mit großen Vorbehalten behaftete Hinweise auf eine möglicherweise bestehende Informationsineffizienz gedeutet werden.

Da die Testergebnisse dieser Untersuchung, zumindest in bezug auf positive Informationen, Indizien für ein bevorzugtes Agieren von Insidern am Kaufoptionsmarkt erbringen, weisen die Resultate gleichzeitig auch darauf hin, daß die Informationseffizienzhypothese in ihrer strengen Form für den Kaufoptionsmarkt möglicherweise verletzt ist[10]. Denn Insider werden vermutlich nur dann von einer langfristig ausgerichteten Strategie eines wohldiversifizierten Portfolios abweichen und verstärkt kurzfristig ausgerichtete Optionstransaktionen vornehmen, wenn sie erwarten, dadurch im Durchschnitt Überrenditen zu realisieren. Die Durchführung eines direkten Tests auf strenge Informationseffizienz für den Optionsmarkt erscheint deshalb naheliegend. Wie der in dieser Untersuchung verwendete Testansatz durch Implementierung einer einfachen Handelsstrategie im Prinzip zu einem solchen Test ergänzt werden könnte, wurde in der Untersuchung bereits erläutert[11]. Problematisch wäre dabei allerdings die Messung der potentiellen Überrendite, da hierzu regelmäßig die Verwendung

10) Ein so hoher Grad an Informationseffizienz, wie ihn die Informationseffizienzhypothese in ihrer strengen Form impliziert, wird allerdings für die Realität generell nicht erwartet. Vgl. zu dieser Einschätzung Gliederungspunkt II.2.1 sowie die dort angegebenen Literaturquellen.

11) Vgl. II.3.3.

eines äußerst komplexen Optionsmarktmodells oder der Vergleich mit einer Kontrollgruppe von Optionen erforderlich ist.

Das gehäufte Auftreten deutlicher relativer Überbewertungen am Kaufoptionsmarkt im Vorfeld ausgeprägter positiver "abnormal performance" am Aktienmarkt, das bei den einzelnen Firmen für die Mehrheit der untersuchten Teilzeiträume als statistisch "nachgewiesen" betrachtet werden kann, scheint im übrigen noch eine andere Interpretationsmöglichkeit nahezulegen. So wäre es denkbar, daß ein bei positiver "abnormal performance" am Aktienmarkt im Durchschnitt vorhandener zeitlicher Vorlauf der Fehlbewertungen am Kaufoptionsmarkt als Signal für einen rechtzeitigen Aktienkauf zur Abschöpfung der nachfolgenden Überrendite am Aktienmarkt verwendet werden könnte. Dies wiederum müßte als erster Hinweis auf eine am Aktienmarkt bestehende Verletzung der Informationseffizienzhypothese in ihrer schwachen Form interpretiert werden. Allerdings wäre eine solche, aus den Testergebnissen dieser Untersuchung abgeleitete Schlußfolgerung auch dann noch nicht zwingend, wenn gewährleistet wäre, daß die jeweils auftretende, ausgeprägte "abnormal performance" am Aktienmarkt im Durchschnitt ausreichen würde, um die Kosten der Initiierung und Durchführung einer Handelsstrategie überzukompensieren. Vielmehr müßte der in dieser Untersuchung aufgedeckte Zusammenhang zwischen ex post als herausragend qualifizierten Optionsfehlbewertungen und nachfolgender, ausgeprägter positiver "abnormal performance" am Aktienmarkt auch zwischen ex ante als herausragend klassifizierbaren Fehlbewertungen und nachfolgender, ausgeprägter positiver "abnormal performance" gegeben sein. Ob dies so ist, kann anhand der hier ermittelten Testergebnisse jedoch nicht entschieden werden. Der dargestellte Rückschluß auf eine Verletzung der Informationseffizienzhypothese in ihrer schwachen Form ist insofern mit erheblichen Vorbehalten zu beurteilen.

5. Ansatzpunkte für weiterführende Untersuchungen

Die Ergebnisse dieser Arbeit ermutigen dazu, die hier untersuchte Vermutung über das Verhalten von Insidern zum Gegenstand weiterer empirischer Untersuchungen zu machen. In diesen Studien könnten dann zahlreiche, im Rahmen der vorliegenden Untersuchung noch nicht durchführbare Verbesserungen vorgenommen sowie alternative Operationalisierungsmöglichkeiten bzw. Testansätze berücksichtigt werden. Aus den Ergebnissen der Untersuchungen und ihrer Gegenüberstellung mit den vorliegenden Resultaten könnten weitere wichtige Erkenntnisse für eine "endgültige" Beurteilung der zugrunde gelegten Vermutung gewonnen werden. So ist die Verallgemeinerungsfähigkeit der Ergebnisse der vorliegenden Untersuchung durch die vor allem in sachlicher, aber auch in zeitlicher Hinsicht relativ begrenzte Stichprobe stark eingeschränkt. Während die Berücksichtigung einer größeren Anzahl von Firmen in dieser Arbeit vor allem aufgrund des damit verbundenen, zusätzlichen hohen Erfassungsaufwandes unterblieb[12], läßt sich die Vernachlässigung des Verkaufsoptionsmarktes außerdem auch mit den während des Untersuchungszeitraums auf diesem Marktsegment noch sehr geringen Umsätzen begründen. Der zeitliche Rahmen der vorliegenden Untersuchung könnte schließlich allenfalls um die Jahre 1988 und 1989 ausgedehnt werden. Eine Berücksichtigung der Zeit vor dem 01. April 1983 wäre aufgrund der zu dieser Zeit noch relativ geringen Standardisierung der Basispreise sowie Optionsfälligkeitstermine und des vor allem auch deshalb nur mangelhaft entwickelten Sekundärhandels nicht sinnvoll. Eine Ausdehnung des Untersuchungszeitraums über das Jahr 1989 hinaus wäre trotz der Verlagerung des Optionshandels von der Frankfurter Wertpapierbörse auf die 1990 neu eröffnete DTB zwar grundsätzlich möglich; da die Optionshandelsbedingungen an der DTB jedoch von den Handelsbedingungen an der Frankfurter Wertpapierbörse abweichen, würde dies eine in einigen Punkten modifizierte Vorgehensweise erfordern.

Die hier erzielten Ergebnisse könnten jedoch nicht nur den Resultaten einer ansonsten gleich konzipierten Untersuchung mit lediglich erweiterter Stichprobe gegenübergestellt werden, sondern ebenso den Ergebnissen von Studien, die sich alternativer Options- und/oder Aktienbewertungsmodelle bzw. alternativer Schätzverfahren für die Modellparameter bedienen. Darüber hinaus könnte auch eine Modifikation des statistischen Testverfahrens vorgenommen werden. Schließlich wäre es insbesondere erforderlich, die vorliegenden Ergebnisse den Resultaten bei Verwendung völlig abgewandelter Testansätze gegenüberzustellen. So ist es in dieser Untersuchung nicht möglich, die Operationalisierung der Insidertätigkeit am Optionsmarkt durch eine zusätzliche Berücksichtigung der Optionsumsätze an den potentiellen Insiderhandelstagen zu ergänzen. Dies wird in einigen Jahren, wenn über einen längeren Zeitraum Optionsdaten über den Handel an der DTB vorliegen, erstmals möglich sein, da erst seit Aufnahme des Handels an der DTB die Tagesumsätze am Optionsmarkt nach Firmen aufgegliedert zur Verfügung stehen.

Schließlich wurde in dieser Untersuchung insbesondere der von Bhattacharya vorgeschlagene alternative Testansatz als sinnvolle Ergänzung des hier verwendeten Testansatzes diskutiert[13]. Der Ansatz von Bhattacharya beinhaltet statt einer reinen Auswertung von Kursdaten die Identifikation potentieller Insiderhandelstage über die Erfassung der Veröffentlichungstermine fundamentaler Informationen. Bei einer genügend großen Stichprobe wäre bei diesem Ansatz z.B. eine Beschränkung auf die Veröffentlichungstermine nur sehr weniger Informationsarten denkbar, die zur Auslösung von Insiderhandel besonders geeignet erscheinen.

12) Die inzwischen bestehende Möglichkeit, auf die Optionsdaten der Deutschen Finanzdatenbank (DFDB) Karlsruhe zuzugreifen, bietet für zukünftige Untersuchungen die Gelegenheit, wesentlich mehr Firmen und Branchen in die Stichprobe einzubeziehen.

13) Vgl. hierzu II.3.2.

ANHANG

Anhang I: Prozentuale Zusammensetzung der um Brief- und Geldkurse bereinigten Optionsstichprobe

BASF	1983	1984	1985	1986	1987	Alle Jahre
3-Monats-Optionen	34,30	34,39	40,11	45,28	40,96	40,49
6-Monats-Optionen	38,26	38,09	35,46	33,33	33,70	35,10
9-Monats-Optionen	27,44	27,51	24,43	21,39	25,33	24,40
in-the-money Optionen	37,85	28,45	41,09	30,83	30,90	34,35
at-the-money Optionen	1,82	0,94	0,76	0,44	0,50	0,73
out-of-the-money Opt.	60,33	70,61	58,15	68,73	68,60	64,92

BAYER	1983	1984	1985	1986	1987	Alle Jahre
3-Monats-Optionen	33,28	35,91	38,43	46,28	41,43	40,49
6-Monats-Optionen	38,09	38,43	36,53	34,35	34,73	35,96
9-Monats-Optionen	28,63	25,66	25,04	19,37	23,84	23,56
in-the-money Optionen	38,34	32,26	35,38	35,70	32,00	34,59
at-the-money Optionen	0,66	1,23	0,63	0,79	0,79	0,80
out-of-the-money Opt.	61,00	66,51	63,99	63,50	67,20	64,61

HOECHST	1983	1984	1985	1986	1987	Alle Jahre
3-Monats-Optionen	31,19	35,33	39,55	45,55	42,17	40,38
6-Monats-Optionen	39,27	39,45	37,23	35,46	35,13	36,77
9-Monats-Optionen	29,54	25,22	23,22	18,98	22,71	22,85
in-the-money Optionen	47,61	29,34	33,63	25,33	31,63	31,77
at-the-money Optionen	0,83	1,01	1,03	0,48	1,21	0,90
out-of-the-money Opt.	51,56	69,65	65,34	74,18	67,17	67,33

BMW	1983	1984	1985	1986	1987	Alle Jahre
3-Monats-Optionen	38,85	40,60	45,89	48,15	44,30	44,83
6-Monats-Optionen	38,85	50,41	39,88	38,44	38,94	39,96
9-Monats-Optionen	22,30	8,99	14,23	13,41	16,76	15,21
in-the-money Optionen	30,11	11,99	31,36	26,14	30,53	28,02
at-the-money Optionen	0,23	0,82	0,77	0,52	0,81	0,67
out-of-the-money Opt.	69,66	87,19	67,86	73,34	68,66	71,31

DAIMLER	1983	1984	1985	1986	1987	Alle Jahre
3-Monats-Optionen	34,58	38,76	31,63	43,48	44,13	40,63
6-Monats-Optionen	36,25	51,16	38,53	39,26	36,69	39,23
9-Monats-Optionen	29,17	10,08	29,84	17,26	19,17	20,13
in-the-money Optionen	41,25	12,60	37,13	26,93	18,51	26,00
at-the-money Optionen	0,00	0,19	0,23	0,74	0,61	0,53
out-of-the-money Opt.	58,75	87,21	62,64	72,33	80,88	73,46

VW	1983	1984	1985	1986	1987	Alle Jahre
3-Monats-Optionen	32,08	32,74	41,09	51,45	43,20	42,06
6-Monats-Optionen	37,69	41,38	35,74	34,27	36,30	36,47
9-Monats-Optionen	30,23	25,88	23,17	14,28	20,51	21,47
in-the-money Optionen	39,14	26,19	39,82	36,25	26,07	34,24
at-the-money Optionen	0,40	1,46	0,32	0,56	1,20	0,72
out-of-the-money Opt.	60,46	72,35	59,86	63,19	72,72	65,04

ALLE UNTERNEHMEN	1983	1984	1985	1986	1987	Alle Jahre
3-Monats-Optionen	33,17	35,01	39,63	46,87	42,48	41,16
6-Monats-Optionen	38,18	40,58	36,51	35,21	35,61	36,62
9-Monats-Optionen	28,65	24,41	23,86	17,92	21,91	22,22
in-the-money Optionen	39,67	27,27	37,55	31,44	28,60	32,71
at-the-money Optionen	0,78	1,11	0,63	0,59	0,87	0,75
out-of-the-money Opt.	59,55	71,62	61,82	67,97	70,53	66,54

Anhang II: Durchschnittliche Optionsfehlbewertungen pro Tag

BASF:	1983	1984	1985	1986	1987	Alle Jahre
Alle3:	186	248	248	248	248	1178
davon überbewertet:	146	241	242	186	122	937
unterbewertet:	40	7	6	62	126	241
Mittelwert	-0,18	-0,31	-0,35	-0,35	-0,07	-0,25
Standardabw.	0,23	0,25	0,30	0,46	0,33	0,35
MIN	-1,09	-1,23	-1,62	-1,98	-1,93	-1,98
MAX	0,34	0,09	0,09	0,23	0,35	0,35
3-Monats-Optionen:	155	235	246	248	242	1126
davon überbewertet:	82	190	164	154	129	719
unterbewertet:	73	45	82	94	113	407
Mittelwert	-0,22	-0,32	-0,14	-0,24	-0,11	-0,20
Standardabw.	0,87	0,58	0,23	0,45	0,43	0,52
MIN	-10,10	-6,82	-0,94	-2,35	-2,69	-10,10
MAX	0,36	0,38	0,18	0,62	0,55	0,62
6-Monats-Optionen:	180	246	248	248	247	1169
davon überbewertet:	148	235	244	196	113	936
unterbewertet:	32	11	4	52	134	233
Mittelwert	-0,17	-0,34	-0,51	-0,46	-0,05	-0,31
Standardabw.	0,22	0,33	0,45	0,56	0,35	0,44
MIN	-1,10	-1,96	-3,73	-2,63	-2,10	-3,73
MAX	0,34	0,19	0,09	0,25	0,44	0,44
9-Monats-Optionen:	166	225	242	234	235	1102
davon überbewertet:	153	217	240	180	110	900
unterbewertet:	13	8	2	54	125	202
Mittelwert	-0,27	-0,38	-0,81	-0,61	-0,11	-0,45
Standardabw.	0,23	0,29	0,66	0,96	0,41	0,64
MIN	-1,09	-1,44	-4,50	-7,50	-1,88	-7,50
MAX	0,21	0,66	0,06	0,43	0,52	0,66

BAYER:

	1983	1984	1985	1986	1987	Alle Jahre
Alle3:	186	250	248	248	249	1181
davon überbewertet:	142	221	245	166	95	869
unterbewertet:	44	29	3	82	154	312
Mittelwert	-0,18	-0,26	-0,44	-0,24	-0,03	-0,23
Standardabw.	0,22	0,30	0,40	0,35	0,32	0,35
MIN	-0,96	-1,60	-2,48	-1,22	-1,90	-2,48
MAX	0,17	0,17	0,08	0,35	0,59	0,59
3-Monats-Optionen:	159	247	248	247	248	1149
davon überbewertet:	80	171	168	143	86	648
unterbewertet:	79	76	80	104	162	501
Mittelwert	-0,14	-0,20	-0,19	-0,16	-0,05	-0,15
Standardabw.	0,37	0,34	0,33	0,36	0,40	0,36
MIN	-2,08	-1,92	-1,81	-1,75	-2,32	-2,32
MAX	0,61	0,38	0,35	0,42	0,72	0,72
6-Monats-Optionen:	179	248	248	248	248	1171
davon überbewertet:	145	221	244	176	96	882
unterbewertet:	34	27	4	72	152	289
Mittelwert	-0,19	-0,30	-0,62	-0,32	-0,04	-0,30
Standardabw.	0,25	0,36	0,53	0,43	0,35	0,45
MIN	-1,94	-1,99	-2,68	-2,06	-2,06	-2,68
MAX	0,25	0,14	0,19	0,37	0,48	0,48
9-Monats-Optionen:	165	222	242	226	233	1088
davon überbewertet:	147	191	241	175	97	851
unterbewertet:	18	31	1	51	136	237
Mittelwert	-0,27	-0,33	-1,01	-0,38	-0,02	-0,42
Standardabw.	0,32	0,38	0,82	0,47	0,34	0,62
MIN	-3,22	-2,23	-4,87	-1,81	-1,91	-4,87
MAX	0,37	0,20	0,13	0,44	0,52	0,52

HOECHST:

	1983	1984	1985	1986	1987	Alle Jahre
Alle3:	187	247	248	247	249	1178
davon überbewertet:	117	171	236	207	106	837
unterbewertet:	70	76	12	40	143	341
Mittelwert	-0,07	-0,18	-0,40	-0,43	-0,03	-0,23
Standardabw.	0,17	0,35	0,41	0,49	0,26	0,40
MIN	-0,86	-3,56	-2,02	-2,34	-1,56	-3,56
MAX	0,31	0,66	0,04	0,37	0,33	0,66
3-Monats-Optionen:	139	219	246	245	243	1092
davon überbewertet:	53	122	159	177	106	617
unterbewertet:	86	97	87	68	137	475
Mittelwert	-0,05	-0,11	-0,21	-0,43	-0,04	-0,18
Standardabw.	0,33	0,35	0,44	0,84	0,32	0,54
MIN	-2,03	-2,39	-4,07	-6,72	-1,88	-6,72
MAX	0,51	0,85	0,34	0,45	0,68	0,85
6-Monats-Optionen:	178	236	244	246	247	1151
davon überbewertet:	107	162	235	223	105	832
unterbewertet:	71	74	9	23	142	319
Mittelwert	-0,05	-0,18	-0,56	-0,56	-0,01	-0,28
Standardabw.	0,17	0,32	0,55	0,60	0,26	0,49
MIN	-0,62	-1,56	-4,01	-3,01	-0,75	-4,01
MAX	0,36	0,79	0,13	0,35	0,44	0,79
9-Monats-Optionen:	164	183	213	220	221	1001
davon überbewertet:	126	141	207	189	112	775
unterbewertet:	38	42	6	31	109	226
Mittelwert	-0,15	-0,23	-0,81	-0,89	-0,07	-0,45
Standardabw.	0,21	0,39	0,72	1,44	0,33	0,87
MIN	-0,86	-3,56	-4,44	-7,96	-1,22	-7,96
MAX	0,28	0,81	0,11	0,76	0,45	0,81

BMW:	1983	1984	1985	1986	1987	Alle Jahre
Alle3:	163	186	230	234	243	1056
davon überbewertet:	108	67	114	121	80	490
unterbewertet:	55	119	116	113	163	566
Mittelwert	-0,13	0,08	-0,01	-0,13	-0,04	-0,05
Standardabw.	0,28	0,29	0,43	0,53	0,58	0,46
MIN	-1,03	-1,05	-3,23	-4,87	-6,42	-6,42
MAX	0,60	0,93	0,86	0,57	0,73	0,93
3-Monats-Optionen:	101	104	186	216	218	825
davon überbewertet:	53	52	73	115	78	371
unterbewertet:	48	52	113	101	140	454
Mittelwert	-0,12	-0,10	0,11	-0,27	-0,45	-0,19
Standardabw.	0,36	0,58	0,48	1,04	2,99	1,67
MIN	-1,36	-4,55	-1,89	-7,16	-35,30	-35,30
MAX	0,81	0,60	0,93	0,66	0,73	0,93
6-Monats-Optionen:	113	137	193	196	220	859
davon überbewertet:	73	44	128	109	82	436
unterbewertet:	40	93	65	87	138	423
Mittelwert	-0,12	0,11	-0,21	-0,21	-0,04	-0,11
Standardabw.	0,31	0,29	0,46	0,65	0,53	0,50
MIN	-1,20	-0,77	-3,23	-4,79	-3,86	-4,79
MAX	0,89	0,94	0,82	0,68	0,52	0,94
9-Monats-Optionen:	72	31	96	106	144	449
davon überbewertet:	52	12	55	62	54	235
unterbewertet:	20	19	41	44	90	214
Mittelwert	-0,13	0,11	-0,46	-0,14	-0,07	-0,17
Standardabw.	0,28	0,32	1,07	0,34	0,95	0,78
MIN	-0,71	-0,48	-4,69	-1,11	-9,66	-9,66
MAX	0,59	0,92	0,52	0,54	0,44	0,92

DAIMLER:	1983	1984	1985	1986	1987	Alle Jahre
Alle3:	126	208	239	247	248	1068
davon überbewertet:	85	92	162	113	80	532
unterbewertet:	41	116	77	134	168	536
Mittelwert	-0,19	-0,11	-0,40	-0,03	0,01	-0,14
Standardabw.	0,39	0,50	0,74	0,41	0,52	0,56
MIN	-1,37	-4,46	-4,87	-1,65	-5,46	-5,46
MAX	0,89	0,55	0,62	0,55	0,51	0,89
3-Monats-Optionen:	57	127	186	244	231	845
davon überbewertet:	36	61	96	108	74	375
unterbewertet:	21	66	90	136	157	470
Mittelwert	-0,26	-0,30	-0,56	0,04	-0,33	-0,26
Standardabw.	0,44	1,22	2,96	0,33	2,83	2,11
MIN	-1,37	-7,73	-36,50	-1,34	-39,00	-39,00
MAX	0,66	0,47	0,83	0,68	0,51	0,83
6-Monats-Optionen:	76	173	205	235	238	927
davon überbewertet:	50	77	149	113	76	465
unterbewertet:	26	96	56	122	162	462
Mittelwert	-0,17	-0,09	-0,43	-0,14	0,01	-0,16
Standardabw.	0,37	0,49	0,69	0,61	0,63	0,61
MIN	-0,91	-3,19	-4,54	-3,02	-7,36	-7,36
MAX	0,89	0,55	0,43	0,55	0,65	0,89
9-Monats-Optionen:	50	43	162	176	189	620
davon überbewertet:	34	24	134	91	58	341
unterbewertet:	16	19	28	85	131	279
Mittelwert	-0,13	-0,11	-3,66	-0,40	0,04	-0,47
Standardabw.	0,35	0,34	20,30	1,40	0,54	4,34
MIN	-1,04	-0,97	-201,0	-13,30	-4,03	-201,00
MAX	0,77	0,46	0,47	0,64	0,65	0,77

VW:	1983	1984	1985	1986	1987	Alle Jahre
Alle3:	187	250	248	247	248	1180
davon überbewertet:	123	161	192	186	64	726
unterbewertet:	64	89	56	61	184	454
Mittelwert	-0,07	-0,08	-0,17	-0,12	0,02	-0,09
Standardabw.	0,17	0,19	0,27	0,17	0,34	0,25
MIN	-0,75	-1,02	-2,19	-0,59	-2,64	-2,64
MAX	0,24	0,31	0,17	0,31	0,42	0,42
3-Monats-Optionen:	181	246	246	246	246	1165
davon überbewertet:	73	120	156	138	73	560
unterbewertet:	108	126	90	108	173	605
Mittelwert	-0,08	-0,04	-0,12	-0,04	-0,11	-0,08
Standardabw.	0,45	0,26	0,29	0,20	1,32	0,66
MIN	-4,04	-1,82	-2,50	-0,69	-19,00	-19,00
MAX	0,50	0,60	0,31	0,71	0,48	0,71
6-Monats-Optionen:	187	247	248	247	245	1174
davon überbewertet:	107	159	192	195	68	721
unterbewertet:	80	88	56	52	177	453
Mittelwert	-0,07	-0,08	-0,23	-0,15	0,03	-0,10
Standardabw.	0,20	0,18	0,36	0,20	0,36	0,29
MIN	-0,79	-0,95	-2,40	-0,91	-3,00	-3,00
MAX	0,35	0,34	0,21	0,46	0,58	0,58
9-Monats-Optionen:	179	225	238	218	223	1083
davon überbewertet:	129	150	187	185	77	728
unterbewertet	50	75	51	33	146	355
Mittelwert	-0,14	-0,12	-0,28	-0,26	0,02	-0,16
Standardabw.	0,21	0,35	0,39	0,27	0,33	0,34
MIN	-1,02	-4,40	-2,06	-1,32	-1,82	-4,40
MAX	0,32	0,35	0,59	0,34	0,62	0,62

Anhang III:

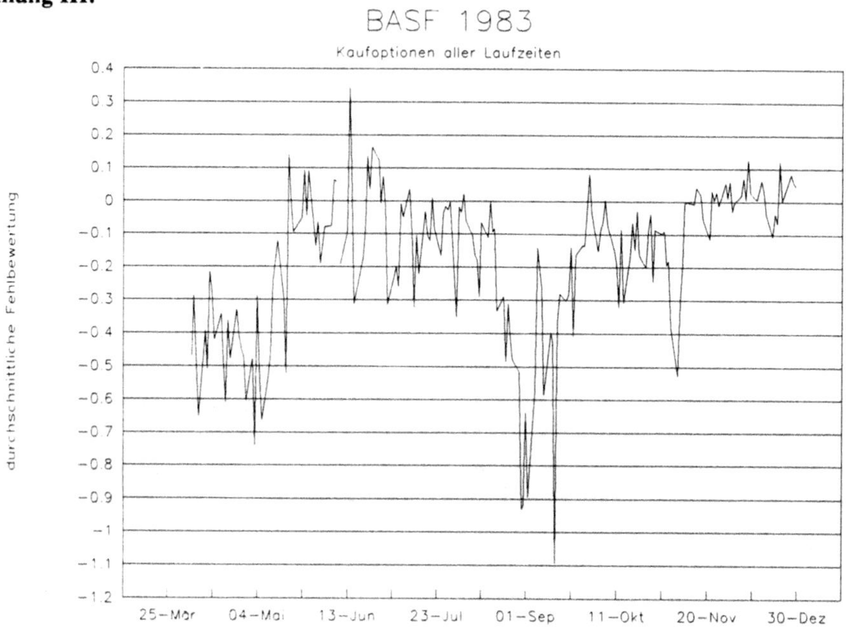
BASF 1983
Kaufoptionen aller Laufzeiten
durchschnittliche Fehlbewertung
0.4
0.3
0.2
0.1
0
-0.1
-0.2
-0.3
-0.4
-0.5
-0.6
-0.7
-0.8
-0.9
-1
-1.1
-1.2
25-Mär
04-Mai
13-Jun
23-Jul
01-Sep
11-Okt
20-Nov
30-Dez

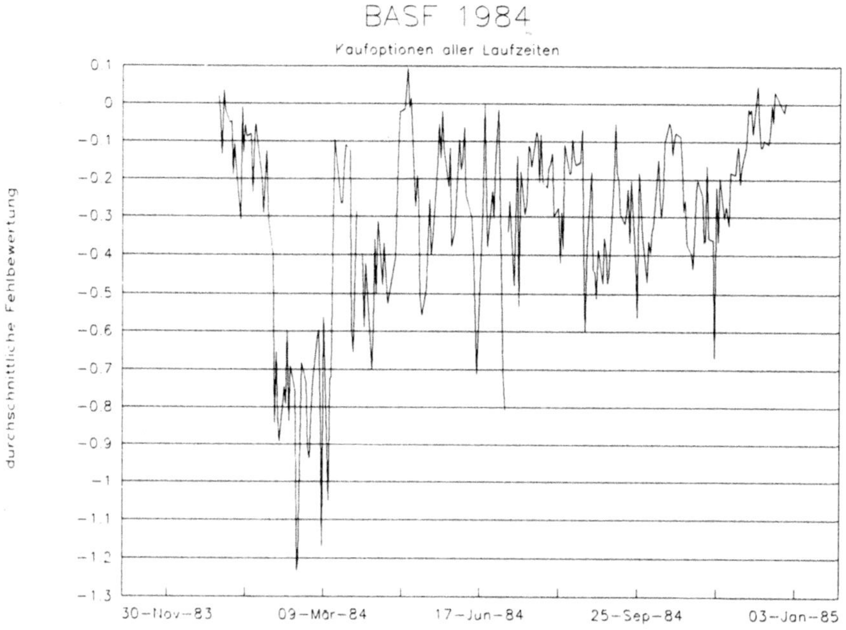
BASF 1984
Kaufoptionen aller Laufzeiten
durchschnittliche Fehlbewertung
0.1
0
-0.1
-0.2
-0.3
-0.4
-0.5
-0.6
-0.7
-0.8
-0.9
-1
-1.1
-1.2
-1.3
30-Nov-83
09-Mär-84
17-Jun-84
25-Sep-84
03-Jan-85

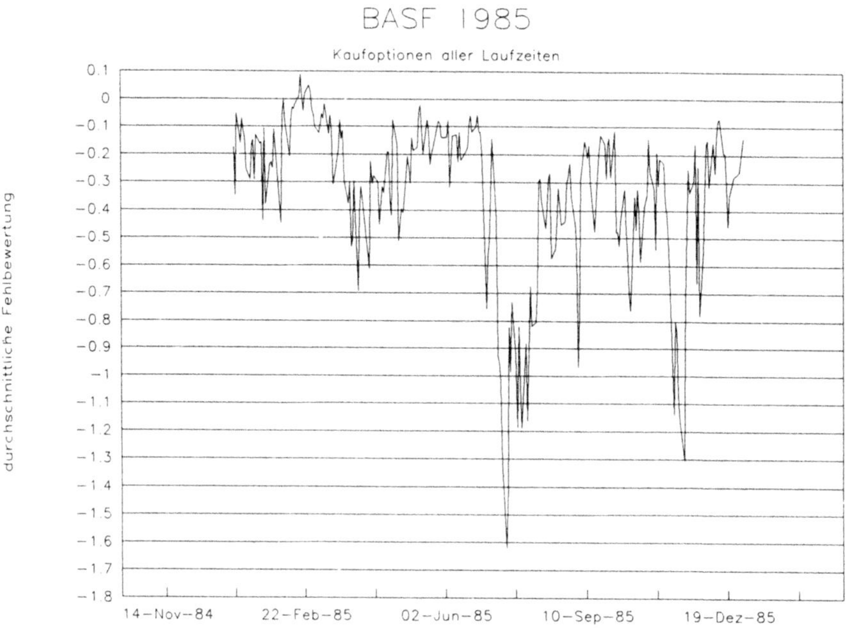
BASF 1985
Kaufoptionen aller Laufzeiten
durchschnittliche Fehlbewertung
0.1
0
-0.1
-0.2
-0.3
-0.4
-0.5
-0.6
-0.7
-0.8
-0.9
-1
-1.1
-1.2
-1.3
-1.4
-1.5
-1.6
-1.7
-1.8
14-Nov-84
22-Feb-85
02-Jun-85
10-Sep-85
19-Dez-85

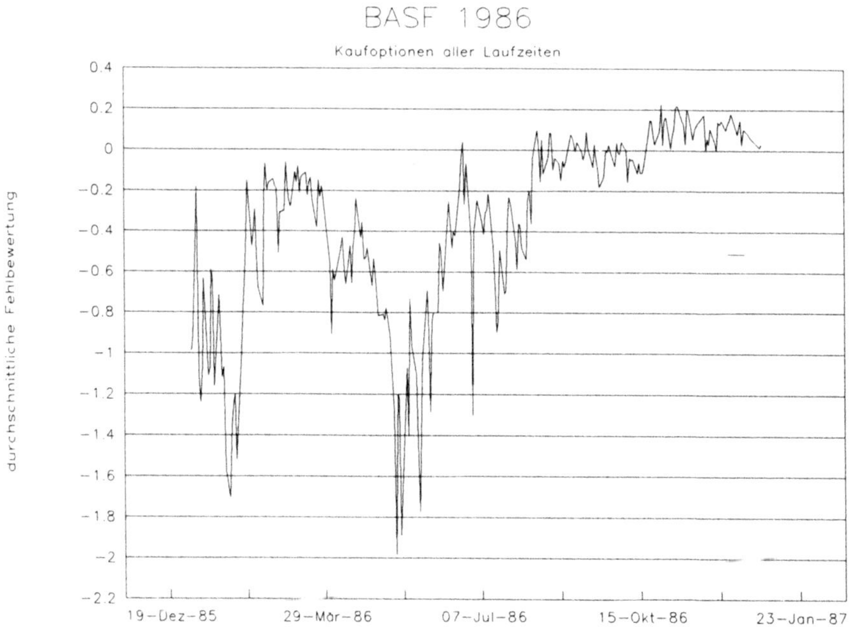
BASF 1986
Kaufoptionen aller Laufzeiten
durchschnittliche Fehlbewertung
0.4
0.2
0
-0.2
-0.4
-0.6
-0.8
-1
-1.2
-1.4
-1.6
-1.8
-2
-2.2
19-Dez-85
29-Mär-86
07-Jul-86
15-Okt-86
23-Jan-87

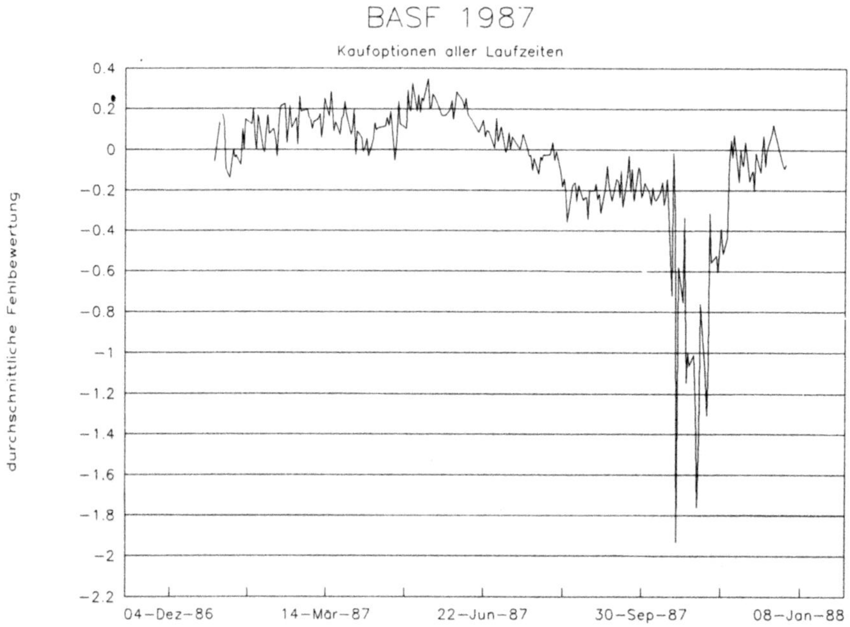
BASF 1987
Kaufoptionen aller Laufzeiten
durchschnittliche Fehlbewertung
0.4
0.2
0
-0.2
-0.4
-0.6
-0.8
-1
-1.2
-1.4
-1.6
-1.8
-2
-2.2
04-Dez-86
14-Mär-87
22-Jun-87
30-Sep-87
08-Jan-88

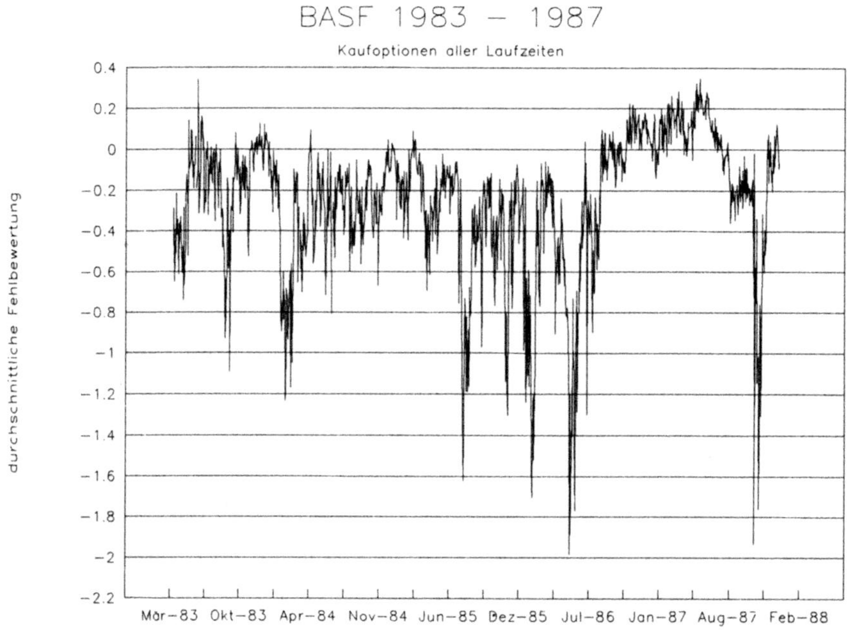
BASF 1983 - 1987
Kaufoptionen aller Laufzeiten
durchschnittliche Fehlbewertung
0.4
0.2
0
-0.2
-0.4
-0.6
-0.8
-1
-1.2
-1.4
-1.6
-1.8
-2
-2.2
Mär-83
Okt-83
Apr-84
Nov-84
Jun-85
Dez-85
Jul-86
Jan-87
Aug-87
Feb-88

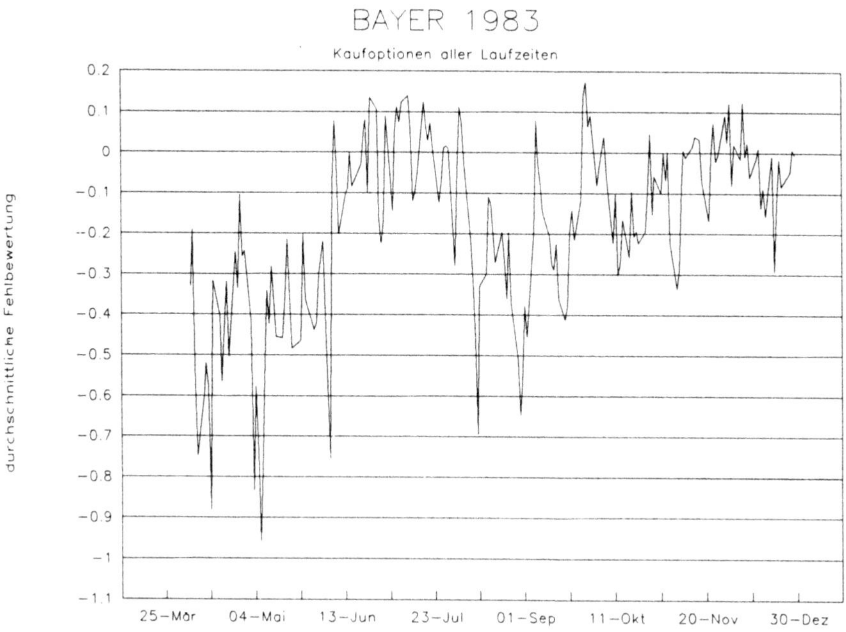
BAYER 1983
Kaufoptionen aller Laufzeiten
durchschnittliche Fehlbewertung
0.2
0.1
0
-0.1
-0.2
-0.3
-0.4
-0.5
-0.6
-0.7
-0.8
-0.9
-1
-1.1
25-Mär
04-Mai
13-Jun
23-Jul
01-Sep
11-Okt
20-Nov
30-Dez

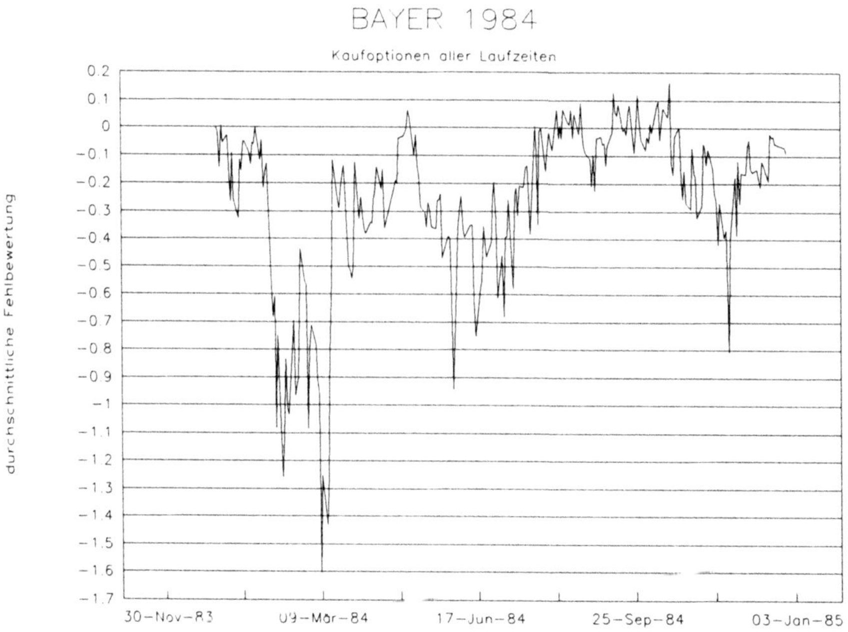
BAYER 1984
Kaufoptionen aller Laufzeiten
durchschnittliche Fehlbewertung
0.2
0.1
0
-0.1
-0.2
-0.3
-0.4
-0.5
-0.6
-0.7
-0.8
-0.9
-1
-1.1
-1.2
-1.3
-1.4
-1.5
-1.6
-1.7
30-Nov-83
09-Mär-84
17-Jun-84
25-Sep-84
03-Jan-85

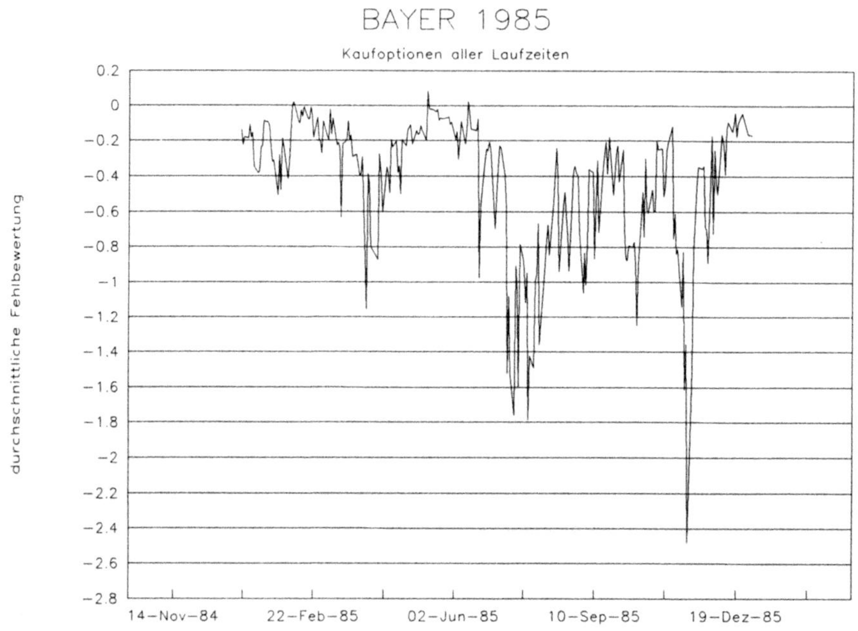
BAYER 1985
Kaufoptionen aller Laufzeiten
durchschnittliche Fehlbewertung
0.2
0
-0.2
-0.4
-0.6
-0.8
-1
-1.2
-1.4
-1.6
-1.8
-2
-2.2
-2.4
-2.6
-2.8
14-Nov-84
22-Feb-85
02-Jun-85
10-Sep-85
19-Dez-85

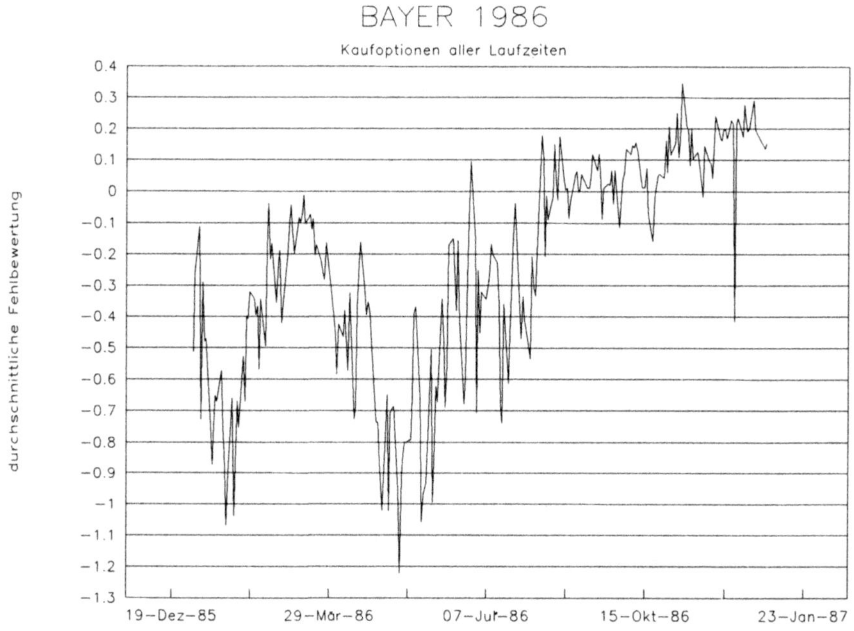
BAYER 1986
Kaufoptionen aller Laufzeiten
durchschnittliche Fehlbewertung
0.4
0.3
0.2
0.1
0
-0.1
-0.2
-0.3
-0.4
-0.5
-0.6
-0.7
-0.8
-0.9
-1
-1.1
-1.2
-1.3
19-Dez-85
29-Mär-86
07-Jul-86
15-Okt-86
23-Jan-87

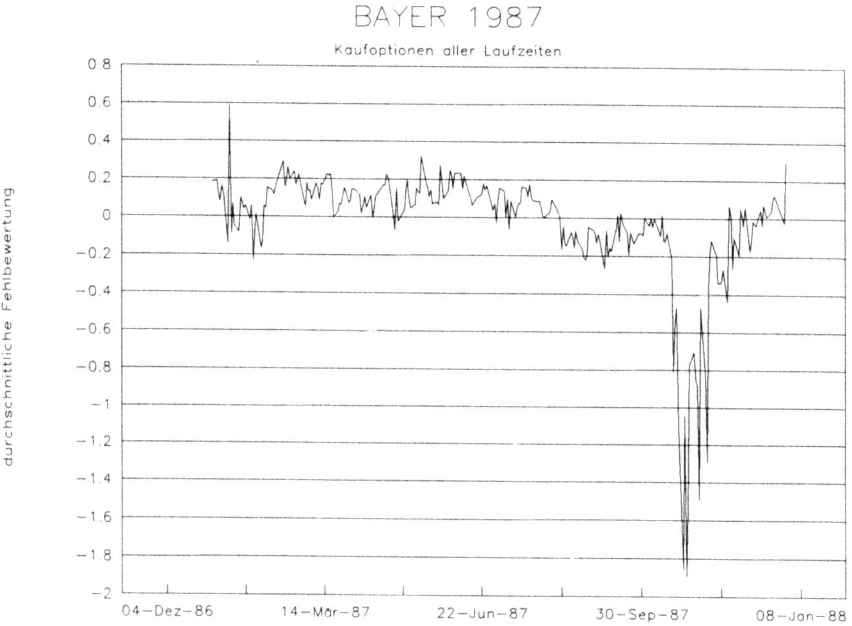
BAYER 1987
Kaufoptionen aller Laufzeiten
durchschnittliche Fehlbewertung
0.8
0.6
0.4
0.2
0
-0.2
-0.4
-0.6
-0.8
-1
-1.2
-1.4
-1.6
-1.8
-2
04-Dez-86
14-Mär-87
22-Jun-87
30-Sep-87
08-Jan-88

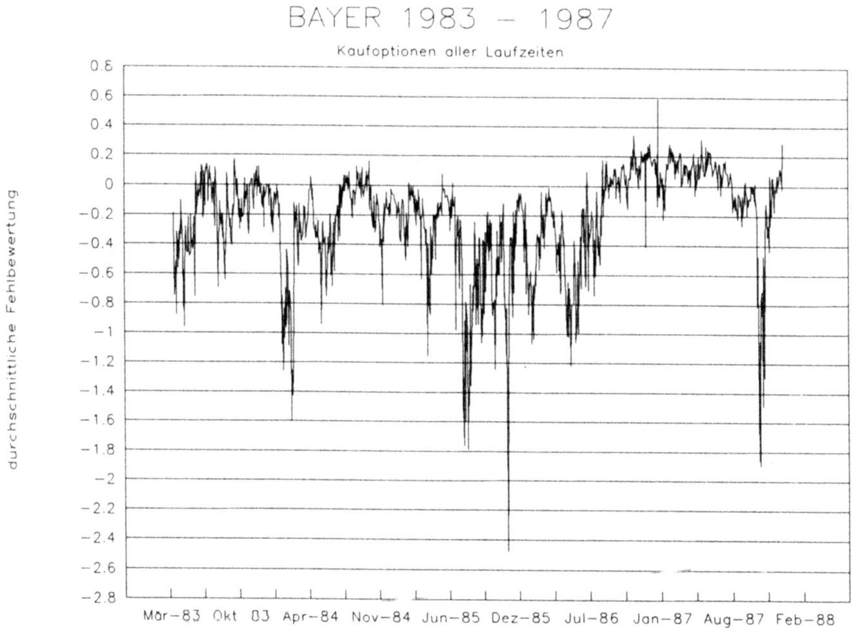
BAYER 1983 - 1987
Kaufoptionen aller Laufzeiten
durchschnittliche Fehlbewertung
0.8
0.6
0.4
0.2
0
-0.2
-0.4
-0.6
-0.8
-1
-1.2
-1.4
-1.6
-1.8
-2
-2.2
-2.4
-2.6
-2.8
Mär-83
Okt 83
Apr-84
Nov-84
Jun-85
Dez-85
Jul-86
Jan-87
Aug-87
Feb-88

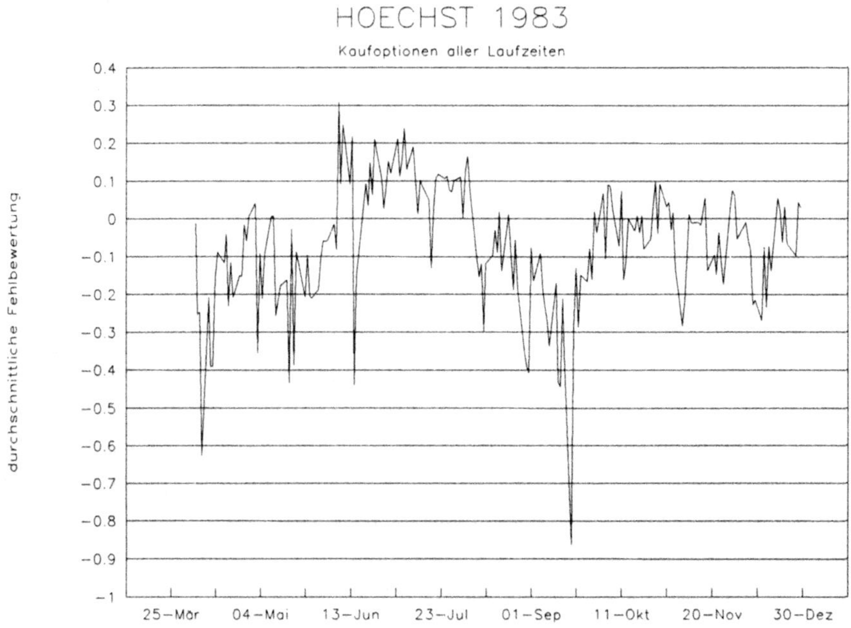
HOECHST 1983
Kaufoptionen aller Laufzeiten
durchschnittliche Fehlbewertung
0.4
0.3
0.2
0.1
0
−0.1
−0.2
−0.3
−0.4
−0.5
−0.6
−0.7
−0.8
−0.9
−1
25−Mär
04−Mai
13−Jun
23−Jul
01−Sep
11−Okt
20−Nov
30−Dez

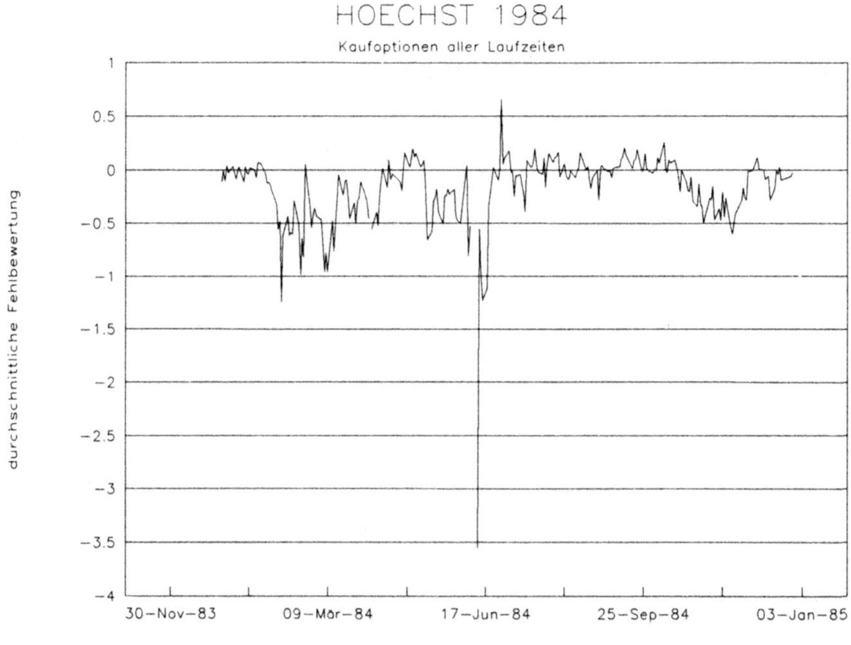
HOECHST 1984
Kaufoptionen aller Laufzeiten
durchschnittliche Fehlbewertung
1
0.5
0
−0.5
−1
−1.5
−2
−2.5
−3
−3.5
−4
30−Nov−83
09−Mär−84
17−Jun−84
25−Sep−84
03−Jan−85

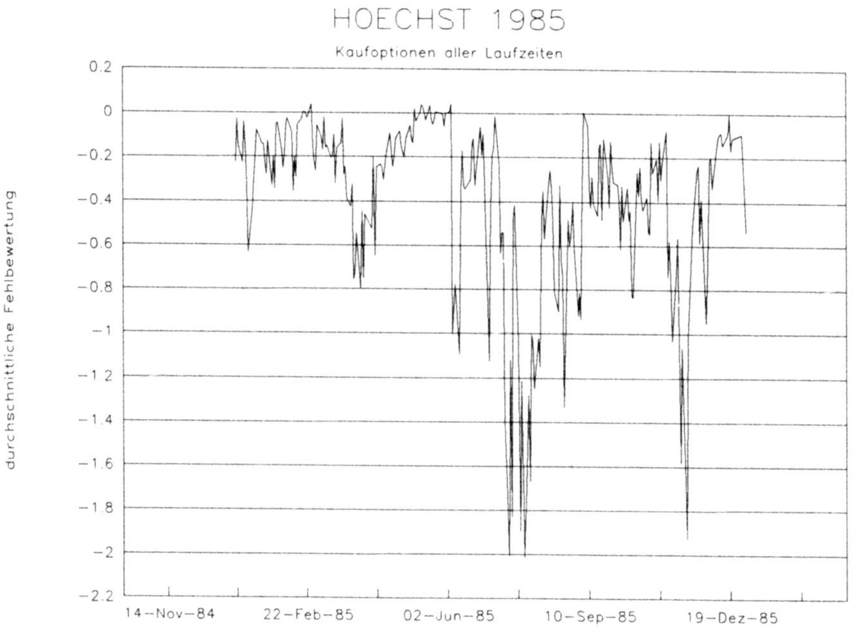
HOECHST 1985
Kaufoptionen aller Laufzeiten
durchschnittliche Fehlbewertung
0.2
0
-0.2
-0.4
-0.6
-0.8
-1
-1.2
-1.4
-1.6
-1.8
-2
-2.2
14-Nov-84
22-Feb-85
02-Jun-85
10-Sep-85
19-Dez-85

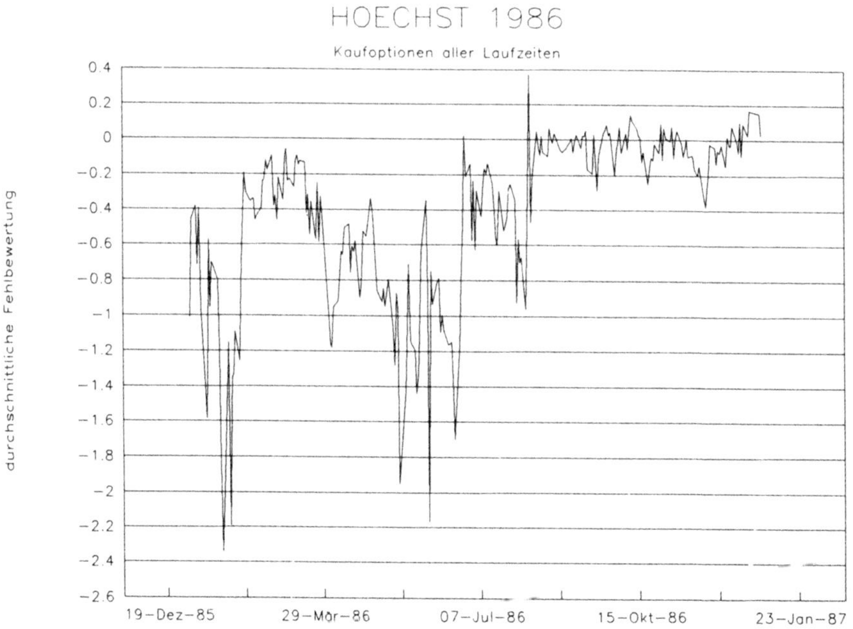
HOECHST 1986
Kaufoptionen aller Laufzeiten
durchschnittliche Fehlbewertung
0.4
0.2
0
-0.2
-0.4
-0.6
-0.8
-1
-1.2
-1.4
-1.6
-1.8
-2
-2.2
-2.4
-2.6
19-Dez-85
29-Mär-86
07-Jul-86
15-Okt-86
23-Jan-87

HOECHST 1987
Kaufoptionen aller Laufzeiten
durchschnittliche Fehlbewertung
0.4
0.3
0.2
0.1
0
−0.1
−0.2
−0.3
−0.4
−0.5
−0.6
−0.7
−0.8
−0.9
−1
−1.1
−1.2
−1.3
−1.4
−1.5
−1.6
−1.7
04−Dez−86
14−Mär−87
22−Jun−87
30−Sep−87
08−Jan−88

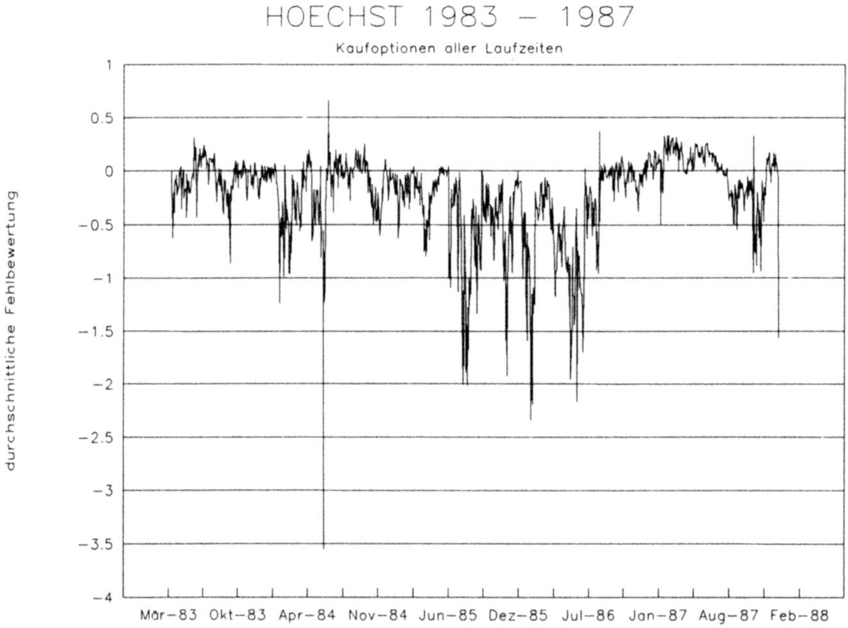
HOECHST 1983 − 1987
Kaufoptionen aller Laufzeiten
durchschnittliche Fehlbewertung
1
0.5
0
−0.5
−1
−1.5
−2
−2.5
−3
−3.5
−4
Mär−83
Okt−83
Apr−84
Nov−84
Jun−85
Dez−85
Jul−86
Jan−87
Aug−87
Feb−88

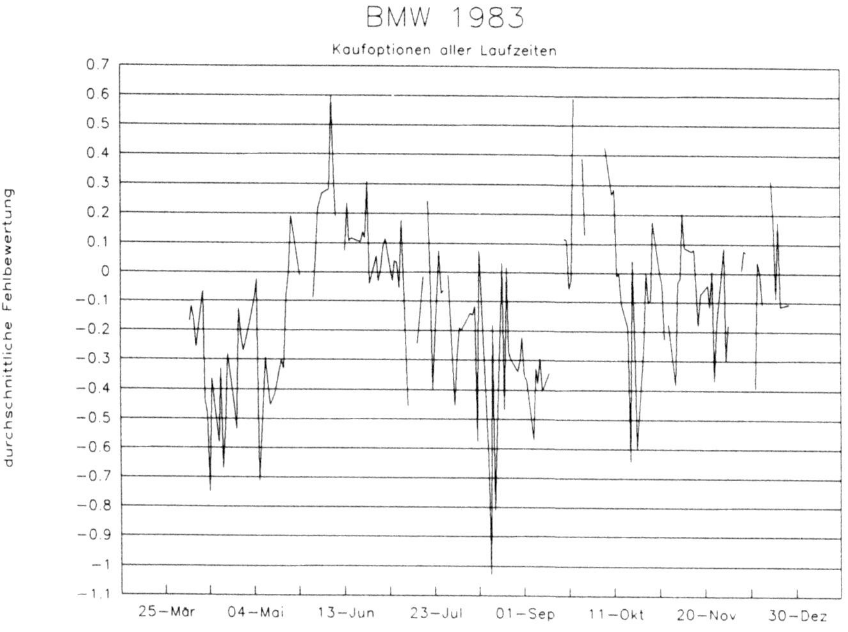
BMW 1983
Kaufoptionen aller Laufzeiten
durchschnittliche Fehlbewertung
0.7
0.6
0.5
0.4
0.3
0.2
0.1
0
−0.1
−0.2
−0.3
−0.4
−0.5
−0.6
−0.7
−0.8
−0.9
−1
−1.1
25−Mär
04−Mai
13−Jun
23−Jul
01−Sep
11−Okt
20−Nov
30−Dez

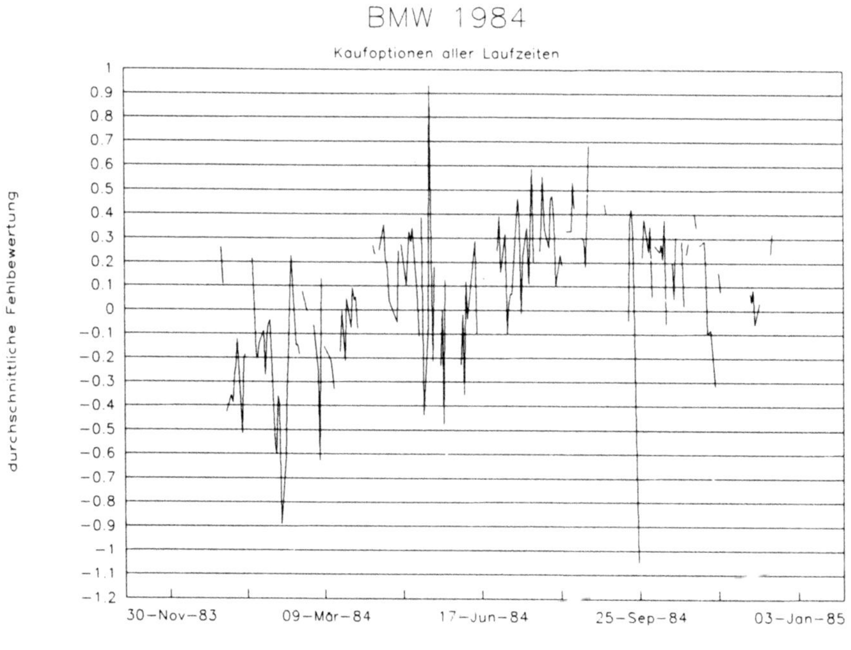
BMW 1984
Kaufoptionen aller Laufzeiten
durchschnittliche Fehlbewertung
1
0.9
0.8
0.7
0.6
0.5
0.4
0.3
0.2
0.1
0
−0.1
−0.2
−0.3
−0.4
−0.5
−0.6
−0.7
−0.8
−0.9
−1
−1.1
−1.2
30−Nov−83
09−Mär−84
17−Jun−84
25−Sep−84
03−Jan−85

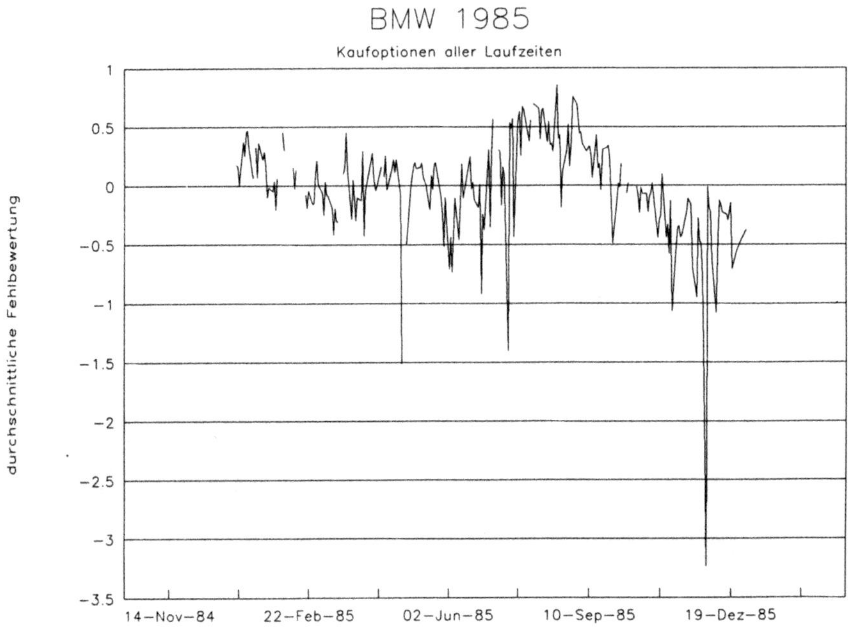
BMW 1985
Kaufoptionen aller Laufzeiten
durchschnittliche Fehlbewertung
1
0.5
0
-0.5
-1
-1.5
-2
-2.5
-3
-3.5
14-Nov-84
22-Feb-85
02-Jun-85
10-Sep-85
19-Dez-85

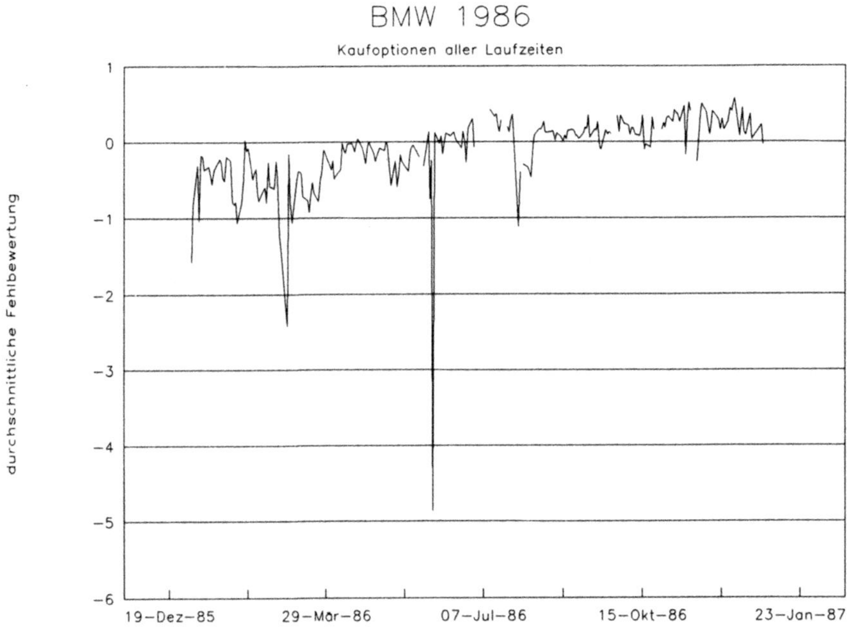
BMW 1986
Kaufoptionen aller Laufzeiten
durchschnittliche Fehlbewertung
1
0
-1
-2
-3
-4
-5
-6
19-Dez-85
29-Mär-86
07-Jul-86
15-Okt-86
23-Jan-87

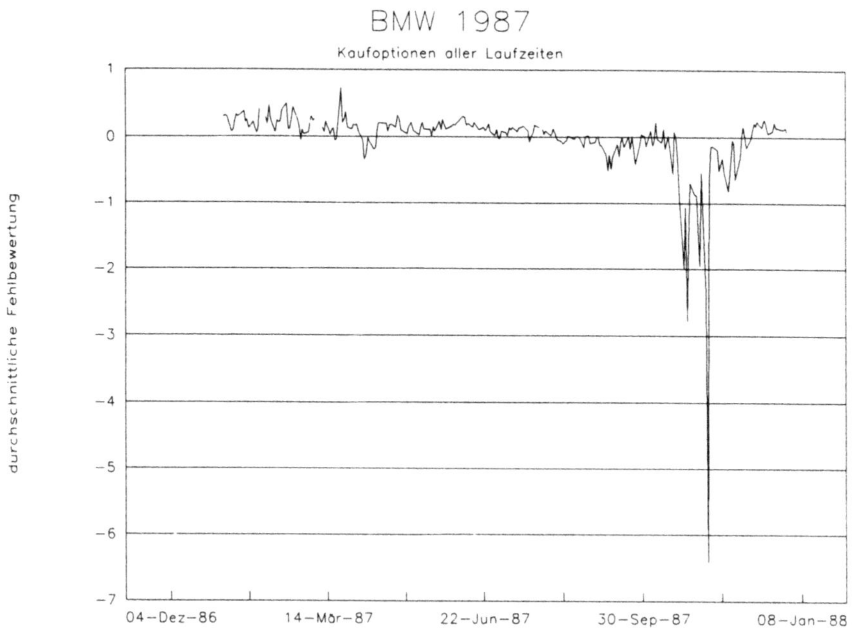
BMW 1987
Kaufoptionen aller Laufzeiten
durchschnittliche Fehlbewertung
1
0
-1
-2
-3
-4
-5
-6
-7
04-Dez-86
14-Mär-87
22-Jun-87
30-Sep-87
08-Jan-88

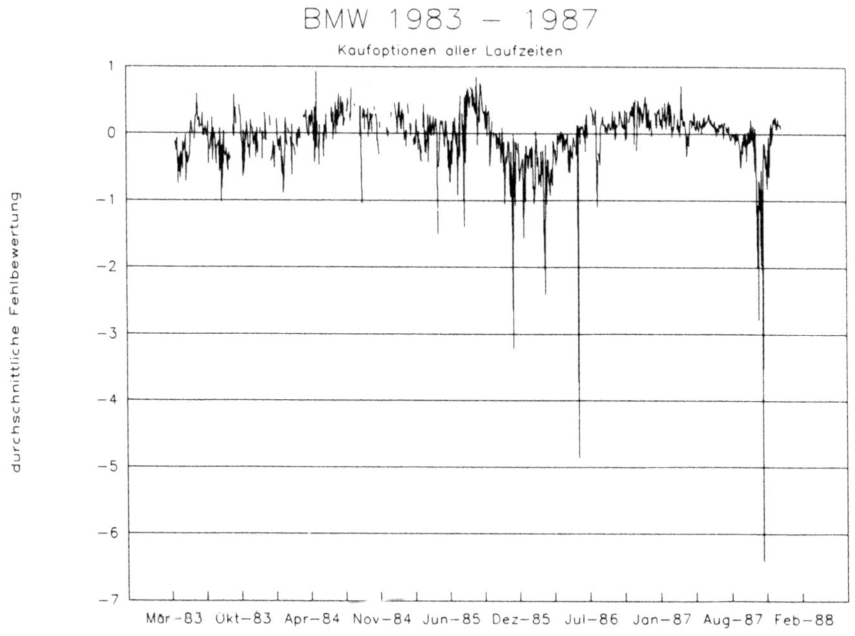
BMW 1983 – 1987
Kaufoptionen aller Laufzeiten
durchschnittliche Fehlbewertung
1
0
-1
-2
-3
-4
-5
-6
-7
Mär-83
Okt-83
Apr-84
Nov-84
Jun-85
Dez-85
Jul-86
Jan-87
Aug-87
Feb-88

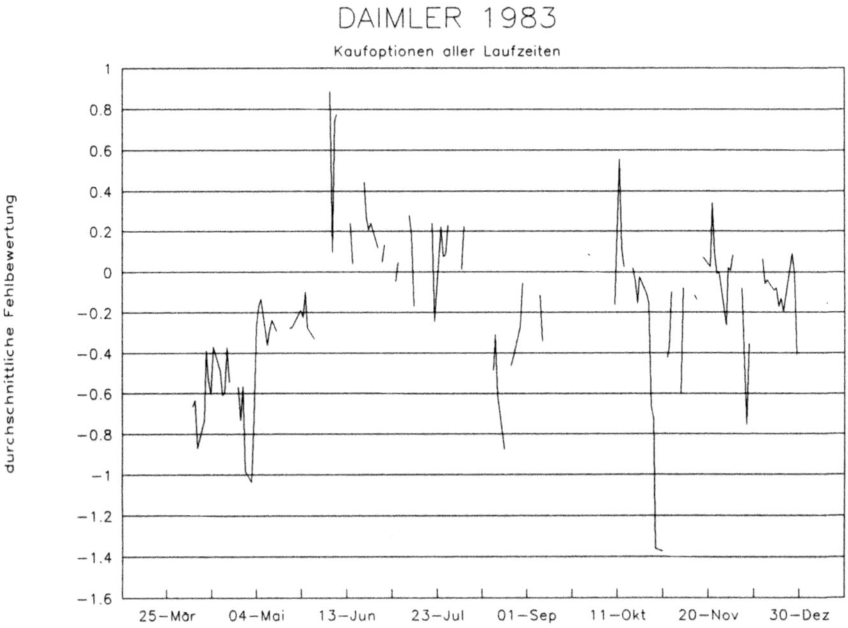
DAIMLER 1983
Kaufoptionen aller Laufzeiten
durchschnittliche Fehlbewertung
1
0.8
0.6
0.4
0.2
0
-0.2
-0.4
-0.6
-0.8
-1
-1.2
-1.4
-1.6
25-Mär
04-Mai
13-Jun
23-Jul
01-Sep
11-Okt
20-Nov
30-Dez

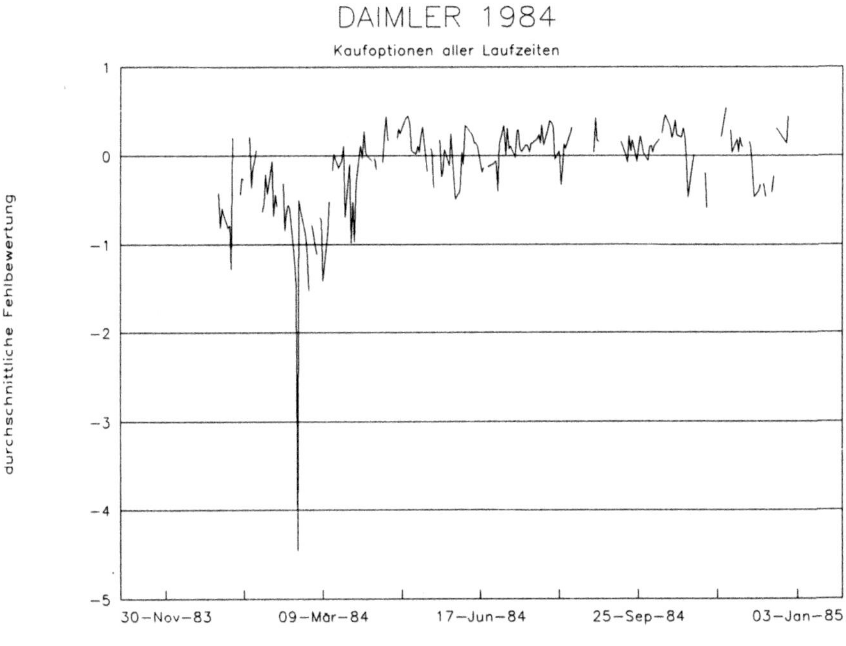
DAIMLER 1984
Kaufoptionen aller Laufzeiten
durchschnittliche Fehlbewertung
1
0
-1
-2
-3
-4
-5
30-Nov-83
09-Mär-84
17-Jun-84
25-Sep-84
03-Jan-85

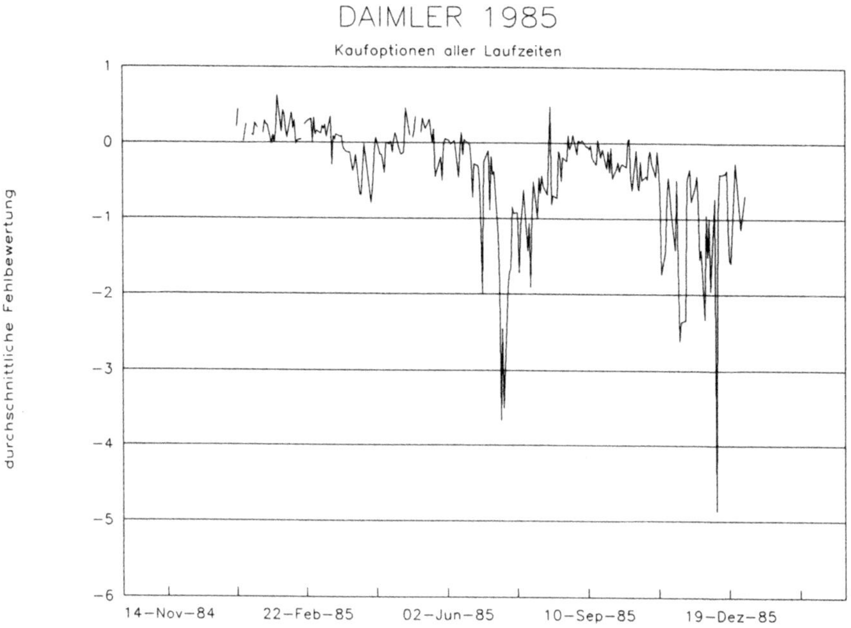
DAIMLER 1985
Kaufoptionen aller Laufzeiten
durchschnittliche Fehlbewertung
1
0
−1
−2
−3
−4
−5
−6
14−Nov−84
22−Feb−85
02−Jun−85
10−Sep−85
19−Dez−85

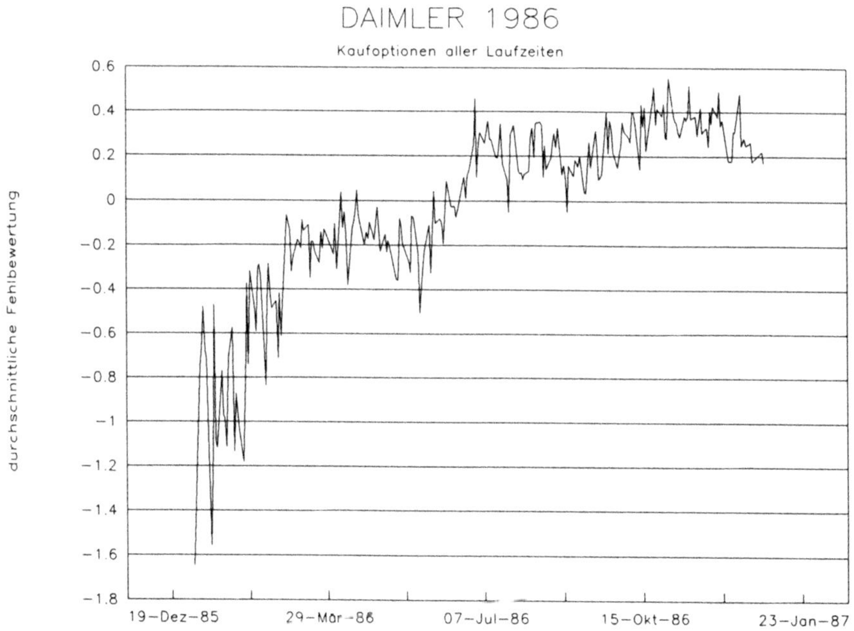
DAIMLER 1986
Kaufoptionen aller Laufzeiten
durchschnittliche Fehlbewertung
0.6
0.4
0.2
0
−0.2
−0.4
−0.6
−0.8
−1
−1.2
−1.4
−1.6
−1.8
19−Dez−85
29−Mär−86
07−Jul−86
15−Okt−86
23−Jan−87

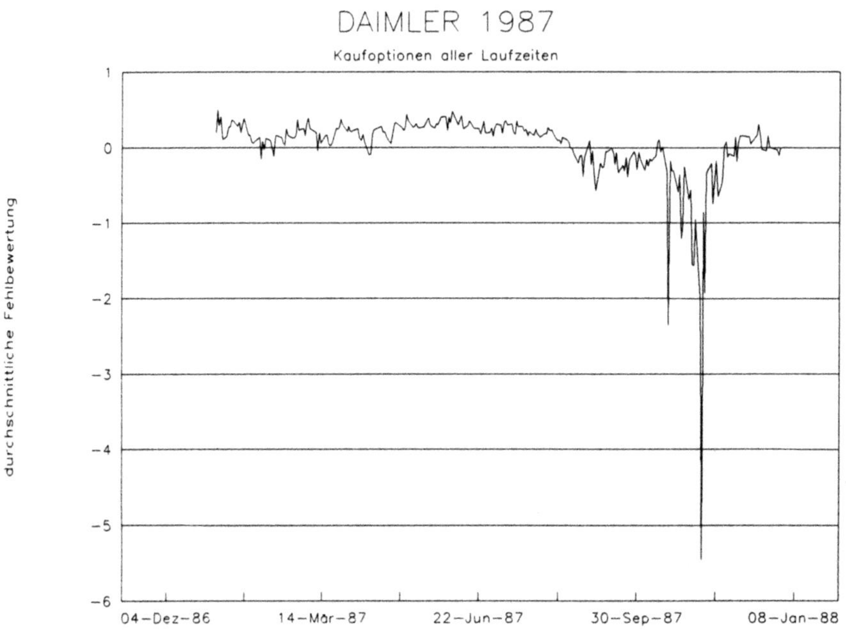
DAIMLER 1987
Kaufoptionen aller Laufzeiten
durchschnittliche Fehlbewertung
1
0
-1
-2
-3
-4
-5
-6
04-Dez-86
14-Mär-87
22-Jun-87
30-Sep-87
08-Jan-88

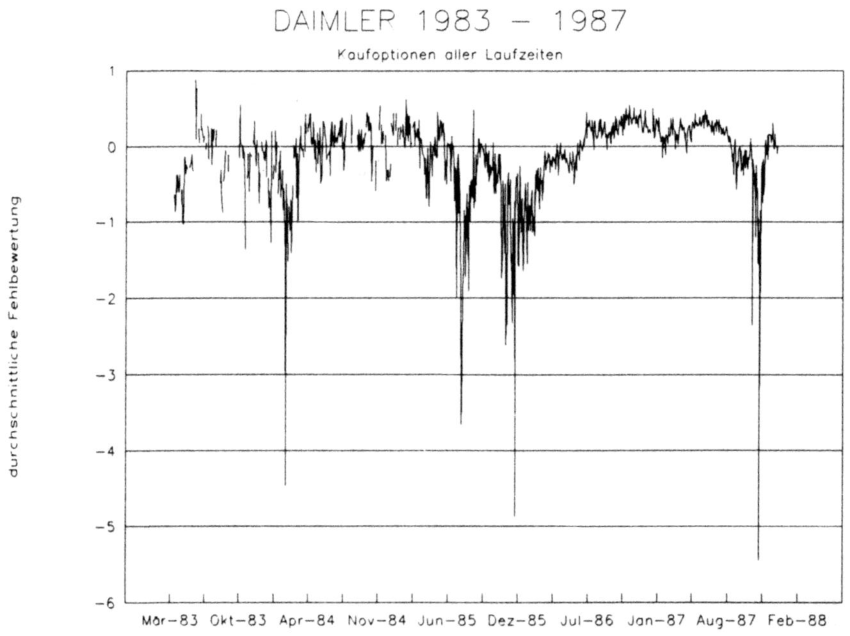
DAIMLER 1983 - 1987
Kaufoptionen aller Laufzeiten
durchschnittliche Fehlbewertung
1
0
-1
-2
-3
-4
-5
-6
Mär-83
Okt-83
Apr-84
Nov-84
Jun-85
Dez-85
Jul-86
Jan-87
Aug-87
Feb-88

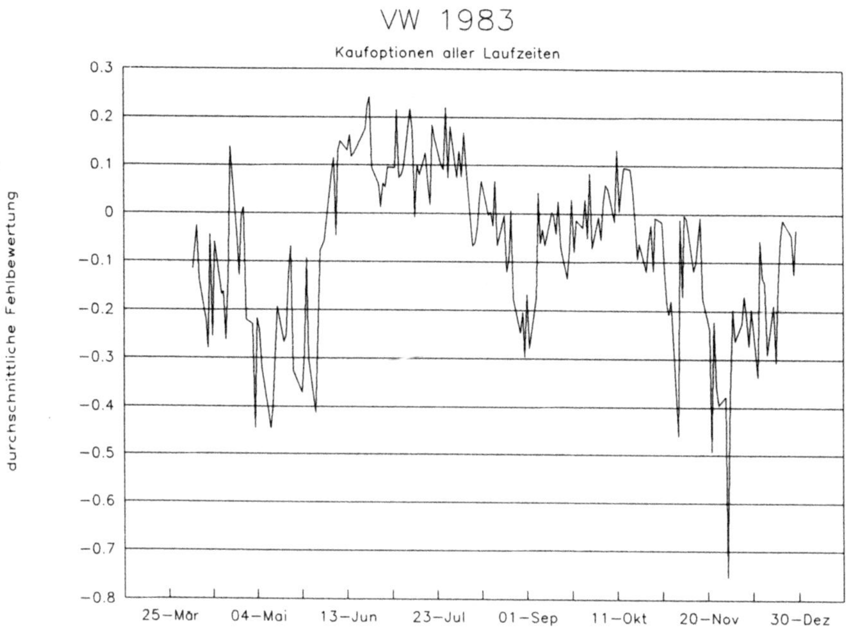
VW 1983
Kaufoptionen aller Laufzeiten
durchschnittliche Fehlbewertung
0.3
0.2
0.1
0
−0.1
−0.2
−0.3
−0.4
−0.5
−0.6
−0.7
−0.8
25−Mär
04−Mai
13−Jun
23−Jul
01−Sep
11−Okt
20−Nov
30−Dez

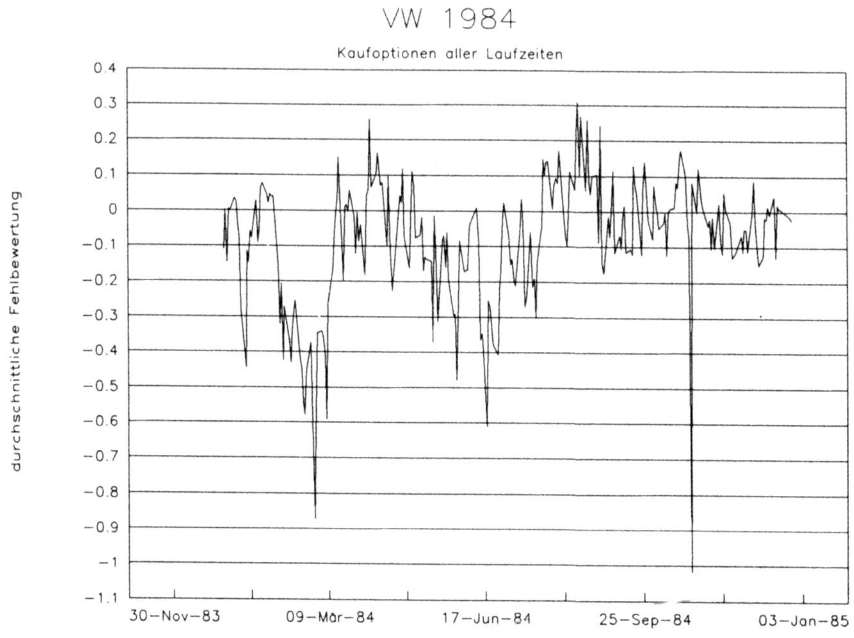
VW 1984
Kaufoptionen aller Laufzeiten
durchschnittliche Fehlbewertung
0.4
0.3
0.2
0.1
0
−0.1
−0.2
−0.3
−0.4
−0.5
−0.6
−0.7
−0.8
−0.9
−1
−1.1
30−Nov−83
09−Mär−84
17−Jun−84
25−Sep−84
03−Jan−85

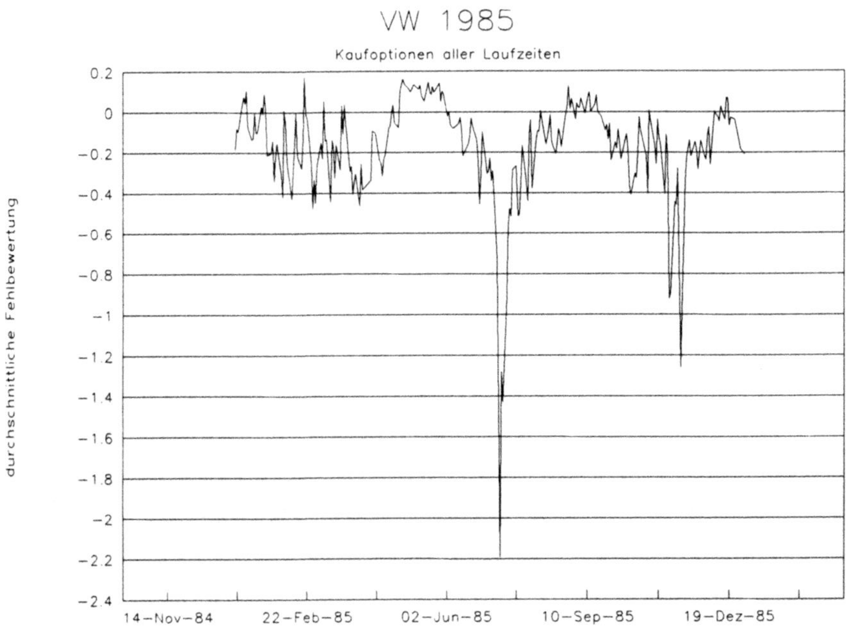
VW 1985
Kaufoptionen aller Laufzeiten
durchschnittliche Fehlbewertung
0.2
0
-0.2
-0.4
-0.6
-0.8
-1
-1.2
-1.4
-1.6
-1.8
-2
-2.2
-2.4
14-Nov-84
22-Feb-85
02-Jun-85
10-Sep-85
19-Dez-85

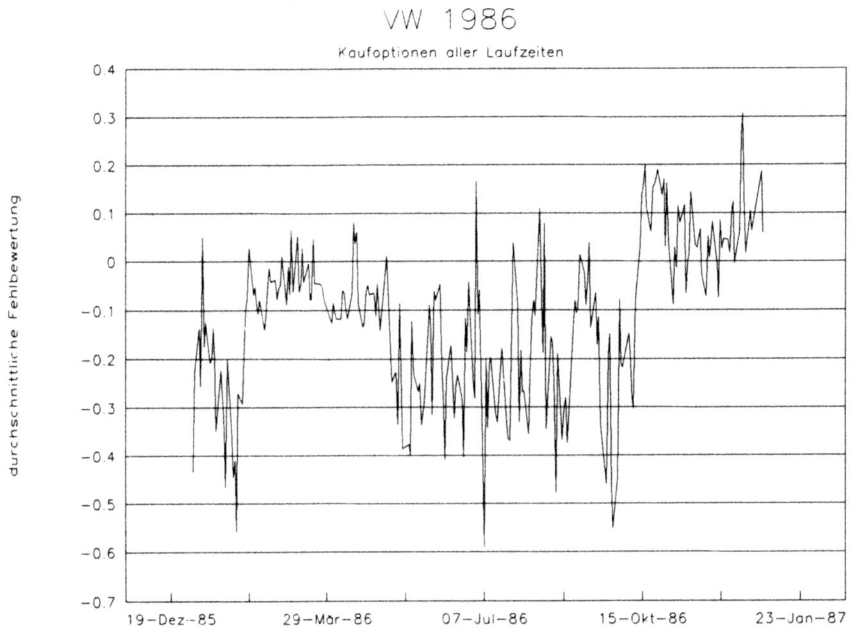
VW 1986
Kaufoptionen aller Laufzeiten
durchschnittliche Fehlbewertung
0.4
0.3
0.2
0.1
0
-0.1
-0.2
-0.3
-0.4
-0.5
-0.6
-0.7
19-Dez-85
29-Mär-86
07-Jul-86
15-Okt-86
23-Jan-87

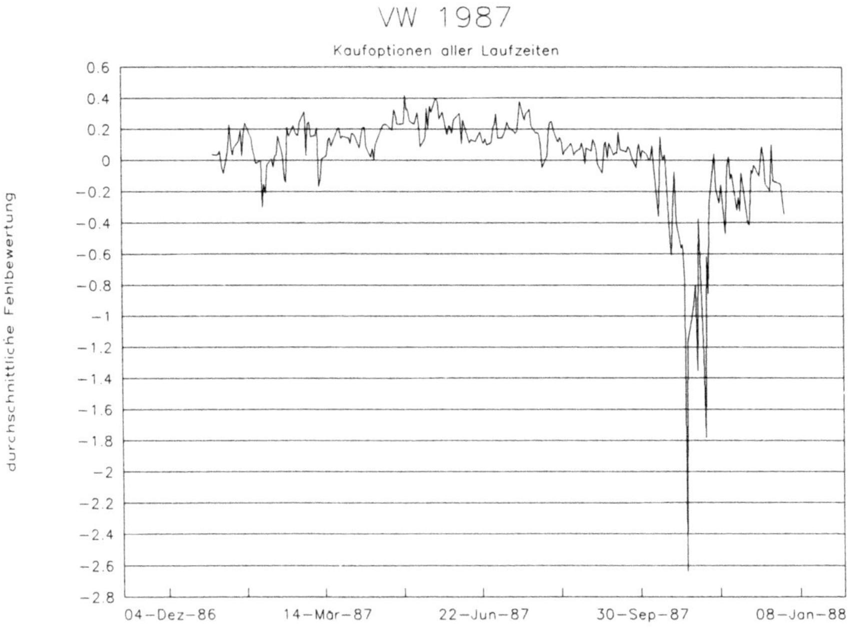
VW 1987
Kaufoptionen aller Laufzeiten
durchschnittliche Fehlbewertung
0.6
0.4
0.2
0
-0.2
-0.4
-0.6
-0.8
-1
-1.2
-1.4
-1.6
-1.8
-2
-2.2
-2.4
-2.6
-2.8
04-Dez-86
14-Mär-87
22-Jun-87
30-Sep-87
08-Jan-88

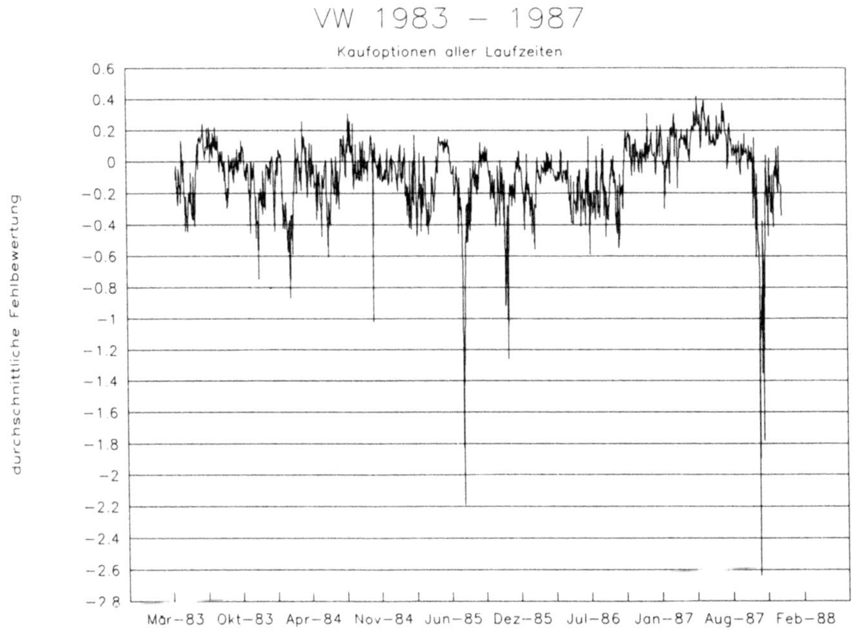
VW 1983 – 1987
Kaufoptionen aller Laufzeiten
durchschnittliche Fehlbewertung
0.6
0.4
0.2
0
-0.2
-0.4
-0.6
-0.8
-1
-1.2
-1.4
-1.6
-1.8
-2
-2.2
-2.4
-2.6
-2.8
Mär-83
Okt-83
Apr-84
Nov-84
Jun-85
Dez-85
Jul-86
Jan-87
Aug-87
Feb-88

Anhang IV:

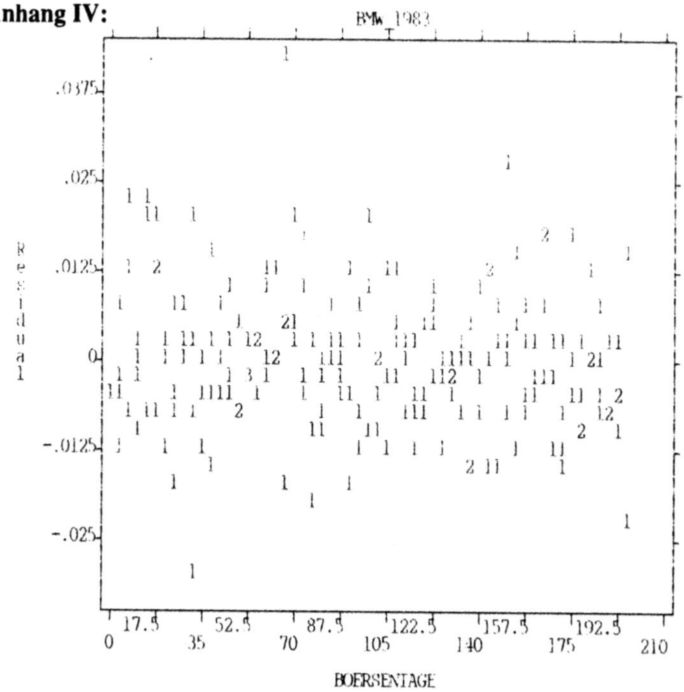
BMW_1983
.0375
.025
.0125
0
-.0125
-.025
Residual
17.5
52.5
87.5
122.5
157.5
192.5
0
35
70
105
140
175
210
BOERSENTAGE

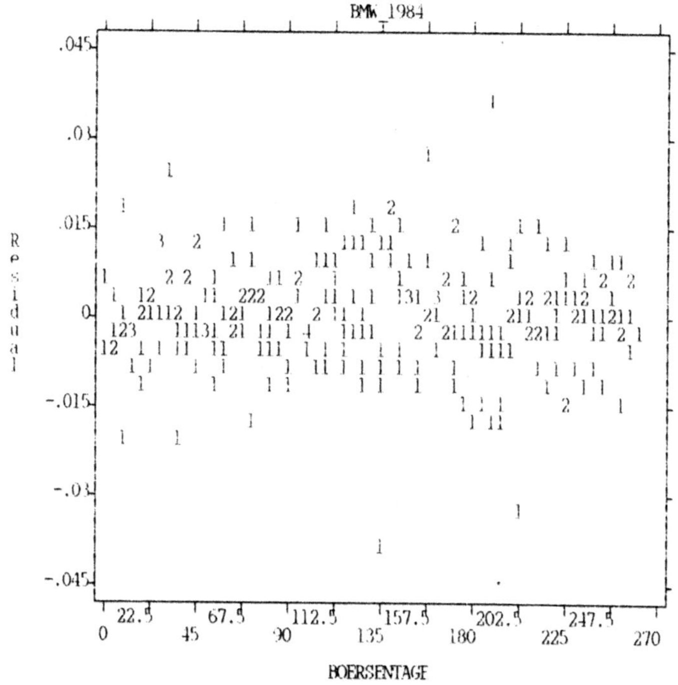
BMW_1984
.045
.03
.015
0
-.015
-.03
-.045
Residual
22.5
67.5
112.5
157.5
202.5
247.5
0
45
90
135
180
225
270
BOERSENTAGE

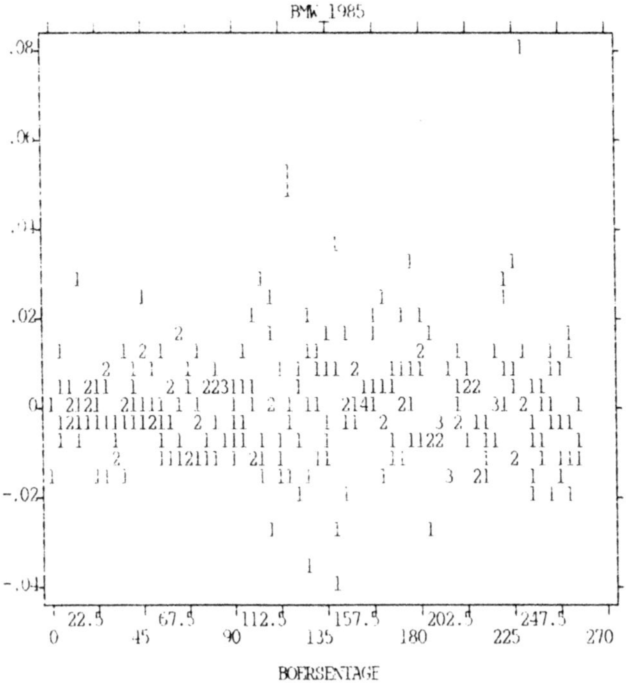
BMW_1985
.08
.06
.04
.02
0
-.02
-.04
Residual
22.5
67.5
112.5
157.5
202.5
247.5
0
45
90
135
180
225
270
BOERSENTAGE

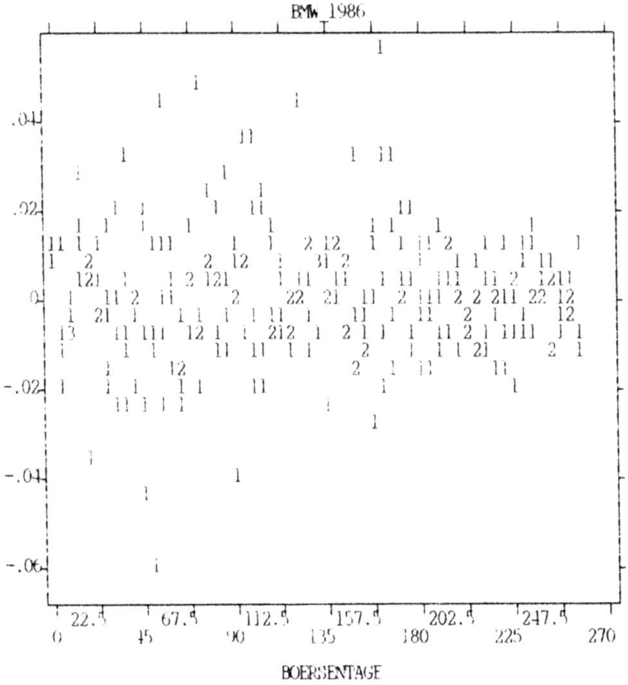
BMW_1986
.04
.02
0
-.02
-.04
-.06
Residual
22.5
67.5
112.5
157.5
202.5
247.5
0
45
90
135
180
225
270
BOERSENTAGE

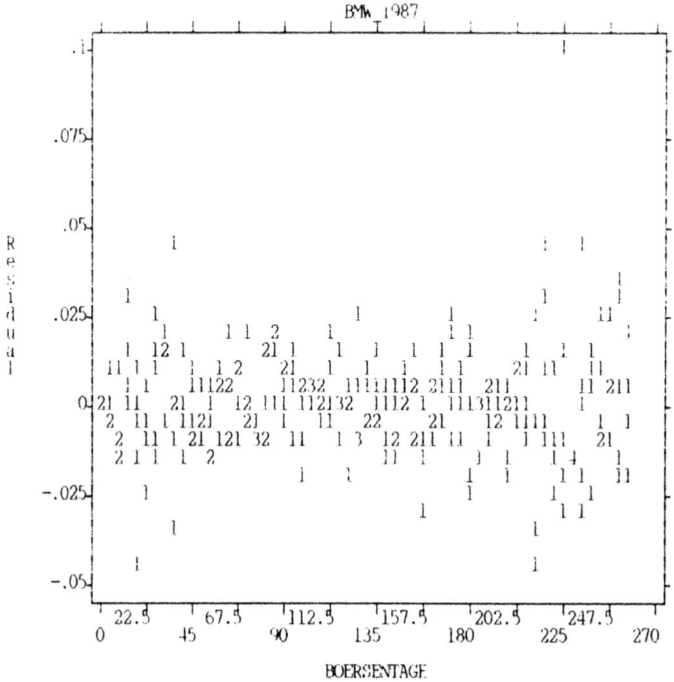
BMW_1987
Residual
.1
.075
.05
.025
0
-.025
-.05
22.5
67.5
112.5
157.5
202.5
247.5
0
45
90
135
180
225
270
BOERSENTAGE

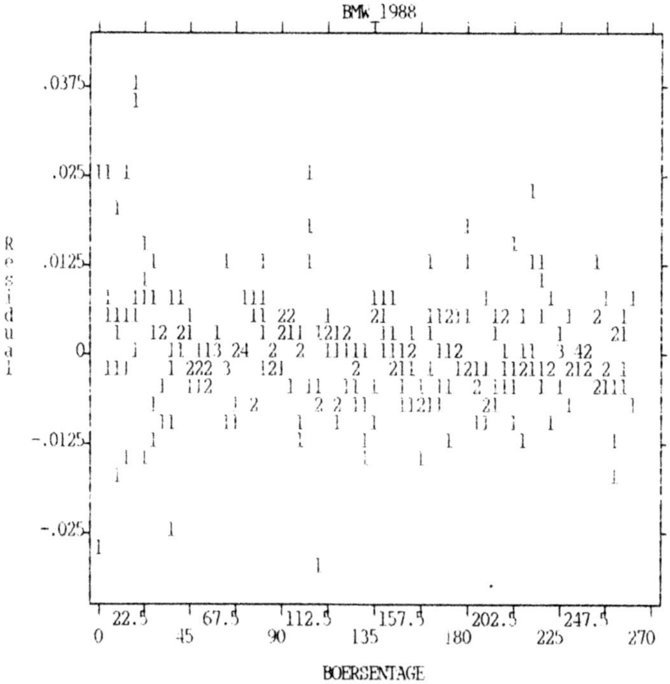
BMW_1988
Residual
.0375
.025
.0125
0
-.0125
-.025
22.5
67.5
112.5
157.5
202.5
247.5
0
45
90
135
180
225
270
BOERSENTAGE

ANHANG V: Selektierte Intervalle mit ausgeprägten Residuen

Abnormal Performance 1983

BASF	BAYER	HOECHST
+ 23.03. - 07.04.	+ 23.03. - 07.04.	+ 07.04.
- 08.04. - 27.04.	- 08.04. - 22.04.	- 08.04. - 25.04.
- 17.05.		
+ 18.05.		
		- 15.06.
	+ 30.06. - 12.07.	+ 30.06. - 12.07.
		+ 16.08.
- 23.08. - 02.09.		
	+ 02.09. - 06.09.	
+ 05.09. - 07.09.		
- 08.09. - 09.09.		
	+ 27.09.	
		+ 18.10.
+ 26.10. - 01.11.	+ 26.10.	+ 26.10. - 01.11.
- 04.11.		- 04.11. - 07.11.
+ 15.11.		+ 08.11. - 21.11.
	+ 28.11.	
		- 29.11. - 12.12.

BMW	DAIMLER	VW
	+ 22.03. - 07.04.	
		- 31.03. - 14.04.
+ 11.04. - 19.04.		
		+ 21.04. - 25.04.
		- 29.04.
	+ 03.05. - 05.05.	
- 06.05. - 13.05.		
		+ 06.06. - 21.06.
+ 13.06. - 08.07.	- 29.06.	
		+ 08.07. - 12.07.
- 11.07. - 13.07.		
+ 11.08. - 12.08.		+ 28.07. - 18.08.
+ 25.10.	+ 11.10. - 25.10.	- 17.10. - 24.10.
	- 26.10. - 31.10.	
+ 11.11. - 15.11.		
	+ 25.11. - 28.11.	- 17.11. - 29.11.
- 28.12.	- 16.12. - 28.12.	

Abnormal Performance 1984

BASF	BAYER	HOECHST
		+ 05.01. - 10.01.
	+ 18.01. - 31.01.	
		- 27.01. - 09.02.
- 03.02. - 09.02.		
+ 10.02.	- 01.02. - 16.02.	
+ 24.02. - 27.02.	+ 17.02. - 28.02.	+ 22.02.
	- 29.02. - 08.03.	
	+ 14.03. - 19.03.	
- 27.03.		
		+ 12.04. - 27.04.
+ 16.04. - 30.04.		
	- 01.06.	
	+ 04.06. - 05.06.	+ 04.06. - 05.06.
	- 06.06. - 15.06.	- 06.06. - 18.06.
		+ 19.06.
	+ 29.06. - 02.07.	
		- 05.07.
+ 16.07. - 23.07.		+ 06.07. - 24.07.
	+ 31.07. - 06.08.	
		- 08.08. - 13.08.
- 22.08. - 23.08.		
+ 24.08. - 27.08.		
- 11.09. - 20.09.	- 11.09. - 20.09.	- 11.09. - 20.09.
+ 02.10. - 16.10.	+ 02.10. - 15.10.	+ 02.10. - 15.10.
+ 02.11.		
	+ 06.11.	
		+ 23.11. - 06.12.

BMW	DAIMLER	VW
	- 20.12. - 13.01.	+ 21.12. - 03.01.
		- 11.01. - 16.01.
+ 23.01. - 02.02.	+ 23.01.	
- 06.02.	- 03.02. - 13.02.	
	- 20.02. - 21.02.	
	+ 22.02. - 27.02.	
+ 19.03. - 29.03.		
		+ 03.04.
		- 06.04. - 30.04.
	+ 24.04. - 03.05.	
+ 05.06. - 14.06.		
- 03.07. - 05.07.		
	+ 05.07. - 06.07.	
		- 12.07. - 19.07.
+ 06.07. - 23.07.		
+ 31.07. - 06.08.		
- 24.08. - 07.09.		
	- 30.08. - 11.09.	- 30.08. - 18.09.
- 18.09.	+ 12.09. - 27.09.	
+ 19.09.		+ 19.09. - 02.10.
- 20.09. - 03.10.	- 03.10.	
		+ 11.10. - 18.10.
		+ 25.10. - 31.10.
- 06.11. - 07.11.		
		+ 15.11.

Abnormal Performance 1985

BASF	BAYER	HOECHST
- 03.01.		
		- 04.01. - 15.01.
+ 15.02. - 08.03.	+ 21.02. - 08.03.	+ 19.02. - 08.03.
	- 11.03. - 14.03.	
	- 20.03. - 29.03.	- 20.03. - 28.03.
+ 02.04. - 04.04.		
		+ 14.05. - 20.05.
		- 05.06. - 20.06.
	- 13.06. - 21.06.	
		+ 26.06.
+ 03.07. - 08.07.		
		+ 04.07. - 10.07.
- 09.07. - 17.07.		
	- 11.07. - 24.07.	- 11.07. - 23.07.
		- 21.08. - 03.09.
- 22.08. - 04.09.	- 22.08. - 04.09.	
	- 10.09.	
+ 11.09. - 20.09.		
	- 23.09.	
+ 08.10.	+ 08.10.	+ 08.10.
+ 11.10. - 16.10.		+ 16.10.
+ 21.10. - 22.10.	+ 16.10. - 24.10.	
		+ 24.10. - 25.10.
- 28.10. - 29.10.		
	+ 31.10. - 04.11.	
	- 05.11. - 18.11.	- 13.11.
	+ 19.11. - 25.11.	
- 16.12.		
		+ 30.12.

BMW	DAIMLER	VW
		+ 06.03.
	+ 23.04. - 26.04.	
		+ 09.05. - 21.05.
+ 21.05. - 24.05.	+ 14.05. - 04.06.	
- 28.05. - 07.06.		
		+ 04.06. - 20.06.
+ 11.06. - 24.06.		
- 25.06. - 26.06.		- 21.06. - 26.06.
- 11.07.		
+ 12.07.	+ 12.07. - 15.07.	
- 15.07. - 18.07.		
+ 08.08. - 09.08.		+ 01.08. - 09.08.
	+ 23.08. - 27.08.	
+ 29.08. - 30.08.		- 29.08.
+ 06.09. - 10.09.		
- 11.09. - 13.09.		
		- 17.09. - 04.10.
	+ 08.10. - 14.10.	
		- 11.10. - 15.10.
	- 15.10. - 28.10.	+ 17.10.
	+ 29.10. - 12.11.	+ 24.10. - 13.11.
+ 31.10. - 19.11.	- 13.11. - 15.11.	
	+ 19.11.	
	- 06.12. - 11.12.	
	+ 12.12. - 16.12.	
		+ 13.12. - 17.12.
	- 17.12. - 20.12.	
	+ 23.12.	
		+ 30.12.

Abnormal Performance 1986

BASF	BAYER	HOECHST
+ 06.01.	+ 02.01. - 06.01.	+ 30.12. - 06.01.
- 07.01. - 14.01.	- 07.01. - 14.01.	- 07.01. - 22.01.
	+ 23.01. - 28.01.	
+ 03.02. - 04.03.	+ 07.02. - 26.02.	+ 11.02. - 04.03.
- 11.04. - 16.04.	- 02.04. - 16.04.	
+ 17.04. - 18.04.	+ 17.04. - 18.04.	+ 18.04.
		+ 20.05. - 02.06.
		- 03.06. - 11.06.
- 25.06. - 01.07.		- 30.06. - 01.07.
+ 02.07. - 03.07.		
	- 28.07. - 08.08.	- 28.07. - 29.07.
+ 11.08.	+ 11.08. - 12.08.	
- 13.08.	- 13.08.	
		- 11.09. - 12.09.
	+ 27.11. - 28.11.	+ 25.11. - 01.12.
	- 03.12. - 10.12.	
	+ 11.12. - 22.12.	

BMW	DAIMLER	VW
	- 17.12. - 03.01.	+ 13.12. - 08.01.
+ 06.01. - 09.01.	+ 06.01. - 15.01.	
- 14.01.	- 16.01.	- 09.01. - 16.01.
	+ 17.01. - 27.01.	
		+ 05.02. - 07.02.
- 07.02. - 18.02.		
	- 14.02. - 03.03.	
- 20.02. - 04.03.		
+ 05.03. - 07.03.		+ 06.03.
	- 07.03. - 12.03.	- 11.03.
- 12.03. - 20.03.	+ 13.03. - 17.03.	+ 20.03.
+ 25.03. - 27.03.		
+ 17.04. - 18.04.	+ 07.04. - 28.04.	+ 08.04. - 15.04.
- 29.04.		
+ 07.05. - 12.05.	- 06.05. - 13.05.	
	+ 14.05. - 21.05.	
	+ 28.05. - 05.06.	
	- 06.06. - 11.06.	- 06.06. - 13.06.
	+ 12.06. - 13.06.	
+ 18.06. - 20.06.		
		- 27.06. - 08.07.
	+ 11.07. - 23.07.	
	- 24.07. - 05.08.	
+ 06.08. - 27.08.	- 08.08. - 19.08.	+ 11.08. - 14.08.
		- 15.08. - 29.08.
		+ 01.09. - 08.09.
		- 03.10. - 08.10.
		- 29.10. - 24.11.

Abnormal Performance 1987

BASF	BAYER	HOECHST
- 08.01. - 19.01.		
	- 12.01. - 22.01.	
		- 15.01. - 28.01.
+ 29.01. - 09.02.		+ 29.01. - 09.02.
- 10.02. - 11.02.	+ 02.02. - 13.02.	
+ 05.03. - 16.03.	+ 09.03. - 16.03.	
+ 24.03. - 27.03.	- 17.03. - 30.03.	
- 30.03. - 08.04.		
+ 02.06. - 12.06.		
		- 04.06. - 22.06.
		- 23.06. - 24.06.
+ 05.08.		- 04.08. - 17.08.
		+ 02.10.
- 08.10. - 19.10.		- 06.10. - 19.10.
+ 20.10.	- 12.10. - 20.10.	+ 20.10.
- 21.10. - 22.10.	+ 21.10. - 12.11.	- 21.10. - 22.10.
+ 23.10. - 29.10.		+ 23.10. - 12.11.
- 30.10. - 03.11.		
+ 04.11. - 12.11.		
- 13.11. - 16.11.		
+ 17.11. - 25.11.	+ 20.11.	
	- 25.11. - 26.11.	+ 19.11. - 01.12.

BMW	DAIMLER	VW
- 12.01. - 23.01.	- 14.01.	
+ 26.01. - 05.02.	- 03.02.	- 28.01. - 03.02.
	+ 04.02. - 05.02.	
- 06.02. - 19.02.	- 06.02. - 13.02.	
		+ 19.02. - 04.03.
	- 06.03. - 11.03.	- 05.03. - 11.03.
		+ 12.03. - 19.03.
+ 10.04. - 28.04.		- 10.04. - 15.04.
		+ 25.06.
		- 10.07. - 24.07.
	- 27.07. - 05.08.	- 30.07. - 31.07.
- 05.08. - 12.08.		
+ 13.08. - 26.08.		
	- 03.09. - 04.09.	
	- 07.09. - 10.09.	
- 08.09. - 18.09.		
- 20.10.	+ 13.10 - 30.10.	+ 13.10. - 28.10.
- 22.10. - 23.10.		
+ 29.10. - 30.10.		- 29.10.
- 02.11. - 10.11.	- 02.11. - 12.11.	+ 30.10. - 16.11.
+ 11.11.		
- 12.11. - 23.11.	+ 13.11. - 16.11.	
	- 17.11. - 23.11.	
		- 23.11. - 24.11.
+ 24.11. - 26.11.		
+ 07.12. - 29.12.	- 23.12.	+ 22.12.
		- 23.12.
	+ 28.12. - 29.12.	

Abnormal Performance 1988

BASF	BAYER	HOECHST
	+ 17.12. - 28.12.	
	- 30.12. - 14.01.	
- 04.01. - 20.01.	+ 15.01. - 19.01.	
	- 20.01. - 03.02.	
- 26.01. - 18.02.	- 09.02. - 17.02.	
		- 05.02. - 19.02.
+ 22.02. - 29.02.		
+ 09.03. - 17.03.		
- 18.03.	+ 16.03. - 24.03.	
- 28.03.	- 25.03.	+ 22.03. - 28.03.
+ 29.03.		- 29.03. - 06.04.
	+ 07.04. - 14.04.	
+ 06.05. - 20.05.		+ 29.04. - 20.05.
- 24.05.	+ 11.05. - 03.06.	- 24.05.
- 01.06. - 03.06.		
		- 08.06. - 10.06.
	+ 11.07. - 15.07.	+ 11.07. - 14.07.
		+ 25.07. - 11.08.
		+ 28.09. - 29.09.
		+ 13.10. - 14.10.
	- 17.10. - 02.11.	
+ 15.11. - 01.12.		
	+ 19.12. - 23.12.	

BMW	DAIMLER	VW
+ 04.01. - 26.01.		- 04.01. - 14.01.
- 09.02. - 11.02.	+ 01.02. - 19.02.	+ 11.02. - 15.02.
		+ 25.02.
		- 02.03. - 10.03.
	- 15.03. - 23.03.	
	+ 25.03.	+ 22.03. - 28.03.
		- 29.03.
	+ 15.04. - 20.04.	
	+ 13.05.	
+ 17.05. - 20.05.		
- 24.05. - 30.05.	- 24.05. - 27.05.	- 24.05.
- 21.06. - 01.07.		
	+ 01.07. - 12.07.	
	- 21.07.	- 18.07. - 05.08.
+ 06.09. - 08.09.	+ 07.09.	
		+ 27.09. - 17.10.
+ 18.10. - 20.10.	+ 18.10. - 19.10.	
	- 14.12. - 19.12.	
		+ 23.12. - 27.12.

Anhang VI: Anzahl der selektierten potentiellen Insiderhandelstage

Berücksichtigung von positiver "abnormal performance" am Aktienmarkt:

BASF	1983	1984	1985	1986	1987
5 Tage Vorlauf	20	35	36	22	43
10 Tage Vorlauf	40	70	67	42	80
15 Tage Vorlauf	59	100	97	62	108
20 Tage Vorlauf	74	130	126	83	132
30 Tage Vorlauf	105	178	176	121	167
40 Tage Vorlauf	132	202	210	151	202
50 Tage Vorlauf	152	222	239	180	231
60 Tage Vorlauf	172	241	248	191	245
50% Überlappung:					
5 Tage Vorlauf	23	49	53	35	65
10 Tage Vorlauf	43	84	83	55	96
15 Tage Vorlauf	60	114	113	75	121
20 Tage Vorlauf	75	142	138	96	145
30 Tage Vorlauf	106	183	182	133	176
40 Tage Vorlauf	132	206	214	163	210
50 Tage Vorlauf	152	226	240	181	234
60 Tage Vorlauf	172	241	248	191	248
5 Tage Abstand:					
5 Tage Vorlauf	20	35	38	20	43
10 Tage Vorlauf	40	70	69	40	80
15 Tage Vorlauf	59	100	99	61	107
20 Tage Vorlauf	74	130	131	83	127
10 Tage Abstand:					
5 Tage Vorlauf	20	35	38	20	43
10 Tage Vorlauf	40	70	69	41	79
15 Tage Vorlauf	59	100	102	63	102
20 Tage Vorlauf	75	129	136	83	122
"abn.perf."int.:	13	32	38	28	48

BAYER	1983	1984	1985	1986	1987
5 Tage Vorlauf	25	40	30	30	25
10 Tage Vorlauf	50	80	56	60	51
15 Tage Vorlauf	78	117	75	81	81
20 Tage Vorlauf	105	147	90	96	107
30 Tage Vorlauf	138	176	116	135	124
40 Tage Vorlauf	163	200	132	167	134
50 Tage Vorlauf	179	225	142	194	144
60 Tage Vorlauf	187	239	152	214	154
50% Überlappung:					
5 Tage Vorlauf	32	60	42	47	44
10 Tage Vorlauf	57	100	66	75	70
15 Tage Vorlauf	85	136	83	94	97
20 Tage Vorlauf	111	159	98	109	116
30 Tage Vorlauf	142	180	122	146	127
40 Tage Vorlauf	167	204	138	176	137
50 Tage Vorlauf	179	227	148	196	147
60 Tage Vorlauf	187	239	158	216	157
5 Tage Abstand:					
5 Tage Vorlauf	25	40	30	30	26
10 Tage Vorlauf	53	77	56	60	56
15 Tage Vorlauf	83	112	80	76	86
20 Tage Vorlauf	110	142	95	95	108
10 Tage Abstand:					
5 Tage Vorlauf	28	37	30	30	30
10 Tage Vorlauf	58	72	61	55	60
15 Tage Vorlauf	88	107	85	75	86
20 Tage Vorlauf	115	137	100	95	107
"abn.perf."int.:	22	42	27	35	40

HOECHST	1983	1984	1985	1986	1987
5 Tage Vorlauf	29	38	40	20	28
10 Tage Vorlauf	54	73	68	40	53
15 Tage Vorlauf	74	100	93	60	75
20 Tage Vorlauf	94	125	118	80	92
30 Tage Vorlauf	134	175	166	118	112
40 Tage Vorlauf	166	211	200	148	132
50 Tage Vorlauf	181	231	223	166	152
60 Tage Vorlauf	187	248	240	176	176
50% Überlappung:					
5 Tage Vorlauf	39	62	53	35	48
10 Tage Vorlauf	62	96	81	55	73
15 Tage Vorlauf	82	123	106	75	91
20 Tage Vorlauf	102	148	131	95	105
30 Tage Vorlauf	141	196	176	132	125
40 Tage Vorlauf	166	222	210	160	145
50 Tage Vorlauf	181	242	232	170	165
60 Tage Vorlauf	187	250	242	180	189
5 Tage Abstand:					
5 Tage Vorlauf	30	35	40	20	28
10 Tage Vorlauf	55	70	68	40	53
15 Tage Vorlauf	75	97	93	61	74
20 Tage Vorlauf	95	122	118	85	87
10 Tage Abstand:					
5 Tage Vorlauf	30	35	40	20	28
10 Tage Vorlauf	55	70	68	41	52
15 Tage Vorlauf	75	97	93	66	69
20 Tage Vorlauf	95	122	120	88	82
"abn.perf."int.:	26	51	29	34	44

BMW	1983	1984	1985	1986	1987
5 Tage Vorlauf	24	30	38	32	40
10 Tage Vorlauf	44	60	74	62	76
15 Tage Vorlauf	62	90	107	89	101
20 Tage Vorlauf	82	112	131	108	118
30 Tage Vorlauf	122	143	163	144	148
40 Tage Vorlauf	162	169	192	169	178
50 Tage Vorlauf	184	179	203	181	208
60 Tage Vorlauf	187	181	213	191	227
50% Überlappung:					
5 Tage Vorlauf	38	49	54	47	63
10 Tage Vorlauf	58	79	89	77	96
15 Tage Vorlauf	76	105	119	101	116
20 Tage Vorlauf	96	123	141	120	132
30 Tage Vorlauf	136	153	171	155	162
40 Tage Vorlauf	168	173	193	179	192
50 Tage Vorlauf	185	181	203	189	222
60 Tage Vorlauf	187	181	213	199	232
5 Tage Abstand:					
5 Tage Vorlauf	20	30	40	30	40
10 Tage Vorlauf	40	60	76	60	76
15 Tage Vorlauf	63	85	109	91	97
20 Tage Vorlauf	83	107	133	111	113
10 Tage Abstand:					
5 Tage Vorlauf	20	30	40	30	40
10 Tage Vorlauf	45	55	76	64	72
15 Tage Vorlauf	68	80	109	96	92
20 Tage Vorlauf	88	102	133	116	108
"abn.perf."int.:	32	43	35	34	51

DAIMLER	1983	1984	1985	1986	1987
5 Tage Vorlauf	15	20	48	37	25
10 Tage Vorlauf	30	40	90	70	50
15 Tage Vorlauf	45	60	129	90	75
20 Tage Vorlauf	65	75	150	105	100
30 Tage Vorlauf	95	97	190	127	133
40 Tage Vorlauf	116	117	211	146	143
50 Tage Vorlauf	126	129	221	156	153
60 Tage Vorlauf	136	139	231	166	163
50% Überlappung:					
5 Tage Vorlauf	22	31	67	63	37
10 Tage Vorlauf	37	51	108	87	62
15 Tage Vorlauf	52	71	138	106	87
20 Tage Vorlauf	72	86	159	117	108
30 Tage Vorlauf	99	108	198	134	134
40 Tage Vorlauf	117	128	211	150	144
50 Tage Vorlauf	127	138	221	160	154
60 Tage Vorlauf	137	148	231	170	164
5 Tage Abstand:					
5 Tage Vorlauf	15	20	50	35	25
10 Tage Vorlauf	30	40	95	65	50
15 Tage Vorlauf	50	55	134	85	75
20 Tage Vorlauf	65	70	155	102	103
10 Tage Abstand:					
5 Tage Vorlauf	15	20	54	31	25
10 Tage Vorlauf	35	35	100	60	50
15 Tage Vorlauf	50	50	139	82	78
20 Tage Vorlauf	65	65	160	102	103
"abn.perf."int.:	19	24	44	56	24

VW	1983	1984	1985	1986	1987
5 Tage Vorlauf	25	25	40	30	30
10 Tage Vorlauf	50	50	73	60	60
15 Tage Vorlauf	71	70	103	81	88
20 Tage Vorlauf	86	81	129	96	108
30 Tage Vorlauf	108	101	180	111	150
40 Tage Vorlauf	118	121	225	127	183
50 Tage Vorlauf	128	146	243	147	203
60 Tage Vorlauf	138	176	248	167	223
50% Überlappung:					
5 Tage Vorlauf	44	35	62	39	50
10 Tage Vorlauf	69	57	92	69	77
15 Tage Vorlauf	89	71	119	88	97
20 Tage Vorlauf	102	81	144	103	117
30 Tage Vorlauf	120	101	193	117	159
40 Tage Vorlauf	130	121	228	133	186
50 Tage Vorlauf	140	146	246	153	206
60 Tage Vorlauf	150	176	248	173	226
5 Tage Abstand:					
5 Tage Vorlauf	25	25	40	30	30
10 Tage Vorlauf	47	50	73	60	60
15 Tage Vorlauf	66	70	103	81	88
20 Tage Vorlauf	81	81	130	95	108
10 Tage Abstand:					
5 Tage Vorlauf	22	25	40	30	30
10 Tage Vorlauf	42	50	73	60	60
15 Tage Vorlauf	61	70	104	80	88
20 Tage Vorlauf	76	81	135	90	110
"abn.perf."int.:	39	25	52	26	42

Berücksichtigung von negativer "abnormal performance" am Aktienmarkt:

BASF	1983	1984	1985	1986	1987
5 Tage Vorlauf	23	24	23	19	39
10 Tage Vorlauf	43	49	48	39	70
15 Tage Vorlauf	60	73	69	59	90
20 Tage Vorlauf	75	93	89	79	110
30 Tage Vorlauf	107	127	129	119	143
40 Tage Vorlauf	137	154	155	154	158
50 Tage Vorlauf	158	174	172	182	168
60 Tage Vorlauf	178	194	182	202	178
50% Überlappung:					
5 Tage Vorlauf	35	31	32	26	55
10 Tage Vorlauf	53	56	57	46	80
15 Tage Vorlauf	68	79	78	66	100
20 Tage Vorlauf	82	99	98	86	119
30 Tage Vorlauf	108	133	137	126	149
40 Tage Vorlauf	138	158	160	159	162
50 Tage Vorlauf	158	178	172	185	172
60 Tage Vorlauf	178	198	182	205	182
5 Tage Abstand:					
5 Tage Vorlauf	20	25	25	20	35
10 Tage Vorlauf	40	50	50	40	66
15 Tage Vorlauf	57	74	71	60	90
20 Tage Vorlauf	73	93	91	80	111
10 Tage Abstand:					
5 Tage Vorlauf	20	25	25	20	35
10 Tage Vorlauf	40	50	50	40	70
15 Tage Vorlauf	58	73	71	60	95
20 Tage Vorlauf	77	88	91	83	113
"abn.perf."int.:	27	16	21	16	33

BAYER	1983	1984	1985	1986	1987
5 Tage Vorlauf	3	23	42	23	25
10 Tage Vorlauf	3	43	83	47	46
15 Tage Vorlauf	3	63	116	69	67
20 Tage Vorlauf	3	83	145	89	87
30 Tage Vorlauf	11	105	195	122	120
40 Tage Vorlauf	21	125	225	152	141
50 Tage Vorlauf	31	147	243	182	157
60 Tage Vorlauf	41	177	248	211	167
50% Überlappung:					
5 Tage Vorlauf	8	39	66	39	39
10 Tage Vorlauf	8	59	103	60	60
15 Tage Vorlauf	8	78	133	80	80
20 Tage Vorlauf	8	93	159	100	100
30 Tage Vorlauf	16	115	204	130	130
40 Tage Vorlauf	26	135	229	160	150
50 Tage Vorlauf	36	157	247	190	162
60 Tage Vorlauf	46	187	248	216	172
5 Tage Abstand:					
5 Tage Vorlauf	1	23	45	24	21
10 Tage Vorlauf	1	43	86	49	44
15 Tage Vorlauf	1	63	119	71	67
20 Tage Vorlauf	4	80	148	91	87
10 Tage Abstand:					
5 Tage Vorlauf	1	23	45	25	23
10 Tage Vorlauf	1	43	86	50	48
15 Tage Vorlauf	4	60	119	72	71
20 Tage Vorlauf	9	75	148	92	91
"abn.perf."int.:	11	35	50	34	29

HOECHST	1983	1984	1985	1986	1987
5 Tage Vorlauf	18	33	29	23	25
10 Tage Vorlauf	33	68	59	44	49
15 Tage Vorlauf	48	103	89	69	65
20 Tage Vorlauf	60	133	119	92	80
30 Tage Vorlauf	90	161	172	122	116
40 Tage Vorlauf	120	181	205	145	146
50 Tage Vorlauf	136	201	235	165	171
60 Tage Vorlauf	146	221	248	185	191
50% Überlappung:					
5 Tage Vorlauf	30	49	50	35	42
10 Tage Vorlauf	45	84	80	56	62
15 Tage Vorlauf	60	119	110	81	77
20 Tage Vorlauf	71	144	139	100	92
30 Tage Vorlauf	101	170	184	130	127
40 Tage Vorlauf	126	190	217	152	157
50 Tage Vorlauf	136	210	243	172	177
60 Tage Vorlauf	146	230	248	192	197
5 Tage Abstand:					
5 Tage Vorlauf	15	35	30	21	24
10 Tage Vorlauf	30	70	60	46	44
15 Tage Vorlauf	46	104	90	71	60
20 Tage Vorlauf	62	130	120	94	76
10 Tage Abstand:					
5 Tage Vorlauf	15	35	30	25	20
10 Tage Vorlauf	31	69	60	50	40
15 Tage Vorlauf	51	99	90	75	57
20 Tage Vorlauf	67	125	120	98	77
"abn.perf."int.:	25	34	45	25	34

BMW	1983	1984	1985	1986	1987
5 Tage Vorlauf	15	27	22	25	37
10 Tage Vorlauf	30	52	44	51	63
15 Tage Vorlauf	45	77	66	70	83
20 Tage Vorlauf	60	99	84	83	102
30 Tage Vorlauf	85	134	114	103	130
40 Tage Vorlauf	105	155	144	115	150
50 Tage Vorlauf	117	165	166	125	170
60 Tage Vorlauf	127	175	186	135	188
50% Überlappung:					
5 Tage Vorlauf	18	39	30	36	61
10 Tage Vorlauf	33	64	52	58	83
15 Tage Vorlauf	48	86	72	73	102
20 Tage Vorlauf	63	106	87	86	117
30 Tage Vorlauf	88	139	117	105	138
40 Tage Vorlauf	108	156	147	115	158
50 Tage Vorlauf	118	166	167	125	178
60 Tage Vorlauf	128	176	187	135	193
5 Tage Abstand:					
5 Tage Vorlauf	15	27	24	27	33
10 Tage Vorlauf	30	52	49	51	58
15 Tage Vorlauf	45	77	71	70	78
20 Tage Vorlauf	58	99	89	83	97
10 Tage Abstand:					
5 Tage Vorlauf	15	27	27	25	32
10 Tage Vorlauf	30	52	52	49	57
15 Tage Vorlauf	43	77	74	68	77
20 Tage Vorlauf	58	94	94	83	96
"abn.perf."int.:	9	28	18	26	52

DAIMLER	1983	1984	1985	1986	1987
5 Tage Vorlauf	17	25	20	35	43
10 Tage Vorlauf	32	50	37	72	81
15 Tage Vorlauf	47	71	57	103	111
20 Tage Vorlauf	62	91	70	128	136
30 Tage Vorlauf	98	119	81	159	169
40 Tage Vorlauf	125	139	91	181	189
50 Tage Vorlauf	145	149	101	191	201
60 Tage Vorlauf	162	159	111	201	215
50% Überlappung:					
5 Tage Vorlauf	26	35	32	55	59
10 Tage Vorlauf	41	58	47	88	94
15 Tage Vorlauf	56	78	65	113	123
20 Tage Vorlauf	71	98	71	136	145
30 Tage Vorlauf	101	121	81	167	172
40 Tage Vorlauf	125	140	91	185	192
50 Tage Vorlauf	145	150	101	195	203
60 Tage Vorlauf	162	160	111	205	217
5 Tage Abstand:					
5 Tage Vorlauf	17	25	20	37	41
10 Tage Vorlauf	32	50	42	72	76
15 Tage Vorlauf	47	71	62	103	106
20 Tage Vorlauf	63	90	75	128	131
10 Tage Abstand:					
5 Tage Vorlauf	17	25	25	35	38
10 Tage Vorlauf	32	50	47	70	73
15 Tage Vorlauf	48	70	67	103	101
20 Tage Vorlauf	68	85	80	128	126
"abn.perf."int.:	14	31	24	45	36

VW	1983	1984	1985	1986	1987
5 Tage Vorlauf	15	20	20	35	44
10 Tage Vorlauf	33	37	45	65	84
15 Tage Vorlauf	53	52	68	94	123
20 Tage Vorlauf	71	67	86	119	152
30 Tage Vorlauf	93	97	116	169	186
40 Tage Vorlauf	110	122	146	209	206
50 Tage Vorlauf	120	147	175	232	226
60 Tage Vorlauf	130	177	193	248	244
50% Überlappung:					
5 Tage Vorlauf	25	39	30	61	57
10 Tage Vorlauf	43	56	55	91	96
15 Tage Vorlauf	63	71	74	117	131
20 Tage Vorlauf	77	86	89	140	160
30 Tage Vorlauf	97	116	119	190	189
40 Tage Vorlauf	110	138	149	221	209
50 Tage Vorlauf	120	163	176	241	229
60 Tage Vorlauf	130	189	193	248	245
5 Tage Abstand:					
5 Tage Vorlauf	18	17	25	30	44
10 Tage Vorlauf	38	32	50	60	84
15 Tage Vorlauf	56	47	73	91	121
20 Tage Vorlauf	71	62	91	119	147
10 Tage Abstand:					
5 Tage Vorlauf	20	15	25	30	44
10 Tage Vorlauf	38	30	50	62	82
15 Tage Vorlauf	53	45	73	96	116
20 Tage Vorlauf	68	60	91	124	142
"abn.perf."int.:	24	39	22	54	31

Anhang VII: Fehlbewertungsober- bzw. -untergrenzen für die Definition der Merkmalsausprägung F_1 bei der aggregierten Optionsstichprobe

BASF	1983	1984	1985	1986	1987
Obergrenzen:					
5%-Grenze	-0,6111	-0,8278	-1,0221	-1,2824	-0,7586
25%-Grenze	-0,3110	-0,4056	-0,4508	-0,6130	-0,1627
50%-Grenze	-0,1055	-0,2547	-0,2830	-0,2152	+0,0026
Untergrenzen:					
5%-Grenze	0,0929	-0,0132	-0,0359	+0,1446	+0,2507
25%-Grenze	-0,0074	-0,1180	-0,1399	+0,0006	+0,1390
50%-Grenze	-0,1119	-0,2558	-0,2828	-0,2130	+0,0039

BAYER	1983	1984	1985	1986	1987
Obergrenzen:					
5%-Grenze	-0,5976	-0,9581	-1,3579	-0,8999	-0,7722
25%-Grenze	-0,3149	-0,3623	-0,6650	-0,4727	-0,0821
50%-Grenze	-0,1281	-0,1751	-0,3138	-0,1968	+0,0485
Untergrenzen:					
5%-Grenze	+0,1131	+0,0642	-0,0366	+0,2043	+0,2278
25%-Grenze	-0,0066	-0,0511	-0,1673	+0,0525	+0,1402
50%-Grenze	-0,1361	-0,1724	-0,3120	-0,1880	+0,0518

HOECHST	1983	1984	1985	1986	1987
Obergrenzen:					
5%-Grenze	-0,3925	-0,7662	-1,2515	-1,3457	-0,5418
25%-Grenze	-0,1622	-0,2960	-0,5385	-0,7047	-0,1664
50%-Grenze	-0,0597	-0,0809	-0,2808	-0,2718	+0,0334
Untergrenzen:					
5%-Grenze	+0,1534	+0,1513	+0,0012	+0,0731	+0,2604
25%-Grenze	+0,0406	+0,0172	-0,1249	-0,0565	+0,1506
50%-Grenze	-0,0597	-0,0845	-0,2697	-0,2718	+0,0346

BMW	1983	1984	1985	1986	1987
Obergrenzen:					
5%-Grenze	-0,5973	-0,3880	-0,7045	-0,8397	-0,8215
25%-Grenze	-0,2869	-0,0387	-0,1921	-0,3211	-0,0675
50%-Grenze	-0,0409	+0,2429	+0,0334	+0,0076	+0,0847
Untergrenzen:					
5%-Grenze	+0,2811	+0,4216	+0,5943	+0,4046	+0,3212
25%-Grenze	+0,0326	+0,2429	+0,2423	+0,1580	+0,1694
50%-Grenze	-0,1459	-0,0387	-0,0327	-0,0446	+0,0782

DAIMLER	1983	1984	1985	1986	1987
Obergrenzen:					
5%-Grenze	-0,7323	-0,8629	-1,9126	-0,9747	-0,6922
25%-Grenze	-0,2798	-0,1717	-0,6203	-0,2271	-0,0790
50%-Grenze	+0,0466	+0,0917	-0,1573	+0,0951	+0,1456
Untergrenzen:					
5%-Grenze	+0,2729	+0,3734	+0,3208	+0,4202	+0,3804
25%-Grenze	-0,0457	+0,1576	+0,0420	+0,2826	+0,2555
50%-Grenze	-0,4192	-0,0587	-0,2036	+0,0951	+0,1473

VW	1983	1984	1985	1986	1987
Obergrenzen:					
5%-Grenze	-0,3951	-0,4459	-0,5175	-0,4088	-0,6094
25%-Grenze	-0,1878	-0,1514	-0,2609	-0,2319	-0,0221
50%-Grenze	-0,0537	-0,0481	-0,1315	-0,0903	+0,0945
Untergrenzen:					
5%-Grenze	+0,1726	+0,1421	+0,1107	+0,1536	+0,3085
25%-Grenze	+0,0585	+0,0387	-0,0097	-0,0003	+0,1869
50%-Grenze	-0,0537	-0,0470	-0,1312	-0,0903	+0,0946

LITERATURVERZEICHNIS

ALCHIAN, A.A.; WOODWARD, S. (1987): Reflections on the Theory of the Firm, in: Journal of Institutional and Theoretical Economics (Zeitschrift für die gesamte Staatswissenschaft), Vol.143 (1987), S. 110 - 137.

ANTHONY, J.H. (1988): The Interrelation of Stock and Options Market Trading-Volume Data, in: Journal of Finance, Vol.43 (1988), S. 949 - 964.

ARBEITSGEMEINSCHAFT DER DEUTSCHEN WERTPAPIERBÖRSEN: Jahresbericht 1987.

ARBEITSKREIS GESELLSCHAFTSRECHT (1976): Verbot des Insiderhandelns, Heidelberg 1976.

AYRES, H.F. (1963): Risk Aversion in the Warrant Markets, wiederabgedruckt in: Cootner, P.H. (Hrsg.): The Random Character of Stock Market Prices, rev. ed., Cambridge 1970, S. 497 - 505.

BALL, R.; BROWN, PH. (1968): An Empirical Evaluation of Accounting Income Numbers, in: Journal of Accounting Research, Vol.6 (1968), S. 159-178.

BALL, C.A.; TOROUS, W.N. (1985): On Jumps in Common Stock Prices and Their Impact on Call Option Pricing, in: Journal of Finance, Vol.40 (1985), S. 155 - 173.

BALLWIESER, W. (1976): Insiderrecht und positive Aktienkurstheorie, in: Zeitschrift für betriebswirtschaftliche Forschung, 28.Jg. (1976), S. 231 - 253.

BARONE-ADESI, G. (1986): Maximum Likelihood Tests of Option Pricing Models, in: Fabozzi, F.J. (Hrsg.): Advances in Futures and Options Research, vol.1, part A, Greenwich - London 1986, S. 181 - 192.

BASLER, H. (1986): Grundbegriffe der Wahrscheinlichkeitsrechnung und Statistischen Methodenlehre, 9. Aufl., Heidelberg - Wien 1986.

BASLER, H. (1987): Verbesserung des nicht-randomisierten exakten Testes von R.A. Fisher, in: Metrika, Vol.34 (1987), S. 287 - 322.

BATES, D.S. (1991): The Crash of '87: Was it Expected? The Evidence from Options Markets, in: Journal of Finance, Vol.46 (1991), S. 1009 - 1044.

BAUMOL, W.J. (1965): The Stock Market and Economic Efficiency, New York 1965.

BAUMOL, W.J.; MALKIEL, B.G.; QUANDT, R.E. (1966): The Valuation of Convertible Securities, in: Quarterly Journal of Economics, Vol.80 (1966), S. 48 - 59.

BEKANNTMACHUNG DER LOMBARDKASSE ZU §3 DES REGULATIVS DER LOMBARDKASSE AG vom 25. Februar 1983.

BEKANNTMACHUNG DER LOMBARDKASSE ZU §3 DES REGULATIVS DER LOMBARDKASSE AG vom 26. März 1986.

BESONDERE BEDINGUNGEN FÜR OPTIONSGESCHÄFTE AN DEN DEUTSCHEN WERTPAPIERBÖRSEN in der ab 01. April 1978 geltenden Fassung.

BESONDERE BEDINGUNGEN FÜR OPTIONSGESCHÄFTE AN DEN DEUTSCHEN WERTPAPIERBÖRSEN in der ab 01. April 1983 geltenden Fassung.

BESONDERE BEDINGUNGEN FÜR OPTIONSGESCHÄFTE AN DEN DEUTSCHEN WERTPAPIERBÖRSEN in der ab 01. April 1987 geltenden Fassung.

BHATTACHARYA, M. (1987): Price Changes of Related Securities: The Case of Call Options and Stocks, in: Journal of Financial and Quantitative Analysis, Vol.22 (1987), S. 1 - 15.

BIERMAN, H. (1974): The Implications to Accounting of Efficient Markets and the Capital Asset Pricing Model, in: The Accounting Review, Vol.49 (1974), S. 557 - 562.

BLACK, F.; SCHOLES, M. (1973): The Pricing of Options and Corporate Liabilities, in: Journal of Political Economy, Vol.81 (1973), S. 637 - 654.

BLACK, F; SCHOLES, M. (1974): The Valuation of Option Contracts and a Test of Market Efficiency, in: Journal of Finance, Vol.27 (1972), S. 399 - 417.

BLACK, F. (1975): Fact and Fantasy In the Use of Options, in: Financial Analysts Journal, Vol.31 (1975), S. 36 - 72.

BÖRSENGESETZ vom 22. Juni 1896 in der Fassung der Bekanntmachung vom 27. Mai 1908 (Reichsgesetzblatt S. 215), zuletzt geändert durch das Gesetz zur Koordinierung börsenrechtlicher Vorschriften (Börsenzulassungs-Gesetz) vom 16. Dezember 1986 (Bundesgesetzblatt I, S. 2478).

BÖRSENGESETZ vom 22. Juni 1896 in der Fassung der Bekanntmachung vom 27. Mai 1908 (Reichsgesetzblatt S. 215), zuletzt geändert durch das Gesetz zur Änderung des Börsengesetzes vom 11. Juli 1989 (Bundesgesetzblatt I, S. 1412).

BONESS, A.J. (1964): Elements of a Theory of Stock-Option Value, in: Journal of Political Economy, Vol.72 (1964), S. 163 - 175.

BOX, G.E.P.; WATSON, G.S. (1962): Robustness to non-normality of regression tests, in: Biometrika, Vol.49 (1962), S. 93 - 106.

BOX, G.E.P.; Wilson, K.B. (1951): On the Experimental Attainment of Optimum Conditions, in: Journal of the Royal Statistical Society (Series B), Vol.13 (1951), S. 1 - 45.

BOYLE, P.P.; ANANTHANARAYANAN, A.L. (1977): The Impact of Variance Estimation in Option Valuation Models, in: Journal of Financial Economics, Vol.5 (1977), S. 375 - 387.

BOYLE, P.P.; EMANUEL, D. (1980): Discretely Adjusted Option Hedges, in: Journal of Financial Economics, Vol.8 (1980), S. 259 - 282.

BRANDI, E.H. (1977): Informationswirkungen der Jahresabschlußveröffentlichung auf Entscheidungen am Aktienmarkt, Augsburg 1977.

BRENNAN, M.J. (1979): The Pricing of Contingent Claims in Discrete Time Models, in: Journal of Finance, Vol.24 (1979), S. 53 - 68.

BRENNER, M. (1977): The Effect of Model Misspecification on Tests of the Efficient Market Hypothesis, in: Journal of Finance, Vol. 32 (1977), S. 57 - 66.

BÜHLER, W. (1990): Prinzipien der Bewertung von Optionen, in: Göppl, H.; Bühler, W.; von Rosen, R. (Hrsg.): Optionen und Futures, Frankfurt/M. 1990, S. 65 - 78.

BÜHNER, R.; MÖLLER, H.P. (1985): The Information Content of Corporate Disclosures of Divisionalisation Decisions, in: Journal of Management Studies, Vol.22 (1985), S. 309 - 326.

BÜSCHGEN, H.E. (1985): Das kleine Börsen-Lexikon, 16. Aufl., Düsseldorf 1985.

CBOE (1976): Analysis of Volume and Price Patterns in Stocks Underlying CBOE Options from December 31, 1975 to January 16, 1976, Chicago 1976.

CHEN, A.H.Y. (1970): A Model of Warrant Pricing in a Dynamic Market, in: Journal of Finance, Vol.25 (1970), S. 1041 - 1059.

CHURCHILL, R.V. (1963): Fourier Series and Boundary Value Problems, 2. Aufl., New York 1963.

CONRAD, J. (1989): The Price Effect of Option Introduction, in: Journal of Finance, Vol.44 (1989), S. 487 - 498.

COX, J.C.; ROSS, S.A. (1975): The Pricing of Options for Jump Processes, Rodney L. White Center Working Paper No. 2 - 75, University of Pennsylvania 1975.

COX, J.C.; ROSS, S.A. (1976a): The Valuation of Options for Alternative Stochastic Processes, in: Journal of Financial Economics, Vol.3 (1976), S. 145 - 166.

COX, J.C.; ROSS, S.A. (1976b): A Survey of Some New Results in Financial Option Pricing Theory, in: Journal of Finance, Vol.31 (1976), S. 383 - 402.

COX, J.C.; ROSS, S.A.; RUBINSTEIN, M. (1979): Option Pricing: A Simplified Approach, in: Journal of Financial Economics, Vol.7 (1979), S. 229 - 263.

COX, J.C.; RUBINSTEIN, M. (1985): Options Markets, Englewood Cliffs 1985.

DAVIES, P.L.; CANES, M. (1978): Stock Prices and the Publication of Second-Hand Information, in: Journal of Business, Vol.51 (1978), S. 43 - 56.

DEGEN, H. (1989): Zur Evaluierung ökonometrischer Modelle, Grüsch 1989.

DEUTSCHE TERMINBÖRSE (1990a): Börsenordnung, Stand Januar 1990.

DEUTSCHE TERMINBÖRSE (1990b): Clearing-Bedingungen, Stand Januar 1990.

DEUTSCHE TERMINBÖRSE (1990c): Handelsbedingungen, Stand Februar 1990.

EGLE, K.; TRAUTMANN, S. (1981): On Preference-Dependent Pricing of Contingent Claims, in: Göppl, H; Henn, R. (Hrsg.): Geld, Banken und Versicherungen, Bd.1, Königstein/Ts. 1981, S. 400 - 416.

EINKOMMENSTEUERGESETZ 1990 in der Fassung der Bekanntmachung vom 07. September 1990.

ELTON, E.J.; GRUBER, M.J. (1987): Modern Portfolio Theory and Investment Analysis, 3. Aufl., New York - Chicester - Brisbane - Toronto - Singapore 1987.

EMANUEL, D.C.; MACBETH, J.D. (1982): Further Results on the Constant Elasticity of Variance Call Option Pricing Model, in: Journal of Financial and Quantitative Analysis, Vol.17 (1982), S. 533 - 554.

ENGEL, N. (1986): Kommentar zu §764 BGB, in: v. Staudinger, J. (Hrsg.): Kommentar zum Bürgerlichen Gesetzbuch mit Einführungsgesetz und Nebengesetzen, 12. Aufl., Berlin 1986, S. 268 - 281.

FAMA, E.F.; FISHER, L.; JENSEN, M.C.; ROLL, R. (1969): The Adjustment of Stock Prices to New Information, in: International Economic Review, Vol.10 (1969), S. 1 - 21.

FAMA, E.F. (1970): Efficient Capital Markets: A Review of Theory and Empirical Work, in: Journal of Finance, Vol.25 (1970), S. 383 - 417.

FAMA, E.F.; MACBETH, J.D. (1973): Risk, Return and Equilibrium: Empirical Tests, in: Journal of Political Economy, Vol.81 (1973), S. 607 - 636.

FAMA, E.F. (1973): A Note on the Market Model and the Two-Parameter Model, in: Journal of Finance, Vol.28 (1973), S. 1181 - 1185.

FAMA, E.F. (1976): Foundations of Finance, New York 1976.

FINNERTY, J.E. (1976): Insiders and Market Efficiency, in: Journal of Finance, Vol.31 (1976), S. 1141 - 1148.

FIRTH, M. (1975): The Information Content of Large Investment Holdings, in: Journal of Finance, Vol.30 (1975), S. 1265 - 1281.

FISHER, R.A. (1958): Statistical Methods for Research Workers, 13.Aufl., London 1958.

FISZ, M. (1958): Wahrscheinlichkeitsrechnung und Mathematische Statistik, 2. Aufl., Berlin 1958.

FRANKE, G. (1980): Kapitalmarkt - Theorie und Empirie, Kursunterlagen der Fernuniversität - Gesamthochschule - Hagen, Hagen 1980.

FRANKE, J.; RÖHR, H. (1976): Rechtliche und wirtschaftliche Aspekte des Optionsgeschäfts, in: Der Betrieb, 29.Jg. (1976), S. 1207 - 1212.

FRANKFURTER WERTPAPIERBÖRSE: Jahresberichte, Jahrgänge 1983 - 1986.

FRANKFURTER WERTPAPIERBÖRSE (1988): Börsenstatistik 1987, Frankfurt/M. 1988.

FRANKFURTER WERTPAPIERBÖRSE (1989): Insider-Regeln in der Fassung vom Mai 1988, Frankfurt/M. 1989.

FRANKFURTER WERTPAPIERBÖRSE (1990a): Börsenordnung für die Frankfurter Wertpapierbörse vom Oktober 1975 zuletzt geändert mit Wirkung vom 01. Januar 1990 (Amtliches Kursblatt der Frankfurter Wertpapierbörse vom 22.12. 1989, Nr. 248, S. 20).

FRANKFURTER WERTPAPIERBÖRSE (1990b): Börsenstatistik 1989, Frankfurt/M. 1990.

FRANKFURTER WERTPAPIERBÖRSE (1990c): Feststellung von Kursen und Preisen, Frankfurt/M. 1990.

FRANTZMANN, H.-J. (1989): Saisonalitäten und Bewertung am deutschen Aktien- und Rentenmarkt, Frankfurt/M. 1989.

GAIS, M. (1989): Bewertung von Optionen am deutschen Aktienmarkt - eine theoretische und empirische Analyse, unveröffentlichte Diplomarbeit, Universität Würzburg 1989.

GAIS, M.; MÜLLER, C.; WENGER, E. (1991): Der Einfluß des Optionsmarktes auf die Volatilität des Aktienmarktes, Manuskript des Lehrstuhls für Betriebswirtschaftslehre, Bank- und Kreditwirtschaft der Julius-Maximilians-Universität Würzburg, Würzburg 1991.

GAIS, M.; Wenger, E. (1991): Die Bedeutung des Optionshandels für die Informationseffizienz des Aktienmarktes, Zwischenbericht an die Deutsche Forschungsgemeinschaft im Rahmen des Schwerpunktprogramms Empirische Kapitalmarktforschung, Würzburg 1991.

GARMAN, M.B.; KLASS, M.J. (1980): On the Estimation of Security Price Volatilities from Historical Data, in: Journal of Business, Vol.53 (1980), S. 67 - 78.

GEMMILL, G. (1989): Stock Options and Volatility of the Underlying Shares, in: Journal of International Securities Markets, Vol.3 (1989), S. 15 - 22.

GESKE, R. (1979a): The Valuation of Compound Options, in: Journal of Financial Economics, Vol.7 (1979), S. 63 - 81.

GESKE, R. (1979b): A Note on an Analytical Valuation Formula for Unprotected American Call Options on Stocks with Known Dividends, in: Journal of Financial Economics, Vol.7 (1979), S. 375 - 380.

GESKE, R.; JOHNSON, H.E. (1984): The American Put Option Valued Analytically, in: Journal of Finance, Vol.39 (1984), S. 1511 - 1524.

GESKE, R.; ROLL, R. (1984a): On Valuing American Call Options with the Black-Scholes European Formula, in: Journal of Finance, Vol.39 (1984), S. 443 - 455.

GESKE, R.; ROLL, R. (1984b): Isolating the Observed Biases in American Call Pricing: An Alternative Variance Estimator, UCLA Working Paper, Februar 1984.

GESKE, R.; ROLL, R.; SHASTRI, K. (1983): Over-the-Counter Option Market Dividend Protection and "Biases" in the Black-Scholes Model: A Note, in: Journal of Finance, Vol.38 (1983), S. 1271 - 1277.

GESKE, R.; TRAUTMANN, S. (1986): Option Valuation: Theory and Empirical Evidence, in: Bamberg, G.; Spremann, K. (Hrsg.): Capital Market Equilibria, Berlin - Heidelberg - New York - Tokyo 1986, S. 79 - 133.

GIVOLY, D.; PALMON, D. (1985): Insider Trading and the Exploitation of Inside Information: Some Empirical Evidence, in: Journal of Business, Vol.58 (1985), S. 69 - 87.

HÄUSELMANN, H.; WIESENBART, T. (1990): Produkte der Deutschen Terminbörse. Die Besteuerung von Optionen und Futures, Frankfurt/M. 1990.

HARRISON, M.J.; McCABE, B.P.M. (1975): Autocorrelation with heteroscedasticity: A note on the robustness of the Durbin-Watson, Geary and Henshaw tests, in: Biometrika, Vol.62 (1975), S. 214-216.

HARTUNG, J.; ELPELT, B.; KLÖSENER, K.-H. (1987): Statistik, 6. Aufl., München - Wien 1987.

HIRSHLEIFER, J. (1974): Kapitaltheorie, Köln 1974.

HÖFLING, G. (1991): Besonderheiten der Aktienkursentwicklung bei den Farbennachfolgern in den Jahren 1984 und 1985, unveröffentlichte Diplomarbeit, Würzburg 1991.

HOPT, K.J.; WILL, M.R. (1973): Europäisches Insiderrecht, Abhandlungen des Instituts für europäisches und internationales Wirtschaftsrecht, Bd. 9, Stuttgart 1973.

HUANG, D.S. (1970): Regression and Econometric Methods, New York - London - Sydney - Toronto 1970.

INSIDERHANDELS-RICHTLINIEN in der Fassung vom Mai 1988.

INSIDER-VERFAHRENSORDNUNG in der Fassung vom Mai 1988.

JAFFE, J. (1974): Special Information and Insider Trading, in: Journal of Business, Vol.47 (1974), S. 410 - 428.

JARROW, R.A.; RUDD, A. (1983): Option Pricing, Homewood, Illinois 1983.

JENNINGS, R.; STARKS, L. (1986): Earnings Announcements, Stock Price Adjustment, and the Existence of Option Markets, in: Journal of Finance, Vol.41 (1986), S. 107 - 125.

JENTZSCH, B. (1985): Optionspreise in der Bundesrepublik Deutschland, Empirische Überprüfung eines theoretischen Bewertungsansatzes, Frankfurt/M. - Thun 1985.

JURGEIT, L. (1989): Bewertung von Optionen und bonitätsrisikobehafteten Finanztiteln, Wiesbaden 1989.

KENDALL, M.; STUART, A. (1983): The Advanced Theory of Statistics, Bd. III: Design and Analysis, and Time-series, 4. Aufl., London - High Wycombe 1983.

KLEMKOSKY, R.C. (1978): The Impact of Option Expirations on Stock Prices, in: Journal of Financial and Quantitative Analysis, Vol.13 (1978), S. 507 - 518.

KLEMKOSKY, R.C.; MANESS, T. (1980): The Impact of Options on the Underlying Securities, in: Journal of Portfolio Management, Vol.9 (1980), S. 12 - 18.

KRUSCHWITZ, L.; SCHÖBEL, R. (1984): Eine Einführung in die Optionspreistheorie (I - III), in: Das Wirtschaftsstudium, 13.Jg. (1984), S. 68 - 72, S. 116 - 121 und S. 171 - 176.

LEE, W.Y.; RAO, R.K.S.; AUCHMUTY, J.F.G. (1981): Option Pricing in a Lognormal Securities Market with Discrete Trading, in: Journal of Financial Economics, Vol.9 (1981), S. 75 - 101.

LEHMANN, E.L. (1959): Testing Statistical Hypothesis, New York 1959.

LEHMANN, E.L. (1975): Nonparametrics, Statistical Methods Based on Ranks, San Francisco 1975.

LINGNER, U. (1987): Optionen: Anlagestrategien und Märkte, Wiesbaden 1987.

LION, J. (1989): Marktrationalität und Markteffizienz, Frankfurt/M. - Bern - New York - Paris 1989.

LOISTL, O. (1990): Computergestütztes Wertpapiermanagement, 3. Aufl., München - Wien 1990.

LORIE, J.H.; Niederhoffer, V. (1968): Predictive and Statistical Properties of Insider Trading, in: Journal of Law and Economics, Vol.11 (1968), S. 35 - 53.

MACBETH, J.D.; MERVILLE, L.J. (1979): An Empirical Examination of the Black-Scholes Call Option Pricing Model, in: Journal of Finance, Vol.34 (1979), S. 1173 - 1186.

MACBETH, J.D.; MERVILLE, L.J. (1980): Tests of the Black-Scholes and Cox Call Option Valuation Models, in: Journal of Finance, Vol.35 (1980), S. 285 - 301.

MANASTER, St. (1980): Discussion, in: Journal of Finance, Vol.35 (1980), S. 301 - 303.

MANASTER, St.; RENDLEMAN, R.J. (1982): Option Prices as Predictors of Equilibrium Stock Prices, in: Journal of Finance, Vol.37 (1982), S. 1043 - 1057.

MANNE, H.G. (1966): Insider Trading and the Stock Market, New York 1966.

MAY, A.; SCHWEDER-WEBER, S. (1990): Informationsverarbeitung am Aktienmarkt: Kritischer Überblick über den Stand der Forschung, Manuskript Nr. 251 des Instituts für Betriebswirtschaftslehre der Christian-Albrechts-Universität Kiel, Kiel 1990.

MELLA, F. (1981): Der Index Börsen-Zeitung, Sonderdruck aus der Börsen-Zeitung vom 02. Juni 1981, Frankfurt/M. 1981.

MELLA, F. (1988): Dem Trend auf der Spur, Frankfurt/M. 1988.

MERTON, R.C. (1973): Theory of Rational Option Pricing, in: Bell Journal of Economics and Management Science, Vol.4 (1973), S. 141 - 183.

MERTON, R.C. (1976a): Option Pricing when Underlying Stock Returns are Discontinuous, in: Journal of Financial Economics, Vol.3 (1976), S. 125 - 144.

MERTON, R.C. (1976b): The Impact on Option Pricing of Specification Error in the Underlying Stock Price Returns, in: Journal of Finance, Vol.31 (1976), S. 333 - 350.

MILLER, M.; Modigliani, F. (1961): Dividend Policy, Growth, and the Valuation of Shares, in: Journal of Business, Vol.34 (1961), S. 411 - 433.

MÖLLER, H.P. (1985): Die Informationseffizienz des deutschen Aktienmarktes - eine Zusammenfassung und Analyse empirischer Untersuchungen, in: Zeitschrift für betriebswirtschaftliche Forschung, 37.Jg. (1985), S. 500 - 518.

MÖLLER, H.P. (1986): Bilanzkennzahlen und Ertragsrisiken des Kapitalmarktes, Stuttgart 1986.

MÜHLBRADT, F.W. (1978): Chancen und Risiken der Aktienanlage, 2. Aufl., Köln 1978.

MÜLLER, K.; STEUER, S. (1987): Das deutsche Optionsgeschäft. Ein Anlage- und Kurssicherungsinstrument, Köln 1987.

MÜNDLICHE AUSKUNFT vom Frankfurter Maklerhaus Fritz Nols KG, erteilt am 19. September 1989.

MÜNDLICHE AUSKUNFT vom Frankfurter Maklerhaus Horst Pulina, erteilt am 19. September 1989.

MÜNDLICHE AUSKUNFT von der BASF AG, erteilt am 25. April 1991.

MÜNDLICHE AUSKUNFT von der BAYER AG, erteilt am 25. April 1991.

MÜNDLICHE AUSKUNFT von der BMW AG, erteilt am 25. April 1991.

MÜNDLICHE AUSKUNFT von der DAIMLER-BENZ AG, erteilt am 25. April 1991.

MÜNDLICHE AUSKUNFT von der HOECHST AG, erteilt am 25. April 1991.

NABAR, P.G.; PARK, S.Y. (1988): Options Trading and Stock Price Volatility, unveröffentlichtes Vortragsmanuskript, Conference on Financial Markets Developments and Reforms Research in New Financial Instruments and their Use in Financial Risk Management, 29. - 30. Juni 1988, Centre HEC-ISA, Jouy-en-Josas, 1988.

NATHAN, R., ASSOCIATES, INC. (1974): Review of Inicial Trading Experience at the Chicago Board Options Exchange, Chicago 1974.

NORUSIS, M.J. (1986): SPSS/PC+ Base Manual, Chicago 1986.

OFFICER, D.T.; TRENNEPOHL, G.L. (1981): Price Behaviour of Corporate Equities Near Option Expiration Dates, in: Financial Management, Vol.10 (1981), S. 75 - 80.

PANTON, D. (1976): Chicago Board Call Options as Predictors of Common Stock Price Changes, in: Journal of Econometrics, Vol.4 (1976), S. 101 - 113.

PARKINSON, M. (1980): The Extreme Value Method for Estimating the Variance of the Rate of Return, in: Journal of Business, Vol.53 (1980), S. 61 - 65.

PATELL, J.M.; WOLFSON, M.A. (1979): Anticipated Information Releases Reflected in Call Option Prices, in: Journal of Accounting and Economics, Vol.1 (1979), S. 117 - 140.

PATELL, J.M.; WOLFSON, M.A. (1981): The Ex Ante and Ex Post Price Effects of Quarterly Earnings Announcements Reflected in Option and Stock Prices, in: Journal of Accounting Research, Vol.19 (1981), S. 434 - 458.

PAULY, C.; Heemann, K. (1991): Big Bang auf Raten, in: Wirtschaftswoche, 45.Jg. (14. Juni 1991), S. 94 - 103.

PFANZAGL, J. (1978): Allgemeine Methodenlehre der Statistik II, 5. Aufl., Berlin - New York 1978.

PFAU, S. (1991): Die Risikoeffizienz deutscher Investmentfonds: eine empirische Untersuchung für die Jahre 1981 - 1990, unveröffentlichte Diplomarbeit, Würzburg 1991.

POWELL, G.E. (1990): Merger Announcements and the Efficiency of the Options Market, Ann Arbor 1990.

REGULATIV DER LOMBARDKASSE AG FÜR DEN OPTIONSHANDEL in der Fassung vom 01. April 1983.

REGULATIV DER LOMBARDKASSE AG FÜR DEN OPTIONSHANDEL in der Fassung vom 01. April 1986.

REILLY, F.K.; GUSTAVSON, S.G. (1985): Investing in Options on Stocks Announcing Splits, in: The Financial Review, Vol.20 (1985), S. 121 - 142.

REIß, W.; MÜHLBRADT, F.W. (1979): Eine empirische Überprüfung der Validität des "market"- und des "capital asset pricing"-Modells für den deutschen Aktienmarkt, in: Zeitschrift für die gesamte Staatswissenschaft, 135.Jg. (1979), S. 41-68.

RENDLEMAN (JR.), R.J./BARTTER, B.J. (1979): Two-State Option Pricing, in: Journal of Finance, Vol.34 (1979), S. 1093 - 1110.

ROLL, R. (1977): An Analytic Valuation Formula for Unprotected American Call Options on Stocks with Known Dividends, in: Journal of Financial Economics, Vol.5 (1977), S. 251 - 258.

ROZEFF, M.S.; ZAMAN, M.A. (1988): Market Efficiency and Insider Trading: New Evidence, in: Journal of Business, Vol.61 (1988), S. 25 - 44.

RUBINSTEIN, M. (1976): The Valuation of Uncertain Income Streams and the Pricing of Options, in: Bell Journal of Economics, Vol.7 (1976), S. 407 - 425.

RUBINSTEIN, M. (1983): Displaced Diffusion Option Pricing, in: Journal of Finance, Vol.38 (1983), S. 213 - 217.

RUBINSTEIN, M. (1985): Nonparametric Tests of Alternative Option Pricing Models Using All Reported Trades and Quotes on the 30 Most Active CBOE Option Classes from August 23, 1976 through August 31, 1978, in: Journal of Finance, Vol.40 (1985), S. 455 - 480.

SACHS, L. (1972): Statistische Auswertungsmethoden, 3. Aufl., Berlin - Heidelberg - New York 1972.

SAHLING, C. (1981): Die Reaktion des Aktienmarktes auf wesentliche Ausschüttungsänderungen, Schwarzenbek 1981.

SAMUELSON, P.A. (1965): Rational Theory of Warrant Pricing, wiederabgedruckt in: Cootner, P.H. (Hrsg.): The Random Character of Stock Market Prices, rev. ed., Cambridge 1970, S. 506 - 525.

SAVIN, N.E.; WHITE, K.J. (1977): The Durbin-Watson test for serial correlation with extreme sample sizes or many regressors, in: Econometrica, Vol.45 (1977), S. 1989-1996.

SAWA, T. (1978): The Exact Moments of the Least Squares Estimator for the Autoregressive Model, in: Journal of Econometrics, Vol.8 (1978), S. 159-172.

SCHAICH, E. (1990): Schätz- und Testmethoden für Sozialwissenschaftler, 2. Aufl., München 1990.

SCHLAG, C. (1991): Der Einfluß der Deutschen Terminbörse auf Volatilität und Wertpapierrisiko am Frankfurter Aktienmarkt, Diskussionspapier Nr. 147, Institut für Entscheidungstheorie und Unternehmensforschung, Universität Karlsruhe (TH).

SCHMIDT, R.H. (1981): Eine Widerlegung der Effizienzthese?, in: Zeitschrift für betriebswirtschaftliche Forschung, 33.Jg. (1981), S. 36 - 46.

SCHMIDT, R.H. (1986): Grundzüge der Investitions- und Finanzierungstheorie, 2. Aufl., Wiesbaden 1986.

SCHNEEWEISS, H. (1978): Ökonometrie, 3. Aufl., Würzburg - Wien 1978.

SCHÖNFELD, P. (1969): Methoden der Ökonometrie, Bd. I, Berlin - Frankfurt/M. 1969.

SCHRIFTLICHE AUSKUNFT von der VW AG, erteilt am 03. Juni 1991.

SCHULZ, H. (1972): Der Einfluß von Kapitalerhöhungen aus Gesellschaftsmitteln auf die Entwicklung der Aktienkurse. Eine empirische Untersuchung für den Zeitraum von 1960 bis 1969 unter Berücksichtigung von Insider-, Publizitäts- und Splittingeffekten. Göttingen 1972.

SEC (1979): Report of the Special Study of the Options Market to the Securities and Exchange Commission, Washington D.C. 1979.

SECURITIES EXCHANGE ACT in der Fassung von 1933.

SECURITIES EXCHANGE ACT in der Fassung von 1934.

SHARPE, W.F. (1985): Investments, 3. Aufl., Englewood Cliffs 1985.

SKINNER, D.J. (1989): Options Markets and Stock Return Volatility, in: Journal of Financial Economics, Vol.23 (1989), S. 61 - 78.

SONDERBEDINGUNGEN FÜR OPTIONSGESCHÄFTE, abgedruckt in: Müller, K.; Steuer, S.: Das deutsche Optionsgeschäft. Ein Anlage- und Kurssicherungsinstrument, Köln 1987, S. 46 - 49.

SPRENKLE, C.M. (1961): Warrant Prices as Indicators of Expectations and Preferences, wiederabgedruckt in: Cootner, P.H. (Hrsg.): The Random Character of Stock Market Prices, rev. ed., Cambridge 1970, S. 412 - 474.

STEPHAN, J.A.; WHALEY, R.E. (1990): Intraday Price Change and Trading Volume Relations in the Stock and Stock Option Markets, in: Journal of Finance, Vol.45 (1990), S. 191 - 220.

SWOBODA, P.; KAMSCHAL, M. (1979): Die Bewertung deutscher Wandelanleihen und die Optimierung des Umwandlungstermins bei steigenden Zuzahlungen (unter Anwendung der Black-Scholes-Methode), in: Zeitschrift für betriebswirtschaftliche Forschung, 31.Jg. (1979), S. 295 - 321.

SWOBODA, P. (1981): Betriebliche Finanzierung, Würzburg - Wien 1981.

THORP, E.O.; KASSOUF, S.T. (1967): Beat the Market: A Scientific Stock Market System, New York 1967.

THORP, E.O. (1973): Extensions of the Black-Scholes Option Model, Proceedings of the 39th Session of the International Statistical Institute, S. 1029 - 1036.

THORP, E.O. (1976): Common Stock Volatilities in Option Formulas, Proceedings of the Seminar on the Analysis of Security Prices, 2, S. 235 - 276.

TOCHER, K.D. (1950): Extension of Neyman-Pearson theory of tests to discontinuous variates, in: Biometrika, Vol.37 (1950), S. 130 - 144.

TRAUTMANN, S. (1983): Tests of Two Call Option Pricing Models using German Stock Options Market Data from January 1979 - March 1983, in: Göppl, H.; Henn, R. (Hrsg.): Geld, Banken und Versicherungen, Karlsruhe 1983, S. 619 - 639.

TRAUTMANN, S. (1986): Finanztitelbewertung bei arbitragefreien Finanzmärkten - Theoretische Analyse sowie empirische Überprüfung für den deutschen Markt für Aktienoptionen und Optionsscheine, Habilitationsschrift, Universität Karlsruhe.

TRAUTMANN, S. (1987): Die Bewertung von Aktienoptionen am deutschen Kapitalmarkt - Eine empirische Überprüfung der Informationseffizienzhypothese, in: Schneider, D. (Hrsg.), Kapitalmarkt und Finanzierung, Schriften des Vereins für Sozialpolitik, Neue Folge, Bd. 165, Berlin 1987, S. 311 - 327.

TRAUTMANN, S. (1990a): Aktienoptionspreise an der Frankfurter Optionsbörse im Lichte der Optionsbewertungstheorie, in: Göppl, H.; Bühler, W.; von Rosen, R. (Hrsg.): Optionen und Futures, Frankfurt/M. 1990, S. 79 - 100.

TRAUTMANN, S. (1990b): Aktienoptionspreise an der Frankfurter Optionsbörse im Lichte der Optionsbewertungstheorie, Unterlagen zum gleichnamigen Vortrag im Rahmen der Tagung des Ausschusses für Unternehmenstheorie und -politik im Verein für Sozialpolitik am 27./28.4.1990 in Bendorf/Rhein.

TRENNEPOHL, G.L.; DUKES, W.P. (1979): CBOE Options and Stock Volatility, in: Review of Business and Economic Research, Vol.14 (1979), S. 49 - 60.

VIJH, A.M. (1988): Potential Biases from Using Only Trade Prices of Related Securities on Different Exchanges: A Comment, in: Journal of Finance, Vol.43 (1988), S. 1049 - 1055.

WALTER, K.M. (1990): Die Rechtsnatur des Börsenoptionsgeschäfts, Frankfurt/M. 1990.

WELCKER, J.; KLOY, J.W. (1988): Professionelles Optionsgeschäft - alles über Optionen auf Aktien, Renten, Devisen, Waren, Terminkontrakte, Zürich 1988.

WELLHÖFER, F. (1989): Tradingstrategien auf der Basis des Konzepts der relativen Stärke, unveröffentlichte Diplomarbeit, Würzburg 1989.

WENGER , E. (1986): Zur ökonomischen Problematik von Insider-Regeln, Vortrag im Rahmen des Habilitationskolloquiums vor der Fakultät für Wirtschafts- und Sozialwissenschaften der Technischen Universität München am 23.07.1986.

WEST, K.D. (1988): Bubbles, Fads and Stock Price Volatility Tests: A Partial Evaluation, in: Journal of Finance, Vol.43 (1988), S. 639 - 660.

WHALEY, R.E. (1981): On the Valuation of American Call Options on Stocks with Known Dividends, in: Journal of Financial Economics, Vol.9 (1981), S. 207 - 211.

WHALEY, R.E. (1982): Valuation of American Call Options on Dividend-Paying Stocks, Empirical Tests, in: Journal of Financial Economics, Vol.10 (1982), S. 29 - 58.

WHITESIDE, M.M.; DUKES, W.P.; DUNNE, P.M. (1983): Short Term Impact of Option Trading on Underlying Securities, in: Journal of Financial Research, Vol.6 (1983), S. 313 - 321.

WINKELMANN, M. (1981a): Zum "Nachweis" der schwachen Kapitalmarkteffizienz durch Unabhängigkeitstests, Diskussionspapier Nr. 33, Institut für Entscheidungstheorie und Unternehmensforschung, Universität Karlsruhe (TH).

WINKELMANN, M. (1981b): Indexwahl und Performance-Messung, in: Göppl, H., Henn, R. (Hrsg.): Geld, Banken und Versicherungen, Bd. 1, Königstein/Ts. 1981, S. 475 - 487.

WINKELMANN, M. (1984): Aktienbewertung in Deutschland, Königstein/Ts. 1984.

WITTING, H. (1966): Mathematische Statistik, Stuttgart 1966.

ZELLNER, A. (1962): An Efficient Method of Estimating Seemingly Unrelated Regressions and Tests for Aggregation Bias, in: Journal of the American Statistical Association, Vol. 57 (1962), S. 348 - 368.

Bezugsquellen der verwendeten Daten:

BERLINER BANK AG: Die Börse, Jahrgänge 1982 - 1988.

BÖRSEN-ZEITUNG, Jahrgänge 1983 - 1987.

DEUTSCHE BUNDESBANK: Monatsberichte für Januar, Jahrgänge 1985 - 1988.

DIE WELT, Jahrgänge 1982 - 1988.

FRANKFURTER ALLGEMEINE ZEITUNG, Jahrgänge 1982 - 1988.

FRANKFURTER WERTPAPIERBÖRSE: Amtliches Kursblatt, Jahrgänge 1982 - 1988.

HANDELSBLATT FINANZZEITUNG, Jahrgänge 1982 - 1988.

MELLADAX.DAT: Datei der rückwärts mit dem BZ-Index verknüpften Zeitreihe des DAX; zu beziehen über den Verlag Börsen-Zeitung.

Physica-Schriften zur Betriebswirtschaft

Herausgegeben von

K. Bohr, Regensburg · W. Bühler, Mannheim · W. Dinkelbach, Saarbrücken · G. Franke, Konstanz · P. Hammann, Bochum · K.-P. Kistner, Bielefeld · H. Laux, Frankfurt · O. Rosenberg, Paderborn · B. Rudolph, Frankfurt

---

Band 1:
Wilhelm Hummeltenberg
Optimierungsmethoden zur betrieblichen Standortwahl

Band 2:
Hermann-Josef Scholl
Fixkostenorientierte Plankostenrechnung

Band 3:
Erwin Huberty
Optimale Finanzierung von Wohnungseigentum

Band 4:
Rainer Rhode
Kurzfristige Material- und Finanzplanung bei mehrfacher Zielsetzung

Band 5:
Felix Liermann
Koordinationsentscheidungen bei Unsicherheit

Band 6:
Horst Tempelmeier
Lieferzeit-orientierte Lagerungs- und Auslieferungsplanung

Band 7:
Lothar Streitferdt
Entscheidungsregeln zur Abweichnungsauswertung

Band 8:
Friedrich Wilhelm Selchert und Axel Otte
Das steuerlich optimale Haus- und Wohnungseigentum

Band 9:
Michael Spielberger
Betriebliche Investitionskontrolle

Band 10:
Jack Wahl
Informationsbewertung und -effizienz auf dem Kapitalmarkt

Band 11:
Siegmar Stöppler
Nachfrageprognose und Produktionsplanung bei saisonalen und konjunkturellen Schwankungen

Band 12:
Lothar Hans
Planung und Plankostenrechnung in Betrieben mit Selbstkostenpreis-Erzeugnissen

Band 13:
Walter Erfle
Die Optimierung der Kontrolle regelmäßig wiederkehrender Arbeitsprozesse

Band 14:
Hans Paul Kaus
Die Steuerung von Entscheidungsgremien über Verhaltensnormen – ein entscheidungstheoretischer Beitrag

Band 15:
Bernhard Wondrak
Management von Zinsänderungs-chancen und -risiken

Band 16:
Ulrich Lorscheider
Dialogorientierte Verfahren zur kurzfristigen Unternehmens-planung unter Unsicherheit

Band 17:
Harmut Rothacker
Zeitstetige Bewertungsmodelle für Tilgungsanleihen – Eine empirische Studie des deutschen Kapitalmarktes –

Band 18:
Eva Terberger
Der Kreditvertrag als Instrument zur Lösung von Anreizproblemen – Fremdfinanzierung als Principal/Agent-Beziehung –

Band 19:
Hubert Jäger
Die Bewertung von konzerninternen Lieferu und Leistungen in der operativen Planung

Band 20:
Otmar Welzel
Möglichkeiten und Grenzen der Stochastisc Break even-Analyse als Grundlage von Entscheidungsverfahren

Band 21:
Alfred Bischoff
Die Strukturierung von Käufer-Produkt-Beziehungen mit Hilfe der allgemeinen Komponentenanalyse – Eine empirische Untersuchung am Beispie des Automobilsektors –